The Biggest

Sudoku Book in the

History of the

Universe

2000 Puzzles
5 Difficulty Levels

Kiyo Tanaka

Other Books by Kiyo Tanaka

If you are interested in purchasing my other Sudoku books, please search Amazon.com for:

"Sudoku Tanaka"

Table of Contents

How to Play Sudoku

Sudoku is a puzzle game made up of one 9x9 square grid divided into nine 3x3 sub-grids.

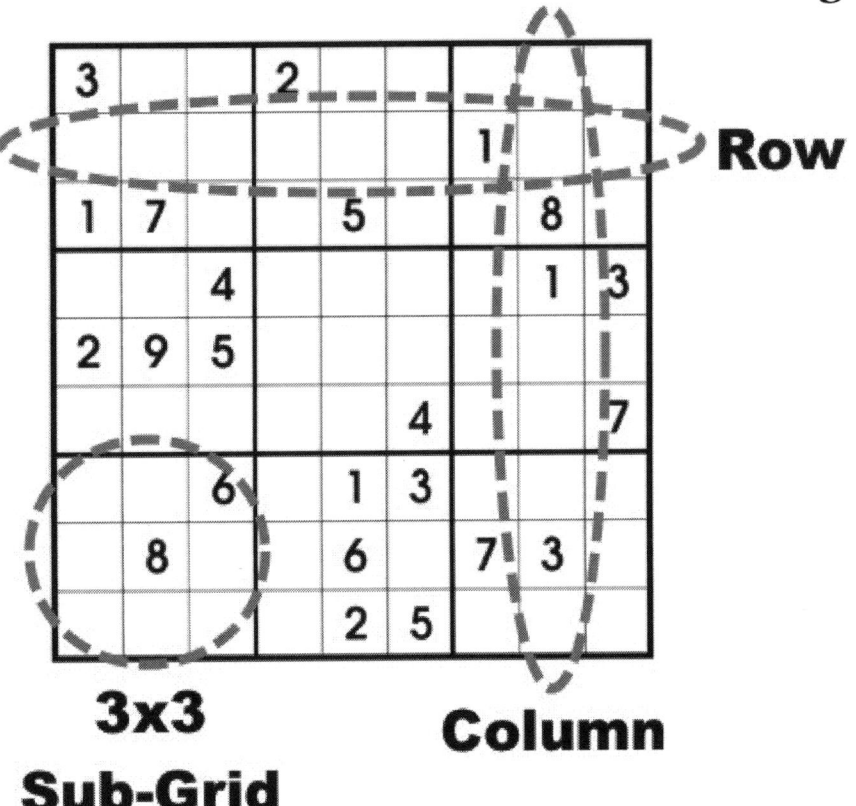

In each Sudoku puzzle, several numbers are already present on the board. These numbers cannot be changed.

The puzzle solver's job is to use logic to fill in the remainder of the grid using the digits 1 through 9 by following three simple rules:

1. Each <u>row</u> of the puzzle must contain each digit exactly once.
2. Each <u>column</u> of the puzzle must contain each digit exactly once.

3. Each <u>3x3 sub-grid</u> of the puzzle must contain each digit exactly once."

These are the only rules in Sudoku.

Though Sudoku is a very simple game, it is tremendous at exercising the brain, helping to keep cognitive functions healthy.

EASY
PUZZLES

1

3							9	2
2				4				8
4		1			8			5
6		4	8	9	3	5		
				3				1
			1			4		
5								
	9							
	7	3				8		

2

	8							7
	3		4		2			1
		8					3	9
		4			1	6		
			7	3				
	6	7	5					
2	1	6	3					
4				9				
	7					1		

3

			7	9				
						1	5	
	7	4	1	5		9		
				8			9	
	8			6	4			3
	4	9	3					
		6	4					
						6		5
			5			8	7	4

4

			1	2				
8								7
	1			9		2		3
1		8				9	4	
			6					5
		4				7		1
		6						
			7					
	8	7	2			3	6	

5

					7	1		
2		1	5	8	3			
	8			6				
7	9					8		
							3	7
6					2			
	4			1				
	7		9			6		4
						7	2	5

6

	4	6		8	2			3
		7					5	
	3		9				7	
	6							
			1			3		
1				5				
				2				9
8				3	4	7		
7				9			6	

7

4	5							
	1	8			5			3
		2	7	9				
8			4					
	2		1					
	3					2	4	
					1		2	5
		9		8	4			
							1	

8

8	5							6
		6					7	2
				5			4	
				6		8	9	
9			5		3	7		
3	1			9				
	7			4				
				6				
			1	2				4

9

				6				
		3	1			8	4	
4							3	
	3		7					9
	9	7		3	2			
	6			9	8			4
				4	5			
					7	8		
	8			9				

10

						1		8
	1	4	9					
7			2					
		6						
		3				8		
4		2		9				6
		5	4	7				
	3			5	6			4
		8						2

11

	2				9	8	1	
		9						
	8						2	5
		3		5				
	4			7	3			
			4					6
3		8				9		
			9			8		
	9	2	1			6		7

12

							2	
		8	7		2			
	9		3				7	
					5	4	8	
5				6		3		
	3	4			1	2		9
7				1				
	6	2						5
	3							

13

		9	4	3				
						6	8	
7	1		2					
	7		1				3	
8								
					5	4	1	7
	2			4	8			
9				6				
								1

14

	6		4				7	
	7	2	5					3
5			9			2		
			4			7		
	3					1		
	4				2		6	
			7	9				1
			3					
	2	7		1	5			

15

4								9
			5			3		
		7					8	
3		1	2			7		4
7								
	9	8	6	7				
	4		7	5		6		
9	5				2			
		6		8			3	

16 ✓

	5						9	
		8			2		5	1
				5		2	3	
5			6		8	1	2	
			9					5
7				3				6
		4						
8						7		4
9			6	2				

17

2		5	6			7		
	7		5			1		9
					3			
		7			6			4
		1					8	2
6	2		4					5
7						4		
	3			5				
	6		3					7

18

							2	
			4			1		
		7			5		4	
	9		8	6				
			5		9		7	
	1	3	7					
		1		3		2		
	3				2	7		
		6	9				1	

	6	7						
			9		3		5	
			4					
6				8				9
4	8			2				6
8				9				2
		3			5			7
1	5				8	6		

					8	3		7
	7	5	1				9	
					5	4		
		7	6			9		
2	8		3					
				9			4	
	1		7	5				9
6								
						8		6

	9						6	
	1			8		3	5	
		7	5		9	2		8
		8						
3	2		1					
6							9	4
					9			
	5		9		8			
		4					2	

					7			
	3		5					
5		8		9				2
3	7		9				5	8
		4	7					
				8		6		
		2				3		
	4			7				
9	1	6				5		

8								
3		2			4	7		
		5		7		9		
			9	8		6		
7							1	
	6							4
4			8					2
				4			5	6
	9		1	5	3			

		4						
	5		1	2				8
	7			8	6			
			9	3			4	
	8					6	9	
1					2	3		
				4	1			
	6				7			
					9	4		1

25

			8		7			
8		6					4	
			9		3			
4			8		6	3		
			6			9		
				5				
		1	7					8
		4		2				
	6	3	4			2		5

26

			2				1	
		8		7				6
9					4		2	
7			5					
								7
5	1	2		3				
	4	3	1	9			5	
							1	4
		9	5					

27

				2		5	6	
7	5				9			
			3		4			
			6		1	8		9
						1	3	
	9		4					
	1							
9	2					6	5	
		5			4		8	2

28

					7		3	4
		9				2		
4						5	6	8
7						4		
				1	2			
	9				5		2	
		5	6					1
	1				4			
2			5					6

29

		7	8	1	5			
6		8	9					3
		4						9
			4		3	5		
								4
	7		8					
3	8		6			1		
7							3	2
	2				1	4		

30

		8		3		7		
		6		8				
	4		2					
					8	5		
						8	3	
			1	4				
6			4	5		2		7
	1	4						3
8	2					4	9	

31

	5	1					8	
			5			3		9
7								
	2							
		9		4	7			5
4		5		1		2		
		6		7			4	8
	1		6					
3		8						7

32

			2			7		9
	8					2		
	7					1	3	
	9	3		2				
	8		7					
7	2	1			8	9		
3				9				
		6						1
6				4		8		

33

	5					7		
						6	4	8
1		8			9			
4			1					7
			2		8			
			6					
	9	2	8				1	5
			3					9
	3	5			6			

34

5	1							
4			2			8	3	
	2			6	3			
	9							
			7					8
			8			1	9	
		8	3	5		2		
2						6		
				7			1	5

35

		8		2			3	7
				4	5	6		9
				7	5			8
			4	1	2	8		
5				7		4		6
6	9				4			
	1		6			2		
			9					4

36

	1				7			
9		7	8	6				5
	2	8			6			9
	4					3		
			5	9	6			
			7					
				2			6	8
	5	2						1

				1		3		8
					3	1	5	
6			4			9		
						4		
	1	4	7					
		5						
	9					5		
2				6			3	
	5	8						1

	3	9						
	5	8						
2							9	7
			5					2
		1	6			3		
	1				4	5		
			9			6		
	4				6		8	
	2				8	7		

8								
				2	9			
5	7		8					
	3		5				8	
	2			1				5
		4	9			2		
				7		4	9	
7	8		1					
		3			9		6	

3			2					
8	9	7						
	6	2				1		
			3		9			
4	7				6			
		6		2	1			
			7				8	
				4	2			6
		1		6	8		9	3

		9				1		
	7		9			4		
6			4					7
7								
8	3			2	6		1	
	4			1				2
		7						
2				9		8		
	1					7	5	

		6						5
	2							
		8						9
1	3			8		9		
5				7				2
7	8			2				
			3					
			5	1		2		4
			2			6		1

43

	6			2				4
3								2
	4				7		1	6
				1	8		7	
5				9				
4	3			7				9
		8			1		5	
2	1						3	

44

2	6		4				1	
5						2		6
4		6				8		
7		8			1		9	2
						9	5	8
	1	3	2		9		7	
		7						

45

5		8	1		7		9	
	2				9			
			5					
				3	6			
9			1				8	5
			5	6				
		4	6		1			
			4			9	5	
	9					3		1

46

		7				2		
	3		8			5		
			9	4				6
	9			1	2			
1						4		
8		4	2			7		
						6		
	6	5	4			8		
	8		7			1		

47

		3				5	1	
4			9	8				
		7		5				2
				4	8			
			2		6		7	3
	7					6		
			5					
1						4	8	
	6		7	4	9			

48

8				5				6
				8		9		
4		2						
			4	1				
			7	9	3		8	1
2								
		9	6	8		1		
6	3					4		
		5				2		

49

3						5		
								7
5					4		6	3
			2	9	8		7	6
								2
	7				5			4
			6		3	1		
8			7	1				
		4						

50

			3			9		
6				1				
				6			2	3
		7	1			9		
				2			4	8
	6		8					5
							5	2
1	7							
2	3				9	7		

51

		1		4	5			
	2	3				9		
7				3				
	7						3	6
9						4		
		6	5				9	
			6	9		1		
4			2					
1				5	8			4

52

	3						4	
		8			9		2	5
4					5			9
	4		2	5			3	
		2		3	1		6	
9	1			6				2
					8			
		7				6		
3			1					

53

8		3				9		
4		6			5			
					6		7	8
	4				7	1		
1		5	2					
2	6	9	3			4		
	3							9
			7		2			1

54

	9		1					
	8		2			6		
	1					5	3	2
	4				5	8	1	
							6	
8		1			7			
	5			2		4		
	6		5	4			2	
				6				

55

		2			5			6
	4							
8		6		4				
	3		7	8				
9		4		3				
2	7							
				6		1		
4		7	8			5		
	5					3	8	

56

	1	3	2		7			
						2	9	5
	5		4					3
	3		1		5	9		
	4		3					
	8	7				1		
				1			6	
4						5	2	9

57

	8	5			4	3	7	
								6
7	9							5
4					7			
			5	3			1	
			2			6		
	5	2						
		3				9		1
		4	9			7	3	

58

1							6	
2	6						8	5
	4			5				
					3			9
3	2		4			6		
		1	7					
	5				4	1		
					5		2	
6	9						7	

59

					9			
4	2				9			
							8	3
		2		3		7		5
1		3			2			
	4		7					
	3			8			2	9
			4	2		5	6	
					7	4		

60

1	3				7			9
							2	
		8					4	3
				1				
5			6	2				
	1		9				8	
2			8			9	1	
			3	4				7
9	6		2					

61

7			8					
						8		4
		6	7	4		9		
		8		9				
4	6			1				
5		3		8		6		
		1	6	7	3			9
	8		1					
		7				4	3	

62

			2	3				8
			8			2		
			6	3				
	5		9	8				2
3		9	4			6		
4		1						5
			6			7	8	
	7		5				4	9
			2	7				

63

						5		
7		2	8		1			
		3	4		7	2		8
		4				8		
				9	7	3	2	
9						4	5	
			9			6	5	
5	4							
	2			3				

64

			8	4		9	3	
		6	3			4		
		7	5			6	8	
				9			5	7
	2					3		
		1						2
	4				1			
		2						
			9			8		

65

		1	7		9			5
							3	
			5	2			7	
4			8	2				
7				3	4			
2						7	5	
6		5	3	8				
	3							4
				9				2

66

		1						
	4					9		
	8	3		4	7			
1	3		8	7				
		5			1		7	
2							6	
	5		2					6
	7		6	1			2	
				8				

67

8				7		2		
				6	2			7
			8	3				1
2	5							
1				6		5	3	
						6		2
5			2			1		
	7		4	5				
			9					3

68

5			6				3	4
2				4		6		
	1		5					
	6			7	1			3
		5				7	4	
1						9	2	7
3	9			8				
		7						6

69

		6	7		4			
7	2			9				4
					6			
5	7		2			9		
	8					5	3	
		4	3					7
			3		1		6	
			1			8		
			7					

70

7		6	3	4		5		
	4						1	
6		9	1			5		
3					8	6	9	
		2	3					
		4	2					6
					1	7	2	
		4			6			

71

			2					
		9						4
			8			5	9	
8		4	9	7	3			
						7	5	
		4	3					
3				5	4			1
	9		8		1		6	
		7		3	9			

72

5		6				9	4	
	2		3				1	
		8		9				
						1	7	
3			6					
						6	2	5
	9	2				1		
		3						2
	1		9	5				

73

```
. 9 2 | . . 5 | 3 . .
. . . | 8 7 . | 9 . .
. 8 . | 6 . 3 | . . .
------+-------+------
6 . . | 3 . . | 5 . 9
. 3 . | . . . | . . 4
. . . | . 4 . | 8 . .
------+-------+------
2 4 . | . . . | . . .
. . . | . . . | 2 . .
5 . . | . 4 6 | . . .
```

74

```
. 6 . | 5 . . | 4 8 1
. . . | . 2 9 | . . 7
. . . | 3 . 8 | . . .
------+-------+------
. . 8 | . . . | . 4 2
. . . | . 7 5 | . . .
. 9 4 | . . . | 3 . .
------+-------+------
. . . | . . 3 | 7 . .
1 . . | . . . | . . 5
7 5 . | . . . | . . .
```

75

```
. 2 . | . . 9 | . 4 1
9 . 3 | . . . | . . 7
7 8 . | . . . | . . 6
------+-------+------
. 4 . | . . . | . 2 .
. . 6 | 1 . . | . 8 3
. . . | 3 . 2 | 9 . .
------+-------+------
. . . | 9 . . | . . .
. 6 8 | . . . | . . .
. . . | . 3 . | 1 . .
```

76

```
. . . | . . . | . . .
. . . | 8 . . | 6 . 4
. 8 . | . . 4 | 5 . 9
------+-------+------
4 . . | . 8 1 | . . .
1 . . | 9 . . | 3 . .
. . . | 3 . 5 | . 4 8
------+-------+------
. 6 . | . . 3 | . . .
8 . . | 4 . . | . 2 .
. 2 . | 6 . . | 7 . .
```

77

```
. 6 . | . . . | 4 9 3
. 7 8 | . . . | 5 . .
. 5 . | . . . | 4 6 .
------+-------+------
. . 1 | . 7 . | . . .
. . . | . 8 . | . . .
. 9 . | . 1 . | 2 . .
------+-------+------
. . 3 | . 9 . | . . .
. . . | . . . | 6 7 .
8 . . | 7 . . | . . 3
```

78

```
. . . | . . 3 | . 9 4
. . 2 | 4 . 6 | . . .
2 6 . | 3 . . | 1 . .
------+-------+------
. . 8 | . 5 . | . 1 .
. . . | . . . | . 2 6
. . . | . . 8 | 7 . .
------+-------+------
9 4 . | . 6 7 | . . .
. . . | . 1 . | 6 . .
1 . . | 8 . 2 | . 4 .
```

79

		3			1		2	
		6	7				3	
1					4			
2	6					9		
		8						
	4		5			6	7	
		1	3	7	2	5		9
						7		2
5								

80

		2	3		6			1
		3	1	4				7
		5		7	8			
		7		3				
						9	7	2
		2						
		4				5	1	
		8	1					
	6				3			

81

2	3		8					4
	5	8	7	4		2		9
			1					
	8							6
	9		3				1	8
			2			4		5
	4	9						
							5	
6					2			1

82

							9	
	1	3						8
		4						
	2							7
9	3	6	8			2		
8			5		6		3	
2			9	1		6		
			3					1
			6	5				

83

		9		7	1	3		
4	5			3	1			
								9
					3	5		
3	6			2				1
		1			6		4	
	3	2			9			
			8			6		5

84

	7		2	9	5	8		
9		3		4			2	
8				7				
2	5	1	6					
								4
	9							1
			3			5		
			9			1		2
			8				7	

85

		6	9				3	5
								8
8	3			6			1	
	6							9
	9	2		1				
				3		5		
	4	7		9	2			
1		3			6			
6	8							4

86

		9					5	4
		3			2			
			8			1		3
			7		3	9		
	2			5				
			4	6				
	3			4			1	
4						5	8	6
	9	2						

87

2				5		4	7	
		1						6
7	3			8				2
					6		2	
			2					
5		8						
	4	3		1				
				8				
1		6		7		3		

88

				7	8	9	2	
7				4				
	2			9				
			4					
	8	6	9	2				
9	4			8				5
						2	6	
1							7	4
		6	9				5	8

89

							3	
				2	5			
9		3						
	6	4			3		9	
				7		3	1	
		5						8
		7				5		
5		9	6			4	8	
6	3		5		2			1

90

			1	5				
	9		6		2			
			8				6	
			4	1	2			
	5	7						1
	8				7			
		8			4			
2					8	5	7	6
3	6							

6					8		3	
	8	3			9			
2			5		1		8	
3				5				
		5	6					3
	4	6						8
	7	9	1					
		8				5		
					6			9

								3
	9							8
			7	6	1		9	
		4	6	7	3		8	
	2				5		3	
	5		4					
	3	5				2		
		3		7				
2		6		9				

			2			4		
	8			4				
	7	1	3		9	5		
5						6	1	
		3			1			
			5	6				
	3	5	8					
		7		9		8		
6						3		4

9		6						
	4	7		8				
		3						
5			3					6
			4		9	8		
			6					7
	9	4	8				3	
7	3		1					
	1		9			4		

8	6	2		1				7
		7	8					
						3		
			8	9				
		4						1
			6	1				3
		1	9		5	6		2
2								
	4			7	8	1		

2			6		5			
	3							
	4				8	3	6	
		5				9		
	2	1	9					5
	6			3				4
		5			4			
	5			4		1	9	
4				1				

97

	9		8					6
			2					
	2							1
		4				2		
	8		1			3		
5				7	8			
				3	7			
6							3	
7				9			4	1

98

2			9			6	5	
				8				4
8			2					
	7				3	1		2
							8	
6		2	4					
						2		5
			7				1	
	6		8	4				

99

	7		5			4		
8							7	
		5		1				3
3			8	2		4		
	2	7			5	8		
9	6		1					
		3				9		8
					1	7		
			4					

100

7	9		8				5	
			4					
5			9	2				6
6		2	4		1		3	
	1			9				5
				3				
	5			7				9
3	6							
4				2		6		

101

	1		6				4	
	5							6
	7	8	3					9
	9				1			
8			6			9	3	
				2				
	3			6		1		
2		9				4		
5				4	7			

102

		4		5			2	6
				7	9			
		7		8				
8					6			
							9	4
1			9					3
		5		7		2	6	
			2			8		
	2		3					9

103

				8				
2							1	5
4		9				6		
	8	5			3	6		1
		1						2
				4		8		
			6		2	1		
			4	7				
					1	9	3	7

104

			5					
				1		6		
	8		4					9
			6		7			
5						3	1	
	1	7	9					
	6			4			2	
	7		2			6		
9		1						

105

9		8		5				
	7		6		3			
			7			4		
			9					5
4			5	1				
		7	6			3		
		5		8	4			
3	9				7			
		1						9

106

			3		6			
6	9	2	1			5		
	8		9	2		1		
8						7		1
						2	6	
	4	1						
3	7							2
				2		9	5	
9		5	3					8

107

		7		6		4		
1	3							
6		9	8			3		5
			3	5			2	
	8	5					9	
3	9				6	5		1
		6	4					7
								8
				1	8			

108

	1	3	5					6
8	2				7	9	4	
5					2			
1					9	8	3	
2	9							
	3			7		2		
	8			1				
						3	9	4
4								

109

	7		6			4		
3	2			1	7		6	
6		1		2	4	7		
	4				8	1	3	
9		8			6		2	
				7				
						3		8
	3							
1								6

110

			9					
				3			6	
5		3		1				
2					8		1	9
	5				9	7		
1				4				
	8					3		
		4		2	3			8
9							4	5

111

	8							5
		3		7	2		6	1
		4				7		
9		7	2				8	
		5			7		3	
6	3							
			7					
		2		8				6
		6		1		3	7	

112

		4		1				
	6	7					3	
1			3				7	
3				8		2		
	7					9		
5			4			8		6
		3		1				
						9	5	
9		4						7

113

3	4		5					
2		9				6	8	
5							2	
			8			1		
4			6	7				
			2			9		3
6		4	8					
	5							9
	1							

114

	9	1			3	5		
	6	4	8	2				
		5						
			4				2	
9							6	
				6				
4						8	3	2
7			5					
		3	2					1

115

	3			1			8	
			2		9			
						4		
1		2	8			9		
	7							
6	9		1	4		2		
				9		6		7
8		3						5
9	4							2

116

	6			3				
			6		1		3	4
						7		
2	9			3				
			5			2		
7		8			9	1		6
	4	7			5			8
6				8	5			
						4		

117

4			1	7				
		8	4		9			
6							9	
		6		1	3			2
7		1			2			
8				6		3		
9						2		4
	2			9	4		1	5

118

		5		3	1			9
	7	4						2
3				8				7
					8		1	
7			2					4
			3	4			2	
	2	9		5			4	1
	4					8		

119

			8					
	3	4			6	7		
		9				3		5
				9	2	3		
		1						9
8					2	4		
			9					2
4	2						8	3
			7			5	6	

120

7			9			2		
1		9		3				5
2			5					
		7		1		3		2
					6	9		8
		3	9					1
			7	2			6	9
						8	5	

121

	8	2						7
		3			5		6	
		4		2	9			
5				1			7	
				6			4	
						1		2
			9	5			1	6
								4
		8	1		2			

122

				3				
		2					4	7
	9			1	5			
				6			9	
	7		3				1	2
		4		2				5
	6							
			4				5	7
9		7						3

123

				4	9		2	
7				6				3
					3			
4	3	7						
1				8		3	6	
		2			1	7		
		8		9	2			1
	6					4	5	2

124

4			3		1			
6	7				2			
9	3		8			6	1	
							3	
		2	4					5
7					4			
				9		2		
				3		1	4	
		4		8				7

125

	7	4						
		5		2		3		
8					1	5	9	
		7	2					
							8	
	4		5					
	1		7					
					6	1	3	
9	6		4		5	7		

126

								6
	9		1	6		2		
	8				7			
			7			8		
9	5					3		
1			5	9	6		7	
2				8				9
7	1			3	8			
	4		9		2			

```
. 7 4 | . . 3 | . . 2
. . . | . 6 . | . . .
. . . | 1 8 . | . 9 6
------+-------+------
. . 8 | . . . | 9 . .
2 5 . | . . . | . 7 .
. . . | 4 . 7 | 1 . 5
------+-------+------
. . . | . . 1 | . . .
. 1 . | 3 . 2 | . . .
. . . | 9 8 . | 3 . .
```

```
. . . | . . 4 | . 7 9
. . . | . . . | . 3 .
. 6 . | . 9 . | 4 . .
------+-------+------
6 4 . | . . . | . . 5
. 8 . | 7 . . | 1 . .
7 . 3 | . . . | . 1 .
------+-------+------
. . . | . . . | . . .
9 . . | . 5 . | . 4 .
. . 7 | 3 . . | 5 . 8
```

```
. . . | . . . | . 9 1
. 8 . | 1 . 2 | 4 . .
4 . . | . . . | . . 7
------+-------+------
6 . . | 9 . 7 | . 1 .
. . . | 8 1 . | . 6 .
3 . 2 | . . 6 | . . .
------+-------+------
. 2 5 | . . . | . . .
. 3 . | . 4 . | . . .
. . . | . . 8 | 9 2 .
```

```
. . 1 | . . 3 | . . 7
. . . | . . 2 | . . .
. 3 7 | 8 . . | . . .
------+-------+------
. . . | 1 6 . | . . 4
. . . | . 4 7 | . 1 3
7 . . | . 5 . | . . .
------+-------+------
. . . | . 8 . | . 7 .
2 . . | . . . | . . .
3 6 . | 2 . . | 4 9 .
```

```
. . . | 3 5 . | . 9 .
. 5 . | . . . | . . 4
. . 9 | . . . | . 6 7
------+-------+------
. . 4 | . 6 3 | 2 . .
. . 1 | 4 . . | . . .
. 8 . | . . . | 1 . .
------+-------+------
5 . . | . . . | . 8 3
. . . | . 1 . | . . .
. 7 . | 8 . . | . . .
```

```
. 2 7 | . . 9 | 3 . .
6 9 . | 8 . . | . . .
8 . . | 4 3 . | . . .
------+-------+------
. . . | . . . | 9 6 .
9 . . | 5 . 1 | . . 4
. . . | . . . | . 3 1
------+-------+------
. 5 . | . . . | . 4 .
. . 8 | . 4 . | 6 . 7
. . 2 | . . 8 | . . .
```

133

		8						
			9	4				
						2	6	8
7				2				3
8					4			
			3		9		4	1
	4	3					1	7
	7	5	1			6		
					5			

134

	4							2
						9		8
3			1			4		
	5	3	1					
	2					5	6	
9				6				
	7		6			9	4	
2	9	6						
4			5			2		

135

6		9	1	4		5		
		5					8	1
			9					
							5	
		7		6				
5		4		8		2	1	
2							3	
	7	8		9		6		
1				5		8		

136

		1				3		7
			5	4				
3						1	8	
			4			7		
	5					2	6	
4	6	9						
			9				6	
6			2					3
	1	2	3				5	

137

	1	4	9		6			
3			8	2			6	
				4				8
	6							
		7		3		1		
1				7		2		
	7		5					
	8	1						2
			4			5		

138

			2			8		4
				9		7		
	7		1		5		2	
	8				2	9		
			5					7
				6				
9	4			2	8			
1			6				8	
2			3				5	

139

```
. 3 . | . . . | 2 . 8
7 4 8 | . . . | . . .
. . 1 | 6 . . | . . .
------+-------+------
. . 5 | . . . | . . .
. . 7 | 9 3 . | . 5 .
4 . 3 | . . 5 | . 9 6
------+-------+------
. . . | . 7 . | . 1 4
. . . | 3 . . | . . 2
9 . . | . . 4 | . . 3
```

140

```
. . . | . . 6 | 9 . .
. . 3 | 7 . . | . . .
. . 4 | 1 3 . | . . .
------+-------+------
9 . . | . 2 . | 6 7 .
. . . | 8 . . | . . .
. 4 . | . 5 . | 1 . .
------+-------+------
3 . . | . . . | . . .
. . . | 5 4 9 | . . 3
. 6 2 | . . . | . . .
```

141

```
6 . . | . 3 . | . . .
. . . | 8 . 4 | . . .
. . 8 | . 1 . | . 5 .
------+-------+------
. . . | . . . | . . .
8 . 3 | 9 7 1 | . . .
9 7 . | . 8 2 | . . .
------+-------+------
7 . 2 | 5 . . | 3 . .
. . 4 | . . . | . . .
5 . . | 2 . . | 9 1 .
```

142

```
9 . 2 | . . . | . . .
. 3 6 | . . 1 | . . 9
. . 2 | . . . | . . 8
------+-------+------
. . 8 | . 1 2 | . . .
. 7 3 | 5 8 . | . 9 4
. . . | . . . | . . .
------+-------+------
. . . | 4 . . | . 5 .
. 9 . | . 5 . | 2 . 7
. . . | 8 . . | . . .
```

143

```
. . . | . . . | . . 9
. . 4 | 2 . . | 6 3 .
1 . 5 | . . . | . . .
------+-------+------
. 4 . | . . 5 | . . .
. . . | 9 . 7 | 8 . .
. 5 3 | . . 6 | . . .
------+-------+------
2 . . | . . 9 | . 1 7
. . 6 | . . . | . 5 .
. . . | 4 . . | . 9 .
```

144

```
. . 2 | . . . | 1 4 6
9 . . | . . 8 | . . .
. . . | 1 5 . | . . .
------+-------+------
. 8 4 | . . . | . . .
7 9 . | 6 . . | . 2 .
. . 6 | 5 8 7 | . 9 .
------+-------+------
4 . . | . . . | . 6 5
. 7 . | . . 4 | . . .
```

145

							8	
		3	1	4	2			
		7				9		3
1		9	2	7				
				8		1	6	7
			6			8	3	
	4			9				1
			8					2

146

				9	3			
7		3			1		9	4
			8					
		5				6		1
	9					7	8	
			6				2	
3						1		
	9	6		3				5
				5				8

147

	8		9			4	2	3
		2	7					
	9							
		7						
			8	4	5			
4					3	8		
	7					3		
					2		1	8
9				5				4

148

	9					4		
				5		6		8
	8			4		3	5	7
								4
	3			2	8			
9		2						
2	1	8	9					
		7		6				
4			8				2	

149

2					1	4		
4	3	9					6	
		1				3	5	
		2		1				6
8					9			
		6	2			3		
	6							8
	8		6	2	3			5
1				5	8			

150

	7	9				4		
6								8
5		4	6		3			
7		2				9	5	
			2					
						6	3	
1			5	7		8		
	3			2				
9	5		6	8				

			8					4
						6	5	
8				9				
		4			9	3	1	
	8		7					2
	1				6	4		7
9	3		6			7		
	4				2			
				3				5

8		7			4			
	2	9	7			1		
4							2	
			2	9	5			1
			3	5				
		6						
						4		5
3	1							2
2	8				3			

4						8		1
		6		2		4		
				5	1			6
		6	7		5			3
	7		8					4
	2			1				
	8		5		2			
				8		3		

	5			1				
2	8						5	6
								3
				6	1			4
3	9						6	
			2					
	2	5			8		7	
		1	6				9	
6					2			

		5			9			4
8		9	1				5	6
		1				7	8	
				3				
		6		2				1
9				7				
2			9				7	
	8				7			
						3		5

	1	8			5			7
					3			
			8	3		1		
5	2		7	3				
	6	7		2				3
						4		
1			2		4	9		5
						1		
	5				8			

157

	9		4	8		5		7
	1					3		
					7	4		
				3				
4	6				2			
9						6	8	
		6				2		
			1		4			
5			8	7				1

158

			4		3	2		8
1			2					
						4	1	7
9			3					
4	3		7					2
	5		8				9	3
7	4							
						6		
			1		9	7		

159

9		1		3		6		
	7		4					2
				1			7	3
3	9		6			8		
	2			8				
			7				1	
7	6			4				5
			8		3			
				2				

160

	1			8			6	
			1		4			2
			7		3	2		
9			6					
4								1
		6		5			9	3
						6		4
	8	3					1	

161

						1	5	
			8			2		
	7				6		8	9
		3						2
		6	5	9		3		
		5					7	
3								8
5				4				
	9				8			

162

	5							
		1	4				8	
	7		1					9
						7	3	
5		4		6				
				9			5	
6				3	7		4	
			2			9	1	5
			9		1			6

163

			4					
4				9			8	
2		8					9	5
	8		9					4
		1			6			
5					7	9		2
		2	1	8			3	
		9					6	
1			5		9			

164

					1	3	9	2
2		7		6		4		
		5	9				6	
	8	6						
		9						
			2	4	8			
		3						
	4	8				9	5	
1				8				

165

		6				1		4
	9							
			7	1	5			6
						5	6	
7			9			2		
	6		3				8	9
3	5			6				
	8	9						1
				7		8		

166

	2		8			3		7
		5		2		1		
8			3			5		
1		9			3	8		
				4				6
	8		9					
					7		5	
					9			1
	7			3		9		

167

	8	4						
		6		2		3		
1								
2	7		6					
				8				3
		5	7		4			
7		1				6		
8			3	6		4		
			4			5	7	

168

				9	5			
			1			8	5	
			6		2			9
	5		4		6			
	6					8		
3								7
	1			8			7	3
						9	2	8
		3			5	6		

169

4			3					
1		2		6		7		
			2		8			
8			3	5				
7		1				6		
	5				4	1	9	
9	6							3
								2
		4					6	7

170

					8	2	3	
6		5		3				
			4			5		
			3			7		2
2		7	9					
		8						9
		9		1			2	5
	7	1					8	4

171

		7			2	3	8	
		9		6				
	4		3			2		
				4		5	9	
1			2				7	8
		6		3			4	
6								
						8	1	
					9			5

172

						9	3	
		9	5			7		
1					2			
2						6		3
7					4			
			1	6	7			
		6		7	3			
	2					1		6
			9					

173

			4					1
			1		6		7	
						8	6	2
7				3	2			
			8	9				
		6		7			1	
	5					6		
		8	7				5	3
				1				7

174

8						3	1	
			5					
	7	3		6		9		
	2			4				
		1					9	
			2	7	6			
7			3	9				
	8					4		2
			4			7		

175

								8
	1		2			4		
	7	4	5		1			
		5			8			
9		3			4			
			7		5			
				6				
3	9		4					
				2	8	7	6	

176

	3	7		4	9			2
6		2			8			9
1					2			4
9								
2			4				6	
		8			6			
							2	7
5	9	3				8		6
				3		9		

177

		5		3		4		
								6
						2		
5		2	3				9	
	1		2		9	7	8	
		4	7					1
1					5			
3	6		9		4			
				2				

178

5					9			
	7		1	3		6	2	
			9					
			2				4	7
			9			2		
		5		4	7			
	3		4	7		8		
1			5			3		9
2								4

179

		3			7			
						8	2	
4		7		1	8	6		
	9			5				
	1	6		8				
7	3	8				5		
						2		
8	2	9				1	3	
				5	8			

180

		5	2		3	6		
	2						4	8
	3							
			4			8	3	
			7					2
				1	2	5		
	8			6			5	
5	1					7		
			9		1	4		

181

			7	9	1		5	8
			4	5		9		6
1						7	3	5
	8			3				
		3		8				1
7		4		6				
	1				9	4		

182

8	4							
			6					
			3	5	8			7
				7	9			2
9	5			1			6	3
	6	1						
	7							4
	8			9				
2		6				1		5

183

	9						6	5
		7						3
5						7		
		2	3		6		5	4
				1			8	6
			9	2				1
9				8		4		
2			9					
		4	5					

184

	4	7	3	5				9
	1					6		
	5		7			3		
		3	2					
		9		3			8	
		8				2		1
							6	5
	9			4				
			9		7			

185

				2		6		
	6	7						2
							8	9
			9					
		2	3		5			
5		6		8			3	
6	9		4		8	1		
					9	5		4
			1		2	3		

186

3	1		2	5				
4		2				7		3
		8						
6	4			3				7
		9						
			1					8
9			7	4		5		
			8					
2						4	3	

187

6				9				
		9					3	
2	5							
					5	6		
1				4		5		
	6	3	8			2		
7		4	5	1				
				3	9	7		
			7			9	8	

188

						5		
				3			4	
			5	7	9	2		
	2	4	6					
	5						1	
	1			4				3
			7			3		
		9	3				8	
	7		8	5				6

189

5						6		3
				9				
	6	1		3		5		
2	8					1	6	
	1		9					7
	4				3			2
7				8		3		
				5				
	2		6				4	

190

2				1				
	8	7			3	4		
			9			7		8
	2		3		9			
9		1		8	4			
8	6						1	
	7						6	3
	4		5		8			

191

						7	8	
5	1			8				
	6			1			2	
		4	2		9	5		
1			4					3
3	5					6	9	
			5	6				
					4		3	
9								

192

7		4					8	
	2			9				
			7	8	5			
	8			9				
				7				
		3		8		9		2
		8		3				5
	4							
5	7	1			4		3	

193

4							9	
	2		5	6				
	9			3				7
8		7		1				3
	5						4	
		1			2			
			6					
	7	8						
			4			9	6	

194

	4					2		
							6	
	5							
	3				6			
		8	1	9			4	
4	7		5		3			9
5	8		2		9			
		9	4					3
	2				6	8		

195

6					1			5
			4					
	9	1					4	7
8		7		9				6
			6			2		
5						7	9	
9						8		
				5				
2		8	4			1	9	

196

8		5	9			6		
2		7						9
			4			8	1	
	3				1			5
	9					3		
		6		2				4
			1					
1			7	5				3

197

			9		1			
							2	6
4		9			3		1	
7	6				4			
			8				3	
	1	5					6	8
				9				
6	7			4		9		
	8	3		2				

198

	4							
	7		1					
	8	3			4			
				2	9			6
5	3		1	4				
	8	2	9					
				4	2			
							3	7
	6			7				8

199

```
. . . | . . . | . . .
. . . | . . . | 4 . 8
5 6 . | . . . | . . 3
------+-------+------
. . . | . . 2 | . 7 .
6 . . | 5 1 . | 2 4 .
. 3 . | . 4 . | . . .
------+-------+------
. 9 . | . . . | 8 . 2
. 4 6 | 8 . . | 1 . .
. . 7 | . . . | 6 5 .
```

200

```
. 6 . | . . . | . 8 3
. . . | . . 5 | . 4 6
. . 8 | . . . | . 7 .
------+-------+------
1 . 4 | 2 7 . | . . .
. 2 . | . . 8 | . . .
. 3 . | 4 . . | . . .
------+-------+------
. 1 . | . 6 3 | . 2 .
. . 6 | . 2 . | . . 8
. . 9 | . . . | . 3 .
```

201

```
. . . | . 9 . | . . 3
. 3 5 | . . . | 7 9 .
. . 2 | . . 6 | . . .
------+-------+------
6 8 . | 9 . . | . . 1
1 4 . | 2 3 . | . . .
. . . | . . . | . 3 .
------+-------+------
. . . | . . 7 | . . .
4 . . | . 1 9 | . . .
. . 1 | . . . | . . 4
```

202

```
. . 4 | . . 3 | . . 7
. . 2 | . . . | . . 1
. . . | . 8 . | . . .
------+-------+------
. . 6 | . 5 . | . . 9
7 . . | 8 . . | . . 3
. 5 . | 7 . . | 2 6 .
------+-------+------
. . . | 9 6 1 | . 2 .
. 2 7 | 3 . . | . . .
. . . | . . . | . 3 .
```

203

```
5 . . | 2 4 . | 8 9 .
. . 8 | . . 1 | . . .
6 . . | . . 3 | 4 . 5
------+-------+------
. . 1 | 8 . . | . . .
. . . | . . . | . 1 .
. . . | . . 2 | 5 . 3
------+-------+------
. . 5 | 4 . . | 3 . .
9 . 6 | . . . | . . .
. . . | 9 3 . | . . .
```

204

```
. . . | 6 1 . | . . .
. . 1 | 2 5 . | 3 . .
. . 9 | . . 8 | . 6 .
------+-------+------
. . . | . . . | . . .
5 . . | . . . | 2 . .
. . . | 4 . . | 5 9 3
------+-------+------
. 8 . | . . . | . 1 5
3 9 . | . . 4 | . . .
7 . 6 | . . . | . . 8
```

40

205

		8			1			3
		3				8	9	
	7				5			
		2		7				5
	1			6				
					8			
8	3				6			1
				5	9		7	
2			1			9		

206

					3	9		
			9			2		4
				2	5			
4	2							8
				8	2	6	9	1
				9				
	5					3		
		7				4	6	
		8		7	9			

207

							7	4
	3							
			1			8		2
4						3		
	2				3			
			6			1		
3				2	6			5
6		4		5			1	8
7					4			

208

					3		5	6
9		2			5			
		4					2	
	6					3		
				7	8			
	8		4					7
		6	3			7		4
								8
8		2						

209

	7				2			
			4					
1		6						
							9	3
2							8	4
4	1			9				7
	9				8		4	7
		8	9	7	5			
		2		3		8	6	

210

			2					
		2		4		7	6	
		9		1			5	
	1	4						
								8
9	3							5
		7			3			9
2		8	7				4	
	6				5		7	

211

			9				5	
9				4				3
	4		2		5	6		
2				5				4
		8				1		9
			4					
	8					6		
					8			1
7				1	6			

212

		3	8		1			
				2	6			1
			7		5		6	
5		2						
		4				9	8	
		5						
		7	1			2		6
6			3			7		
	8			9				

213

						7	8	1
	8		1			6		
							9	3
		7		6	4			
					3			
	6	3		8			5	
1				3		5		
2			7					
6	9		4	1				

214

			6			2		
2		7	3		4			6
								9
		2	4				8	
4	7		5	2		9		
6			7					
1	9			6	5	7		
	5				8		4	

215

9		2			7			
4	7						6	9
		8	5	1				
		4	6		9			
			8	3	1			
						2		1
2		9	8		4			5
			3				8	

216

		2			8	4		1
		3			4		9	
6				5				3
1	2							
	4	7					1	5
		9			8			
						6	2	
	5		6	1		9		
								4

217

		4	1	6				
8	3	6	5					
					7	1		
	5				6		2	
3		8				7	5	4
4					3	5		
		1	4				7	6
						4		8

218

					6	7		5
6	8			5			1	
	9						3	
8								
		4					8	2
		7		3				
	1		4					
			2				7	4
		9						6

219

	5	9		1		7		
1	7		9			8		
8								6
	4	1	6		2			
			5			9		
						3		
3	9	4			5			
5	2							
			7					

220

			6		9		4	5
	6							7
3			8	2				1
7					5			
4	3							6
	5			7			3	4
					8			
			2	3			6	
8		6				1		

221

7					9		3	
							2	6
	9	1			4			
6		5						9
	1		4			2		
9			1		3			5
		8						
		6			7		4	
				3				

222

4	1					7	8	
		7				2		
9			1					
	8				1			
		5				8	3	
	3							5
		3				1	7	
1	9		3	6				
2						6		

223

			9			5	6	
				5	7			1
	4				5	1	2	
5	1			3				
			7				4	
		8	6	2		7	5	
						9		
		6	5	9		8		

224

2	8			1	6			
	9					8		
		6	7					
	5	3	8					
	2					9		
			4	9	3			
		9					1	
	7				1			
	3				2		7	

225

1	9							
						3		
7	6	5		9				
	4		7			1		
						8		
			1	4				
	5	9	6	7				4
		1	9			5	8	
	8		4		1			3

226

		5	6		4	1		
		1					2	
	4	7				5		
				4			7	
2	6	7						8
		1				3		
		2			6	9	4	
6	9				8			2

227

			2					8
3			6					
	5		1		4			
				1	2	5		
	1		7					
			3			9	8	
8			5				9	
9		2		7				
	7				6			1

228

		7		6		5	1	
		9					8	
1				7				
2	8	3	7		5			
	9		2					1
				8				
7	4			5	1			9
		3						

229

6					1			
3	9					5		4
								1
2		3	8	4				
				5			1	2
8					7		4	
7				3				
		6	1					
		8		2	9			3

230

	7					1		5
	3	9	2		7			
			6					
2			7	9	3			8
9								
		6		8		4		
5							3	
7	6	2			1			
			6			2		

231

1	5	2					6	
		3		9				2
					3			
	1	9						6
8	3				4		2	1
			5					
		7						
4			9	2				
5					1	6		4

232

	1		3		9		2	
5	8							
				7	3			5
7								
	9	2	1					
	3				8			
		6		7	1		5	
		9	8		6			
					2			

233

	3							2
9		8		5				
			4					5
4			3				8	
			9		5		3	
	7					6	1	
			6		3			1
	8							3
	9	6						

234

8		5	9					7
9			7	4				
	4				1		3	
7								
	2		1					3
				5	3			
			2			7		5
4			8	5			9	6
		2						

235

				9			7	
6		1		3		8		
		5	1					6
8		9		1				3
	7	2						
	1			4	2			
						6		
				2				
4			7	3				

236

							4	8
	7	1			2		6	9
	2			9		7		
7		2					5	6
9	4							
			3					
		3	5					
	6			4		5	8	
	8			2		4		3

237

			9				3	
6	7		4	5				
		4		7				8
		7		9		3		
					4			
1						8	6	7
	8				3		7	2
	1							
						5		

238

				4				9
		8	2					
	6					2	5	
6				3				
	8					5		2
4	9		5			6		
7		3		6			9	
			9					
						8	3	5

239

	2					9		
4	8		6				7	
			7	1		6		
			9		5	7		4
		3						
2		5			4			
			4		6			5
	6	7		5	3			

240

	2			6				
				4				
1		4					2	3
							6	
	3		2			7		
5	6	9	3				8	
			5	8				
7						9		
9	8				2		4	

						4	8	
4			7					
			9	3			2	
7	6							1
			2		7			
		4			6			
	3	1		6		9	5	
						1	3	
		6	5			8		

						5		
1	7							
			2					6
3	9			5		8		
	5		9			2		
		7					4	
6				7		1		8
	3	1						
			6	8				9

8								
3		5						7
							5	
			6					9
		6	1				3	
			2		3	8		1
	8	2				5		
	4				7	3	9	
6				4	8		1	

4	3			5				2
			6			7	4	
		1					5	
		3	5			4	7	
	2							1
		6	7					
				6				
	9		8		7	1		
				9				3

3	7		8			9		
			2					5
	8		3					2
	2	3						6
				4				
		6	7				5	3
		1				6		8
4	3					2		
		7	9					

								3
	2	7		6		1		
	5			1				8
	6		9			7		
3		5						
4	1			8				
			7			3		
6			4			5		
								6

247

2								5
7	1		8	9		6		
			1	7		2		
	3					1	5	2
		8						
				4			8	
6						9	7	
			2					1
9				1	3			

248

					7		6	8
	2			4				
	8			6		9	1	
				9				
	9	5	7				3	
		7	8	5				6
		9	7	1	2	8		
			2					
	5							

249

	2	8	6				5	1
			8					
	5	6	4		9			
7		5			3			
			2					
	4					8		6
4			7		6	2		
				4		1		
	6				1			

250

			5	9	1			
	9							3
								4
			4	6				
1		3				7	8	
8					7		2	9
			7					
	2		6					1
		7	3	9	2			

251

		8				5		
		7		9				2
		9		1	2		3	8
					8			
		3			8			7
7								6
3	4							
2				6	3			
						7	4	

252

	1	4	9			7		
		5						6
				2			8	
4	5			8			6	9
				7				5
	8					1	3	
		1	7					
	7			3		5	8	

48

253

4			8					
			7			2	5	
	5				2			9
	2			7				
1							8	6
6				9				3
			9	6	7	4		
						9		5
8	6							

254

4								7
	5			2			1	6
		3				8		
	3					6		9
1			9			3		
	9		2			7		
	4					5		2
	8			3				
	1		7	8				

255

				4				
8			1			3		
							7	9
		8		3		4	5	
		9	6	1			8	
	6	2			8			7
	7							8
	4						3	
					3			1

256

			6			8	9	
	2						6	
	6		1	2	3			
			5		6			
3							8	
	9				4			5
			2	5		4		
		4				5		3
		2			8			

257

			7		9			3
	1					7	5	
			6			2		
8								
				3	6		7	
		5	1	8			6	
5	9							
	4	8		5		1		
		1		7			8	

258

			9	7			5	
5								
2							4	
				9		7		
	6						2	
1	3		2			5		
4	1				7	6	9	
	2		8	3				
		3				4		

259

				8			1	
				9	5	2		
	2		3				5	
		9		5			6	8
8		4			7			2
1	7							5
	6		4					
			9	1		4	7	

260

				5			3	4
	3		1					8
7				4			2	6
		5		7	8			
6						7		3
	5	2		3	6			9
				9				
	8						1	2

261

		2						9
	1			6		4		
4			5			8	6	1
							3	5
			4	5	1			8
3	7	6						
8			4	2	3			
5			7	1				

262

			6			9	7	
	7	2			5			3
5		4		9				
2			9	3	6			
		9		8	2			
		1						
	1					2		
		5				1		
						9	6	5

263

8						1		
	3		5					2
1		9		2			7	8
9	8				3			
7	5		1					
				5				
	7			9		6		
		4	2					1
5			4					

264

	7	4						
			1			6		
			5					
	3		2				8	
6			9		7	1		3
	1		3		8		9	
		3	4		9			2
			7					
			3				5	9

265

3		8		2			9	
5	9			4				
	7			3		1		
4		9	5				6	3
	5							
			6		1			
8						6		
	3	6			8		4	
			3				2	

266

1		5						8
			4		7			
					9	5		
					2	9		7
7			9					5
	6					1	8	
6	3			7	5			
		4					7	
	7					1	8	

267

	6		2	9				
			6		8			
		3					8	
	2	9				1	6	
	5					4		
		7	5					
6								
7		8			3		2	1
			8	5	3			

268

			9				8	2
	2	3						4
			7	8				
		6	4	5				1
2		9			3			
				6		9		
5	8		3	9				
				5				
7		4						

269

2				8	6			1
	3			1				6
		9	2			7	3	
	7				9		8	
				2				
						3		
8		3	7	6		1		
						2		
		6			5			4

270

		7	3			5		
			5					
	3	9	6	1				7
		1		2			6	
6					1			
			8					
3					6		1	
	9	5					4	
			7	8		9		5

271

1			6					
6	8	9						3
		3		1		2		
				3		7		
3	9		1	4				
			5	8	6		9	
	1			5			4	8
			8					
5								

272

		9						6
	5					3		
		6	3				1	8
								9
2	9		7					
6						8	7	4
		8		7		4		
						6		
	4	3		2		1		

273

	7	1						
9			8					1
	2		3					
				6	2			
		6		1				3
4		7	9			5		
			9			3		
		4						
3	8				9	7		6

274

	3				2	4	6	
	4						9	
	8	7		6				
6		2				1		
							5	
			8	2				
			3	5		9	8	
	3	9	1			5		
5		4						

275

2	9							
						4	3	6
	7	3		5		9		
				6		1		7
6		7					5	
	3			5				
	4				9	8		1
9				2				
						7		4

276

	7							
4				5	7			8
			4	6		2		
	3	7				5		
	4					1	3	
	7		4					
						3	2	
	5			6				
3			7	8			9	5

277

				6	5			
					8		4	2
				4			9	
		1		7	9		8	
		9						
			4			1	5	
	9	6	8					1
	1			3		4		
8			5				7	

278

9		4	8					
			3					1
	3			6	7			
			7					8
					7			
	8	3	2					9
	1	2						7
			8				4	6
		6	9		2	8		

279

			6		5			4
1	8	2						9
							1	
			7	1				
7			8					
			2		9			8
	6				3		2	
	3	9			8		7	
			4	6			5	

280

			1			6		
	1		8	7	2			
	2			6				
6		1				4		
9			4					3
3			4	8	1	5		
			2			8		9
	5		9			6		

281

7					4			
						2		
			5		3		1	
2		8		6				
			4					5
6						3	8	
		7						8
8						2	3	
			1		7		5	6

282

2	4			3	6			
		1					8	
6				7		3		
	1				9		7	
8			6					5
	2	9	1					6
				4				
	9		2				1	
							3	2

283

```
. . . | 4 . . | 7 . .
4 8 2 | . . . | . . .
. . . | 1 . . | 6 . .
------+-------+------
1 . 9 | 8 . . | . . .
. . 7 | . . 5 | 3 9 .
. 5 . | . . 3 | . . .
------+-------+------
2 . . | . 7 9 | . . .
. 7 6 | 5 . . | . 2 .
. . . | . 4 . | . . .
```

284

```
. 1 . | 5 . . | . . .
7 . 5 | . . . | 8 . .
. 3 8 | . . . | 1 . 5
------+-------+------
3 . . | 9 1 . | 7 . .
. . 7 | . . . | . . 2
. 2 9 | 7 . 5 | 3 . .
------+-------+------
8 . . | 2 . . | . . .
. . . | 3 4 . | 9 . .
. . . | 9 . . | . 8 .
```

285

```
. . . | 2 7 . | . . .
7 2 . | . . 3 | . 1 .
. . . | 8 1 . | 2 7 .
------+-------+------
3 . . | . . . | . . 5
. 7 . | . 4 1 | 6 . .
4 . 6 | 5 . . | 8 . .
------+-------+------
. . . | 2 . . | . . .
. . . | . . . | . . .
. . 8 | 9 1 . | . . .
```

286

```
. . . | . . . | . . .
. 6 9 | 8 . 1 | . 4 .
3 1 . | 2 . . | . . .
------+-------+------
. . . | . . . | 6 . .
. 4 . | 1 . . | 7 . 3
6 . . | 4 . . | . . 1
------+-------+------
. 8 5 | . . 2 | 4 . .
9 . . | . 1 . | 3 . 5
. . . | 5 . . | . . 8
```

287

```
. . 4 | 8 . . | . . 9
. . 6 | . . . | . . 1
7 9 . | . . 5 | . . .
------+-------+------
8 4 . | . . 3 | . . .
9 . . | 4 . . | . . .
. . . | . . . | 3 7 .
------+-------+------
. 3 . | 2 8 . | . . 6
. 5 9 | . . 7 | . 4 .
. 8 . | . . . | . 2 .
```

288

```
. . 7 | 2 . . | . 6 8
. . 9 | . . 5 | . . .
. . . | . . . | . . 2
------+-------+------
7 . . | . . 8 | . . .
9 . . | . 2 1 | . . .
. 3 5 | 8 . . | 9 2 1
------+-------+------
. . . | 9 . 4 | . 3 6
. . . | . . . | . 4 .
. 5 1 | . . . | . . .
```

289

	2				7			9
1	8			6				
			4				5	
			9					
						5	8	4
				5				6
2			3					
	4					8	1	
6		1		2	9	7		

290

		5				4		
					6			2
	7	6			4	8		5
8				1		5		
	6			9				
		2	8	3			9	
			3		9			
	9			7				
	2	4					3	

291

8				9			7	
		6	7				2	4
		7			6			3
					1			
3			4		1			
4						9		8
		2		4				
			8		5			
			6			3		5

292

6			1		7			
			4	8	9	1		6
	3					2		
	5				1		9	
	8	7		3	5			
1							5	3
	7		8					
			7			9		

293

			2			4		5
3		7	5			6		
		8			1	3		
								9
	7	9						
8				6				
6		1		5				
	2					8		
			9	8			1	

294

						5		
		7		3		4	6	
	3	8					2	
	2	1	7		9			
	5					2		9
		9		5			7	
3	9				4			
						1	5	
			2					6

4	.	7	.	1	.	.	3	.
.	.	.	.	7	3	.	.	6
.	.	.	.	.	.	.	1	.
.	.	1	9	.	.	3	.	.
.	.	.	.	4	.	6	.	.
.	.	.	6	.	.	5	7	2
1	.	6	.	.	.	2	.	.
2	.	.	.	.	.	.	8	9
3	.	.	.	.	4	.	.	.

.	8	4	.	.	5	.	6	7
.	.	.	.	4	7	.	.	.
.	.	.	.	.	.	.	8	2
.	1	.	.	.	.	9	.	.
.	.	.	.	.	.	.	2	1
2	4	7	.	.	.	.	.	.
3	6	.	.	7	.	1	.	.
5	.	.	.	.	.	.	.	.
.	.	2	3	.	.	8	.	5

.	.	.	.	3	.	.	.	7
3	6	.	4	.	.	.	.	1
.	.	.	5	.	.	4	.	.
1	8	.	.	.	.	5	6	.
5	.	.	.	.	.	.	.	3
.	.	.	.	.	.	.	4	.
.	.	.	.	8	9	.	.	2
.	2	5	3	.	.	.	.	.
9	.	.	.	.	7	.	.	.

.	7	.	6	.	.	.	.	5
5	.	6	9	.	8	.	.	.
.	.	.	1	.	.	.	7	2
1	.	.	.	.	.	9	.	4
.	.	8	.	.	.	1	.	.
.	8	.	.	7	.	6	.	.
.	5	.	.	.	.	.	.	6
.	.	.	.	.	2	7	.	.
3	.	.	.	.	.	.	.	.

6	.	.	.	.	8	.	.	.
.	.	.	6	1	.	4	.	.
.	9	4	7	3	.	.	.	.
.	.	.	.	.	.	.	.	1
.	.	5	9	.	.	6	7	.
.	.	.	.	.	.	5	.	.
1	2	.	.	.	9	.	.	.
3	.	.	2	.	.	.	.	6
.	6	.	.	.	4	.	8	.

.	.	.	7	.	.	.	.	1
7	4	.	5	.	.	.	2	8
1	.	.	.	2	.	.	.	.
4	2	5	.	6	.	.	.	.
.	6	.	8	.	5	.	9	.
8	.	2	.	7	.	.	.	.
.	.	.	1	.	.	9	4	.
.	.	.	.	9	.	.	8	.

301

7			1	4		8	2	
6		3		8		5		9
			3				7	
				1		4	6	
					7			
4		2		5				
	8					9		
	3	7				4	6	
					8			2

302

	2			1			8	7
						2	9	
		3		9		4		
	1							
		8	4	7				6
		9				1		
7				3				
6			5					8
5			2	9			4	

303

				9	1			
	8						1	4
	4					2		
		2	3	1				
9		3				5		
7						8	6	
2						7		9
			1		8			
5				9				

304

	7	8	6		3			
9								1
	4	5		3	8			9
5	9		4					
			2	7				
				1				
		9						8
2			7			5	1	
		8					6	

305

				8			6	
6							3	5
8	7				1		4	
		1				7		2
			2					
				3				
	5							3
		7	1			4		
			3	6			5	

306

2				7				
		6	9					
	6					5	7	
7		8					4	1
	9	4				8		
4				2	3			
			8	6				9
	3		1			7		

307

		6				5		
			4	5	6	8		
			7				3	
	6							
			9	5		4		6
5			7					
				1		9		
	7				9	3	6	
	1	3			8		4	

308

			9	5			6	8
	7			6			1	3
		9	4					
	5			4				6
		3				2		
							3	
3		5						
8			1			7		
9				5	2			

309

				9			4	
			8		5	7		
	4	7						9
	2		6			4	1	5
		9						
5								8
	5		9					1
				3			6	
1		4			2	8		

310

3			4	5				
	7	2		3				
4			9				6	
		3	2				7	
9							5	
		7			1	4	3	
		8				5	4	
			6			7		
			9					

311

		6		4				
		7						
			1					
				8		5	4	
		2				9		1
	1			3			2	6
			7		4			
8					2	1		
	9		5			7		8

312

3	5						1	
		6		9	4		3	
				1	8	4		
	7	2				3		
			4			9	7	
				4				1
7	3	1	9	8				
9					6			

313

			8				5	
2	4			7				
9		6			5		2	
			1			6		4
		3	5	2				
3		1			6			5
4					7	9		
6				1				

314

				6	4	7		
		4						
5					7			
3			5		1			
				8		6		
6	8						2	7
7	1							5
	5						6	2
9		6				3	8	

315

	5			7		6		
		2					5	
				9			1	7
	4		1					5
3				2	1			4
				3	2	9		
	2							
		6			9			
1		7		9			3	

316

	3							
9	4	7				3		
1				9		4		2
	9	4		1		5	6	7
							3	
	6	2	8					4
		1		3	2	6		
				4			8	5

317

		7		9		5		
4	8		2			9		
			6					
	4	3			9			
2		5						
7			8	1				3
	5			4	2		7	
			8	5	4			9
					1			

318

		2		5				
			1					
9	5	6				1		
		7				3	9	
	2					1	5	
	3			9	2			
			8			6	3	
				4	7			5
				1	2	3	7	4

319

		3		4			1	
	8		9					
		1				6	5	8
	4				8			
						4		9
5								
			3			5		
	7				5		4	6
			2				3	

320

					7	1		
								6
	4			5			7	
3		2	1					5
		6	3	9			1	
						9		4
			6			4	2	
9			7	8				
1				2				

321

		3						
		4	8			5		
			5			9	7	
	3			7				1
6		7	9	8				
			6					
	5					2	1	
			9			3		6
4		2						8

322

9	6		1			2		
		7				8	4	
1	3			4		7		
	5	1			9			3
			5					
	9			6				
	7							
3			6	1				
		6		2	7			

323

						3		8
	3			2		4		
	4		5			6		
						7		
			7			5	3	
1			3					2
	7			4				
	1		6	2	7			
			8	1			2	

324

							7	
9	3	7	5			4		
			1			9	6	
	4	2						
8			5			3	9	
			9			2		3
		4				1	2	
6			3			4		

325

```
4 . . | 5 . . | . 3 .
. . . | . 8 . | . . .
. . . | . 1 . | 2 9 .
------+-------+------
. . . | 8 . . | 4 . .
. 6 . | 4 7 5 | . 8 .
2 . . | . . . | . . .
------+-------+------
5 . . | . . . | 3 . 4
. . . | . . . | 9 6 .
. 4 . | 1 . . | 6 8 .
```

326

```
. . 3 | . . . | . 5 .
9 1 . | 7 . . | . . 2
. . . | . . . | 8 . 9
------+-------+------
. . . | 2 . . | . . 8
. 7 8 | 3 . . | 6 . .
. . . | . . . | . 1 .
------+-------+------
3 4 . | . 6 . | . . .
6 . 2 | 4 . 7 | . . .
. . . | . . 2 | . . 1
```

327

```
4 1 . | . . . | . 5 .
. . 3 | . 5 . | . . .
. 6 . | . . 7 | 2 3 .
------+-------+------
. 8 4 | 2 . . | . 7 .
. 7 6 | 1 . . | . . .
. 2 . | . 3 . | . . .
------+-------+------
. . . | . . . | . . 9
2 . . | . . 6 | 3 . .
. . . | . . 1 | 5 2 .
```

328

```
4 . 9 | . . . | . . .
. 8 . | . . . | . . 7
. 5 . | 4 7 6 | . . 2
------+-------+------
. . . | 3 . . | 2 . 1
8 . . | . . . | . . 3
6 4 . | . 9 5 | . 2 .
------+-------+------
. . . | 2 . 8 | . . .
7 . . | . . . | 6 . 5
. . . | . . . | . 3 .
```

329

```
. . . | . 9 3 | . 8 .
. 7 . | 8 . . | 9 . .
. 5 . | . . . | . 6 7
------+-------+------
4 1 . | 9 . . | . . .
5 . 9 | . . . | 4 . .
6 . 2 | . . . | . . .
------+-------+------
1 . . | . 6 . | . 9 .
. . 4 | . 1 . | . . 3
. . . | . . 7 | . . 4
```

330

```
. . 1 | . 9 . | . . .
8 . . | 3 4 . | 9 . .
. . . | . . 8 | . . .
------+-------+------
. . 7 | 8 . 9 | . . .
9 6 . | . 1 . | . . .
. 1 . | . . 6 | 4 . .
------+-------+------
. . 9 | . 7 5 | . 4 .
3 8 . | . . . | 1 . .
. 4 . | . . . | . . 6
```

		9		8	4			
	4	1	6					7
	7							
6						3		
	1						9	6
			3			8		
	5			1			4	
			9				8	
2				4	8			1

	4							
	5		8			9		1
		7			2	8		
						7	6	
6		9	1					
	3			2		1		
1				4			9	
5	7					4		8

	4		7					2
3					9			
				1			6	
				7			8	
2					6		7	
	9					5	3	
		7		2				
		3			5		9	
1		8		6				

5						1	4	
		6	2					
4	3				6			
						7		
6								8
		3			7		9	
					2			
	9					3		4
	1	7	5	6			2	

								7
		6				9		
	4		5					
2	3			4			9	
			9	7	8			
							4	
6	5				1			
		4		8				
7		9		3		4		5

	5		8					4
		1	3				2	
			7	5				
						1		2
7	9				4		3	
5					6	7		
		6						
						5		
		4					8	

337

8			6	5		1		3
			1	3				
							5	
		2	3					1
		3		9	6			
9	4	7						
2								
4				8				5
6	5			4		9		

338

							4	
				1		6	3	8
	9	5				7		
	6	3	5					9
3					4			
		8				1	5	
2	8		1					
4								2
		1		8	4			

339

	4					6		
3		7			1	4		
				2				
9	7					4		
			8	4		5	3	
					9	8	1	
6	9	2	7				5	
	5		9			3		

340

		9						4
	1	8		3			7	9
	5							
			6	8		5		
			7		9			3
2						1		
		9	4	1			6	8
							9	
	4	2						

341

	1	5				9		
	2						5	
			9			4	6	
			5		4	6		
	4		7					2
			2	3				
6		9	3	7				
2						5		
3					1			

342

	8			3		6		1
		2						
6				8	9	4		
			1	4		5	6	7
	3		7				4	
						2	3	
					8		7	
	1							
2						8		

343

					3		6	7
7			8	2				
	2				4			
					8			5
	3	2						9
6		4		3				
				4				
8		6					2	
			9			3	5	

344

		8	4			6		7
		3						
	1		2				8	
2	3							
	5							1
			8			3		
	2	7	8	4			6	
	5					4		
		4	7	2				

345

		2	9	6		5		8
	4					7	2	
7		9	3					
						1	8	
	6					8	1	
			5					9
5						7	6	2
		7	8				1	

346

				7		8		
1				2				
2			3					9
8	7					6		1
	2							
6		5		8	7		3	2
							1	3
			9					6
5	1	3	6					

347

3		2		1	8			
		7			9			2
5	9	1						3
1			5		6			
	4	9			2			5
			6		4	5	2	9
7					4			
					1			

348

				7			1	
	6			4		7		9
		2			5			
				5			8	
					6	3	4	5
7			4			2		
				6			2	8
1								
	8	7		3				

				2				7
				8	5			6
7		9	6			2		
8							7	
	4	2					1	
							5	
		3						
2	5	4		9				
6	9				8			3

			8		2		5	6
	8		6	9				
						5	2	
	2		5		7			
1		4			9			
6	9		1				4	
	6			7			9	
3		7						2

				1		4	3	
				7		5		
	1		8	6				2
9			2					
		4				3	2	
	8	5	7	3			9	
	4	8						
			5					
					4			3

	8		5	6				
1							2	
9				8				
					6		7	1
		3		9	2			
		2	7	5			8	
	7	8			1			4
5								8
6					1			

9	3	6						
	7				4			
		1	3					7
6	8	9	1			3		
3				2				
4			8		5			
7						8		
			2	4		7		
			8	9				2

		6	1	7		3		5
9			5	6		1		
		8	3				4	
7								
	4			8	2			
	6			3				
			8					
8	3		1					2
1			5	9				

355

6		9				8		
	2			5	1			
1			9				7	
	9							
		8	5			4		
	7			3	4			
3	1							
			6				3	
	5	7				1		8

356

5	1				8			7
	2		1			4		
9		7		5	6			2
4				2				
2						1	9	
	5		3					8
				9	7			
			1					5

357

	8		7				2	
6								9
						3		5
	3							
		9	5				7	
		6			3		4	1
	5			4		2	3	
		7	9		6			
		8					1	

358

2	8		9			4		6
3							2	
	6	1			8			
4			3			2		1
9				5				
		2						
	5							9
8	9	6		3				
			4		5			

359

		6		2				
			4		6			
	3					8	2	
5			6					
					4			
		9				3		4
	4		9	5		7		
		2				3	4	9
	7					5		8

360

				2				
	5			4				8
			3		9			1
				9	3			
	3	9			8			2
		2					7	
	6	8	1			2		
	7			5		3		
							4	

361

					7	2		
9		6		3		4		
		7	9					
3						7		4
		9		5			1	2
		1	2					
6		2	5				3	1
8	1		4					

362

6	7							5
9				2	5			8
		4						
			4	9				6
					2			
1	8			6				
	5				3		4	9
					1		8	
4	9							1

363

								7
5	2					1		
	6		7			9	2	
6	9		5			7		3
	1	3	6					
						8	6	
				5				
		2				3	7	4
1	3			9			5	

364

5			6		1			9
	8				3			
	1							
	5		4		3		7	
3		9			7	8	4	
		8		4				
								6
4					2		9	1

365

					2	4		7
		2		6				
9	3		1				8	
				5		2		
8							1	
1	2	6				9	3	
	5			6			4	
3								1
		1						

366

	9			6				
		8		9			7	1
			4	8			2	
2	6	9			3			
4			6		9		8	
	7			4				
	2							4
		1						
9			7	1		3		

367

```
. . . | . . . | 5 . 9
3 . . | . 6 . | 1 8 .
. . 8 | . . 7 | . . 6
------+-------+------
5 . . | . 7 . | . . .
. . . | . . 4 | 7 1 .
. . 9 | . . . | 3 . .
------+-------+------
. . . | 4 . . | . 6 .
6 . 5 | . 2 . | . . .
7 . . | . . 3 | 8 . .
```

368

```
. . . | 3 . . | 6 . .
. . . | . 9 . | 5 . 7
1 . 4 | . 7 . | . . .
------+-------+------
7 6 . | . 2 . | . . .
. . 9 | 8 . 5 | 4 . .
. . . | . 1 . | . . .
------+-------+------
. 3 6 | . . . | . . .
2 . 7 | . . . | 9 8 .
. . . | 4 8 . | 3 . .
```

369

```
. 6 4 | 9 1 . | 7 . .
. . . | . 2 . | 3 5 .
. . . | . 6 7 | . . .
------+-------+------
. 8 . | . . . | 4 . .
. 1 6 | . . 2 | 5 7 .
7 2 . | . . 8 | . . 1
------+-------+------
. . . | 1 . . | . . .
. . 3 | . 4 . | . . .
. 7 . | . . . | . . .
```

370

```
. 9 4 | . . 2 | . . .
. 1 . | . . 3 | . 7 6
. . 6 | . . . | 5 . 9
------+-------+------
9 . . | . . . | 1 . .
1 4 . | . 3 . | . . 7
. 5 . | . 1 7 | . . 8
------+-------+------
6 2 . | . 5 1 | . . .
. . . | . . . | . 2 .
. . . | . . . | 6 . .
```

371

```
2 8 7 | 9 6 . | . . .
. . . | 1 2 . | 4 . .
1 . . | . . . | . . .
------+-------+------
9 . . | . 1 . | . . .
3 . . | . 7 . | 1 . 8
. . . | . . . | . 6 3
------+-------+------
. . . | . . . | 5 3 .
. . 4 | . . . | . . 6
. . . | 6 5 7 | . 9 .
```

372

```
. . 6 | . 1 . | 3 . .
1 5 . | . . 3 | . . .
. . . | 5 . . | . . 4
------+-------+------
. 6 . | . 8 . | . 4 .
. . . | 2 . . | 6 1 .
. 2 7 | . 5 . | . . .
------+-------+------
. . 5 | 3 . . | . . .
. . . | . . . | . . 8
. . 3 | . 2 8 | 7 6 .
```

373

		6					4	
				5				2
5								
6				3	7	8		
			9	4			6	
	3	2	5	6			7	9
		3			4	1		
		4	2	7				
						3		

374

						2		
		2		3			8	
9			1	5				
5				2			6	3
		4			1		2	
				4				
	4			9	7			
		1						4
	2	8	6					

375

	5			2				
4	7		6		1		2	
				7				8
								2
9					4			
		6	2			1	5	
2		9					7	
				4			1	9
5						3	4	

376

8				7				5
9		4	6					
			8		5	2	4	
	5							
	4		5				3	
			9				1	
						3	7	2
	8		4					
		1	3				5	

377

	9							7
5		3			7			1
			8	5			2	
3		8		4			9	
		1	6		3			
9			3		6		1	
1	8	5				6		
		6	4				7	

378

		2						
	7			1				
		6	3	4				5
8	4							
	9			5	7			1
3						5		
	3		7		9			
		8	5				7	
			2			4	9	

			7				9	4
	1			2		7		
3					4			
								1
	9	8			3	4	7	
		7	9					
	2	6						8
8					1			
4				3				

		7				3		6
8	6	4						
	7	2		5				
	8		3	2	4			7
	9					8		
			9	2				4
	4	3					8	9
					6	5		

					3	7		
	8			4	1		6	5
	6						4	
	5	7			2			
			9		7		1	8
1								
	7							9
8			5					
		3	7			5		

					2		4	6
	3							
8		7		5		9		
				4			2	
	5			3			8	
				9				3
5	1		9	7	3			
6							3	
7				4				

			2			8		1
				8			7	
		1	5	9				
							1	6
8				1			4	
6		2				7		
	6		1					
	3		4		5			
				7			5	8

8						9		
9			2	4	1	7		
				3				
2	6		3		7		4	9
3		8						
	7		1			6	8	
			7		2	3		
							2	7
	3					5		

385

	6		3				4	5
7					9		3	
				2				
		2	5	7		4		
1								6
			9					7
				5		3		2
2			1	4		6		
	1							

386

						6	9	1
8	5					4		
2				9				
	3						5	
			2	1				
		4					8	
				1				
		8			3	9		
6				9		2	7	8

387

				6				2
1						9	5	
		3	7					
9				3				
	8		6		5			
2		1					6	
				9				6
						1		4
	2		5	8				

388

			6			4		3
	8	2			3			
6			2					1
			4				1	
7						5		
			9	1				6
	3		1				4	5
		7			5	2		
			3	7				

389

	4							3
							9	
	7		9		2			
1	5		7					9
2						5	8	
		9				4		
		1		8	9			7
				2				
		6				3	1	

390

			5		9			
1			2	4		6		
	7				6			
			6			2		
8	2			7				
9		7					8	
	3	6	1					
		1						4
			4	8		5		

391

3				8				
							6	9
		6		4				
2		8	3					
4				5	2	3		
		3	6				4	
		9		2		4	7	
1			4			7	6	
	8					1	9	

392

1			4				7	
	2	5			6	4		
		9			2		5	
		4	6	1				3
9	5							
		1		8	4		9	
						2		1
		3	9					

393

	5			4	2			
	7			5				9
				9				5
		4	1	7	6			
2					7			
		8		6				
	2		9			5		
9			8		3			
							8	4

394

			7				8	
5	3							4
2			6				3	
		8				9		1
	2		1			7		
	4	5			8		2	
				1				
							9	
3	6		4			1		

395

	2		3	4			9	
9	6	3		8				5
				2				
6						3		2
			9		4	5		1
		1	5					
		7						
						9	7	
	5		1					8

396

	9				4			
		8				7	4	
		7	1		9			6
			4			9	8	
6		7						2
			6	1		4		
8					5	3		
	2			3				7

397

							1	
						5	3	9
8		5		4				
					5			
	4	7						
		8	3		6			
	1			9	4			
		3	6					2
2					7		5	4

398

7				8	3	1		
			4	1		2		8
						9	5	
	3			7				4
			3	2	8			
							6	
8	5							
9			1			5		
1		4			9			

399

2			6	3			5	
	5							
				1		9		
	9	4					1	8
		2		9				7
6					8			5
			3		9			
		6	4	8				
			2			6	3	

400

		8			1	5		
		9		6				
		5	3	2			7	9
	7		9		5			
				1				
						1	4	
	2	3					9	
	5				4			6
1	6					8	5	

73

MEDIUM
PUZZLES

401

7	8				5	2		
			4					1
	5					9		
					4	7	1	
		3			6			
1					7			5
6			7		2			
			6			1		2
3	1		8			4		

402

			2			4		6
	7			8			5	
		4				9		2
	1			4				8
								3
		9		6		5	2	
1						2		
2				7				4
	8					3		

403

	4				3	1		
1		7	6			2		
		2	9	1			6	
	8		4	9				5
				5				
			6					
			8	9		4		
6	2	1						

404

5					8		2	
						4		
9				5	3			7
							9	
	7					8		
4		2				7		
	5				7	2	8	
		4	1			3		
1			9		8			

405

	4					1		
			9					2
		2	5					
6								1
				1				
	1		2	7		3	4	
1			3		2	7		
	8	9						
7			8			4		

406

	5					2		
			4	8				7
	6					8	4	3
			7	4			9	
								5
	3			9		7		2
	2					6		
	7		5	3				
5				8				

407

		8				9		2
		5						
7	6			1				
		6			4			1
								3
4	2			9	3			6
			1			7		
9	4			7				
	5			4	6			

408

4	7		5		2			3
			7	1	9			2
					2			
		5				8		
		1	3		7		5	6
3		6			5			7
9	4					1		
1		8						

409

	1					6		2
			5					
	6		7			1	5	
2	5					9		
			1		7			8
9								
				4				7
	2	9		3			1	
	4				2	8		

410

	4			8				1
			9				3	6
			3	5			4	
		2				1		
			2	4				
		5	8					
6							2	9
		8		7	6			
			6	4		8		

411

	3	5				4		
			1		4			
		8				1	6	9
8					2	5	4	
4			6		5			
		9	4				1	
5						6	8	
		3						5
				2		3		

412

2	4	6	7					9
			8		3			
						4		
		3		9			1	5
	7				8	6		
						2	3	
7	6		4					
						1		2
	1		3		6			

413

		1	3					
						5		
8	6	9	1				4	
	5							
			4			2		
9						6		8
	3		6		9		5	4
2			8					
				1	2	3		9

414

				8			1	
5			9		2			
		9	4		5			8
			8			3		
6	7	3						
	5		6			1		
								4
7		8				3		
	1		2	7		5		

415

	2			1				
		7						
3					7	9		2
		3		5	1			
4		8	3					1
5			7					
			4			5		8
				2	8		1	9
7				3				

416

9	6	2						1
			8		2			7
			6				3	5
1			2	7				
		9		1				
		5	1		4			
	7		3			9		
	2		8					6

417

	2		9					8
1								
			8	5			3	
							2	
9	4	6	1					
		3	7	6				
	6							
			9			7		4
		4	6	5		1		3

418

5						6	8	1
6	8							
		4						
	4					3		
		2	7	1	8			
	1			4			6	9
			5					3
			9	8		5		
		3						

419

```
. 2 . | . . . | . 4 .
1 . . | 4 . . | . . .
5 . 4 | 6 . . | 1 . .
------+-------+------
. . . | . . 9 | . . 4
7 3 6 | . . . | . . 8
. 5 . | . . 7 | . . .
------+-------+------
2 9 . | . . . | . 5 1
. . . | . 7 . | . . .
. . . | 3 . 1 | . . .
```

420

```
. . . | 2 . 3 | . . .
. . . | . . . | . 4 7
9 . . | 6 . . | 1 . .
------+-------+------
. 5 . | 3 . 2 | . . .
. 4 . | . . . | 6 . .
. 2 . | . 6 . | . . 4
------+-------+------
. 8 4 | . . . | . . .
2 . 9 | . . . | 5 3 .
. 4 . | 1 . . | 9 . .
```

421

```
. . . | 8 . . | . . .
6 . 3 | . 1 4 | . . .
2 . . | 5 . . | . . .
------+-------+------
. 6 . | 1 . . | . 4 5
. 9 . | . 7 . | . 8 1
3 . 8 | . . 9 | . . .
------+-------+------
9 . . | . 8 . | 3 . .
. 5 . | . . . | . . 4
. . . | 7 9 2 | . . .
```

422

```
. . . | . . . | 3 . .
4 . . | . 1 . | . . .
. . . | 2 9 . | 6 . .
------+-------+------
5 . . | 6 2 . | . . .
6 . . | 1 . . | 8 . .
2 . 4 | . 5 . | . . .
------+-------+------
. 1 . | 3 . 4 | . . 6
9 . . | . . 3 | . . .
. 8 . | . 7 . | . . 5
```

423

```
. . . | 8 . . | 1 . .
1 . 3 | . . . | . . .
. . 4 | . 5 . | 9 2 .
------+-------+------
. . . | 4 . 8 | . 5 .
. . . | . . 6 | 1 . .
. . 2 | . . 3 | . . .
------+-------+------
. 5 . | 9 . . | . . 6
2 6 . | . . . | . 4 .
. 9 . | . 4 . | . . .
```

424

```
. . 9 | 1 . . | . . 3
. . 1 | 3 5 . | 4 . 7
. 8 . | . . . | . . 9
------+-------+------
. . 2 | 5 . 3 | . . .
. . 3 | . . 2 | 6 . .
8 . . | 7 . . | . . .
------+-------+------
9 . . | 6 . . | . 2 4
. 7 . | . . . | . . .
. . . | . . . | . . .
```

```
9 5 . | . . . | 8 . .
4 . . | . 7 2 | . . .
. . . | . . . | . 2 .
------+-------+------
. . . | 7 . 5 | . 9 .
. 6 . | 8 . . | . . 4
. . 1 | . . . | 2 . 8
------+-------+------
. . 4 | . . . | 6 7 .
. . . | . . . | . . .
7 2 8 | . 3 . | . . .
```

```
. . . | . 7 . | 8 . 3
. 2 4 | . . . | . . .
. 3 5 | . . . | . 9 .
------+-------+------
9 5 . | . . . | . . 1
. . 6 | . . 5 | . . .
. . . | 3 . . | 6 . .
------+-------+------
. . . | . 3 . | . 5 9
. . . | . 9 6 | . 1 4
2 . . | . . . | 1 . .
```

```
. 6 2 | 7 8 . | . . .
3 . . | . . . | . . .
5 . . | . 3 6 | . . .
------+-------+------
7 . . | . 8 . | . . .
. 9 . | 1 . . | . . .
4 . 3 | . . . | 2 . 5
------+-------+------
6 7 . | . . . | 5 3 .
. . . | 2 . . | . . .
9 . . | . 5 . | 1 . .
```

```
3 . . | 8 6 . | 7 . .
4 . . | 5 8 1 | . 6 .
. . 2 | . . . | . . .
------+-------+------
. . . | . . . | 5 1 2
2 . . | . 1 . | . . .
5 . 6 | . . . | . 4 .
------+-------+------
. 9 . | . 3 . | . . .
. . . | . 8 . | . . 6
. . . | . 2 . | . . 9
```

```
. 4 . | . . . | . . .
. . . | . 7 . | . 5 6
. 2 . | . . . | 3 . 8
------+-------+------
6 9 . | 4 7 . | . . .
. . . | . . 8 | . . .
. 5 . | . . 9 | 2 7 .
------+-------+------
. . . | . . . | . . 9
. . 8 | 6 1 . | 4 . .
. 7 . | . . . | 1 . .
```

```
9 . . | 5 8 . | . 4 .
. 3 5 | . 7 . | . . .
. . . | 6 . . | 1 . .
------+-------+------
5 . . | 8 3 . | . . .
6 . . | . . . | 7 . 1
. . . | . 2 . | . 6 .
------+-------+------
. . 8 | . 9 . | 2 . 5
. . . | 1 . . | . . .
. 4 . | . . . | . . .
```

431

		4	1					
		5		8			2	6
				6		5		9
3			8				6	
1		6						8
2	3		5					
			4					
	8			3	7			5

432

7					5	3	1	
							2	
		4	1	2		5	6	
					2		3	6
	1	9						
	2	3		7				
			4	9				
8		6					5	
	7							

433

	3		6					
9		7			3			
				2			6	7
		8						3
					9	4		
4							8	6
	1	2					4	8
6						2		
	9	4			1			

434

	9	1		5				
4					2			
		7						6
5		9		6		1		
2				4		6		
	1				9			
				1		5		
			6	7				
		8	3				9	

435

	7		8	3			4	5
	8							
5		6					3	2
				4				
3			9					
2		7	5					4
		5				3		1
1					2			
		8				2		

436

7			1			5		
			6		9			
	3		2					4
1		7			6			9
2						7		3
			4	8				
3		9					1	
	5						2	7
			5					

437

1							7	9
5	8			9	3	1	2	
2								
	7						9	6
	9			7				
	2	5		3				
				8				2
			5			9		
	3				4	7		8

438

			4					8
1								5
			3	6	9			
			1				4	9
9	7	3				5	2	
5				8				
6		9	2	1				
			6			2	8	

439

	4		3					
8				9		1		2
6		5	1				8	
9								
1		7	9	4		2	6	
		8			2			5
						7		
								1
			2		3	9		

440

	2							
8			9			6		3
				1	3	5		4
				4				
		7				4		
	1		2			3		
5			7					
6			4		5	2		
7								8

441

			6	9				
	8		4					2
			5	8		9		
					6			7
7		5	9					8
	4	6	1			5	2	
				4	3	6		
	6		2					
		8						5

442

			1				3	6
3	8							4
		1					7	
8			2			7		
	3	2				9	1	
9				4				
						8		
				5	7			
2	4		8					

443

			8		5		1	
							6	
			1	7	9			4
4								3
1	7			8	6		9	
6							7	
7	3		2					
				6				
5	1	6					4	

444

4		2					6	
	7			6				9
9					4			
	4	6						
			1	8			3	
3						6		
		9	4		8		2	
7						5	4	8
	3					7		

445

		4				5		
		1			8	9		
		5	2					
		2	8			6		5
			7			4		
8				3				
2	6							3
	5	9			4			1

446

7	2			8				
			4					
6				9			3	7
					5			1
5				7				
	3				6		5	
8								
			5	4			9	3
			2			4	1	

447

	8	9		5	7	3		
7	6							
								4
1	9						2	
			4	8				3
		5		2				
9	4				5	7		8
		1		4				
								5

448

1	2		3					
8						4	3	5
	9			7				
			8	4	1		5	3
2					3			7
		6			4		2	
			9	1			8	
			2				1	6

449

			7			3		6
2				8			9	
7			6					
		7	8	2		1	6	
9					6			
		1			3	7		
			3		9			
				4				
	1	4					5	

450

				1	6	7	5	3
	7						2	
		6	5			1		
7						5		
		1		2				
9	4	3				8		
			1		7			
			8	5		4	7	9

451

	6		7				3	
4						5	6	
	8		4	2		7		
9								2
	2			8			9	6
				6				
7			5		9			1
						9	5	

452

	7	1	5		2			6
5					8			
		3				4		
	6				1			
			6				8	4
			8		3			
	2					9	7	
		6		1				
	5	7				2		

453

4		7				5	6	
				4				
		9		1				
	9				7	2		5
				3				
8		2		6				4
	6					8		
		4		3	2			
		5	7			1		

454

	5	9					1	
7				1		2		
			8					7
	7			2	3	1	4	
	2			6				
9				8				
	1	8		7		4		
		5			6			8
							9	

455

```
. . 6 | . . 4 | . . .
. 9 . | 3 . . | 6 . .
. 1 . | 5 . . | . 4 .
------+-------+------
9 . . | . . . | . . .
7 . . | . 5 6 | . . 2
. . . | . 4 . | 7 . 6
------+-------+------
6 . . | . 2 . | . . 4
. 5 . | . 7 . | . . 8
. . 1 | . . . | 3 2 9
```

456

```
4 1 . | 5 . 2 | . . 8
. . 7 | . 6 . | . 9 .
. . . | . . . | . . 3
------+-------+------
. . 4 | . . 5 | 7 3 1
. . . | 2 7 4 | . . .
. . . | 7 1 . | . . 5
------+-------+------
. 2 . | . . . | 9 . .
. 8 3 | . . . | . . .
. . . | . . . | . . .
```

457

```
1 . . | . 4 . | . . .
. . 8 | . . . | . . 2
. . . | . . 6 | . . 5
------+-------+------
. . . | 7 . . | 3 . .
2 9 6 | 3 . . | . . .
. 7 6 | . . . | 9 5 .
------+-------+------
4 . . | . . . | . . .
. . 2 | . 3 . | 8 . .
. . 3 | 4 5 . | . 1 .
```

458

```
. . 3 | . 4 . | 1 . .
. 6 . | . . . | . . .
1 . . | . . . | 2 9 .
------+-------+------
9 . . | . . 7 | . . .
2 . . | 8 5 3 | . . .
. 3 1 | 2 . 4 | . . .
------+-------+------
. 7 . | . . . | . . .
. 9 . | . . 8 | 4 . 6
6 . . | 5 . . | . 7 .
```

459

```
. . 8 | . . . | . . .
4 . 1 | 3 . . | . . .
. . . | . . . | 4 5 .
------+-------+------
6 . . | 2 . . | . . 5
. 5 . | . . . | . 3 1
8 . . | . 7 . | . 6 .
------+-------+------
. . . | 6 . . | . . 3
. 6 . | 9 3 . | . 7 .
. 2 . | 8 1 . | . . .
```

460

```
. 3 . | . . 8 | . . 2
. . . | . . . | . 4 6
. 6 . | . . 3 | . . .
------+-------+------
7 . 5 | 3 . . | . . .
. 8 2 | . . 9 | 5 3 .
. . . | 4 . 2 | . . .
------+-------+------
. 7 . | . . . | . 5 .
. . . | . . . | 2 1 .
. 2 8 | 9 . 7 | . . .
```

461

		9			6		7	8
		1				3		
	4		3					
	1				2			
		4		5			2	
	8	2				6	5	7
1			5					
			8				6	
		8	1	3		9		

462

6	8	7		1				
						2		1
5		1		4		7		
	5		2		3			
1		9						
		3			6			8
				1			5	3
	7			2		4		
						8		

463

		3		5				
4						2		
	1			7	4			
			6	2			9	
					9		1	
	7							8
				9		5		
		8				6	3	2
	2	9				1		

464

4			7	2			1	
			8	5			7	
		5		1		9		2
						1		
		8	7		3			5
			9		7			
9	5			4				
1		4		5				8

465

4		6				7		
	9				2			
				7				5
5					4		6	1
2								
	8			1				3
			2	8	3			
	3	9	1			6		
	1				7			

466

	9	4		7			3	2
	2			6		9		7
		7				4		
	3		4				8	9
		6		9				
	5							
						2	8	1
4			1	3				5

467

					5			
			6	8				
			3		7			6
		2		5		9		
		4					3	
7		9			6		4	
6				4				8
9			1			4		
1			8	9				

468

4								
				1		2		
	3					6		
	2	1		7				8
8			2			1		6
			4					
9		4				8		
6			8	3			1	
			5	4			9	

469

5								
			4			8	1	5
3				9			8	4
4			7		1	5	2	
				5				
				2	9			
8		5					6	
		6	2	8		4		
	4			6			9	

470

		6	9					
			8				7	
		8		5	9			6
2				3	7			
3	1						5	
				5			2	
			4	2	3			
4			3			8		
	8					1		

471

6	9							
7		5				3		
	2			5				
	4				6	1		
2		9	1		3			
	8				2	7		
			2	5	9			1
								4
1			3		8			2

472

		5	8				3	4
		6		4	9			1
			1					
4	9	1					7	
				6		2		
2								
		9	7		4	8		6
		2		3				
			6					

86

473

```
5 7 . | 6 . . | . . .
. . . | . 8 . | . . .
4 3 . | . . . | 5 . 8
------+-------+------
7 5 . | 8 . 9 | . 1 .
. . . | . 1 . | . . .
. . . | . 5 . | . . 2
------+-------+------
. 8 . | . . . | . . 6
9 . 6 | . . . | 4 . 1
. . . | 9 . . | 5 . .
```

474

```
. . 5 | . . . | . . .
. . . | 4 2 . | . 7 8
3 . . | . 6 8 | . . 9
------+-------+------
2 . . | . . 6 | . 9 .
1 . . | 2 . . | 6 . .
. . . | . 8 . | . . .
------+-------+------
. 7 . | . . . | . . .
. 8 3 | 9 . . | . 4 .
. 6 . | . . 1 | . . 2
```

475

```
1 . . | 9 . . | . 2 3
2 . . | . . . | 1 . .
. 6 . | . . 5 | . . .
------+-------+------
. . 6 | . . . | 7 . .
. . . | 4 2 . | . . .
. . . | 3 1 . | . 8 .
------+-------+------
. . 3 | . . 9 | . 7 .
. . . | . . . | 6 . .
. 5 7 | 6 . . | . . 1
```

476

```
. . . | . . . | . 2 .
. 2 . | . 3 1 | . . 6
. 8 . | . . . | . . .
------+-------+------
5 . . | . 7 8 | . . 3
. . 9 | 3 4 . | . 5 7
. . 3 | 9 . 2 | 4 . .
------+-------+------
8 6 . | . 7 . | 5 . .
. . . | . 2 . | . . .
. . 5 | 1 . . | . . .
```

477

```
. . . | 9 6 . | . . .
. . . | . . . | 4 8 6
. 2 . | . . . | 5 . .
------+-------+------
4 . 2 | 8 . . | . . 5
. 9 . | . 4 . | . . .
. 8 . | . . . | . . .
------+-------+------
2 . 1 | 4 . . | . . .
. . 8 | 5 9 . | 3 . .
7 . . | 3 . . | 8 . 1
```

478

```
. 3 . | . 4 . | . . .
. . 6 | . . . | 8 . .
. 5 7 | 1 . . | . . 9
------+-------+------
4 . . | 5 . 7 | . 1 6
. 2 3 | 6 . . | 9 . .
. 3 . | 8 . 5 | . . .
------+-------+------
. . . | 7 . . | 6 . .
3 9 . | . . . | . . 1
. . . | . . . | . . .
```

			4				1	
	6	8			3		2	
		3			5		4	
2				7				
		6		8				
	8	9	6		1			
			5			3		
7		2						
					6			2

				8			2	
6						4		
	8	2				4	1	
		8	4		3			
7	3					5		
			7			8		6
	9						1	
5	1	6		2			9	
			9			2		

			9		1			7
				5	9			6
		3						
7	1		2			4		5
	5	8						
								9
	2		1			8		
8		9	4			5		
1			7	9				

	6	7				8	2	
4								
			7				8	1
3				5		4		
			3	9				
6			2				7	
	8			1	2			
		4					5	
	5		4				2	

		9				2	3	
	8	6	5	7				
4	2							
			8	7				
9								4
	4	8			1			6
					4			
			8					9
2	9		3	4		7		

					9			
2				6		5		
		9	5			8		
			2			6		
		5			8		1	3
			1			4		8
							9	1
5	8							
6		3						

		8	4					5
			6	9				3
9	4		5	1				
			6			4		
		7			1			
						1	8	
	8	5		9				
	1						3	
4					7	8	6	

3		2				7		
	6			1				8
			9	3				
9			8		1			
1			7	5	4			
5		6	3					
	9					4		
	1		2	8				5
		7						2

			6	9				
				7	8			
3		6			4			
	4			3				7
6		2				4		
				1	9			
					2	7		
	1		8		6			
4		8	2					5

		2			4			
7		4	6	8				
	1		5				6	
						5		
			3			2		7
		6			9			
1	5	7	4					
3							4	
							8	

	4		6	9		5		1
9			5			4		
		2					9	
4							5	
		7					4	
	5	3	7		8	1		
7				8		2		
		5		3				
	2				7			8

		3	5					8
			6					
6	7			1	4			3
		5		4				7
3					7			1
			8				5	
7	5				3		6	
							9	
				1				

						7		
	7						6	9
			8		4	1		3
3		5						
	8			9	2		1	
		7						6
	5		3	6		8	9	
4		3	2					

								9
6				5				1
7		4	6			3		
			7					
	4		9					
	5			3		6		
2						8		7
3			8		9	1	2	
	1							5

		1	7					2
7			2					
				8				3
	4			3		9		
9		2			1			
		7	8			3		6
3	1			2		7		
4	2			1	6			5

			6			1	5	
6				2				
						4		7
			1					6
7						9		
8	1				4			
		6	4		3			
	5		8				2	4
1				7				

	6					9		
	9	7	8					4
						7		
	2		4	1				3
9					5		6	8
	3			2				5
2			1					
			9	3		1		

1					4			7
9				7			6	
						2		9
		1				8	5	
4			2		1			
	5	3	4			1		
	7							2
		4	9		2			
				7		5		

497

```
. . . | 4 . 3 | . 8 .
. . 2 | . . . | . 1 .
. . 3 | 9 . . | . . .
------+-------+------
4 . 5 | . . . | 8 . .
1 . 3 | . . . | . . .
. . . | . 9 7 | . . .
------+-------+------
2 . . | . . 1 | 7 . .
. 4 . | . . . | . . 9
7 . 6 | . . . | 2 3 .
```

498

```
. . . | 2 . . | 3 . .
. . 9 | . . . | . 6 8
3 5 . | . . 6 | . . .
------+-------+------
. 9 . | . 5 . | . . 3
6 . 3 | . 9 . | . . 2
. 2 . | . 8 . | . . 4
------+-------+------
. . . | 1 8 . | . 9 .
. . . | . . . | . . 6
. . . | . 4 . | 5 8 .
```

499

```
. 2 . | . . 8 | . . 6
1 3 . | . . . | . 2 7
. . 6 | . . 1 | . . .
------+-------+------
3 6 . | 8 . . | 7 . .
. . 5 | . . . | 4 8 .
. . . | 1 2 . | 6 3 .
------+-------+------
. . 9 | . . . | . . .
5 . . | . 3 . | 9 . .
6 8 . | . 5 . | . . .
```

500

```
. 6 5 | . . . | . . .
. . . | . . . | 1 . .
2 . . | 1 . . | . . 5
------+-------+------
. 1 . | . 9 . | . 7 .
. . 7 | . 8 5 | . . .
. . . | 6 7 . | 2 4 .
------+-------+------
. 3 . | 2 . . | . . .
. . . | 4 5 8 | 9 . .
9 . 2 | . . . | . . .
```

501

```
. 5 7 | 8 . . | 1 . .
. 6 . | . . . | . . .
. . 8 | . . . | 9 . .
------+-------+------
. . . | . 3 5 | . . .
. . . | 4 5 . | 7 2 .
. . 1 | . . 7 | 9 . .
------+-------+------
. . . | . . 1 | . . 6
. . 3 | . 7 . | . 4 .
9 . . | . . . | 3 . .
```

502

```
. 5 6 | 4 9 2 | . . .
. . . | . . . | . 4 9
. . . | . . . | 5 6 .
------+-------+------
. 3 . | . . 7 | . . .
. . 4 | . . . | 3 . 8
. . . | 5 3 . | 2 9 .
------+-------+------
. 4 8 | . . 1 | . . 5
. 6 . | . 5 . | . 7 .
. 7 . | 9 . . | . . .
```

503

8			7	3		9		
4	2							3
		5		1		2		
	8							
					8		3	
			9		7			
3						7	5	8
				6				2
		9				1		

504

			5	8			7	
1				4			3	
	2					8	1	
				9			8	
				2	3		9	
2		7						
					6		4	
8	1		4	5		6		
7	6					9		

505

9	8							
1								
		4	3				2	
		5			1	9		
	6			7			4	
				2				1
			2			6	7	
			8					
8	4	2		5	7			

506

			8	3		5		
						4		
	6	2		7	5			
		7	9			6		3
							2	
9		4		8				
						3	9	
	5					1		7
			4	5				

507

4								1
		8	9			5	7	
		9	1					
		4	5				6	
3	8							
	2	6			3			
6		2				3		
	9			1		6		
		3				9	4	

508

		9	7			3		
			3	5		6		
4							1	
	5		8			2		
						5		
		8	2	3				
		1		9				
	4						8	
3						1		4

509

8		9	1			4		
				6				
	5	7				6	2	
5	2		4					1
				3		8	7	
			9					
7					9		6	1
3		5		8				
	1						9	

510

5		4	8				7	
					1	8		
	1	7		3	4			
	3		7			6		4
	5				6		2	
				8				
						9		
	9					8		
3			2					5

511

7		1					6	
		2		7		8		
3	5					9	1	
			8	2		9	1	
5					6		4	
					2			
9				7				
			5		2		8	
			3					7

512

			9		7		6	
9			5			7		
4		6	8					
				5	4			
				2	3	1		
3							4	6
2			7			5		4
5								8
	8	1						

513

9	1	7			2			
4				3				
			5					1
	6			9	8		7	
		3				2	9	
						9	5	
2				4	5		6	
3			2					

514

			4		8			
				9				
5						6	1	
6	1			3				
2		4				5		
			8		1	3		
	4					2	7	
	7							9
			5	6	1			

515

							4	5
				3		6		
3			7	8				
				1			7	
5		1					9	
6		9						
	8	3			9			4
					7		3	
	5			4	2	7		

516

			1		4		9	
		3	2					
9					3			
4		9					8	
	7		5					4
						5		2
6				7				
	4					6		3
		7			8	4	2	

517

4					6		1	
	3	6		2	4			8
					1			
			4	7				
		7				5	9	
		8				3		6
		3	5			9		
8				3				

518

		4					8	
	1			3			2	
		9		8	1	5		6
								8
1	3	5			6			
					9	1		
5						2		
6			9		5	7	1	
	3							

519

			3	5				
			1	4		6		
		1	9					
				7		2		
	1	2	4	8			3	7
	9			1	4			
	2					5		9
9	3							
		7	2					

520

			6			4	7	
					1			2
	7		8		9			
5		1		6				8
		2	7				1	
	9						4	
8				2				
		4			8			6
	3							

521

```
. . . | . . . | 1 . 6
. . 8 | . . . | 3 . 5
5 . 9 | . . 3 | 4 . .
------+-------+------
6 . . | . . . | . . 1
. 7 . | . . . | . 4 .
9 . . | 2 . . | . . .
------+-------+------
. 2 1 | 5 . . | . . .
. 8 . | 9 . . | . . 2
3 . . | 6 . 1 | . . .
```

522

```
6 . . | . . . | 7 . .
. . 5 | . . 8 | . . .
. . . | . 9 1 | 8 . .
------+-------+------
2 6 . | 7 3 . | 5 . .
. . . | . 8 . | . . .
. 7 . | . . 5 | . 8 .
------+-------+------
. 9 . | 5 6 4 | . . .
7 . . | . . . | . . 6
8 3 . | . . . | . 4 .
```

523

```
. . 4 | 5 . . | 8 1 2
. 3 . | 7 . . | . 5 .
2 . 7 | . . 9 | . . 6
------+-------+------
9 . . | . 5 . | . . .
. . . | . . . | . 2 .
. . . | 4 2 . | . . .
------+-------+------
3 5 . | . . 7 | . . .
. 8 . | . . . | 6 . 3
. . . | . . . | . . .
```

524

```
. . 7 | . . . | . . .
. . . | 9 4 6 | . . .
5 . 3 | . . . | . . .
------+-------+------
. . 4 | . 6 1 | . . .
2 . 8 | 9 . . | . 7 .
. . . | . . 8 | . . .
------+-------+------
. 3 . | 4 . . | 8 6 7
. 5 . | . . 3 | 4 . .
. . . | . . . | 3 . .
```

525

```
. 9 . | . . 8 | . . .
. 2 4 | . . . | 1 . .
. . . | . . . | 5 . .
------+-------+------
6 . 5 | . . 3 | . . .
. . . | 3 . 4 | 8 . .
. 2 . | . 9 7 | . . .
------+-------+------
. . . | 7 . . | . . .
. . . | 6 . . | . . 8
5 . 9 | . 4 . | 3 2 .
```

526

```
. . . | . 4 5 | . . .
. . . | 2 7 . | 3 5 .
1 2 . | 8 . . | . 4 .
------+-------+------
7 . . | 6 . 9 | . . 2
. . . | . . . | 6 1 .
2 . . | 3 . . | . . .
------+-------+------
. 6 . | . 2 4 | 8 . .
. . . | . . . | . 3 .
. . . | . . . | . . 4
```

527

	5	9	8	7	4			
	6					9		4
	7			3				
		3		2	9			
	9					4		7
					5			
1						8	6	
			3					
	4		5			1		2

528

1	3		4					
			9			6		7
					3	2		
3							2	1
		6	8		1			
	2							
	5					4	9	
8	7							
9				7		4		

529

			1	2		5		
4			7		2			
5						9		
		3		6				5
				7		6		
	6		8	3	7			
		6	9					8
2		7				4		
3					6	7		

530

1		6						
9		2						8
	5		9		1	4		
8			1	4		6		
5	9							
			3					7
		4						
		8		6				9
		7			2			6

531

			6		1			5
	3		4			1		
3					5	7		
		9		1				2
	7		8		9			
	1			9		6		
8		7		5				
		6	1		2			

532

			2			9		
5								
7	1				4	8		2
	5	6			7	3		
2		9		6		4		
			3					
4		7			6			
		8		5				9

						8		
4		1	3	5			7	9
				9				
	3			7				5
7					8	9		
		5	4	3			6	
9		6				7	4	
	5					2		

						4		
7			9					6
			5				7	8
5			2					
		6	4	7				
			8			9		4
9		1	5			8		2
2							3	
3	7				2			5

9		3	1		4			
		4		9	5		8	1
	7				3			
		6		5				
		7				5		
4						9		
				8			1	
		9			1			
		1					6	7

3			1			6	4	
							2	
			4	7	9			5
			6					9
		6	8	1	5			7
	9		5					
			9	6				
	5							
1			3	2				

	5	4	2				9	
					1	4		
			9				6	
		3		6	9	2		
						3	8	
						5	9	
2	6					1		5
	3							
5			1	8	3	6		

	3		9	6			4	
	1	5			4	7		
			8	7				
	5	7	9				8	4
4		9						3
						6		1
3				8				
	9		7					
	7							

539

					7	2		
3	7					4	6	
			5		1		3	
	8		6		9			
9		5					4	3
			7					
		6			3			
4			8		5		1	
	1	8						

540

			8	5			7	
2	5							6
			6	4				
7	2							8
	9	4		3		1		
	6					3		
		8				6		
				7			8	
			4	1				5

541

		8		9	1			
							6	1
			3			7		
5			7	1			2	
				8			1	
		4			5			
					9	3	7	
		6	1		3		4	
3	8			2				

542

3							9	
				9				
5	4			2		3	8	
	7	4	8				2	
				6				
8				2				
			8			7		
	5		9			2		
4	6		7		3		5	

543

3		6	8			9		
		1						
5				6				
	5	8		9			3	
7		9						
			2		1			
			6			1	7	
					2	4	9	
			4	1	3			

544

5						3	8	1
			8	2			6	
						5		
						8	1	
	5			7				
		8	1			4		3
							3	4
7	2				4			
			7	9		1		

545

	2	6	1			9	5	3
		3						4
			9				2	
								5
		4				6		
3					6		7	2
				5	1			
	9	8	2	3				
	5			6		8		

546

		7						6
							2	
	3	5			2		9	
	4	6	1		3	5		
9	5						1	
			4					
4			5					
				6		1		5
	3			2			8	

547

	9						4	5
		8		2	6	7		
		1		7	9			2
1	7		3		2			
4		2						
								9
		5		3				8
8						9	5	
	3					4		

548

		6	2					
			3				1	
4	2		8			9		
			5	1				
8			6				7	
5				9				
	6	3	4				8	
1			8	2	3			
2								

549

	4					5		
2	5			1	7	4		
3					5		7	
		9			3			
					2	8	5	
	1		5					
			7				4	2
				2		6		
7		6			9			

550

							3	4
8		7	9		5			
						9		
		8						9
	7	1						8
	5			6	4			
2		4			9			7
6				1				
	3				2		6	

551

```
. 9 . | 1 . 5 | 7 . 4
. . . | . . . | . . 8
8 . . | . 4 3 | 5 . .
------+-------+------
. . 9 | 3 . 2 | . . .
. . 4 | . 9 8 | . . 2
. . . | . . . | 3 . .
------+-------+------
. 6 . | . . . | . . .
. 2 . | 7 6 . | . . .
. . . | 5 . . | 8 . 7
```

552

```
. 7 3 | . 5 . | . . .
. . . | . 1 4 | . . .
. . . | . 8 . | . . .
------+-------+------
. . . | . . . | 2 . .
. 4 5 | . 8 . | . 7 .
. . . | 9 7 . | . 8 .
------+-------+------
. . 1 | . 9 . | . . .
2 . 7 | 6 . . | 3 . .
6 . . | . . . | 4 . 5
```

553

```
. . . | 6 . . | 3 . .
7 . . | . . . | 5 . .
. . . | 7 . . | . 4 8
------+-------+------
. . . | 4 7 . | . . 3
. . 3 | 2 5 . | 9 . .
8 . 4 | 6 . . | . . .
------+-------+------
. . . | . . 9 | . 8 .
. . . | . 1 . | 7 . .
5 . . | . . . | . . 2
```

554

```
. 8 . | . . . | . . .
. . 1 | . . . | 4 . .
. . . | 2 7 . | . 9 .
------+-------+------
. . . | . . . | . . .
. . . | 7 9 . | 8 1 2
. . . | 1 6 2 | . . 3
------+-------+------
8 . 3 | . . 1 | . 2 .
. . 6 | . . . | . . .
5 . . | 3 . . | 7 . 8
```

555

```
. . . | 8 . 6 | . . .
. . 8 | . 3 . | . . .
. . . | . . . | . 5 4
------+-------+------
4 . . | 6 . . | . 3 5
. . . | 5 . . | . . .
5 . 6 | 1 . 3 | 4 . .
------+-------+------
. 8 . | 9 7 . | . . .
9 . 4 | . 8 . | 3 . .
. . . | . . . | 1 . 8
```

556

```
. . . | . . . | . 9 .
. . 3 | . . . | 1 . .
. . 3 | 6 . 5 | . . 2
------+-------+------
9 . . | . . . | . . .
. 3 7 | 2 . . | 9 1 .
. . 5 | 4 7 . | . 6 3
------+-------+------
. 4 . | . . 6 | . 5 .
. . 9 | . . . | . . .
7 . 6 | 5 3 . | . . .
```

557

	9			4	7			
			1				4	5
						8		9
		5					3	
1			5			2		8
			6			1		
				3				
	6				4		9	
	7	1					6	

558

	5					1	3	
				1		4		8
				2		5	9	
					8			3
2	9							
	1		5			6		
			6	7		3		
8								
7	4			2				

559

2	1			5		7		
			9					1
		9		7		4		
3								8
		1				9		
						5		4
	5	3		9				
		4					6	
8				1				2

560

6					8	1		
		4	6			7		8
		5				2		
8					6			
1	4	6			7			
		5		4	3			
		6		5		4		2
			1			2		4
		9		3				

561

	5	9						
3	8			7				
		1			8	9	4	
2	3			5				
		6					7	
			9			4		
						8	1	
	2							3
1	9	5						7

562

							1	5
9			7		3			8
					1			
7	3			8		4		
		5	2	7	9			
		6						
3			8			1	6	7
							4	
			9	5				

563

							9	
		2			9	1		
6		3				8	7	
	8					5	7	
		7		6				
			3					9
			3	5	7		4	
			2				1	
1					8			

564

						7		
	1	7		2		6		
	6	8		1				
		3						
	7	6			8		2	
		1			9			8
1				9				6
	4	3	7			8		
	5			2				

565

		4		6	8			
				4		5	1	
	3					2		
2		6	9					
			8		5			
3			2		5			
6				7				4
7								
	4				9	2		

566

			3				6	
8				6		3	2	
					1			
		5			6		9	
	3						4	
		6	9			8		2
2			5			7		3
				9	8	6		

567

	9	1				8	6	
								7
	8					5		
				8				
	3	5	9	7				4
			6	4				
1				5		7		9
	5		7	9		3		
		9	8					2

568

	1					9		
		8	4			6		
				8	7			
	2	4		7				1
	5	6			3			7
		7						
	9			3				
8	6			4			3	
				8		9		5

569

5	8					2		
				5	3			
	1		4					6
	7				8			
2		5		9			7	
		9		2	4			
	3				2	7		
					5			9
		8					4	

570

						9	2	3
				5			7	
3						8		
9	5				8	1		
		7				2		
			6	1	4			
1	6	3		2				
				5		7		
	7		8					

571

	3	1		2	9	7		
8		6				1		
				8			2	
	6	8						
	7	4	3		1			
3								
	5			7	2		6	
	8			5				
		3					4	5

572

1				3	6		4	
				8				
4	8			1	9	3		
2					4			
			3				7	
		2	1			6		9
			9					
	1			7		5		8

573

	5	6						
	8							4
4			3		2			7
5			9			2		
6						9		
	3							1
		2			6			
			1	4	8			5
			6		9			

574

	6							5
			4	8			7	9
	5		1	2				
						9		
		2						
5			9	7	8	3		
			3		1			8
	4					2		
9		7						

575

```
. 9 . | . . . | . . 3
3 . . | 2 8 . | . . .
. . . | . . . | 2 . .
------+-------+------
7 . . | . . . | . . .
. 3 . | 5 . . | 7 . .
. 5 9 | 4 . . | 1 6 .
------+-------+------
5 6 . | . 4 . | 3 . 7
. . 1 | . 2 . | 4 . .
. . . | 7 9 . | . . .
```

576

```
. . . | 5 . 2 | 4 . .
5 7 . | . . . | 1 . .
. . 6 | . . . | . 9 3
------+-------+------
. . . | 3 . . | 8 . .
. . . | 8 . . | . . 4
. . 2 | 4 . . | . . 6
------+-------+------
7 . . | 9 . . | . . 5
. . . | 3 4 5 | 9 8 .
. 9 . | . . . | 3 . .
```

577

```
. . 3 | . . . | 1 . .
. . 6 | . 2 9 | . . .
. . . | . . . | 2 4 .
------+-------+------
. . . | . . . | 2 . 1
2 5 . | 1 . 6 | 3 8 .
. 4 . | . . . | . . .
------+-------+------
4 . 8 | . . . | 7 . .
. 6 . | 2 . 4 | . . .
. . . | 1 . . | . . 9
```

578

```
. . 1 | . . . | 7 . .
. . 9 | . . . | 4 . .
4 . 7 | 2 . . | . . .
------+-------+------
7 . . | 2 8 5 | 1 . .
5 . . | . . . | . . .
. . 4 | 7 . 1 | 3 . .
------+-------+------
. 3 . | . 2 . | . . .
. 6 5 | . . . | . . .
. 8 4 | . . . | 6 9 .
```

579

```
. 5 . | 7 . . | 6 . .
4 2 . | 5 . 6 | . . .
. . . | . . . | 2 8 .
------+-------+------
3 . . | . 4 5 | . . .
. 8 . | . . . | 6 7 .
. . . | . 2 3 | . . 9
------+-------+------
. 7 2 | . 1 . | . . .
. . . | . 8 . | 7 . .
```

580

```
8 . 7 | . . . | 6 . .
. . 3 | . 5 4 | 9 . .
2 . . | . . . | 1 7 .
------+-------+------
7 . . | 4 . 8 | . . .
. . . | . . . | . 3 4
. . . | . 2 5 | . . .
------+-------+------
. 9 2 | . . . | . . 8
3 . . | 2 5 . | 9 . .
. . . | . . . | 1 . 6
```

581

```
. 1 . | 7 . 4 | . . 2
. . . | . 8 . | . . .
. . 7 | . 1 . | 5 9 .
------+-------+------
. . 5 | . . 6 | . 4 .
. 7 . | . 4 3 | . . .
. . . | . . . | . 3 9
------+-------+------
. 8 . | . . . | 7 6 .
. 4 . | . . . | . . 8
. 9 . | 2 3 . | . . .
```

582

```
. . . | . . . | 5 4 .
. 1 . | . 8 . | 9 3 .
. . . | 6 . 4 | . . .
------+-------+------
4 . 6 | 8 . . | . . .
2 . 7 | . 4 . | . . 9
. . . | . 6 . | . . .
------+-------+------
5 . . | . . . | . 1 .
1 . . | 4 . . | 2 3 .
3 . 8 | . . . | . . 6
```

583

```
. . . | 2 . . | . 9 7
6 . . | . . . | . . .
. . . | 6 . 1 | . . 8
------+-------+------
5 . 9 | . 1 . | . . .
7 . . | . . . | . . .
. . 1 | 8 9 . | . . .
------+-------+------
. 2 . | 9 . . | 4 7 .
9 . . | . 8 . | . . 3
. . 7 | . 3 . | 5 . .
```

584

```
6 . 1 | . . . | 4 . .
. . . | 3 5 . | . . .
. 9 . | . . . | 2 . 3
------+-------+------
8 . . | . . . | . 5 4
1 . 2 | . . . | 6 . .
. . . | 6 . . | 8 . .
------+-------+------
. 1 . | . . . | . 6 .
. . . | 1 . . | 7 . .
. . 9 | 2 . 7 | . 3 .
```

585

```
. . . | 1 . . | . . 9
. 2 . | . 6 . | . . 5
1 . 9 | . . 4 | . . .
------+-------+------
. . 5 | . 8 . | . . .
4 . . | . . . | 8 . 6
. 3 1 | . . . | . 5 7
------+-------+------
. 7 . | . . . | 1 . 4
6 . 3 | . . . | 2 . .
. . 4 | . 2 . | . . .
```

586

```
. . . | 6 . . | 1 . .
. 4 . | 2 . . | 9 6 .
. 8 . | 4 1 . | . . .
------+-------+------
. . . | 2 . 9 | . . 5
9 . . | 8 . . | 6 . .
3 . . | 4 . . | . . .
------+-------+------
. 3 . | . . 4 | 5 . 9
. . . | . . . | . . .
. 1 . | . . . | 2 4 .
```

587

					4			
	4						1	9
	3		1					
			9		7		2	4
		2				1		5
					6			
6	2			4	8	3		
7							5	
1		4					9	

588

5	9			8				
	7	5				1		4
								9
			6		3		7	
	5							
6				7			2	5
		8		4				
		7				6		
		2		1	8			

589

		4				8	9	
		9				3		
3		1		4			7	
		8						
	2	6	4		9			
	3	7	5					
7			5					
9			2	7		4		
			3					2

590

3	8			7				
7								9
4		6		5	2			
			2	8	6			4
		3					2	
			3			5		
	7							
1			5				2	
	5					9	8	1

591

		8				1		
						5		2
2				3			7	9
7				9		3	4	
8						9		
		3	2	1		7		
						4	5	
				7				6
	9		3	6				

592

1	6		9					8
			8			1		7
		6	7	3				9
				4	9		7	6
4								5
	2			9	1			
						6	5	
					8			
9	4				8		2	

```
593
7 2 1 | 5 . . | . . 8
5 8 . | . . . | . . .
. . . | 8 . . | . . 7
------+-------+------
. . 3 | . . . | 8 . .
. . 5 | . 3 . | . . .
. 6 . | . . 2 | . 5 4
------+-------+------
. . . | . 5 . | . 4 .
3 . . | 7 . . | . 2 9
. . . | . 6 1 | . . .
```

```
594
. 6 . | 8 . . | 5 . .
. 1 . | . 7 . | 3 . .
. . 9 | . 6 . | . . 1
------+-------+------
6 4 . | . . 1 | . . 7
. . 9 | 6 . . | . . .
. 1 . | 3 . . | 4 . .
------+-------+------
. 7 . | . . . | 1 . 5
. . . | . . . | . 4 8
3 2 . | . . . | . . .
```

```
595
. 3 . | 2 . 5 | . . .
7 . . | . . 4 | 3 . .
. . . | . . 1 | . 5 4
------+-------+------
. 4 . | 5 . . | 8 . 1
5 6 . | . . . | . . 7
. . . | 7 . . | . . .
------+-------+------
. . . | . . . | 5 4 .
. . . | 8 . . | 1 2 6
. . 6 | . 2 . | . . 3
```

```
596
. . . | . . . | . . 5
. . 1 | . 2 . | . . .
. 2 . | . . . | . 8 .
------+-------+------
7 . . | 9 . . | . . .
. . . | . 7 . | 5 . .
9 . 8 | 5 . . | 3 6 .
------+-------+------
5 . 3 | . . . | 9 4 .
. . 7 | . . . | . . .
. . 9 | . 6 . | 8 . 3
```

```
597
. . . | . . 9 | 4 . .
. 6 . | . . . | 8 7 .
. . 1 | 6 . . | 2 . .
------+-------+------
. . 5 | . . . | . . 8
8 . . | 7 . . | . . .
2 . . | . . 4 | . . .
------+-------+------
. 8 . | 1 . . | . . .
6 . . | . . . | . 9 5
. . . | 3 . 8 | 7 . 2
```

```
598
6 . . | . 3 . | 1 4 .
. 7 . | . 4 . | . . .
5 . . | . . 6 | 9 . 2
------+-------+------
. . . | 6 . . | . . 5
. 4 . | . . . | . . .
. . . | 3 9 . | . . 7
------+-------+------
. 9 . | 1 8 . | . . .
. . 7 | . . . | 6 . .
. . . | . 9 2 | . . .
```

```
. . 6 | 8 . 5 | . . .
. . . | . . 2 | . . 1
3 . . | . . . | . 9 2
------+-------+------
. 6 . | . . . | 7 . .
2 . . | 3 . 1 | 5 . .
. 1 . | 6 . . | . . 9
------+-------+------
. . 4 | . . . | . . .
. . . | . 5 . | . . .
8 . . | . . 9 | . 3 .
```

```
. . 3 | . 2 5 | . . .
. 1 . | . 7 . | . 9 .
. 2 . | . . . | . . 1
------+-------+------
9 . . | . . . | . . .
1 . . | . . . | 2 3 8
. . . | . . 4 | . . 7
------+-------+------
3 . . | . 5 . | 6 . .
. 6 . | 2 . . | . . 9
. 8 2 | 4 . . | 6 . .
```

```
9 . . | . . . | . . .
3 . . | . . . | . 2 5
. 4 . | . 5 6 | . 1 .
------+-------+------
1 5 8 | . . 7 | . . .
. . . | 4 . . | . . 6
. 6 . | . 1 . | . 5 .
------+-------+------
. . . | 6 . 8 | . . .
. . . | . . . | . . 1
7 . 2 | . 9 . | 3 . .
```

```
. 8 . | . 2 5 | . 3 .
7 . . | . . . | . . 8
. 3 2 | . 1 . | . . 5
------+-------+------
. . . | . 4 . | . . .
6 . . | 7 . . | . . .
2 . . | . . . | 7 . 6
------+-------+------
. . 5 | . . 7 | . . .
. . 9 | 8 . . | . 4 .
```

```
. 5 . | . 1 . | . . 7
. 8 . | 9 . 3 | . 5 .
. . . | . . . | . 1 6
------+-------+------
2 . . | . . 9 | . . 8
. . . | 1 . . | . . .
6 . 9 | 3 . 2 | 7 . .
------+-------+------
. 3 . | . . . | . . .
8 . . | . . . | . . .
. 2 . | 8 4 . | 3 . .
```

```
. . 3 | 6 . . | . . .
6 . 4 | . 2 . | . . .
8 . . | . . 4 | . . .
------+-------+------
. . 2 | 1 3 . | 5 . .
. . . | 7 5 8 | . 9 .
1 . . | . . . | . . .
------+-------+------
. . . | . 6 . | . 7 .
. . 3 | . . . | . . 2
. 7 9 | . . 2 | . 3 4
```

605

9		2				3		
			7	8			9	
		4					2	
						8		2
				5		6		
8	4						3	7
5	6				7			
			4					
			3	8			1	9

606

			1	2	8			
		6					4	
		3				9	5	
5	1				4			
3								
		9		6	1			
						3	7	
8				9				5
		4	8					

607

					7			
	3	2				6	7	4
		9						
	6					9		
8		7		2				6
	1			9	2			
2			6		4			
	7							
	8		1			3		

608

			1					8
			6	2	5	3		
8		4				6		1
		2	5					7
9	7	6						
	5			2			4	
					5			
		4		1	2			
	3			8		1		

609

	9					8		
	4	6	9					
			1	3				
	2		3	4			7	
					2		5	
	7				8		3	
	6		8					
	3	4			7		6	
				4	1			

610

5						4		
		8		7	9			3
	1					2		
		7			4	9		
3								
8	9				6	1	5	
			9					
4			6		3			5
			7		9			

611

		5	7			8		4
4			9					
1	6	7		8				
	4						8	
6		8				4		1
		3				6	2	
	1			9				
7		6				1	3	
				6				2

612

		5	8				1	
		9						
2								
		1	5	8	9		3	6
		2					8	
			2	7				
3					7		4	
	7	1						
4	5			6				

613

	9					5		8
			7	8	3			
		9		3				
				7	1			
6		3	4	2				
7	4		3					9
		8		9	2			1
1	6					4		

614

			8					
	2				5			6
	3	8	2	1				
					4		1	
		1		8		2		
	9	4	6					
	1		9	5				
4		9		3	7		8	
			8					

615

2				4				
	3		2			6		1
			1		5	7		
	9					3	7	
7			4					
			6			4	1	
8	2	3						
9	7			2				6
		6		8				

616

7					1		4	
	4	3				2		6
				8			3	
		7	8		3			
	5	1			9			
	6		2	7		3		
4								
						6	5	
	9							7

617

8			1			4		
						6		
		6		5		8	7	
4	6							
		7	5					9
		8		4	3			7
			3					
	1			8	4			
	2			9				3

618

					2	7		
9		4		8			2	
8								3
	3	6						2
		8		9				
7	5			2		8		
			9			6	5	
	6		8					4
			4					

619

	7		4	1		9		
4		9	8					
								3
5				3		7	8	
9					1			
2					7			5
	2							6
	6		9					
					8	4	7	

620

	6			5	9			4
	2				1			
	3							
7						5		
		1			3	6	4	
		6						2
		8	1		5		6	
4		5	2	3		7		

621

	9		7			1		
				9				8
2					1		4	
		8		4	6			
			5		2			
	5					8		
7	4							6
9		1		2				
				6		4	9	

622

		2					7	
7	1	3			6			
	4							5
			5		8	2		
				9				
			7	4		5		
	5							2
	6		9			3		
3		9				8		1

623

8	.	.	.	2	.	.	.	.
4	.	.	.	8	7	.	5	.
.	.	.	.	.	.	.	.	.
.	1	.	.	7	9	.	.	.
.	.	.	9	.	4	.	8	.
.	.	5	.	.	.	.	.	.
.	6	.	5	.	.	1	9	.
.	7	.	.	.	6	.	.	.
.	8	.	6	.	1	.	.	4

624

.	.	.	.	.	.	.	5	6
.	4	.	7	6	3	.	.	.
.	.	.	.	.	.	.	8	3
.	.	.	9	1	4	.	6	.
.	7	.	.	.	.	.	.	.
.	.	3	.	.	.	9	.	.
5	.	.	.	6	.	.	7	2
.	.	.	.	.	.	.	.	.
.	1	4	3	.	5	.	.	.

625

6	7	.	.	.	.	.	2	.
5	3	.	.	7	.	6	.	.
.	.	.	.	.	.	.	.	5
4	5	2	.	.	3	.	.	.
.	.	.	3	1	.	8	.	.
.	.	.	9	.	.	.	.	.
.	.	.	6	.	.	.	.	1
.	.	1	4	.	.	.	.	.
.	.	.	.	.	5	4	6	.

626

1	.	.	.	.	.	8	.	6
.	7	5	.	.	.	.	.	1
.	6	.	.	.	9	.	.	7
4	.	6	.	.	.	.	9	.
.	.	9	.	.	.	1	.	.
.	.	2	.	9	.	.	.	.
.	.	.	.	.	.	.	2	.
8	3	.	.	2	1	.	.	.
.	.	.	3	.	5	.	.	.

627

.	.	.	.	.	.	.	8	1
.	.	6	.	5	.	.	.	.
.	.	9	.	8	2	.	.	5
.	9	3	.	.	.	2	.	.
2	1	.	.	3	.	.	.	9
.	5	.	.	9	.	.	.	.
.	.	.	.	8	.	.	.	6
4	.	6	.	2	.	.	.	.
.	.	1	.	7	.	3	.	.

628

.	.	4	.	2	.	.	.	.
.	.	4	.	7	5	6	.	.
.	.	5	.	.	.	.	.	.
.	3	.	.	.	.	.	1	2
.	4	.	.	.	9	.	.	.
.	.	1	.	8	.	7	.	.
5	6	.	.	.	.	.	8	.
3	.	.	9	4	.	1	.	.
.	.	.	8	.	.	.	5	.

629

```
4 . 2 . 8 3 . . 6
. . 6 . . . . 1 2
. 9 . . . . . 8 3
. . . . . . . . .
. . . 6 . 4 . . 5
. . . 5 . . 9 2 4
. . 5 . 3 . . . .
8 6 . 1 . 2 . . .
. 4 . . 5 . . . .
```

630

```
. . . 2 . 1 5 . 7
. 1 . 5 . . . . 9
. . 7 . . . . . .
. . 4 . . . . 3 1
. . . . 3 . . . 5
3 . . 7 . . 8 . .
4 . . 1 . . 2 . .
5 . . . 4 . . . .
. . . 9 3 . . 8 .
```

631

```
. . . 2 . . . 9 4
. . . . 3 . . . 7
. . 3 . . . . . .
. 3 . . . . . . .
. 4 . 1 . 8 . . 3
7 . . 4 8 6 . . .
3 2 4 7 . 1 . . 8
. . 7 9 . . 2 . .
. 1 . . . . 4 . .
```

632

```
. 8 . . 3 . . . 7
. 6 2 . . . 9 . .
2 . . 5 . 6 . 4 .
. 3 . . . . 4 5 .
. . . 3 6 . 2 . .
. . 1 . . 2 . . .
. 7 . . . . 9 . .
5 9 . . 4 1 . . .
. . . . . . . . 1
```

633

```
3 . . . . . . . 2
. 6 . 1 7 . . . 5
. . . . 5 4 . . .
. . 8 . . . 1 . 4
. 1 . . . . . 7 .
. 2 6 7 . . . . 8
. . . . 9 7 . . .
8 . . 3 . . 2 4 .
. 7 . 8 . . . . 3
```

634

```
. . . 8 1 . 6 . .
2 . 8 9 . . . 4 .
. 4 . . . . 3 . .
. . . 7 5 . . . 9
1 . . . . 8 4 . .
7 . . 3 . . . . 8
8 5 . . . 7 . . .
. . . . . . . . .
. . 6 . . 2 5 . .
```

					5			6
8		4						
	2			8				
			3					4
	4			8	2	6		
		7	1					
	9		2			4		
3	5		6	7				8
							1	

		8						
3					2			5
	9		1		6			
								4
			9		3		6	7
6		4	5			8		9
	2							3
	5			7		1		
1				2	5	7		

5	4							8
	7	6						1
			5			2		
			3	8	5			
	1				4			
		8				9	1	
8				6			4	3
	2		3					6
9								

5	7			2	6			
1		9		5			2	
		3						
				8				9
8	3		1			7	6	
		7					1	
2		8	3					
	6							
			9					3

9			2	5	7			
5							9	
4				6		7		1
					4		1	
	7		8					
			6				8	
		9					7	3
	5			3	6	2		
	8			4				

			1		9	2		
6	5				7	8		
	7							
	9	5			1			
	3			2				
4				3				6
			3				7	8
2					4			1
						9	3	

641

```
. 1 . | . 2 . | . 5 .
. . . | 6 . . | . 4 .
. . 3 | 4 . 5 | . . .
------+-------+------
. 5 . | 3 . . | . . .
. . 6 | . . 7 | . . 2
. . . | . . 2 | . . 1
------+-------+------
8 . . | . . . | 2 . .
9 . . | 7 1 . | 6 . 8
. 6 . | . . . | 4 . .
```

642

```
. . . | . . . | 4 . .
6 5 2 | 9 . 4 | . . .
. . . | 3 . . | . 5 .
------+-------+------
. . . | 9 . . | . 1 2
. . 3 | 4 . 6 | . . .
. 2 8 | 5 . . | 9 . .
------+-------+------
. . . | 2 . . | . . .
4 . 7 | . . . | 5 . .
. 8 . | 6 . . | 7 4 .
```

643

```
. . . | . . . | . . 6
. 6 . | . . 1 | . 3 .
. . . | 4 . 7 | . . .
------+-------+------
. . 1 | 5 . . | . 9 .
. . . | 9 . 3 | . . .
2 . 7 | . . . | . 1 .
------+-------+------
. 1 2 | 3 . . | . . .
. . 3 | 6 . . | 9 2 .
. 5 . | . 8 . | . . 3
```

644

```
8 . . | . . . | . . .
. 1 3 | 7 . . | . . 4
. . . | 1 5 . | . 9 3
------+-------+------
. 2 . | . . . | 9 . .
. 4 . | . . . | . . .
. . 7 | . . 4 | . . .
------+-------+------
. . 5 | 6 . 7 | . 2 .
6 . . | 2 . . | . . .
. . 1 | . 3 . | . . 5
```

645

```
. 2 . | . . . | . . 7
. . . | 3 6 . | . . .
4 7 . | . 5 . | . . .
------+-------+------
2 . . | . . 6 | . 3 .
. . . | 2 1 . | . . .
. . . | . . . | 6 8 .
------+-------+------
. . 9 | . . . | . 6 5
. . 5 | 7 . . | . 2 .
3 . . | . . . | 9 . 8
```

646

```
1 3 5 | 9 . . | . . 2
. . . | 4 . . | . 3 1
. . . | 7 . . | 9 . .
------+-------+------
9 . . | 4 . . | 5 1 8
. . 1 | . . 9 | . . 6
. . . | . 2 . | . . .
------+-------+------
6 . 2 | . . . | . . .
. 8 . | . . . | . . .
. 9 . | . 1 6 | . . 3
```

647

						3		
		7		8	6			
		8	5		1		2	
	7			6				
						9		
8			9	2	4			7
						1	9	5
2	8					7		
			4			2		

648

6					2			4
			7					
	4	5		1			6	
4	5						7	3
7	3		4				5	
			6	8	3			
3	6					2		
		1			7	8		

649

	2		5	3	8			
			1	9				
						4		8
7		6		1		3		4
						6		
	8				6			
	4	2			7			1
	1			8		7		
			6	4		8		

650

			4					8
6					7			
	8				1			
	5			6			7	1
4		2						
				9				3
8					1		5	
			7		5			2
	6	3			4			

651

			9	2		3		
		9	7	6				
	4	5		8				
			3			8	4	
			8			3	2	
				2			7	
3	8	7					9	
	2					1		
6				8				

652

6	7			9		5		
1				6		3		
			7			4		1
	8							
4		7						
			3	4		8		
	1							
	6				5	1		
			1		7		3	2

653

7								
	9			3		5		
		6	4		5			8
				9	6		8	
		7	2					1
1								9
2				8				
				9	1			4
	1					5		

654

		3	4					1
				7			9	
		1	3		8			7
								2
		7		2	5			3
	5				7	6		
	3			8				
5			6	3	4	2		
6	8	2						

655

6		2	5	8				
			4	6		1		
	9			7		8	4	
7								
		6				2	1	
		8		5				7
2	5		1					
4						6	5	

656

						9		
9		3				7	6	
			7			3		1
	9		4		7			
			8		1			
2	4			5				
8		4	1	7	9	5		
								6
		7	5		8			

657

1	3							2
7							3	
		6			1			
							5	
	4	9			5			8
3			9					
		2	8					9
5		1						6
6			7	1			8	

658

			1					
			6	9	2		4	3
			3			9		5
		4				3		2
9	3	5						
	2	7		1				
1				7			5	
							2	7
		9			5	4		

659

```
. . . | 2 . 7 | . 6 .
. . 4 | . . . | . 2 .
3 2 . | . 5 . | . . .
------+-------+------
8 6 7 | . . . | 1 . .
. 3 . | . . . | . . .
. . . | . 4 . | 9 . .
------+-------+------
. . 8 | . 6 3 | . . 1
. 9 . | 5 3 . | . . 7
5 . . | . . . | 8 6 .
```

660

```
5 4 . | . . . | . . 3
. 3 . | 1 2 . | . . .
. . 3 | . . . | 6 . 9
------+-------+------
2 7 . | . . . | . 5 6
. 1 . | . 9 4 | . . .
4 5 1 | . . 2 | . 8 .
------+-------+------
. 9 . | . . . | . . .
. . . | . 5 . | . . .
. . . | . . . | . . .
```

661

```
. . . | . . . | . . 2
. 7 . | . . 6 | 3 4 5
9 1 . | . 4 . | . . .
------+-------+------
3 . . | . 1 . | 8 . .
. 9 5 | . . . | 7 . .
. . . | 3 . . | . . 1
------+-------+------
. . 9 | . . 8 | . . .
. 4 . | . . . | . 9 .
. 8 . | . . . | . 6 .
```

662

```
8 . 6 | 3 . . | . 2 5
. . . | 8 . . | . 9 .
5 . 7 | . 1 . | . . .
------+-------+------
. . . | . . . | . . .
. 1 . | 4 . . | 5 6 .
. 9 . | . . 7 | . 1 .
------+-------+------
4 . . | 5 2 . | 3 . .
7 . 2 | . . . | . . .
. . . | . . . | . 5 6
```

663

```
1 . 6 | . 8 . | . . .
. 4 . | 3 . 1 | . . .
. . . | . . 5 | . . .
------+-------+------
8 . 9 | . 1 . | 5 . .
. . 5 | 6 8 7 | . . .
. . . | . 3 6 | . . .
------+-------+------
. 8 . | . . 4 | . . .
. 1 3 | . . 6 | . 9 .
. . . | 2 . 9 | . . .
```

664

```
. . . | . . 6 | . . .
. 5 2 | . . . | . 7 8
9 . 3 | 1 2 . | . . 6
------+-------+------
. . . | . . . | . . .
. . . | . 1 . | 3 . .
. 6 5 | 4 . . | . 9 .
------+-------+------
. 7 . | . 8 . | 5 . .
4 . . | . 3 . | 2 . .
. . 9 | . . . | . . 1
```

665

			7					
	5				9	2		
			4	2		9	3	5
1		5					8	
				1				9
4	9							3
					8		7	
	2		5			8		
	3	4					6	

666

	1							
				4				
4			9	3	1	6		7
	9		7				8	
	2		8	1		4		
		5						
		4		8		3		6
							4	
3	6	2		9				5

667

4								
6		2	9			5		4
							2	9
	5				9			
9		4		6		7		
				5			3	
1		7		2				
					6		5	3
				8		4		

668

	3	4	6	5				
		3		4	5			
						9		1
6	4			2		3		
8		2	1				4	6
2			4				1	9
3			9					
	6			3				

669

			8			9		
			5	7		8	6	
	2					4		
		6			5			
	8					1	2	
4						6		
	5				3			4
7			4	6	8			
	1			7			3	

670

	2				9			
		4					3	
		5	7	4		9		
3			9					
		8			3		6	
2	6					7		
	4				1			
				7			8	5
8				3		4		

671

			2	3		6		
				6	8			4
	7					2		
4		2	5			6		
				8		9		
				3				7
		9		2		5	3	
			4	7				
		3	5					1

672

			5			4		
	9	1				3	8	
			3			7		
	7		2			1		
4			7	5				6
3								
	8							1
7				4		8		
	9			8				

673

	8					2		
				5				
2				6	5			1
			3			7	4	
4	2	6				1		
		8						9
	7							
1				4	7			
				5		8		3

674

	7					2		
		1						
		3				5	1	
5	1				4		7	
		2		5				
			6	8		3		
8			3					
	2				1			7
		6	5					

675

						9	1	
	4	2		5	3			
	8		2					
		3		2	4			
		5	7					3
			9	1	5			
5								7
	3					1	5	8
			1					

676

7							1	2
	4					6		7
			9	6		3		
		2				9		
	9	3	4			2		5
								6
			1	8				
	7		6					
1			5					

677

		1			6		3	
8	4	2	9					7
						2		
		3	8	2		5		
				5		4		6
			8					9
				1			4	
4			3			7		2

678

9								
			9				6	
4				2	7			3
		4	8		2		5	
			7		3			
			5	9				4
	9					1		
				1		3	2	
6	7							5

679

	4			1	5			
					2		3	
7		6			3			
	1		8	3		4		
			2		9			
								8
							9	
	5	1				8		
3		9			7	1		

680

		9	1					4
			2	6				
			4		3			
	2					3		
	5						8	2
1		4				7		
		5			7	9	4	6
3								7
	1			9				

681

			5	6				
			3			4	5	
5			1			6		8
		2	6	3				
1	9							
		4	7			1		3
			4			6		
							8	2
	2				9			4

682

	6	3						
	5	4				8		
	9		5		7		2	
			2		8		3	
	4		1		9			6
		5			6	9		
	3					1		7
			4	3				

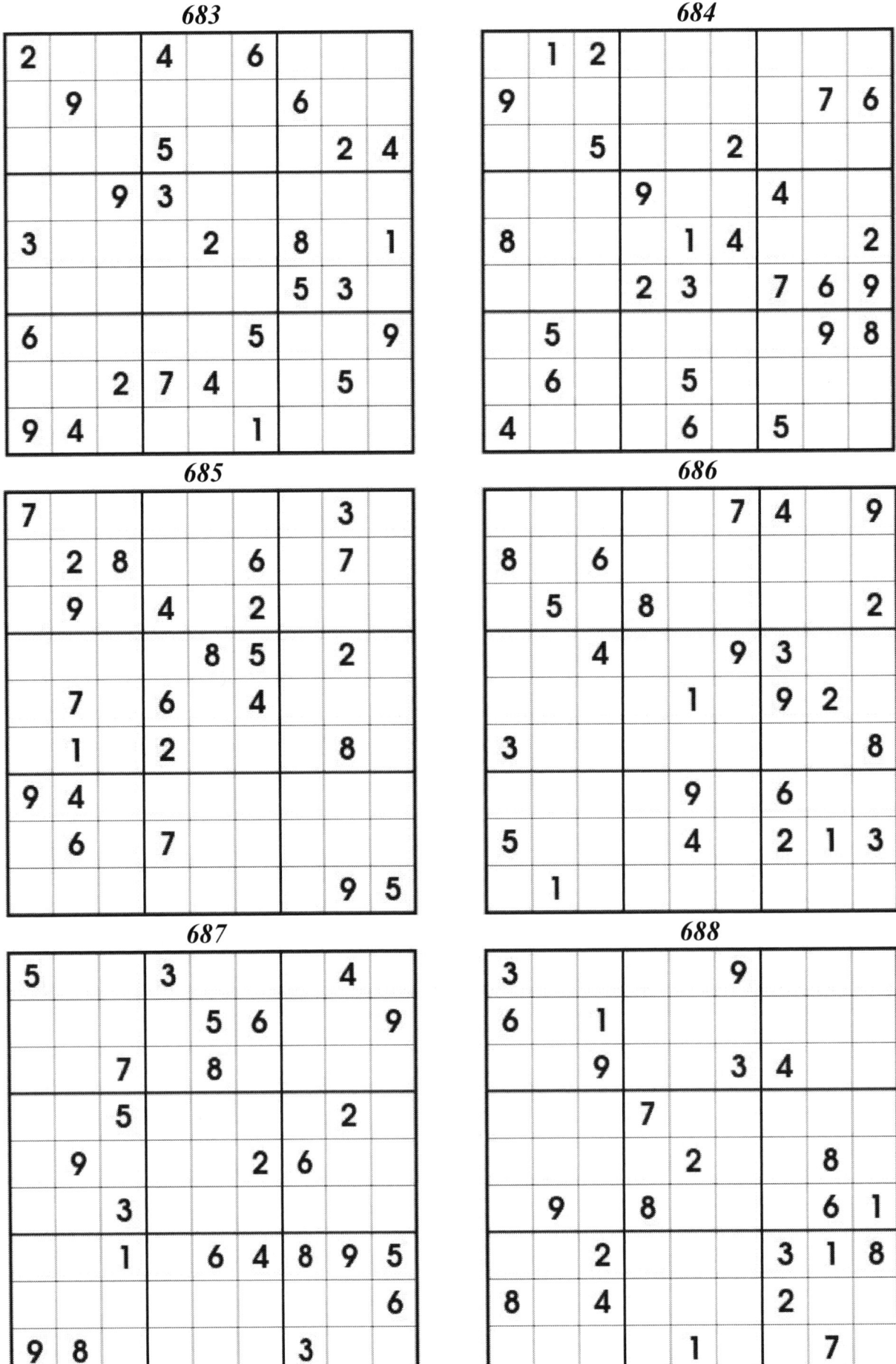

683

684

685

686

687

688

```
2 . . | . 4 6 | . . .
8 . . | 5 . . | . . .
. . 7 | . . . | . 2 6
------+-------+------
4 . . | . . 8 | 5 . .
. 3 . | . . 4 | . . .
. . . | 1 . . | . . .
------+-------+------
. . . | . . . | 9 7 2
. . . | 8 5 . | . . 1
. . 1 | 6 . 9 | . 3 .
```

```
5 . . | . . 9 | . . .
. . . | 3 . 1 | . 9 6
. . 6 | . . . | 1 . .
------+-------+------
. 3 7 | . 5 . | . . 2
. . 8 | 7 . . | . . .
. . 9 | . . . | . 5 4
------+-------+------
. 9 . | . . . | . 3 5
. 8 . | . 7 . | . 6 .
3 . . | . . . | . . .
```

```
. . . | . . . | 1 . .
. 7 . | . . 8 | . 2 .
. 4 . | 9 . . | 5 6 8
------+-------+------
. 8 . | 5 . 4 | 7 . .
. . . | . . . | 2 4 .
. . 5 | . . . | . . .
------+-------+------
1 2 4 | . 8 . | . . .
. . . | . . . | . 7 .
9 . . | . 6 . | . . 3
```

```
2 . . | . . . | . 4 5
. 9 . | . 6 1 | 2 . .
. 1 . | . . 8 | . 6 .
------+-------+------
. 2 . | . . 9 | . . .
. . 3 | . 1 7 | . . 4
. . . | 3 . . | 8 . .
------+-------+------
. . . | 5 7 . | . . .
. . . | 9 . . | 3 5 .
7 8 . | . . . | . . .
```

```
. . 2 | . . . | . . .
. 1 . | . . 6 | . . .
. 4 . | 2 7 . | 6 9 .
------+-------+------
2 8 . | . . . | 9 4 .
. . . | 7 . 1 | . 8 .
7 . . | . . . | . . 2
------+-------+------
4 . 9 | 8 . . | 3 2 .
. . . | . . . | . 6 .
. . . | . 5 . | . . 4
```

```
. . . | 4 . . | . 2 9
6 . 8 | . . . | . . 3
3 . . | . 2 . | 6 1 .
------+-------+------
4 1 . | . 9 . | . . 6
. . . | . 6 9 | . . .
. . . | . . . | . 8 4
------+-------+------
5 . . | 1 7 . | . 4 8
8 . . | . . . | . . .
. . . | . 1 . | 5 . .
```

```
7 . . | . . 4 | . . .
9 . 2 | . 3 . | . . 6
. . . | . 2 . | . . 1
------+-------+------
. . . | . 1 . | . 5 .
3 . . | . . 9 | . . .
. . . | 5 6 . | 4 . .
------+-------+------
. . . | 2 . . | 9 . 4
. 1 . | 8 . . | 7 3 .
4 . . | . . 1 | . . .
```

```
. . . | . 6 . | 5 . 1
. . . | 1 . . | . 4 7
. . . | . 2 . | . . .
------+-------+------
. 5 . | . 1 . | . . 8
. 3 5 | . 7 . | . . .
. 9 8 | . 4 . | . . .
------+-------+------
1 . . | 2 . . | . . .
7 . 2 | . . . | . 5 .
. . . | . . . | 6 3 .
```

```
6 . . | 3 8 4 | . . .
. . . | 7 . . | . . .
. 7 3 | . . . | . . 1
------+-------+------
. . . | 6 5 . | 4 . .
. . . | . . . | . . 6
. 9 . | . . . | 7 3 .
------+-------+------
. 4 . | . . . | 9 . .
. . 7 | 1 3 9 | . 5 .
. . . | 4 . . | 6 7 2
```

```
. . 1 | . . . | . 8 3
9 3 . | 8 . . | . . .
. 4 1 | . . . | . . .
------+-------+------
3 . 4 | . . . | 9 . .
1 . 7 | 2 . . | 6 . .
. . . | . 8 . | . . 7
------+-------+------
. . . | 5 7 . | . . 8
. . 9 | 4 . . | . . 6
6 . . | 3 . . | 1 . .
```

```
. . 3 | . . . | 5 6 .
1 2 8 | 4 . . | . 9 .
. 6 . | 2 . . | . 1 .
------+-------+------
. . . | 6 . 5 | . . .
. . . | . 3 . | . . .
. . . | 9 4 . | . . 6
------+-------+------
8 . 6 | . . . | 4 . .
. . 4 | . . . | 2 3 .
3 . . | . . . | . . 5
```

```
. 3 . | . . . | 1 . .
. . . | . 2 . | 8 . .
7 . . | . 6 . | . . .
------+-------+------
. 5 . | 9 . . | . . 4
4 . . | . . . | 9 1 .
1 2 . | 3 . . | 6 . .
------+-------+------
. 6 3 | . . 7 | . . .
. . 7 | . . . | 4 9 .
. 9 . | 5 . . | 3 . 6
```

701

					9			
6		3		4				
	2					9	5	
		5		7	4			
7			2				9	
	3				1			7
		7				5	8	
2	4	8						9
						2		4

702

					8	9		1
2		8			7			
	9	1	2					
5								2
			8			3		
	9	1						5
	2	5	3					7
1	7				4			
4					2	3		

703

								5
2			1			4		
	4		8		6		2	
		1	4			5		
		7					8	3
	9			3				
		3	6	2		9	4	
							6	
9					8		7	

704

		9	6		4			
						8		
	8	1			5	7		2
		6	4					8
	4	7		9				
					8	1	3	
2						3		
	5	4			7			1

705

		4			2	8		
	9	7		3				5
		6	2					
					5	9		
4	6	3						
				6				2
5	3							
7	1	8			4			
				5				

706

					3			9
	6	2	4				8	
			2	6				
			9					5
4			1					
3		8			2		4	1
			6					4
	8	9				7	6	
	5							

707

			5	6			1	
	5	4				7	3	
		7		8				
	7				9	5		8
3			2					
						3	9	7
6				5				
			3	8				1

708

4					9	2		
			3	4			5	
7	6							
	7		9	8				
	5					4	2	6
	5							2
	6					5	4	1
		7						

709

				5		3	9	
7					8	4		
			9		7			5
			4	1		5	6	
		8						
			5					4
	8	1		3				
				6			3	
6	5							

710

2					7		6	8
		6	4	2				
			9					3
3		9						
	7	1				3		5
			7					
	1					2		
			8	4				6
9	2		6				3	

711

6								
	8			5				7
		4		9			2	3
7		6	3	8		2		5
8		9					3	
								4
3			8		6			
			3					
		1		2				9

712

	6			5				8
		9					5	
	9				2	1		
		3	2		8			1
			1	3				2
	2	5						
		8		1	3		4	
				6				
							7	9

713

	2							
		6	5	8		9		
				1	3			
2			3		7			
	1	5				6	8	
		9						
5		4						
6			2			3		
				3	8			1

714

6	1							8
				4				
8		5					3	
2			3					
	6			8	2		4	
					9	6	5	
				1	7			5
	2	7					8	
9	3							

715

				5	6			
3								7
9					2	4	5	
8			3					5
4	3		2		9			
			1					
7	6							1
	4							
			8			7	2	

716

							6	
2			8					
	4	8	9				3	5
				7	5			
		1					9	4
	9	6	2					
7	1					2		
8			1	9				7

717

8				4		2		5
		6		5	7			
9			7	8				
				3	5	4		
		9		4				8
3								
				6		9		
7			2		5			4
		5	9			1		

718

5		9				2		
			1	3		5	4	
				2				1
7		3		8				2
8						1		7
1				8		4		
2		7		5				9
				3				

719

4	9					3	6	8
			6			7		2
			8					
1							2	
2	3			5				7
				6				
			1	4	7	9		
8								3
9				3			7	

720

4			2		8		3	
9			3				7	1
			3	7				
			5					
7				2		4	5	3
	6	5	1					
			3			8		
	1					5	6	9

721

			9	8			6	
		8	6					
9	6					4		1
7	2	4				1	5	
					8	2		
			5				9	
				5				
		2	4	6				
	7	5		2	1	6		

722

2				7		4		
	7		1		6		9	
		4			8	7		
		6		9				
	3		7				1	
	4		8	2			7	
						3		
		9	5			2		
								5

723

			7	2				
2	3			5				
	4			3				6
						7		1
1				4				
	7							3
	9				4			8
	8	3						
7			3	1		6		9

724

			3	6				
1		2		7				
	3	4	1	8				
		1	5			3		
7	2						4	5
8	6							
9							4	
	5				7		3	6

725

	4				2	1		
	8						6	
	5				3			9
3						5		
			8				1	
		8		7	6			3
9	7					4		
6				2		3		
						4	2	

726

8							2	6
	1		5					3
			7	9				
3			4		5			8
4			9	3		1		
		8	1					
9					6	4		
						7	8	

727

							8	
			1					
		9	2	4				
		6	7			9	3	
	3	7			6		1	
	4			9				
1		8				4		
			9					6
	6		5	1				2

728

						4		
	2	1	3				5	
4				2	8			6
5		9	8	6		7		
	2							
							6	1
		6						
		3		7			2	
		7	4			8		3

729

					8		2	6
	9		2		3			
6			7	4				
			1		5			7
	8					1	3	2
	2						6	
	3			5		7		
	5	9						
			3		4			

730

	3				2			6
		6			9		1	
1								
	2	4		3		8	5	
		5	7			3		
			3			1		
	7	2				5		
5				2	4	6		8

731

							7	8
	1					6		
4			5				2	
		7		4	6		3	
		2						7
5				1				
	2				5			
8				7		1		
		4	2	3		7		

732

	9	6	1			3		
			8			7	2	
	2	7					5	
3			7	5		2		
	4	2						
							9	
9			5	6	1			
				2				3
				9			1	

733

			6	3				9
9	8		1					
4		7					6	
5			4					
					2		7	8
		3	7	1	8			
			2	4				
	9					5	3	
		5						

734

						8		
						6	2	
	1			2	3			9
	3		6	9				
	7	9			4	8		
			1	8				
			7		6			
			3	5	7			
2	5					1		6

735

		6			8	5		
			2	9			8	
	2				5	4	6	
			7	1			4	
3								
	8	5	6			2		1
	4					6		
			9	5				
8								

736

			8					
4	6		9					
			4			8		
	2	1						7
			2		4		6	
	5			1				3
			5	9		7		
							2	3
8	9			7				5

737

2	6	8		3				
						2		
	4							8
			3				5	
	1	4			2			
8			9			3	7	
		6			7		4	3
			5				8	1
			6					

738

	2					7		
				6				
	3	5					1	
1		8		6				9
9			1	5			4	
			9				2	
		9	4	3		1		
	8				2			
		7				8		

739

5		7						
					7		1	
		8		2		3	4	
			6	9	4			
		5						
6			8	7				
9			3	8		7		
		3				5		
					6		9	

740

					8	1		
	5		3	6			9	
	4	8			1	6		5
			8		4			
3			1					
	9		5	2		7		
							8	
6					9		1	
			2			4		

741

	7	9			5	3		
4				9				
6					8	7		5
			4					
						8	6	
			8	3		1		7
	1					9		3
	5		1		7			2

742

						1		3
	9				1			
	2	5		8			7	
	1			6		4		
8					9			
		6		7	3			
		8	6					
		7						
3	7		1	9	5			

743

				7		4	6	
				9				7
		5						3
9								
		6	5		8	9		
	2					7	4	8
			7			8	9	
			9					5
4				1				

744

7					3			
5			9	7				3
	6						1	
		2		1			8	
		5						
			7			1		
1			6		8		4	
				2				
6	8							5

745

							6	
	5	4	6	9			3	
8	2			1		7		
1	9				3		4	
				7				
						5	2	9
			8	2				1
6	7							
	8							

746

3				8			7	
						5		
8		7	2					
9		4						
			6	4		3		
			1	7		9		
	1						2	
4	7	2					8	
			9		4			

747

				6				3
	3			9				
8				4		1	7	
5		4	7					
			3					8
				9				
6		3				7	9	
4	7		8			5		

748

			2					8
	6		8			5	9	
9							3	
				2				3
3			5	4				
4	9			3		8		
6	5	4					1	
	2							
			3			6		

749

			2	6				5
2					8		1	
4		7						
						7	8	
	6	2						1
		4		2	3	6		
	9		1	3			2	
1				4				

750

	8	5				2	4	
			5		7			6
7						3		
		7	8	1		6		
		2	6			5	7	
			2			1		
				1				
			9					2
6	1					9		

751

							2	
		8		4	1			3
		6				7		
	5		8					9
			1			5		7
3					6			1
9				7				
	3			6				
					9	1	8	

752

				1			4	
			6			2	8	7
	4		8			9		
			3					8
	8					5		
		1	2					3
9	2			7				
7	6		3		4			
8								9

753

		2		1				6
7								5
		1	4	5		2		
8			5			4		
			6		4			
1				8		3	2	
	5			3		1		
								7
		1			2		5	

754

2			3				9	
9	8					3		
		6	5		8			
		9						
			8				4	7
	7		6			8	1	
1		7		3				
				6				
5		3	9		4	1		

755

	8	6	2		1	4		
			6					
		9	4			2		
		2	9		3			4
			5					
	1					9		
					8		3	7
	3						8	6
1					9			

756

		3	1					
	6		9		5	2		
	5		3				6	7
4	9	6			3			
	2	4						
3					1			
	4							8
	5							9
7			1					

757

			1					
	9				3		4	6
	2				5	3		
						1	7	
			9	2				
		4		8				
9			3		7			
5	3							4
6			2			9	1	

758

7		1				9		
					3	1	5	
					6			8
4		9				5		3
8								
					8		1	4
9				3	4			
			7			8		
	4				6			1

759

7			9	6		2		
				2	7			
1						8		
								1
		9				5	6	4
6		7	8					2
		2						
			9	8		4		
	3		1		7			

760

	3				6			1
		4		7				
9					2	4		7
		5	6					
		8	2				3	
	7	9		3			4	8
2						1		5
			5		8			
			6					

	4		6	7		3		
	8							
					5	4		2
								9
5						7		
9		3			8			5
6			9					
	3		4	6		2		
			5	2			7	

5			9				7	
6		8		1				4
3		1			6			
		4		8		6		2
	2	5						9
				2				
	3							
		4						3
			6			5		

9	2							8
		8		6				
					9		7	4
		1	4	3		5		
2	9		5	7			4	
		5						
	7		6			3		
6			2				9	7

			1	7		2		6
				4				
2			5	8				
8	7							3
		5						
		6	4	9			7	
4	1		8				2	
			6		9			7
						5	3	

	1			4	6	7		
	3		1				2	
		6	8	7				
6								2
		9						
			7	2	8	6		1
	6	1			4			
3						8		
			2					3

			3			6	5	
2							4	
8	1		9	4			7	
	3		5			1		
				6				8
	8						2	
				2				
		9		3				6
			7		6		8	

767

		1					9	2
	5			9		6		3
6		3				5		8
			7				5	
1								
2			9				4	
			2		8	7		
5	8							
				4	1	8		

768

7	6				4		8	
			6		8			
8				1	3		6	
		1		3				4
						9	3	
	5							
			8			6	5	9
			2					
6	7	9				8	2	

769

				4			6	
			6			4	5	
7						9		
	2	6						5
		7	8	2		3		
	5				1			
		8	7			2		3
4			2		9			
							8	

770

5						4		1
3			5				6	
4				2				
	8					7		
			9					
		2	3					9
				4				
	4		7			8	3	
9				3			5	

771

5	3						2	
				4				
		2				6		
			3			9	8	1
			9					
	6		5		2			
2				7				5
		8				2		
		9		6			3	

772

			8				6	
			6	9				3
	9	1		2				
		9					5	8
			9				2	
	1	4						7
	3	5				1		
	8		7		2			
			3	6				

773

```
. . 4 | . 1 . | . . 7
7 1 . | . 4 . | . 3 .
. . . | . . 5 | . 9 .
------+-------+------
. . 8 | . . . | . . .
4 . . | 6 7 . | . 2 .
1 7 . | . . . | . . .
------+-------+------
. . . | 1 . 4 | 2 . 3
. . . | . . . | . 8 5
9 . . | 2 . . | . . 1
```

774

```
. . . | . . . | 5 . .
. . 1 | . 3 5 | . . .
2 7 . | . . . | . . .
------+-------+------
. 8 . | 3 4 . | . . .
5 . . | . . . | 8 . .
. 9 . | . 1 . | 4 3 .
------+-------+------
. 3 . | 1 . . | 2 8 6
. 1 . | . 6 . | . . 9
. . . | . 7 . | 3 . .
```

775

```
6 9 . | . . . | . . 5
. . . | . . . | . . 1
7 8 . | . 3 . | . . .
------+-------+------
. . . | 1 . . | . . 4
3 . 5 | . . 4 | 9 . .
. 2 . | . 9 . | . 3 .
------+-------+------
. 4 . | . 2 . | . . 8
. 5 . | . . 8 | . 6 .
1 . . | . . 7 | . . .
```

776

```
. . . | . . 3 | . . 6
. . 2 | 9 . 6 | . 7 .
6 7 . | 8 . . | 4 9 .
------+-------+------
. 6 . | 1 . . | . 2 .
. . . | . 5 6 | . . .
. 5 . | . 3 7 | 9 . 1
------+-------+------
. . . | . 8 9 | . . .
. . . | . . 1 | . . 7
3 . 1 | . . . | . . .
```

777

```
3 9 . | 2 4 . | 8 6 .
. 7 . | . 5 . | . . .
. 1 . | . . . | 3 . .
------+-------+------
. . . | 7 . . | . 8 .
6 . . | 3 . . | . . 7
. . . | 8 . . | 4 9 2
------+-------+------
9 . 7 | . . 6 | . . .
. . . | . . . | . . 6
. . . | . . . | 1 5 .
```

778

```
. . 2 | 1 6 . | . 5 .
3 . . | . 9 . | . . .
. 7 5 | . . . | . . .
------+-------+------
. . 7 | . 1 . | 5 . 4
4 . . | . 3 . | . 2 .
6 . . | 4 . . | 8 . .
------+-------+------
. . . | . 7 . | . 3 6
. 1 . | . . . | . . .
. . 6 | 9 . . | . . 7
```

779

2			3	4				
				2		1		
	1	4	5					6
6			4					
		5		9		8	2	
				5	3			
		8						
3	6	9	1					
	7				4	9		2

780

			5				6	
9						2		4
	1					7		
1	5				9	3		
			8	1				6
4	6							8
	9							
	7	3			5	1		
	4		3					

781

7								5
	6					2	3	
	1			7				
9								
		2					8	
	4	1	6	9				
	5			3				8
			9	1				4
	7				2		6	

782

	3		4			5	6	
1			3					2
			7	5	8		4	
		6		4		9		
			8	2				4
						7		
		4	1					
	2						3	8
						6		

783

	5		6		8	7		
				7				
9	3						5	
				1		5	3	9
		1	5					
	7				2			1
4		2						
			2			1		
		5	9		4			

784

	4		9	2				
	1		3			8		
			4				5	1
			6	8				
1						5		
		9				4		
				3			8	
2		3		6	7		4	
		4	2					

785

			6					
	6		4		5	3	7	
							2	
	4	6		7			1	
	2	3						
				3				
		1	9	4				8
		2		1		6		
	9		5			7		

786

		3				6		7
	7		1		2			
		5			9			
7			6				4	
		9					8	
2		1		4				
3			9			7		
		2		7				8
			4			3		9

787

				5			1	
6								
5					1	9		
	4							6
			4	2				7
			5	7	3			
		7		9			3	8
		9				5		4
4			1	2				

788

	3	5						
	4	6	9	7				3
2								
					6		4	
8						1		
		9	1				5	
	7	4		9		6	1	
						9		
	1			4		8		

789

8	6			2	4	3		
3					8			
				7				
						8		
				5				2
	7						1	9
6		3	4			2		
			5			1		3
	1		9	3		8	7	

790

	7					8	3	
		1	4					2
			3			7		1
8		3				6		
	4			2				
9			1		5			
				1				
3					7			
7			4	9		3		

791

	3					1		
	5	6	3					
			6		2			7
	1						8	5
			5		7	3	6	
	9				4			
		9			5		2	
								3
		1		9		6		

792

	7	6					9	
9		8		1	5		6	
		1			9	4		
5		7						
			4			8		
						7		
	8		7					
6				5				
							2	1

793

6			1			9		
				5		7		
5		2						
7	6				2			3
8				7			2	
		4			6			8
	9					4	6	7
	4	6		9	5	3		

794

			5				9	
	8	6	1	2				
					4			
3		9						5
4		5			8	3		7
		3		1			4	
	2					8	3	
			5	9				

795

	3		2		6	8		
1				8				
2			3			1		
		9		4				
			6	9	3	4		
			7				1	
6		3						
7	1					6	8	
	2	5						7

796

2					6	4	7	
			5					
		8	9			3		
5				9				
			7				2	
	8	4		3				
8	2							
		6		4			9	5
	4	7		2				

797

1			4					
	4		5					3
7							6	2
	8				6	1		
9		4		3			2	
		5		1				
					7			
				5	1			
3							9	5

798

								1
	7							
1			4		6			7
4			8			5		2
	8	7		2			3	9
	5				8			
	1	9		4				
9		2	6					
5	3			7				

799

3						5	6	
				2				
		1	6	9	8			
	8						9	
				4	6			
		6	8	3			4	
			2	8	3	9		
9	4				7			3
	5							

800

	7	3			5		1	
			2		6	4		
	9							
		4	9	3				
		8	4			7		
	3				4		8	
8				4				
	4	6				2		9
				9	8			

HARD
PUZZLES

801

6	8					1		
	2							8
							7	
9		4		1				
		6	7			3		
3				6			9	1
4			3	2			8	
		2	4					7
			6	9				

802

		6						1
2	8							
			5					
							8	3
6			9			1	2	
			4			5		
1		4	7			8		
8	3			2	4			9
	6	7	3					

803

	4				9			
6		8	7		3			
		2				3	7	
		6						
	5		3		1		8	
	3				4	6		
		3	8		7			1
		4	9					
1						7		

804

6		8	2					
		9		3				
						3	9	
				9				
5		4		6				8
3							4	
	2				3	8	1	
				5			7	4
	8	5	9					

805

	4					9		3
					3			2
	9					4		
4		6				7		
			9	8			6	
			2	6				
1			7	8				9
				5				
2	8	5	3					

806

6								
9			2		3			8
		5						4
	4	6				1		2
			8	1				
	9					7		
				5		2	1	
5				9			6	
8		2		3			9	

807

				7				3
3	7							1
	2			1				
		3	7					
		8					5	
	4	1			5			9
6				5	1	2	8	
			8		9	3		
					5			

808

1	7							
		9			8			
			5	7		2		
3				4			8	5
		8			6	9	3	
						4		
				9	4			3
			7	2	6			
		6	4					

809

4			2	8		7	9	
								5
2					9	3		6
	6	9					8	
1				4				
	8		7					
			5			6	3	2
	9			2		5	7	

810

						3		
	9		4	5				6
	4			9	1		8	
		3		4		1		8
		7		2			9	
5	1							
	2					6		
8								
9	5			6				

811

			5	4		1	2	7
		1				4		
								3
		2				5		8
8	3							
4					6	2	1	
	7					3	8	
2			9	3				
					5		6	1

812

7				9		2	6	
	9					4		
	2							5
		3		7		5		
		7	4		6			
			9				2	
			1	6			3	
	8					7	9	
	4		5		9			

4	6							
5				2	6		3	
1								
		9	1					
	3		5			4		
			7	9		6		
			7			4		
			3	9				7
	4					1	2	

5		2						
			5			1		
	1			3				
				5			1	
		9				6	2	8
8			4				3	
9	7				1			
			8	9				3
				2			6	

			9	4		6		
8						9		
	1	7					3	
				1		8		
			2					
	3		6			4	1	7
	5			3		2		
	8			1				
		4			2			

				1	8			
	3	6				8		4
							5	
		1		5		4		
5	9		7			8		
					6			
	9	8		7				
	4	3				9	2	
	2		6					

		2	9	5	7			
	6						4	
	9		1				7	
8		5						7
				8				1
9								
		6			3	4		
	7			9		5		3
							1	2

3	1		7			5		
8		5						
	6		2					4
		8					4	
				9				
2			1			8		
5		1	8					
			3					
	4						5	6

819

	8	2		6	7		5	
	9	6		5		7		
			8					
			6					
		1				6	4	
4		5						
	4			7			2	5
				3				
	2	8	1			3		

820

		6					4	5
	2				5	7		
	8							
	7		1					2
5		1	2			4		
6						9		
8	3							6
				4			8	
				7		1		

821

2		4	5	8				7
				4		5		
5				6				9
4								
	3							
7				9	8			
					9			
		3				7	2	5
	7		9	6	2			8

822

	7	2		5				4
4			9		8	7		
6		5					3	
			4					6
3			6	7	2			
	2			4			5	
	6		1				2	
8		1						

823

				1				
7			6				3	4
		9						
	9	2		7		5		
5	1			8	9			
							1	
	8	1						
	6				5	7		
			4	6	8	9		

824

		1			3		7	
2	7	3	4		9			
		6	8					5
		9				8	5	
	1					4		
8								
	4			2	9		7	8
							2	

146

825

```
4 . . | . . . | 6 9 .
. . 3 | . . . | . . 5
6 . 9 | 2 . . | . 8 .
------+-------+------
1 . 2 | . . 8 | . 3 9
. . . | 5 . . | . . .
. . . | 1 4 2 | 5 . .
------+-------+------
. . . | . . . | 1 . 8
8 . . | . . . | 1 . 6
. . . | . . 5 | . 7 .
```

826

```
. . . | 9 3 8 | . . .
. . . | . . . | 5 . .
. . . | . . 1 | 7 9 2
------+-------+------
. . 5 | 2 . . | . . .
6 . . | . 7 . | 3 . .
. 3 . | . 9 . | 4 2 .
------+-------+------
. 4 . | . . . | . . .
. . . | . 4 . | . . .
. 9 . | . 1 . | . 8 .
```

827

```
7 . . | . 5 . | . . 1
. . 6 | 3 . . | . . .
. 3 . | . . . | 6 . .
------+-------+------
. 6 7 | . . 5 | . 2 3
. . . | . . . | . . .
5 . . | 8 . . | 4 . .
------+-------+------
. . . | . . 9 | . 4 8
. . 4 | 5 . 2 | . 9 .
2 . 9 | . . . | 1 7 .
```

828

```
. . . | 5 7 . | . . .
8 . . | . . 6 | . 9 .
. 3 . | . . . | 5 2 .
------+-------+------
. . . | 6 . . | . . 2
. . . | 3 4 . | . 7 .
. . 8 | . 2 . | . . .
------+-------+------
. . 2 | . . . | . . 6
. . . | 1 . 9 | . . 3
6 8 . | . 3 . | . . .
```

829

```
. 9 5 | 1 . 2 | . . 7
. 1 6 | 9 . . | . 4 .
2 3 . | . . 8 | . 9 5
------+-------+------
. . . | . . . | 3 . 4
. . . | . . . | 8 . .
. . 8 | . . . | . . 6
------+-------+------
. . 9 | 6 . . | . . .
. . . | . 4 . | 2 . .
. . 3 | 7 . . | . . .
```

830

```
. . 4 | . 8 5 | . . 1
. 2 . | 1 3 . | . 6 .
. . . | . 9 . | . 4 .
------+-------+------
. 5 . | . 6 . | . . .
. . . | . . 8 | . . .
. . . | . 5 . | . 2 7
------+-------+------
5 3 . | . . . | . 8 .
9 1 2 | 3 . . | . . .
. . . | . . . | . 7 2
```

831

		1	6					
		2	9			7		
9						2	6	5
	4			2				6
8	7		4					
6			9	4		1		
			3					
	3	5				6		9

832

			2				9	
				1	4		2	
	6		8					
		8		4		9		
	2			8	3			
	3	9				7		
		5	4					1
						8		7
7		2					3	

833

		6		8			2	
				5				
3		4	2					
		7			4	9		
1		3	4	6				
2						7		6
					2	9		
6		1	8		3			5
	5							

834

1		3		9			2	
	8					5		
	2					9		
8			4	6	3		9	
	1						4	
		7		1				
		9		3	4	6		
			5		6			
							7	

835

2							4	
3		8	4					
				9				2
		5		6	8	1		
	8	4		5		6		
	4	9			1	8		
6							1	
	1			2	7		6	

836

		9						
	3		7					
1			3			8		
2			9					
		5			2	6	1	4
4	6				5			2
	1	9					4	
						8	2	
					4	5		3

148

837

5		2						7
	4	1			3			8
					8			6
8				2	7	9		
	3							
			4		5			
	2	5						3
3	7			4				
				5		6		

838

	7		8			4		
			7	5			8	
		6		2			1	
								4
		3		6	9			
5	9			8	7	2		
						7		
		4		3	2	6		

839

		8		9		1		
	7			2			5	
		1		6		3		
3		6	7	8		9		
					9			2
7						8		
			6			1		
				7				4
9			4					

840

7				2			6	
5								
		3	7	5				
9				7	3			
	2	8						4
			4					
6				9			8	7
				4			1	9
			5		8		4	

841

5								
	2	3				6	9	
							3	7
6				2		7	5	
		7		1		2		
			6	4				
	6			8			4	
		2						9
4		5		7				

842

			7	8		1		
		1				6		
	8					4		
	7		8			3	6	
5								9
	3			1				
						9		
7	6			9				5
	1		8	2	3			

843

4		9					7	8
	6		2		8	3		
	7						2	
		7		1		2	9	
2		8		9				1
			5		6			
						1	7	
			9	8				
9		5			7			

844

			7	5				
			1			4		7
	7	1	3	6		9		
			6			7	2	
							1	3
				5				4
	2	4						1
9	3							
		7				8		6

845

6	4			8				
2		9	1		7		3	
				9		2		
	3							1
	9			5		3	8	
		8					4	
7		2	6					
				5	4			
9						5		

846

								7
6		4				1		
	3	1						8
			3	4				
8		6						2
		7		9				4
9		3			7		1	
	6				3		2	
			5				9	

847

		7		8		2		
9					4		7	1
						6	5	
5				2		8		
8				7				5
	1	3		9	5			
1		4						
	9		6		7			
	3							

848

			4					9
2		4						
		6	8					5
	5		1				9	
		8			3	6		
					2	7		4
9		2						
6		3		5				
			9	2			6	

			7		2			1
				4			6	
			9					
	2		4		5	7		
					8			4
		9		2				
		1						3
7				6		9		8
		3			1	6		5

8				2		5		1
	5		1				3	
4			5	1	9			6
	6		7				4	5
					4		7	
	5	3	8			7		
	9						8	4
6								

	8							2
2								3
		6	5				9	
	1		6		5			
						6	1	
7		9		2				
			3		4			9
	7						3	
		4	2	6				8

			1	4				
3	9					7		
8		5						
	2					1	7	
	8		3					5
			7				6	2
			6					
	5	9						4
			3	2				7

1		5				2		
		8			3	5		
	3		1					
3	5					7		
			7		2			
	9			8			6	
5				3	9			6
	6		2	4		9		
				1				

	2		1	7		3		
	7		2			5		1
			3					2
		6			8	1		9
	1		2			7	8	5
		3		6				
		5	7					
			5			4	3	

855

		9				3		5
4						9	1	
5								
						4	2	7
				3				
	1			8	5			
8	2		4			7		
			6	7				3
1							9	

856

			4			5	7	9
	6			8	2			
			7					
								4
		4		3		7		
1				4				2
	8	2		5		3		
3		5	6		1		2	
						6		

857

						5		
	5	9			7			1
3				8		2	7	
		4	5	6		7		3
	9	1				6		
						9		
			8		3			
		3	1			8		
		5		7				

858

	5							
8		7			9	1		
1				8	6		7	9
			7			8	9	
3	1		5					
							2	
7		1						2
5			3	7		6		
	8			2				7

859

			9				5	
	9		1			7	4	3
						9		
			3					
	4	7				3		
			5		2			9
	5	8				6		
		9		1				7
	7	2		4	8			

860

			9					7
				4	6			3
4								
	8	2			5			
	1		3			7		5
7			8					2
			5				9	
3			7				6	
	5							1

861

			3		7	8		4
			4				7	
		9						
3		7			1			
							5	8
6	1					4		
		1	9		5			
		3	6					9
	5			7				6

862

	8			2				7
	7			8			5	9
	9	5		4				
			7			6		8
	4	3				9		
1			6		3			
	3		7		4			
5								2

863

		4					8	
	2			8		7		
								1
	6			2		4		
4		2	5		9			
		3				6		7
			9			8	7	
				4				
		9	3	1	6			

864

5		4						
1	3				9		6	
						7	9	
					6	4		
8	4	3		2				9
9								
		9		3			4	
3				8	2			7
	8							2

865

				3				1
5			7					
	6				8			
	2			8	7			
7	9	3						
		6					9	
				4				
	7	5			2	1	6	
6	3	1						2

866

			7		3	9	1	4
4	7			9				
			8	6	1	2		
				5			9	
	5				7			
3								1
7			1		2	4		8
	2				7			

867

		3					4	
			9				6	
	9					8		
				6				1
5								
	4	8			7	9	3	
		9		8		1		6
			3	1			5	8
	5					6	3	

868

		5	4		8			
		6			1	3		
8	4							5
								3
	1							9
		4		3			2	
	9		6			2	5	4
3					9			7
		2		7				

869

5		7		4	9			6
		6	8		3		4	
		3		7	5	8		
9		4						
1								
			5					
							3	2
			3	8	7			5

870

			8					
						5	7	
		5				4		9
5		8		9	7		3	
	7				5			
			6	3			8	
				6				
3	9		2					
4		2	7					1

871

	9	1		8		5		
			3	7		4		
5								
		4			1			
7				9			2	1
	8			3	2	6		
					7			5
	6					4		3

872

			9		6	8		
								7
			5	6				4
6			7		4			
	5	2			3			
	1			6		9		5
	4							
1		5					3	2
3	2		1					6

873

		7	3		6	5	9	
					2			
1				5			4	
		9	5	3				
	7							
4			9			3	8	
6		1		2				
	8		4				3	
					5			4

874

	6	4	2				9	
					1		3	
		5						7
7			9					
	1		6					
4		6						
	9					4	8	
			8			6	2	
	8			2	4	1		

875

7		1		4		2	3	
	3							
				8	7			5
			8					9
	2	8	9					
3	6			2			4	
		2				6		
	8				7			
1						3		

876

	8				4			
	4				9	7	1	
5	6	1		8	2			
						2	4	3
3	1					8		
			9					
			4					7
	5				8			
		6					3	2

877

						4	1	5
	8	1					9	
5		7			2			8
	9	3						7
	2		3				6	
			4	1	5			
8	6							2
					8		7	

878

4	2					1		8
	6	9					4	
				6				
	8		7					
			3			2		
9		5	4		2			
	4	6			9		3	
	7		3					6
3				1		7		

879

			2	5		6	7	
		9	1			2	3	
		4			7			
7		1	6		3	9		
		8			1			
	6		7					
		5						2
1	8							
						4		5

880

	4				1			
			4				2	6
3	7				8			
4	3			8		2		
				4	3		5	
		1	9	2				7
						9	3	
	9		7	1		6		
								2

881

5	1					8	4	
8			9	3				2
	2	6		4			5	
1	4							
		7					1	
3		8			4			
					7	2		
			2			3		
					6			5

882

	8						4	5
	9			4				8
					1	9	2	
								3
	4	6		3			8	2
			1		8			
			5		9			
	2	8	6					
		9		1	3			7

883

6	8				1			
		4		3		8		
		5		9		6		
					3			
			4	3		7		
5								
	1				8	4		
8			6					
		9	7			2		8

884

			5			3	4	
	2		4	1				
9		7						
			6	9				3
		8				9		
1					6	4	8	
3			7					
	5				1			7
			8	5				6

885

		5	4			6		
6				8				2
	4			1	2			
8			9		4			5
1		3		2				8
4						3	7	1
3		6	8					
		1						

886

1					8		3	7
						4		
		6		7				
	8	3			5			4
	9			1	3	5		
				7				9
7		4		5		9		
9			1			2		
		1						

887

		8						6
	4				7	8	9	
1		6			2		4	
	5							
			4					
4			3	7			6	
		3		6			1	
	2	7	5	8				9

888

	2							
4		7	2	9				
		4		7		1		
9			4			8		5
		3		8		2		6
		5				6	1	
		9	1		8			2
6						9	3	

889

			1					8
8					4		9	2
		7						4
2								
4		8		6			1	
					3	6	2	
3				1	2			4
5			3					
			9			7		

890

	1	5						
	3			5	7			1
8	9		1					
			4			1	5	
		7					9	
	7			1			4	8
3			8			2		
4			2	7				
	2	3					8	4

891

	3					4		9
			7		9		2	
		5				3		
1		7						
2		6				5		
	5					1	6	
4			5					
	8		6	9				
	2		1	8		9		

892

	1			2			8	
				9			5	
	8					2	9	
	5	2	6			7		
	6		5					
	9	1						
8			7	4				
	6	8				3	7	
4								

893

7				3				
		4	9			3		
						6		
1	6				4	5	8	
			3				2	
	4		5		8			
	7		2	4				
6						2	7	
	5			9				

894

2	4		9			1	5	
			7				2	
	1	9						
			8		3	5		4
						8	1	
	6	1	4					
	7		1					
	5				4			
3	9				7			

895

		3	4	7	5			
	9	1	2					4
			1		4			9
	6	8	7				1	
7				8		9	6	
				3			7	
			2		3			

896

3				9	5			
	5			2				
	7						8	9
4	6				3			
		2						7
1								
		1		6		9		
8				4			2	
9	4					1		

897

						9		
1	8						2	4
					2		7	3
2		9			7			
	4		9	1		3		
		6		8		4	5	
3			4			1		
		8			9			

898

8						5		
								7
	2	7			6	4	9	
	9		5					
		6		2			1	
4		8		3	9			
		9			5			
	1	2		4				
	4					8		5

899

5	8		7					
7	1		5			9	2	
1					7			6
	3	5	9					
		6	1		8	9	4	
3	2							8
		7	6			4		
							2	9

900

3		6			4			
	1							
4				8	9		7	
	2	3				1		
1			5				6	
6					2	9		
					3		8	
						7	5	9
								4

901

1	3				7	6		
5								4
		2			4	1		7
	6							
	9							8
		3		2				6
			7		6			9
				5				
9		6	8	1		2		

902

7				5				
					2	5	6	3
		9				1		
		1		2				
							8	9
	4					2		
4	3				8			
	8			1	9		2	4
			3	7				

903

4								
6							4	1
8		9						
	7		3					
				5		2		
		3	1			8		
2			4	8		9		
	1							
				2	6		5	

904

6			4			7	9	
								8
				9				
		1	2			9	3	
	7			5				
	9							
3			5				4	
4				6			5	
			7	1		6	2	

905

		5	7		9			
		9	1			3		
	4						6	
	9						5	
	1	8		9			4	7
		7		3				
5						9	3	8
	7							6
			6	1				

906

						5		
			4					8
				9		1		6
		3		6	8		7	9
		4		7				
5				4		3		1
1	8							
							8	7
6			7			9		

907

	7			2			8	
		1		3		4		6
		4		8				
		8	9					
			3	5		1		7
2						6	4	3
		7			6		2	
	9							

908

						4		
		6		9		1		
		2					3	9
				2				
			7	3				
5	3	4			6			2
6				7	9	2		8
		8	6		5		4	
9	4	5			3			

909

					2			3
					3	4	2	
	5			7	4			
1								
2	9				6		4	
		8			7	9	5	
						7		
9								1
	4	6					9	2

910

	6	8				1		3
3		9				7		6
6								2
			4			3		9
	1						8	
	8	5	9					
					7		5	8
		7				2		

911

8	9							
		2						3
				4				
			4		7		5	9
				8		1		
1					9		2	
	3			6				7
			9		5		3	2
	4						9	1

912

	6					8		
							1	2
9	1				7			
1	7			6			8	
			4		9			
	8	2			1			
3		5				6		
			3		4			
						9		1

913

		7						
	9			2	6			
			3			8		4
4				2			7	
	5			9				
8								9
7			1		4			
	6							3
				3			4	8

914

			1			3		5
				4	7			
				6				9
9	6							
			3			5		
		8			4	2		
			2	8		7	1	
		9		1				
	4							

915

```
3 . . | . . . | . . .
4 . . | . . . | 3 5 7
. . 6 | . . . | . . .
------+-------+------
. 4 2 | 7 . 6 | . 8 .
. . . | . 8 . | . . .
. 8 7 | 3 . . | . 9 .
------+-------+------
. . 1 | . . 3 | 5 7 8
. 2 . | . 9 . | 6 . .
. . . | 1 . . | . . .
```

916

```
. . . | . . . | 7 . .
. 2 . | . 4 . | . . 3
. . . | . 8 . | . . .
------+-------+------
2 . . | . . . | 5 6 .
. 7 5 | . . 6 | . 8 9
. . 1 | . . . | . . .
------+-------+------
4 . . | . 1 9 | . . .
. . 9 | 7 . . | . . 4
. . 3 | 6 . . | 8 . .
```

917

```
3 6 7 | . 5 . | 2 . .
. . 6 | . . . | . . .
. 2 . | . . . | 1 . 8
------+-------+------
. 5 . | . . . | 7 . 4
. . 8 | 9 . 7 | . 1 .
. . 2 | . . . | . 8 .
------+-------+------
. . . | 1 . . | . . 7
4 . . | . . 6 | . . 1
. . . | . 6 4 | . 3 .
```

918

```
. . . | . . . | 6 . .
. . . | . 1 . | . 4 3
1 . . | 3 . . | . . 9
------+-------+------
. 3 2 | . 9 . | 7 . 6
. 5 9 | 8 . . | . . .
. 7 . | . . . | . 5 .
------+-------+------
. . . | . 3 . | . . .
. . . | 2 7 . | 4 . .
. 2 8 | 9 . . | 1 . .
```

919

```
6 . . | 5 . 8 | 3 9 .
. . 9 | . . . | . . .
. 5 . | . 7 . | 2 . .
------+-------+------
4 8 1 | . 6 . | . . 7
. . . | . . . | . . .
. . . | . . . | 9 3 4
------+-------+------
. . . | . . . | . . .
9 6 . | . . 7 | . . .
. 7 . | . 3 5 | 8 . .
```

920

```
. . . | . . 6 | 8 . .
9 . . | 3 . 1 | . . .
. . . | . . . | . 5 2
------+-------+------
. 4 7 | 8 . . | . . .
. . . | 9 . . | . 8 .
. 9 . | . . 4 | . . 3
------+-------+------
. . 4 | . 1 . | 2 . .
6 5 . | . . . | . . 4
2 7 . | . 9 . | . . .
```

921

```
3 . . | . . . | . . .
. . . | 1 6 . | 9 . .
4 6 . | . 5 . | . . 1
------+-------+------
. . . | 9 4 . | . . 6
. . . | . . . | 1 . .
. . 7 | . . . | 8 . 9
------+-------+------
. . . | 4 . 5 | . . .
1 . . | 7 . . | 6 . 8
. . 4 | 8 1 . | 7 . .
```

922

```
. . . | . . . | 5 . .
7 . . | . . 5 | 9 2 4
. 5 . | 4 . . | . . .
------+-------+------
. 6 4 | . 1 . | . . 7
. . 9 | 2 . . | . 8 .
. 8 . | . 4 3 | . . 9
------+-------+------
. . 8 | 1 . 6 | . . .
5 . . | . . . | . . .
. 2 . | . 4 9 | . . .
```

923

```
. 6 4 | 3 . . | . . .
. 8 . | . 9 . | . . .
3 . . | 5 1 . | . 8 .
------+-------+------
. . 6 | . . . | . 5 9
. 2 . | . . . | 3 . .
4 . 3 | . . . | 6 . 1
------+-------+------
. . . | . 2 5 | . . .
. . . | . . . | . 1 7
. 7 2 | . . . | 9 . .
```

924

```
9 . 3 | . . . | . . .
. . . | 9 . . | 3 . .
. . . | 2 . . | . . 6
------+-------+------
. . . | . 2 . | 4 . .
2 3 . | . . 4 | . 5 .
. . 7 | . . . | . . .
------+-------+------
. 5 . | 6 1 . | . . 4
3 . 8 | . . 5 | . 2 .
. . 1 | . . 9 | . . .
```

925

```
4 . 3 | . . . | . 5 .
. 1 5 | . . . | 4 . .
8 2 . | 5 4 . | . . .
------+-------+------
. . . | . . 8 | . . .
. . 6 | 9 3 . | 5 . .
. . . | . 1 . | . 4 3
------+-------+------
. . . | 7 . 2 | . . 1
. . . | . 6 . | 9 . .
3 . . | 4 . . | 6 . .
```

926

```
. . . | 8 . . | . . 3
3 . . | 9 . . | 2 . 8
. . . | . . 4 | 6 . .
------+-------+------
. . 6 | . 8 . | . . .
. 4 7 | . . . | . . .
. 5 . | 7 1 . | . . .
------+-------+------
. 4 . | 3 . . | . . .
. . . | . . . | 5 6 2
. . . | 9 . . | 1 . .
```

			9		6		1	
						4	8	3
			2					
	2							
	3			8			6	9
		6				1		7
9				1	5		4	
	8		4					
		7	8		9			

			3			5		
		9	6	7				
							6	9
	6	5	7		8		9	
8	1			4				
	3				6		1	
	8					7		
1	2		4					
								5

				9	2			
	6						2	7
	4	2			1		9	
				8			3	
1		7		4				2
		9		1			4	
	8							
	9					3		
					7	5		6

6		3						
		4						3
			1			7	4	
			9		5	2		
2	4	6						9
			6				3	
	9	7		8				2
	1					3	5	
				3		8		

			5					
5	3		9				4	1
2								7
					3	5	6	9
8		2			4			
			5				8	4
		1						6
					7			
	4		8	3				

							5	
		9		6	1			
	7					1		4
						2	4	
5	8		4	3				
			6				3	
			1			5	6	
8	5			2		7		
	1		3				8	2

933

		7		6				
			8	5				
8							9	
		8	5			7		1
		3						
		6	2	3		9		
		2	1				4	
			7			3		
	1			4		5	8	

934

2			9		1			
6			3		2		5	
		1			8			
		3	6					
		4	5		9			7
						5		2
		8				6		
	1	2			9			
5					4	7		

935

					4			
	4	7				6		8
		8	3	6		9		5
	7			5				
2			1	4				
	5	4			2			
		9					6	3
		2			8		9	
						8		

936

	6							4
					6			8
	5	4			8			2
			8		3	6		
1	8							5
		6	4			7		9
		7	3		2			
	4					5		
3								

937

9	5			3				
					2	3		8
	7						1	
			8	6				
		6	4	2		5		
		7					3	
							4	
	6							2
8	2	4				7	9	

938

2		7				3		
	4	8	2	3			1	
	6	4			7	2	5	
	5			6		1		
3				1				7
			7	2				
			4				8	
		6		8				

939

8						2		
				2			9	
			1		7			
	4	2				8		
3	5			9		6		
	6			4	3			
2	3			6				8
						5		6
		7				5		

940

8		7	6	1			2	
		2						1
	6							
2				3	4			
				8	9	2	5	
5			7					9
	3	1			6			
	7		9			1		

941

6		2				4		
			9					1
3				7		5		
							4	
5	9		7	8				
8					1	6		
	3						6	
1	4	5						
					3		9	

942

6			5					
	1	8				9	3	
	4	6				1		
			1	7	8		6	
				3				
2		5	9					
4		2				8		
						5		
	7						9	4

943

1				9				
9		2			7		8	
	7		4					
				8	6			
					9			
2		5	7		4		8	
		7	1				4	
	1	4					3	
6				9		4		

944

8		5						
4						6		
	3	6			7	5	1	
6					2			1
			1				3	4
			3			7		6
	9			5	6			
5	7	1	4	8				

945

```
. . . | . 5 3 | . . 1
. 9 2 | . 1 8 | 3 . .
. . . | . . . | . 2 .
. . . | . . . | 5 . .
7 . 8 | . 4 . | 2 6 .
. . 3 | . . . | 5 8 .
. . . | 4 . . | . . .
. . 9 | 8 . . | . . .
4 6 . | . . 7 | . . .
```

946

```
. . . | 5 . . | . . .
. 8 4 | . . . | . 6 9
. . 2 | . . . | 7 . .
. 6 8 | . . 5 | 2 . .
7 1 . | . . 3 | . . .
. . 9 | . 4 . | 5 . .
. 3 . | . 4 . | . . .
. 7 . | . . . | . . .
. . 1 | . 2 . | . 9 .
```

947

```
. . 5 | . . . | 4 . .
8 . . | . . 7 | 3 . .
. . . | . . . | . 6 .
. . 9 | 1 . . | . . .
. 6 2 | 4 . . | . 3 .
1 . 4 | 8 . . | 2 . .
7 . . | 2 8 . | . . 3
6 . . | . 5 7 | . . .
. . . | 6 . . | . 2 .
```

948

```
5 1 7 | 8 9 . | . 4 .
. . . | . . 4 | . . .
8 . 4 | . . . | 1 . .
. . . | 2 . . | . . .
. . . | 4 . . | . 7 .
7 . . | 5 . . | 8 1 9
. 5 . | . 3 . | . . .
2 . . | . . . | 9 . .
3 8 . | 1 . . | . . .
```

949

```
. 6 . | . . 7 | . 1 .
. . . | . 5 . | . . 8
. . . | . . . | . . .
2 . . | 9 . 1 | . . .
. . . | . . . | 7 . .
7 . 5 | 8 . . | 2 . 9
8 . . | . 1 . | 6 . .
9 5 . | 7 3 4 | . . .
. 3 . | . 6 . | . . .
```

950

```
. . . | . . . | 7 . .
. . 4 | 3 . . | 5 . 1
. . . | . . 2 | . . .
. . 1 | . 2 . | . . .
. . 9 | 5 . 8 | . . 3
. . . | . . . | . . 9
. 7 . | 4 8 . | 2 1 .
. 6 . | . 5 . | . . .
1 . 2 | . . . | . 9 .
```

951

						9	1	
						8		
		9		4			6	
	1	3	7					
5				3				
6		8						
1	7		8			5		
	2			9	7			
		6	5				1	8

952

	2							6
	3		9	4		7	1	
1								
			1			6	3	
2		3						
5			7					
						9	6	
7	1			9				
9	3		4			8		7

953

	9				7			
				8	6			
			6					
4		8		9	3		1	
	6			5				
5			7					
		3		7	5	9		4
		4			9			
		5	8				3	7

954

			3	7	6			
		7						
	9	3				1		
9	5			2				8
2		1		4	3			
				5			1	2
1				6	8			
				1				4
6		9		7				

955

			8			6		
	5			4				3
3	6	1						
	7	8	6					
		2				1		
6								7
	2	4		3	5			
			1					
			7				5	4

956

8	7					3	4	
6		9	1			2		
3				5	7			
	8				4	1		
7			6				9	
		6		8	9			
							3	
			9					
			8	2	3	7		

957

	6		3					2
		9				4		
				6	7		9	
6	9	4	2					
	1		5		9			
				7			3	
				2			1	5
2		8	7					
		5		4				8

958

		3	6		1			
	5						4	
		8		3				
		6	2		8			
9			7		6	1		
			5					
	3			1				2
6						3		
7				4				

959

3		5				6		
			1					
		8			2		7	5
1		6	8					
4					7	3		
	8							
6	5			8		4		
		2	9					
								7

960

			4	3			5	
	2							
			9				8	1
						9		7
3			8		9		1	
5			7		4	3		
			2			1		
	6							
2		7	3	5				6

961

				9		2		
	3	8	1					
			1		6			
		9		1				
4								
6			3	7	2	8		
				2				8
	2		5	8		1		9
						4		

962

			1				2	3
4			7	5		8		
	5							
9				6				
			9		4			7
					1			
	2			8	6			
5							3	6
	1	4		7			8	

963

					4			9
8				2	9		4	7
	3			5				
		1	5					
5				1			7	
					6			2
				3				
	5			8		1	4	3
		8	2					

964

7			9	6			1	
4	8			3				
5						2	8	4
	7		5					
			9		7			
9			2					1
		6				2		4
		8						
							5	6

965

	4			9			7	
				3	1			
			4	2		6		
						1	6	
				8				
4	8		1			6	7	
		3	5					
						5		
9					1	3	4	2

966

				6		9	1	
7	1	5						
				8			3	5
1			9	3				
2	6	8						4
		3		2				
6							5	
5	9		3			6		

967

			8	4				2
7			2					1
		6						
		4	9			1		
	7			5				
1	5	2						6
						9		
4	6							3
5		9				7		

968

			4	1				
4		9				7		
1	5							8
			1					
8				6	3			
			3			7	1	
	3	4	5			2	9	
			8					
	6		3	1				

969

			8					
5		3		4			2	
	2		3				5	
	1							3
4				7	8			
7		5						
		6	7				3	2
	4				5			7
3						1		6

970

	5							
	8						2	
		4	5			7		1
							3	7
			4	9				
2			3		6		8	
	6							5
	8			3		7		
	4		6	1				2

971

		7		6				4
		9	4			3		
					3			
9						8		2
3		2						
		5	9		8		4	
					2			
	7			8	6		9	
			7		5	1	8	

972

1	2		8		5			
		6		3			4	
		8	2		4			
						3		4
	9			2				5
		5	7				1	
						4		2
	6							
		2	7					1

973

		5						6
				7	5			
3	8							9
8	2				7		4	
	5							8
	6	9			2			7
	3	4		5		6		
		6	7		4			2
			3	2				

974

		6				4		1
		4				6		
		2		9				
	9					3	8	
	1							7
	4							
	6	7		2			4	
9			3	5	7			
				8			2	

975

```
. 1 5 . . . 2 . .
. . . . . . . 1 4
. . . 4 2 . 3 . .
. . . . . . 6 . 7
. . . . 3 . . 8 5
. . 9 5 8 . . . 1
. 2 9 . 6 . . . .
9 . . . 7 . . . 2
. 6 4 . . . . . .
```

976

```
. . . 9 . . . . 6
. . . . 5 . . . .
6 . 3 . 4 . . . .
. 3 6 . 7 . 8 . .
. . 2 . . . . . .
8 5 9 . . 1 . . .
. . . . . 2 . . 5
. . . 6 . . . 8 1
4 2 . . . . . 6 7
```

977

```
. 6 . 8 . . . . .
. . . 6 . . 3 . .
4 . 3 2 . 1 8 . .
8 . . . . . . 4 5
. . . 6 . . . . .
9 4 . 7 . . . . .
. . . . . . . . 3
. 7 9 . 1 . 4 . .
. . . 5 . 4 2 . .
```

978

```
. . . 3 . . 1 . .
. 1 . . . . 7 9 8
. 9 . . . . . . .
8 . . . . . . 6 .
4 3 . . 7 2 . . .
. . . 5 . . 2 . 4
. . . . . . . . .
. . 8 4 . 9 . . 2
. 6 9 . . 1 . . .
```

979

```
. 1 . . 5 . . . .
4 2 . . . . . . .
. . 1 7 . 6 . . .
9 . . . . . . . 1
1 . 4 9 . . . 3 7
7 . . 2 . 3 . 6 .
. . 8 . 6 . . . .
. . . 3 . 2 9 . .
. . . . . . . 7 6
```

980

```
4 . . . . . . . .
. 6 9 7 . . 1 . .
3 . 1 . . . 2 . .
5 . . . 8 . . 6 3
. . . . 2 . 4 . .
. . . . 3 . . . .
. . . . . 1 . 5 8
. . . . . 7 . . .
9 2 6 . . 3 . . .
```

981

	1	4				2		
				6				
						7	9	
			5				7	
		7	8		1	3		
2		8			4			
		9		4		8		5
		1			3			
5			6					

982

					2		4	
8				6				9
5				1		7		8
9	2					1		
	3	5	2					7
			3	9	1			
			7					
	7					3	6	
		1				5		

983

3				5	8	9		
	6				3		8	
4			1			7		
				7				1
		9	2				4	
8				4				
				5	2			8
2				9	5			
						6		

984

	9				5	8	2	
			9					
	2		1			9	3	
5				2		7		
3		1		7				
			3					
4				9	7			
1	3		8			4		2

985

2	4			5				
						2		9
		1		7				5
	5							3
6		8			3		7	
				4		8		
4	8	2				6		
7				3				
	3		7			9		

986

4	3							
	2		5					
5		8		1	2		4	
		9				3		
			5	1			2	
							8	
	5		6			7		9
			3					
3			8				6	

987

9		6	3	1				
4						3		7
								6
	1	3		6	2			
			9				5	8
	6		2			9		
							8	1
	8	1	7			4		

988

7						8		5
	5	3	7		1			
2			1		9			
	4						2	8
						4		3
		4	5	7				
			3	8	2			9
						6	5	4

989

8	2					3		
1		7			3			
		8		9	1		4	
3		9		4	2	8		
				3	5	2		
							1	
5	8						9	
				9				7

990

3		9	1			7		
							6	
5			6		7			
			5				2	
	5		7			8		
6	2					1		
	9			3				1
	8					2	7	
		9				3		

991

	4			1		9		3
5		7		8				
2								
6			2		1			
			3			4	2	
						3	8	
			7	3		9		
	5					7		
4				2				5

992

			7					
		6	8	9				1
9				2	3			5
		2		4			1	9
5						7		
		8				2		
						4		
			6	1		5		
7	5					6		

993

				4			5	
		5		8	1	2		
	3	4	2					
		3			5	6		
1			9			3		7
			7					2
		1	6		3			
		2	5			6		

994

3								8
8								
	5				4	9		
7			8					
			4			6		2
		4	2	3		8		
	1			9	6			
						3	9	5
					5	4		

995

	7	9		8		2		
			3			7		
4				2	8			
			1	5				3
						6	5	
2	3		6					7
			5					
	4							
		8	2	4	6			1

996

				9	5			
	5		8					
		3		2		4		
	7	4						5
			6					7
2		6				8		
	1					2		
5							3	
	3						4	8

997

1				4			5	7
				3				
	7		9	6		4		2
2				9				
		8	1					
	9		8			2	4	
7	1			8			9	6
8							7	
		5						

998

		3		6				
5				9				3
		7				5		
							8	7
6							1	
		8		7	4	6	2	
	1			9	3			
				2	1	4	6	
						1		

999

	3				5			
		4		1			5	
5	1			9		8		4
1				4		7		
	9		2					
		8			9		3	
					6	4		
8								
	7		3			9		

1000

					9			
1	3							
2	7	9		5		8	1	
			2	1				
	5			8	6		9	
	6				7		3	
					5	3		
	9			6				
	2	5	9			6		

1001

9			2		4			
		5				7		
8		3			5			
			3	2		4		
		4			8		3	9
	5		1				8	
	9							
		7	6	8				
6						2	4	

1002

6				2		7		
8		4						
			7	3			1	
3			1					2
	6							
			2				5	
			8					
	5			1	4		7	
		9				8	3	

1003

	1		8					
	6	7			1			4
9								
1		5	3					
	7			4			5	8
					7			
			6	9		1	2	
	3					5		7
		2					8	

1004

	9		6		2			8
		5					1	
		6						
					8			2
	6				9		7	
	8			3				5
			4	7				
2			4		6			
3	1		2					

1005

```
. 9 . | . . . | . 7 .
6 . . | . 9 . | 3 . 4
. . 3 | . . 2 | . 5 .
------+-------+------
. . 4 | . . 7 | . . 3
. 8 6 | . 3 . | . . .
7 . . | 2 . . | . . .
------+-------+------
2 . 5 | 1 . . | 7 . 6
. . . | . . . | 4 8 .
. . . | 6 . . | . . .
```

1006

```
. . . | . . . | . 1 .
. . 7 | . . 4 | . . .
4 . 9 | 6 3 . | . . .
------+-------+------
5 9 . | . . . | . 6 .
. 7 . | . . . | 5 . 2
. . 4 | 2 . 3 | . . .
------+-------+------
8 . . | . . . | . 2 7
. . . | . . . | . . 5
. 6 . | 8 . . | . . .
```

1007

```
4 1 . | . 2 . | . . 5
. 2 . | . . . | . 3 9
. . . | . . . | . 6 .
------+-------+------
2 7 . | 8 . . | . . .
. . 8 | 9 . . | . . 6
. . . | 4 6 2 | . . .
------+-------+------
. 8 . | . . 6 | 9 . 1
. . 3 | . 7 . | . . .
. . . | 5 9 . | . . .
```

1008

```
. . . | 5 . . | 6 . .
3 . . | . . 6 | 5 . 9
. . . | . . . | 3 1 .
------+-------+------
. . 1 | 7 . 9 | . . .
4 . . | 1 . 3 | . . .
5 . 2 | . . 9 | . . .
------+-------+------
. 8 3 | . 7 . | . . 2
9 . . | . . 5 | 7 . .
7 . . | . 8 . | . . .
```

1009

```
. . . | . . . | 2 5 .
. . . | 4 . 8 | . . .
. . 4 | . . 9 | . 1 .
------+-------+------
8 3 5 | 6 . . | . . .
2 . . | . . . | . 8 6
6 . . | . . 3 | . . 1
------+-------+------
. 5 . | . 4 6 | . . .
. . 8 | . 1 . | . 3 .
. . . | . 9 . | . 2 8
```

1010

```
. . . | 3 . . | . . .
5 4 1 | . . 9 | . 7 .
. . . | . . . | 8 4 5
------+-------+------
. . 2 | 4 . . | . . .
1 5 . | . . . | . . 6
. . . | 1 2 5 | . . .
------+-------+------
2 . . | . . . | . . .
. 9 3 | 2 . . | . . .
. 1 . | 8 . . | 6 3 .
```

1011

		9	7					
6			8				2	
				1			6	
	4	7			8		3	
	9			5	7			8
		5	9			2		
					5		1	3
3				6			9	

1012

6		9			5		7	
7	4					3		
8							6	4
9				4				
4		5	2					
	6		9			2		
			6				3	
			2	1				6
	1			3	9			

1013

	1		7	5				4
					2	6	8	1
				3		7		
2	3	9		4				
		7				1		3
		1	9					
6								5
		3	6		5		1	

1014

	5	7		3			2	
	8				1			9
1			5		2			
								3
	3		4		5	6		8
	1							
				1		4	8	
	2	3		9	8			

1015

		9				1		
4	6				1			
		3					7	9
			9	8				4
		7					6	
3		1			4	5		
2				5				
6	9	8			3			

1016

8	5			6		3	7	
		6		3				4
					9		3	7
6		8						
	1	9			2	8		
4				9			8	
			3					
			5		7		4	

1017

```
.  3  .  | .  .  .  | 5  .  .
.  .  2  | .  .  6  | .  4  .
.  .  .  | 2  .  8  | 9  .  .
---------+---------+---------
.  .  .  | 8  .  .  | .  .  .
.  .  .  | .  .  .  | .  3  7
.  1  .  | 7  9  .  | .  .  .
---------+---------+---------
.  .  6  | .  .  .  | .  1  .
3  .  7  | .  .  4  | .  .  .
.  .  .  | 9  .  .  | 2  .  6
```

1018

```
.  9  .  | .  2  .  | 5  .  .
.  .  5  | 3  .  .  | .  .  8
.  .  6  | .  .  5  | 9  .  3
---------+---------+---------
.  .  .  | .  .  .  | .  .  .
.  3  .  | 7  9  8  | .  .  .
.  .  .  | 3  4  .  | 6  .  .
---------+---------+---------
1  .  .  | 7  4  .  | .  .  6
5  .  .  | 6  .  .  | .  .  .
.  2  4  | .  .  .  | 3  .  .
```

1019

```
.  .  8  | .  3  .  | .  .  .
.  9  .  | 8  .  .  | .  .  .
.  .  .  | 1  2  6  | .  .  3
---------+---------+---------
.  .  .  | 3  .  4  | .  9  .
.  .  .  | .  .  .  | 1  7  .
.  .  .  | 2  9  .  | .  .  .
---------+---------+---------
.  1  .  | 6  5  .  | .  .  4
6  .  .  | 9  .  .  | .  .  .
7  3  .  | .  .  .  | .  2  .
```

1020

```
.  .  .  | 6  3  .  | .  .  .
4  7  .  | 6  .  .  | 8  .  .
.  .  .  | .  .  .  | 2  8  .
---------+---------+---------
.  1  .  | .  .  .  | .  6  .
7  .  .  | 2  .  .  | .  .  .
.  6  .  | .  .  .  | 9  1  3
---------+---------+---------
.  .  .  | 7  .  3  | .  .  2
2  .  .  | .  5  .  | .  .  8
.  9  .  | .  .  .  | .  1  .
```

1021

```
.  .  7  | .  4  .  | 1  .  .
.  .  1  | 3  .  .  | .  .  8
5  .  .  | .  .  .  | 2  .  4
---------+---------+---------
1  .  4  | .  6  2  | .  9  .
.  .  .  | .  3  7  | .  .  .
.  9  6  | .  .  .  | .  .  .
---------+---------+---------
.  .  8  | .  .  .  | 9  .  .
.  .  .  | .  .  8  | .  .  5
.  .  .  | 5  7  .  | .  2  .
```

1022

```
.  .  .  | .  .  .  | 5  .  .
6  .  9  | .  .  .  | 4  .  2
8  .  3  | .  1  .  | .  .  .
---------+---------+---------
.  .  1  | 8  .  .  | .  .  5
7  .  .  | 1  .  .  | .  .  6
.  3  .  | 2  6  4  | .  .  .
---------+---------+---------
5  .  .  | 7  .  .  | .  .  .
.  .  .  | 4  .  3  | .  .  .
.  1  .  | 6  .  .  | .  .  .
```

1023

		7			9	8	1	
				8	1			
8	6		2	3				
	7	5			3			
	9						2	6
4			7					
				7	5			1
		3			8	5		
						6		

1024

					7		9	
				5				
6	7	4						
		5		3	7			4
	2			8				
							1	6
				8				7
	4	2	5					
			1				8	2

1025

			6			8		
	1		8	2				4
	5			9				1
				6			3	
	3	7	5					
		2		4			6	
7	2	5						
		4	9		8			
			3					

1026

			1			2		
4			1	5		7		6
5								
	2		7	4				
		4						
						3	2	
	8		3		9		7	
		6			2	9		
	9						8	3

1027

3			8	5		4		
	9	4					2	
2	6		3					
	4							
6		8					3	
	1	3	4	6				
			2	7				6
			6		5	1		
							9	

1028

8	5	9	1					
		3		5		7		
		6	7	3		8		
				4				
		4		8				
		5		1	7	4	3	
	9							7
3		8			6	2	5	

1029

		3	6				4	7
		4			7		3	8
	2			9				
9		1				6		
	1	6		5	3		9	
2						6	5	
				8	4			

1030

		8		6	2	3		
					3			8
	7						1	
	2		9			5	3	
4				5				9
	8						4	
6			3	8		7		
7		4						
	1							

1031

					7		2	
		1	4			5		6
2		9					8	4
6								
			5		2			8
7				4				
		6				3	1	
			1		5		4	
	5				3			

1032

							9	6
				2				3
	8	6						
						7		
8				5	3	6		
2		4		7				
			9					
	7	1	6		3	4		
		2	4				3	5

1033

9		1	4		2			
5			8				6	
2								5
						5	2	3
				8				
	5	3		9				
8		4	1					
				6	1			
	9					8		

1034

6			4					
			2	8	9	5		
7		2						
		7		5		3		
		9		8				4
1			2					9
				4				1
	5		3			9		
	6	8						

1035

				9	5		7	8
		4	1			5		
	1			3			2	6
		7			8		6	9
1								
			6					
	2	9		6				
4								
				7	2			

1036

	1				9		4	
9			5			8	2	
				2			6	
5			6	1			8	
		3	9	4	5			
1			2					
3	6							4
7				8				5

1037

		5		1	2		4	
	6	9	8					
2			4				8	
3			8		5			
9				3				4
5		2			3			
			2			1	5	
		7	6					
			3					

1038

	4							
	7		9		3			
6		2	4			5		
			6	5				
	5		8			3		
9		1						2
1		8	6			7		9
		3				4		
		8						

1039

						6	7	8
		5		1				
				3				
	8					4		
		3	2		4			
6						5	9	
3					4			
			4	8	1			
			7			2	6	

1040

		4		5				2
				7	8			
		5						
8								4
			7	9	6			
		6	2			7		
1		7		8		6		
	6	2						5
5				3			4	

1041

	2							
9					7			
		7				2	3	4
3				9	5			
	9	5		3	4	8		1
			4	8				5
	1							3
4	5	6	7				2	

1042

	4			2		6		7
8			7			9		
								5
		9	4		8			
1					6		4	
			5			2	3	8
	2				9			
6			1			5		

1043

9	3		8			1		7
	7	6			5		2	
		4						
8								3
			8			2	5	
			4			6		8
7				5	1			
							9	
	6		4		2			

1044

	9					4	5	
5				4	3			
6			5			2		
		7	6			3	4	
				1				2
		8	9		4			
8	6			9				
	1	2		6		9		8

1045

4				5	9			
				1				
8	9		2		4		3	
			3		1			
7		1						4
		5		9		3		
9			4					
								7
	5	6				2		

1046

			1	3		4		
				6				8
	4			2	9	5		3
	6						5	
9							8	
	1		5					2
4	8	7			2			
	1					2		4
		7						

1047

9								
			1	3	8	5		
			7					2
	7			6				1
	4	2	3			8	5	
	8							9
			5			4	8	
		4		2				
							1	

1048

			6	2		7		
	3						1	
9								5
			4					
	5						4	7
2	7		1			8		
			4	7				6
			8		3			
			5				1	9

1049

4						7	3	
	5	9				1	8	
6		1		9				
	7			2				5
	1							
			4	3				
		5		1				
	6		7				4	
3			2			9		

1050

					5			
4			3				6	
		2		6			3	
		8						9
			5	3				1
7						6		4
9			3	8	1	7		
8	2				9			
			6					

1051

				9				2
2			1		5			
				4	6			
6	1				5			
		4						
3	9						4	
1	6	3		7				
4				2		1		6
		9		3				

1052

	1					2		
		5	2		7		3	
4						1		
			6			5		
				4			9	
	9			5	1	4		
						3	4	
9		8			6			
2	5			8				

1053

3		9		6				
			9				2	
		1			4		3	
8		4						
5						1	6	
			6	9		5	8	
						2	7	
			3	8				
		7	2					6

1054

		9			3		5	
	6		2			4		8
	4	2						
		5				3	6	
9	2						8	
		6		7			3	4
1	7			6				
			1		8			5

1055

						9		7
					8	2		
		3	2		4			
			1					
1	5							
4		9			5	8		
				5			4	2
	8		3		2			
	9	6		4				

1056

1	3			8				
		7						9
	5				4		7	
		9						
2			6			9	5	8
3		4						2
				3				4
			2	6			8	
8						5		

1057

1			6		3			
		6			2	4	3	
						9	1	
9	5							
	7			2		5		9
				1		2		
5					7			
			2					
7		4	3				2	

1058

	6							
			5	2		3		
4	8			9				1
			6		8		1	
								7
			3			5		
	1				4			8
			2				3	
	7					4		

1059

						5	6	
6			7				4	
		7		1		8	9	
	6	9		4				
3						1		
			2	6				
4								2
			5	9				8

1060

						2		
				9				
2	1		7					
	8	6		3		4		1
		1		6			2	
		3	9					8
	3			7				
9			5			8	7	
	6					9	4	

1061

			6	5			9	1
				9		3		4
					8		6	
	6	2				1		
	9	3		4				
			7					8
		5			4			
	8							
			9			1	4	7

1062

					7			
9	6			3	4		8	
	4		5	6		2		
6								5
	5		9	2				
		9			8			7
			9				4	2
		2		3				8

1063

	9				5		7	
8			7				2	4
			6	3		9		
		1						6
				5	3	8		
		8			1			
2	3				6			
							4	9
			9	8	7			

1064

8	9		1				2	
	5	1				4		
	7							5
		3			8		4	6
			4					
5	2			1	9			
	3		5					
7			8		2			
				3				8

6				4	3			
		2			9	7		
7							8	
				3	7			1
2					6			9
							2	
3		6	4	5				
8		9	6			5		2

5		9	6		1			7
								3
								4
1	7							
2	5	8			4	3		
		4	5					
		2	4			7		9
8			1			4		6
			7			8		

4		6	3			7	9	
1						4		8
				1			3	
		1	9				2	
	8	5	4					
			5			6		
		9				8		
3				7				
				9	3		6	

		5				3		
	9	3		8				2
	8		7		1	5		
				3				
6		1	9	5				
			6				8	
	4			9			5	
9								
1			4	7			2	

		4		6		7		
2		1				4		
	3		8				1	
7			9					
	4	2	5		3		7	
		5	4			8		
1						2		
			3				6	1
								5

	3							
		9						
			8				6	5
			1			4		
			4	2	7	3		
						9		
		7				2		4
5	6					4	1	3
	1		3			2		

1071

		3	5		1			
	8			3	2		7	9
						3		
	9	6	1			4		5
	7							
			9	4		1		
		2	8		4			1
6				9		7		

1072

			9	2				
			3		6	5		
			7			3		2
			1				6	
		1	5			8		9
7								
		7				6	1	
2	6		7		8			
	3						8	

1073

9	2					6		
1						9		2
		4					5	
			9	4			8	
7			3		5	1	4	
			1				6	
	6					5	2	
	7		4					
5			2					

1074

	5							1
3				4	6	7		
8		7			2			
		5		1				
	3			6			8	
2				9				4
				8	4			
							1	
7		9		5			6	

1075

1			3			6		9
				1				
5						2		
				6			2	7
		9	4	5				
3			8					
	9		5				8	
		3						5
				3	7	9		

1076

5	6					1		
			9			3		2
			1			8		
9			5	3			4	
		2					3	1
8								7
	7	8	6					
			4		7			
			3	1				

1077

4			3			8	7	
			9			1		
	9							
			5	7				2
	2					6		7
2	1	4					6	
3					1			
		7	2	6	9		3	

1078

		9	1		2	4	5	
	7		5					
8	5							
					5			
		2		4			9	
7	3		8		5			4
5								
	6					1		
	4			6		3		

1079

9	6						4	
		3	4	2				
				9		3	1	
3		5	2					6
7							8	
					9			
	4				9		2	8
		1						9
			1	8				

1080

5			4			8		
6				2				
	7							
	9				1	8	7	
	3					5		
1			5			9		
			1		6			
4					7		1	3
8					9			

1081

	9						5	
				8	1			
7	5	3		4				
			3	9				
	2	4				3		
						6		4
				7				6
	7		5		1			2
6		9						

1082

		9		4	3			
		4	6					
8			2			3		
					4			9
1			7	2		8	5	
					5			3
	2	1						
	7			8				
	9			1	2			4

		8			9			
2				6			7	8
		1	4					
7					6			
			7	1				
3		6	8					
			1					2
		4				8		
			3	9				6

		9	6	4	8			3
4			3		1			7
	2							1
9	4				8			
	7	5		2		3		
	6							8
	5			4				6
	8			6		1		

			2			4		
	6			8				
	4		3			9	1	
	2				1			
	8			7				3
	1	7			5			2
4				9	3			
	5							
	9				8			

	1			5		6		
		2			9			
	3							
1						8		
	4	7	3		5			
			9		2			7
3			7					
	7		6		9	2		
	2							1

	1			3		5		
			8	4				
		9						2
7	6				3	2		
	9			1				
		6				4		
	8	4	7		2		3	9
		7		5	8	2		4

		5		3			4	6
8	2			5				
			8					2
	1			2			8	
		4	1			3		5
6								
	7	3			4	6		
				9				7

1089

2						4		9
3			7	5				
	5	1				8		
1		9		4				6
				9			8	7
		5		7		9		
				6	1		2	
		4						
8								

1090

		6			7			
8			4					
	5					9		
4						5		7
7	2		5	3			8	
1								
	3					6		
	4		9					5
			6			7	2	

1091

8		4		3	5			
9	1					8	3	
1						2		6
	6			8	1			
				6				9
		5		9	4	2		
	4		2	5				
			6		7			

1092

6		9						3
						2		
	5			4	9			
9		8		1				
3								
						5	4	2
2		7				8		
	8		7	5	3			
		3						9

1093

	6		2					
		2	4					
5						1		
1			5	2				8
				6	7			
		9	8					4
3						5		
8	1					6		3
9		5						

1094

			4		8			
			5		4	9		
6	8							3
			7					4
			3					2
	6				8			
	7		2		5			
9		3	6					
2								

1095

		4	2				3	
				4				
5			6					9
7		3				4	6	5
8						2	7	
	7			3				
		1		6			9	
	6	9			5			1

1096

				9			3	
						1		8
7				5				
2			4			3		6
	8	5		6	7			
		3						4
8								
	6	2			3			
			5	7		8	6	9

1097

							6	
					1		8	
7		9	4	3				
8	4		5		2			
		7				9		
						2		5
	5		7					6
3								
1			2		6			3

1098

	7					9		2
					7	1		
		9				6		
7					1		3	
	3				2		8	9
		5	7					4
	4			5				
		8	4				6	
5								

1099

		9						
	6					2	7	
	3						6	
9	7		1	4				
	4			8		5		
3						9		
		7		6	8		2	
2					5			
		4				7	1	

1100

		8	3			2		7
3		7	4			1		
						6		
5						1		
6			1					9
		1		9	7			
	9							
				2		6	7	
	3				8			5

1101

	6							
4	7			2				
		1		3				
				9			6	7
6	4	2			7	3		8
7						2		
8			3	7				2
				8		4		
	5				2	1		3

1102

								8
				6	3			
5			1				7	
3	4				7	9	1	
			4					
9		1	3				5	
4	1							
				5			9	
		2			9	6	4	

1103

				8	3	6		1
			1				9	
				5				
7	1		8	4				
	2						3	
9				6	1		2	
3			7		8			
		7			4	2		
2				1		5		

1104

			4					1
			5		9			8
7		5						
4			1		6		2	
				3			1	
8		6	2					5
2								
1							4	
					1		3	9

1105

			3			6		1
5			4				2	
		2					7	
		7	2					6
					7			
	6	8				9		
3				8			4	2
			7				3	
				5				

1106

	6		9					4
5				3				8
2			4	7		1		
		1					4	6
6	9	2		4				
				8				
	8							1
			5		1			
			2					

1107

```
. . 4 | 5 . 9 | 1 . .
7 3 . | . . 6 | . . .
. 9 . | . . 8 | . . .
------+-------+------
. . . | . 3 . | . 8 .
. . . | . . . | . 4 .
. 7 . | . . 4 | . . 6
------+-------+------
8 5 . | 1 . . | . 7 .
. . 3 | 4 . . | 6 . .
. . . | . 9 3 | . 1 .
```

1108

```
. . 7 | . 4 . | . . 6
. 3 . | . . . | 8 4 .
. . . | . 2 . | 3 . .
------+-------+------
. . 4 | 3 6 . | 9 . .
9 . . | . . 4 | . . .
. . 6 | . 9 . | . . .
------+-------+------
. . . | 5 . 7 | . . 3
4 1 . | 9 . . | . 8 .
5 . . | . . . | . . .
```

1109

```
. . . | . . . | 4 2 .
. . . | . . . | . 5 9
8 . 2 | . . 3 | . 6 .
------+-------+------
. . 4 | 1 . 8 | . . .
6 3 . | . . 4 | 7 . .
. . 1 | . . . | . . 8
------+-------+------
. 8 . | 5 . 2 | . . .
. . 6 | . . . | 9 . .
. . . | 3 1 . | . . .
```

1110

```
. 7 2 | . . . | 1 . .
. . 5 | 6 . 8 | 2 . .
. . . | . . . | . . .
------+-------+------
. . 4 | . 8 . | 5 . 7
. . 6 | . 4 1 | . 9 .
1 . . | . 5 . | . . .
------+-------+------
. . . | . 5 . | . . .
. . . | 8 1 . | . . .
2 8 . | . . 7 | 3 . 5
```

1111

```
9 . . | 1 . . | . 8 4
. . . | 9 . . | . 7 .
. . . | 4 2 . | . . .
------+-------+------
1 . . | 5 7 . | 2 . .
. . . | 6 3 . | . . .
. 7 . | . . . | . . 3
------+-------+------
. . . | 2 . . | 4 . 7
. 4 . | . 6 . | . . .
6 . . | 5 . . | . . 9
```

1112

```
. . . | 6 1 . | . . 4
3 . 9 | . . . | . . .
. 7 . | . . . | . 5 .
------+-------+------
. 8 . | . . 3 | 4 . 9
. . . | . . . | . . .
. . 4 | . 5 6 | 1 . .
------+-------+------
8 2 . | . . . | . . 6
. . . | . 2 . | 5 . .
1 . . | . . . | . 3 8
```

1113

1			7		5			8
4			2			3		7
7				9		1	3	
	6			1		4		
		4				5		
	1						9	3
9	2			8			1	

1114

		3	5	9			1	
	8							
6	2						3	
		5	6		3			
	6			8	1			
				5				7
8				2	7			1
	9		4	7	2	5		
	7							

1115

	8	4		3		9		
							3	7
		9		5				4
8			3		4			2
						4	5	3
1				5				
	5							
			1			2		6
		8	7		2		1	

1116

				7				6
		6	5			3		
		8	4		1			
	5			9		2		6
	1					4	5	
3				8		7		
						8	7	
	2	1				9		

1117

		4	1					
					7			
			2		5		8	
	4	1			3		5	8
	5	6		1		2		
3				2				9
					9	1	4	
5		9					2	
				6				

1118

4	2	5						8
	3							
			2		7			
3		9					6	
			2	1			9	4
	4		7	8	6		3	
	6		3			8		
				4				9

1119

```
. . . | . 4 7 | 1 6 .
. . . | . 5 . | . . .
4 . . | 1 2 . | . . .
------+-------+------
. 4 6 | . 9 . | . . .
. . . | 3 . 5 | . . .
1 2 . | . . . | . . 9
------+-------+------
. 8 . | . . . | . . .
. 9 5 | . . . | 7 4 2
. 3 . | . . . | 9 . .
```

1120

```
. . . | . . . | . . 3
. . . | . . . | . 5 .
. . 8 | . 2 3 | . 6 .
------+-------+------
7 5 . | 3 . . | . . 2
. . . | 7 4 . | 8 . .
. . 4 | . . . | . . .
------+-------+------
. . . | . . . | . . .
5 1 . | . . 7 | 9 3 .
2 . . | . . . | 1 . 8
```

1121

```
. . . | 7 . . | . 5 .
. . . | 3 2 . | . . 9
. . 8 | . . . | . . 6
------+-------+------
1 . . | 5 . . | . . .
. . . | 8 6 . | . 9 2
6 . . | . 7 2 | . . .
------+-------+------
. . . | 2 . 9 | 3 . 7
. . . | . . 3 | . 4 5
3 9 . | . 4 . | . . .
```

1122

```
. . . | 1 . 3 | 5 . 9
. 6 . | . . . | . . .
. . 7 | . . 5 | . . .
------+-------+------
3 . . | 4 . . | 2 . 7
2 . . | . . . | . 1 .
5 7 . | . . . | . 3 .
------+-------+------
. . 1 | . 8 . | 6 . .
. . 9 | . . . | . . 4
. . . | . . 1 | . . 5
```

1123

```
5 . . | 1 . 8 | 9 . .
. . . | . . . | . . .
. 4 . | . . . | . 6 3
------+-------+------
. . 2 | . . . | . . .
. 7 . | 2 3 8 | . . .
. 9 3 | . . . | . . .
------+-------+------
. 2 . | . 5 . | . 1 .
. . . | . 9 4 | . 8 6
. . 7 | 1 2 . | 5 . .
```

1124

```
. . . | . 9 . | 5 . .
9 . 7 | 1 . . | . . 2
1 . 5 | . . 4 | . . .
------+-------+------
. . . | . . 7 | . . .
. 8 . | . 2 . | . . .
. . 3 | 6 . 8 | 7 . .
------+-------+------
. 1 8 | 4 . . | 5 . .
4 . . | . 6 . | 9 . 3
. . . | . 3 . | 8 . .
```

1125

			4			5		1
				6	8		7	4
	1				7			
6	5			9			4	8
		8						7
4		2						
		7	9					3
	9		5					

1126

	5				9		4	
6			4					
	1				2			
5			9					2
		3		2				4
8				6	5			1
			7				6	
2							7	
		7				3		

1127

	8							
9		1					8	
7		3						
	2			8		5		1
			4	5				
					7	2	3	
5		4		2				
					4		7	
	1			6			9	

1128

9			2					
	6				4	7		
			5	9				
	4							5
				3	2		8	
2			7	8			6	
		8						
5	7	1				9		4
			1					

1129

			6		8			
		8	3		1	9		
			4			5	1	
4		2		6		7		
5			8			2		
		3	2			1		4
7	9							
	3					4		
								7

1130

				9		7		
	4	5	6	8				
8				5		3		
9						1		5
							8	
	3	2						
		6	3			9		
			1				6	
4		1		9			2	

1131

				5	6			8
	9	4		1			5	
	2		7			9		
					4			6
2			1					
	1				5	8	9	
5								
			6					
		2		7				1

1132

	4	7	5	9		1		
3		1		2				
			3			6		
	4		7					5
1			4		9			
			5			8		
					3	5		
	8				5			6
	2						7	

1133

3								
4				6	7			1
			3	2				6
	2							4
6	5			7		8		
	8	3						9
8				7	4			
			6			2		
				9				3

1134

9			2					6
		8						
7					9		1	
			1				7	
	5						4	
	6			4			3	8
			7					5
		1	9	2				
		4						1

1135

3		1				8		
		6	7	5		9		2
7		4		8			2	
								5
	9							
	6			1		4	9	
		9	2					3
	1				7	6		

1136

5			2					
				1				6
			3	5	8			
	7			9				
			3			7	2	9
		8	1	4				
			4	6	2	5	9	
				3				7
1								

				7				
			8	4	6			1
			3			8	2	9
9					7		5	
7			5	1				
		6		9		4		
4								5
1								
5	9	8				1		3

			2					
2		7				1		
6			9	1				7
		1	3					
5	3							
			8					5
	3			2			5	
9				8			2	6
1		5						

2	9			1	4			
6				5				2
	7			6				8
1		7	8			2	5	
	3		6					
								8
			7					
	8				3		1	
	2	6						5

		3		5	9			
				7				4
5	2			4				7
8				3			6	
								8
9				2				
2		6	1					
			8				3	6
		9		2		4		

				7		4		
		3			1			
		5	9	4				
	2				3			
					5	6		
7	5				9	4		1
	8							
		1		3				7
			6		1			5

1	2						8	
			4			6		
	5	9				1		
								9
		7						
		4	2			5		3
3		5		1				
					5			4
9			7	3			1	

1143

```
. . . | 9 . . | 1 5 .
. . . | 6 . . | . 7 8
. . 6 | . . . | . . .
------+-------+------
7 . . | . . . | . 9 4
. . . | 2 1 . | . . .
. 8 4 | . 7 . | 3 . .
------+-------+------
. . 2 | . . . | 4 . .
. 6 . | 7 . . | . . .
5 1 . | . . . | 8 . 7
```

1144

```
. 7 . | . 5 1 | . . 3
4 . . | 2 . . | . . .
8 . . | . . . | . . .
------+-------+------
. . . | . . 4 | 5 9 6
. . . | . . . | 4 . .
. 1 . | . 2 9 | . . .
------+-------+------
. 9 . | . . . | . . 7
. 3 5 | 8 . . | . 1 .
. . . | . 3 . | . . 5
```

1145

```
. 4 . | . . 6 | 1 . .
3 . 7 | 9 . . | . . 5
. . . | 8 . . | . . .
------+-------+------
9 . . | 3 2 . | 6 8 .
. . 5 | . . . | . . 1
. . . | . 7 . | . . .
------+-------+------
. . . | 7 . . | 3 . .
. . . | . 9 2 | 7 . .
. 2 4 | . . . | . . .
```

1146

```
. 7 . | . . . | . . .
. . . | 2 . . | 7 . .
6 8 . | . . . | 3 . 1
------+-------+------
. 5 . | 6 . . | 1 . 2
. . . | 3 . . | . . 7
. . . | 4 1 . | 6 . .
------+-------+------
. 7 . | 6 3 . | . . .
. 4 5 | . . . | 8 . .
. 5 4 | . 2 . | 3 . .
```

1147

```
. 9 . | . . . | . 6 8
8 2 . | . 3 . | . . .
. 3 . | . 6 4 | . . .
------+-------+------
. . 1 | 7 . . | . . .
. . 2 | 4 . . | . . 5
. . . | . . . | 2 . .
------+-------+------
. . . | . . . | 9 8 4
. . . | 9 2 . | 7 . .
. . . | 5 . . | . . 1
```

1148

```
. . . | . 9 . | . . .
3 . . | 2 . 6 | . . 4
. . 1 | 7 . 4 | 8 2 .
------+-------+------
. . . | . . . | . . .
6 . 7 | 9 . . | . . .
9 1 4 | . 5 2 | . . .
------+-------+------
. . . | . . . | . . .
. 2 . | . 4 7 | . . 1
. . 3 | . 9 . | . . 2
```

200

1149

	2				5		9	
			8	9				6
5				4	1			8
	1							
	3						2	
	8	5	6	1				7
				8		9		
7		6				4		
	5	2						

1150

	3	6					5	
4								
	5	2		8				3
		1	2		8		9	
3						5		8
		4		7		3		
						1		
9			7		6			
	6		8		3			

1151

					8			
8		9	7		2			
6				1				
			9		7	6		
	5	3				4		
				2		8		7
			1	3	9	7		4
						8		
	1		2			9	6	

1152

1						4		7
			2	4			1	8
				9		3		
			2	5	6			9
4	6							
		5	1				7	
3		6				7	9	
	4						5	
	5				7			

1153

	1					7		
	2	6	9			3		5
9				6		8	2	
				2				
	5		7	1		6		
		8			3	9		
4		1				5		
5	8							9
			5	1				

1154

	2			1	3	4		
			5				7	
				4				3
							9	
6		2		8		3		
		4		3		8	5	
1		6			8		4	
			7					
		8	4				2	

1155

```
. . 3 | 4 1 8 | . 7 .
6 . . | . 9 . | . . .
. . . | . . . | . . 8
------+-------+------
. . . | 5 . . | . 9 .
. 3 . | . . . | . . 6
. . . | 8 4 2 | . 1 .
------+-------+------
2 . . | 1 8 . | . . .
. . . | 2 . . | 9 4 .
. 1 5 | . . . | 7 . .
```

1156

```
9 . 1 | . 5 . | 2 . 4
. . . | 2 7 . | . . .
. . . | . . . | . . 1
------+-------+------
. . 2 | 4 . . | 6 . .
. . . | . . 9 | . 1 .
5 . . | . . . | 3 . .
------+-------+------
. . 7 | . . . | . . .
. . . | . . . | 8 6 7
3 1 . | 6 8 . | 5 . .
```

1157

```
7 . . | . . . | 8 2 .
. . 5 | . . . | 7 9 6
. 6 . | . . . | . . .
------+-------+------
. 4 6 | . . 2 | . . 3
. . 7 | . . . | . . .
. 9 . | . 4 . | . . .
------+-------+------
. . 9 | . 1 . | . . 5
6 7 . | . . 2 | . . .
. 8 . | 4 6 . | . . .
```

1158

```
. . 9 | 8 5 . | . . .
. . . | 6 . 4 | . . .
. . . | . . . | . 2 .
------+-------+------
5 1 . | . . . | . . .
. 6 2 | 5 7 . | . . 9
. . . | . . 8 | 4 . 2
------+-------+------
2 . . | 7 . . | . . .
6 . . | . . . | . 8 .
3 . . | 9 . . | . . 4
```

1159

```
5 . . | 7 . . | 6 . .
. . . | 3 . . | . . .
. . . | . . . | 2 . 4
------+-------+------
. . 3 | . 4 1 | . . .
. . . | . 5 . | 2 . .
. . 2 | . 8 3 | 5 . .
------+-------+------
. . . | 9 3 . | . . 6
. 4 . | . 7 . | 1 . .
6 9 . | 1 . . | 4 . .
```

1160

```
. 6 . | . 2 . | . . .
. 2 . | . 9 5 | . . 7
. 7 . | 3 6 . | 8 . .
------+-------+------
3 . . | . . . | . . .
1 . . | 5 . . | 7 2 8
. . . | . . . | 9 1 .
------+-------+------
. . . | 6 . 8 | . . 4
. 8 . | 9 3 6 | . . .
7 . . | . . . | . . .
```

1161

	8	4						1
9			5	7				2
6								9
					8			
7		6						
	4	8	7	1	2			
	3	7	8		4		6	
		9		6	7	8		

1162

					5	7	9	
	5							4
	7			6		5		
7			6	1		8	3	
	8				4			
1			8	2		4		
9		6	1				7	
				3				
			4			1		

1163

2	5	7			8		1	
4	8							9
			8		2			
5					2			
		4		7	3	5		
7			1			9	5	
								4
	3	6	4					

1164

			7					
4		1	5					
		2			3	4	5	
	7			5	4			
		4		3				
		6				8	2	
	5						8	
1						2	3	5
2		8				1		

1165

			7			8	1	
						7		5
		9		4	8			3
								2
	7	2		6				9
	9							
		4			3	9		
8			5	7				
	3			2			5	

1166

9					4			
				6				3
	7		9			2		
	9	3						
4							3	8
6			1	8	5			
					9		8	
1		8		3			7	
2		4		7			9	

203

1167

```
. 3 . | . 4 6 | . . 9
. 7 . | 5 . . | 2 . .
2 . . | . 1 . | . 3 .
------+-------+------
. 8 . | 6 . 2 | . 7 .
. 1 . | . . . | . . 6
. . . | . . 4 | . . .
------+-------+------
. . 4 | 9 . 1 | . . .
5 . . | 7 . . | . . .
. . 1 | . . . | . 9 7
```

1168

```
. 2 . | . 8 4 | . . .
. . . | 6 7 . | 4 9 .
. . . | 1 5 . | . . 2
------+-------+------
8 . 2 | . 1 . | . . .
. . . | . . . | . 6 .
. . . | . . . | . 3 .
------+-------+------
6 4 5 | . . . | 7 8 .
7 . . | . 4 . | . . .
. . . | . 5 9 | . . .
```

1169

```
. 6 . | 9 4 . | 5 3 .
5 . 3 | . . . | 9 2 .
. . . | . . . | . . .
------+-------+------
. . . | . 8 . | . . .
. . . | 7 . . | . . .
8 4 . | 3 5 . | . 7 .
------+-------+------
. 9 1 | . . . | 6 . 7
. . 6 | . 7 . | . . .
. 8 . | 2 . . | 3 . .
```

1170

```
3 . . | 6 . . | 4 . .
. . 7 | . . . | 2 . .
9 . . | . . . | . . 8
------+-------+------
5 . . | 9 6 . | . . .
1 4 . | . . . | 3 . .
. 2 . | . . 5 | . 7 .
------+-------+------
. . . | 3 . . | 5 . .
. 1 . | . 2 . | 9 . 4
. . . | . 4 . | 1 . .
```

1171

```
. 6 . | . 2 . | . . 9
. 4 7 | 6 8 . | . . .
. . . | 7 . . | . . .
------+-------+------
. . 8 | 5 . . | . . 7
6 . . | 1 . . | . . 2
. . . | 2 6 . | . 5 .
------+-------+------
. . . | . . . | 8 . 1
8 . . | . . . | . 9 6
. 3 6 | . 5 . | . . .
```

1172

```
. . 2 | . . . | . 6 .
. . 4 | . . . | 9 . 5
. 9 5 | 6 . 2 | . . .
------+-------+------
9 . . | . . 6 | . . .
. 1 . | 8 . . | 3 . .
. . . | 5 . . | . 8 .
------+-------+------
. 2 . | 3 . . | . . 1
3 5 . | . 1 . | 7 . 4
. . . | . . . | . . .
```

1173

	4							
3			7	6			1	
			4		5			2
		2			3	5		
		9	1				8	
				2			3	
9	6							
					9	1		
		5	6				7	

1174

2	7			8			6	
9				5				8
	5				9			4
			9	6	4			1
4			1		3			
		1				4		
			6	4	2	9		
					7			3

1175

	7	5						4
		6	4				5	
3							6	
4		2						
		7	3				2	
				8		1		5
7		1		9		8		
	2				5			1
							7	

1176

					8		1	
		3	2		7		5	
						7	3	4
9							4	
5				8				3
		7	6					
4	2	9						
	5			1				
8	3		4	9				

1177

7		9			8	4		
1	4		2					
2				6			3	
4			5			9		
							8	6
	1	3					9	7
			3		6			
		5		9				

1178

					4		2	
	2					3		5
8	9				4			
			1					
	8					9	3	
7	3		9					
		5	7		2			
		3					1	2
			5				6	4

1179

				5				
	4		3					
7			4		1		5	
8		5		9	4	6		
	6							
						9	3	
		7						
		1		2		3	6	
6	8	2				1	7	

1180

			7	8				
5	6		7		1	4		
			3		4			
				2				
1	2						7	8
8			5			9		
						8	3	2
							6	
	1	9						

1181

		6			4			
5			6				9	
	4	8	1		5			
						7		
	7			9			4	1
		2					3	
	2		3					9
			5	4	1			6
8							1	

1182

8					3	1		
6							3	
			1					
	4		7		8			
		2	3					4
1	5				9			
			9					7
					7	2		
7	8		6		5	9		

1183

	6				4		7	
		7	8		3			
			5					4
			7			3		
		2				6		9
	8			5				
			2				5	6
	1							7
	2			9				3

1184

	4				8	3		7
3	2				7			
	7	9						1
4				5	3		1	
	9							
							4	6
	1	2		4				
			5					
		7	3				9	8

1185

	5			6	1			
	2		5	4			6	
	6		9					
							5	2
		7		3			4	9
5					9			
2		4	1					8
			4			7		
		8				1		

1186

		6		3				
		7		9	1	2		
	5						4	
	7					8	9	
	8		6	5				2
	3		5	7				
			4	8				
8						9		

1187

9	5				6		1	
			7				6	
4		1				2		9
		9		8		5		
3						7		
5				1				
	4			3				
								8
	1		6		2			

1188

			7			9	1	
	3				1			
	5	8			3		4	
3				7				1
		4						
			9			4		2
	4	9	6					
8								
2	7		4	3				9

1189

			4			8	5	
								3
		6						3
			7					1
	5		6				3	2
2	3		1				4	7
	8			4		1		
4	7			9				6
5								

1190

			7					
	7		1					8
5				9	4			
3	2							1
				1	2	7	8	
				8				3
				9		8		
	5	3			6			
	6	4					2	9

207

1191

		7		4		8		9
6	4		5			7		
		5	8					
				8			9	6
9			2			4		
		1				2		
1			7	3				4
5			3	9				2

1192

			7					
5		9		4				
			5	2				7
2		3				7	8	
			2	1				
6	5							
	1				8			6
	2					8	3	
8				6	9		4	

1193

	9		5		1	7		
7				8	2	5		
		3			4	2		
	6						3	8
		5						
2						9		
5		9						
	7			4		8		6
		4				1	2	

1194

	8	9						2
4	6		9					5
			8	1		3		
			2					
2			7			8	1	3
	5							
			7			5		
	4					9		
	2		4			6		

1195

		3	1			6		
4				9		3		
	2			3	6			
2		4	9				7	
				8			3	
	7		4			8		9
7	3					5		
	6		5					
		1		2				

1196

		9	4			6	3	
4		2		1				
			6			1		5
9		4	1	8				
2	1							
	8			2		3		
						9		6
			3	4				2

1197

8				2		7		
	3	5			9			
						1	7	
1		9	8	5				
	5			1	2			
9				7			5	
3		1		8	5		2	
	8						4	

1198

				8	5			
	1							7
		5		3	4			
6				1				
			2			8		
4			5	3		1		
	9			7			1	
		6				5	8	9
				2	7			

1199

			6			8		3
7		5		2				6
	2			8				
				6	9			
4		8						
			4					1
6				9				
			5			3		
2						9	8	

1200

	8		5					3
5	9				7			
		1	8		7		9	
			6					
			7				8	
	4							1
7			5	2		1		
8						4		
	2	6	3		1			

GRUELING
PUZZLES

1201

				3		8		
8	5		4		2		6	
					6	9		2
1	6							
2			9	4				
	7		2				8	
	4			1		6		
								1
				7				3

1202

4				6		7		
		7	8					1
9	2	8						
	7				2	9	5	
		4			5		1	
6			3					8
			4	8	9			6

1203

	5						8	
	6	9		5			4	
3								6
	9	2	3	7				
6	1			2				
			5			6		
				2	9			
8		4		9		7	5	

1204

			2		5			6
				4	7			1
	7		1			5		
2				4	1			
	3	6						
7			8					2
		2	9					
	8					9		
			3	7				5

1205

	2					9		
	7		1	9	6			4
					1			3
2			5		1			
		3	7				6	
		7		2				
5				1				2
9	4							
			8	5		3		

1206

		8						3
						1		
7			8			5		
				4				1
4				8				
		7	2			6		
		2	5		3			
3	5					2	7	
	1			6				8

1207

					3			2
		7					4	
		8	4					9
		2	3		8			
					6		9	
	8	1	7		9		6	
6					4			8
7				1				
	3					4		

1208

	8					3	1	4
2			3	9	4			8
			8					
9								2
		5	4				8	
			6			7	1	
				8				
3	7	6	2					
			5					

1209

				2				9
	6			8			4	
1		2		4			6	3
	9		2		8		7	
	2							
			7	9			1	
		4				5		
						8		
2			6	7				

1210

7						6		
8	1							5
	2					7		8
9			3	8		6		
	3			2	6			4
					7			3
9			1	5			8	
	5			3				
	6			7				

1211

		3					9	
9			5					6
		8			3	1		
	6	5	8					
			4					
2	4		3				1	
				4	8	2		
		1						4
			7					5

1212

	5				8		4	
	6	7			4			8
		8						
				9		5		4
			5	2			8	6
	2		8					3
2		9				1		
	4	6			9		5	

1213

2	3		4	6				9
			2				6	3
				7		5		
7	1				2			
3	4		5				1	
9						6		
			8	2			9	4
				1	8			
				7				

1214

			9					1
	7	1			6		2	
		5			1	4	8	
			3					
						7	6	4
		2		5		3		
	9			6		2		
8			4	5				
		6			7			

1215

	2			6			7	
		9			5			
7				1		6	2	
3		1		2				
	4	7				9		
	5			6				
		5	8					7
1						8	2	
				4		1		

1216

	2	6						9
							6	
		9		7				1
5	8		7					
			1		3			
						6	8	
7			4					
	6				2			7
	4	3				2		

1217

	1							
						8	2	
6							7	3
7	5					1	2	
	2			1		3	4	5
		4				9		
2				4	5			
			7	2	3		9	1
			9		6			

1218

9			1			4		
			6					
3	7	2					8	
4			7					
		7		3	2	5		
				8	5	3		
						2		
			7				9	
6			1		8		3	

1219

```
. . . | . . 7 | . . 6
7 . . | . 9 . | . . .
9 3 . | . 2 . | 1 . .
------+-------+------
. . . | 7 . . | . . 1
. 4 . | 6 8 . | 3 . .
. 8 9 | 5 . . | 6 . .
------+-------+------
2 . . | . 3 . | . . .
. . . | . . . | . 6 2
. 7 . | . . 4 | 8 . .
```

1220

```
. 7 . | . . . | . 5 6
. . . | . . . | 1 . 8
. . 3 | . . 2 | . . 4
------+-------+------
2 . . | . 8 . | . . .
8 . . | 1 . . | 6 9 .
. 4 . | . . 6 | . . .
------+-------+------
1 5 . | . . . | 8 . .
. 2 . | 5 . . | . . .
. . 6 | 3 . . | . . .
```

1221

```
4 . 8 | . . 3 | . . .
. . . | . . . | . . 7
. 7 . | . . 1 | 9 . 2
------+-------+------
. . . | . . . | . . .
9 . . | . . 8 | . . .
. . 6 | 1 3 . | 5 . .
------+-------+------
2 6 5 | 7 . . | 1 . .
. 9 . | . . . | . . .
. 4 . | . . 2 | . . 7
```

1222

```
. . . | 6 . . | 7 3 .
. . . | . 4 5 | . . .
. 6 . | . . . | 9 . 1
------+-------+------
9 . 3 | . . 7 | . 6 .
6 . . | . . . | . 8 .
. . . | . . . | . . 3
------+-------+------
. . . | 7 . 9 | . . .
3 4 . | . 5 . | . 9 2
2 . . | . 3 . | . . .
```

1223

```
. . . | . . 1 | . . .
. . . | . 6 . | . 2 .
. . 5 | 3 . . | . 8 .
------+-------+------
. 4 . | . 8 . | 5 . 2
9 7 1 | 6 . . | . . .
. 8 . | . . . | 7 . 9
------+-------+------
. . 7 | . . . | 4 5 .
. 6 . | 3 . . | . . 8
. 2 8 | . 4 . | . . .
```

1224

```
. 8 2 | . . 4 | 6 . .
. . 6 | 5 . . | . . .
5 4 7 | . . . | . . .
------+-------+------
1 . . | . 9 . | . . .
. 5 . | 4 . . | . 1 .
. . . | 7 . . | . . 2
------+-------+------
6 . . | . 4 2 | . . .
. . . | 5 6 3 | . . .
8 . . | . . . | 9 . 6
```

214

1225

				4		9	2	5
			7	2				8
8								
		5	3					
	1		6	7				
	2	9					5	
						6		
		3	8				9	
2	6				7			

1226

	8			2				
			9	7	1			8
				6				
								9
			1		5		7	
7	3							5
		1	8					
		7				4	9	
5		2			7	8		

1227

4		7						
				9	5			
			8	2				
	8		5	7				6
						8		
7		6						1
			1	9		6	4	
		3	2			5		
1	7							

1228

3	4	2	5			8		
				9				
		8				3		6
	9					6	8	
7								
	5				2		1	
				9				
4		9			6	7		
5			2				4	3

1229

1	5						6	7
			1					
					9			
			7				4	8
				6		9	1	
5	2							
2		1	8			9		
3					7	2		
			3			8		

1230

7			5					
	9							
5			8			3	2	
				4	6			
9	2		7					
1	4	7						8
					5	7		3
		1	6			2		
					2	5	6	

1231

			8		4			3
8		1		6		2		
7		8		4			6	5
5	6							
					8	3	2	
	7		1					
9								
4		6		7		1	5	

1232

8	2							9
					4	1		
		6			7		8	
	4					8		3
	6				1		4	
3		9						
							1	
5	9					2	7	
	3			1	5			

1233

	9			4	1			
3			6		2			
		4	8					9
4		8	3					6
						2	8	
		2		4				
		3	2				1	
7			9	6				

1234

					1	9		
	1	5			6	3	2	
	9	7		2				
			5					
4						6		
			9					5
						7		3
	2		3					
		3	1	5			9	8

1235

		3			8	9		
								7
4	9		3			6		
	1		7	2	3			
3	5		9					
9				1				
				9		1		
	7		2	3				
8					4			

1236

1			4	3				6
9	5	6			1			
	8				2			
				6			5	8
		7			4	2		
	3				9			
	9			1	4			3
		8					4	

```
. . . | . 3 7 | . 8 .
6 . . | 9 . . | . . .
. . 8 | . . . | . . 2
------+-------+------
7 . . | . . . | . 2 1
8 . . | 3 . 2 | . 7 5
. . 5 | . 7 . | . . .
------+-------+------
. 4 . | . . 9 | . . 3
. 5 . | 8 . . | . . .
. . . | 1 . . | 4 . 7
```

```
. 1 . | . 2 . | . 9 .
9 . 6 | . . . | . . 7
. . 4 | . . . | . . .
------+-------+------
8 . 7 | . . . | . . 4
. . 3 | . 7 . | . . .
. . 4 | . 3 . | 7 . 2
------+-------+------
3 . . | 8 . . | . 2 .
. . . | 6 . . | . 4 8
. . . | . . . | 5 . 9
```

```
. 8 3 | . . . | 2 . .
. 2 . | . . . | . 1 .
. . 5 | . . 7 | . 9 4
------+-------+------
. . . | . . 9 | 5 . 7
. . . | 8 . 6 | . . .
. . 9 | 3 7 2 | . . .
------+-------+------
4 9 . | . . 1 | . . .
. . 8 | 7 . . | 6 . .
3 . . | . . . | . . 5
```

```
. . . | . . 8 | . . .
. . 7 | . 2 . | 4 . .
. 4 . | . . . | . 5 8
------+-------+------
2 . . | . . 3 | . . 1
5 . . | . . . | 7 . .
. 9 . | . . 7 | 2 . .
------+-------+------
7 1 . | . 3 6 | . . .
3 . . | . . . | . . .
. . . | 1 8 9 | . . 6
```

```
. . 6 | . . . | 1 . .
. . . | . 2 6 | 8 . .
. . . | 9 3 . | . . .
------+-------+------
. . . | 1 2 3 | . . .
. 5 . | . . . | . . .
. 6 . | 8 . . | 7 . .
------+-------+------
. . . | . 4 . | . . .
4 . 8 | . . . | . 3 .
5 . . | 7 . . | 8 . 2
```

```
. . 8 | 5 . . | 2 . .
. 7 . | . . 2 | . 5 9
. 9 . | . . . | . . 8
------+-------+------
. 8 . | 7 . 3 | . . .
2 . . | . 4 . | 3 . .
. . 1 | . . . | 4 . .
------+-------+------
. 1 5 | . . . | 9 . .
. 6 4 | 7 . . | . . .
. 4 . | . . . | . . .
```

1243

			2				4	
4					3	8	5	
2					5		6	
3	1							
		9						6
6				4				
		1		2				3
8	5				6	4		1
			3					

1244

	1						3	
3	7							6
		8			6		2	
	9	7		6				1
		4	3	9		7		
		1			5		4	
	5			2	3			
		8						
		3				1		

1245

		1						
	6		7	4				
	7			2	6			
				5				8
	2			9			5	4
7	3			2		9		
1			3	9				
							6	9
3	8							

1246

		6			5		2	
		8		1		5		
				3				
5			3		6	8		
	8							
		3	1				4	
		2		7		6		
9		4					5	2
3	7					9		

1247

		5				6		
9			1	4		8		
			2	8	6			
	6		3			9	5	
	7			6		1	4	
			4					
3								
			3	8		1		
7		4			1	5		

1248

		8	3	6		4	9	
			9	1				8
	4			8	7			
1						9		3
5								
	7		3					
							6	
	1		7	4				
4	6	1		5				

1249

		8				3	4	1
	6				1	2		
3								8
		4		7	6		3	
		6		1			7	
	8			2			6	
	9				3			
			9			4		6
					2			

1250

9			4	8				
			7					9
				3				8
		9	3	1		4	7	
	6							
		2				8		5
					6		3	2
	1		2					
6		4		5				

1251

		6		1		8	5	
7				8			4	6
			7		3			
			1					2
		4	9					
		5						
4		7		6		2	9	
5						6		
	2			3	7			

1252

1			3	7		4		
								2
		9				3		
			1		6			
3		4		2		7		
				3			2	
			8					
	6	1				5	3	
				6	4	1	9	

1253

						9		6
	9						3	8
	1							7
5						1		
		2		7				3
1	8		3	4				
	4		1	3				
3				5			2	1
					9			

1254

7				4		8		
		4	9					5
2			1		8			
1	5						2	
			8			5		6
	7							
		6						
			2	3	9			8
5						7		3

219

1255

```
. 1 . | 7 9 . | . 2 .
. . . | . 4 . | . 6 8
7 . . | . . . | . . .
------+-------+------
. 9 . | 2 . 3 | . . 4
. . . | 5 . . | . . .
. 5 . | . 6 . | . . .
------+-------+------
. . 9 | . . . | 3 . .
. . 1 | . 8 . | 4 . .
4 8 . | . 9 . | . . 6
```

1256

```
. . . | . . 8 | 2 . .
4 . 9 | 5 . . | 1 . .
. 3 1 | . 6 . | . . .
------+-------+------
. . 8 | 6 . . | . . 3
. 6 . | . 4 . | . . .
. . . | 5 . . | 8 1 .
------+-------+------
. 4 . | . 1 . | . . .
. . . | 3 . . | . . .
. . 7 | . . . | . 2 5
```

1257

```
5 . . | . . . | . 4 .
. 2 . | . . . | 1 7 .
. . . | 9 6 . | . . .
------+-------+------
. . . | 8 . . | . . .
. 3 . | . . . | 8 6 .
9 . . | . . 7 | 1 4 .
------+-------+------
. 5 . | . 8 . | 9 3 2
. . 7 | 9 . 3 | . . .
. 4 . | . . 1 | . . .
```

1258

```
. . 2 | . 4 . | . . 5
. . . | . 6 . | 8 . .
. 5 1 | . . . | 3 . 9
------+-------+------
. . . | 5 6 . | 4 . .
. 2 . | 6 9 . | . 8 1
7 . . | . . . | . . .
------+-------+------
. 6 7 | . . . | . 1 .
9 . . | . . 4 | . . .
. . . | . 5 . | . . .
```

1259

```
3 1 . | . . . | 5 . .
5 . . | . 8 3 | . . .
. . . | . 6 . | 7 . .
------+-------+------
2 . . | 6 . . | 3 8 .
. . 1 | . . . | . . .
9 . . | 4 . . | . . 2
------+-------+------
. . . | 8 . 9 | . . .
. 3 . | 9 . . | . . .
. 4 . | 2 . . | . . 5
```

1260

```
. . . | 2 . . | . . 9
. 4 9 | . 1 6 | . . 5
7 . . | . 8 . | 3 . .
------+-------+------
6 . . | 1 9 4 | . 4 .
. . . | 1 4 . | . . .
. 2 . | . 7 . | 8 . .
------+-------+------
8 . . | . 5 . | . . .
. 3 2 | . . . | . . .
. 5 1 | . . . | . . .
```

220

1261

	6			2				1
				3	9			
		7					3	
	2					5		
1	9		6	5	3		2	
7				4	6	8		
			1				5	2
	1	8						

1262

2				8				
	5	6						4
1				9	6		3	
4			1				2	
				5	8			1
				6	9			
7	3	2						6
		4		2			5	8
				7				

1263

	1				9		3	
	2	5						
				2			4	8
4				3	8			2
1					2		7	
			7	5				
	6					4		
		2	5	1				
		9			7		2	

1264

		3	8					
				6			7	
1							5	4
4	7		3			2		
		6					4	7
5			2					
		1		3		6		2
	9					4		

1265

4	5				9			
7		1			9		3	
		3			4	8	7	
				4		3		
			2			5		
			5		7		1	
	2		7				9	8
		7		3	2			

1266

	1	7			3			
	5			9	6	7		
		2		8				
1			5	8				
9					4			
	3			2				
5			9					
	4	2	1			5		8
						6		

1267

```
. 7 . | . . 5 | . 2 .
. . . | . . 3 | . . 7
. . 3 | . . 5 | . . .
------+-------+------
. . . | 1 3 8 | 4 . .
. . 4 | . . 7 | . . .
. 6 . | 4 . . | . . .
------+-------+------
. . . | . 4 . | . 7 .
. . . | . 2 . | . . 8
. 5 8 | . 7 . | 3 . .
```

1268

```
. 1 . | . 9 2 | 6 . .
4 . . | 1 . . | . . .
. . . | . . . | 1 . .
------+-------+------
. 7 . | . 6 . | 2 . 1
. . . | . 4 . | 3 . .
3 . 2 | . . . | 8 . .
------+-------+------
7 8 . | . . 6 | . . .
. 2 3 | . 1 . | . . .
. 6 . | 9 . . | . . 2
```

1269

```
. . 4 | . . 1 | 2 8 .
. . 7 | . 2 . | . 9 .
. . . | 9 6 . | . . .
------+-------+------
. . . | . 4 1 | . . .
. . . | 2 . . | . . .
2 4 3 | . . . | 6 . .
------+-------+------
. 9 . | . . . | . . 8
. . . | 8 6 . | . . 7
8 . 6 | . 7 . | 4 . .
```

1270

```
3 7 . | . 5 8 | 6 . .
5 . . | . 4 . | . . .
. 1 6 | . . . | . . .
------+-------+------
9 . . | . . . | . 2 .
. . . | 9 . . | 7 1 .
. . . | 1 . . | . . 4
------+-------+------
. . . | 3 . . | . . .
. 8 2 | . . . | . . .
2 . 9 | 8 6 3 | 7 . .
```

1271

```
9 . . | 7 . . | . 1 .
. 3 7 | . . . | 8 . .
. . . | . 1 . | . . 6
------+-------+------
. 4 . | . 9 . | 3 7 .
. . 9 | 1 . . | . . .
. . . | . 4 . | . . .
------+-------+------
3 . 5 | 8 . . | . 2 .
. 8 2 | 4 . . | . . .
. . . | 5 . . | . . 9
```

1272

```
7 . 8 | . 2 . | . 3 .
. . . | . . . | . . 5
6 . 1 | 7 . 4 | . 2 .
------+-------+------
. 2 . | . . . | 5 . 1
8 6 . | 4 . . | . . .
. . . | . 7 . | . 6 .
------+-------+------
. . . | . . 8 | . . 2
. . . | . 9 . | . . .
. . 3 | . . 2 | 6 1 .
```

1273

```
. . 1 | 6 . . | . 5 .
. 9 . | 1 . . | . 6 3
. . 6 | . 7 . | . . .
------+-------+------
. . 3 | . 5 9 | . 7 8
8 . . | . 1 . | . . 6
. 7 . | 9 . 8 | . . .
------+-------+------
. . 5 | . . . | . 2 .
2 . . | . 3 . | . 1 .
```

1274

```
. 4 . | . 9 . | . 1 .
. . . | . 1 . | . . .
. 6 1 | 7 . . | 3 . 4
------+-------+------
7 . . | . 2 . | . . .
. 8 . | . . . | 6 7 .
. . 3 | 6 . . | 9 . 1
------+-------+------
. 7 . | . . 9 | . . .
. . . | 5 . . | 2 . .
. . . | . . 8 | 4 . 3
```

1275

```
. . . | . 2 . | . . .
. 9 . | 5 . . | 4 6 .
. . 6 | 3 . . | . . .
------+-------+------
. . . | 1 . . | 8 5 .
. 8 . | 4 . . | . . .
7 2 . | . . 8 | . . .
------+-------+------
. . . | 3 . . | 2 . .
. . 3 | . . . | 9 . 1
. 7 . | 9 . 2 | . 8 .
```

1276

```
. . . | 6 . 3 | 2 4 .
. . . | 8 . . | . 1 .
. . . | 1 . . | 6 8 .
------+-------+------
4 3 7 | . . . | . . .
. . . | . 2 . | . . .
2 6 . | . . . | 4 . .
------+-------+------
. 7 6 | . . . | . . .
. 4 . | . 1 5 | . . .
. 1 3 | 4 8 . | . 6 .
```

1277

```
. . . | 9 5 . | 1 . .
. . . | . 7 . | . . 6
. . . | 1 . . | . 7 9
------+-------+------
. . 8 | 7 . . | . 3 2
. . 4 | . 6 9 | . . .
. 7 . | 5 8 . | . . .
------+-------+------
4 . . | . . 5 | . . 3
2 1 . | . . . | 5 . 7
6 . . | . . . | 9 . .
```

1278

```
. . 1 | 6 . . | . . .
. 5 3 | . . . | . 2 .
. . 4 | . 7 3 | 9 . .
------+-------+------
. . . | . . 7 | 3 . .
. . . | . . . | . 1 2
. . 5 | . 3 4 | . . .
------+-------+------
. 4 . | . . 8 | . . .
. 8 . | . 6 2 | . . .
. . 9 | . . . | 1 8 .
```

1279

		5	4					9
					7		6	3
	3		5					
4	6						3	
						8	4	6
					9			
	7				2			
				8				
6	4			9		2	1	

1280

	6	9					7	
	8		4					2
			3					
				4		9		
		7		1			4	5
	2					6		7
	7	2		8		5		
			9					8
6			5				1	

1281

5			7			8		
3				8				
		1		2	3	6	5	7
					2	7		3
4		8					1	
			4				2	
			2	9		5		1
				6	8			9

1282

5								
	8					9		
				9	5	4	1	
				6	7		3	4
	5	3		1				
7	2				9			
	9			3				
1				2			8	
		7		5	1			6

1283

		8				1		7
		3						
	2	5		6	4			
		1			7	4		
9		4						3
						5		
				9			8	5
					8			
1		2	3				4	

1284

						6		
					2			
4	2	7			5			8
	9				4		8	
				2	6	1	3	
	3				9			5
7		9		5		3		2
8	6							4

1285

```
9 . . | . . . | . . .
5 3 . | 8 . . | . . 4
. . . | 5 . . | 1 2 .
------+-------+------
1 . . | . 9 . | 6 . .
. . 4 | . . . | . 8 5
7 . . | 3 . . | . . .
------+-------+------
2 4 6 | . . . | . . .
. . . | . . . | . . 7
. 7 . | . . . | 5 6 .
```

1286

```
. . . | 3 . . | 5 . .
2 . 7 | 1 . . | . 3 6
3 . . | . . . | . . 1
------+-------+------
. . 9 | . 4 8 | . . .
8 . . | . . . | . . 7
. . . | 6 . . | . . 2
------+-------+------
. . . | . . . | . . .
6 . . | 7 . 3 | 2 . .
1 8 . | 9 . . | . 6 .
```

1287

```
. 9 . | 6 3 . | . . 8
. . . | . 8 . | 1 . .
. . 3 | 9 . . | . 4 .
------+-------+------
. . . | 2 . . | . . .
9 . 5 | 1 . . | . . .
2 . . | . . . | 1 . 7
------+-------+------
1 . . | 8 . . | . . .
. . . | . . . | 7 3 6
4 5 . | . . . | . . .
```

1288

```
9 . 4 | 8 1 . | . . .
. . 5 | . . . | . . .
. . . | 9 2 . | 8 . 6
------+-------+------
. 2 . | . . . | 5 1 .
. 8 . | . . 7 | 2 . .
7 . . | . 6 . | . 3 .
------+-------+------
. . 3 | . . . | 9 . .
. . . | . . . | 1 2 .
. 1 . | . 9 . | . . .
```

1289

```
. 7 . | 9 . 5 | . . .
. . . | 7 8 . | . 5 .
. 3 . | . . 2 | . . .
------+-------+------
. 4 8 | . . . | . . .
1 . 9 | 3 . . | . . 8
. . 2 | . 9 . | . . .
------+-------+------
. . . | . . . | 1 . .
4 . 7 | 5 . . | . 8 9
. . 1 | . 2 . | . . 6
```

1290

```
. . . | . 5 . | 3 8 .
. 9 8 | 7 . . | . . .
. 5 . | . . . | . 4 .
------+-------+------
. . . | . . . | 2 . .
. 1 . | 9 . . | . . .
. . . | 7 . . | 8 3 .
------+-------+------
9 . . | . . . | . . .
. . . | 2 5 . | . . .
3 4 . | . 8 2 | 5 1 .
```

1291

	2	5	6	8				
			9	3	1	5		
	5		4					6
	4	8		3		5		
	7					2		
		3	9		6			7
					7	8		2
			8					

1292

3					1	5		
					6	4		
		4		7		2		
	1							
	2							9
	7		9	3		2		8
1				7				
	5	2						
7	3	9			4	5		

1293

	2		3			8	4	
8			4				6	7
		3	5					1
				2		4		
6							8	
9	7						3	
1			9	4			7	
				5				
		7						

1294

		5	6			2		
			4	3				
						6		4
3				6		5		
4		1	2					
				7				2
		7			1	3		9
8						7		
	7	4				5		8

1295

8	1		3	9		4		6
3			5					
								8
	4				2	9		
		8		1				
	6		4					
								3
		6	7		5	8		4
		9		4				

1296

			8			7		1
			6		9	8		
		7	1					
	5		9					
	8					3		
	6	3					8	2
							1	8
4	2			5		6		
			7		1		2	

226

1297

7	1					9	3	
	2		8	4		6		
		6			1			8
	7							1
			4			2		
		2	3	6				
			9	8	4			
		4						
3						7	9	

1298

			7	8		2		
		8	2					1
				6				
						4	9	
6			4					
7	2							8
	9		6	3	2		7	
	3							
	7		9			4		6

1299

		3		4			1	2
1		8	9	7	3			
			3					
	5					9	6	
		6		2				5
				1				
	6	5				8		
							2	
		1	7				3	

1300

	7	9						3
			5					7
		2	3		7		8	
			2					
8				4			2	
			6			8	1	
		8		6			7	
				3				
	2					5	6	1

1301

2	4							1
		3	8	1			9	
6				5				
	6				5		3	
								2
8				2			6	
	5		4				7	8
	1			7				3
7					6			

1302

	6	9	8	3	2			
5					9	3		
			7			6		
	9					5		8
		4					1	3
7	3							
			3			8	5	
			1		5			6
			7				9	

1303

```
2 . . | . . 5 | . . .
3 . . | 9 . . | . 8 .
. . 7 | . . . | . . .
------+-------+------
9 . 2 | . . . | . 6 .
. . 5 | . . 2 | . . 3
1 . . | 4 9 . | 5 2 .
------+-------+------
. 6 . | 3 . . | 7 . .
. 1 . | . 4 . | . . .
8 . . | 7 6 . | . . .
```

1304

```
. . . | 7 4 . | . . .
. 2 . | . 1 . | . 5 .
. . 8 | . . . | 1 . .
------+-------+------
. 8 7 | 4 . . | 3 . 1
3 1 . | 2 . . | . 6 .
. 4 . | . . . | 7 . .
------+-------+------
2 . . | 3 . . | 6 . .
. 5 . | . 9 . | . . .
. . . | . 7 . | . . 5
```

1305

```
. . . | . . 8 | . 3 .
9 . 8 | . 6 . | . . .
4 . . | . . . | 1 2 .
------+-------+------
. 5 1 | . . 3 | . . .
. . . | 8 . . | . . 6
8 . 4 | . . 9 | 1 . 7
------+-------+------
1 . . | . . . | . . .
. . . | . . 5 | 7 . .
. . . | 4 . . | 5 6 .
```

1306

```
7 . 1 | 8 . . | . . 6
. 8 . | 1 . . | . 2 .
. . . | 3 . . | . . .
------+-------+------
5 2 . | . 1 . | . . 9
. . . | 6 . 5 | . . .
. . . | 7 2 1 | . . .
------+-------+------
. 3 . | . . . | . . 1
. 7 . | . . . | . 6 8
. . . | 8 . . | . 9 .
```

1307

```
. 8 . | . . . | . . .
. 3 . | . 9 . | 5 6 .
. . 1 | . . . | . . .
------+-------+------
. . . | . . 9 | 1 2 .
6 7 . | 3 4 . | 8 . .
. . . | 2 . 7 | . . 6
------+-------+------
. . 5 | 6 . . | 3 . .
. . . | . 8 . | . . .
. . . | 4 . . | . 7 5
```

1308

```
. . . | 4 . . | 2 . .
. 1 . | . 2 . | 7 8 .
. 2 . | . . . | . 3 1
------+-------+------
8 3 . | 2 1 . | . . 9
. 9 . | . . 7 | . . .
. . . | 9 . 5 | . . .
------+-------+------
. . . | . . . | . 1 .
. 4 5 | . . . | . . 7
. . . | . 6 3 | . . 5
```

1309

						4		8
		5	9		4		1	
			7				6	
7		3				6		4
			3		1			
2						7		
3			8					
		7	1	5			8	9
						1		3

1310

		5	3		7	4	8	9
9	4						7	
			6					
4								8
	9			2				1
6			7				5	
		4	8		5		2	
	5		6					

1311

3				9	4			
		8	7			2		4
4					6			5
		9					8	
5	3			1				9
9		7		2		1		
			5	8				
	8	5						

1312

		6				4	7	9
				4				
7		1	2			3		
			1	9	6			
9						5		
		7	3		2			
3			8			9		
						7		
4	1						5	2

1313

	1	4	2	9				
9		5						
6			8		3			
		2						
	7	8		6				1
	3			2	8			
			4	8				
		6				3	5	
			3			7		4

1314

	2			9				
			3	1	6			
		7				5		
	7					3		6
		4						9
6			5	1	4			
						8		2
8	9			2				
			1				7	4

1315

```
. 2 . | 9 . 7 | . . .
. . . | 4 1 . | . . .
1 . 6 | . . 5 | . . .
------+-------+------
. . . | . . . | 6 8 3
. . 8 | . . 1 | . . 4
. . 9 | 7 . 4 | . 1 .
------+-------+------
. 9 1 | . . . | . . .
6 . . | . . . | 1 . .
7 . . | . 9 . | . 4 2
```

1316

```
4 . . | . . . | . . .
. 8 2 | . 4 . | . . .
. . . | 9 . . | . . 7
------+-------+------
. . . | . 2 . | . . .
. . . | 7 . 8 | . 3 2
. . . | 3 6 . | . . .
------+-------+------
8 6 . | 1 . . | 5 . .
. 9 . | . . . | 3 7 .
2 . 5 | . . . | . . 8
```

1317

```
. . 4 | . . . | 8 . .
2 . . | . 1 . | . . 7
. 3 . | 7 . 9 | . 4 .
------+-------+------
1 . . | . . . | . . 4
. . . | . . . | 5 . 9
. . . | 3 . . | . 1 .
------+-------+------
. . . | 2 5 . | . 6 8
5 2 . | . . . | . . .
. . . | . . 8 | . . 1
```

1318

```
9 . . | . 4 . | 7 . .
. . 3 | . . . | . . .
5 2 . | 6 . . | 8 . .
------+-------+------
3 . . | . 6 . | . . 4
. . . | . . . | . . .
7 . 8 | . . 3 | 6 . .
------+-------+------
. . . | . 8 . | . . .
. 1 . | 9 5 . | . 6 7
. . . | 7 . . | 5 8 .
```

1319

```
. . . | . . . | 5 . .
7 . 4 | . . . | . . .
. 8 5 | 6 . . | . . .
------+-------+------
. 3 . | . . . | 1 . .
. . . | 9 . . | 3 2 .
9 . 1 | . 2 . | . . .
------+-------+------
. 1 8 | . 5 4 | . . 7
. . 2 | . . 8 | . . .
. . . | . 3 . | . . 4
```

1320

```
. 3 . | . . . | . . 4
. 8 2 | 9 . . | 5 . .
7 . . | . . . | . 3 .
------+-------+------
. . . | . 7 . | . . 9
4 1 7 | 3 . . | 6 . .
. . 9 | . . . | 6 1 5
------+-------+------
. . . | 2 . . | . . .
. 4 . | 5 3 . | . . .
. . 8 | 7 . . | . 9 .
```

1321

8			6	7			1	
9						6	2	
					8	9		
		7	3		1			
	6	1		9		2		
			2		6			
	1		4	3				
						3	7	4
7								

1322

3								
	8	6						
	1					4		9
4			1			7		
6		9		4		5		
	5		6			8	3	4
1	4			5				
			9	1				
			8		3			

1323

			6	3			7	
	4					2		
	1			7		3	4	
4							1	
5								
		3	9					5
			1		8	9		
	5		2					1
		6		4				

1324

			6			2	3	
	2				5			
				9				7
		8						
5					8	6	9	
	1			7	4			
			8		7			1
		4	2					
	9					3	8	

1325

			7			4	5	
4			3					8
1	5					2		
						3		
	7	8						1
		5		6			2	
			2	7	3		9	
6						9		7
	9							

1326

7					8	1		
		6			7		2	4
			2	9				
4	6							
	8			3		4		1
	9			4		5		
							1	9
		3						
	2					7		5

1327

```
. . . | . 1 . | . . .
2 . . | . . . | . 8 4
6 5 1 | . . . | . 2 7
------+-------+------
. . . | 1 . . | . . 6
8 . 5 | . . . | . 7 3
. . . | 3 . 5 | . . .
------+-------+------
. 2 . | 6 . . | . . .
. . 7 | 2 9 4 | . . .
4 . . | 7 . . | . . .
```

1328

```
1 . . | 4 . . | . . 3
. 9 . | 1 6 . | . 4 .
7 . . | . . . | . . .
------+-------+------
. 4 . | . 5 . | . . .
. . 5 | 3 . 8 | 2 . .
. . . | . . . | 3 . 5
------+-------+------
. . . | 3 . . | . . .
. 2 8 | . . . | . . .
6 . . | . . . | . 7 8
```

1329

```
9 . . | . 4 . | 3 . .
6 . 7 | . . . | . . .
. 5 . | 7 9 . | . 6 8
------+-------+------
. . . | . . . | 2 3 6
. . 5 | 6 . . | . . 4
. 2 . | . 1 . | 8 5 .
------+-------+------
. . . | 5 7 . | 4 . .
. . 1 | . . . | . . .
2 . . | . . 8 | . . .
```

1330

```
. 7 . | . . 3 | 9 . .
9 . 2 | . . . | . . .
. 8 . | . . . | . . .
------+-------+------
. . . | 3 2 . | 9 . .
. 1 . | 9 5 . | . 7 3
. 2 . | . 4 . | . . 5
------+-------+------
1 . . | 7 . . | . . .
. 3 . | . . 4 | 1 . 8
. 5 8 | . . . | . . .
```

1331

```
. 5 6 | . . . | . 2 .
. . . | . . . | 1 . .
. 3 8 | 4 . 9 | . . .
------+-------+------
. . . | . . . | 3 . 6
. . . | . . . | . 4 1
. 9 . | 7 . . | . . .
------+-------+------
4 7 . | . 5 . | . . .
. . . | . 9 . | 6 . 2
. 8 . | . . 7 | . 1 .
```

1332

```
. . . | . 3 . | 9 . .
. . 7 | . . . | . . 4
2 . 9 | 6 . . | . 1 .
------+-------+------
. 5 . | . 6 . | 4 . 2
1 . 3 | 4 . . | . . .
7 2 . | . . . | . . 1
------+-------+------
. . 1 | . . . | 5 . 8
4 . . | . 2 . | . . 9
. 9 . | . 3 . | . . .
```

1333

	2		4			6		
9				2	3			
	6				5		3	4
5					6	7		1
4		1						
					8	3		7
			5		2	1	8	
		2						

1334

		3		9		2		
							9	4
			2					3
	3		4			8	1	
				6				9
9			7			4		
1	4						2	
	5	6	1	3	4			
		9			5			

1335

			9	2		3		
	1			6	8	9		
								7
		7	6					5
			8			4		1
4	6					3		
	7	9			8		2	
6	2							
								9

1336

9		8	4				5	
					1			
								3
2	6		3					
						4		
		7	6	9				5
	4	2	9					7
7	1			5	3	2		
		9				5		

1337

							9	
	6					4	5	2
						7		3
	7	1	5			9		
8		2	9					
	5		3		7			
9						1		
	1		2	7				
6			8		1		7	

1338

7								
	9							1
4	5					7		
2				9		5		
					1	8	3	
			5					4
			3	6				9
9			1	8				
8		7				3		6

1339

		5		6	3		8	
		6					1	
4	7		5	8				2
	9	4			5			
							2	
1					3			
		1			6		3	7
	6		8					
						2		1

1340

	9			2		4	8	
					8	2	7	
			5					
2		3	5					4
9							5	
		7		6				
3	2			9				
5							1	2
4	7					3		

1341

	8						9	
1		4	6					
			2	3				
		5				4		
	6		4		8	2	7	
	7					3		
				1	7			
		6					2	
8	3			5	6			

1342

						1		
		1	4					
6					9	2		
		6	5	3				
	9	4			8			
		5						6
		7	1			9		
			8	4				2
					2	6		3

1343

	4			3			5	
		5	8	6	9			
1								
				4	7	9	6	
7						2		
					5			
		1	3		8			
	9		2					
	2	4	5		6	1		

1344

		2	4	7	8			3
	8				1			
9	6				3			
		9				5	7	
3								
	5							6
	7			5				
4	9			1		8		7
			4		2			

1345

```
. . . | . 5 . | . 7 .
9 . . | 3 . . | . . .
. 5 6 | . . . | . . .
------+-------+------
. . . | 8 . 3 | . . .
. . . | . 1 . | 5 . 6
. . . | . . 7 | . . 3
------+-------+------
6 . 8 | 9 . . | 7 5 .
. 7 3 | . . . | . 2 8
5 . . | 2 . . | 3 . .
```

1346

```
. 8 . | . . . | . . .
6 . 5 | . 3 7 | . . .
. . . | 1 5 . | 3 . .
------+-------+------
9 2 4 | . . . | . . 7
. . . | . . . | 6 . .
. . 7 | . 4 . | . 8 .
------+-------+------
. 1 . | 5 . . | . 4 .
4 . . | . 6 . | . . 2
5 . . | 8 . . | . . .
```

1347

```
. . 8 | . 2 . | . . .
. 7 1 | . 6 8 | 9 . .
. . . | 4 . . | . . .
------+-------+------
. . . | . . . | . 1 .
. . 5 | 8 . 7 | . . .
. 3 . | . . . | 6 . .
------+-------+------
1 . . | 5 . . | 8 . 2
. 8 . | 9 . . | . . .
. 2 . | . . . | 3 1 .
```

1348

```
2 . . | . . . | 5 . .
. 1 . | . 3 . | . . .
9 . . | . 4 . | 2 . .
------+-------+------
4 . . | 1 . . | . . 5
. 2 . | . 5 9 | . . 7
8 . . | . 6 1 | . . .
------+-------+------
. 7 . | 9 . . | . 6 2
. . 1 | 2 . . | 3 . .
. . . | . . . | . . .
```

1349

```
. . . | . . 9 | 2 8 .
5 8 . | . 3 . | . . 6
9 . 6 | . . . | . . .
------+-------+------
. 9 . | . . . | . . .
. . . | 2 . . | 3 . .
. . . | 7 . . | . 1 2
------+-------+------
2 . 7 | . 5 1 | 9 . .
. . . | . . . | . . .
. 5 . | 4 6 . | . 7 .
```

1350

```
. 4 . | 5 . . | . . .
. . . | . 3 . | . . 7
7 . 9 | . . . | . . .
------+-------+------
. 6 . | 5 . . | 2 . .
. . 3 | . 1 . | . 5 8
. . 8 | 3 . . | . . 4
------+-------+------
. . . | 2 7 . | 3 . .
. 1 3 | 8 . . | 9 . .
. . . | . . . | . 7 5
```

1351

						1		7
			6		8			2
	1	3					5	
6		2			4			
	5	4			9			
3								
1		5						
			1		4		7	
		9		5			3	

1352

4		6			3			
			2	8	9	1		
				4				7
5	8	7	9					
2								
			5	2	8	4		
		1	7			8		
7								4
					1		2	

1353

	6	1	2	9		5		
				5				1
			4			6		
			7				9	8
8						2		
		7	5					
			8		5	4		
				1				
3	5	9						

1354

5			6					1
						9		
2		8				5	4	
			8	5				
					4	7		
			9			2	1	5
3		2						
	8			9		2		
4	9			8	6			7

1355

1				3			9	2
	9							
	3					8		
			4					
4	8	3	6					
						6		5
	1	5		9	8			4
9					7			8
	4		2			1		

1356

	6	4					5	
			1					
			8	5				
	2		3			7		
			4			2		
				1			8	3
	1		2	5		6		
9	2			7				
						8	3	7

1357

			9	3	4			
		2						
		3	6					1
								4
8	7		1				2	
9			8		2			
				8		1	7	
	5				3	2		
2		9			5			

1358

		5						6
	8							
	9	6			8		2	
8		3				1	9	
		7			3			
					4			
	1				9			7
			3	8			6	
6	2		7			4	5	

1359

				7	3			6
2			9				7	
3		7		5				
		6		8			2	9
4				6	7			3
	8							
	3			1				
8				6	2			5
							6	4

1360

7	4							6
8	2	5						3
			5					4
9			4					
6				9	5			
	1			2		4	9	
4						3		7
	3					6		
					3		1	8

1361

1	3		6				9	
				2	5			
	5	6		8	1			
			7	3				
		3		6			2	
		4		5	6			
			8	7				9
	8	9	1					
							4	

1362

	1			8				
		5			1			
		8					9	
3		7		1			6	
	5	9	2				7	
	6							
9								
			2			8	3	9
		4	6				2	

1363

```
. 7 3 | . . . | 1 . .
. . . | . 7 . | . . 6
. 8 . | . 4 . | . . 7
------+-------+------
. 3 . | . . 6 | . . .
. . . | 2 . . | . . .
2 . . | . . . | . 5 8
------+-------+------
9 . 2 | 7 . . | . 8 .
. . . | 4 2 . | 6 . .
3 . . | . 9 5 | 4 . .
```

1364

```
. . . | . 9 . | . . 1
6 1 . | . . . | 3 9 .
. . 8 | 7 . . | . 4 .
------+-------+------
5 9 . | . . . | . 3 .
1 2 3 | . . 8 | 5 . 9
8 . . | . . . | . . .
------+-------+------
. . . | . . 5 | 6 . .
. . 3 | . . . | . . .
. . . | 4 9 . | 5 . .
```

1365

```
. 8 4 | . . . | . . .
7 1 5 | . 4 . | . . .
. 3 . | 6 . . | . . 8
------+-------+------
. . . | . 2 . | 1 5 .
8 4 1 | . . . | . 7 .
. . . | 9 . 6 | . . .
------+-------+------
. . . | . 5 . | 2 . 1
. . . | . 1 8 | . . 7
. . . | . . . | . . .
```

1366

```
8 . . | . . . | . . .
. . 5 | . 2 . | 4 . .
1 9 6 | . . 8 | . . .
------+-------+------
. . . | 2 1 . | 7 . .
. . . | . . . | . . 3
4 8 . | 5 . 7 | . . .
------+-------+------
3 . . | . 4 . | . . .
. 9 . | . . . | . 1 2
6 . . | 9 . . | . 4 .
```

1367

```
. . . | 6 . . | . . .
. . 5 | 8 . . | . . .
9 . 7 | . . 5 | . . .
------+-------+------
. . 1 | . 4 . | . . .
4 . . | . 2 . | . 3 .
. 3 . | . . . | 9 . 2
------+-------+------
. 6 8 | . . 7 | . . .
. . . | . . . | . 2 .
. . . | 9 . 3 | . 8 6
```

1368

```
. . . | 8 . . | . . .
. . . | 2 . . | 6 . .
6 . . | 9 7 . | . . 2
------+-------+------
. 5 . | 6 . . | 1 . .
3 . . | . 4 . | 9 . .
9 . 8 | . . . | 3 . .
------+-------+------
4 . . | 3 . 2 | . . 7
. . . | . . . | 8 . .
. 3 9 | 4 . . | . . .
```

1369

```
. . 2 | 5 . 3 | . . .
. . . | 7 . 4 | . 6 .
. . 5 | . 1 . | . . .
------+-------+------
. . 1 | . . 8 | . . .
3 . 4 | 6 . . | . . .
. . . | 8 . . | . . 1
------+-------+------
7 . 6 | 4 . . | . . 5
9 . . | . . . | . 2 .
. . . | . . 2 | 4 7 .
```

1370

```
. . 9 | 2 . . | . . 5
. . . | . . . | . 2 .
. 3 4 | . 6 . | 9 . 7
------+-------+------
. . 6 | . . 2 | . . 4
. . . | 9 4 . | . . .
5 . 7 | . . . | 2 . .
------+-------+------
. 1 . | . 5 . | . . .
9 . 5 | 1 . 7 | 4 . .
. . . | 3 . . | 1 . 6
```

1371

```
. . 9 | 2 . . | 5 . 7
. . . | . . 3 | 6 . .
6 . . | . 1 5 | . . .
------+-------+------
. 1 6 | 4 2 . | . . .
. . . | . . . | 9 3 .
. 9 2 | . . . | . . .
------+-------+------
. . . | . . . | 4 . .
. . . | . 8 2 | . 9 .
5 . 4 | . . . | 7 . .
```

1372

```
. . . | . . 7 | . . .
. . 3 | . 9 . | . . 4
. 1 . | 4 5 . | . . .
------+-------+------
6 . . | 8 . 3 | . 7 .
. 9 . | . . 6 | . 2 .
. . 4 | 7 . . | . 1 .
------+-------+------
. . . | . 2 . | . . .
. 3 6 | . . . | . 5 .
2 . 7 | . . . | 3 . .
```

1373

```
. 6 . | . 3 7 | . . 5
. 7 . | . 8 . | . 4 6
. . . | . . . | . . .
------+-------+------
. 4 . | 8 . 2 | . . 1
9 . 7 | . . . | 6 . .
1 . . | 5 . . | . . .
------+-------+------
. . 4 | . . . | . . .
. 1 . | 2 . 9 | . . .
. . . | 5 3 . | 9 . 8
```

1374

```
. 5 . | 7 . . | . . 4
3 . . | . 2 . | . . .
. . 1 | . . . | . . 9
------+-------+------
6 . . | 5 7 . | . 9 .
1 . 2 | 9 . . | . 4 7
5 . . | . . . | . . .
------+-------+------
. . . | . . . | . 3 .
. . 4 | 6 . . | 9 . 1
. 3 . | . 1 . | . . .
```

1375

```
. . . | . . . | 3 . .
. 4 . | . . . | . . .
3 9 . | 1 . . | 5 2 .
------+-------+------
4 . . | . . . | . . .
5 . . | 9 6 . | . . .
. 2 . | . 4 . | 1 . 8
------+-------+------
. . 2 | 8 . . | . . 4
. 1 . | . . . | 7 . 9
. . . | . . 6 | . 3 .
```

1376

```
. . . | 9 . 4 | . 6 .
7 . 9 | . . . | . 5 4
. . 1 | . . . | 3 . .
------+-------+------
. . . | 8 . 3 | . . .
1 7 . | . . . | . . .
. . . | . 1 . | 8 . 2
------+-------+------
4 . . | . . 6 | . 1 .
5 . 3 | . . . | 4 2 .
. . 7 | . 3 . | . . .
```

1377

```
4 . . | . . . | . . .
. . 5 | . . . | 4 6 1
. . . | 8 . . | 3 . .
------+-------+------
. . 7 | . . 5 | . . .
. . . | . . . | . 8 .
. 6 2 | . 4 . | . 5 .
------+-------+------
5 . . | . . 9 | . . .
. . . | 4 . 8 | . . .
. 7 . | 3 . . | . 1 6
```

1378

```
. . 9 | . . 7 | 2 3 .
5 . . | 2 . . | . . .
. 2 3 | . . 8 | . 7 .
------+-------+------
7 . . | . 8 9 | . . .
. . . | . 3 . | 4 . .
. . 5 | . . . | . . 3
------+-------+------
. . . | 1 7 9 | 4 . .
. 9 . | . . . | 1 . .
6 . . | . . . | 2 . .
```

1379

```
. . . | 9 . . | 4 5 .
. . . | 3 5 1 | . . 9
. . 8 | . . . | . . 1
------+-------+------
6 8 . | . 2 . | . 9 .
. . 2 | . . 3 | . . .
. . . | . 7 . | . . .
------+-------+------
. 2 9 | 1 . . | . . 6
. . . | 5 . . | 1 . 4
. 7 . | . . . | . 8 .
```

1380

```
. 3 . | 8 . 2 | . 5 .
2 . 8 | . . . | . . .
. . . | 4 . . | 3 . .
------+-------+------
. . . | 6 1 2 | . . .
6 . . | . . 4 | 5 . 1
. 8 . | 5 . . | . 4 3
------+-------+------
. . 3 | . . . | . . .
1 4 . | . . . | . 6 .
. . . | . . 9 | 3 . .
```

1381

			2	9			4	
						1		
			8		6			5
	5		6		9			
1	6				8			
3				4				8
8								9
		7				1		
	4	1		3		7		

1382

			3		8	4		
4			6	7		9		1
			9	1				
		7					1	8
	1		2	4			7	
			7			5		
7						8	2	
1								
	2			6				9

1383

	2						7	
4			5	7		8	3	
5		1			9			
						3		1
6								4
		4	8	2		6		
8						6		
	3	5		7	4			

1384

	1			3				
2	5	9		4	1			
4							2	
		5	9			6		
				6				
		6			2	5	9	
1			2	8		5		
	8	7	6					4
	9							

1385

		8	9				1	
		9	1		5			
			4					9
	6		7			5	8	
			3					
			8			2	6	
3				9				6
6				2	7			
	5					1		

1386

			5				9	
		8	2					
	5		7		4			
						7		2
		5				4		
2			1				3	9
				2				
	7						6	
3	1			9	7		5	

1387

```
. . . | . 3 . | . 1 .
. . 8 | 5 . . | . . 9
4 . . | . 7 . | . . .
. . . | 5 8 1 | . . .
. . . | . 2 . | 4 . .
6 9 . | . . . | . . .
. . . | . . . | 9 . .
. 4 . | . 9 . | . . 7
. 5 2 | 3 . . | . . 8
```

1388

```
1 . 8 | . . . | . . .
4 7 . | 8 . . | . 6 2
. . 9 | . . 3 | . 7 .
. . 6 | . 4 . | . . .
. . . | 7 . . | . . .
. . . | 2 . . | 3 4 .
. . . | . . . | 7 . 3
. . 2 | . . . | . . .
7 . . | . 1 6 | 5 8 .
```

1389

```
4 . . | . . . | 5 6 .
6 7 . | 8 4 1 | . . .
. . . | 6 8 . | . . 7
. . 1 | 9 3 . | . . 8
8 . 3 | 7 . . | 9 . .
. . 7 | . . . | 8 9 .
9 4 . | . . . | . . .
. . . | . . . | . . .
. . . | 3 . . | . . 5
```

1390

```
. 6 9 | . 1 . | . . 5
. 2 1 | . . . | 7 . .
. 7 . | . . . | . . 9
. . 7 | . . 2 | . . .
. . . | . . 1 | . 8 .
. . . | 9 . . | 1 . 2
. . . | 6 . . | . . 3
. 8 2 | . 7 . | . . .
. . . | 5 . 3 | . . .
```

1391

```
. 9 . | . 7 . | 5 . .
. . 2 | . 6 . | . . 9
8 . 6 | 3 . . | . . .
6 . . | 1 . . | . 7 .
. . . | 5 3 . | . 4 .
. . . | . 9 . | . . .
. 5 . | 8 . . | . . 4
1 2 . | . . . | 3 8 5
. . . | . 1 . | . . .
```

1392

```
. 7 . | . 6 . | . . 5
4 . . | . 7 8 | . 2 .
. . . | 6 . . | . . .
. . 5 | . . . | . . .
8 2 . | 4 1 7 | . . .
. 6 . | . . . | 1 9 4
9 4 . | . . 2 | 8 . 7
. . . | . . . | 2 . .
. . . | . . . | . . .
```

1393

		9	5			2		
4	5						8	
				3				
			9				3	
		7			3		1	4
	3				2	7		6
					4	5		
1	9			2				
		6					7	9

1394

4					2	9	3	5
2			3	6	8			
	7					6		2
	8					1		
6						5		
7			8	3				
8		5	6	1				4
						7	5	

1395

	2	7			6			
				9				
						6		
		3			5	1		
	9	5	4	6				
			3	8			7	
3		4	5					
6				1			9	
				3		8		5

1396

	4		5					
5					3			
		8		6			9	
6								
				1			5	2
			7	3	4	8		
		5					2	
	7					3		6
	1			4				9

1397

	8							9
2	6		8					
1		9	2					
		4					5	
8	9			7		3		
	2			4			8	
			4			7	2	
		1		6		5		
			3				9	

1398

5		4	7					
			8	4		9	6	
1								3
3								5
9						8		
	7			2				
			8	6		2	7	
			5				9	8
		9			5			

	9			4	7		6	
			2		3			9
						2		
		7	9	6		3		
	1							
		3	7		8	6		
				5		9		
		1				7	2	
	6	4				5		

	5	7	6				4	
						6		
	3			1				
7			6			5		8
9		8					2	6
	7							
			3	8				2
		4				3	9	
	2		9					7

								6
9	2						3	
			1	5	7	9		
3			5					
		8						5
				3	6			
	8		2			5		
4	6		3	7			8	
							4	2

		1		4	7			
	6		1					
	8							
5				1				3
			2				8	
			3		4		7	1
6			9			5	3	
	7				5		4	
8						9		

				2		1		
	7					9		
	8			9	2			
1			4					8
			5					
5				9		4		6
				8		3		
9	3			4	5			
	4			3			7	

								3
	4			1			7	
3	2							8
4						6		2
				9				
		9				8		1
		1	4	5	9	2		
9			8			7		
			1	3		5		

1405

								4
8			3			6	9	
4			5					
					3	8	6	7
6		7				9		
	5			2				
			3	8			2	
	7		1			3		
				2				9

1406

		2	9	5		8		
						1		
6								4
8	2	4			1			
					5		1	
						6		
3	8		6	7		5		
	9							8
				3		7		

1407

		5			6	2		
	9	1	2		8			4
	4				5		2	3
							6	
		2		1			9	7
		6	3					
	3			6				
5	7	4						9

1408

2	4	1						
					7	1		
				4	6			3
4			8	3			9	
		6		7	5			
3		5						8
				8	4	7		
1	8						4	5

1409

	3	9		5				
2	5		6				9	4
1			2	4				
		1				9		
							4	5
				3				8
		3		2		5		
9		6				8		

1410

5							4	
					1			7
		1		9				
			2	3	4	5		
		2		6			7	3
		8				4		
		5				3	8	
1	2					8	6	
3			1				5	

1411

			7		5	8		
1	8							
3			6				1	7
			4		2			
	1			6		9		
9					3		4	
5								
		2				6		
	6			7	1	2		5

1412

	6					2		5
		5	3	6			4	
9								
1			2			7		
6						3	1	
	8				9			
8			4					
	9		7			6		2
				8		7		

1413

	7					5	9	
		2						1
	1		7			8		
4			1	3				
3						7	2	
	6	9	3			4		
1			2		4	7		
		5	6				1	

1414

			2	1	4	5		
6	1	4		5		8		
							4	
	8					1		
	9			7	3			2
3					7			
8	4			6		2	3	
2						5		

1415

9						4	6	
		4	8		1			
		7	2					9
	4				8	9	2	7
		1			9			5
			3					1
			5		2			
		3						6
	8				6	2		

1416

			2	5		3		
			9	3	4			7
		6				4		
9		7					1	
	4		5	6			9	
3	6				8			
4								
					1	2	7	

1417

1		8						
		9		3		6		
		3		7				2
	4					9		3
					1	5		7
3		6						
5						2		
			8	5		4		9
				2	9			

1418

8								
	6	4	9			1		
		1	5			2		
								5
	2						9	
4				1	2	6		
	7		8					3
	3			9	5	7		
	5			3				

1419

						1		
1		4		6	7		9	2
3					4			7
			6					
5					1			
6		9	8	4	5			
7				2				3
			4			9		
			1			2		4

1420

						7		
9			6		8		2	
8	5							
	4	2		3				
7			5			2		
5								6
2	9				4		1	
		4				5		
			9		7		6	

1421

	3	5			9			7
				1				8
6						9		
	6		2			3		
2								9
						7		4
			1				8	
9	5							1
		8			4			

1422

	3					9		
7	2							
8					1	4		
	3		5				7	2
1			9					
	7							8
	6		5				3	9
						9	8	5
						8	7	6

1423

		3	7				6	
		6	2			9		
		4			1			7
					7			1
			8	5	9			
						3		
4		7						3
	9	2	6			8		
				9		2		

1424

		1					7	8
	4		9					
			6			1		
				9		2		
7							9	
			8	2		3	6	
8		4			5		2	
5	7	2						
						6		

1425

7	4			6				
		5	4		2			1
1			9		5			7
	3		6				5	8
		7			1			
9	6							
5								
	2		5			4		
		4		1		3		

1426

3				5				
			8				4	
	4		9					
	1				9			
4	9			7				3
						8	6	
				8			2	
2		8	5	3	1			
	5			7	2			6

1427

	7	3	1			9		
9				4				
	2					6		7
			2	5	4			
6	3							
						5		
		8	4	7				3
				6				5
4					3			

1428

	5			4		8		
3								
	6	9					1	
				1				6
	8		7	3				4
5			2		8			
			6				7	5
	2						3	
			8	9	4			

6					5	3		4
	3			9		5		
					4			
	4	2						1
1		6		4				5
8				1	3			
2								
			8	9			5	
		1				9	6	7

						5	8	
	7				2	6		
		2						
	9		8		4		1	
					6			
8			7	9				
	3					7	4	
	4		6			7	2	
2							3	

		7	1	4			3	
1		4		5				
	6							
	8			3				
7								
2			9					1
3	5							2
	7		8			3		6
6			4			1	8	

8	5		4		9	1	2	
			3	8		6		
				2			4	
2	7		8		4			
							6	
	3			5	2			
		4		3		7		
			1		5			

	6		8			4		
			4	3	7			
	8							9
		7	1					3
5	2							
			5		9			
		6		1			7	
	4	2	7					
		8	6	3	5			

	4		5			8		3
			9					
	7		4					
			6	1			7	9
5			4			2		1
	7							
			2					
	5					9		7
8		1		5		6		

1435

```
. . . | . . . | . 9 .
. . . | . 4 6 | . . 7
. 5 . | 7 . . | 1 . 4
------+-------+------
. . 4 | . 7 5 | . . .
. . . | . 9 . | 6 . .
. 9 8 | . . . | . 2 .
------+-------+------
. . . | 5 2 7 | . . 8
7 . 9 | 6 . 8 | . . .
. 8 . | . . . | . . 6
```

1436

```
. 8 . | 4 . . | . . .
. . . | . . . | . . .
. . 6 | 1 7 . | . . .
------+-------+------
5 . . | . 2 . | 1 6 .
. . . | . 4 . | . . 8
9 . . | . 8 2 | . . .
------+-------+------
. 7 . | . . . | . 2 5
. 9 . | . . . | 6 . .
1 . . | 7 9 5 | . . .
```

1437

```
. 1 7 | 4 5 . | . . 8
. . 6 | . . . | . 3 .
. 2 . | . . 1 | . 9 4
------+-------+------
. . 2 | . 6 7 | 8 . .
. . . | 5 . . | 9 6 2
. . . | . . . | . . .
------+-------+------
. . 4 | 1 . . | . . 3
. . . | . . . | 1 7 .
. . . | . 8 3 | . . .
```

1438

```
1 5 . | . 7 . | 8 . .
. . . | . 1 . | . . .
. 6 . | . 2 . | 7 . .
------+-------+------
. 7 9 | . . . | 2 . 5
. . . | 9 3 . | . 8 .
. . . | . . . | . . .
------+-------+------
. . 4 | 3 . . | 6 . .
. . 5 | . 4 7 | . . 2
. . . | . . . | . . 1
```

1439

```
8 4 . | . . 7 | . . .
. . . | . . . | 2 1 4
9 . . | . . 5 | . . .
------+-------+------
4 . 9 | . . . | . 8 .
1 . 5 | . . . | . . 3
. . . | 6 . 9 | . . 5
------+-------+------
. . . | 4 . 1 | . 7 .
. . . | . . . | . . .
7 . . | . . . | 8 6 2
```

1440

```
. . . | 3 . . | . 5 .
. . . | 2 . . | . . 6
8 9 . | . 4 . | . 7 .
------+-------+------
. . . | . . . | 3 . .
. . . | 7 6 4 | . . .
. 8 . | . . . | 5 . 1
------+-------+------
5 . . | 6 . 1 | . . .
1 . . | . . . | . . 8
6 . . | 4 9 . | 2 . .
```

1441

2			5					
				3				4
						9		
		8		4				
7						1		
				7	2		5	
	5					2		
		4	9					
6		3		2			4	8

1442

6				3				
5		4					7	
			2		7	6		
		2		4	3			
3		7	5			2		
		8				5	6	
		3			1			
			8					
	4	5	7					1

1443

	1							9
8	3	6	7			5		
		7			6			1
			2	6		3	4	
				3			1	
6								
3	2		1					5
			4			7		
	8							

1444

			2	3			9	
						4		6
		6				1		
	2					9		4
8	4							
3			7	9		8		
4				7	3	6		
	9		4	1	8			
				5				

1445

1			6		4	9		
		9					1	
	7	2				6	4	
	2		7			3		6
7	6			3	8			9
		8			6	4		
			3		9	5		
3			8					
5								

1446

7					3	5		
8								1
6				5			4	
9	3						7	5
						1		
		4				6		3
			7				8	9
4		7			6			
	9			8				

1447

				1	9		7	
		5		6				
			7			2	5	
3	4	7		9	2			
	6	9				3		
	2							
6	7	1		2		8		
		2	9			6		5
			8					

1448

5			1	2				
7	6	2			8			
		3						
	2				3		9	
			9			6	5	2
4	9			8				
							6	
		2	1					
3						2		8

1449

		1				3		
							8	
			4	5			1	2
	5	4			8	2		
				4	9			3
7								
	4							
9			6			8	3	
	2		8			4	7	5

1450

	5						3	
8		1						
6			9				8	
		7	6				4	
	4			7			9	
				1	9			
		5				8		
		6		4	8	7		
4					5		6	9

1451

	5				2	3		
		2					4	9
1			4		9	6		
		1	7			5		
6				5	1		8	4
				3			9	
7		8						
9	2				8			

1452

	1							
		9			1	2		
8				6	5			7
9		4		5				
	2					8	7	
		5	8		6			
		6		4				2
	9		3				1	

1453

						5		
4		2	7	5				
3					6			
				9				
6		4	5	2	3	8		
5		1	6			2		
7				4			1	8
1	8							2
		3		6				

1454

			5	2	4			8
5	6							
	4		9			1		
	5		4					1
	2				8	9		
	3	7						
7				5				
	5		7		2			9
9			2					

1455

			7			3		
	9	6	5			4		
			6		4	9		2
	4			3	8			
		8	2		9	6		3
		9						
4						3		
							5	9
	7				5	1	6	

1456

			1					
5		9		3				
			8			2		
3								9
7		6				2		
		8	5					
	1	7		2				
		2		4	1	3		
	6		7	8			5	

1457

5		7		2				4
			6	3				2
			1			5		
	9					7		
6						2		
	2			1		8	3	
8			9			1		
		4					5	

1458

6			7			5		3
2	9							
		5				6		
	5		8	2		7		
4		8			3			
				7				5
	2					1		
		9				7	8	
	6		2			9		

253

1459

```
. . 3 | 4 . . | . . .
1 . 4 | . . . | 5 . .
. . 5 | . 7 9 | . . .
------+-------+------
. . . | 6 . 2 | . . 9
3 . . | . . . | 1 . .
. . . | 9 . 8 | 5 . .
------+-------+------
. 2 8 | . . . | . . 6
6 . . | . . . | . . .
. . . | . . 5 | 8 . 3
```

1460

```
. . . | 3 . . | . . 1
2 . . | . . 6 | . 7 .
. 8 . | . . 5 | . . .
------+-------+------
. 6 . | . 7 . | . . .
4 . 5 | 6 8 . | 1 . .
. . . | . . . | 9 . 3
------+-------+------
. 7 . | 5 . . | . . .
. 5 3 | 2 6 . | 8 . .
. . . | . 9 . | . . .
```

1461

```
. . . | . 6 . | 1 . .
2 . . | . 7 1 | . . 6
. 5 . | 4 . . | 7 . .
------+-------+------
. 8 . | . 9 3 | . 7 .
. . 9 | . 4 . | . 2 .
. 3 . | . . . | . . .
------+-------+------
. . . | . . 6 | 4 . .
. . 5 | . . . | . . .
1 . . | . 8 . | 6 . 9
```

1462

```
7 . . | 8 . . | . . .
. 2 5 | . . . | 1 . 7
9 . . | . . . | . . 2
------+-------+------
. . . | 5 . . | . . .
1 6 . | 2 . . | . . .
. . . | 7 . . | 6 . .
------+-------+------
. . 1 | . . 8 | . 3 4
. . . | 4 9 . | . . .
. 9 . | . . . | . 8 5
```

1463

```
2 5 . | . . . | . . .
. . 7 | . . . | . . 2
. . . | 8 3 6 | . . .
------+-------+------
. 9 . | . . 7 | . 4 .
6 . 8 | . . 9 | . . .
. . . | . . . | 1 . .
------+-------+------
8 . . | . . . | . . 5
. . . | . 4 7 | . . .
1 7 . | . 5 . | 4 . .
```

1464

```
3 . . | . 2 5 | . . .
. . . | . 9 . | . 4 .
4 6 . | . 8 3 | . . .
------+-------+------
. . 1 | 9 . . | . . 6
6 . . | . . . | 4 3 .
7 . 3 | 5 . . | . . .
------+-------+------
. . . | 1 5 . | 2 . 3
9 . . | . . . | . . 1
. . . | 2 . . | . 6 .
```

1465

		1				6		4
	2	5		3				
					9			
	8			9	1		5	
					6			
9				7				
					2	4		
		9			1	7		2
3	7				6		1	

1466

	2		7			3		
1				6	5		2	
		8		4	9		5	
2		1					8	
		4			3			
	9					2		
3	5	9						1
			1					

1467

2	7			9			4	8
			4		7			
9				8		3		
					1	8		4
3		5					1	
	6			3		5	7	
							8	3
		9			6	1		

1468

			8	7	1	4		
	5			6				3
		4				5		
		5	7			8	9	
2		6						
3				4				1
					5	6		
	7				9		4	

1469

				8		9		
		6		2				8
		7	9			2		
	5	2	7			3	4	
								5
8	6					1	2	
1			8					
4				7	2			
			5					

1470

	3	5			9		1	
				3				7
1			8	5			9	
5	6							
		9	1		8	4		
		2				7		
6			9			3		
7				8				
		4			6			2

1471

```
. 6 . | . . . | . . .
. . . | 9 3 . | 1 . .
. . 1 | . 4 6 | . . 2
------+-------+------
6 4 . | . 5 . | 8 . .
7 . 3 | . . . | . . 1
8 . . | 2 . . | . 7 .
------+-------+------
. . 7 | . . 8 | . 2 3
. . . | . . . | . . .
. . . | 1 . 9 | . 6 .
```

1472

```
. 5 . | . . . | 8 . .
2 . . | . . 4 | . . 1
. . . | . 8 . | . 2 7
------+-------+------
. 3 1 | 9 . 6 | . 8 .
. 8 . | 3 . . | . . .
5 . . | 8 . . | . . 6
------+-------+------
6 . . | . . . | . . 5
. . . | . . . | 1 3 4
. . . | 1 . . | 6 . .
```

1473

```
. . . | . . . | 7 . 8
. 6 . | . . 9 | . . .
. . 3 | 8 5 . | . . .
------+-------+------
1 5 . | . 6 . | . . .
. . 9 | 3 . . | . . .
2 . 7 | . . 1 | . . .
------+-------+------
. 4 . | . 8 . | . 9 6
. . . | . 3 . | . . .
. 2 . | . . . | 4 . 5
```

1474

```
. . . | . . 6 | 7 1 .
. . . | . . 2 | 4 . .
. . . | 8 3 . | . . .
------+-------+------
. . . | 6 . . | . . .
9 . . | 7 8 3 | . . .
8 . . | . 9 . | . 5 .
------+-------+------
. 4 . | . . . | . . 5
3 . 5 | 9 . . | 6 . 4
. . 8 | . 5 . | . 9 1
```

1475

```
. 8 . | . 4 . | . . .
. . . | . . . | . 2 5
7 . 4 | . 9 . | . . 3
------+-------+------
. . . | 6 . . | 2 8 .
. . 6 | . 4 7 | . . .
. . . | . 5 . | . . .
------+-------+------
. . . | . 9 . | 3 . 8
. 5 . | . . . | 9 . .
. 6 . | 8 . . | . . 7
```

1476

```
9 . 6 | . 1 . | . . .
. 4 . | . . 3 | 8 . 6
. . 8 | 9 7 . | . . .
------+-------+------
. . . | . . . | . . 7
5 . . | 6 . 4 | . . .
. . . | 3 . 1 | . . .
------+-------+------
. 2 . | . . . | . . .
. . 4 | . . . | . 8 2
. . . | 7 . 9 | . . 3
```

1477

```
. . . | . 4 . | . . .
. 5 . | . 4 . | . . .
1 . . | 2 7 3 | . . .
------+-------+------
. . . | 7 . . | . 6 .
2 9 . | . . . | . . .
5 3 . | . . . | . 2 1
------+-------+------
. . 9 | . . 6 | . . 3
. . . | . 2 . | . 1 .
. 7 . | 9 . 8 | . 4 6
```

1478

```
9 . 5 | . . . | . . 4
. 3 6 | 1 . . | . . 5
. 4 . | . . . | 6 . .
------+-------+------
7 . . | . 9 . | . 2 3
. . 8 | 2 . 5 | 9 . .
. . . | . 3 . | . . 1
------+-------+------
. . . | 3 8 . | . 6 .
5 7 . | . . . | . . .
. . . | 2 9 . | . . .
```

1479

```
. 7 . | . . 1 | . . .
1 . . | . . 3 | . . .
8 . . | . . 2 | . . 4
------+-------+------
. . . | 9 . . | 1 . .
. . . | 3 . . | . . .
. 6 2 | 8 . 4 | . . 7
------+-------+------
. . . | 4 . . | 2 5 .
. . 3 | . . . | . 7 8
5 . . | 7 . 6 | . . .
```

1480

```
. 6 . | . . 2 | . . .
. 2 . | 3 . . | 8 . .
4 . . | 9 . 5 | . 2 .
------+-------+------
2 . . | . . 8 | 7 . .
. . . | 4 7 . | . . .
3 . . | . . . | 5 9 .
------+-------+------
. . 5 | . 7 . | 9 8 .
9 . . | 2 . . | . . 1
. 3 . | . 5 . | . . .
```

1481

```
9 2 . | . . . | 1 . .
. . . | 9 2 . | . . 8
. . . | 4 6 . | 7 . .
------+-------+------
1 . 3 | . . 9 | 4 . .
8 . . | . 4 . | . . .
. 7 . | . . 6 | . . .
------+-------+------
. . . | . . 7 | . . .
. 9 . | . 1 3 | . 4 .
. . . | . . . | 9 3 1
```

1482

```
. . . | . . . | . . .
. 6 . | 9 . 8 | 7 2 .
. 9 . | 4 . . | . 8 .
------+-------+------
. . . | . . . | . 4 .
. . . | . 1 3 | . . 5
. . . | 2 . . | . 6 7
------+-------+------
. . . | . 4 . | . . 9
. 3 1 | . . . | . . .
9 . 2 | 7 . . | 8 . .
```

1483

			5			2		
							1	6
	4		7	9			5	
	3							4
					6			
				8			2	
		4						
	7	1	2	3		5		
8		2			5		6	

1484

5					3		7	8
				6				
		8		9			3	
2	4			7				
			2					5
		9				8	1	
5	3							
				2			6	7
1	2							

1485

		6	8					
					9		7	
	1				5	6		
							1	
		1	3	2				
	3	2			4	5		
						4		9
6		9		3			8	
		8			6			2

1486

						5		
			2				3	
			3	4				1
	9						2	3
	4			6			9	
	8		1					6
7	9			8	1			
8	1		9					4
		3	2					

1487

		4	8					3
7			9		3		4	
		9		4			5	
	6				5	3		
			8			5	6	
		3		2				1
		1		7			2	
4		7				1		9

1488

				1				
		3						2
	8	5		9	6		4	
	7	4			9		5	
				7				9
6	1		4					3
			1				8	
	9			8				
				1	6	4		9

1489

	7				6		1	2
		1					3	5
					2	4		
						3	7	
3		5		1	9			
	4			3		9		
6								
				2		7	4	
			5				2	

1490

	7		9			1		
		5						
	1	6		7			4	
		8				5		
						3	2	4
	6			1				
					2	9	7	3
			8		3			
6	2			4				

1491

		3			8			
		6					1	5
			7					2
8							5	
			6			7		
	3						4	
2		8		4			7	
	4			6				
7			9		3		6	

1492

	1						8	
		4			1	7		
	3			2		1		
			1	7		5		
5			6		3			8
	8							
		6	7					
	5					3		4
					4		1	

1493

3	1		4			6		
				9				2
				8		7		
						5		
		4				2		
			8	2	9			4
1	4		9					
2			1	6	4			
		5						3

1494

			9	3	4			
				5			7	4
			8		2			
	8	3	6		1			
							4	
5		7						3
6			8				2	
					3		9	
8		2						

1495

```
. 9 . | . . 4 | . 2 3
. . . | 2 . . | . . .
. 3 . | . 1 . | 9 5 .
------+-------+------
. . . | . 4 . | . . 1
. . . | . . . | 2 . 4
. . 6 | . . 7 | . 3 .
------+-------+------
2 . . | 7 . 8 | . . .
. 8 7 | . 5 9 | . . .
. . 9 | . . . | . . .
```

1496

```
. . 6 | . 8 . | . . .
4 . . | 5 1 6 | . . .
. 7 . | . . . | 3 . 5
------+-------+------
. . . | 1 . . | . . 9
. 4 2 | . . 5 | . 3 1
. . . | 4 2 5 | . . .
------+-------+------
. . 8 | 3 . . | 1 . .
. . . | . . . | . . .
. . 4 | . . . | 7 . .
```

1497

```
. . 6 | 1 3 . | . . 7
4 . . | . 7 . | 8 . .
5 . . | . 4 3 | . . 2
------+-------+------
. 5 . | . . . | 4 . .
. . . | . . . | . . 6
. . . | 3 5 . | . . .
------+-------+------
9 . 7 | . 5 . | 2 . .
1 . 3 | 9 . . | . . .
. 6 . | 8 . . | . . .
```

1498

```
5 7 . | 2 . . | . . .
4 . 8 | . . 9 | 1 . .
. . . | . . . | . . 5
------+-------+------
. 6 . | . 2 . | . . 7
. . 2 | 1 . . | 4 . .
. . . | 9 . . | 5 . .
------+-------+------
9 8 . | . . . | . . .
. . . | 4 3 . | 8 . .
. 4 . | . . . | . 6 2
```

1499

```
. . 2 | . . . | . . 4
3 . . | 9 . . | 5 . .
. 1 6 | . 3 . | . . .
------+-------+------
. 2 . | . 1 . | 4 . .
. 4 . | . . . | . . .
. . . | 9 . . | 3 . 6
------+-------+------
1 . . | 4 . . | 9 . 5
. 9 . | 1 . . | 6 2 .
. . . | 3 . . | . . 7
```

1500

```
. . . | 4 . . | . . 1
. 7 . | 8 . . | 2 3 .
9 . . | . . . | 5 . .
------+-------+------
1 8 4 | . . . | . . 9
. . . | . . . | 1 . .
. 6 . | 3 . . | . 2 .
------+-------+------
. . 3 | 7 . . | . . 6
. . . | 1 . . | 2 4 .
8 . . | . . . | . . .
```

1501

5		7						4
4	2		5	1		7		
				2	6	3		
	9						8	
	5		3					
3		2		5	1		6	
						4		2
					8			1

1502

			7		3			
		9	5		6	1		
	6		8	4				
6					4		8	5
9					1			6
			9					
								3
	8	5					7	
4							1	

1503

		1	2			8	3	
7								
			9			7	2	6
		3			4			
			7			1		
		8					9	5
	8	4	6	9			7	
1		7				5		

1504

			6				8	
7	1				8			2
	4		7	3				
		9					5	
2				6				3
			1	4	9	6		
		3			5		9	
	5							
6		7						

1505

	8							4
7		5				3		
			3		4	5		
	6	9						
		3	4	8	5			
5								3
			1	3		7		
2					6			
		8		7			9	

1506

	5					9		
	6						7	2
4			5					
	8	4	1					
			6	3				
			8			7		
5			2			6		3
		3		4				
2				6	9		8	

```
. 9 . | . . . | 1 2 .
1 . . | 5 . . | . 7 .
. 4 7 | . . 8 | . . .
------+-------+------
. 1 . | 7 . . | . . .
4 . . | . 2 . | . . 3
5 . . | 3 6 . | . 1 .
------+-------+------
6 . . | . 9 . | 4 . .
. . 2 | . . . | 5 . .
. . . | . . . | . . 9
```

```
. 5 6 | . . 2 | . . .
8 . . | . . 6 | . . .
9 . . | . 4 . | . . .
------+-------+------
. . 5 | 6 . 8 | 7 . .
3 . . | . . . | . . 5
. . . | 2 . . | 8 . 6
------+-------+------
7 . . | 9 . . | . . .
. 9 . | . . . | . 3 .
. . 3 | . . 7 | 1 . .
```

```
. . 5 | 9 . . | 6 . 2
. 9 6 | . . . | 7 . 4
2 . . | 3 8 . | . . .
------+-------+------
. . . | 5 . 1 | . 9 .
. . . | . . . | 1 5 .
. 6 . | . . . | . . .
------+-------+------
. . 2 | . 6 . | . . 8
7 8 . | . . . | . . .
. . . | . 5 3 | . . .
```

```
2 . 6 | . . 7 | . 5 .
. 9 . | 1 . . | . . .
3 . . | . 5 . | 6 2 .
------+-------+------
. 3 . | 6 4 . | 2 . .
. . . | . . 8 | . . .
1 . . | . . . | . . .
------+-------+------
. . 9 | . . 3 | . . 7
5 . . | . 7 . | 9 . .
7 8 . | . . . | 4 . 5
```

```
9 . 2 | . . . | . . .
5 . . | . . . | . 3 .
7 . . | . . 2 | 4 . .
------+-------+------
. 3 . | . . . | . . .
. . . | . . 7 | . 5 1
. . . | . 2 . | 6 8 3
------+-------+------
. . . | 6 . . | . 1 5
. . 8 | 1 . . | . . 6
. . . | . 7 5 | . . .
```

```
. . . | 1 . 2 | . 7 8
. . 6 | 8 . 7 | . . .
. . . | . 6 . | . 4 5
------+-------+------
9 . . | . . . | . . .
. 4 . | . . . | . 9 .
6 . . | . 1 . | 2 . .
------+-------+------
1 5 . | . . 8 | . . .
7 . . | . . . | 9 5 .
. . . | . . 3 | . . 1
```

1513

			3	5		8		
1					8	3		
		8			6			7
					4			
	9				1		7	3
		2	8			6		
	4					2		
				3				
				7	5			9

1514

		8				9	1	
	3					8		2
2								
				8			5	4
6		5		4				
					6			
9		1				3		
3			7		2	4		
		7		1	9		6	

1515

		2			4			
			5	2				
7	1		6		2			
3		6						8
	4						9	
			3					
9		7					8	4
	5				8	6		
			3	1				2

1516

		5					3	
2	6	7					8	
			9	2				
4	5							1
	9	3	5	6				
			2				7	
	8			4	7		2	
6			1			7		

1517

1			2			7		
						3		6
3	4		6					
4			3					5
						4	6	9
		7	9		6			
	3			2	7			
		2			5	1		
7		4			9			

1518

6					4	8		
	2	7		3				
					5		9	
	5	9	2		8			
							6	
8				4				
9		2				4	6	8
	8		9				1	
	1					2		

1519

			9					1
	4	5						6
	1			7			9	
			5			9		
		4						
2	8						5	
7	9				8			
5			1			4	6	
				2				7

1520

3			7		1		6	4
8			9	3				
6					3			
2		4	5					1
		5	1				7	6
								8
	1							
			4			9		5

1521

	7	4					3	
			1					
3				8		5		
	6				2			
		9	3	5			8	1
								4
	3					7		2
		1					5	8
7			9				1	

1522

	6	2	3				8	
	7	3						6
8					7			
2							9	
			2					
		9				3		1
	8			7				4
	9		6					
4		5		8				7

1523

			4			9		
		8			3			5
2	3						8	
8				5			3	
						5	7	
3	6		9	7				
				1				
7	1	4						8
					8	3	4	

1524

5								
	7			9			1	
		4			5	6	7	8
		5		2				
1				8				
9	4	2	1					
					4	8	5	
	2					7	4	
		9	2					1

1525

```
. 7 . | 5 . . | . . 9
2 . 5 | . . 9 | . 1 .
. . 9 | 6 7 . | 5 . .
------+-------+------
. . . | . 4 6 | . . 2
. 4 . | . . . | . . .
. . . | 3 . . | 9 . .
------+-------+------
. . . | . 3 . | 7 . .
4 . . | . . . | 8 5 .
9 1 . | . . . | . . 3
```

1526

```
. 6 9 | . . 8 | . . .
4 . . | . . . | . 7 .
. . 2 | . . 5 | . . .
------+-------+------
. . . | . . . | 7 . 1
. . . | . 3 8 | . . .
. 2 8 | 9 . 6 | . . 3
------+-------+------
. . . | 6 . . | 1 . .
9 . . | . . . | 4 . .
. 4 . | . . 2 | . . 6
```

1527

```
3 4 . | 2 . . | . . 5
1 . . | 3 . . | . . 8
. . 2 | . . 9 | . . 6
------+-------+------
4 . . | . 2 . | . . .
. . 6 | . 8 . | . . .
. 3 . | 7 . . | . 9 4
------+-------+------
2 . . | . . . | . . .
9 . . | . . . | 5 . .
. . . | . 3 . | 4 . .
```

1528

```
. 5 . | . . . | . 7 8
3 . 1 | . 2 . | . . 5
7 . . | . . 6 | . . .
------+-------+------
5 . . | . . . | . . .
. 3 . | 4 7 . | . . .
. . 6 | . . 8 | 9 . .
------+-------+------
6 . . | . 3 . | 2 . .
. 9 . | . . . | . . 1
. . . | . 1 . | . . 7
```

1529

```
4 . . | 5 . . | 6 . .
. 5 . | . . . | 7 2 .
. . . | . . . | . . 9
------+-------+------
6 . . | . . 3 | . 4 .
. . 5 | . . . | 8 . .
. . . | 2 . 9 | . . 3
------+-------+------
. 6 4 | . . . | . . .
5 . . | 8 3 2 | . . .
3 1 . | 4 . . | . 6 .
```

1530

```
. 2 . | 7 . 5 | . . .
. 3 . | . 6 . | . 2 5
. . 9 | . . . | . . 4
------+-------+------
. . 2 | . . . | . 1 .
. . . | 5 . . | 8 . .
. . . | 8 . . | . . .
------+-------+------
5 6 1 | 2 . . | . . .
. . . | 9 . . | 6 . .
3 . 4 | . . . | . . 2
```

1531

6		9				4		3
							5	9
	8	2		5			1	
			6			2		
1				3	7			
	2				5			
9								6
	3	6					8	
				1		5		

1532

					6	3		
		8		1		2		
		4					7	
9								
7	4				5		6	1
8			1					5
		1	5		9			
			6			7	9	4
			8					3

1533

	7			2		8	1	
				8		2	5	
3								
4	9	5						
		6						7
2				1				
				4				5
				3	7			
1			2	9			4	

1534

						6		
6			7	8				
	5		3					
	8							3
	3	9		4				
7			4					1
2	3		4			5		9
	5							
	9					7		

1535

		3	4	9			8	
8		5		6		1	2	
			8			3		
		8	2	4				
1				3	8			
2								
		9			1		7	
5					6			
					9	5		2

1536

		3	9					
6			8					
				2		8		
	6			5		1		
8			4	6			5	
	1					7		
		4				2	6	
		8					1	
		7		1				3

1537

		4				2	7	
7						1		
			2	3			6	
	4			6			2	
	1			9	8			
			8					3
		8						
2		6	1					
			9		6			1

1538

4		3			5			7
5		1					2	
	7		8					
			2					
				8				5
6			5		3	8	9	
	9			6	4	1	3	
	1	6	3					4

1539

	7				8			
		2			1	5	4	
				4				
7		5	3				8	
		9				7		2
			8				3	
9					2			3
	6		4					
3	2		1	6		4		

1540

9				3	1			8
1					8			2
5						7		3
			7	6				
8		5	1		2			6
						2		
4	1					5		
	8		2	9				1

1541

				4		3	8	
9	7							
				3				1
7			6				5	4
4				5				8
	8					6		
	4	6			3	9		
5			7	9				6

1542

1	2	4		3				
6			8	1				
2			7		1		4	6
9			4					8
			6					
	3					9	5	
					2	4	1	
5	9							6

1543

	2		5					
8	9							
			4		8		5	
		7		2			8	
			7			4	6	9
	6							
4		2	1			9		
5				4	7		2	
		3				7		

1544

7		4	9	6	8			
	8			1		7		
	8							2
	6	2	5	4		8	9	
	3			2				4
5		7	4		1			
	3							
			6	3			2	

1545

			3	8		5		
9		7						
8			9	1				
3			2	7		8		4
4	6				1			
			5					
			3	6				
5							3	9
		1					8	

1546

2		1				7		
3		4	2	1		9		
7			8					
	4	7						
9					8		2	
		6					9	
	5		6					9
			4		2			
4				3		6		

1547

	6	7	9	1				
		5		4	7	8		
	2			6				1
8					9			
		3		2	9	5		
2				5				
						4		2
	4				6			
	8							7

1548

			7	8		3		6
		4	6					8
1			5				7	
				5			6	
	3							7
			1				2	
	5			2			3	9
				9				
	2	6					8	

1549

			9					
		5					1	
9	3			7	2		4	
	9	7						
4	5							9
						1	8	
			4	1		6		3
	4							8
			5	3			7	

1550

		4			5	6		
		5	6		9	7		
			7					
1		6	4				3	
8			3				2	
3								5
				3		8		
5			6					
6	9		8			2		

1551

			2			8		
2				5				6
					3			
4					5			
		1		2	6		3	
	3					1	7	
8						2		
9			3		1	6		
	5			4		8		3

1552

		4			3			6
5					8			
			1				9	
		7					5	
6	8			7		9		
					2	6		
	4							
			6	9		3		5
2			3			8	7	

1553

					3		9	
5				2				1
			1				2	8
1		4				2		
		9					8	
	5	6	7			1		4
9	1	8			7			
4					1		5	
			6			8		

1554

							5	
9			1	8	6		2	
1		6			7			
			3			4		
		7		4				5
		9		6				
	8						7	4
		2	9					1
				5				

1555

```
. . . | . 8 . | 4 . .
2 . . | . . . | . . 9
. . . | 4 1 2 | . 5 7
------+-------+------
5 . . | 7 . . | . . .
. 4 . | . . . | 7 . .
. . 2 | . 5 . | . 9 8
------+-------+------
. . . | . . . | . . .
3 . . | 8 . . | . . 1
. 5 . | . . 6 | 3 7 2
```

1556

```
2 . . | . 9 1 | 6 . 8
. . 6 | . . . | . . 1
3 . . | . . . | . . .
------+-------+------
. . . | 9 . 6 | 7 . .
. 8 7 | . 1 . | . . .
. 9 . | 8 . . | 5 . .
------+-------+------
. . 9 | . 3 . | 4 6 .
. . . | . 7 . | . . .
. . 4 | 5 . . | 8 . .
```

1557

```
. 6 . | 2 9 . | . . .
4 . . | 5 . . | . 1 .
5 2 . | . 4 7 | 9 . .
------+-------+------
. . . | . . . | 5 . .
. 9 . | . . . | . . 6
8 . . | 7 . . | . . .
------+-------+------
. . . | 4 7 . | . . 3
2 . . | . . . | 4 . .
. 4 . | . 5 . | 7 . 9
```

1558

```
. 3 . | 1 . . | . . 5
. . . | 5 . . | 6 8 .
9 . 7 | . . 2 | . . .
------+-------+------
. . 9 | 7 4 5 | 2 . .
. . . | . . . | 5 . .
2 . . | . . . | . . 4
------+-------+------
. . . | 3 6 . | . . .
. 9 8 | . . 7 | . 4 .
3 . . | . . . | . . .
```

1559

```
. 8 5 | . . 7 | . 1 .
. 3 . | 1 . . | . . 8
7 . . | . . . | . 4 5
------+-------+------
. . 2 | . 9 3 | . . .
. . . | . . . | 1 9 .
. 5 . | . . . | 3 . 4
------+-------+------
1 . . | 6 . . | . 7 .
. 4 . | . . 1 | . . .
6 . . | . . 5 | . . .
```

1560

```
. . 2 | . . . | 7 . 9
. . . | . 5 . | . . .
. . 4 | 1 7 . | . . 6
------+-------+------
. . . | 4 . . | . . .
. 4 5 | . 1 . | . 9 .
. 6 . | 7 . . | . . 8
------+-------+------
. 2 1 | . . . | . . 5
. 9 6 | . . . | . 3 .
. . . | 8 3 . | . . 2
```

1561

			2				1	3
	2							
	9	3			7			4
	3					2		
1	4	8				5		
			9	6				
	5	7			8			
4					3			8
8								5

1562

							8	
			3	4		5	7	
		8			2	3		
	5		7			8		
		2		5		1		
6				2	9			
1				6				
				7			6	
9		7						

1563

2		6			5			
			2			8		7
			7		3			
		2						
1		4		8	2			
3							8	6
		3						
			1	9				
					6	5	4	1

1564

						1	6	
	6	1						
8				9				
5			2					6
	3				4	7		
4			8	3				
9				5			8	4
						5		
	7		3					1

1565

			9	4		7		
	1	4				2		
				6	3			
	3	8					7	
1			3	7				2
			8			9		
8	9		2			5		
			4	7				
		2			3			

1566

7	8				5			
				2				7
		5	6				4	
	2	7			8		5	
3	6							
			7			3	1	
	5			2				
							9	
	9			5		6	2	1

1567

3	8		9		5			
	4		6					1
						3		
7								
		9	5			1		
	5	2	8			4		7
	6			9				
						6		
		4			2	7		

1568

	7			1				
4					8			2
		2			9		6	
9	1				2	5		
		5		8				1
	2				1	6	9	4
	6							
		9			3			7

1569

6				8		1		2
					1	6	3	
		7		5	6			
8	9							
	3	6		7		9		
							8	
			2				1	
7				4				5
5			6					4

1570

	2							
1						6	8	
	4			2	3			
		9	7					
	7	4			5			
	8	6	9		5			
			2	9				6
	9			3				8
8							1	

1571

3		6					9	
	4		3	8			5	
1								
				6	5	1		7
	8			2				9
			8					4
5				1		3		
7	1				8			
			5					

1572

4						9		
			6	9	1			
		3	4	5				
	3			7		6		
	1			9		5		2
	5					3		
	2				6	3		
			7	2				
1			5					

1573

			3				6	8
		8		6	4			
						3		
								7
			5				8	2
6	9			4				
		4			1	2		5
			7	8				
	3		2	5			7	

1574

	7							8
		1	2					
		3		4		7		
	5				8			
1	3		7					
				6				2
			1	8				
8						5	3	7
						9	6	5

1575

		4				3		
1	7							
					6	8		
	4					9		3
		1						
3				9				2
2		3			5			
		6	8		7	1		
4				3		5		8

1576

6	7							
1			4					
			1	2			4	
		5		9		7		1
			8		1	6	5	
	6				2		3	
9			3					
			2			4		
4		8					7	5

1577

	6						4	
8		1	9					
	4			6				
	8			1			7	
4		5	2				3	
7				8		9		
	3		5		7		8	1
		4			2			
	7					4		

1578

			2			8		
9		4				5		
		5	9	4			2	1
								4
6								
			3	1				
8			1			7		
4				5		2		6
5		3				9		

1579

			8	2	7	9		
	3				9			
				8		3		
2				6		1		
6	4		2					8
	5	8				4		
	6			9				7
4					3			1

1580

		2	4		6	8		
		1				5		7
							3	
6	4					9		
	7		6					
			2	8				
								5
9		5		1	2		7	
			9		2			

1581

		8	3					
		8		9				
	9		5				1	
	5	9			3	7	6	
	1		7			2	5	
6					9			
	4	3	2		1			
			6				9	
					4			

1582

				9	8			
	1		7				9	
							3	6
	2			3				
	8		4					1
		1		8		5		
			2			7		
	6	7						
			1				2	5

1583

	7	6		2				8
		9	4			7		
	2	4		7				9
	5	1	7		4			
						5		
3			2			7		4
						9		
						8	1	
	4		5					6

1584

	7	6	9					
5			8		1			
8			3					4
			1					8
			2					
1	2			4	8	6		
					9	7		1
	9	2			1			
						4		3

1585

		3					8	9
		9					6	
	8				5			2
			3			5	7	
					7	6		
7	4			5	6			
		5	1					
			4	3	2			
	3	1				2		

1586

5			3	7				2
			1	2	3			
	4		1			2		
		9			4			
	8		9	3	6			7
	5			6			4	
	6				8			
	7	8	9	3		2		

1587

	2			4		8	3	6
8		4	3		9			
	1			5		4		
			7	8			9	1
		5		2				
1								
	9	6			5			7
		2						3

1588

		8			5		1	2
		5	1		4	9		
9		3			6			
8	6		7					4
			8		9	6		
			3			4		
		6		1			8	
				9			2	3

1589

	5	1						
				2				
4					9		1	
			7					9
	1			4				3
	8		1	3	5	4		
5					7			
	4	9			1		8	2
			8	2				

1590

								4
	7				4		6	1
				8				
5			8	3		9		
8				7				
3					1			2
	2			1				8
		3	9				2	
		4					1	6

1591

		1				8		
			7					4
			2	1				7
			7			6		
		6	5			7		1
2	4				3			
3							8	
						2		6
6		9	8			4		3

1592

5						9		1
	1							4
		4	3				2	
9			6		2			
			7					6
		2	1					5
	8	5	4			6		
3			6				8	2
4			2					

1593

								6
6			8	2				
		3					8	
			6		7			
1								4
	5			9		6	2	
	4	8						
3					1			5
	7			2		8	9	

1594

9		3		5	8			
				9	3			
6								4
	8							5
3				2			9	
				4		2		3
8	4		2				6	
						1		
				7				2

1595

		9				4		
		1			2			3
6					7	5		
		4	8	2	6	3		9
8				4	3			
	4				5	6		
		6		1			3	
		8						7

1596

			8					5
		8				4		
	6		4					1
			5	9		6		
7								
						9	4	
		4	3				2	
			6	5				
9					1	7	8	

276

1597

	7			1				
		1						
			7			2		5
		3	5		4			
8		4			7			1
	9			3		4		
9	1							4
	6					8		7
4				6			9	

1598

	7	1	3					2
							7	
3	8		4			1		
								1
	5	4		9		7		
			7			9	8	
				4	6	3	8	
2				1	6			5
4			3					

1599

7			3		4		9	
			2	7				
4	1					8	3	
			5					
		5		4		7		
9			6					
	8							
1				6		5		9
	9		7		3	6		8

1600

	5					1		
4		9						8
1			7					
			6		2			3
	9						8	
7				9			6	
2				3		4		9
	3	6						5
9			2					

DIABOLICAL
PUZZLES

1601

2		5			9	8		
3			8					
							5	7
4		6		3				
		8		5			7	1
7				6				
						6		
5	6				3	2		4
		4						5

1602

		7		9	3	8		
	5					2		
								3
	9		1					
5				2	4			1
						4		2
7			2	1				4
	4				6			
		1	8			5	6	

1603

				4				1
	6	5				9	3	
			1					
5	3			9				2
	8				5		7	
1						2		
2		9	4			7		8
		5	6		2			

1604

	5	7		8				2
		9		6	7			8
	8			5			3	
	1		2					
	2			3	9		7	
8		9			5	2		
		5						7
					4	6		
			1					4

1605

		9			3			
4	8		6				2	
6		1		9				
		2	7	4			1	
				1	5			
8		6						
					8			
1	4	8						9
							6	4

1606

3	4			6				
				2				
2		9		7		5	3	
				8				
8				3			5	
				7			1	6
		4			1	2		5
9				4			3	7

1607

						8	6	
					7	5		1
7		3	8					
2		9		1				
3			2			7		
		4	6	3	9			
		5			6			
	9			4				
			5		2	6	4	

1608

		3	7					1
				8	5			2
6								
5		1		2	8	4		
	4						1	
	6			1		5	8	
	8				1			3
4					3			
		6						

1609

		2		1			5	
7	3				8			
			3		1			
1	4						9	
			4		6			
3			7					
4					2			3
			6			9		8
				7			1	

1610

7	8							
								2
			7		3	6	8	
	1		8				6	
	4						1	7
	6			2		3		
4				9		8		5
	9	5	2	4				
								4

1611

4								
		5		6				
	3	6	1					
	1	3						5
				3		8		
	7		8			2		
2					9	4		
	6			4		3		
	8				1	5		

1612

1	9		2		7			
		2					9	5
4			1					
					1	2	7	
	6	5	3					4
			8		5			
3			6					8
	9							7

1613

```
. 2 . | 1 . 6 | . . .
. . . | . . . | 9 . 5
1 . 7 | 8 . . | . . .
------+-------+------
. 5 . | 7 . . | 6 9 .
. . . | . 6 . | . . .
. . 9 | . 4 . | 7 . .
------+-------+------
. 1 8 | 5 . . | . . 7
. 9 . | . . . | . . .
7 . . | . . 1 | 2 . .
```

1614

```
. . 5 | . . . | 6 8 .
. 2 . | . 7 . | . . 9
. . . | . 6 . | . . .
------+-------+------
. 7 . | 4 . . | 9 . 2
4 8 . | . . 2 | . . .
1 . . | . . . | . . .
------+-------+------
3 . 1 | . . 4 | . 6 .
. . . | . 1 . | . . 8
2 . . | . . 3 | 4 . .
```

1615

```
5 . 3 | . . . | . . 1
. . . | . . 9 | 6 . .
9 . . | . 3 . | . 8 .
------+-------+------
. . . | 1 7 . | . . .
. 4 5 | . . . | . 2 6
. . . | 2 . . | 3 5 .
------+-------+------
. . . | . . . | 9 6 .
. 6 . | . 8 . | . . 3
. . 1 | 9 . 2 | . . .
```

1616

```
. 2 1 | . . . | . 6 .
4 . 5 | . 1 . | 7 . .
. 9 . | . . 7 | . . .
------+-------+------
. . 2 | . . . | 3 . .
. . . | . 1 . | . . .
. 6 . | 8 5 . | . . .
------+-------+------
. . . | 6 . . | 9 2 .
. . . | 7 . . | 1 . 4
3 . . | . . . | . 5 7
```

1617

```
. . . | 1 9 . | . . .
. . 7 | . 8 . | 3 . .
6 . 1 | . . . | . . .
------+-------+------
. . 3 | . 7 . | 5 . .
7 . . | . 2 3 | 9 1 .
8 . . | . . . | 7 . .
------+-------+------
. 8 . | . 6 . | . . 7
. 5 . | . . 3 | . . .
1 . . | 5 . . | . . .
```

1618

```
9 . . | 8 3 . | 4 . 6
. . . | 1 6 . | . 9 .
. 8 . | . 9 . | . . .
------+-------+------
. . . | . . . | . . .
. . . | . . . | 3 6 4
7 2 6 | . . . | 5 . .
------+-------+------
. 3 . | . 1 . | 7 . .
4 . . | 9 . 5 | . . 2
5 . . | 6 . . | . . .
```

281

1619

7			2	6				
				8			2	5
4	8							6
	7			8				
	9	6	5		2	3		
				1				
				3		5		
6	4							
		1	8					3

1620

			6				7	
				4				
8			5	1				9
			2			9		
				9				4
3				4				1
		2			5	1		
4					2		6	
	6	3						7

1621

						3	2	
	1			8				
5	6							4
4			8			3		
6			9	1				
		5	2					
7				2	5			
	3		1			9		
							2	1

1622

	1		4			2		
		8		6			7	4
9	6							
				7				
1						6		
	8		2	6				
4			5		8	7		
	5	3	6		2			8
							1	

1623

	3		4			7	1	
2			7				4	
						5	6	
				1				
			9		2			3
		1			8	4	2	
1	5					9		
8				4				
7	9		8					

1624

						9		4
		4			3	6		
	8			6			1	
8	5			7			9	
		6				2		
2	9		5		6			
				3				
9			2	1				7
1	4			7				

1625

6	8		3					1
						6		
		4			1	3		
	1			2			4	9
		7			4		6	5
		9		5		3		
5				4				
		1	5		6		9	

1626

	3					1	8	
2				9			4	
		1		5	6			
						5		
			7	1	2			
7								3
	6		5					
3					7			
	2	5			1		9	

1627

3	6				9			
4						1	5	
			8					4
		4		7				
2	3					4		8
5						6		
					1			7
			2			4		
	9					8		1

1628

5						8		
		3	1		5			
1			6	3				7
		4		9		1		
7	8			4	2	6		
2		5						
		7		5				9
							5	
							6	1

1629

					6			8
		2					9	
			8	1		3		
9								6
2	4	8				1		
				8				
		3	2				4	
6				7	9			
			1	5			2	3

1630

			8	3	4			2
			1		5	6		8
		9				8		
1								
	6	8		9			3	
	5		7		1			3
3						2		1
4				6				

1631

```
. . . | . 1 7 | . 3 .
. 5 . | . . 3 | . . 4
. . . | 2 . . | . . .
------+-------+------
8 . . | . . 1 | . . .
. . . | . . . | . 7 .
6 3 . | . 4 . | . 9 .
------+-------+------
. 6 . | 8 . . | 3 5 .
. 4 . | . . 5 | 6 8 .
2 . . | . . . | . . .
```

1632

```
. 9 . | . . . | . 7 .
. 4 . | 1 6 8 | . . 3
. . . | . . . | 4 . .
------+-------+------
. . . | 4 . . | . . 1
. . . | 6 . 2 | . . .
3 8 . | . . . | . . .
------+-------+------
. . 2 | . 9 4 | . 5 .
. 7 4 | . . . | . 9 .
. 1 9 | . . 3 | . . .
```

1633

```
. 3 5 | . . . | . 7 .
8 4 . | . . 2 | . . .
2 . . | . 5 8 | . . .
------+-------+------
3 . . | 2 6 . | . . .
. . 1 | 5 . . | . . .
. 7 6 | . 1 . | . . .
------+-------+------
. . . | . . . | . 4 .
. . . | . . 1 | . 9 .
7 . . | . 8 2 | 3 5 .
```

1634

```
. 3 . | . . . | . . 6
. . 7 | . . 4 | . 5 9
9 . . | . . . | 1 . 4
------+-------+------
. . . | . . . | . . 1
4 7 . | . 2 . | . 9 .
. . 8 | . 3 . | . 6 .
------+-------+------
6 . 9 | 4 8 . | . . .
7 . . | 1 . . | . 2 .
. . . | . 9 . | . . .
```

1635

```
. 7 . | . 1 . | . . 4
. . . | . 9 6 | . . .
. 6 . | 7 . . | . 8 .
------+-------+------
5 . 4 | . 6 2 | . . .
. 3 . | . . . | . 9 .
. . . | 4 . . | . . 1
------+-------+------
. . . | . 6 . | . . 2
8 . . | 1 . . | 7 . .
. . . | . . . | 5 4 9
```

1636

```
. . . | . . . | 1 8 .
3 . . | 4 . . | 9 1 .
7 2 . | . . . | 3 . 6
------+-------+------
. . 8 | 5 . 4 | . . .
6 . . | . 3 . | 2 . 9
. . . | . . . | . . 1
------+-------+------
. . 2 | . . . | . 3 .
. . 3 | 7 . . | . . .
9 . . | . . . | . . .
```

1637

				5			3	
			9			2		
					4	8	9	
1				8			5	
					3			
2	9	3	4			6		
3								2
	6	9				7		8
5		2			8			4

1638

						4		
		4		5				3
			6		9			
	8		4	3		1		
3					5			7
	6	1	7			5		
			3		7		1	
7	5			6				
		3						9

1639

		1	7					
5		3			4			6
8	4					5		
			9	4				8
				3	1	6		
	2			6				
						2		
		9			1	5		
1		2			9			

1640

		8				9		
		5	8			3		1
			3	7		6		
						5	3	6
	2			4			1	
9								
4			9					7
		7				8		
6	3							

1641

		5			7			
	9				1		8	
			6	9		4		
2						3		
			5		8	9	1	
5				9				2
7	4							
					3		6	
		3		8				4

1642

2	5		3					
3		1			2			5
						6		
			5			7	3	
		3	6		7			
8	1					9		
		5		2				8
	2			9				
			4					9

1643

8	2	5					7	
9			8	2				
		6				3		
					9			
		8				4		
		9	6	3			2	8
	7		2			5		
						1	6	
			7		5			

1644

			1		5		2	
9			2					3
		4		9				
		6					8	
5	8				4	1		
	1		7			4		9
8		1						
						5	7	
6				7	1			

1645

7	1			5				
	8	9			6		2	5
			2				9	
	6		9	8				2
	7				3			
5	3					4		
			7	2	1			
		4						8

1646

			3	7		8		4
7		2						
	9							
6			4	1				
	8	3		9		6		7
								3
1					8	2	5	
							7	6
3			5					

1647

					4	8		1
		1	5					
8	5							3
	6		4		3		9	
		5						
	4		7		9	6		
2			6	3			4	
			8	2		1		
				4				

1648

6		2	8					
9				1				
	3				6	7	8	
				4				8
		8	7	9			3	
	5	9						
			9					5
		1		5			6	3
			1				4	

1649

				6	8		2	
	6		5		7			
								9
	4	1				8		
	7				1		3	
8		3					1	
4	5			1			6	
3		8	9			4	5	

1650

4								3
	7	9	6					
	1				4			
		1				4		7
			2			1		
6			9					
						8	2	
			3	9		7		4
		7	1			6	5	

1651

			7		5		6	
				9		4		1
7			2					9
		4	5			1		2
				2		4		
5		1			4			6
	3	8						
	4				8		2	
				3				

1652

	8	3						7
	2					9	8	
5	4	1						
		8		5			1	
1							6	
				4		3		
			6	1			4	3
			7					
6	3	9			4			

1653

6		7		5				1
	8				4			6
					3			
	2				1			8
5	1			4				7
						9		
	4						7	
			3			8		
		8		9		5	2	

1654

				2			6	8
		5	1					
				5	2	3		
			6					
	1		5					4
	2	6	7	4			5	
		9					2	
7				3				
	6					9	7	

287

1655

```
. . . | . . 3 | 9 . .
5 . . | . . . | . . 8
. . 4 | . . . | 7 . .
------+-------+------
7 . . | . 3 2 | . . 4
. . . | . . . | 2 . 1
. . 1 | 9 . . | . . 6
------+-------+------
. 3 2 | 7 1 . | . . .
. 8 . | 2 . . | . . .
. 6 . | . 5 9 | . . .
```

1656

```
. 5 6 | . . . | 7 . .
1 . . | . 8 . | . . 2
. 4 . | . . . | 3 . .
------+-------+------
. . 9 | . . 8 | 6 5 .
. . . | 5 . 9 | . . 3
. . . | 7 . . | . . 8
------+-------+------
. . . | 9 . . | . . .
6 . 5 | . . . | . . .
. . 2 | . . . | 4 1 9
```

1657

```
2 . . | 9 4 . | 7 . .
. . . | . . . | . . 1
. . . | 3 2 . | . . .
------+-------+------
. 1 . | . 6 . | . . .
4 . . | 8 . . | . 2 .
. . . | . 5 3 | . . .
------+-------+------
6 . . | . . . | . . 9
. 7 3 | . 8 . | 6 . .
. . 4 | . 9 . | 5 . .
```

1658

```
. . . | 4 . . | . 1 7
3 . . | 5 . . | 8 . .
. 8 5 | . 7 . | 3 . .
------+-------+------
7 . . | 8 5 . | . . .
. . . | . . . | . . .
. 6 3 | . . . | . 4 .
------+-------+------
4 1 6 | . 2 . | . . .
. 2 . | 1 . . | . . .
. . 7 | . 4 . | . . .
```

1659

```
. . . | 8 3 . | . . 6
7 . . | . 1 . | 5 . .
6 5 . | . . . | . . .
------+-------+------
. 1 . | 9 . 4 | . . .
. . . | . 6 . | 9 . .
3 4 . | 7 . . | . . 2
------+-------+------
. 7 . | . 5 6 | . . 1
. . . | 2 . . | . . .
. . 8 | . . . | . 7 .
```

1660

```
6 . . | 9 3 2 | 7 1 .
. . . | . 4 . | . . .
. . 8 | . . . | . . .
------+-------+------
4 . . | . . . | 3 . .
. . 7 | . . 1 | 4 . .
1 . . | . . . | 2 6 7
------+-------+------
. 6 . | 1 . . | 5 3 .
. . . | 5 6 . | . . .
. . . | . . 7 | . 4 .
```

1661

			7					4
9	8		3			2		
				4		6		
2						4		
1		3		6			8	
			9				3	
3	6							
	7			5	8	1		
	2							8

1662

	8			4		5		
		9						6
	7			3				
	1							
2		9		6				4
	3			4				
6						9		
8			4				7	3
1	4		2				8	

1663

3	5	7			1			
	1		2			4		
4								
				5				
		4	7				9	
	3	6					7	
			3	1	2	7		
				9				4
	9	5		7		8	3	

1664

		9				3	5	
								9
	6	5					4	
8		6	4	3				
		7			6	8		
		2		5				7
5			3					
	1		2					5
				8		7	3	

1665

	6							
		3	2		5			
		9		3				8
	1			8				
		5	4			6	9	
4								
	9					1	4	
			9			3	5	7
7	3					1		

1666

1					9			4
5						3		
			1		7		5	
		2	7					
								9
8		5		2	6			
						6		
	4		5			8		1
	7			4				2

1667

		8			4		5	
6					1		3	8
5								
	5	7						
	3	1	2			4		5
			9			1		
	8		5					
				2		9		
			8	1				2

1668

								2
	1			8	2	3		
	3					5	4	8
		2		5		6		7
		7		8				
1				4			5	
4	7							
				9			3	
		5				7	9	

1669

		6					1	3
	3		4	1				5
8								
			2					
9					5	1		7
5				6	8			
3			5				9	
	8		7	9	3			4
7								

1670

	4				7	6		9
8					6			
		9				5		
3								
	5		3	8				
4	9		7					1
	7				1			
	8		6	9	2		4	
							9	8

1671

		5				9		
	1			3	4		7	
				9			8	1
	4	6	5		8			
					2	5	4	9
				3				
						2		4
		1	8					
	6							7

1672

			6			2		5
	8			3	4			
		3				1		
6							5	9
	3							7
8	9	5					4	
		6			7			
1				2			7	
			8	9				

1673

		3				9		
			2			1	6	8
		8				7	4	
				1				
					6		9	
			4				3	2
8	9	5						
2						3		7
	4					9		

1674

			9					8
		7		6	4			
9	4			5				
		1	3		2		8	
7			4	1		6		
3		8			7			9
4								
	1							6

1675

3		1		8				
2	9	4	5					1
	7				4			
	8	5	9					3
		7	4		3	6		
			2		1			
		3		4			6	5
7						9	1	4

1676

	2		9					7
		6				8		5
		7	1	5				
3	5		7					
							8	
	7							6
		4		1		5		
					4		2	8
			5	8			4	3

1677

	7	4						
			8					
		1	6			8	7	2
	3				8			7
1			2		6			9
		2	3			4		
		3				5		
9						6		
			5				1	

1678

2			5			1		
		7				9	3	
3				4		6		
			2			7		
							5	8
	1		8		5	2		
	6		4				2	
	2		7			6	1	

291

1679

	8	2	9				4	7
7								
							9	6
8	7		3	9		5		
					5			
	3	6	7		8			
	4					3		
		8	1		7			
2								5

1680

	8		9				3	6
	5			6	2			1
			7					
	9	2						
	1						8	
		4		2	5			
				3			5	4
	6	7						
		1				3		

1681

		4			2	9		
1					8			
							2	5
					1	3		
3				2	8	4		6
			9					2
			4					3
	9	6			5		1	
			7		6		9	

1682

1			3		5			
							7	
		2				6		
			8	5	3			6
	9	4	3			7		2
			9					4
						2		7
	8		6		4		3	
9	2							

1683

3							5	2
	8		9		1			4
7		4						
	1							
				6			8	5
5	7	3						
			6			1		
			8			3	6	
2			1		9			

1684

	1	7	8	2		9		
	6			9	4			7
			1					
		8						9
	9		6	3				1
	3				4			
							1	
					9			5
6		4			2			

1685

		9	2					7
			7	6	9			3
	6			1				
				6		4	2	
8					3			
			5			7		
		4			7			
	3		4	8		1		
5								9

1686

	8		7					
	9	2		1			5	
5						9	8	
				8			4	
	7		6	9				
2				7			1	
	2			6		4		
1		9						
	6	7						5

1687

1				2		5		
	5		4					2
			1	3				
3		7		9	2	8		
5	1		8	7				3
6			3					
7	4	1	9					8
8			7		4			

1688

		9	8					
						9	7	4
	1					2		
3	7			5		8		
		6						
		6		7		4	1	
5	4		7					3
	6	3						
7						8		2

1689

		2	9					
		8		4			7	6
3					2	9	4	
5				9	6			
	1	4		2				
	2					8		
	3	5		1			9	
								2
				8		5		

1690

							7	
		6	7	3			5	
1	8							
			1					
	6				4			9
	7		3		5	8		
			6		2		4	3
5			4			9		2

1691

				3		8	9	
7							3	
	9			2	5			
		9	1					4
	6					2	7	
					6			
			7	4			1	8
3			2					
	1	8			9			

1692

	5	3	9					
		7		4	1			5
		3						4
			5				2	3
6			7			8		
7			4					
			1		3			
	4						1	8
5	7							9

1693

4	7			2	8	3		
					9			1
		3						
6		7		1				
	5			4			7	
2								
			8				2	6
		6			4			
			3		1	5		9

1694

							9	
				5		3	7	
		3	8	2			6	
					4	1		
	4	7			1		8	
3	1				6	2		
5	9				7			6
	2			1				
								4

1695

	9		1			2		
				8				
			7		5		3	
6					3			
		1	5			3		
		5			4		7	2
	1					4	5	
9						7		
2			6	4				9

1696

		5						4
		4		6				
7	3			5	6			
							4	8
		9				5	7	
	1				2			
8		1		7				3
9			4				1	
				3		7		2

1697

					9			2
							4	
8			4	5			3	
9	8		6				7	
	2			7				
		3			8	2		
			9	1		3		
		4	1			2	5	6

1698

	7			4		1		
		1						8
	8					2		
				4				
	9		5					7
	2	5	3					
1					2	7		
		7	6					9
5	4				9		6	

1699

		6			3			
	1	5					3	
			5					1
				7		8		3
			9	4				
	2		1					
	7			2			8	9
6			9					
		3		6		5	2	

1700

		9				1	7	
			3			4		6
		1		4				
	9				5	6		3
5				3				
		8	1			7		5
7							6	
8					7	3	2	
	1				2	8		

1701

		7	4		9		1	
	5				2			
	6	9			8			
							9	4
3					1			
			5	1				
	1			4	9			
8						7		
		6	3		5		2	

1702

5						3		
		4		2		1	9	
7								
			6			9		
			9					6
2			1		5			
4		2		7				
		5					1	8
1			4			7		

1703

6		5	3	1				
7				8				
	2	3						
	3	1	6	9		5		
				2		3		1
9								2
				5		8	1	
	7			3				6
		9						7

1704

					2	3		
7					4			
	2		9					8
		9	7	5				
8	7						3	
1			8	4				
	9	7			1			4
	3					1		
	6		4			2		

1705

	5		8					
		1					5	9
	6				2			
	7					6		
					5			3
5			3	7		4		
				1				5
	4		5			8		6
8			2		3		1	

1706

	4		3		8		6	
	5					9	3	
	7					4		5
							2	
2			1	3	7			
			7				9	3
	8			4	6			
4		9		8			5	
6								

1707

	8							6
1		6	2			9		8
	5		7					
			1	8			9	
			5			7	8	3
5								1
8					4	2		
9	3		6					

1708

				3	5			
				9			3	
	2		4				7	
2	4	8		5		9		
		5				2		
		7						1
7			6			1		
1		9						
	3			4				

1709

		7					6	
	6		9		8			3
2	4						9	
		9		4				
			2					
4		1	8	6				
6				8		1		5
			5					2
8						1	3	

1710

		3			6			
2	6			9		3		
9					5			
								8
3			4	8			9	
	4			7				
		7	2				8	
					9	5	4	
	8	5				1		

1711

	6				4	9		8
		8					7	
	1		7					4
								3
2				8				
			5		6		1	
		5	3					
			6	9		4		2
	3					6		

1712

7				8		2		6
	4	5						
9						7		
			2	5	6	7		
			3					8
	7		8				3	
2						8		
		1					9	
5				1	6			

1713

8				6				5
		5	7					4
3	9					2		
		7	1	5				
9	8		3			5		1
	1			8				
2						9		
			5	2			7	

1714

7				1	8		5	
	6				7			8
2		3	4					
3						5	6	
	5			2				
4		6		9	5		7	
						4		7
		1						
	3			6				

1715

				8				5
4		6			5		2	
					9			
	3				8		1	
	6	8		2				
2						3		
		9		1				
				3			7	4
	5		6					

1716

4							1	7
			7					
6		9						
	8		2			6		
							9	
3					4	8		
		8		5		4		
	6			9	7			1
	3	6						2

1717

	9		6					
		6	1	2				
	1		9		5			
		7			6			
1						2		4
8				1	2	3		
6				7			9	
		2					8	
		3			4			2

1718

				6				5
	7					3		
8		6	9					
7			3			6		
2	6				8			
			4					1
			1	9		6		
		9		4				
	3	2	7					4

1719

			7			8		
		9		3				6
3	8			2	6			
		5						
			4			9	3	
6								2
						1	4	
	1		9					7
9	4		3	5				

1720

1								
3				4		6	2	1
		7		2			3	8
		9	2					
				5				
4			1	6				
	1		4					
	3		6				5	
		4		3	7			

1721

			8			3		6
		8		3	5	4	9	
5				7				
7								3
1							8	
8	3						4	
	5	9			4			
		7	9		8	1		
					9	3		

1722

							4	
1	3			2	4		9	5
9		8			3			
			4	8				
		3					8	
	1			5				
	6	1		7				
	5					2		9
				1				3

1723

9		5		7				
	3					9		8
	8			9			4	
4		1		3		7		
		7	2					
		8			9	3	1	
			3		4		5	
2					6	4		7

1724

9			3			1		
							7	
5	3	1	4				9	
	1							5
		2				4		
7					5			
		8		3				
		5		7		6		
	4			8				9

1725

		7	8					
6	4		9					
1				5	6			
							3	
	9				3	2		8
2				4			6	
			1		9			2
8		1	2		4	9	7	
								1

1726

5		6				8		
	4					9		
			4	1		6		
2					7	1	9	3
			8					
				1				2
		5	3				7	
			5					1
	3			2			6	8

1727

			3			5		
7						4		1
	4	6			1			3
2			9					6
						8		
	1			8				7
8	6		2		7			
			8					2
5				9				

1728

					3	7		
							5	
7	9		2					4
		6	4		8			
	1			5		6		
						5	3	
	3		8	6			9	
4	2			9				3
			2					

1729

6	2							3
	9	1			5		2	
4				6				
5							1	
			9		7	5		6
					3			
			7	4				
8	4	2		3		1		
1				8				

1730

3			4	5		1		
9			7		1			
1							3	6
		9	1					7
	2		3					4
				4	8		2	
	5			6		3		
		5				6		

1731

1					5			
				9		8		2
2	5		6				3	1
			5				1	4
			7		1	2		
4	3							
	7						2	
				8				
6		8		7		3		

1732

4			6		7			1
		3		8	9			
2								
		1			3			
	3						5	
7			8			2		
8					2		1	6
	1	6						2
			9	6			4	5

1733

		1	9	3				
			6	7	9			
			2			8	4	
9		5						
7			9			4	2	
	4					3		
	5		8					
3						6		
		9	5	1				

1734

3	5				1		8	
			9				6	
						9		
			7					
5		8			2			
	7							4
6	1		3		7		5	
	2		6					
9					5	1		

1735

4			9	5				
	8		1					7
	9	2			7		3	
		9					7	
	4	7			9			
1				9	2			
		3	6	2	4			
							6	5
				8				

1736

					8			
1			7					
	5	9	4				1	
4				8				9
		2						7
	9		2	6		3		
					1		8	
		4	9		7			
		2	6			4		

1737

		6				2		
		5		4	7			
			2		5		7	
7			9			2	6	
			1	7	2		4	
	8	1						
	9							7
	6				3			
			6				3	4

1738

	8	5	3				9	
	9		7	4				3
		7	9					
				7				2
4						3		6
5				2				
6				1			2	5
9	1				7			

1739

	3			4	6			
1			2	3				4
	9						2	
			3	8		6		
2					9	3		
			5					7
	1							
		3		9	1	4		2
			7			8		

1740

	9				8	1		
1							3	
	3			7				
7				1				
		2			5			9
			2			4		
2				3		7	5	
		9		5				
		8				6		4

1741

6	8							
			8			3	2	
3				1	5			
			2					3
		5				4	9	
		9	5		3		1	
9					7			1
		4						
	7		3				8	

1742

	4					2		
		9		7		1		
			4			8	5	
8								2
3		6				4		
	2		4			1	3	
	9			7	3			
1		2						5
			9					6

1743

5	2							
			9			3	4	
							1	
			1	3	8			7
		3	7			2		
8						5		
3						8		4
	9	1	8			6		
		6						

1744

	4	5					8	1
				1	8		5	
				9			5	
	7			5				
							6	
9			4			2		3
							3	
			2	8		4		
6	1		7	2				

1745

			5	9				
6		2				5	4	
								1
			3	4				
2	3		8		5			7
				3				
		7	6			3	8	2
		8		1		4		6

1746

7				2		3		
			4	8			9	
		4	3					
	8		1					
1							6	2
		7			5			
3			2					
5					7		3	
		9				1	7	

1747

		7		4	8	1		5
	6							7
		5	7			9		
	4				2			
5			1	6				
	3	9						
		2	5	7		4		
			2				6	
				9	6		7	

1748

6	7					8		
			3		6		7	
4		3			1	9		
					7			9
5	8		6					3
		1				5		
	9	5		4				
		6	5					
	4					1		

1749

	5							
	8				3	6		
			5	8	3			
5	1		2	9				3
8		6	4	3	5	1		
							2	
		9						
3	4			1	6		9	

1750

			3	4				9
	6			2			3	
						7	2	
			9	7				2
	1	2						
9		5			8			7
	5	6	8				4	
2							9	
		6					8	

1751

		5	4	7			6	
		9				5		3
		6		8				
9	2							7
			8			3	1	
	5						2	
				6		7		9
3								
			3			2		8

1752

	5		6		7		9	
			3				7	1
			1		8		6	4
7			5					
1							2	7
		6		9	1			
		2	9		6			
		3				2	5	9

1753

	1	6				5		
	9				2	3	1	
		8	9					
1				6		2	5	
6		4				7		
								4
			7			4		
7			8	5				3
			2			6		

1754

	7				4		2	
			2			3		8
		4	9					
					9			4
					6	8		
		7	1				9	
	4						6	
7		9			3			
2				6	8	5		

1755

	8							
1			3		5			8
7	3			1				
	9		4				3	
				8		9		2
6				2				
						8		3
			2			4	5	7
		4		6			2	

1756

		6				5		
			3	9				
3							1	2
				5		7	8	
				1				
1	7	9			3	6		
	1		4					8
	8					5		9
		5		6				

1757

						4	6	8
	2	6	9					1
2				7	1			
9				4	6		5	
	4							
				3				6
5		8	6				9	
		3			5		1	

1758

	4						8	
				1				9
7						3		
		7	9	5	1			
9				8			1	
	6			3		8		
		3	8	9			4	1
			2	6	9	7		
		6					3	

1759

5				2				
					9			
2	9		1	3			7	
7					5			4
	3		7				9	
9				1				7
1			6		3			
		8		9				
				7	1		2	5

1760

					7			2
7		3	1	9				
	1			5				
2						8		
			3				5	
	9		8	4				
	5					3		
1								6
	3	9			4	7		5

1761

						9		
	2	6						
8		5						
6			7	1		2		4
		1		9	4		5	
4	8		6	5				1
5						8		
		8	1			6		
				4			2	3

1762

		2	6			5		
			4	2				7
				3	2			
		1						
			9		8		1	5
8			3					
	9							8
	4					9		1
3	6			7				

305

```
2 . . | . 9 . | 6 . .
. . . | . . . | . 8 .
4 6 . | . . . | 2 . 9
------+-------+------
5 8 . | . . 1 | 9 . .
. 1 3 | . . 5 | . . .
. 9 . | 6 . 8 | . . .
------+-------+------
. . . | . 6 . | . . .
1 3 . | . . . | . . 7
9 . 7 | . 5 . | . 2 .
```

```
. . . | . . . | 7 . .
1 9 . | 3 . 8 | . 4 .
. 5 . | . . . | . . 3
------+-------+------
. 2 . | 7 . 4 | . 5 .
. . 6 | 9 . . | . . 4
. . . | . . 6 | . 2 8
------+-------+------
. . . | . . . | . . .
4 . . | . . . | 9 3 .
3 1 . | . 4 . | . . 2
```

```
. 6 3 | . 9 . | 1 . .
5 7 9 | . . . | . . .
. 8 . | 3 . . | . . .
------+-------+------
. 3 . | . . . | . 1 5
. . 4 | . . . | . 6 .
. . . | 6 2 . | 7 4 .
------+-------+------
. . . | 9 . 4 | . . .
9 . 7 | . . 1 | . . .
. . . | . 3 . | . 5 7
```

```
. . 4 | 1 . 2 | . . .
. . . | . 4 6 | . 8 .
. 3 6 | . . . | . . .
------+-------+------
8 . . | 9 2 . | . 7 4
. 5 . | . 1 . | . . .
. 6 9 | . . . | . . .
------+-------+------
. . . | . . . | 9 1 .
5 . . | . . . | 7 . .
. . . | 8 9 . | 5 . 3
```

```
. 1 . | . 6 . | . . .
. . 5 | . . . | . . .
. . . | . 8 9 | . . .
------+-------+------
. . 9 | . 2 . | 7 . .
. . . | . 6 . | . 2 .
8 5 . | . 7 . | . . .
------+-------+------
. 7 . | 9 3 . | 6 1 .
. . 1 | . 4 . | . . .
6 . . | . 2 . | . 4 5
```

```
1 . 7 | . 5 . | . . .
. . . | . . . | 1 9 .
. . . | . . . | . 5 .
------+-------+------
8 . . | . 2 . | 7 . .
. 2 . | . . 5 | 6 8 .
7 . . | . 6 . | . . 9
------+-------+------
6 . . | 4 . 8 | . . .
. 3 . | . . . | . . .
. 5 . | . . . | 2 7 .
```

1769

		7			8		3	
6	3	8		9	2			
2				6				
						8		
		4	2				7	5
1			7				9	
					1		4	
			5					9
	8					1		7

1770

		6			3	1	4	2
		8					6	
9		2			7			3
			1	4	8	7		
		1	3					
						2		
	8	9						7
5								
	3		8			2		4

1771

4							1	
		1			3			7
	6	2				5	3	
			7	3	5		4	6
						8	7	
	2			1		3		
				6		7	2	
	1	9	2	7				

1772

							3	5
						7		4
9	1				7			2
5			6	1				
2				8				
7						2	6	
3		2		5				
	9	4						
			3			9		1

1773

	6	8	1					
								9
	1		6			2		
		3		8			1	
6				7				
	9			3		5		2
8			9	5				6
2	5				4			3

1774

				9				
	3		1					5
1		6	4			7		
3				9			2	
	2				1			
	6	1						
		9			2	4		
9			7	6		1		
	5							8

1775

3			9					7
			5		3		2	
	4		8					9
						4	6	
8						2		3
1							7	8
		7		2				
2					9		3	
		8	6		4			

1776

	8							3
			1			4		5
	1	3				9		6
			2	5	7			
					9			4
9			4	6				
			6		5			
2	7					3		
	6			7				

1777

							8	
				5		2		
3		2	4					
		6						8
7	1		9					
5			2		6			
1				8			3	9
	9				3		4	7
		7				1		

1778

		9						
		5	8	4	2			3
2	6							4
6		8			2	7		
			1					
	7							
5			3					2
	2		8			1	9	
1			6					

1779

		4	5			9		3
				2		7		
		1						
5	9					8		
2			3	1				
				9			3	2
8		5		6	1			
						2	4	8
			8					

1780

5		8			7			
	2							
								8
		2	4		8		9	
			7	1	2			
		1	6	3			8	7
	6						2	4
			6					
3	9	4		2		1		

```
. . . | . . 4 | . . .
. . 1 | . . . | . 2 8
5 . . | 6 . . | 7 . .
------+-------+------
. . 2 | . . 6 | . . .
. . . | 2 . . | 5 . .
. 1 . | . . 8 | . . 3
------+-------+------
. 2 . | . . . | . . 4
. 3 5 | . 7 . | . . .
. . 6 | 5 . 2 | . 9 .
```

```
. . 5 | 6 . . | 9 1 .
. . . | . . 1 | . . .
. . 3 | . . . | 4 . 6
------+-------+------
9 . 6 | . . . | . . .
. 2 1 | 7 . 8 | . . .
. . . | . 4 . | . 8 .
------+-------+------
. . 8 | . 2 . | 7 . .
. 6 . | 4 . . | 1 . .
. 7 . | . 1 . | . 9 8
```

```
1 . . | . 9 . | . . .
. . 8 | . 3 5 | . 4 .
. 3 . | 4 . . | . . .
------+-------+------
. . . | 6 . . | . 1 8
. . . | . . 2 | . . 9
8 . . | . 5 . | 2 7 .
------+-------+------
9 . . | . 4 . | 1 . .
. . 7 | 2 . . | . . .
. . 5 | . . . | . 3 7
```

```
. . . | . . . | 2 . .
. 9 5 | . . 4 | . . .
8 . 6 | . 9 . | . 3 .
------+-------+------
. . . | 8 . 5 | 4 . .
. . . | 4 . . | 3 6 7
. . 3 | . . . | . . 8
------+-------+------
. . . | . . . | . . 6
. . . | . . 2 | 7 . .
. 1 9 | 6 . . | 7 . .
```

```
. . . | 3 . . | . . .
. . 7 | . . . | . . 6
. 9 . | 5 2 . | 4 . .
------+-------+------
7 . . | . . . | . . .
. . 1 | 9 4 . | 6 . .
. . 3 | 8 . . | 7 . 2
------+-------+------
. 3 6 | . . . | . . .
4 7 . | . 8 . | . . 5
. . . | . . . | . 2 1
```

```
8 . 1 | . . . | . . .
. . 6 | . . . | 7 . 5
4 3 . | . . 9 | . 1 .
------+-------+------
. . . | 1 . . | . 4 3
2 . . | 5 6 . | . . 1
. 7 . | 8 . . | . . .
------+-------+------
. . . | 9 . . | . . .
. . . | 7 . 4 | . 5 .
7 . . | 1 . 8 | . . .
```

1787

				8				7
6				9	2	5		
		2			5			6
8		4						1
	2	5	1				6	
1					9			
2		7						
				9				
			3	7	6	8		

1788

2		8					9	
	6			7				
						2		6
		7						
				3		9		
		4	3	6	5		7	
		9	4		6	2		5
8				1				9
	3			7				

1789

2	5			6				
		6			7			
8								4
				9	6	1		
		9		7	3			
	7		3	2				
4							2	
5		2		3	1			
	9		5					

1790

								2
1			4	6				
	8	3		9				6
					5		3	9
		4		1	8	7		
					9	4		
	6						8	1
2			1					
	7				2		9	

1791

		6				5		9
3		1		6				
			4					
			9			3		8
8	2							1
		7				6		
9				7			1	
	6		9	3				5
2					1			

1792

	3	4				8		2
						4		
			8	1		6		
		2	5		4			8
	9			6				
		5	8			9		
	6			3			9	
	8		9	4	7			

1793

					1	6		8
					2	4		
		7		9		1		
3			1				2	
	8	2						1
	7					9	3	4
7				5				
	2	5						
	4		3		8			

1794

4		1	5					
8				4		1		6
				9			1	
9			2			3		
		6		7		4		8
						8		
	5					9		
	6		1	8	2			7

1795

	2	4				7		
				4			2	3
	1			5				
	7		3			4		2
			5				3	
			1			6	7	
				8				
1			3	7				
	8					9		

1796

			1			7		
3			4	5			9	
	7	4						5
6						3		
				8				
	2	5	3	9			8	
	5		2	4			7	9
9								
		1	9			3	5	

1797

	5			9		4		
4			3	7		1		
1			9			3		
			2			6		
		5			8			
2	7		1			5		
	3			9		7		6
6								1

1798

		1				7		
						8		
	4	6		1	5	9		
8					3	5		
	2					7		
	3			4				
	2						6	9
9			7				8	
			3		9		2	

7					5	1		
	9			4				
		6	2					
	1			8				6
	5		9		7	2		
9						7		
				6		5	2	
		2		3			4	
						9		3

							3	
1				9				
	3	2	7				6	5
		7	4					
	4		6				1	
	9			5				8
								3
		5	4	7				
6			3			7		9

	5	8	6				9	
			8	7			2	
4								
5	1		9					7
						9	6	
	3			1				2
		2		3				9
		3	4	2				6

	2		4	7				
	3				6			
		4						2
	8	9		3			2	
			5			4		
	4	1			2	3	9	
	1							7
		2			9	8	4	
			3				6	

			6					2
			5	8	1	3	9	
1	8			2				
			2			7		
5	9							
6		4		5				
9						5	3	6
			3	9			8	
		8						

	8		9			3		
	5		6			7	1	
2			7					
								3
5	2	8		4	1			
1				7				
						5		
7	1					2	8	4
8						6		

1805

		7			5		9	
3	5					7	4	
	6				7			
				1	9			5
	3	1						
9				3			6	
	1			4	8	9		
				5			8	6
8	2			7		3		

1806

	8							
1			7			5	3	
	6			9	1	4		
	9			5	4	1		
				2			8	
				6				9
3	1						5	
		8		7	2			
		2						

1807

1	6							7
		4						
7				2		3		
			3		5			
		6	7					1
	7			4	6			
4			1					
		8				9		3
			8	5	3	7		

1808

			6			1	2	
6				2				
	8				1			6
			6	8	4			
	6	3						
	9		7			3		
		5					1	7
	4	8						
9			8	3			4	

1809

	4	5	6			8		
8				3				1
9							7	3
	2		9	7	3			
1								
				8		9		
3		8				7		2
					2		6	

1810

2						3	1	
		9					7	8
4	7							
		8	6			1		5
			2	7				3
			4	5	2			
			9	5	6		2	
8				3			6	5

1811

	7		6		9			
	2				8	9	7	
5								
7	4					5		
2			5	9				
			2		7			3
	1					8		4
		6				3		
			9		3	6	5	

1812

	8							
	6			7				
	3					4	7	6
	2	8						
	1	4		6			9	
9					1		8	
	9		3	8				1
							2	
	6			2	9			8

1813

		3						1
6								
	2			6		4	5	
	3		2			7		
7		2		5	6	1		4
	4					5		
		1		7				
3	6		9	8				
	9				1			

1814

	5	9					1	2
	8							
7		4			6			
9			3			4		6
	3	8						
	7							9
			7	9				1
8			2				9	
3				4				

1815

6		3					2	
7						6		
4								5
		9		7		8		
	5							3
8			4					9
			3			5		
3		1		9		2		
			6	2				1

1816

2		5				9		
			7	9				
	4				2	6		
7			8		4			
		6				2	4	
			2		7	5		
5		4			8			
8			1					
	6					1		

1817

```
. . 4 | . . 8 | . . 3
. . . | . . . | . . .
7 . 6 | . . . | 1 . .
------+-------+------
1 . . | . 8 . | . . 2
. 5 . | . . . | . . 9
. . . | . . 2 | . 3 .
------+-------+------
. . 1 | 9 . 6 | 2 . 8
. . 2 | . . . | . . 4
. . 3 | . . 7 | . 5 .
```

1818

```
. . 7 | 2 . . | 6 . .
4 . . | . . . | 9 8 .
. 3 . | . . . | . 4 .
------+-------+------
. . . | . 1 . | . . 7
. . 2 | 8 . . | . . .
3 . . | . 5 . | 2 9 8
------+-------+------
. . . | . 6 . | . . .
. 2 . | 1 4 . | . . .
9 . 6 | 7 . . | . 5 .
```

1819

```
. . 9 | . . . | 3 . 4
. . 6 | . 3 . | . . .
5 . . | 2 . . | 7 . .
------+-------+------
. . . | 4 . . | . . .
. 6 . | 7 1 . | . 2 3
. . . | . 6 . | . 5 .
------+-------+------
. 4 . | . . . | . 8 .
8 . 5 | . . . | 9 . .
2 . . | . . . | 7 . 5
```

1820

```
9 . . | . . . | 4 . .
. . 7 | . . . | 9 8 .
3 . 5 | . . 6 | . . .
------+-------+------
. . . | . . 2 | . . .
. . 9 | . 6 . | 1 . .
1 . . | . . 3 | 5 . 4
------+-------+------
. . 6 | . . . | 8 . 2
. . 7 | 6 . 4 | . . 5
. . . | 2 . . | . . .
```

1821

```
. 1 4 | . . . | . . 8
. . . | . 1 . | . 4 .
5 3 . | . . 6 | . . .
------+-------+------
. 4 . | 7 5 2 | . . .
7 5 . | . 8 . | . 9 .
. . . | 2 . 9 | . . .
------+-------+------
. . . | . . . | . . .
. . 5 | 1 . . | . 7 2
. . . | 7 9 2 | . . 3
```

1822

```
. . . | 2 . . | 5 7 9
7 . . | . . . | 6 1 .
. . . | . . . | . 2 .
------+-------+------
. 6 . | 5 1 . | . . .
. . . | . 3 . | 8 . .
. 1 . | . 8 . | . 6 .
------+-------+------
9 2 . | . . 7 | . . .
. . 6 | . . . | . . 3
. 8 . | . . . | 9 5 .
```

1823

```
. . 3 | . . 4 | . . 7
. 5 . | . 6 . | 1 . .
. . 2 | . . . | . . 4
------+-------+------
. . . | 2 . . | . 1 .
. . . | 8 7 . | . 2 6
5 . 1 | . 9 8 | . . .
------+-------+------
6 . . | 4 5 . | . . .
. . . | . . . | . . .
1 9 . | . 2 . | . . .
```

1824

```
. . . | . 5 . | . . 7
. 2 4 | . 3 . | . 5 .
1 . . | . . . | 3 . .
------+-------+------
2 . . | . . . | . . 8
6 . . | 9 . . | 2 . .
. . 1 | 2 8 . | 6 . .
------+-------+------
. 3 . | . . . | . . 9
. 9 . | . 1 . | 4 . 3
. . . | 4 . . | 7 . 5
```

1825

```
6 . 1 | 2 . . | . 4 .
. . 3 | 8 . . | . . .
. 9 . | 7 . . | . 6 .
------+-------+------
. 3 . | . . 8 | 9 . .
. 1 . | . 6 . | . . .
. 4 8 | 9 . . | 2 3 .
------+-------+------
. 7 . | . . . | . 2 4
. . . | . . . | . . .
. . . | . . . | 6 . 5
```

1826

```
. . . | . . . | . 7 9
. 2 . | 6 . . | . . .
8 . . | . . 5 | . . .
------+-------+------
. . . | . 4 . | . . 7
. . 1 | . 2 . | 3 . .
. 6 2 | 5 . . | 4 1 .
------+-------+------
. . . | 5 . . | . . .
. 8 . | . . 9 | . 2 6
. 5 . | 4 . . | 1 . .
```

1827

```
. . 4 | . 6 . | . 3 .
. 9 . | 8 3 . | . 4 2
2 . . | . . 6 | . . .
------+-------+------
. . . | 6 . . | . 9 .
4 . . | . 7 5 | . . 8
. . . | . . 2 | . . .
------+-------+------
. . 7 | . . . | . . .
. 4 9 | . 8 . | . . 5
. 1 8 | . 5 4 | . 2 .
```

1828

```
6 . . | . 5 . | 4 . 9
. . . | 1 . . | . 7 .
. 3 5 | . . . | 6 . .
------+-------+------
3 . . | . 1 2 | . 9 .
7 . . | . . . | . . 6
. 2 9 | . . . | . 1 .
------+-------+------
5 . . | . 3 . | 1 . .
. . . | . . . | . . 4
. . 7 | 8 . 6 | . . .
```

1829

				6		8		
4			9				2	7
5								
				4			8	3
	8		1				7	
						1		6
	9	2	4					
		5				2	6	
			7		2			4

1830

1						5		
6		2		8		1		3
			3					
		4						
			7		4	3		
	5	7						8
2		1						
	7			5			9	
	9				8			6

1831

				1				2
	8						6	9
6		3	2					
4								
9		6				7	5	
	3			5		9		
		4		9				
			7	8	4	1	3	
				5				

1832

		8		2				
2			4					
						7	1	
3						4		
		1	3		5			9
		7	9	1		2		
						8	5	
	5			9				
6						3		7

1833

8		2	9				1	
				5	2			6
5								8
					7	3		
1				3		8	5	
6								2
	8			4		1		
4		7			9	2		5

1834

	4					6	7	
	5	9						
3	6	1						
		6				8		2
		2					4	
			3	1				
		7		4	6			
		2			1	4		
8			7	9			2	

1835

```
. . . | . 3 6 | . . .
. 9 . | 4 8 . | . 2 .
6 . . | . 7 2 | 9 . .
------+-------+------
. . 5 | . 2 . | 7 . 4
. . . | . 1 . | . . .
. 4 1 | . . . | . . .
------+-------+------
. . 7 | . . . | 5 . .
2 . . | . 6 9 | . . 1
. . . | . . 2 | . . .
```

1836

```
6 . . | . . 3 | 4 5 .
. 4 . | . 5 . | . 1 .
. . . | . . . | 9 . .
------+-------+------
. . . | 8 . . | 1 . 2
3 2 . | . . . | . 4 8
. . 8 | . . . | . . .
------+-------+------
2 3 . | . 4 . | . . .
. 8 9 | 6 5 . | . . .
. . 6 | . . 2 | . 8 .
```

1837

```
2 . . | 9 5 . | . . 7
. . . | 1 . . | . . .
. . 6 | . . . | . . .
------+-------+------
. . 8 | . . 1 | . . 2
4 . . | . . . | . . .
. 1 . | 7 . 3 | . 8 .
------+-------+------
5 . 7 | . . . | . . 9
. . . | 5 . . | . 4 .
. 3 . | . 2 8 | . 7 .
```

1838

```
6 . . | . . . | . 3 .
9 . . | . 7 . | . . .
. 1 5 | . . . | . . 8
------+-------+------
. 2 . | 4 5 . | . 6 .
5 . 3 | . . 1 | . . .
1 . . | . . 4 | . . .
------+-------+------
. . . | . 7 . | . . .
3 . . | . 2 . | . . 9
. . 8 | 3 . 9 | . 1 .
```

1839

```
. 9 . | . 2 . | 4 . .
1 . . | . 4 8 | . . .
8 . . | . 6 . | . . .
------+-------+------
. . 8 | . 4 . | . . .
6 2 . | . 9 . | . . .
7 . . | . 1 2 | . . .
------+-------+------
2 . . | . 7 1 | . . 6
. . . | . . 5 | . . .
. 1 . | . 8 . | . . 9
```

1840

```
. . 1 | 3 . . | . . .
. . . | . . . | . 8 9
. . . | . 1 . | . . .
------+-------+------
7 . . | 6 . . | 5 . 8
. 2 . | 1 5 4 | . . .
. 4 . | . . . | . . 2
------+-------+------
. . . | 5 . . | . . .
2 . 8 | . 3 . | . 7 6
4 . . | 8 . . | . . .
```

1841

		9						
	1	5					8	4
4	3			1				
			9		2	5		
	4		7			6		
			3	4			1	8
	6	3	1					
						5		
9					6	7		

1842

	8	2			3			7
6	1						2	
7						3		
		7		8	9		6	
		1		2	8			
	9			7			3	
9		5			1			
	2							
1		6	7					2

1843

	3							6
		8						
4		9				1		
5	9	1			7	4		
			4	9				
	8							3
			3			9	8	
				6				
			8	5	4	3		

1844

			6		9	4		
				1		3		
4	1	3		8	2			
					6	7		4
	3			4			1	
		4				6	9	
		7	5					
2			8	6				
		9				5		

1845

	8		4	5			1	
5		6				3		
	2						9	
	9	2	6			8		
					9	1		
			3	1	7			
3		5	8					6
		9						
	7							

1846

			3					
			8			4	2	
	9	5						
						1	4	
		9		8				6
	4		7	3				
1	2					8		
8			9		7			4
	3			4				

1847

	9			4	5		6	8
								1
8		6						
	5	7						
1				6		9	3	
					4		2	
			1		6			
	8	2		9				
4						7		

1848

5	4			1		7	8	
					2	4		
	9		3	8				6
3								9
				5				
	7	2	9				5	
	1						3	
							6	
	5		7			2		

1849

	7			9			6	
					3			
	4	2	3	5				
6	8	3	5			2		4
4		9			7	6		
	5			8	9			
9			4			2		
		8		6		4		

1850

		2	7		3			
	4			1		7		
5		8				1		
	8	1		9	4	3		
	5	3				8		
			5		9			1
2								6
							2	
	4	9						8

1851

6			3		8	5		
				6		9		
			9	5	1	8		
3		1	5				2	
						4		8
	9				4			
8		3		2				7
			7					

1852

	6		5	9				
5	3		1					
	1				3			
			2					
	7		3				4	1
		5	4			2	6	
7		1				8	5	
8				5		7	2	
		8						6

1853

6		4			7			
						5		4
	8	2						
		9		7	4			
	3							
			6		9		2	
				1				8
4		8	2				7	
	2		7		3	1		

1854

4			1	3	5			
7			8					
	8					3	9	
	4			8		6		
		2			6			
9		3	5					
		4		7				6
			4		3		1	
				2				

1855

	1				4		3	
			8	2	1			6
					4			
	4	1	7	2		9		
5								
	7	9		5			4	1
7				3	6			9
8		2						
				5		7		

1856

			3	7				9
4			6			1		
1		8				4	6	
		5	8	3			4	1
			6			5		
				7				
		2	5					3
		3	4			9	5	

1857

			7					2
	9		4			3		5
3			6					
	9		3					4
	2		5					
1						8		
5		7		8				
	2	4				9		1
			7					

1858

3			5					2
	9					8		
6	7			9				
2						3	1	
		7	5				4	
		5						6
			2	8			6	4
		3	1			2		
			7		4			

1859

3				2	4	8		
		7				9		
	5					6		
						1		
4						7	3	5
	8		3			4	1	
			2			3		
		9					4	6
8					9	1		

1860

	4						8	
								6
3	9	1				4		
9			8					
7			5			9	2	
						1		5
						9		
		8					6	
2	7					1	3	

1861

		4	8					3
	2				6		9	
					1			
		8						
9	5		2					4
				9			1	2
	6			2	8		5	
		7	5					
			6				3	

1862

		2	1					
3			5					
	5		2	3	4			8
8		3					7	
1						8		
	9		3		8	1		4
		7		2				
	2					4	9	
6	3		4					

1863

			3	6				1
				1		6		
7		9		1		8		
8	4		5	9			3	
				2				
	9	6		4		2		
		7					5	4
		8	9				7	

1864

			1	4		2		
2							3	
9						4	8	
	6		7			8		
	1			8	2			
		3	9				2	
		9	3			7	4	
5	2				1			8

1865

	2		3			6	4	
							3	8
		4			7	1		
	7	2	9	1			4	6
				4				
9		3				7		
						6	9	
		5			1			
			5			8		

1866

		6						2
	9			1				4
4				8	7			
5			1					
		9		7				
			5	8			2	
	2	3						
			7				8	
1	4	8		2		6	5	

1867

				5		7		1
6				1			4	
			2		4			3
			8	7		1	5	
	2					3		
5		9						
3								6
7	5				8			
				4	5			

1868

			2					7
	2			5		6		9
7		5	8				2	3
4		7					6	
	8	6						
	1	3	7	8				5
			2				8	
						5		
3			1				7	6

1869

8		6			5			
2	9			4				
	4		6					
				3	2	8		1
1					9	5		
		3	4			2	9	
				8		6		
			1		6		4	
4		8				9		

1870

	6				3			
4		5						1
		3	4		9			6
					4			7
1	2							
		4		7			1	2
7			8			6		9
			5			1		4
8								

1871

						2		
4	7						3	
	8			5	9			
		3			8	1	7	
5				2				4
					1	8	5	
	2				7			
		6	2		4			7
				9				

1872

		8		1		3		
		9		7	4	6		8
	3							
						1		4
2		7						
3				8				7
	6		4					
8		5	6	2				
9			7			8		

1873

6		3				7		
			7	6	2	5		
4	9		5					
	5				3		8	
3			4					5
8					4			1
7			3			4		
		2			7		6	

1874

5	2							
			4	5	8			
				3			7	6
	1				3		9	
	3		8			6		
		8				2		
	7		9	2				
4					6			
		6					8	3

1875

		6		2				
			4			7	2	
	3	4						
		8			9		6	
		9		1	8			
				7			5	
	8							
6			3					4
			5		8	1	3	6

1876

						1	2	
2		4		5				
	9	5				3		
4					6			
	5			9		6		
	8		3		4			1
						9		2
6	1							
7				3		9		

1877

		8			3	9		
	4	7					6	
	9		5					
	3						7	
			1					
	7	6		8				
				1		2	9	
	8	3	4					5
2			3	6				7

1878

	2	9	4				6	
				3				
1								4
	8					2		
	4			6				
	7	3	8	5				
					4	8	7	
			1			5		
	1			9		2		

1879

	1							
		7		4			8	
6		2						5
5					8		2	
				3		8		
9		3				6	1	
		4	6			3		
			9	7			6	
2				5				

1880

	2		3			8		
9			6		8			
							6	
	7			8		9		
		6	2		9		1	4
			4					
8	9					5	2	
3						7		9
						2		

1881

7	2			5				
9				3				
		5			8			2
	3	7				2		8
6							3	
2			6			9		
					9			7
		9		7	1	6	8	
8								1

1882

9				1				
						6		8
		1			2			
					4			
5		9			3			
6	2						3	
2								7
		8		4			9	2
				9		4	6	

1883

		9			8		2	3
2	4							8
8					4			
		7	1					
		8		6				
		2			9		4	
9		4	6		3	7		
				2	4		9	5
							1	

1884

				2				6
			8	5	7		9	
				6		4		
	9	8					6	7
		2						
5	3				1			
	4	6	7	3			8	
		4						3
		9						

1885

			3	4				
	6	4	7	8				
				5	9			
			7					
		7	3	1			4	9
3			5		4		1	
			9					
8		1					5	
			4			7		

1886

2			3			6		
							9	1
	8			1		4		5
		4	6	2				
								3
	7						4	
5	1		2		4	7		
			3	9		2		
						1		4

1887

						5		1
			6				9	
8			9	1	3	4		
9			4	6		7		
1					8			9
	5					8		
3	7				2		5	
4		1						
	9			7		1		

1888

9		4					7	
		6	3	4				
			7			6		
		3	7				4	9
4				6	1	2	3	
			9					
	9		6			3		
						1	6	
	5							

1889

	3	5				7		2
							6	
			2	5				
	6	9				2		5
					1			8
		4			5		3	
	9			1				
	2				7			3
6				3			7	

1890

				3				
	7						6	
	2		5	8		4		
	1						2	6
9								
8		4			1		3	
		3		1	7	2		5
	8							
7				4			1	

1891

6							8	
		2	6					3
			8		3		9	
			1		7			
		3						
	9	4		6		7		
	1					9		
	4							
3		7	5		2			6

1892

8	3	6				1		
		9	2					
	5	7	4		3		8	
	2		8					
				7				9
5						2		
3			5					
				9	1	5		
							3	4

1893

5	7			9				
				3				1
		1	7		9			
	6				8	3		7
	9			5	2			
	1		3	7				
		6	2					5
		8			9		6	
2							8	

1894

3			7					
	7			5			3	1
			6			9	7	
8	1	5		4				
9							6	
	4		3	1				
	5							
		3			7	5	4	
6			5			2		

1895

				7		1		
4	7				8			
3	8							5
			9					
			4		7	2	8	
				6		7	9	
	5		8	2				
9		6	1	4				
								1

1896

7		3	8				9	4
	5			6				
					9			
	2							
	7	8	5		2	9		
		9				3	2	
	8	5				1	7	
			4			5		
3						2		

1897

				3				1
	9		7		2	3		
		7						8
6			1			8		
	2							
			5		2		3	
				1				7
1	7	4						
	8		9			4		6

1898

2	9							
			1	2		6	7	
						5	3	
3	8		2					
				6	5			
		6	9	1		2		
6			7			9		
						4		
	7	3						

1899

			5					
			6			4		8
	3	7						
7						9	3	
		3		4		6		
	5		7					1
					5	1		9
4			8			3	6	
		2	6	9		7		

1900

2					1			
6	3							
			8	9				3
1				2			7	
3					4			1
	9							6
			5	1		3	8	
								4
		2		7			6	

1901

6								8
	5	2						
	7	3		8			1	5
9			1		3		6	
	2							9
			4			5		
			7	3		9	4	
				6	8		2	1
				4				

1902

				1	8		2	4
	5							
						6		
9				3				
	1		4			5		
	2	8						1
6						1	7	
		2	8			3		
		4			9			

1903

	4	5						
1	2		6		3	8		
	7			2		6		
					1			
			8			9	3	
		7	4				2	
8	6			1		4		
			9			5		

1904

		4	7					
8								
	9		1	5	7			
			1					
	7					1		
2		3						6
	5		3	6				
	2					9	5	
	8					6		1

1905

			6					3
	9	6		1		2		
		8				1		
5	8					7		
	6			9				2
7							5	9
					4	8	5	
			9				3	
	5		2			4		

1906

	7				2	6		
		3			5	9		7
4								8
7			1		8			6
	9		3			1		
9		5	7					3
	6		8					
	1			4		2		

1907

		3			4			
8	6			1			3	7
			5			9		
	4							
	1		3	5				
	7						8	6
6				2		1		
				3		7	2	
			1		8			

1908

		7						8
8	6				5	9	7	
			6					
				1	6			
5					8			7
	3							
	8		3					
1			8			2		
	5	6		1	7			3

1909

2					3		8	1
	4			5	6			
4								2
6			4	9				
	8	3						
			9					
		5		7		2		4
	6		8			7	5	

1910

			5			7		
	2		8			3		
			1		4			8
1								
	6		3			2		7
	7	9		6			3	
						4		
			9	5		8		
8	1	5				9		

1911

	6				8	1		
1			7	6	5			
			4					8
4	8					9		
				3				7
7			1			5		
		3	2	1		8		
	1		9		7			
9				8				

1912

			1			7		
7				8				9
	5		6			2		4
				2				
8						4		
		9		1				6
4	2	1		6		3		
			6		9			
			7	5				8

1913

			6	7		1	8	
					8			6
			5			4		
4			8		6			
	6		2	3			7	
5	8		1					4
6		9		5		3		
	2							

1914

		4				9		
	9		1		8			
		7			5		8	6
	2		3					4
	8		5		9			2
			8			6		
			2			7		
1			6		4		9	

1915

						2	5	
4		2	8					
				5				7
	8	6	7	2	3			5
			3					
	7	5				8		9
			1	4	6			
						7		
		4	2			9		

1916

	2							
	7		4	6	9	5		
				5		3		
			5			4	9	3
4			3					
1		5			8			
								4
	6					9	5	
3	4	7				6		

1917

	7			9		6		5
							2	7
			4		1			
	9							2
			3	2	8	7		
							1	
2	1		9					8
				6	5			
8							3	6

1918

			1			9		4
			8	2	3			5
	2		4				6	
	8			5				
			3	1		7		8
3		1				5		
5								
						6		
6	3						8	2

1919

```
. . 6 | . . . | . . 9
. . . | . . . | . 3 .
. . . | 8 6 4 | . . .
------+-------+------
. . . | 9 7 . | . . .
3 . . | . 5 . | . . .
4 . . | . . . | 3 6 .
------+-------+------
5 4 2 | . . . | 7 8 .
. 8 . | 3 . . | 5 . .
. 9 . | . . . | 2 . .
```

1920

```
. 7 6 | . 2 . | . . .
5 . . | . 8 . | . . 3
. . 8 | . . . | 2 . 9
------+-------+------
. . . | 7 5 . | . . .
. . . | . 4 . | 6 . .
7 2 . | 3 . . | . . .
------+-------+------
8 3 . | . 6 . | . 4 .
. 4 1 | . . . | 5 . .
. . . | . 3 . | . . 1
```

1921

```
. . . | . . . | 8 9 .
. 9 . | . . . | . . 5
. . . | 3 4 1 | . . .
------+-------+------
8 . . | . . . | . . .
3 . 7 | . 5 . | . . .
. . . | 6 . . | 1 8 .
------+-------+------
. . . | 7 . . | 2 . 4
. . . | 4 . . | 5 9 6
5 4 . | . 2 . | . . .
```

1922

```
. . . | 8 . . | . . .
9 6 5 | . . . | . 8 .
1 . . | . 2 . | . . .
------+-------+------
. 1 . | . 6 3 | . . .
8 . 6 | . . 1 | . . 7
. . . | 2 4 . | . . .
------+-------+------
. 2 9 | 8 . . | 6 . .
. . . | . . . | 4 . .
. 9 3 | . . 7 | 5 . .
```

1923

```
3 6 2 | 4 . . | . 1 .
9 . . | . . . | . . 8
. . 8 | . . . | 2 3 .
------+-------+------
. . . | 6 7 1 | . . .
. . 9 | . . . | . . 7
. . . | 8 . 1 | . 5 .
------+-------+------
. . . | . 4 . | . 7 .
4 9 . | 3 . 6 | . 8 .
. . . | . . . | . . 3
```

1924

```
. 4 . | . 2 . | 6 . .
. . . | . . . | . . .
3 . . | 9 . 5 | . . .
------+-------+------
. . . | 3 . . | 2 . .
9 . . | . 8 . | . 4 6
4 7 . | . . 1 | 9 5 .
------+-------+------
. . . | 5 4 . | . . .
6 9 1 | . . 8 | . . .
. . . | . . . | . 7 .
```

1925

4						3		
								1
	8	5			3			2
							6	
3			7					
			3	4	9		1	
	5		9		6			
		8		7				5
	9		1				7	6

1926

	4		3		8			
		7						5
			4		9			8
	2				7			4
			6			7		
6		1		3				
			9			1		
	2						8	7
	8	5				4		9

1927

	5	7	1				9	
4						5		6
9	6							4
1								
		6						9
2		8	4		5			
		3		9	4		8	
			8					
				7		4	6	1

1928

	4			2		6		
5		1						
			8		4			9
	6					8	3	
9			4		8	2		
			1					7
7		4	9		2			
								4
	5				7		6	

1929

6			1					
								4
			3		7	8	9	
9				4		5		
8			2					6
		7			3		2	
		8			9			
	6						1	
4	7							

1930

		2	6				7	1
		3			9		6	
	4		9	1				
2	3				8			
	9			2		1		
			4	8			2	
9					7	4		
5			1					

1931

	7			3		1	8	
6								
	4	1		2				7
							9	
7						2		1
	8		2		5			
9								6
	5			7	4			
	2		1					9

1932

6				2		3		
			1		8			2
			7					
2			4	1	7		8	
		8	6					
	9							
	2					6	5	
	4			9		2		8
	6					9		4

1933

9	2						8	1
			8	5		6	3	
								9
	6		2		5	3		
				9				
		3		6		9		4
								3
8		4	5		3			
7				2				

1934

			7					3
	2		6	9				4
			1			8	5	
8								
		3	9	8		2		
6				4	2			
	1			9				
	5	9						8
								2

1935

				8	9			
9	5	6						
	2			6				
	7							4
		9		4		6		
1		8				5		
				2		4		7
4					1		3	
				3		8	9	

1936

3								6
		1			2			
		2	3	6		8	1	
1			5					
			2			4		8
								3
	3			9				
	7	5		1			4	
				4			6	

1937:
```
. . . 4 . . 7 . .
. . 7 . . . . 2 .
4 6 . 9 . . . 5 .
. . 6 . 8 . . . .
3 . . . . 5 . . 4
. . 1 . . 7 . . 9
. . . . . 1 . . .
7 . . . . 4 . 8 .
. 5 . . . . 9 . 3
```

1938:
```
. . 1 4 . . . . .
6 . 2 . . 8 . 9 .
. . . . . . 6 8 .
. 7 . . . . 5 . .
9 . . 4 . . . . .
1 3 . . . . . 4 .
. . . 7 3 . 2 . 8
. 6 . 8 . . 4 5 .
. . . 2 . . . 6 7
```

1939:
```
. . 7 . 8 . 2 . .
. 5 . 4 . . . . 3
. . . . 1 . 4 7 .
. . 1 . . 5 . . .
. . 2 . 7 . 1 . .
. . 3 . . . 8 2 .
7 . 6 . . 3 . . 9
9 . . . . . . . .
. . . . . . 3 . .
```

1940:
```
5 . . 6 . . . . .
6 7 . . . . . . .
. . 8 . 9 . 3 2 .
. . . . . 7 . . 2
. . . . . . . 3 4
1 3 . . 4 . 9 . .
8 . . 5 9 . 1 . .
. 5 . 7 . . . . .
. . 4 . . . . . 9
```

1941:
```
. 3 8 . . 2 6 . .
4 . . . . . . 8 .
. 7 . . . 5 . . .
. 4 . . 8 . 9 . .
. . . . 9 . . . 5
. 9 . 1 . . 3 6 7
. . . 5 . . . . .
. 2 4 7 . . . . 8
. . 5 . . 6 . 3 .
```

1942:
```
. 8 . . 4 9 . . .
7 9 . . . . 3 2 6
. . . . . . . . 9
. . . 6 . . . 8 3
. 3 1 . . 6 . . .
9 6 . . . 8 . . .
4 . . . . 7 2 3 5
. . 8 . 1 . . . .
. 5 . . . . . . .
```

1943

			7		9			
			3			5	6	
	3			1		9		7
	8			4	2	3		
		6			5			
	5							2
9	6				7	8		
								9
		4		6				

1944

				9	8			
	7	4					1	5
4			5			7		
2	6					3		
							6	1
5		4		1				
6				4				
	5			3				8
9								7

1945

					8			
7						5		
			4		2			
	5					3	6	
	6		5		7			
2			8	9				
		2						5
4		6	7			8		
	8			1	3	2		

1946

			8				9	4
9	4			7				
3			6			8		
1			9			7		
8				3	7			
						5	6	
7		1					4	
				2			8	
	2			9				7

1947

		6						
	5		2		7	8		
2			8				4	
5			9			6		
	7		6		8			4
	1	2			5			
7				6				
		4	7	9				
1				4				

1948

	7					3		
3	4	9						
	5				7		6	
			7	3				
			9			8	3	
6		5						
	1	8						6
			3			7		
			2			9		1

1949

```
. . 8 | . 4 1 | . . 9
5 . . | . 6 . | . . .
. . . | . . 8 | . . .
------+-------+------
6 . . | . . 5 | 4 . .
. . 4 | . 9 . | . . .
. 8 . | . . . | 3 . .
------+-------+------
. . 5 | . . 4 | 9 . .
. 4 . | . 5 2 | . . 1
. . 1 | . . 6 | 8 . 4
```

1950

```
. 2 8 | . . . | 1 . .
. . 9 | . 7 . | . . .
. . . | . 2 3 | . . .
------+-------+------
. . 5 | . 6 . | . . .
4 . . | . 9 . | . 3 2
. . . | . . . | 8 6 .
------+-------+------
. . 3 | . . 5 | . . .
. 6 . | . 3 . | . 9 .
. . 7 | 6 2 1 | . . .
```

1951

```
1 . . | . . . | . . 8
. 3 . | 4 . . | . 6 .
2 9 . | 8 . . | 3 . .
------+-------+------
. . . | 6 . . | 4 . .
. . . | . 5 . | 1 . .
. . 6 | . 9 8 | . . .
------+-------+------
7 . . | . 2 . | . . 1
. . . | . 3 . | 4 . .
. . . | . . . | 5 7 .
```

1952

```
. . . | 2 4 9 | 5 6 .
. 2 . | . . . | 7 . .
. . 1 | . . . | . . .
------+-------+------
5 . 7 | . 9 . | . . 1
. . 8 | . 7 2 | . . 9
. . . | . 4 . | . . .
------+-------+------
4 . . | 3 . . | . . .
6 7 . | 9 . . | . . .
. . . | 1 5 . | . . 4
```

1953

```
5 . . | 4 2 . | . . .
. 1 . | 3 5 . | . . .
. . . | . . . | . . .
------+-------+------
. 7 . | 2 . . | 6 8 .
4 8 . | . 9 . | . . .
6 . . | . . . | 2 . .
------+-------+------
9 . 1 | . . . | . . .
. . 6 | 5 1 . | 8 . .
. . 3 | 2 . . | 5 9 .
```

1954

```
. . . | 7 . . | 3 . .
. . . | . . . | . . 4
. 3 . | 6 1 . | . . .
------+-------+------
8 5 . | . . . | . . .
. . . | 4 . . | 3 . .
3 . . | 9 5 8 | . . 7
------+-------+------
. . 2 | . 9 . | 5 . .
. . . | . . . | . 6 .
6 . 8 | . . . | . 7 3
```

1955

				1	6			2
	5		3			1		
8							9	
	7	2			5			
		5		3		6		
	9		7			4		3
				9				
			5	3			7	1
7						6		

1956

	7		8	2				6
4				6		1		
	3		5					
1		4		9		3		
			6			8	1	
		5						
8								1
	2	9	3			7		

1957

8		1	7					
			3			4		5
9						5		
7			2		1			
	5		8			3		
		6		8		5		4
			4					3
	1		6			8		9

1958

				4		8		
9			5			8		
4	7			1			9	
		9			5	6	2	
3			7					1
	8							
8		4		2	3			
								3
	2		8					9

1959

					1			9
4						8	3	
7			8		6	2		
9		8		4				7
5			6			9		
	1							
			2				3	5
	6				7			
	2			4	9			

1960

		3						
	1				7			8
			8		6	9		
2	9			3		1	4	
3							2	
			9	4				6
			1			2		
		9						3
4	7	2						

1961

				1				
2				4				8
			2			4	7	
			6				9	
		1						7
	9		8			3	1	
5	2		4					
4					9	6		
6	8					7	5	

1962

3		1			6		8	
			8	3	9			4
		5						
		7						
1		8		4		2		6
2						3	9	
4				2	7	6		
		6	1					
5			4					

1963

	9	3		2				
1				9				4
		8			4			
			4	5		6		
						8		
		5	6			1	7	
	7				1	8		
			8				9	2
2								

1964

3	4			7		5		8
								2
8		9						
9			7			8		
2			4				7	3
			8	3		4	2	
4				9				
		1	6					
5							3	6

1965

				3		6	8	
	8	6				9		
		3	4					
			1					
8			2		7			
		7		6				4
	5	4	6			2		
9					2	3		
3			8		9			

1966

	7			1				
		4	3			1		5
		5				2	8	
		9						
	4			8			1	7
1					2	9	3	
3		7					6	8
		1			8			

1967

4	1			9			7	
		3			7			
9			8			2		
				4	7			6
7	3	6						
	5		9					
				3	8			2
3	8		7	4	5			

1968

1				6				
			4				6	
	3	9	8					
		2	9					
				7			5	4
			1	4	8		3	
	5			9	3			1
	8				2			
		6				7		

1969

		6			1	4		
	3		7				8	
				2		7		9
				7				
8			1				4	
						5		7
	5		6		9			
4	8					6		
	1	2		5	4			

1970

6		3	4		9			
8		4	3				6	
9				8				1
	8							
7							2	
2		9		3				4
	6	7			5			
						5		
					1	8		

1971

			3	7				
	6							
	7				2	3	9	
	9	2						
7	4			5				1
1			7					
				3		6		
9							5	4
	5			8	6			9

1972

7					4			
	2		6			5		
						4		1
				9		3		8
5	9				2			
2		8						
	7		1		6			2
								6
	5			7	8		3	

1973

4		8	7					3
3		9			8	5	1	
						2		
5	6		1	4	3			
7			8					
		4			2			
						8		
1			6		7			2
			9	4		7		

1974

		1		6		7		4
			2	7	5			
	2	6				5		
	5		3			2	4	
8		2						
	3							8
4			8					
						6	5	
			7					1

1975

			4		8	1		
2			1	5				
			7					
	3	7	8				4	
		8			2		7	
6	1					8		
						4		6
9			2	7			1	
		5		6			9	

1976

			2	6		5		
	1							
8			7	9		6		
4	3		6			9		
		8	9			7		
						8	5	
		5		1				
	6		9					
2	8	7		3				4

1977

			8			1		
	6				1	7		
	1		7	3	4			
4		5	9			8		
		3	2					
			4	8				
			9	6		4		
	2					3		
								8

1978

						4		
	6			8	9	2		
	3	8			4		5	
3	7		5			1		
	2		6					
4						3	8	
	8				3	6	4	
7			2				9	

```
6 . 5 | . . . | . . .
. 1 . | . 6 . | . 9 .
. 2 . | 3 9 5 | . . .
------+-------+------
. . . | . . 7 | 3 . 6
. . . | 5 . . | . . .
3 8 9 | . . . | . . .
------+-------+------
. . 6 | . . . | . 1 4
4 3 8 | . 6 . | . . .
. . . | . . 5 | . . .
```

```
. 2 . | . . . | . . .
5 . . | . . . | 4 8 .
4 . . | 3 9 . | . 5 .
------+-------+------
. 3 6 | . . . | . 4 2
2 . . | . . . | . . .
. 9 . | . 8 . | . 1 7
------+-------+------
. . . | . . . | . . .
. 5 7 | 4 . . | 9 . .
9 4 6 | . 2 . | . . .
```

```
1 3 . | . . 5 | . . .
. 2 . | . 3 . | 5 . .
9 . 8 | . . . | . 3 .
------+-------+------
. . . | 4 . 3 | . 8 9
. 6 . | . . 9 | . 5 .
. 8 . | . 6 . | 7 . .
------+-------+------
. . 1 | 6 . . | 9 7 .
. . . | . 9 . | 8 . .
. . . | . . 4 | . . 6
```

```
. . . | . . . | . . .
. . 3 | 6 . . | . 9 7
. . . | 5 9 . | . 3 .
------+-------+------
8 . . | 4 . 7 | 6 . .
. . . | . . . | . 2 4
. . 5 | . 6 . | 1 . .
------+-------+------
2 . 6 | . 1 . | . . .
3 7 . | . . 5 | . . .
. 9 8 | . 2 . | 3 . .
```

```
1 . . | 9 . . | . . .
. . . | 5 . 1 | . 7 2
. . . | . . . | . 8 5
------+-------+------
. . . | . . 6 | 4 9 1
8 5 . | . . 3 | . . .
. . . | . 2 . | . . .
------+-------+------
5 9 . | 3 . . | 2 . .
6 1 . | 4 . . | . . .
. . 4 | . . . | . . .
```

```
. 3 . | . . 1 | 6 . .
. . . | . 8 . | . . 5
5 . 4 | . . . | . . .
------+-------+------
3 . . | 6 7 . | 8 . 9
4 . 7 | . . . | . . .
. 8 9 | . . . | 3 . .
------+-------+------
. . . | 5 . . | . . 8
9 . 8 | 3 . . | . 5 .
1 . . | . 4 . | 2 . .
```

1985

					7	3	8	
9		2		5			7	
	8						2	5
				7			1	
3	7			6	1			
				2				7
		4				1		
	9				4			
2				9		4	5	

1986

	1					7		
3		8		2				
			8	6	1			
	2							8
	3			9			6	
		5		4				2
				3				
6							4	5
7				1		9		

1987

1				9		6		5
		4			1			
				6				
	5						3	7
			2	9	4			
7						1		
			2	8	5			
	6		3					
		3				2		

1988

	1			6				
	8					6		
	3					4	5	
						7		
		1		9	3			5
9				2		1		
								9
4		6	3				8	
8			6			1		

1989

				9			5	
					1		8	
8	3							
1								6
2			9				4	8
	6	9	3	1				
5	9			6	2			
		8	1			3	7	

1990

9			3					
	5						7	8
	1			5				4
8								
			5	7	2	8		
		3		1				
						8	9	6
						7		1
6	7			9				

1991

3					7			
6	9	2	1					4
	7						6	
5			6		2	9		
		6		7	9		1	
							3	
			2		5	4		
		9						8
				1	7			

1992

2		3	8					9
			9			3		
7		5						
		8		3				
3				9			1	
6			8			5		
	4	5						
		1					2	
1				2	8			6

1993

9			2					
			3			6		2
		5		4				
7					5	8		6
8			4	9				
	5			2		9		
	9	6				1	8	3
	7					5		
								9

1994

		5				4	9	
7				5	4			8
	8				3	1		
					2	7	8	4
4		8						
			6					
8		6			9			
					5	6	3	
1		2					7	

1995

						8		
3	9					7		
8	1			6				2
2			9	8		4		
4					5			7
7								
			1	2				9
		4		7		2	3	
				8				

1996

						7		
	9	3				6		
8			5		2			
		6	9			8		5
9					8	1	2	
1			7				8	
2				5	4			7
3			8					

1997

6				7				
9	1	2		5				
					1		3	
		5						4
				3	5			6
2	3							
							7	
3	9				8		6	
	4	8		1				

1998

	3		2				6	
5				6				
	7					2		5
7	9				1			
		6			9	4		
8							2	1
2			1			3		
			3				1	8
	8			7	5			

1999

7	3							1
	1	8	4		3	6		
		6	8			1	2	
	2	9		1				8
			7					
	5							
			9	5		4	6	
			1			2		

2000

			3	4			7	
5		3			1	4		
7		4				6		
					1			
		5		2	7			
			3	8		2		
	9	7						4
						6		
4		8	2		5			1

A note to you, Dear Puzzle Solver:

If this book of Sudoku put a smile on your face, consider putting a smile on mine by leaving a review on Amazon.com under this book's page.

I appreciate your feedback and each and every review helps me <u>tremendously</u> in improving future books so that I can provide you with a great experience.

Sincerely,

Kiyo

SOLUTIONS

1

3	8	7	1	6	5	4	9	2
2	5	9	3	4	7	6	1	8
4	6	1	9	2	8	7	3	5
6	1	4	2	8	9	3	5	7
9	2	5	4	7	3	8	6	1
7	3	8	5	1	6	2	4	9
5	4	2	8	3	1	9	7	6
8	9	6	7	5	4	1	2	3
1	7	3	6	9	2	5	8	4

2

6	8	9	1	3	5	2	4	7
7	3	5	4	9	2	8	6	1
1	4	2	8	6	7	5	3	9
5	2	4	9	8	1	6	7	3
8	9	1	6	7	3	4	5	2
3	6	7	2	5	4	9	1	8
2	1	6	3	4	8	7	9	5
4	5	8	7	1	9	3	2	6
9	7	3	5	2	6	1	8	4

3

5	1	8	7	9	2	3	4	6
9	3	2	6	8	4	1	5	7
6	7	4	1	5	3	9	8	2
7	6	3	2	4	8	5	9	1
1	8	5	9	7	6	4	2	3
2	4	9	3	1	5	7	6	8
8	5	6	4	3	7	2	1	9
4	9	7	8	2	1	6	3	5
3	2	1	5	6	9	8	7	4

4

5	7	3	8	1	2	6	9	4
8	9	2	3	4	6	5	1	7
6	1	4	5	7	9	2	8	3
1	3	8	7	2	5	9	4	6
7	4	9	1	6	3	8	2	5
2	6	5	4	9	8	7	3	1
3	5	6	9	8	4	1	7	2
9	2	1	6	3	7	4	5	8
4	8	7	2	5	1	3	6	9

5

3	5	9	2	4	7	1	8	6
2	6	1	5	8	3	4	7	9
4	8	7	1	6	9	2	5	3
7	9	4	3	5	1	8	6	2
1	2	8	6	9	4	5	3	7
6	3	5	8	7	2	9	4	1
5	4	2	7	1	6	3	9	8
8	7	3	9	2	5	6	1	4
9	1	6	4	3	8	7	2	5

6

5	4	6	7	8	2	9	1	3
9	1	7	4	6	3	2	5	8
2	3	8	9	5	1	4	7	6
3	6	9	2	7	8	5	4	1
4	7	5	1	9	6	3	8	2
1	8	2	3	4	5	6	9	7
6	5	4	8	2	7	1	3	9
8	9	1	6	3	4	7	2	5
7	2	3	5	1	9	8	6	4

7

4	5	7	3	1	6	9	8	2
9	1	8	2	4	5	6	7	3
3	6	2	7	9	8	1	5	4
8	9	1	4	2	3	5	6	7
5	2	4	1	6	7	3	9	8
7	3	6	8	5	9	2	4	1
6	4	3	9	7	1	8	2	5
1	7	9	5	8	2	4	3	6
2	8	5	6	3	4	7	1	9

8

8	5	1	2	7	4	9	3	6
4	9	6	3	1	8	5	7	2
7	3	2	6	5	9	1	4	8
5	2	7	4	6	1	8	9	3
9	6	4	5	8	3	7	2	1
3	1	8	7	9	2	4	6	5
2	7	3	8	4	5	6	1	9
1	4	5	9	3	6	2	8	7
6	8	9	1	2	7	3	5	4

9

7	1	8	3	4	6	9	2	5
9	5	3	1	2	7	8	4	6
4	2	6	9	8	5	1	3	7
8	3	4	7	6	1	2	5	9
5	9	7	4	3	2	6	1	8
2	6	1	5	9	8	3	7	4
6	7	2	8	1	4	5	9	3
1	4	9	6	5	3	7	8	2
3	8	5	2	7	9	4	6	1

10

5	2	9	6	4	7	1	3	8
8	1	4	9	3	5	6	2	7
7	6	3	2	8	1	5	4	9
3	5	6	7	2	8	4	9	1
9	7	1	3	6	4	2	8	5
4	8	2	5	1	9	3	7	6
1	9	5	4	7	2	8	6	3
2	3	7	8	5	6	9	1	4
6	4	8	1	9	3	7	5	2

11

7	2	5	4	6	9	8	1	3
1	3	9	5	8	2	7	6	4
6	8	4	3	1	7	9	2	5
2	1	3	6	9	5	4	7	8
8	4	6	2	7	3	1	5	9
9	5	7	8	4	1	2	3	6
3	6	8	7	2	4	5	9	1
4	7	1	9	5	6	3	8	2
5	9	2	1	3	8	6	4	7

12

4	7	6	1	5	8	9	2	3
3	5	8	7	9	2	6	4	1
2	9	1	3	4	6	5	7	8
1	2	7	9	3	5	4	8	6
5	8	9	2	6	4	3	1	7
6	3	4	8	7	1	2	5	9
7	4	5	6	1	3	8	9	2
9	6	2	4	8	7	1	3	5
8	1	3	5	2	9	7	6	4

13

5	8	9	4	3	6	1	7	2
4	3	2	5	1	7	6	8	9
7	1	6	2	8	9	3	5	4
2	7	5	1	9	4	8	3	6
8	4	1	6	7	3	2	9	5
6	9	3	8	2	5	4	1	7
1	2	7	9	4	8	5	6	3
9	5	4	3	6	1	7	2	8
3	6	8	7	5	2	9	4	1

14

1	6	9	4	2	3	5	7	8
4	7	2	5	8	1	6	9	3
5	8	3	9	6	7	2	1	4
2	9	1	3	4	6	7	8	5
6	3	5	7	9	8	1	4	2
7	4	8	1	5	2	3	6	9
3	5	4	6	7	9	8	2	1
8	1	6	2	3	4	9	5	7
9	2	7	8	1	5	4	3	6

15

4	1	5	8	3	6	2	7	9
2	8	9	5	4	7	3	1	6
6	3	7	9	2	1	4	8	5
3	6	1	2	9	8	7	5	4
7	2	4	3	1	5	9	6	8
5	9	8	6	7	4	1	2	3
8	4	2	7	5	3	6	9	1
9	5	3	1	6	2	8	4	7
1	7	6	4	8	9	5	3	2

16

2	5	7	4	1	3	6	9	8
3	6	8	7	9	2	4	5	1
4	1	9	8	5	6	2	3	7
5	4	3	6	7	8	1	2	9
6	8	1	9	2	4	3	7	5
7	9	2	1	3	5	8	4	6
1	3	4	5	8	7	9	6	2
8	2	5	3	6	9	7	1	4
9	7	6	2	4	1	5	8	3

17

2	4	5	6	9	1	7	3	8
3	7	6	5	8	4	1	2	9
8	1	9	2	7	3	4	5	6
5	8	7	9	2	6	3	1	4
4	9	1	7	3	5	6	8	2
6	2	3	4	1	8	9	7	5
7	5	2	1	6	9	8	4	3
9	3	4	8	5	7	2	6	1
1	6	8	3	4	2	5	9	7

18

3	8	4	6	7	1	5	2	9
6	5	9	2	4	8	1	3	7
1	2	7	3	9	5	6	4	8
7	9	2	8	6	3	4	5	1
4	6	8	5	1	9	3	7	2
5	1	3	7	2	4	9	8	6
8	7	1	4	3	6	2	9	5
9	3	5	1	8	2	7	6	4
2	4	6	9	5	7	8	1	3

19

5	6	7	8	1	2	9	3	4
2	4	8	9	6	3	7	5	1
3	1	9	4	5	7	2	6	8
6	3	5	7	8	4	1	2	9
4	8	1	5	2	9	3	7	6
7	9	2	1	3	6	4	8	5
8	7	6	3	9	1	5	4	2
9	2	3	6	4	5	8	1	7
1	5	4	2	7	8	6	9	3

20

1	2	4	9	6	8	3	5	7
8	7	5	1	3	4	6	9	2
9	3	6	2	7	5	4	8	1
5	4	7	6	8	1	9	2	3
2	8	9	3	4	7	1	6	5
3	6	1	5	9	2	7	4	8
4	1	8	7	5	6	2	3	9
6	9	2	8	1	3	5	7	4
7	5	3	4	2	9	8	1	6

21

```
8 9 5 2 1 3 4 6 7
2 1 6 7 8 4 3 5 9
4 3 7 5 6 9 2 1 8
5 4 8 6 9 7 1 3 2
3 2 9 1 4 5 7 8 6
6 7 1 8 3 2 5 9 4
1 6 2 4 5 8 9 7 3
7 5 3 9 2 6 8 4 1
9 8 4 3 7 1 6 2 5
```

22

```
1 2 9 8 3 6 7 4 5
4 3 7 5 2 1 8 9 6
5 6 8 4 9 7 1 3 2
3 7 1 9 6 4 2 5 8
6 8 4 7 5 2 9 1 3
2 9 5 3 1 8 4 6 7
7 5 2 6 4 9 3 8 1
8 4 3 1 7 5 6 2 9
9 1 6 2 8 3 5 7 4
```

23

```
8 7 9 6 1 2 4 3 5
3 1 2 5 9 4 7 6 8
6 4 5 3 7 8 9 2 1
5 2 4 9 8 1 6 7 3
7 3 8 4 2 6 5 1 9
9 6 1 7 3 5 2 8 4
4 5 3 8 6 7 1 9 2
1 8 7 2 4 9 3 5 6
2 9 6 1 5 3 8 4 7
```

24

```
8 1 4 7 9 3 2 5 6
9 5 6 1 2 4 7 3 8
3 7 2 5 8 6 9 1 4
7 3 8 4 1 5 6 9 2
1 4 9 6 7 2 3 8 5
2 9 7 8 4 1 5 6 3
4 6 1 3 5 7 8 2 9
5 8 3 2 6 9 4 7 1
```

25

```
3 9 2 8 4 7 1 5 6
8 1 6 2 5 3 7 4 9
5 4 7 6 9 1 3 8 2
4 7 5 9 8 2 6 3 1
1 2 8 3 6 4 5 9 7
6 3 9 1 7 5 8 2 4
2 5 1 7 3 9 4 6 8
7 8 4 5 2 6 9 1 3
9 6 3 4 1 8 2 7 5
```

26

```
4 3 7 2 6 5 8 9 1
2 5 8 9 7 1 3 4 6
9 6 1 3 8 4 7 2 5
7 8 6 4 5 9 1 3 2
3 9 4 8 1 2 5 6 7
5 1 2 7 3 6 4 8 9
6 4 3 1 9 7 2 5 8
8 7 5 6 2 3 9 1 4
1 2 9 5 4 8 6 7 3
```

27

```
3 4 9 1 2 7 5 6 8
7 5 6 8 4 9 2 1 3
1 8 2 5 3 6 4 9 7
2 3 7 6 5 1 8 4 9
4 6 8 7 9 2 1 3 5
5 9 1 4 8 3 7 2 6
8 1 3 2 6 5 9 7 4
9 2 4 3 7 8 6 5 1
6 7 5 9 1 4 3 8 2
```

28

```
1 5 8 2 6 7 9 3 4
3 6 9 8 4 5 2 1 7
4 7 2 1 9 3 5 6 8
7 2 1 9 3 6 4 8 5
5 8 3 4 1 2 6 7 9
6 9 4 7 5 8 1 2 3
8 3 5 6 2 9 7 4 1
9 1 6 3 7 4 8 5 2
2 4 7 5 8 1 3 9 6
```

29

```
9 3 7 8 1 5 2 4 6
6 4 8 9 2 7 5 1 3
2 5 1 4 3 6 7 8 9
8 6 2 1 4 9 3 5 7
1 9 3 7 5 2 8 6 4
4 7 5 6 8 3 9 2 1
3 8 9 2 6 4 1 7 5
7 1 4 5 9 8 6 3 2
5 2 6 3 7 1 4 9 8
```

30

```
1 5 8 6 3 4 7 2 9
2 3 6 9 8 7 1 4 5
9 4 7 2 1 5 3 6 8
3 6 9 7 2 8 5 1 4
4 7 1 5 6 9 8 3 2
5 8 2 1 4 3 9 7 6
6 9 3 4 5 1 2 8 7
7 1 4 8 9 2 6 5 3
8 2 5 3 7 6 4 9 1
```

31

```
9 5 1 7 3 6 4 8 2
6 8 4 5 2 1 3 7 9
7 3 2 4 9 8 5 6 1
8 2 3 9 6 5 7 1 4
1 6 9 2 4 7 8 3 5
4 7 5 8 1 3 2 9 6
5 9 6 3 7 2 1 4 8
2 1 7 6 8 4 9 5 3
3 4 8 1 5 9 6 2 7
```

32

```
1 3 6 2 8 5 7 4 9
9 4 8 1 3 7 2 6 5
2 5 7 4 9 6 1 3 8
4 6 9 3 5 2 8 1 7
5 8 3 9 7 1 6 2 4
7 2 1 6 4 8 9 5 3
3 1 4 8 2 9 5 7 6
8 7 2 5 6 3 4 9 1
6 9 5 7 1 4 3 8 2
```

33

```
3 5 6 4 8 2 7 9 1
9 2 7 5 3 1 6 4 8
1 4 8 7 6 9 5 2 3
4 6 9 1 5 3 2 8 7
5 7 1 2 4 8 9 3 6
2 8 3 6 9 7 1 5 4
6 9 2 8 7 4 3 1 5
7 1 4 3 2 5 8 6 9
8 3 5 9 1 6 4 7 2
```

34

```
5 1 3 4 9 7 6 8 2
4 9 6 2 1 8 3 5 7
8 2 7 5 6 3 9 4 1
3 8 9 1 4 5 7 2 6
6 4 1 7 2 9 5 3 8
7 5 2 8 3 6 1 9 4
1 6 8 3 5 4 2 7 9
2 7 5 9 8 1 4 6 3
9 3 4 6 7 2 8 1 5
```

35

```
4 5 8 9 2 6 1 3 7
1 3 7 8 4 5 6 2 9
2 6 9 1 3 7 5 4 8
9 7 6 4 1 2 8 5 3
3 4 1 5 6 8 9 7 2
5 8 2 3 7 9 4 1 6
6 9 3 2 5 4 7 8 1
7 1 4 6 8 3 2 9 5
8 2 5 7 9 1 3 6 4
```

36

```
8 1 4 2 3 5 7 9 6
2 6 5 9 1 7 8 4 3
9 3 7 8 6 4 1 2 5
5 2 8 3 7 6 4 1 9
6 4 9 1 2 8 5 3 7
1 7 3 4 5 9 6 8 2
3 8 6 7 9 1 2 5 4
7 9 1 5 4 2 3 6 8
4 5 2 6 8 3 9 7 1
```

37

```
5 7 2 6 1 9 3 4 8
4 8 9 2 7 3 1 5 6
6 3 1 4 8 5 9 2 7
7 6 3 5 9 1 4 8 2
8 1 4 7 3 2 6 9 5
9 2 5 8 6 4 7 1 3
1 9 6 3 2 8 5 7 4
2 4 7 1 5 6 8 3 9
3 5 8 9 4 7 2 6 1
```

38

```
7 3 9 6 4 2 1 5 8
1 4 5 8 7 9 2 6 3
2 8 6 5 3 1 4 9 7
4 6 7 9 5 3 8 1 2
5 2 8 1 6 7 3 4 9
9 1 3 2 8 4 5 7 6
8 7 1 3 9 5 6 2 4
3 5 4 7 2 6 9 8 1
6 9 2 4 1 8 7 3 5
```

39

```
8 9 2 4 3 5 7 1 6
3 4 1 6 7 2 9 5 8
5 7 6 8 9 1 3 2 4
9 3 7 5 2 4 6 8 1
6 2 8 7 1 3 4 9 5
1 5 4 9 6 8 2 7 3
2 6 5 3 8 7 1 4 9
7 8 9 1 4 6 5 3 2
4 1 3 2 5 9 8 6 7
```

40

```
3 1 4 2 8 7 5 6 9
8 9 7 6 1 5 3 2 4
5 6 2 9 4 3 1 7 8
1 2 8 3 7 9 6 4 5
4 7 3 8 5 6 9 1 2
9 5 6 4 2 1 8 3 7
6 3 5 7 9 2 4 8 1
7 8 9 1 3 4 2 5 6
2 4 1 5 6 8 7 9 3
```

41

```
4 5 9 6 7 8 1 2 3
1 7 3 9 5 2 4 6 8
6 8 2 4 3 1 5 9 7
7 2 1 3 4 9 6 8 5
8 3 5 7 2 6 9 1 4
9 4 6 8 1 5 3 7 2
5 9 7 1 8 3 2 4 6
2 6 4 5 9 7 8 3 1
3 1 8 2 6 4 7 5 9
```

42

```
9 1 6 8 2 3 4 7 5
3 2 7 9 4 5 1 6 8
4 5 8 7 6 1 3 2 9
1 3 2 4 5 8 7 9 6
5 6 9 1 3 7 8 4 2
7 8 4 6 9 2 5 1 3
2 4 1 3 8 6 9 5 7
6 7 3 5 1 9 2 8 4
8 9 5 2 7 4 6 3 1
```

43

```
1 6 5 8 2 3 7 9 4
3 7 9 1 4 6 5 8 2
8 4 2 9 5 7 3 1 6
9 2 6 3 1 8 4 7 5
5 8 7 6 9 4 1 2 3
4 3 1 5 7 2 8 6 9
6 9 8 4 3 1 2 5 7
7 5 3 2 8 9 6 4 1
2 1 4 7 6 5 9 3 8
```

44

```
2 6 9 4 7 8 3 1 5
3 8 1 5 2 6 7 4 9
5 7 4 9 1 3 2 8 6
1 9 5 3 8 2 4 6 7
4 2 6 7 9 5 8 3 1
7 3 8 6 4 1 5 9 2
6 4 2 1 3 7 9 5 8
8 1 3 2 5 9 6 7 4
9 5 7 8 6 4 1 2 3
```

45

```
5 6 8 1 3 7 4 9 2
1 2 3 4 8 9 5 6 7
4 7 9 2 5 6 8 1 3
8 1 5 9 2 3 6 7 4
9 3 6 7 1 4 2 8 5
2 4 7 5 6 8 1 3 9
3 5 4 6 9 1 7 2 8
7 8 1 3 4 2 9 5 6
6 9 2 8 7 5 3 4 1
```

46

```
4 6 9 7 1 5 3 2 8
7 3 1 6 8 2 9 5 4
5 8 2 3 9 4 1 7 6
6 9 7 4 3 1 2 8 5
1 2 3 8 5 7 6 4 9
8 5 4 2 6 9 7 3 1
9 7 5 1 2 8 4 6 3
2 1 6 5 4 3 8 9 7
3 4 8 9 7 6 5 1 2
```

47

```
2 9 3 4 6 7 5 1 8
4 1 5 9 8 2 7 3 6
6 8 7 3 5 1 9 4 2
3 2 6 1 7 4 8 9 5
5 4 8 2 9 6 1 7 3
9 7 1 8 3 5 2 6 4
7 3 4 5 1 8 6 2 9
1 5 9 6 2 3 4 8 7
8 6 2 7 4 9 3 5 1
```

48

```
8 9 7 1 2 5 3 4 6
3 1 6 4 7 8 5 9 2
4 5 2 3 6 9 8 1 7
9 8 3 2 4 1 7 6 5
5 6 4 7 9 3 2 8 1
2 7 1 8 5 6 9 3 4
7 2 9 6 8 4 1 5 3
6 3 8 5 1 2 4 7 9
1 4 5 9 3 7 6 2 8
```

49

```
3 4 6 9 2 7 5 8 1
2 8 1 5 3 6 4 9 7
5 9 7 1 8 4 2 6 3
4 1 5 2 9 8 3 7 6
6 3 8 4 7 1 9 5 2
9 7 2 3 6 5 8 1 4
7 5 9 6 4 3 1 2 8
8 2 3 7 1 9 6 4 5
1 6 4 8 5 2 7 3 9
```

50

```
5 8 2 4 3 7 6 9 1
6 9 3 2 5 1 4 8 7
7 1 4 9 6 8 5 2 3
8 2 7 1 4 5 9 3 6
3 5 9 6 7 2 1 4 8
4 6 1 8 9 3 2 7 5
9 4 8 7 1 6 3 5 2
1 7 5 3 2 4 8 6 9
2 3 6 5 8 9 7 1 4
```

51

```
6 9 1 7 4 5 2 8 3
5 2 3 1 8 6 9 4 7
7 8 4 9 3 2 6 1 5
8 7 2 4 1 9 5 3 6
9 1 5 8 6 3 4 7 2
3 4 6 5 2 7 8 9 1
2 3 7 6 9 4 1 5 8
4 5 8 2 7 1 3 6 9
1 6 9 3 5 8 7 2 4
```

52

```
5 3 9 7 1 2 8 4 6
6 7 8 3 4 9 1 2 5
4 2 1 6 8 5 3 7 9
8 4 6 2 5 7 9 3 1
7 5 2 9 3 1 4 6 8
9 1 3 8 6 4 7 5 2
1 6 5 4 7 8 2 9 3
2 8 7 5 9 3 6 1 4
3 9 4 1 2 6 5 8 7
```

53

```
8 2 3 4 7 1 9 6 5
4 1 6 9 2 5 7 8 3
9 5 7 8 6 3 2 1 4
3 9 2 1 4 6 5 7 8
6 4 8 5 3 7 1 9 2
1 7 5 2 8 9 3 4 6
2 6 9 3 1 8 4 5 7
7 3 1 6 5 4 8 2 9
5 8 4 7 9 2 6 3 1
```

54

```
6 9 2 1 5 3 7 4 8
5 8 3 2 7 4 6 9 1
7 1 4 6 8 9 5 3 2
2 4 9 3 6 5 8 1 7
3 5 7 8 1 2 9 6 4
8 6 1 4 9 7 2 5 3
9 3 5 7 2 1 4 8 6
1 7 6 5 4 8 3 2 9
4 2 8 9 3 6 1 7 5
```

55

```
7 1 2 3 9 5 8 4 6
5 4 3 6 2 8 9 7 1
8 9 6 1 4 7 2 3 5
1 3 5 7 8 6 4 9 2
9 6 4 2 3 1 7 5 8
2 7 8 4 5 9 6 1 3
3 8 9 5 6 4 1 2 7
4 2 7 8 1 3 5 6 9
6 5 1 9 7 2 3 8 4
```

56

```
9 1 3 2 5 7 4 8 6
6 7 4 8 1 3 2 9 5
8 2 5 9 4 6 7 1 3
1 9 2 6 7 4 3 5 8
7 3 6 1 8 5 9 4 2
5 4 8 3 9 2 6 7 1
2 8 7 5 6 9 1 3 4
3 5 9 4 2 1 8 6 7
4 6 1 7 3 8 5 2 9
```

57

```
2 8 5 6 1 4 3 7 9
3 4 1 7 9 5 2 6 8
7 9 6 3 8 2 1 4 5
4 1 9 8 6 7 5 2 3
6 2 7 5 3 9 8 1 4
5 3 8 2 4 1 6 9 7
9 5 2 1 7 3 4 8 6
8 7 3 4 2 6 9 5 1
1 6 4 9 5 8 7 3 2
```

58

```
1 3 5 2 8 7 9 6 4
2 6 7 3 9 4 1 8 5
9 4 8 1 5 6 7 3 2
4 7 6 5 2 3 8 1 9
3 2 9 4 1 8 6 5 7
5 8 1 7 6 9 2 4 3
7 5 2 6 4 1 3 9 8
8 1 3 9 7 5 4 2 6
6 9 4 8 3 2 5 7 1
```

59

```
3 1 7 2 6 8 9 5 4
4 2 8 3 5 9 6 7 1
5 6 9 1 7 4 2 8 3
6 9 2 8 3 1 7 4 5
1 7 3 5 4 2 8 9 6
8 4 5 7 9 6 3 1 2
7 3 4 6 8 5 1 2 9
9 8 1 4 2 3 5 6 7
2 5 6 9 1 7 4 3 8
```

60

```
1 3 2 4 6 7 8 5 9
4 9 5 1 3 8 7 2 6
6 7 8 5 9 2 1 4 3
3 2 6 7 8 1 5 9 4
5 8 9 6 2 4 3 7 1
7 1 4 9 5 3 6 8 2
2 4 3 8 7 6 9 1 5
8 5 1 3 4 9 2 6 7
9 6 7 2 1 5 4 3 8
```

61

7	2	4	8	3	9	1	5	6
9	3	5	2	6	1	8	7	4
8	1	6	7	4	5	9	2	3
1	7	8	3	9	6	2	4	5
4	6	2	5	1	7	3	9	8
5	9	3	4	8	2	6	1	7
2	4	1	6	7	3	5	8	9
3	8	9	1	5	4	7	6	2
6	5	7	9	2	8	4	3	1

62

9	4	6	7	2	3	5	1	8
1	3	7	4	8	5	9	2	6
2	5	8	9	1	6	3	7	4
7	6	5	1	9	8	4	3	2
3	8	9	5	4	2	1	6	7
4	2	1	6	3	7	8	9	5
5	9	2	3	6	4	7	8	1
6	7	3	8	5	1	2	4	9
8	1	4	2	7	9	6	5	3

63

4	8	6	9	2	3	5	7	1
7	9	2	8	5	1	6	4	3
1	5	3	4	6	7	2	9	8
2	3	4	5	7	6	8	1	9
8	6	5	1	4	9	7	3	2
9	1	7	3	8	2	4	5	6
3	7	8	2	9	4	1	6	5
5	4	9	6	1	8	3	2	7
6	2	1	7	3	5	9	8	4

64

2	1	5	6	8	4	7	9	3
8	9	6	1	3	7	2	4	5
4	3	7	5	9	2	6	8	1
3	6	8	2	1	9	4	5	7
9	2	4	7	6	5	3	1	8
5	7	1	3	4	8	9	6	2
7	4	9	8	2	1	5	3	6
6	8	2	4	5	3	1	7	9
1	5	3	9	7	6	8	2	4

65

8	6	1	7	3	9	2	4	5
5	7	2	4	6	8	9	3	1
3	9	4	1	5	2	8	7	6
4	5	9	8	2	7	6	1	3
7	8	6	5	1	3	4	2	9
2	1	3	9	4	6	7	5	8
6	2	5	3	8	4	1	9	7
9	3	8	2	7	1	5	6	4
1	4	7	6	9	5	3	8	2

66

5	2	1	3	6	9	4	8	7
7	4	6	5	8	2	9	3	1
9	8	3	1	4	7	6	5	2
1	3	4	8	7	6	2	9	5
8	6	5	9	2	1	3	7	4
2	9	7	4	5	3	1	6	8
3	5	8	2	9	4	7	1	6
4	7	9	6	1	5	8	2	3
6	1	2	7	3	8	5	4	9

67

8	6	3	1	7	9	2	4	5
9	1	4	5	6	2	3	8	7
7	2	5	8	3	4	9	6	1
2	5	6	3	9	8	7	1	4
1	9	7	4	2	6	5	3	8
4	3	8	7	5	1	6	9	2
5	4	9	2	8	3	1	7	6
3	7	1	6	4	5	8	2	9
6	8	2	9	1	7	4	5	3

68

5	7	8	6	9	2	1	3	4
2	3	9	1	4	5	6	7	8
6	4	1	8	3	7	5	9	2
7	1	3	5	2	4	8	6	9
8	6	4	9	7	1	2	5	3
9	2	5	3	6	8	7	4	1
1	8	6	4	5	3	9	2	7
3	9	7	2	8	6	4	1	5
4	5	2	7	1	9	3	8	6

69

3	5	6	7	8	4	9	1	2
7	2	8	1	6	9	5	3	4
4	1	9	2	5	3	6	7	8
5	7	3	6	2	8	4	9	1
6	8	1	9	4	7	2	5	3
2	9	4	5	3	1	8	6	7
8	4	7	3	9	5	1	2	6
9	3	2	4	1	6	7	8	5
1	6	5	8	7	2	3	4	9

70

7	1	6	8	3	4	2	5	9
9	3	5	7	1	2	4	6	8
2	4	8	6	9	5	3	1	7
6	8	9	1	2	7	5	4	3
3	7	1	5	4	8	6	9	2
4	5	2	3	6	9	8	7	1
5	9	4	2	7	3	1	8	6
8	6	3	9	5	1	7	2	4
1	2	7	4	8	6	9	3	5

71

6	5	8	2	4	9	1	3	7
2	3	9	7	1	5	6	8	4
7	4	1	3	8	6	2	5	9
8	6	4	5	9	7	3	1	2
9	2	3	1	6	8	4	7	5
1	7	5	4	3	2	8	9	6
3	8	6	9	5	4	7	2	1
4	9	2	8	7	1	5	6	3
5	1	7	6	2	3	9	4	8

72

5	3	6	1	2	8	9	4	7
9	2	7	3	4	6	5	1	8
1	4	8	5	7	9	2	6	3
2	6	5	4	8	1	7	3	9
3	7	9	2	6	5	4	8	1
4	8	1	7	9	3	6	2	5
6	9	2	8	3	7	1	5	4
7	5	3	6	1	4	8	9	2
8	1	4	9	5	2	3	7	6

73

7	9	2	4	1	5	3	6	8
4	6	3	8	7	2	9	5	1
1	8	5	6	9	3	4	7	2
6	2	4	3	8	7	5	1	9
8	3	1	5	6	9	7	2	4
9	5	7	1	2	4	6	8	3
2	4	6	7	3	8	1	9	5
3	7	8	9	5	1	2	4	6
5	1	9	2	4	6	8	3	7

74

3	6	2	5	7	9	4	8	1
4	8	5	6	1	2	9	3	7
9	1	7	3	4	8	2	5	6
6	7	8	9	3	5	1	4	2
2	3	1	4	8	7	5	6	9
5	9	4	2	6	1	3	7	8
8	2	6	1	5	3	7	9	4
1	4	3	7	9	6	8	2	5
7	5	9	8	2	4	6	1	3

75

6	2	5	7	8	9	3	4	1
9	1	3	6	2	4	8	5	7
7	8	4	5	1	3	2	9	6
3	4	1	8	9	7	6	2	5
2	9	6	1	4	5	7	8	3
8	5	7	3	6	2	9	1	4
1	3	2	9	5	6	4	7	8
4	6	8	2	7	1	5	3	9
5	7	9	4	3	8	1	6	2

76

3	4	9	5	7	6	8	1	2
5	7	1	8	2	9	6	3	4
6	8	2	1	3	4	5	7	9
4	3	6	7	8	1	2	9	5
1	5	8	9	4	2	3	6	7
2	9	7	3	6	5	1	4	8
7	6	5	2	9	3	4	8	1
8	1	3	4	5	7	9	2	6
9	2	4	6	1	8	7	5	3

77

1	6	2	5	8	4	9	3	7
4	7	8	3	6	9	5	1	2
3	5	9	1	2	7	4	6	8
5	8	1	6	7	2	3	4	9
2	3	4	9	5	8	6	7	1
6	9	7	4	1	3	2	8	5
7	4	3	2	9	1	8	5	6
9	1	5	8	3	6	7	2	4
8	2	6	7	4	5	1	9	3

78

4	3	9	1	8	5	2	6	7
6	5	1	2	7	3	8	9	4
7	8	2	4	9	6	3	5	1
2	6	7	3	4	9	5	1	8
3	9	8	7	5	1	4	2	6
5	1	4	6	2	8	7	3	9
9	4	3	5	6	7	1	8	2
8	2	5	9	1	4	6	7	3
1	7	6	8	3	2	9	4	5

79

8	9	3	6	5	1	4	2	7
4	2	6	7	8	9	1	3	5
1	5	7	2	3	4	8	9	6
2	6	5	1	4	7	9	8	3
7	1	8	9	6	3	2	5	4
3	4	9	5	2	8	6	7	1
6	8	1	3	7	2	5	4	9
9	3	4	8	1	5	7	6	2
5	7	2	4	9	6	3	1	8

80

7	4	2	3	5	6	8	9	1
8	9	3	1	4	2	6	5	7
6	1	5	9	7	8	2	3	4
9	2	7	5	3	4	1	6	8
3	5	4	6	8	1	9	7	2
1	8	6	2	9	7	3	4	5
2	7	8	4	6	9	5	1	3
4	3	9	8	1	5	7	2	6
5	6	1	7	2	3	4	8	9

81

```
2 3 7 8 5 9 1 6 4
1 5 8 7 4 6 2 3 9
9 6 4 1 2 3 5 8 7
7 8 5 9 1 4 3 2 6
4 9 2 3 6 5 7 1 8
3 1 6 2 7 8 4 9 5
5 4 9 6 3 1 8 7 2
8 2 1 4 9 7 6 5 3
6 7 3 5 8 2 9 4 1
```

82

```
7 8 2 1 3 4 5 9 6
5 1 3 9 6 2 4 7 8
6 9 4 7 8 5 3 1 2
1 2 5 3 4 9 6 8 7
9 3 6 8 1 7 2 4 5
8 4 7 5 2 6 1 3 9
2 5 8 4 9 1 7 6 3
4 6 9 2 7 3 8 5 1
3 7 1 6 5 8 9 2 4
```

83

```
9 1 3 4 8 2 5 6 7
8 2 6 9 5 7 1 3 4
4 5 7 6 3 1 8 9 2
1 4 5 3 6 8 2 7 9
2 7 8 1 9 4 3 5 6
3 6 9 7 2 5 4 8 1
5 8 1 2 7 6 9 4 3
6 3 2 5 4 9 7 1 8
7 9 4 8 1 3 6 2 5
```

84

```
1 7 4 2 9 5 8 3 6
9 6 3 1 4 8 7 2 5
8 2 5 3 6 7 4 1 9
3 8 6 7 1 9 2 5 4
4 9 7 5 2 3 6 8 1
7 1 9 4 3 2 5 6 8
5 3 8 9 7 6 1 4 2
6 4 2 8 5 1 9 7 3
```

85

```
2 7 6 9 8 1 4 3 5
9 5 1 3 2 4 6 7 8
8 3 4 5 6 7 9 1 2
3 6 5 7 4 8 1 2 9
4 9 2 6 1 5 7 8 3
7 1 8 2 3 9 5 4 6
5 4 7 8 9 2 3 6 1
1 2 3 4 5 6 8 9 7
6 8 9 1 7 3 2 5 4
```

86

```
2 8 9 3 1 6 7 5 4
1 4 3 5 7 2 6 9 8
7 6 5 8 9 4 1 2 3
8 1 4 7 2 3 9 6 5
3 2 6 9 5 8 4 7 1
9 5 7 4 6 1 8 3 2
5 3 8 6 4 7 2 1 9
4 7 1 2 3 9 5 8 6
6 9 2 1 8 5 3 4 7
```

87

```
2 6 9 1 5 3 4 7 8
4 8 1 9 2 7 5 3 6
7 3 5 6 8 4 9 1 2
3 1 4 8 9 6 7 2 5
6 9 7 2 3 5 8 4 1
5 2 8 7 4 1 6 9 3
8 4 3 5 1 9 2 6 7
9 7 2 3 6 8 1 5 4
1 5 6 4 7 2 3 8 9
```

88

```
6 1 4 5 7 8 9 2 3
7 9 5 3 4 2 1 8 6
8 2 3 6 9 1 4 5 7
3 7 1 4 5 6 8 9 2
5 8 6 9 2 3 7 4 1
9 4 2 1 8 7 6 3 5
4 3 7 8 1 5 2 6 9
1 5 8 2 6 9 3 7 4
2 6 9 7 3 4 5 1 8
```

89

```
2 5 6 7 8 9 1 3 4
7 4 1 3 2 5 8 6 9
9 8 3 1 6 4 5 2 7
1 6 4 8 5 3 7 9 2
8 9 2 4 7 6 3 1 5
3 7 5 2 9 1 6 4 8
4 1 7 9 3 8 2 5 6
5 2 9 6 1 7 4 8 3
6 3 8 5 4 2 9 7 1
```

90

```
6 2 3 1 5 7 8 4 9
8 9 4 6 3 2 1 5 7
7 1 5 4 8 9 3 6 2
9 3 6 7 4 1 2 8 5
4 5 7 8 2 3 6 9 1
1 8 2 5 9 6 7 3 4
5 7 8 2 6 4 9 1 3
2 4 9 3 1 8 5 7 6
3 6 1 9 7 5 4 2 8
```

91

```
6 5 1 2 7 8 9 3 4
7 8 3 4 6 9 1 2 5
2 9 4 5 3 1 7 8 6
3 2 7 8 5 4 6 9 1
8 1 5 6 9 7 2 4 3
9 4 6 3 1 2 5 7 8
4 7 9 1 8 5 3 6 2
1 6 8 9 2 3 4 5 7
5 3 2 7 4 6 8 1 9
```

92

```
4 6 7 8 5 9 1 2 3
5 1 9 2 3 4 7 6 8
3 8 2 7 6 1 4 9 5
1 9 4 6 7 3 5 8 2
7 2 8 9 1 5 6 3 4
6 5 3 4 8 2 9 1 7
8 3 5 1 4 6 2 7 9
9 4 1 3 2 7 8 5 6
2 7 6 5 9 8 3 4 1
```

93

```
3 5 9 2 1 6 4 7 8
2 8 6 7 4 5 1 3 9
4 7 1 3 8 9 5 2 6
5 9 2 4 3 8 6 1 7
8 6 3 9 7 1 2 4 5
7 1 4 5 6 2 9 8 3
9 3 5 8 2 4 7 6 1
1 4 7 6 9 3 8 5 2
6 2 8 1 5 7 3 9 4
```

94

```
9 2 6 4 1 5 8 7 3
3 4 7 6 8 2 1 5 9
1 5 8 3 7 9 2 6 4
5 7 9 2 3 8 4 1 6
2 6 3 7 4 1 9 8 5
4 8 1 5 9 6 3 2 7
6 9 4 8 2 7 5 3 1
7 3 2 1 5 4 6 9 8
8 1 5 9 6 3 7 4 2
```

95

```
8 6 2 5 1 3 4 9 7
5 3 7 8 9 4 2 1 6
4 1 9 6 2 7 8 3 5
1 2 3 7 8 9 5 6 4
6 7 4 3 5 2 9 8 1
9 5 8 4 6 1 7 2 3
7 8 1 9 3 5 6 4 2
2 9 5 1 4 6 3 7 8
3 4 6 2 7 8 1 5 9
```

96

```
2 9 8 6 3 5 4 7 1
6 1 3 4 8 7 9 5 2
7 5 4 1 9 2 8 3 6
1 3 2 5 4 6 7 9 8
8 4 7 2 1 9 3 6 5
5 6 9 8 7 3 1 2 4
9 2 1 3 5 8 6 4 7
3 8 5 7 6 4 2 1 9
4 7 6 9 2 1 5 8 3
```

97

```
4 9 7 8 1 3 5 2 6
8 6 1 2 4 5 9 7 3
3 2 5 7 6 9 8 4 1
1 7 4 3 5 6 2 8 9
9 8 6 1 2 4 3 5 7
5 3 2 9 7 8 1 6 4
2 1 8 4 3 7 6 9 5
6 4 9 5 8 1 7 3 2
7 5 3 6 9 2 4 1 8
```

98

```
2 4 1 9 3 6 5 7 8
3 5 6 7 8 1 9 2 4
8 9 7 2 5 4 6 3 1
4 7 8 5 9 3 1 6 2
5 1 9 6 2 7 4 8 3
6 3 2 4 1 8 7 5 9
7 8 3 1 6 9 2 4 5
9 2 4 3 7 5 8 1 6
1 6 5 8 4 2 3 9 7
```

99

```
1 7 2 5 3 8 4 6 9
8 3 4 6 2 9 1 7 5
6 9 5 4 1 7 2 8 3
3 5 1 9 8 2 6 4 7
4 2 7 3 6 5 8 9 1
9 6 8 1 7 4 3 5 2
2 4 3 7 5 6 9 1 8
5 8 6 2 9 1 7 3 4
7 1 9 8 4 3 5 2 6
```

100

```
7 9 4 8 1 6 2 5 3
1 2 6 3 4 5 8 9 7
5 3 8 9 2 7 1 4 6
6 7 2 4 5 1 9 3 8
8 1 3 2 6 9 4 7 5
9 4 5 7 8 3 6 1 2
2 5 1 6 7 4 3 8 9
3 6 7 1 9 8 5 2 4
4 8 9 5 3 2 7 6 1
```

101

```
9 1 2 6 5 8 3 4 7
3 5 4 7 9 2 8 1 6
6 7 8 3 1 4 5 2 9
7 9 5 8 3 1 2 6 4
8 2 6 4 7 5 9 3 1
1 4 3 9 2 6 7 5 8
4 3 7 5 6 9 1 8 2
2 6 9 1 8 3 4 7 5
5 8 1 2 4 7 6 9 3
```

102

```
9 8 4 1 5 3 7 2 6
5 1 2 6 7 9 3 4 8
3 6 7 2 8 4 9 1 5
8 4 9 3 1 5 6 7 2
2 5 3 7 6 8 1 9 4
1 7 6 9 4 2 5 8 3
4 3 8 5 9 7 2 6 1
6 9 5 4 2 1 8 3 7
7 2 1 8 3 6 4 5 9
```

103

```
1 3 6 2 8 5 4 7 9
2 7 8 9 4 6 3 1 5
4 5 9 3 1 7 2 6 8
9 8 5 7 2 3 6 4 1
3 4 1 5 6 8 7 9 2
7 6 2 1 9 4 5 8 3
8 9 7 6 3 2 1 5 4
5 1 3 4 7 9 8 2 6
6 2 4 8 5 1 9 3 7
```

104

```
6 4 9 7 5 8 1 3 2
7 5 2 3 9 1 8 6 4
1 8 3 4 6 2 5 7 9
2 3 4 6 1 7 9 5 8
5 9 6 8 2 4 3 1 7
8 1 7 9 3 5 2 4 6
3 6 8 1 4 9 7 2 5
4 7 5 2 8 3 6 9 1
9 2 1 5 7 6 4 8 3
```

105

```
9 2 8 1 4 5 3 6 7
1 7 4 6 8 3 5 9 2
6 5 3 2 7 9 8 4 1
2 8 6 3 9 4 1 7 5
4 3 9 5 1 7 6 2 8
5 1 7 8 6 2 9 3 4
7 6 5 9 2 8 4 1 3
3 9 2 4 5 1 7 8 6
8 4 1 7 3 6 2 5 9
```

106

```
4 1 7 3 5 6 8 2 9
6 9 2 1 8 4 5 3 7
5 8 3 7 9 2 4 1 6
8 5 6 2 4 3 7 9 1
7 3 9 5 1 8 2 6 4
2 4 1 6 7 9 3 8 5
3 7 8 9 6 5 1 4 2
1 6 4 8 2 7 9 5 3
9 2 5 4 3 1 6 7 8
```

107

```
5 2 7 1 6 3 4 8 9
1 3 8 5 9 4 7 6 2
6 4 9 8 7 2 3 1 5
7 6 1 3 5 9 8 2 4
2 8 5 7 4 1 6 9 3
3 9 4 2 8 6 5 7 1
8 1 6 4 2 5 9 3 7
9 5 2 6 3 7 1 4 8
4 7 3 9 1 8 2 5 6
```

108

```
9 1 3 5 4 8 7 2 6
8 2 6 3 1 7 9 4 5
5 7 4 9 6 2 1 8 3
1 4 5 6 2 9 8 3 7
2 9 7 8 3 5 4 6 1
6 3 8 1 7 4 2 5 9
3 8 9 4 5 1 6 7 2
7 5 1 2 8 6 3 9 4
4 6 2 7 9 3 5 1 8
```

109

```
5 7 9 6 8 3 4 1 2
3 2 4 9 1 7 8 6 5
6 8 1 5 2 4 7 9 3
7 4 6 2 5 8 1 3 9
9 1 8 3 4 6 5 2 7
2 5 3 1 7 9 6 8 4
4 6 2 7 9 1 3 5 8
8 3 5 4 6 2 9 7 1
1 9 7 8 3 5 2 4 6
```

110

```
8 6 1 9 4 7 2 5 3
4 2 7 8 3 5 9 6 1
5 9 3 6 1 2 4 8 7
2 4 6 3 7 8 5 1 9
3 5 8 1 6 9 7 2 4
1 7 9 2 5 4 8 3 6
6 8 5 4 9 1 3 7 2
7 1 4 5 2 3 6 9 8
9 3 2 7 8 6 1 4 5
```

111

```
7 8 1 6 9 3 2 4 5
5 9 3 4 7 2 8 6 1
2 6 4 1 5 8 7 9 3
9 1 7 2 3 5 6 8 4
4 2 5 8 6 7 1 3 9
6 3 8 9 4 1 5 2 7
3 5 9 7 2 6 4 1 8
1 7 2 3 8 4 9 5 6
8 4 6 5 1 9 3 7 2
```

112

```
2 3 5 4 7 1 6 8 9
8 6 7 2 5 9 4 3 1
1 4 9 3 8 6 5 7 2
3 1 6 5 9 8 7 2 4
4 7 8 1 6 2 9 5 3
5 9 2 7 4 3 8 1 6
6 5 3 9 1 7 2 4 8
7 8 1 6 2 4 3 9 5
9 2 4 8 3 5 1 6 7
```

113

```
3 4 8 5 6 2 7 9 1
2 7 9 3 1 4 6 8 5
5 6 1 7 9 8 3 2 4
7 5 2 8 3 9 1 4 6
4 9 3 6 7 1 8 5 2
1 8 6 4 2 5 9 7 3
6 2 4 9 8 3 5 1 7
8 3 5 1 4 7 2 6 9
9 1 7 2 5 6 4 3 8
```

114

```
2 9 1 7 4 3 5 8 6
3 6 4 8 2 5 9 1 7
8 7 5 9 6 1 2 4 3
5 3 6 4 7 9 1 2 8
9 4 7 1 8 2 3 6 5
1 2 8 3 5 6 4 7 9
4 5 9 6 1 7 8 3 2
7 1 2 5 3 8 6 9 4
6 8 3 2 9 4 7 5 1
```

115

```
2 3 5 4 1 6 7 8 9
4 8 6 2 7 9 3 5 1
7 1 9 5 8 3 4 2 6
1 5 2 8 3 7 9 6 4
3 7 4 9 6 2 5 1 8
6 9 8 1 4 5 2 7 3
5 2 1 3 9 8 6 4 7
8 6 3 7 2 4 1 9 5
9 4 7 6 5 1 8 3 2
```

116

```
9 6 1 7 3 4 8 2 5
5 7 2 6 8 1 9 3 4
3 8 4 5 9 2 6 7 1
2 9 5 1 6 3 4 8 7
4 1 6 8 5 7 2 9 3
7 3 8 2 4 9 1 5 6
1 4 7 9 2 5 3 6 8
6 2 3 4 7 8 5 1 9
8 5 9 3 1 6 7 4 2
```

117

```
4 5 9 1 7 6 8 2 3
1 3 8 4 2 9 5 6 7
6 7 2 3 5 8 4 9 1
5 8 6 9 1 3 7 4 2
2 9 3 6 4 7 1 5 8
7 4 1 5 8 2 9 3 6
8 1 4 2 6 5 3 7 9
9 6 5 7 3 1 2 8 4
3 2 7 8 9 4 6 1 5
```

118

```
2 6 5 7 3 1 4 8 9
8 7 4 6 9 5 1 3 2
3 9 1 4 8 2 6 5 7
9 3 2 5 1 4 7 6 8
4 5 6 9 7 8 2 1 3
7 1 8 2 6 3 5 9 4
1 8 7 3 4 6 9 2 5
6 2 9 8 5 7 3 4 1
5 4 3 1 2 9 8 7 6
```

119

```
5 7 2 8 3 4 6 9 1
1 3 4 9 5 6 7 2 8
6 8 9 2 7 1 3 4 5
7 4 5 1 8 9 2 3 6
2 6 1 3 4 7 8 5 9
8 9 3 5 6 2 4 1 7
3 5 6 4 9 8 1 7 2
4 2 7 6 1 5 9 8 3
9 1 8 7 2 3 5 6 4
```

120

```
7 8 5 6 9 1 2 3 4
1 4 9 2 3 7 6 8 5
2 3 6 5 4 8 1 9 7
6 5 7 8 1 9 3 4 2
3 2 1 4 5 6 9 7 8
8 9 4 3 7 2 5 1 6
4 6 3 9 8 5 7 2 1
5 1 8 7 2 3 4 6 9
9 7 2 1 6 4 8 5 3
```

121

9	8	2	6	3	1	4	5	7
7	1	3	8	4	5	2	6	9
6	5	4	7	2	9	3	8	1
5	2	9	4	1	3	6	7	8
3	7	1	2	6	8	9	4	5
8	4	6	5	9	7	1	3	2
2	3	7	9	5	4	8	1	6
1	9	5	3	8	6	7	2	4
4	6	8	1	7	2	5	9	3

122

7	1	6	2	3	4	5	8	9
3	5	2	6	8	9	4	7	1
4	9	8	7	1	5	3	2	6
1	2	3	5	6	7	8	9	4
5	7	9	3	4	8	6	1	2
6	8	4	9	2	1	7	3	5
2	6	5	1	7	3	9	4	8
8	3	1	4	9	6	2	5	7
9	4	7	8	5	2	1	6	3

123

8	1	3	7	4	9	5	2	6
7	2	4	1	6	5	9	8	3
5	9	6	8	2	3	1	4	7
4	3	7	9	5	6	2	1	8
1	5	9	2	8	7	3	6	4
6	8	2	4	3	1	7	9	5
3	4	8	5	9	2	6	7	1
9	6	1	3	7	8	4	5	2
2	7	5	6	1	4	8	3	9

124

4	2	8	3	6	1	5	7	9
6	7	1	9	5	2	3	8	4
9	3	5	8	4	7	6	1	2
5	4	9	6	2	8	7	3	1
1	6	2	4	7	3	8	9	5
7	8	3	5	1	9	4	2	6
8	5	7	1	9	4	2	6	3
2	9	6	7	3	5	1	4	8
3	1	4	2	8	6	9	5	7

125

3	7	4	6	5	9	8	1	2
1	9	5	8	2	7	3	4	6
8	2	6	3	4	1	5	9	7
5	8	7	2	9	3	4	6	1
6	3	9	1	7	4	2	8	5
2	4	1	5	6	8	9	7	3
4	1	8	7	3	2	6	5	9
7	5	2	9	8	6	1	3	4
9	6	3	4	1	5	7	2	8

126

1	3	7	9	8	2	4	5	6
4	5	9	7	1	6	3	2	8
2	6	8	3	4	5	7	9	1
6	4	2	1	3	7	9	8	5
7	9	5	8	6	4	1	3	2
8	1	3	2	5	9	6	4	7
3	2	6	4	7	8	5	1	9
9	7	1	5	2	3	8	6	4
5	8	4	6	9	1	2	7	3

127

6	7	4	5	9	3	8	1	2
1	8	9	2	6	4	5	3	7
5	3	2	7	1	8	4	9	6
7	4	8	1	5	6	9	2	3
2	5	1	8	3	9	6	7	4
9	6	3	4	2	7	1	8	5
3	9	5	6	7	1	2	4	8
8	1	6	3	4	2	7	5	9
4	2	7	9	8	5	3	6	1

128

5	1	8	6	3	4	2	7	9
4	7	9	5	1	2	8	3	6
3	6	2	8	9	7	4	5	1
6	4	1	9	2	3	7	8	5
2	8	5	7	6	1	3	9	4
7	9	3	4	5	8	6	1	2
8	5	4	1	7	6	9	2	3
9	3	6	2	8	5	1	4	7
1	2	7	3	4	9	5	6	8

129

2	7	3	5	6	4	8	9	1
5	8	9	1	7	2	4	3	6
4	6	1	3	8	9	2	5	7
6	5	8	9	2	7	3	1	4
7	9	4	8	1	3	5	6	2
3	1	2	4	5	6	7	8	9
8	2	5	7	9	1	6	4	3
9	3	6	2	4	5	1	7	8
1	4	7	6	3	8	9	2	5

130

8	2	1	4	5	3	6	9	7
4	5	6	7	9	2	1	3	8
9	3	7	8	1	6	2	4	5
5	9	3	1	6	8	7	2	4
6	8	2	9	4	7	5	1	3
7	1	4	3	2	5	8	6	9
1	4	5	6	8	9	3	7	2
2	7	9	5	3	1	4	8	6
3	6	8	2	7	4	9	5	1

131

4	2	7	3	5	6	8	9	1
6	5	8	7	9	1	3	2	4
1	3	9	2	4	8	5	6	7
7	9	4	1	6	3	2	5	8
2	6	1	4	8	5	7	3	9
3	8	5	9	2	7	1	4	6
5	1	2	6	7	4	9	8	3
8	4	3	5	1	9	6	7	2
9	7	6	8	3	2	4	1	5

132

5	2	7	4	6	9	3	1	8
6	9	3	8	5	1	4	7	2
8	1	4	3	7	2	5	9	6
3	4	1	2	8	7	9	6	5
9	7	5	6	1	3	2	8	4
2	8	6	5	9	4	7	3	1
7	5	9	1	2	6	8	4	3
1	3	8	9	4	5	6	2	7
4	6	2	7	3	8	1	5	9

133

3	5	8	2	1	6	4	7	9
6	2	7	9	4	8	1	3	5
4	1	9	5	3	7	2	6	8
7	9	4	6	2	1	8	5	3
8	3	1	7	5	4	9	2	6
5	6	2	3	8	9	7	4	1
9	4	3	8	6	2	5	1	7
2	7	5	1	9	3	6	8	4
1	8	6	4	7	5	3	9	2

134

5	4	9	7	6	8	1	3	2
7	6	2	3	1	5	9	4	8
3	8	1	2	9	4	6	5	7
6	5	3	1	4	2	8	7	9
8	2	4	9	3	7	5	6	1
9	1	7	8	5	6	3	2	4
1	7	5	6	2	9	4	8	3
2	9	6	4	8	3	7	1	5
4	3	8	5	7	1	2	9	6

135

6	2	9	1	4	8	5	7	3
3	4	5	6	2	7	9	8	1
7	8	1	9	3	5	4	6	2
9	6	2	4	1	3	7	5	8
8	1	7	5	6	2	3	9	4
5	3	4	7	8	9	2	1	6
2	5	6	8	7	4	1	3	9
4	7	8	3	9	1	6	2	5
1	9	3	2	5	6	8	4	7

136

9	2	5	1	6	8	3	4	7
1	7	8	3	5	4	9	2	6
3	4	6	2	7	9	1	8	5
2	3	1	6	4	5	7	9	8
8	5	7	9	1	2	6	3	4
4	6	9	7	8	3	5	1	2
5	8	3	4	9	7	2	6	1
6	9	4	5	2	1	8	7	3
7	1	2	8	3	6	4	5	9

137

8	1	4	9	5	6	3	2	7
3	9	5	8	2	7	4	6	1
7	2	6	3	1	4	5	9	8
2	6	3	1	4	8	9	7	5
9	4	7	2	3	5	1	8	6
1	5	8	6	7	9	2	3	4
4	7	9	5	6	2	8	1	3
5	8	1	7	9	3	6	4	2
6	3	2	4	8	1	7	5	9

138

3	1	5	2	6	7	8	9	4
8	2	6	4	9	3	7	1	5
4	7	9	1	8	5	6	2	3
5	8	4	7	3	2	9	6	1
6	9	1	8	5	4	2	3	7
7	3	2	9	1	6	5	4	8
9	4	3	5	2	8	1	7	6
1	5	7	6	4	9	3	8	2
2	6	8	3	7	1	4	5	9

139

6	3	9	1	5	7	2	4	8
7	4	8	2	9	3	1	6	5
2	5	1	6	4	8	7	3	9
1	9	5	4	8	6	3	2	7
8	6	7	9	3	2	4	5	1
4	2	3	7	1	5	8	9	6
3	8	2	5	7	9	6	1	4
5	7	4	3	6	1	9	8	2
9	1	6	8	2	4	5	7	3

140

5	7	1	2	8	6	9	3	4
6	2	3	7	9	4	8	5	1
8	9	4	1	3	5	7	2	6
9	3	8	4	2	1	6	7	5
2	1	5	8	6	7	3	4	9
7	4	6	9	5	3	1	8	2
3	5	9	6	7	2	4	1	8
1	8	7	5	4	9	2	6	3
4	6	2	3	1	8	5	9	7

141

```
6 2 9 7 3 5 4 8 1
1 5 7 8 2 4 6 9 3
4 3 8 6 1 9 7 5 2
2 4 1 3 5 6 8 7 9
8 6 3 9 7 1 2 4 5
9 7 5 4 8 2 1 3 6
7 1 2 5 9 8 3 6 4
3 9 4 1 6 7 5 2 8
5 8 6 2 4 3 9 1 7
```

142

```
9 5 2 6 3 8 7 4 1
8 3 6 7 4 1 5 2 9
1 4 7 2 9 5 6 3 8
4 6 8 9 1 2 3 7 5
2 7 3 5 8 6 1 9 4
5 1 9 3 7 4 8 6 2
3 8 1 4 2 7 9 5 6
6 9 4 1 5 3 2 8 7
7 2 5 8 6 9 4 1 3
```

143

```
3 6 2 7 1 4 5 8 9
9 7 4 2 5 8 6 3 1
1 8 5 6 9 3 7 2 4
7 4 9 8 2 5 1 6 3
6 2 1 9 3 7 8 4 5
8 5 3 1 4 6 9 7 2
2 3 8 5 6 9 4 1 7
4 9 6 3 7 1 2 5 8
5 1 7 4 8 2 3 9 6
```

144

```
3 4 7 1 5 6 9 8 2
8 5 2 7 3 9 1 4 6
9 6 1 4 2 8 5 3 7
1 8 4 9 7 2 6 5 3
7 9 5 6 4 3 8 2 1
2 1 6 5 8 7 3 9 4
4 3 8 2 9 1 7 6 5
5 7 9 3 6 4 2 1 8
```

145

```
5 1 6 7 3 9 2 8 4
9 8 3 1 4 2 7 5 6
4 2 7 5 6 8 9 1 3
1 3 9 2 7 6 5 4 8
2 5 4 9 8 3 1 6 7
6 7 8 4 5 1 3 2 9
7 9 1 6 2 4 8 3 5
8 4 2 3 9 5 6 7 1
3 6 5 8 1 7 4 9 2
```

146

```
6 1 8 4 9 3 2 5 7
7 5 3 6 2 1 8 9 4
9 2 4 7 8 5 3 1 6
8 3 2 5 7 9 6 4 1
5 6 9 2 1 4 7 8 3
4 7 1 3 6 8 5 2 9
3 8 5 9 4 7 1 6 2
1 9 6 8 3 2 4 7 5
2 4 7 1 5 6 9 3 8
```

147

```
7 8 5 9 1 6 4 2 3
1 6 2 7 3 4 9 8 5
3 9 4 5 2 8 6 7 1
8 3 7 1 6 9 5 4 2
6 2 9 8 4 5 1 3 7
4 5 1 2 7 3 8 9 6
2 7 6 4 8 1 3 5 9
5 4 3 6 9 2 7 1 8
9 1 8 3 5 7 2 6 4
```

148

```
5 9 3 6 8 7 4 1 2
7 2 4 3 5 1 6 9 8
1 8 6 2 4 9 3 5 7
8 7 1 5 9 6 2 3 4
6 3 5 4 2 8 9 7 1
9 4 2 7 1 3 5 8 6
2 1 8 9 3 4 7 6 5
3 5 7 1 6 2 8 4 9
4 6 9 8 7 5 1 2 3
```

149

```
2 5 8 3 6 1 4 7 9
4 3 9 5 7 2 8 6 1
6 7 1 8 9 4 3 5 2
3 4 2 7 1 9 5 8 6
8 1 5 4 3 6 9 2 7
7 9 6 2 8 5 1 3 4
5 6 3 1 4 7 2 9 8
9 8 4 6 2 3 7 1 5
1 2 7 9 5 8 6 4 3
```

150

```
2 7 9 5 8 1 3 4 6
6 3 1 2 4 9 5 7 8
5 8 4 6 7 3 9 2 1
7 6 2 1 3 4 8 9 5
3 9 5 8 2 6 7 1 4
4 1 8 7 9 5 2 6 3
1 2 6 3 5 7 4 8 9
8 4 3 9 1 2 6 5 7
9 5 7 4 6 8 1 3 2
```

151

```
2 5 1 8 6 3 9 7 4
4 9 3 2 1 7 6 5 8
8 6 7 4 9 5 1 2 3
7 2 4 5 8 9 3 1 6
3 8 6 7 4 1 5 9 2
5 1 9 3 2 6 4 8 7
9 3 2 6 5 8 7 4 1
6 4 5 1 7 2 8 3 9
1 7 8 9 3 4 2 6 5
```

152

```
8 3 7 2 1 4 9 5 6
6 2 9 7 5 8 1 4 3
4 5 1 3 9 6 7 2 8
7 4 3 8 2 9 5 6 1
1 6 8 4 3 5 2 7 9
5 9 2 6 7 1 3 8 4
9 7 6 1 8 2 4 3 5
3 1 4 5 6 7 8 9 2
2 8 5 9 4 3 6 1 7
```

153

```
4 9 2 3 5 7 8 6 1
3 1 6 8 2 9 4 5 7
8 5 7 4 1 6 3 9 2
2 3 8 9 4 5 1 7 6
9 4 1 6 7 2 5 8 3
6 7 5 1 8 3 9 2 4
5 2 9 7 3 1 6 4 8
7 8 3 5 6 4 2 1 9
1 6 4 2 9 8 7 3 5
```

154

```
7 5 3 6 1 9 8 4 2
2 8 1 3 7 4 9 5 6
9 6 4 2 8 5 7 3 1
5 7 8 9 3 6 1 2 4
3 9 2 8 4 1 5 6 7
4 1 6 5 2 7 3 8 9
1 2 5 4 9 8 6 7 3
8 3 7 1 6 2 4 9 5
6 4 9 7 5 3 2 1 8
```

155

```
6 2 5 7 8 9 1 3 4
8 7 9 1 3 4 2 5 6
3 4 1 2 5 6 7 8 9
4 1 8 5 9 3 6 2 7
7 3 6 4 2 8 5 9 1
9 5 2 6 7 1 8 4 3
2 6 3 9 1 5 4 7 8
5 8 4 3 6 7 9 1 2
1 9 7 8 4 2 3 6 5
```

156

```
3 1 8 9 4 5 6 2 7
6 4 9 1 7 2 3 5 8
7 5 2 6 8 3 4 1 9
5 2 4 7 3 9 8 6 1
8 6 7 4 2 1 5 9 3
9 3 1 8 5 6 7 4 2
1 7 3 2 6 4 9 8 5
2 8 6 5 9 7 1 3 4
4 9 5 3 1 8 2 7 6
```

157

```
6 9 3 4 8 1 5 2 7
7 1 4 2 5 9 3 6 8
8 2 5 3 6 7 4 9 1
2 5 7 6 3 8 1 4 9
4 6 8 9 1 2 7 3 5
9 3 1 7 4 5 6 8 2
1 8 6 5 9 3 2 7 4
3 7 9 1 2 4 8 5 6
5 4 2 8 7 6 9 1 3
```

158

```
6 7 9 4 1 3 2 5 8
1 8 4 2 5 7 9 3 6
3 2 5 8 9 6 4 1 7
9 1 8 5 3 2 6 7 4
4 3 6 9 7 1 5 8 2
2 5 7 6 8 4 1 9 3
7 4 1 3 6 5 8 2 9
5 9 2 7 4 8 3 6 1
8 6 3 1 2 9 7 4 5
```

159

```
9 4 1 2 3 7 6 5 8
5 7 3 4 6 8 1 9 2
2 8 6 9 1 5 4 7 3
3 9 4 6 5 1 2 8 7
1 2 7 3 8 4 5 6 9
6 5 8 7 9 2 3 1 4
7 6 2 1 4 9 8 3 5
4 1 5 8 7 3 9 2 6
8 3 9 5 2 6 7 4 1
```

160

```
3 1 5 9 8 2 4 6 7
6 9 8 1 7 4 3 5 2
7 2 4 5 3 6 1 8 9
8 5 1 7 9 3 2 4 6
9 3 2 6 4 1 5 7 8
4 6 7 8 2 5 9 3 1
1 4 6 2 5 7 8 9 3
5 7 9 3 1 8 6 2 4
2 8 3 4 6 9 7 1 5
```

161

6	3	8	4	2	9	1	5	7
4	5	9	8	7	1	2	6	3
2	7	1	3	5	6	4	8	9
7	1	3	6	8	4	5	9	2
8	2	6	5	9	7	3	1	4
9	4	5	1	3	2	8	7	6
3	6	2	7	1	5	9	4	8
5	8	7	9	4	3	6	2	1
1	9	4	2	6	8	7	3	5

162

4	5	8	6	7	9	1	2	3
9	6	1	4	2	3	5	8	7
3	7	2	1	5	8	4	6	9
2	9	6	8	1	5	7	3	4
5	3	4	7	6	2	8	9	1
1	8	7	3	9	4	6	5	2
6	1	9	5	3	7	2	4	8
7	4	3	2	8	6	9	1	5
8	2	5	9	4	1	3	7	6

163

3	9	5	4	7	8	1	2	6
4	1	6	2	9	5	7	8	3
2	7	8	6	3	1	4	9	5
6	8	7	9	1	2	3	5	4
9	2	1	3	5	4	6	7	8
5	3	4	8	6	7	9	1	2
7	4	2	1	8	6	5	3	9
8	5	9	7	4	3	2	6	1
1	6	3	5	2	9	8	4	7

164

8	6	4	5	7	1	3	9	2
2	9	7	8	6	3	4	1	5
3	1	5	9	2	4	8	6	7
7	8	6	1	9	5	2	3	4
4	2	9	6	3	7	5	8	1
5	3	1	2	4	8	6	7	9
9	7	2	3	5	6	1	4	8
6	4	8	7	1	2	9	5	3
1	5	3	4	8	9	7	2	6

165

5	7	6	8	9	3	1	2	4
1	9	3	6	2	4	7	5	8
8	2	4	7	1	5	3	9	6
9	3	8	2	4	1	5	6	7
7	4	5	9	8	6	2	1	3
2	6	1	3	5	7	4	8	9
3	5	7	1	6	8	9	4	2
4	8	9	5	3	2	6	7	1
6	1	2	4	7	9	8	3	5

166

9	2	4	8	5	1	3	6	7
6	3	5	7	2	4	1	8	9
8	1	7	3	9	6	5	2	4
1	4	9	2	6	3	8	7	5
7	5	3	1	4	8	2	9	6
2	8	6	9	7	5	4	1	3
3	9	8	4	1	7	6	5	2
4	6	2	5	8	9	7	3	1
5	7	1	6	3	2	9	4	8

167

3	8	4	9	7	6	1	2	5
5	9	6	1	2	8	3	4	7
1	2	7	5	4	3	8	9	6
2	7	8	6	3	1	9	5	4
4	1	9	2	8	5	7	6	3
6	3	5	7	9	4	2	8	1
7	4	1	8	5	9	6	3	2
8	5	2	3	6	7	4	1	9
9	6	3	4	1	2	5	7	8

168

7	6	1	8	9	5	2	3	4
2	9	3	1	7	4	8	5	6
8	5	4	6	3	2	7	1	9
1	8	5	7	4	3	6	9	2
4	7	6	2	1	9	3	8	5
3	2	9	5	6	8	1	4	7
5	1	2	9	8	6	4	7	3
6	3	7	4	5	1	9	2	8
9	4	8	3	2	7	5	6	1

169

4	8	9	1	3	7	5	2	6
1	3	2	4	6	5	7	8	9
6	7	5	2	9	8	3	4	1
8	9	6	3	5	1	2	7	4
7	4	1	8	2	9	6	3	5
2	5	3	6	7	4	1	9	8
9	6	7	5	8	2	4	1	3
3	1	8	7	4	6	9	5	2
5	2	4	9	1	3	8	6	7

170

7	3	2	1	9	6	4	5	8
9	1	4	7	5	8	2	3	6
6	8	5	2	3	4	9	1	7
8	9	3	4	7	2	5	6	1
1	4	6	3	8	5	7	9	2
2	5	7	9	6	1	8	4	3
5	2	8	6	4	3	1	7	9
4	6	9	8	1	7	3	2	5
3	7	1	5	2	9	6	8	4

171

5	6	7	9	1	2	3	8	4
3	2	9	8	6	4	7	5	1
8	4	1	3	5	7	2	6	9
2	7	8	1	4	6	5	9	3
1	3	4	2	9	5	6	7	8
9	5	6	7	3	8	1	4	2
6	8	5	4	2	1	9	3	7
4	9	2	5	7	3	8	1	6
7	1	3	6	8	9	4	2	5

172

5	7	2	6	4	8	9	3	1
6	8	9	5	3	1	7	4	2
1	3	4	7	9	2	5	6	8
2	4	1	8	5	9	6	7	3
7	6	5	3	2	4	8	1	9
8	9	3	1	6	7	2	5	4
9	1	6	2	7	3	4	8	5
3	2	7	4	8	5	1	9	6
4	5	8	9	1	6	3	2	7

173

6	7	2	4	8	3	5	9	1
8	9	5	1	2	6	3	7	4
4	1	3	9	5	7	8	6	2
7	8	1	6	3	2	9	4	5
5	2	4	8	9	1	7	3	6
9	3	6	5	7	4	2	1	8
1	5	7	3	4	8	6	2	9
2	4	8	7	6	9	1	5	3
3	6	9	2	1	5	4	8	7

174

8	6	9	7	2	3	1	4	5
4	1	2	5	8	9	6	7	3
5	7	3	1	6	4	9	2	8
3	2	7	9	4	1	5	8	6
6	4	1	8	3	5	2	9	7
9	8	5	2	7	6	3	1	4
7	5	4	3	9	2	8	6	1
1	9	8	6	5	7	4	3	2
2	3	6	4	1	8	7	5	9

175

5	3	2	9	4	6	1	7	8
8	1	9	2	7	3	4	5	6
6	7	4	5	8	1	9	3	2
7	4	5	6	9	2	8	1	3
9	6	3	8	1	4	5	2	7
1	2	8	7	3	5	6	9	4
2	8	7	1	6	9	3	4	5
3	9	6	4	5	7	2	8	1
4	5	1	3	2	8	7	6	9

176

8	3	7	6	4	9	5	1	2
6	4	2	1	5	8	7	3	9
1	5	9	3	7	2	6	8	4
9	6	4	5	8	1	2	7	3
2	7	5	4	9	3	1	6	8
3	1	8	7	2	6	4	9	5
4	8	1	9	6	5	3	2	7
5	9	3	2	1	7	8	4	6
7	2	6	8	3	4	9	5	1

177

2	9	5	8	3	6	4	1	7
8	4	1	5	2	7	9	6	3
7	3	6	4	9	1	2	5	8
5	7	2	3	1	8	6	9	4
6	1	3	2	4	9	7	8	5
9	8	4	7	6	5	3	2	1
1	2	7	6	8	3	5	4	9
3	6	8	9	5	4	1	7	2
4	5	9	1	7	2	8	3	6

178

5	6	2	7	8	4	9	3	1
4	7	9	1	3	5	6	2	8
3	8	1	9	2	6	4	7	5
6	9	3	2	1	8	5	4	7
7	1	4	5	9	3	2	8	6
8	2	5	6	4	7	1	9	3
9	3	6	4	7	1	8	5	2
1	4	7	8	5	2	3	6	9
2	5	8	3	6	9	7	1	4

179

1	8	2	3	6	9	7	4	5
9	6	3	5	7	4	1	8	2
4	5	7	2	1	8	6	3	9
2	9	4	1	5	7	3	6	8
5	1	6	4	8	3	2	9	7
7	3	8	6	9	2	4	5	1
6	7	5	8	3	1	9	2	4
8	2	9	7	4	6	5	1	3
3	4	1	9	2	5	8	7	6

180

9	4	5	2	8	3	6	1	7
1	2	6	5	7	9	3	4	8
8	3	7	1	4	6	9	2	5
2	7	1	4	9	5	8	3	6
6	5	4	7	3	8	1	9	2
3	9	8	6	1	2	5	7	4
4	8	9	3	6	7	2	5	1
5	1	3	8	2	4	7	6	9
7	6	2	9	5	1	4	8	3

181

```
2 4 6 7 9 1 3 5 8
3 8 7 4 5 2 9 1 6
9 5 1 8 3 6 2 4 7
1 6 2 9 8 4 7 3 5
4 7 8 5 1 3 6 2 9
5 3 9 6 2 7 1 8 4
6 9 3 2 4 8 5 7 1
7 2 4 1 6 5 8 9 3
8 1 5 3 7 9 4 6 2
```

182

```
8 4 5 9 7 2 6 3 1
3 1 7 6 8 4 5 2 9
6 2 9 1 3 5 8 4 7
4 3 8 5 6 7 9 1 2
9 5 2 4 1 8 7 6 3
7 6 1 3 2 9 4 5 8
1 7 3 8 5 6 2 9 4
5 8 4 2 9 1 3 7 6
2 9 6 7 4 3 1 8 5
```

183

```
4 9 3 7 2 8 1 6 5
1 2 7 6 4 5 8 9 3
5 6 8 1 3 9 7 4 2
8 1 2 3 7 6 9 5 4
7 3 9 4 5 1 2 8 6
6 4 5 8 9 2 3 7 1
9 5 6 2 8 3 4 1 7
2 7 1 9 6 4 5 3 8
3 8 4 5 1 7 6 2 9
```

184

```
8 4 7 3 5 6 1 2 9
3 1 2 8 4 9 6 5 7
9 5 6 7 1 2 3 4 8
1 6 3 2 7 8 5 9 4
5 2 9 4 3 1 7 8 6
4 7 8 6 9 5 2 3 1
7 8 4 1 2 3 9 6 5
2 9 1 5 6 4 8 7 3
6 3 5 9 8 7 4 1 2
```

185

```
4 5 9 8 2 7 6 1 3
8 6 7 9 1 3 4 5 2
2 3 1 5 4 6 7 8 9
3 8 4 6 9 1 2 7 5
9 1 2 3 7 5 8 4 6
5 7 6 2 8 4 9 3 1
6 9 3 4 5 8 1 2 7
1 2 8 7 3 9 5 6 4
7 4 5 1 6 2 3 9 8
```

186

```
3 1 6 2 5 7 8 9 4
4 9 2 6 8 1 7 5 3
5 7 8 3 9 4 1 6 2
6 4 1 5 3 8 9 2 7
8 2 9 4 7 6 3 1 5
7 3 5 1 2 9 6 4 8
9 6 3 7 4 2 5 8 1
1 5 4 8 6 3 2 7 9
2 8 7 9 1 5 4 3 6
```

187

```
6 3 8 4 9 7 1 2 5
4 7 9 1 5 2 8 3 6
2 5 1 6 8 3 4 9 7
9 4 7 3 2 5 6 1 8
1 8 2 9 4 6 5 7 3
5 6 3 8 7 1 2 4 9
7 9 4 5 1 8 3 6 2
8 1 6 2 3 9 7 5 4
3 2 5 7 6 4 9 8 1
```

188

```
7 3 1 4 2 8 5 6 9
5 9 2 1 6 3 8 4 7
8 4 6 5 7 9 2 3 1
3 2 4 6 1 5 9 7 8
6 8 5 9 3 7 4 1 2
9 1 7 2 8 4 6 5 3
1 5 8 7 9 6 3 2 4
2 6 9 3 4 1 7 8 5
4 7 3 8 5 2 1 9 6
```

189

```
5 7 9 8 4 1 6 2 3
4 3 2 5 9 6 7 8 1
8 6 1 7 3 2 5 9 4
2 8 3 4 7 5 1 6 9
6 1 5 9 2 8 4 3 7
9 4 7 1 6 3 8 5 2
7 5 4 2 8 9 3 1 6
1 9 6 3 5 4 2 7 8
3 2 8 6 1 7 9 4 5
```

190

```
2 9 4 8 1 7 3 5 6
6 8 7 2 5 3 4 9 1
3 1 5 4 9 6 7 2 8
4 2 6 3 7 9 1 8 5
7 3 8 1 2 5 6 4 9
9 5 1 6 8 4 2 3 7
8 6 9 7 3 2 5 1 4
5 7 2 9 4 1 8 6 3
1 4 3 5 6 8 9 7 2
```

191

```
2 9 3 6 4 5 7 8 1
5 1 7 3 8 2 4 6 9
4 6 8 9 1 7 3 2 5
6 7 4 2 3 9 5 1 8
1 8 9 4 5 6 2 7 3
3 5 2 8 7 1 6 9 4
7 3 1 5 6 8 9 4 2
8 2 5 7 9 4 1 3 6
9 4 6 1 2 3 8 5 7
```

192

```
7 9 4 6 1 2 5 8 3
8 2 5 4 9 3 1 6 7
1 3 6 7 8 5 2 9 4
4 8 7 2 5 9 3 1 6
9 1 2 3 6 7 4 5 8
6 5 3 1 4 8 9 7 2
2 6 8 9 3 1 7 4 5
3 4 9 5 7 6 8 2 1
5 7 1 8 2 4 6 3 9
```

193

```
4 8 5 1 2 7 3 9 6
7 2 3 5 6 9 8 1 4
1 9 6 8 3 4 2 5 7
8 4 7 9 1 5 6 2 3
2 5 9 3 8 6 7 4 1
3 6 1 7 4 2 5 8 9
9 3 4 6 5 8 1 7 2
6 7 8 2 9 1 4 3 5
5 1 2 4 7 3 9 6 8
```

194

```
8 4 6 9 3 1 2 5 7
3 9 2 7 5 4 1 6 8
1 5 7 6 8 2 9 3 4
9 3 5 8 4 6 7 1 2
2 6 8 1 9 7 3 4 5
4 7 1 5 2 3 6 8 9
5 8 3 2 1 9 4 7 6
6 1 9 4 7 8 5 2 3
7 2 4 3 6 5 8 9 1
```

195

```
6 8 4 7 2 1 9 3 5
7 2 5 9 4 3 6 1 8
3 9 1 5 6 8 2 4 7
8 1 7 2 3 9 4 5 6
4 3 9 6 5 7 8 2 1
5 6 2 1 8 4 3 7 9
9 7 6 3 1 2 5 8 4
1 4 3 8 9 5 7 6 2
2 5 8 4 7 6 1 9 3
```

196

```
3 9 1 7 5 6 4 2 8
8 4 5 9 2 3 1 6 7
2 6 7 1 4 8 3 5 9
6 5 2 4 3 9 7 8 1
7 3 8 2 6 1 9 4 5
4 1 9 5 8 7 2 3 6
5 7 3 6 9 2 8 1 4
9 8 6 3 1 4 5 7 2
1 2 4 8 7 5 6 9 3
```

197

```
8 2 6 9 7 1 3 4 5
1 3 7 5 4 8 9 2 6
4 5 9 2 6 3 8 1 7
7 6 8 3 1 2 4 5 9
2 9 4 6 8 5 7 3 1
3 1 5 4 9 7 2 6 8
5 4 1 7 3 9 6 8 2
6 7 2 8 5 4 1 9 3
9 8 3 1 2 6 5 7 4
```

198

```
1 4 6 7 2 5 8 9 3
3 9 7 4 1 8 6 2 5
2 5 8 3 6 9 4 7 1
4 7 1 8 3 2 9 5 6
5 3 9 1 4 6 7 8 2
6 8 2 9 5 7 3 1 4
7 1 3 5 8 4 2 6 9
8 2 4 6 9 1 5 3 7
9 6 5 2 7 3 1 4 8
```

199

```
8 2 3 4 7 9 6 5 1
7 1 9 3 6 5 4 2 8
5 6 4 1 2 8 7 9 3
4 5 1 9 8 2 3 7 6
6 7 8 5 1 3 2 4 9
9 3 2 6 4 7 1 8 5
1 9 5 7 3 4 8 6 2
2 4 6 8 5 1 9 3 7
3 8 7 2 9 6 5 1 4
```

200

```
4 6 1 7 9 2 5 8 3
8 7 2 3 1 5 9 4 6
5 9 3 8 4 6 2 7 1
1 8 4 2 7 9 3 6 5
9 2 5 6 3 8 7 1 4
6 3 7 4 5 1 8 9 2
7 1 8 5 6 3 4 2 9
3 4 6 9 2 7 1 5 8
2 5 9 1 8 4 6 3 7
```

201
```
7 6 4 8 9 5 1 2 3
8 3 5 1 4 2 7 9 6
9 1 2 3 7 6 8 4 5
6 8 3 9 5 4 2 7 1
1 4 7 2 3 8 6 5 9
2 5 9 7 6 1 4 3 8
3 9 6 4 8 7 5 1 2
4 2 8 5 1 9 3 6 7
5 7 1 6 2 3 9 8 4
```

202
```
8 9 4 2 1 3 5 6 7
3 6 2 4 7 5 9 8 1
1 7 5 6 8 9 3 4 2
2 3 6 1 5 4 8 7 9
7 4 1 8 9 6 2 5 3
9 5 8 7 3 2 6 1 4
4 8 3 9 6 1 7 2 5
5 2 7 3 4 8 1 9 6
6 1 9 5 2 7 4 3 8
```

203
```
5 7 3 2 4 6 8 9 1
2 4 8 5 9 1 6 3 7
6 1 9 7 8 3 4 2 5
3 5 1 8 7 9 2 4 6
7 6 2 3 5 4 9 1 8
8 9 4 6 1 2 5 7 3
1 2 5 4 6 7 3 8 9
9 3 6 1 2 8 7 5 4
4 8 7 9 3 5 1 6 2
```

204
```
8 3 7 6 1 9 4 5 2
6 4 1 2 5 7 3 8 9
2 5 9 3 4 8 7 6 1
5 6 3 8 9 1 2 7 4
1 7 8 4 6 2 5 9 3
9 2 4 7 3 5 8 1 6
4 8 2 9 7 6 1 3 5
3 9 5 1 8 4 6 2 7
7 1 6 5 2 3 9 4 8
```

205
```
4 6 8 5 9 1 7 2 3
5 2 1 3 4 7 6 8 9
9 7 3 6 8 2 5 1 4
6 8 2 9 7 3 1 4 5
3 1 4 2 6 5 8 9 7
7 9 5 4 1 8 2 3 6
8 3 9 7 2 6 4 5 1
1 4 6 8 5 9 3 7 2
2 5 7 1 3 4 9 6 8
```

206
```
1 7 2 8 4 3 9 5 6
5 8 3 9 6 1 2 7 4
6 9 4 7 2 5 8 1 3
4 2 9 1 5 6 7 3 8
7 3 5 4 8 2 6 9 1
8 6 1 3 9 7 5 4 2
9 5 6 2 1 4 3 8 7
2 1 7 5 3 8 4 6 9
3 4 8 6 7 9 1 2 5
```

207
```
2 1 5 6 8 9 3 7 4
8 3 6 7 4 2 9 5 1
9 4 7 1 3 5 8 6 2
4 6 8 2 9 1 5 3 7
1 2 9 5 7 3 4 8 6
5 7 3 4 6 8 1 2 9
3 8 1 9 2 6 7 4 5
6 9 4 3 5 7 2 1 8
7 5 2 8 1 4 6 9 3
```

208
```
7 1 8 9 2 3 4 5 6
9 3 2 6 4 5 8 7 1
6 5 4 8 1 7 9 2 3
4 6 7 1 9 2 3 8 5
1 9 3 5 7 8 6 4 2
2 8 5 4 3 6 1 9 7
5 2 6 3 8 9 7 1 4
3 4 9 7 5 1 2 6 8
8 7 1 2 6 4 5 3 9
```

209
```
8 7 4 5 1 2 9 3 6
9 2 5 4 6 3 7 1 8
1 3 6 7 8 9 4 5 2
5 8 7 2 4 1 6 9 3
2 6 9 3 5 7 1 8 4
4 1 3 8 9 6 2 7 5
3 9 1 6 2 8 5 4 7
6 4 8 9 7 5 3 2 1
7 5 2 1 3 4 8 6 9
```

210
```
4 7 1 2 5 6 8 9 3
5 8 2 3 4 9 7 6 1
6 9 3 8 1 7 2 5 4
8 1 4 5 6 2 9 3 7
7 2 5 9 3 4 6 1 8
9 3 6 1 7 8 4 2 5
1 4 7 6 2 3 5 8 9
2 5 8 7 9 1 3 4 6
3 6 9 4 8 5 1 7 2
```

211
```
8 3 2 9 6 1 4 5 7
9 6 5 8 4 7 2 1 3
1 4 7 2 3 5 6 9 8
2 7 6 1 5 9 8 3 4
4 5 8 6 7 3 1 2 9
3 1 9 4 8 2 5 7 6
5 8 1 7 9 4 3 6 2
6 9 3 5 2 8 7 4 1
7 2 4 3 1 6 9 8 5
```

212
```
9 6 3 8 4 1 5 2 7
4 7 5 9 2 6 8 3 1
1 2 8 7 3 5 4 6 9
5 9 2 4 1 8 6 7 3
7 1 4 2 6 3 9 8 5
8 3 6 5 7 9 1 4 2
3 5 7 1 8 4 2 9 6
6 4 9 3 5 2 7 1 8
2 8 1 6 9 7 3 5 4
```

213
```
3 2 6 9 4 5 7 8 1
7 8 9 1 2 3 6 4 5
4 5 1 6 7 8 2 9 3
5 1 7 3 6 4 9 2 8
8 4 2 5 9 1 3 7 6
9 6 3 2 8 7 1 5 4
1 7 4 8 3 9 5 6 2
2 3 8 7 5 6 4 1 9
6 9 5 4 1 2 8 3 7
```

214
```
9 4 6 7 1 5 2 3 8
2 8 7 3 9 4 1 5 6
3 5 1 6 8 2 7 4 9
5 1 2 4 6 9 3 8 7
4 7 8 5 2 3 9 6 1
6 3 9 1 7 8 4 2 5
1 9 3 8 4 6 5 7 2
8 2 4 9 5 7 6 1 3
7 6 5 2 3 1 8 9 4
```

215
```
8 5 3 9 4 6 7 1 2
9 6 2 1 5 7 4 3 8
4 7 1 2 3 8 5 6 9
7 3 8 5 1 2 6 9 4
1 2 4 6 7 9 8 5 3
6 9 5 4 8 3 1 2 7
3 8 6 7 9 5 2 4 1
2 1 9 8 6 4 3 7 5
5 4 7 3 2 1 9 8 6
```

216
```
5 9 2 3 6 8 4 7 1
7 8 3 1 2 4 5 9 6
6 1 4 9 7 5 2 8 3
1 2 5 4 8 3 7 6 9
8 4 7 2 9 6 3 1 5
3 6 9 7 5 1 8 4 2
9 3 1 5 4 7 6 2 8
4 5 8 6 1 2 9 3 7
2 7 6 8 3 9 1 5 4
```

217
```
7 9 4 1 6 8 2 3 5
2 1 5 9 3 4 6 8 7
8 3 6 5 7 2 9 4 1
9 4 2 8 5 7 1 6 3
1 5 7 3 4 6 8 2 9
3 6 8 2 9 1 7 5 4
4 7 9 6 8 3 5 1 2
5 8 1 4 2 9 3 7 6
6 2 3 7 1 5 4 9 8
```

218
```
3 4 1 8 9 6 7 2 5
6 8 2 3 5 7 4 1 9
7 9 5 1 2 4 6 3 8
8 2 9 5 4 1 3 6 7
1 3 4 7 6 9 5 8 2
5 6 7 2 8 3 9 4 1
2 1 6 4 7 5 8 9 3
9 5 8 6 3 2 1 7 4
4 7 3 9 1 8 2 5 6
```

219
```
4 5 9 8 1 6 7 2 3
1 7 6 9 2 3 8 4 5
8 3 2 4 5 7 1 9 6
9 4 1 6 3 2 5 7 8
2 8 3 5 7 4 9 6 1
7 6 5 1 9 8 2 3 4
3 9 4 2 8 5 6 1 7
5 2 7 3 6 1 4 8 9
6 1 8 7 4 9 3 5 2
```

220
```
2 8 7 6 1 9 3 4 5
1 6 9 4 5 3 2 8 7
3 4 5 7 8 2 6 9 1
7 9 1 3 4 6 5 2 8
4 3 8 9 2 5 7 1 6
6 5 2 8 7 1 9 3 4
9 7 3 1 6 8 4 5 2
5 1 4 2 3 7 8 6 9
8 2 6 5 9 4 1 7 3
```

221
7	6	2	8	5	9	1	3	4
5	8	4	3	7	1	9	2	6
3	9	1	6	2	4	5	7	8
6	4	5	7	8	2	3	1	9
8	1	3	4	9	5	2	6	7
9	2	7	1	6	3	4	8	5
1	3	8	5	4	6	7	9	2
2	5	6	9	1	7	8	4	3
4	7	9	2	3	8	6	5	1

222
4	1	6	2	5	3	7	8	9
3	5	7	6	8	9	2	4	1
9	2	8	1	7	4	3	5	6
5	8	9	7	3	1	4	6	2
6	4	1	5	9	2	8	3	7
7	3	2	8	4	6	9	1	5
8	6	3	9	2	5	1	7	4
1	9	4	3	6	7	5	2	8
2	7	5	4	1	8	6	9	3

223
4	8	1	9	3	2	5	6	7
6	9	3	4	5	7	2	8	1
7	2	5	1	8	6	4	9	3
3	4	7	8	6	5	1	2	9
5	1	9	2	4	3	6	7	8
8	6	2	7	1	9	3	4	5
9	3	8	6	2	1	7	5	4
2	5	4	3	7	8	9	1	6
1	7	6	5	9	4	8	3	2

224
2	8	4	5	1	6	7	9	3
7	9	5	2	3	4	8	6	1
3	1	6	7	8	9	4	5	2
4	2	8	1	6	5	9	3	7
6	7	1	4	9	3	2	8	5
9	5	3	8	2	7	1	4	6
5	6	2	9	7	8	3	1	4
8	4	7	3	5	1	6	2	9
1	3	9	6	4	2	5	7	8

225
1	9	3	2	6	4	7	5	8
8	2	4	5	1	7	3	6	9
7	6	5	8	9	3	4	2	1
5	4	6	7	8	9	1	3	2
9	1	7	3	2	6	8	4	5
2	3	8	1	4	5	6	9	7
3	5	9	6	7	8	2	1	4
4	7	1	9	3	2	5	8	6
6	8	2	4	5	1	9	7	3

226
8	2	5	6	9	4	1	3	7
9	3	6	1	5	7	8	2	4
1	4	7	2	8	3	5	6	9
3	5	8	9	4	1	2	7	6
2	6	9	7	3	5	4	1	8
4	7	1	8	6	2	3	9	5
5	8	2	3	7	6	9	4	1
6	9	3	4	1	8	7	5	2
7	1	4	5	2	9	6	8	3

227
1	4	6	9	2	7	3	5	8
3	9	7	6	5	8	1	2	4
2	5	8	1	3	4	6	7	9
6	8	9	4	1	2	5	3	7
5	1	3	7	8	9	2	4	6
7	2	4	3	6	5	9	8	1
8	6	1	5	4	3	7	9	2
9	3	2	8	7	1	4	6	5
4	7	5	2	9	6	8	1	3

228
4	2	7	8	6	9	5	1	3
3	5	9	1	4	2	7	8	6
1	6	8	5	7	3	9	4	2
6	7	1	3	9	4	2	5	8
2	8	3	7	1	5	6	9	4
5	9	4	2	8	6	3	7	1
9	3	5	4	2	8	1	6	7
7	4	2	6	5	1	8	3	9
8	1	6	9	3	7	4	2	5

229
6	8	4	5	9	1	2	3	7
3	9	1	7	6	2	5	8	4
5	7	2	3	8	4	6	9	1
2	1	3	8	4	6	9	7	5
4	6	7	9	5	3	8	1	2
8	5	9	2	1	7	3	4	6
7	2	5	4	3	8	1	6	9
9	3	6	1	7	5	4	2	8
1	4	8	6	2	9	7	5	3

230
6	7	8	9	3	4	1	2	5
1	3	9	2	5	7	8	6	4
4	2	5	1	6	8	9	7	3
2	5	4	7	9	3	6	1	8
9	8	7	4	1	6	3	5	2
3	1	6	5	8	2	4	9	7
5	4	1	8	2	9	7	3	6
7	6	2	3	4	1	5	8	9
8	9	3	6	7	5	2	4	1

231
1	5	2	3	4	7	8	6	9
6	7	3	8	9	5	1	4	2
9	8	4	1	6	2	3	7	5
7	1	9	2	8	3	4	5	6
8	3	5	6	7	4	9	2	1
2	4	6	5	1	9	7	8	3
3	9	7	4	5	6	2	1	8
4	6	1	9	2	8	5	3	7
5	2	8	7	3	1	6	9	4

232
6	1	7	3	5	9	4	2	8
5	8	3	4	1	2	6	7	9
9	2	4	6	8	7	3	1	5
7	6	8	5	2	3	1	9	4
4	9	2	1	6	8	5	3	7
1	3	5	7	9	4	8	6	2
8	4	6	2	7	1	9	5	3
2	5	9	8	3	6	7	4	1
3	7	1	9	4	5	2	8	6

233
6	3	5	7	9	8	1	4	2
9	4	8	1	5	2	3	7	6
2	1	7	4	3	6	8	9	5
4	2	9	3	6	1	5	8	7
8	6	1	9	7	5	2	3	4
5	7	3	8	2	4	6	1	9
7	5	4	6	8	3	9	2	1
1	8	2	5	4	9	7	6	3
3	9	6	2	1	7	4	5	8

234
8	1	5	9	3	2	4	6	7
9	3	6	7	4	8	5	2	1
2	4	7	5	6	1	9	3	8
7	5	3	8	9	6	1	4	2
6	2	9	1	7	4	8	5	3
1	8	4	2	5	3	6	7	9
3	6	8	4	2	9	7	1	5
4	7	1	3	8	5	2	9	6
5	9	2	6	1	7	3	8	4

235
2	8	4	6	9	5	3	7	1
6	9	1	4	3	7	8	2	5
7	3	5	1	2	8	9	4	6
8	4	9	2	1	6	7	5	3
5	7	2	3	8	9	6	1	4
3	1	6	7	5	4	2	8	9
9	2	3	8	4	1	5	6	7
1	5	7	9	6	2	4	3	8
4	6	8	5	7	3	1	9	2

236
6	5	9	7	1	3	2	4	8
4	7	1	5	8	2	3	6	9
8	2	3	4	9	6	7	1	5
7	3	2	1	4	9	8	5	6
9	4	8	2	6	5	1	3	7
1	6	5	8	3	7	9	2	4
2	9	4	3	5	8	6	7	1
3	1	6	9	7	4	5	8	2
5	8	7	6	2	1	4	9	3

237
8	5	1	9	6	2	7	3	4
6	7	3	4	5	8	2	1	9
2	9	4	3	7	1	5	8	6
5	2	7	8	9	6	3	4	1
3	6	8	7	1	4	9	2	5
1	4	9	2	3	5	8	6	7
9	8	5	6	4	3	1	7	2
4	1	2	5	8	7	6	9	3
7	3	6	1	2	9	4	5	8

238
2	3	7	6	5	4	1	8	9
5	4	8	2	1	9	3	6	7
1	6	9	7	8	3	2	5	4
6	7	5	1	3	2	9	4	8
3	8	1	9	4	6	5	7	2
4	9	2	5	7	8	6	1	3
7	2	3	8	6	5	4	9	1
8	5	4	3	9	1	7	2	6
9	1	6	4	2	7	8	3	5

239
7	2	6	5	4	8	9	1	3
4	8	1	6	3	9	5	7	2
5	3	9	7	1	2	6	4	8
6	1	8	9	2	5	7	3	4
9	4	3	1	8	7	2	5	6
2	7	5	3	6	4	8	9	1
3	9	2	4	7	6	1	8	5
8	5	4	2	9	1	3	6	7
1	6	7	8	5	3	4	2	9

240
8	2	5	9	3	6	1	7	4
3	7	6	1	2	4	8	5	9
1	9	4	8	5	7	6	2	3
2	1	7	4	9	8	3	6	5
4	3	8	2	6	5	7	9	1
5	6	9	3	7	1	4	8	2
6	4	1	5	8	9	2	3	7
7	5	2	6	4	3	9	1	8
9	8	3	7	1	2	5	4	6

241

3	2	7	6	1	5	4	8	9
4	5	9	7	2	8	1	3	6
6	1	8	4	9	3	7	2	5
7	6	2	3	4	9	5	1	8
1	8	3	2	5	7	6	9	4
5	9	4	1	8	6	2	7	3
2	3	1	8	6	4	9	5	7
8	4	5	9	7	1	3	6	2
9	7	6	5	3	2	8	4	1

242

9	6	2	7	4	3	5	8	1
1	7	3	6	8	5	4	9	2
5	8	4	2	9	1	7	3	6
3	9	6	4	5	2	8	1	7
4	5	8	9	1	7	2	6	3
2	1	7	8	3	6	9	4	5
6	2	9	3	7	4	1	5	8
8	3	1	5	2	9	6	7	4
7	4	5	1	6	8	3	2	9

243

8	1	4	7	5	6	9	2	3
3	2	5	9	1	4	6	8	7
9	6	7	8	3	2	1	5	4
1	3	8	4	6	5	2	7	9
2	7	6	1	8	9	4	3	5
4	5	9	2	7	3	8	6	1
7	8	2	3	9	1	5	4	6
5	4	1	6	2	7	3	9	8
6	9	3	5	4	8	7	1	2

244

4	3	7	9	5	8	6	1	2
2	5	9	6	1	3	7	4	8
8	6	1	2	7	4	3	5	9
1	8	3	5	9	2	4	7	6
7	2	5	3	4	6	8	9	1
9	4	6	7	8	1	2	3	5
3	1	8	4	6	5	9	2	7
5	9	2	8	3	7	1	6	4
6	7	4	1	2	9	5	8	3

245

3	7	2	5	8	6	1	9	4
6	1	9	4	2	7	3	8	5
5	8	4	3	9	1	7	6	2
7	2	3	8	5	9	4	1	6
1	9	5	6	3	4	8	2	7
8	4	6	7	1	2	9	5	3
9	5	1	2	7	3	6	4	8
4	3	8	1	6	5	2	7	9
2	6	7	9	4	8	5	3	1

246

1	4	6	5	7	8	9	2	3
8	2	7	3	6	9	1	5	4
9	5	3	2	1	4	6	7	8
2	6	8	9	3	5	7	4	1
3	7	5	1	4	2	8	6	9
4	1	9	6	8	7	2	3	5
5	8	4	7	9	6	3	1	2
6	9	1	4	2	3	5	8	7
7	3	2	8	5	1	4	9	6

247

2	8	9	6	3	4	7	1	5
7	1	5	8	9	2	6	3	4
3	4	6	1	7	5	2	9	8
4	3	7	9	8	6	1	5	2
5	9	8	3	2	1	4	6	7
1	6	2	5	4	7	3	8	9
6	2	1	4	5	8	9	7	3
8	7	3	2	6	9	5	4	1
9	5	4	7	1	3	8	2	6

248

5	1	3	2	9	7	4	6	8
6	2	9	1	4	8	7	5	3
7	8	4	3	6	5	9	1	2
3	6	8	4	1	9	5	2	7
1	9	5	7	2	6	8	3	4
2	4	7	8	5	3	1	9	6
4	3	6	9	7	1	2	8	5
8	7	1	5	3	2	6	4	9
9	5	2	6	8	4	3	7	1

249

9	2	8	6	3	7	4	5	1
1	7	4	8	5	2	6	3	9
3	5	6	4	1	9	7	2	8
7	8	5	1	6	3	9	4	2
6	1	9	2	8	4	5	7	3
2	4	3	9	7	5	8	1	6
4	3	1	7	9	6	2	8	5
5	9	2	3	4	8	1	6	7
8	6	7	5	2	1	3	9	4

250

2	3	8	4	5	9	1	6	7
4	6	9	7	1	8	2	5	3
5	7	1	2	6	3	8	9	4
7	9	2	8	4	6	3	1	5
1	4	3	9	2	5	7	8	6
8	5	6	1	3	7	4	2	9
9	8	4	5	7	1	6	3	2
3	2	5	6	8	4	9	7	1
6	1	7	3	9	2	5	4	8

251

1	2	8	6	3	4	7	5	9
6	3	5	7	8	9	1	4	2
4	7	9	5	1	2	6	3	8
5	1	2	3	7	6	8	9	4
9	6	3	1	4	8	5	2	7
7	8	4	9	2	5	3	1	6
3	4	6	8	9	1	2	7	5
2	5	7	4	6	3	9	8	1
8	9	1	2	5	7	4	6	3

252

8	1	4	9	5	6	7	2	3
7	2	5	8	3	4	9	1	6
9	3	6	2	1	7	5	4	8
1	9	3	5	6	2	4	8	7
4	5	7	1	8	3	2	6	9
2	6	8	4	7	9	1	3	5
5	8	9	6	2	1	3	7	4
3	4	1	7	9	8	6	5	2
6	7	2	3	4	5	8	9	1

253

4	1	2	8	5	9	6	3	7
9	8	6	7	3	4	2	5	1
3	5	7	6	1	2	8	4	9
5	2	8	3	7	6	1	9	4
1	9	3	4	2	5	7	8	6
6	7	4	1	9	8	5	2	3
2	3	5	9	6	7	4	1	8
7	4	1	2	8	3	9	6	5
8	6	9	5	4	1	3	7	2

254

4	8	9	6	5	1	2	3	7
7	3	5	8	9	2	4	1	6
6	2	1	3	4	7	8	9	5
2	7	3	4	1	8	6	5	9
1	5	4	9	7	6	3	2	8
8	9	6	2	3	5	7	4	1
3	4	7	1	6	9	5	8	2
9	6	8	5	2	3	1	7	4
5	1	2	7	8	4	9	6	3

255

6	3	1	7	4	9	8	2	5
8	9	7	1	2	5	3	6	4
5	2	4	3	8	6	1	7	9
7	1	8	9	3	2	4	5	6
4	5	9	6	1	7	2	8	3
3	6	2	4	5	8	9	1	7
1	7	3	2	6	4	5	9	8
9	4	5	8	7	1	6	3	2
2	8	6	5	9	3	7	4	1

256

4	1	3	6	7	5	8	9	2
5	2	7	4	8	9	3	6	1
9	6	8	1	2	3	7	5	4
2	8	1	5	3	6	9	4	7
3	4	5	7	9	2	1	8	6
7	9	6	8	1	4	2	3	5
6	3	9	2	5	7	4	1	8
8	7	4	9	6	1	5	2	3
1	5	2	3	4	8	6	7	9

257

4	5	6	7	2	9	8	1	3
9	1	2	3	4	8	7	5	6
7	8	3	6	1	5	2	4	9
8	6	4	5	9	7	3	2	1
1	2	9	4	3	6	5	7	8
3	7	5	1	8	2	9	6	4
5	9	7	8	6	1	4	3	2
6	4	8	2	5	3	1	9	7
2	3	1	9	7	4	6	8	5

258

3	8	4	9	7	1	2	5	6
5	9	6	4	8	2	3	1	7
2	7	1	3	5	6	9	4	8
8	4	2	6	9	5	7	3	1
9	6	5	7	1	3	8	2	4
1	3	7	2	4	8	5	6	9
4	1	8	5	2	7	6	9	3
6	2	9	8	3	4	1	7	5
7	5	3	1	6	9	4	8	2

259

7	4	5	2	8	6	9	1	3
6	1	3	7	9	5	2	8	4
9	2	8	3	4	1	6	5	7
2	3	9	1	5	4	7	6	8
8	5	4	6	3	7	1	9	2
1	7	6	8	2	9	3	4	5
3	6	1	4	7	8	5	2	9
4	9	7	5	6	2	8	3	1
5	8	2	9	1	3	4	7	6

260

8	6	7	9	5	2	1	3	4
5	3	4	1	6	7	2	9	8
2	9	1	4	8	3	6	5	7
7	1	8	3	9	4	5	2	6
3	2	5	6	7	8	9	4	1
6	4	9	5	2	1	7	8	3
1	5	2	8	3	6	4	7	9
4	7	3	2	1	9	8	6	5
9	8	6	7	4	5	3	1	2

261

6	8	2	1	7	4	3	5	9
9	1	5	3	6	8	4	2	7
4	3	7	5	9	2	8	6	1
1	5	8	9	3	7	6	4	2
2	4	9	6	8	1	7	3	5
7	6	3	2	4	5	1	9	8
3	7	6	8	5	9	2	1	4
8	9	1	4	2	3	5	7	6
5	2	4	7	1	6	9	8	3

262

1	3	8	6	2	4	5	9	7
9	7	2	8	1	5	6	4	3
5	6	4	7	9	3	1	8	2
2	4	7	9	3	6	8	5	1
3	5	9	1	8	2	4	7	6
6	8	1	5	4	7	2	3	9
4	1	6	3	5	9	7	2	8
7	9	5	2	6	8	3	1	4
8	2	3	4	7	1	9	6	5

263

8	2	5	9	7	4	6	1	3
6	3	7	5	1	8	9	4	2
1	4	9	6	2	3	5	7	8
9	8	1	7	4	2	3	5	6
7	5	2	1	3	6	8	9	4
4	6	3	8	5	9	1	2	7
2	7	8	3	9	1	4	6	5
3	9	4	2	6	5	7	8	1
5	1	6	4	8	7	2	3	9

264

1	7	4	8	9	6	2	3	5
2	9	5	1	3	4	6	7	8
3	8	6	7	5	2	9	4	1
9	3	7	2	1	5	4	8	6
6	5	8	9	4	7	1	2	3
4	1	2	3	6	8	5	9	7
5	6	3	4	8	9	7	1	2
8	2	9	5	7	1	3	6	4
7	4	1	6	2	3	8	5	9

265

3	6	8	1	2	7	4	9	5
5	9	1	8	4	6	3	7	2
2	7	4	9	3	5	1	8	6
4	1	9	5	7	2	8	6	3
6	5	2	4	8	3	9	1	7
7	8	3	6	9	1	2	5	4
8	2	5	7	1	4	6	3	9
9	3	6	2	5	8	7	4	1
1	4	7	3	6	9	5	2	8

266

1	9	5	3	2	6	7	4	8
2	8	6	4	5	7	3	1	9
3	4	7	1	8	9	5	2	6
4	1	8	5	6	2	9	3	7
7	2	3	9	1	8	4	6	5
5	6	9	7	3	4	1	8	2
6	3	1	8	7	5	2	9	4
8	5	4	2	9	3	6	7	1
9	7	2	6	4	1	8	5	3

267

8	6	4	2	9	1	7	5	3
5	7	2	6	3	8	9	1	4
9	1	3	4	5	7	6	8	2
3	2	9	8	7	4	1	6	5
1	5	6	3	2	9	4	7	8
4	8	7	5	1	6	2	3	9
6	3	5	1	4	2	8	9	7
7	4	8	9	6	3	5	2	1
2	9	1	7	8	5	3	4	6

268

1	6	7	9	3	4	5	8	2
8	2	3	5	1	6	7	9	4
9	4	5	7	8	2	6	1	3
3	7	6	4	5	9	8	2	1
2	1	9	8	7	3	4	6	5
4	5	8	2	6	1	9	3	7
5	8	1	3	9	7	2	4	6
6	9	2	1	4	5	3	7	8
7	3	4	6	2	8	1	5	9

269

2	5	7	3	8	6	4	9	1
4	3	8	9	1	7	5	2	6
1	6	9	2	5	4	7	3	8
3	7	1	5	4	9	6	8	2
5	8	4	6	2	3	9	1	7
6	9	2	8	7	1	3	4	5
8	4	3	7	6	2	1	5	9
7	1	5	4	9	8	2	6	3
9	2	6	1	3	5	8	7	4

270

2	6	7	3	4	9	5	8	1
4	1	8	2	5	7	6	9	3
5	3	9	6	1	8	2	4	7
9	5	1	4	2	3	7	6	8
6	8	2	9	7	1	3	5	4
7	4	3	8	6	5	1	2	9
3	7	4	5	9	6	8	1	2
8	9	5	1	3	2	4	7	6
1	2	6	7	8	4	9	3	5

271

1	7	2	6	9	3	4	8	5
6	8	9	5	2	4	1	7	3
4	5	3	8	1	7	2	9	6
8	6	5	9	3	2	7	1	4
3	9	7	1	4	6	8	5	2
2	4	1	7	5	8	6	3	9
9	1	6	2	7	5	3	4	8
7	2	4	3	8	9	5	6	1
5	3	8	4	6	1	9	2	7

272

3	1	8	9	4	2	7	5	6
9	6	5	7	8	1	3	4	2
4	7	2	6	3	5	9	1	8
5	8	7	1	6	4	2	3	9
2	9	4	3	7	8	5	6	1
6	3	1	2	5	9	8	7	4
1	5	6	8	9	7	4	2	3
7	2	9	4	1	3	6	8	5
8	4	3	5	2	6	1	9	7

273

5	7	1	6	9	2	8	3	4
9	4	3	8	7	5	6	2	1
6	2	8	3	1	4	9	5	7
8	3	5	7	4	6	2	1	9
2	9	6	5	8	1	4	7	3
4	1	7	9	2	3	5	6	8
1	5	9	4	6	7	3	8	2
7	6	4	2	3	8	1	9	5
3	8	2	1	5	9	7	4	6

274

9	3	5	1	8	2	4	6	7
2	4	6	3	5	7	8	9	1
1	8	7	4	6	9	3	2	5
6	7	2	5	9	3	1	4	8
3	1	8	7	4	6	2	5	9
4	5	9	8	2	1	7	3	6
7	2	1	6	3	5	9	8	4
8	6	3	9	1	4	5	7	2
5	9	4	2	7	8	6	1	3

275

2	9	6	1	4	3	5	7	8
8	5	1	7	9	2	4	3	6
4	7	3	8	5	6	9	1	2
5	2	9	3	6	8	1	4	7
6	8	7	9	1	4	2	5	3
1	3	4	2	7	5	6	8	9
7	4	5	6	3	9	8	2	1
9	1	8	4	2	7	3	6	5
3	6	2	5	8	1	7	9	4

276

2	7	1	8	3	9	4	5	6
4	3	6	2	5	7	9	1	8
8	9	5	4	6	1	2	7	3
6	8	3	7	1	2	5	4	9
9	2	4	6	8	5	1	3	7
5	1	7	9	4	3	8	6	2
7	6	8	5	9	4	3	2	1
1	5	9	3	2	6	7	8	4
3	4	2	1	7	8	6	9	5

277

9	2	4	1	6	5	8	3	7
1	5	7	3	9	8	6	4	2
3	6	8	7	4	2	1	9	5
5	4	1	6	7	9	2	8	3
6	8	9	2	5	3	7	1	4
2	7	3	4	8	1	5	6	9
4	9	6	8	2	7	3	5	1
7	1	5	9	3	6	4	2	8
8	3	2	5	1	4	9	7	6

278

9	2	4	8	1	5	6	7	3
5	6	7	3	2	9	4	8	1
1	3	8	4	6	7	9	5	2
6	4	9	1	7	3	5	2	8
2	5	1	6	9	8	7	3	4
7	8	3	2	5	4	1	6	9
8	1	2	5	4	6	3	9	7
3	9	5	7	8	1	2	4	6
4	7	6	9	3	2	8	1	5

279

9	7	3	6	1	5	2	8	4
1	8	2	7	3	4	5	6	9
6	5	4	9	8	2	3	1	7
2	4	8	3	7	1	6	9	5
7	9	5	8	4	6	1	3	2
3	1	6	2	5	9	7	4	8
4	6	7	5	9	3	8	2	1
5	3	9	1	2	8	4	7	6
8	2	1	4	6	7	9	5	3

280

7	9	3	1	5	4	6	8	2
4	1	6	8	7	2	3	9	5
8	2	5	3	9	6	7	4	1
6	3	1	5	2	9	4	7	8
9	7	2	6	4	8	5	1	3
5	8	4	7	1	3	9	2	6
3	6	9	4	8	1	2	5	7
1	4	7	2	6	5	8	3	9
2	5	8	9	3	7	1	6	4

281

7	8	3	2	1	4	5	6	9
1	4	5	8	9	6	2	3	7
9	2	6	5	7	3	8	1	4
2	5	8	3	6	9	4	7	1
3	7	1	4	2	8	6	9	5
6	9	4	7	5	1	3	8	2
5	6	7	9	3	2	1	4	8
8	1	9	6	4	5	7	2	3
4	3	2	1	8	7	9	5	6

282

2	4	7	8	3	6	9	5	1
9	3	1	5	4	2	6	8	7
6	5	8	9	7	1	3	2	4
5	1	6	4	8	9	2	7	3
8	7	4	6	2	3	1	9	5
3	2	9	1	5	7	8	4	6
7	8	2	3	1	4	5	6	9
4	9	3	2	6	5	7	1	8
1	6	5	7	9	8	4	3	2

283

5	6	1	4	3	2	7	8	9
4	8	2	9	6	7	1	3	5
7	9	3	1	5	8	6	4	2
1	3	9	8	2	4	5	7	6
8	2	7	6	1	5	3	9	4
6	5	4	7	9	3	2	1	8
2	4	5	3	7	9	8	6	1
9	7	6	5	8	1	4	2	3
3	1	8	2	4	6	9	5	7

284

9	1	4	5	8	3	2	6	7
7	6	5	4	2	1	8	3	9
2	3	8	6	7	9	1	4	5
3	8	6	9	1	2	7	5	4
1	5	7	8	3	4	6	9	2
4	2	9	7	6	5	3	1	8
8	9	3	2	5	6	4	7	1
5	7	1	3	4	8	9	2	6
6	4	2	1	9	7	5	8	3

285

6	9	3	1	4	5	2	7	8
1	8	4	2	7	9	5	3	6
7	2	5	8	6	3	9	1	4
5	4	9	6	8	1	3	2	7
3	6	1	7	9	2	4	8	5
8	7	2	3	5	4	1	6	9
4	1	6	5	3	7	8	9	2
9	3	7	4	2	8	6	5	1
2	5	8	9	1	6	7	4	3

286

4	5	8	9	6	7	1	3	2
2	6	9	8	3	1	5	4	7
3	1	7	2	4	5	6	8	9
8	9	1	5	7	3	2	6	4
5	4	2	1	8	6	7	9	3
6	7	3	4	2	9	8	5	1
7	8	5	3	9	2	4	1	6
9	2	4	6	1	8	3	7	5
1	3	6	7	5	4	9	2	8

287

5	1	4	8	6	2	7	3	9
3	2	6	7	9	5	4	8	1
7	9	8	3	4	1	5	6	2
8	4	2	1	7	3	6	9	5
9	7	3	4	5	6	2	1	8
1	6	5	9	2	8	3	7	4
4	3	7	2	8	9	1	5	6
2	5	9	6	1	7	8	4	3
6	8	1	5	3	4	9	2	7

288

1	4	7	2	9	5	3	6	8
8	2	9	4	6	3	5	7	1
5	6	3	7	1	8	4	2	9
7	1	2	5	4	6	8	9	3
9	8	4	3	2	1	6	5	7
6	3	5	8	7	9	2	1	4
2	7	8	9	5	4	1	3	6
3	9	6	1	8	2	7	4	5
4	5	1	6	3	7	9	8	2

289

4	2	3	5	8	7	1	6	9
1	8	5	9	6	2	4	3	7
7	9	6	4	3	1	2	5	8
5	6	4	2	9	8	3	7	1
9	1	2	6	7	3	5	8	4
8	3	7	1	4	5	9	2	6
2	7	8	3	1	4	6	9	5
3	4	9	7	5	6	8	1	2
6	5	1	8	2	9	7	4	3

290

2	1	5	7	8	3	4	6	9
9	4	8	1	5	6	3	7	2
3	7	6	9	2	4	8	1	5
8	3	9	6	1	2	5	4	7
1	6	7	4	9	5	2	8	3
4	5	2	8	3	7	6	9	1
5	8	1	3	4	9	7	2	6
6	9	3	2	7	8	1	5	4
7	2	4	5	6	1	9	3	8

291

8	2	5	3	9	4	6	7	1
9	3	6	7	1	8	5	2	4
1	4	7	2	5	6	8	9	3
2	5	8	9	3	7	1	4	6
3	6	9	4	8	1	2	5	7
4	7	1	5	6	2	9	3	8
5	8	2	1	4	3	7	6	9
6	9	3	8	7	5	4	1	2
7	1	4	6	2	9	3	8	5

292

6	9	3	1	2	7	8	4	5
8	1	4	5	3	6	2	7	9
7	2	5	4	8	9	1	3	6
4	3	1	9	5	8	6	2	7
2	5	6	7	4	1	3	9	8
9	8	7	2	6	3	5	1	4
1	4	8	6	9	2	7	5	3
3	7	9	8	1	5	4	6	2
5	6	2	3	7	4	9	8	1

293

1	9	6	2	3	7	4	8	5
3	4	7	5	8	9	6	2	1
2	5	8	6	4	1	3	9	7
5	6	2	8	7	4	1	3	9
4	7	9	1	2	3	5	6	8
8	1	3	9	6	5	7	4	2
6	8	1	3	5	2	9	7	4
9	2	4	7	1	6	8	5	3
7	3	5	4	9	8	2	1	6

294

9	6	4	8	2	7	5	1	3
2	1	7	9	3	5	4	6	8
5	3	8	4	6	1	9	2	7
6	2	1	7	4	9	8	3	5
7	5	3	1	8	6	2	4	9
4	8	9	3	5	2	6	7	1
3	9	6	5	1	4	7	8	2
8	7	2	6	9	3	1	5	4
1	4	5	2	7	8	3	9	6

295

4	6	7	8	1	2	9	3	5
5	1	9	4	7	3	8	2	6
8	2	3	5	6	9	7	1	4
6	5	1	9	2	7	3	4	8
7	8	2	3	4	5	6	9	1
9	3	4	6	8	1	5	7	2
1	4	6	7	9	8	2	5	3
2	7	5	1	3	6	4	8	9
3	9	8	2	5	4	1	6	7

296

1	8	4	2	9	5	3	6	7
6	2	3	8	4	7	5	1	9
7	5	9	6	1	3	4	8	2
8	1	5	7	2	6	9	4	3
9	3	6	4	5	8	7	2	1
2	4	7	1	3	9	6	5	8
3	6	8	5	7	2	1	9	4
5	7	1	9	8	4	2	3	6
4	9	2	3	6	1	8	7	5

297

4	5	8	1	3	6	2	9	7
3	6	9	4	7	2	8	5	1
2	7	1	5	8	9	4	3	6
1	8	4	7	2	3	5	6	9
5	9	7	8	6	4	1	2	3
6	3	2	9	1	5	7	4	8
7	4	3	6	5	8	9	1	2
8	2	5	3	9	1	6	7	4
9	1	6	2	4	7	3	8	5

298

4	1	7	2	6	8	3	9	5
5	2	6	7	9	3	8	4	1
9	3	8	4	1	5	6	7	2
1	7	3	5	2	6	9	8	4
6	5	4	8	3	9	1	2	7
2	8	9	1	4	7	5	6	3
7	9	5	3	8	4	2	1	6
8	4	1	6	5	2	7	3	9
3	6	2	9	7	1	4	5	8

299

6	5	1	4	9	8	7	2	3
2	7	3	5	6	1	8	4	9
8	9	4	7	3	2	6	1	5
7	8	2	6	4	5	3	9	1
4	1	5	9	8	3	2	6	7
9	3	6	1	2	7	4	5	8
1	2	7	8	5	6	9	3	4
3	4	8	2	1	9	5	7	6
5	6	9	3	7	4	1	8	2

300

2	5	6	4	8	1	3	7	9
9	3	8	7	2	6	4	5	1
7	4	1	5	3	9	6	2	8
1	8	9	3	4	2	5	6	7
4	2	5	9	6	7	8	1	3
3	6	7	8	1	5	2	9	4
8	9	2	6	7	4	1	3	5
6	7	3	1	5	8	9	4	2
5	1	4	2	9	3	7	8	6

301
```
7 9 5 1 4 6 8 2 3
6 1 3 7 8 2 5 4 9
8 2 4 3 9 5 1 7 6
9 7 8 2 1 3 4 6 5
3 5 1 4 6 7 2 9 8
4 6 2 8 5 9 3 1 7
2 8 6 5 7 1 9 3 4
5 3 7 9 2 4 6 8 1
1 4 9 6 3 8 7 5 2
```

302
```
9 2 5 3 1 4 6 8 7
1 4 6 7 8 5 2 9 3
8 7 3 2 9 6 4 1 5
3 1 7 6 2 9 8 5 4
2 5 8 4 7 1 9 3 6
4 6 9 8 5 3 1 7 2
7 8 4 1 3 2 5 6 9
6 9 1 5 4 7 3 2 8
5 3 2 9 6 8 7 4 1
```

303
```
3 2 5 4 9 1 6 7 8
6 8 7 5 2 3 9 1 4
1 4 9 8 6 7 2 3 5
9 6 3 7 8 4 5 2 1
7 1 4 9 5 2 8 6 3
2 3 1 6 4 5 7 8 9
4 9 6 1 7 8 3 5 2
5 7 8 2 3 9 1 4 6
8 5 2 3 1 6 4 9 7
```

304
```
5 1 7 8 6 9 3 2 4
9 8 3 4 2 7 6 5 1
6 2 4 5 1 3 8 7 9
7 5 9 6 4 8 1 3 2
8 3 1 2 7 5 4 9 6
4 6 2 3 9 1 7 8 5
1 7 5 9 3 6 2 4 8
2 9 6 7 8 4 5 1 3
3 4 8 1 5 2 9 6 7
```

305
```
5 9 2 4 8 3 1 6 7
6 1 4 9 7 2 8 3 5
8 7 3 6 5 1 2 4 9
9 3 1 5 4 6 7 8 2
7 4 5 2 1 8 3 9 6
2 8 6 7 3 9 5 1 4
1 5 9 8 2 4 6 7 3
3 6 7 1 9 5 4 2 8
4 2 8 3 6 7 9 5 1
```

306
```
2 4 5 1 3 7 6 9 8
8 1 6 9 4 5 2 3 7
9 3 7 2 6 8 1 5 4
1 6 4 8 2 9 5 7 3
7 2 8 6 5 3 9 4 1
3 5 9 4 7 1 8 2 6
4 8 1 7 9 2 3 6 5
5 7 2 3 8 6 4 1 9
6 9 3 5 1 4 7 8 2
```

307
```
7 2 6 8 9 3 5 1 4
1 3 9 2 4 5 6 8 7
4 5 8 6 7 1 2 3 9
2 6 7 1 3 4 8 9 5
3 8 1 9 5 2 4 7 6
5 9 4 7 8 6 1 2 3
6 4 2 3 1 7 9 5 8
8 7 5 4 2 9 3 6 1
9 1 3 5 6 8 7 4 2
```

308
```
1 3 2 7 9 5 4 6 8
5 7 4 2 6 8 9 1 3
6 8 9 4 1 3 7 5 2
2 5 3 8 4 9 1 7 6
4 6 8 3 7 1 2 9 5
7 9 1 5 2 6 8 3 4
3 1 5 9 8 4 6 2 7
8 2 6 1 3 7 5 4 9
9 4 7 6 5 2 3 8 1
```

309
```
8 3 5 2 9 7 1 4 6
9 1 6 8 4 5 7 3 2
2 4 7 3 1 6 5 8 9
3 2 8 6 7 9 4 1 5
4 6 9 1 5 8 3 2 7
5 7 1 4 2 3 6 9 8
6 5 3 9 8 4 2 7 1
7 8 2 5 3 1 9 6 4
1 9 4 7 6 2 8 5 3
```

310
```
3 6 9 4 5 8 1 2 7
5 7 2 1 3 6 9 8 4
4 8 1 9 2 7 3 6 5
8 5 3 2 4 9 6 7 1
9 1 4 6 7 3 2 5 8
6 2 7 5 8 1 4 3 9
7 9 8 3 1 2 5 4 6
1 3 5 8 6 4 7 9 2
2 4 6 7 9 5 8 1 3
```

311
```
9 2 6 8 4 3 5 1 7
1 3 7 6 2 5 4 8 9
5 4 8 1 7 9 6 3 2
7 6 9 2 1 8 3 5 4
3 8 2 4 5 6 9 7 1
4 1 5 9 3 7 8 2 6
6 5 1 7 8 4 2 9 3
8 7 4 3 9 2 1 6 5
2 9 3 5 6 1 7 4 8
```

312
```
3 5 4 6 7 2 8 1 9
8 1 6 5 9 4 2 3 7
2 9 7 3 1 8 4 6 5
4 6 9 2 3 7 1 5 8
1 7 2 8 5 9 3 4 6
5 8 3 4 6 1 9 7 2
6 2 8 7 4 3 5 9 1
7 3 1 9 8 5 6 2 4
9 4 5 1 2 6 7 8 3
```

313
```
1 3 7 8 9 2 4 5 6
2 4 5 6 7 1 3 9 8
9 8 6 4 3 5 1 2 7
5 9 2 1 8 3 6 7 4
7 6 3 5 2 4 8 1 9
8 1 4 7 6 9 5 3 2
3 7 1 9 4 6 2 8 5
4 2 8 3 5 7 9 6 1
6 5 9 2 1 8 7 4 3
```

314
```
2 9 3 1 5 6 4 7 8
1 7 4 8 9 3 2 5 6
5 6 8 4 2 7 1 3 9
3 2 7 5 6 1 8 9 4
4 5 9 7 8 2 6 1 3
6 8 1 3 4 9 5 2 7
7 1 2 6 3 8 9 4 5
8 3 5 9 1 4 7 6 2
9 4 6 2 7 5 3 8 1
```

315
```
4 5 1 3 7 8 6 2 9
7 9 2 4 6 1 8 5 3
8 6 3 5 2 9 4 1 7
2 4 9 1 8 6 3 7 5
3 7 8 9 5 2 1 6 4
6 1 5 7 4 3 2 9 8
9 2 4 6 3 5 7 8 1
5 3 6 8 1 7 9 4 2
1 8 7 2 9 4 5 3 6
```

316
```
2 3 6 5 7 4 8 9 1
9 4 7 1 2 8 3 5 6
1 5 8 3 9 6 4 7 2
8 9 4 2 1 3 5 6 7
7 1 5 4 6 9 2 3 8
3 6 2 8 5 7 9 1 4
4 7 9 6 8 5 1 2 3
5 8 1 7 3 2 6 4 9
6 2 3 9 4 1 7 8 5
```

317
```
1 3 7 4 9 8 5 6 2
4 8 6 2 5 7 9 3 1
5 9 2 6 3 1 7 4 8
8 4 3 5 2 9 6 1 7
2 1 5 7 6 3 8 9 4
7 6 9 8 1 4 2 5 3
9 5 8 1 4 2 3 7 6
6 7 1 3 8 5 4 2 9
3 2 4 9 7 6 1 8 5
```

318
```
7 1 2 4 3 5 8 6 9
8 4 3 9 1 6 2 5 7
9 5 6 2 7 8 1 4 3
1 6 7 5 8 4 3 9 2
4 2 9 3 6 1 5 7 8
5 3 8 7 9 2 4 1 6
2 7 4 8 5 9 6 3 1
3 8 1 6 4 7 9 2 5
6 9 5 1 2 3 7 8 4
```

319
```
7 5 3 8 4 6 9 1 2
2 8 6 9 5 1 3 7 4
4 9 1 2 7 3 6 5 8
9 4 2 3 1 8 7 6 5
1 3 7 5 6 2 4 8 9
5 6 8 7 9 4 1 2 3
8 2 4 6 3 7 5 9 1
3 7 9 1 8 5 2 4 6
6 1 5 4 2 9 8 3 7
```

320
```
2 3 5 6 4 7 1 8 9
7 8 9 2 1 3 5 4 6
6 4 1 8 5 9 3 7 2
3 9 2 1 8 4 7 6 5
4 7 6 3 9 5 2 1 8
5 1 8 7 2 6 9 3 4
8 5 7 9 6 1 4 2 3
9 2 3 4 7 8 6 5 1
1 6 4 5 3 2 8 9 7
```

321

```
5 7 3 1 6 9 8 2 4
9 6 4 7 8 2 1 5 3
1 2 8 4 5 3 6 9 7
8 3 5 2 4 7 9 6 1
6 1 7 5 9 8 4 3 2
2 4 9 6 3 1 7 8 5
3 5 6 8 7 4 2 1 9
7 8 1 9 2 5 3 4 6
4 9 2 3 1 6 5 7 8
```

322

```
9 6 4 1 7 8 2 3 5
5 2 7 3 9 6 8 4 1
1 3 8 2 4 5 7 9 6
6 5 1 7 8 9 4 2 3
7 4 2 5 3 1 6 8 9
8 9 3 4 6 2 5 1 7
2 7 9 8 5 3 1 6 4
3 8 5 6 1 4 9 7 2
4 1 6 9 2 7 3 5 8
```

323

```
5 2 1 9 4 6 3 7 8
6 8 3 1 7 2 9 4 5
7 9 4 3 5 8 2 6 1
8 3 5 2 6 9 7 1 4
9 4 2 7 8 1 5 3 6
1 6 7 4 3 5 8 9 2
2 7 6 5 9 4 1 8 3
3 1 8 6 2 7 4 5 9
4 5 9 8 1 3 6 2 7
```

324

```
2 1 6 4 9 8 3 7 5
9 3 7 5 2 6 4 8 1
4 5 8 1 7 3 9 6 2
7 4 2 8 1 5 6 3 9
1 9 3 6 4 7 5 2 8
8 6 5 2 3 9 7 1 4
5 7 1 9 6 2 8 4 3
3 8 4 7 5 1 2 9 6
6 2 9 3 8 4 1 5 7
```

325

```
4 2 8 5 9 7 1 3 6
6 1 9 2 8 3 5 4 7
7 3 5 6 1 4 2 9 8
9 5 7 8 3 2 4 6 1
1 6 3 4 7 5 9 8 2
2 8 4 9 6 1 7 5 3
5 9 6 7 2 8 3 1 4
8 7 1 3 4 9 6 2 5
3 4 2 1 5 6 8 7 9
```

326

```
7 8 3 9 2 4 1 5 6
9 1 5 7 8 6 3 4 2
4 2 6 1 5 3 8 7 9
1 6 4 2 9 5 7 3 8
2 7 8 3 4 1 6 9 5
5 3 9 6 7 8 2 1 4
3 4 1 8 6 9 5 2 7
6 5 2 4 1 7 9 8 3
8 9 7 5 3 2 4 6 1
```

327

```
4 1 2 6 8 3 9 5 7
7 9 3 4 5 2 6 1 8
8 6 5 9 1 7 2 3 4
5 8 4 2 6 9 1 7 3
3 7 6 1 4 5 8 9 2
1 2 9 7 3 8 4 6 5
6 3 1 5 2 4 7 8 9
2 5 7 8 9 6 3 4 1
9 4 8 3 7 1 5 2 6
```

328

```
4 7 9 8 2 3 5 1 6
2 8 6 5 1 9 3 4 7
3 5 1 4 7 6 8 9 2
5 9 7 3 8 2 4 6 1
8 1 2 6 4 7 9 5 3
6 4 3 1 9 5 7 2 8
9 3 5 2 6 8 1 7 4
7 2 4 9 3 1 6 8 5
1 6 8 7 5 4 2 3 9
```

329

```
2 4 6 7 9 3 5 8 1
3 7 1 8 5 6 9 4 2
9 5 8 1 4 2 3 6 7
4 1 7 9 8 5 2 3 6
5 3 9 6 2 1 4 7 8
6 8 2 3 7 4 1 5 9
1 2 3 4 6 8 7 9 5
7 6 4 5 1 9 8 2 3
8 9 5 2 3 7 6 1 4
```

330

```
6 3 1 5 9 7 8 2 4
8 7 2 3 4 1 9 6 5
5 9 4 2 6 8 7 3 1
4 5 7 8 3 9 6 1 2
9 6 8 4 1 2 5 7 3
2 1 3 7 5 6 4 8 9
1 2 9 6 7 5 3 4 8
3 8 6 9 2 4 1 5 7
7 4 5 1 8 3 2 9 6
```

331

```
5 6 9 7 8 4 1 2 3
8 4 1 6 2 3 9 5 7
3 7 2 1 5 9 4 6 8
6 8 5 2 9 1 3 7 4
4 1 3 8 7 5 2 9 6
9 2 7 4 3 6 8 1 5
7 5 8 3 1 2 6 4 9
1 3 4 9 6 7 5 8 2
2 9 6 5 4 8 7 3 1
```

332

```
8 4 1 5 7 9 6 2 3
2 5 6 8 3 4 9 7 1
3 9 7 6 1 2 8 4 5
7 8 3 4 9 6 5 1 2
4 1 5 2 8 3 7 6 9
6 2 9 1 5 7 3 8 4
9 3 4 7 2 8 1 5 6
1 6 8 3 4 5 2 9 7
5 7 2 9 6 1 4 3 8
```

333

```
5 4 6 7 3 8 9 1 2
3 1 2 6 5 9 7 4 8
8 7 9 2 1 4 3 6 5
6 3 4 5 7 1 2 8 9
2 8 5 3 9 6 1 7 4
7 9 1 8 4 2 5 3 6
9 6 7 4 2 3 8 5 1
4 2 3 1 8 5 6 9 7
1 5 8 9 6 7 4 2 3
```

334

```
5 2 9 8 7 3 1 4 6
7 8 6 2 4 1 9 3 5
4 3 1 9 5 6 2 8 7
9 4 8 6 2 5 7 1 3
6 7 2 1 3 9 4 5 8
1 5 3 4 8 7 6 9 2
8 6 4 3 9 2 5 7 1
2 9 5 7 1 8 3 6 4
3 1 7 5 6 4 8 2 9
```

335

```
8 9 2 3 1 4 5 6 7
5 1 6 7 2 8 9 3 4
3 4 7 5 6 9 1 2 8
2 3 5 8 4 6 7 9 1
4 6 1 2 9 7 8 5 3
9 7 8 1 5 3 6 4 2
6 5 3 4 7 1 2 8 9
1 2 4 9 8 5 3 7 6
7 8 9 6 3 2 4 1 5
```

336

```
2 5 9 8 6 1 3 7 4
6 7 1 3 4 9 8 2 5
3 8 4 7 5 2 9 6 1
4 6 8 9 7 3 1 5 2
7 9 2 5 1 4 6 3 8
5 1 3 2 8 6 7 4 9
8 2 6 1 3 5 4 9 7
9 4 7 6 2 8 5 1 3
1 3 5 4 9 7 2 8 6
```

337

```
8 9 4 6 5 7 1 2 3
7 2 5 1 3 8 4 6 9
3 1 6 4 9 2 7 5 8
5 6 2 3 7 4 8 9 1
1 8 3 5 2 9 6 7 4
9 4 7 8 6 1 5 3 2
2 7 8 9 1 5 3 4 6
4 3 9 7 8 6 2 1 5
6 5 1 2 4 3 9 8 7
```

338

```
6 1 3 7 2 8 9 4 5
7 2 4 5 9 1 6 3 8
8 9 5 4 6 3 7 2 1
1 4 6 3 5 7 2 8 9
3 5 8 9 1 2 4 7 6
9 7 2 8 4 6 1 5 3
2 8 7 1 3 9 5 6 4
4 3 9 6 7 5 8 1 2
5 6 1 2 8 4 3 9 7
```

339

```
2 4 1 5 7 8 9 6 3
3 8 7 6 9 1 2 4 5
5 6 9 3 2 4 7 8 1
9 7 8 1 3 5 4 2 6
1 2 6 8 4 7 5 3 9
4 3 5 2 6 9 8 1 7
6 9 2 7 8 3 1 5 4
7 1 3 4 5 2 6 9 8
8 5 4 9 1 6 3 7 2
```

340

```
3 2 7 9 5 6 8 1 4
6 1 8 2 4 3 5 7 9
9 5 4 8 7 1 3 2 6
4 7 3 1 6 8 9 5 2
1 8 5 7 2 9 6 4 3
2 9 6 5 3 4 1 8 7
5 3 9 4 1 7 2 6 8
7 6 1 3 8 2 4 9 5
8 4 2 6 9 5 7 3 1
```

341

4	1	5	8	3	6	9	2	7
9	2	6	1	4	7	3	5	8
8	3	7	2	9	5	4	6	1
7	9	2	5	1	4	6	8	3
5	4	3	7	6	8	1	9	2
1	6	8	9	2	3	7	4	5
6	5	9	3	7	2	8	1	4
2	7	1	4	8	9	5	3	6
3	8	4	6	5	1	2	7	9

342

4	8	5	2	3	7	6	9	1
3	9	2	4	6	1	7	8	5
6	7	1	5	8	9	4	2	3
8	2	9	1	4	3	5	6	7
5	3	6	7	9	2	1	4	8
1	4	7	8	5	6	2	3	9
9	5	4	6	1	8	3	7	2
7	1	8	3	2	4	9	5	6
2	6	3	9	7	5	8	1	4

343

4	5	8	1	9	3	2	6	7
7	6	1	8	2	5	9	4	3
9	2	3	6	7	4	5	1	8
1	7	9	2	6	8	4	3	5
5	3	2	4	1	7	6	8	9
6	8	4	5	3	9	1	7	2
3	1	5	7	4	2	8	9	6
8	9	6	3	5	1	7	2	4
2	4	7	9	8	6	3	5	1

344

3	9	8	4	5	1	6	2	7
5	7	2	3	6	8	9	1	4
4	1	6	2	7	9	5	8	3
2	3	9	6	1	4	7	5	8
6	8	5	9	3	7	2	4	1
7	4	1	5	8	2	3	9	6
9	2	7	8	4	3	1	6	5
8	5	3	1	9	6	4	7	2
1	6	4	7	2	5	8	3	9

345

3	1	2	9	6	4	5	7	8
8	4	6	1	5	7	2	9	3
7	5	9	3	8	2	6	4	1
2	3	4	7	9	1	8	5	6
9	6	5	2	4	8	1	3	7
1	7	8	5	3	6	4	2	9
4	2	1	6	7	3	9	8	5
5	8	3	4	1	9	7	6	2
6	9	7	8	2	5	3	1	4

346

9	3	6	5	7	1	8	2	4
1	4	7	8	2	9	3	6	5
2	5	8	3	6	4	1	7	9
8	7	4	2	3	5	6	9	1
3	2	1	4	9	6	7	5	8
6	9	5	1	8	7	4	3	2
4	6	9	7	5	8	2	1	3
7	8	2	9	1	3	5	4	6
5	1	3	6	4	2	9	8	7

347

3	6	2	4	1	8	9	5	7
4	8	7	3	5	9	1	6	2
5	9	1	2	6	7	8	4	3
1	3	8	5	9	6	2	7	4
2	7	5	1	4	3	6	9	8
6	4	9	7	8	2	3	1	5
8	1	3	6	7	4	5	2	9
7	2	6	9	3	5	4	8	1
9	5	4	8	2	1	7	3	6

348

5	4	8	9	7	3	6	1	2
3	6	1	2	4	8	7	5	9
9	7	2	1	6	5	8	3	4
6	1	3	4	5	9	2	8	7
8	2	9	7	1	6	3	4	5
7	5	4	3	8	2	9	6	1
4	3	5	6	9	7	1	2	8
1	9	6	8	2	4	5	7	3
2	8	7	5	3	1	4	9	6

349

5	6	8	9	2	3	1	4	7
4	2	1	7	8	5	9	3	6
7	3	9	6	1	4	2	8	5
8	1	5	4	6	2	3	7	9
3	4	2	5	7	9	6	1	8
9	7	6	8	3	1	4	5	2
1	8	3	2	5	6	7	9	4
2	5	4	3	9	7	8	6	1
6	9	7	1	4	8	5	2	3

350

7	3	9	8	1	2	4	5	6
5	8	2	6	9	4	1	3	7
4	6	1	7	3	5	2	8	9
8	2	3	5	4	7	9	6	1
1	7	4	3	6	9	8	2	5
6	9	5	1	2	8	7	4	3
9	1	8	2	5	3	6	7	4
2	5	6	4	7	1	3	9	8
3	4	7	9	8	6	5	1	2

351

8	2	7	9	1	5	4	3	6
4	6	9	3	7	2	5	8	1
5	1	3	4	8	6	9	7	2
9	3	6	2	4	8	7	1	5
1	7	4	6	5	9	3	2	8
2	8	5	7	3	1	6	9	4
3	4	8	1	6	7	2	5	9
6	9	1	5	2	3	8	4	7
7	5	2	8	9	4	1	6	3

352

7	8	4	5	6	2	9	1	3
1	3	5	9	4	7	8	2	6
9	2	6	1	3	8	4	5	7
4	5	9	2	8	6	3	7	1
8	6	7	3	1	9	2	4	5
3	1	2	7	5	4	6	8	9
2	7	8	6	9	1	5	3	4
5	9	1	4	2	3	7	6	8
6	4	3	8	7	5	1	9	2

353

9	3	6	7	2	8	1	4	5
5	7	8	6	1	4	9	2	3
2	4	1	3	5	9	8	6	7
6	8	9	1	7	5	2	3	4
3	1	5	4	6	2	7	9	8
4	2	7	9	8	3	5	1	6
7	9	2	5	3	6	4	8	1
8	5	3	2	4	1	6	7	9
1	6	4	8	9	7	3	5	2

354

4	2	6	1	7	8	3	9	5
9	3	7	5	6	4	1	2	8
1	5	8	3	2	9	7	4	6
7	9	2	6	5	1	8	3	4
3	4	1	7	8	2	6	5	9
8	6	5	4	9	3	2	7	1
2	7	9	8	4	6	5	1	3
5	8	3	9	1	7	4	6	2
6	1	4	2	3	5	9	8	7

355

6	3	9	4	2	7	8	5	1
7	2	4	8	5	1	3	9	6
1	8	5	9	6	3	2	7	4
4	9	3	1	8	6	7	2	5
2	6	8	5	7	9	4	1	3
5	7	1	2	3	4	6	8	9
3	1	6	7	9	8	5	4	2
8	4	2	6	1	5	9	3	7
9	5	7	3	4	2	1	6	8

356

5	1	4	2	3	8	9	6	7
8	2	6	1	7	9	4	5	3
9	3	7	4	5	6	8	1	2
4	7	8	9	2	1	5	3	6
2	6	3	7	8	5	1	9	4
1	5	9	3	6	4	7	2	8
3	4	5	6	9	7	2	8	1
6	8	1	5	4	2	3	7	9
7	9	2	8	1	3	6	4	5

357

5	8	3	7	6	9	1	2	4
6	1	2	4	3	5	7	8	9
7	9	4	1	2	8	3	6	5
1	3	5	6	7	4	8	9	2
2	4	9	5	8	1	6	7	3
8	7	6	2	9	3	5	4	1
9	5	1	8	4	7	2	3	6
3	2	7	9	1	6	4	5	8
4	6	8	3	5	2	9	1	7

358

2	8	7	9	1	3	4	5	6
3	4	9	5	6	7	1	2	8
5	6	1	2	4	8	9	7	3
4	7	5	3	8	9	2	6	1
9	1	8	6	5	2	7	3	4
6	3	2	1	7	4	8	9	5
7	5	4	8	2	6	3	1	9
8	9	6	7	3	1	5	4	2
1	2	3	4	9	5	6	8	7

359

1	8	6	3	2	7	9	4	5
2	9	5	4	8	6	1	7	3
4	3	7	1	9	5	8	2	6
5	1	4	6	3	9	2	8	7
3	2	8	5	7	4	6	9	1
7	6	9	8	1	2	3	5	4
6	4	1	9	5	8	7	3	2
8	5	2	7	6	3	4	1	9
9	7	3	2	4	1	5	6	8

360

1	8	4	5	6	2	7	3	9
9	5	3	7	4	1	6	2	8
7	2	6	3	8	9	4	5	1
5	1	7	2	9	3	8	6	4
6	3	9	4	7	8	5	1	2
8	4	2	6	1	5	9	7	3
4	6	8	1	3	7	2	9	5
2	7	1	9	5	4	3	8	6
3	9	5	8	2	6	1	4	7

361

1	5	4	8	6	7	2	9	3
9	8	6	1	3	2	4	7	5
2	3	7	9	4	5	1	8	6
3	2	8	6	1	9	7	5	4
4	6	9	7	5	3	8	1	2
5	7	1	2	8	4	3	6	9
6	4	2	5	7	8	9	3	1
7	9	5	3	2	1	6	4	8
8	1	3	4	9	6	5	2	7

362

6	7	8	1	3	4	9	2	5
9	1	3	7	2	5	4	6	8
5	2	4	6	8	9	1	3	7
2	3	5	4	9	7	8	1	6
7	4	6	5	1	8	2	9	3
1	8	9	3	6	2	7	5	4
8	5	1	2	7	3	6	4	9
3	6	7	9	4	1	5	8	2
4	9	2	8	5	6	3	7	1

363

3	8	9	2	1	5	4	6	7
5	2	7	9	4	6	1	3	8
4	6	1	7	8	3	9	2	5
6	9	8	5	2	4	7	1	3
2	1	3	6	7	8	5	4	9
7	4	5	1	3	9	2	8	6
8	7	4	3	5	2	6	9	1
9	5	2	8	6	1	3	7	4
1	3	6	4	9	7	8	5	2

364

9	7	1	3	2	4	6	5	8
5	4	3	6	8	1	7	2	9
6	8	2	9	7	5	3	1	4
7	1	4	2	5	8	9	6	3
8	5	6	4	9	3	1	7	2
3	2	9	1	6	7	8	4	5
1	9	8	5	4	6	2	3	7
2	3	5	7	1	9	4	8	6
4	6	7	8	3	2	5	9	1

365

6	1	8	3	9	2	4	5	7
5	7	2	4	6	8	1	9	3
9	3	4	1	7	5	6	8	2
7	4	3	9	5	1	2	6	8
8	9	5	6	2	3	7	1	4
1	2	6	7	8	4	9	3	5
2	5	7	8	1	6	3	4	9
3	6	9	5	4	7	8	2	1
4	8	1	2	3	9	5	7	6

366

7	9	2	1	6	3	4	5	8
3	4	8	2	9	5	6	7	1
1	5	6	4	8	7	9	2	3
2	6	9	7	1	8	3	4	5
4	1	3	6	5	9	7	8	2
8	7	5	3	4	2	1	6	9
5	2	7	9	3	6	8	1	4
6	3	1	8	2	4	5	9	7
9	8	4	5	7	1	2	3	6

367

2	1	6	3	4	8	5	7	9
3	4	7	5	6	9	1	8	2
9	5	8	2	1	7	4	3	6
5	3	1	8	7	2	6	9	4
8	6	2	9	3	4	7	1	5
4	7	9	1	5	6	3	2	8
1	9	3	4	8	5	2	6	7
6	8	5	7	2	1	9	4	3
7	2	4	6	9	3	8	5	1

368

5	7	2	3	4	8	6	9	1
6	8	3	1	9	2	5	4	7
1	9	4	5	7	6	2	3	8
7	6	8	9	2	4	1	5	3
3	1	9	8	6	5	4	7	2
4	2	5	7	1	3	8	6	9
8	3	6	2	5	9	7	1	4
2	4	7	6	3	1	9	8	5
9	5	1	4	8	7	3	2	6

369

5	6	4	9	1	3	7	8	2
1	9	7	8	2	4	3	5	6
2	3	8	5	6	7	1	9	4
3	8	5	6	7	1	4	2	9
4	1	6	3	9	2	5	7	8
7	2	9	4	5	8	6	1	3
6	4	2	1	8	5	9	3	7
8	5	3	7	4	9	2	6	1
9	7	1	2	3	6	8	4	5

370

7	9	4	5	6	2	8	1	3
8	1	5	4	9	3	2	7	6
2	3	6	1	7	8	5	4	9
9	6	7	8	4	5	1	3	2
1	4	8	2	3	6	9	5	7
3	5	2	9	1	7	4	6	8
6	2	9	3	5	1	7	8	4
4	7	1	6	8	9	3	2	5
5	8	3	7	2	4	6	9	1

371

2	8	7	9	6	4	3	5	1
5	3	6	1	2	8	4	7	9
1	4	9	7	3	5	6	8	2
9	2	8	3	1	6	7	4	5
3	6	5	4	7	9	1	2	8
4	7	1	5	8	2	9	6	3
6	9	2	8	4	1	5	3	7
7	5	4	2	9	3	8	1	6
8	1	3	6	5	7	2	9	4

372

4	7	6	8	1	2	3	5	9
1	5	8	9	4	3	2	7	6
2	3	9	5	6	7	8	1	4
3	6	1	7	8	9	5	4	2
5	9	4	2	3	6	1	8	7
8	2	7	4	5	1	6	9	3
6	8	5	3	7	4	9	2	1
7	1	2	6	9	5	4	3	8
9	4	3	1	2	8	7	6	5

373

3	9	6	7	2	1	5	4	8
4	7	8	3	5	9	6	1	2
5	2	1	4	8	6	7	9	3
6	4	9	1	3	7	8	2	5
7	8	5	9	4	2	3	6	1
1	3	2	5	6	8	4	7	9
2	5	3	6	9	4	1	8	7
8	1	4	2	7	3	9	5	6
9	6	7	8	1	5	2	3	4

374

1	7	3	4	8	9	2	5	6
4	5	6	2	7	3	9	8	1
9	8	2	1	5	6	3	4	7
5	1	9	7	2	8	4	6	3
8	3	4	9	6	1	7	2	5
2	6	7	3	4	5	1	9	8
3	4	5	8	9	7	6	1	2
6	9	1	5	3	2	8	7	4
7	2	8	6	1	4	5	3	9

375

6	5	3	4	2	8	7	9	1
4	7	8	6	9	1	5	2	3
1	9	2	5	3	7	4	6	8
8	1	4	7	5	6	9	3	2
9	2	5	3	1	4	6	8	7
7	3	6	2	8	9	1	5	4
2	4	9	1	6	3	8	7	5
3	6	7	8	4	5	2	1	9
5	8	1	9	7	2	3	4	6

376

8	3	2	9	7	4	1	6	5
9	5	4	6	1	2	7	8	3
6	1	7	8	3	5	2	4	9
1	9	5	7	4	3	8	2	6
2	4	6	5	8	1	9	3	7
3	7	8	2	9	6	5	1	4
4	6	9	1	5	8	3	7	2
5	8	3	4	2	7	6	9	1
7	2	1	3	6	9	4	5	8

377

8	9	2	1	3	4	5	6	7
5	4	3	2	6	7	9	8	1
6	1	7	8	5	9	3	2	4
3	6	8	5	4	1	7	9	2
4	5	9	7	2	8	1	3	6
7	2	1	6	9	3	4	5	8
9	7	4	3	8	6	2	1	5
1	8	5	9	7	2	6	4	3
2	3	6	4	1	5	8	7	9

378

4	6	2	8	7	5	9	1	3
5	7	3	9	1	2	6	8	4
1	8	9	6	3	4	7	2	5
8	4	5	1	9	6	2	3	7
2	9	6	3	5	7	8	4	1
3	1	7	4	2	8	5	6	9
6	3	4	7	8	9	1	5	2
9	2	8	5	4	1	3	7	6
7	5	1	2	6	3	4	9	8

379

6	8	2	7	1	5	3	9	4
9	1	4	3	2	8	7	6	5
3	7	5	6	9	4	8	1	2
5	6	3	4	7	2	9	8	1
2	9	8	1	5	3	4	7	6
1	4	7	9	8	6	2	5	3
7	2	6	5	4	9	1	3	8
8	3	9	2	6	1	5	4	7
4	5	1	8	3	7	6	2	9

380

1	2	7	5	8	9	3	4	6
5	3	9	6	4	7	2	1	8
8	6	4	2	1	3	7	9	5
3	7	2	9	5	8	4	6	1
6	8	1	3	2	4	9	5	7
4	9	5	7	6	1	8	2	3
7	5	6	8	9	2	1	3	4
2	4	3	1	7	5	6	8	9
9	1	8	4	3	6	5	7	2

381

4	1	5	6	9	3	7	8	2
7	8	9	2	4	1	3	6	5
3	6	2	8	7	5	9	4	1
6	5	7	1	8	2	4	9	3
2	3	4	9	5	7	6	1	8
1	9	8	3	6	4	2	5	7
5	7	1	4	2	6	8	3	9
8	2	6	5	3	9	1	7	4
9	4	3	7	1	8	5	2	6

382

1	9	5	7	8	2	3	4	6
2	3	6	4	1	9	8	7	5
8	4	7	3	5	6	9	1	2
3	7	8	5	6	4	1	2	9
9	5	1	2	3	7	6	8	4
4	6	2	8	9	1	7	5	3
5	1	4	9	7	3	2	6	8
6	8	9	1	2	5	4	3	7
7	2	3	6	4	8	5	9	1

383

3	5	6	2	7	4	8	9	1
2	4	9	6	8	1	5	7	3
7	8	1	5	9	3	2	6	4
4	7	3	8	5	2	9	1	6
8	9	5	7	1	6	3	4	2
6	1	2	3	4	9	7	8	5
5	6	7	1	2	8	4	3	9
9	3	8	4	6	5	1	2	7
1	2	4	9	3	7	6	5	8

384

8	4	3	5	7	6	9	1	2
9	5	6	2	4	1	7	3	8
1	2	7	8	9	3	4	5	6
2	6	5	3	8	7	1	4	9
3	1	8	4	6	9	2	7	5
4	7	9	1	2	5	6	8	3
6	8	4	7	5	2	3	9	1
5	9	1	6	3	4	8	2	7
7	3	2	9	1	8	5	6	4

385

8	6	9	3	1	7	2	4	5
7	2	5	4	6	9	8	3	1
4	3	1	8	2	5	7	6	9
6	9	2	5	7	1	4	8	3
1	7	3	2	8	4	9	5	6
5	8	4	9	3	6	1	2	7
9	4	6	7	5	8	3	1	2
2	5	7	1	4	3	6	9	8
3	1	8	6	9	2	5	7	4

386

3	4	7	5	8	2	6	9	1
8	5	9	1	3	6	4	2	7
2	6	1	4	9	7	8	3	5
9	3	6	7	4	8	1	5	2
7	8	5	2	1	9	3	4	6
1	2	4	3	6	5	7	8	9
4	9	2	8	7	1	5	6	3
5	7	8	6	2	3	9	1	4
6	1	3	9	5	4	2	7	8

387

7	4	5	1	6	9	8	3	2
1	6	2	8	4	3	9	5	7
8	9	3	7	5	2	6	4	1
9	5	6	2	3	4	7	1	8
4	8	7	6	1	5	2	9	3
2	3	1	9	7	8	4	6	5
3	1	8	4	9	7	5	2	6
5	7	9	3	2	6	1	8	4
6	2	4	5	8	1	3	7	9

388

5	7	1	6	8	9	4	2	3
4	8	2	1	5	3	6	9	7
6	9	3	2	7	4	8	5	1
3	6	5	7	4	8	9	1	2
7	1	9	3	2	6	5	8	4
8	2	4	5	9	1	3	7	6
9	3	6	8	1	2	7	4	5
1	4	7	9	6	5	2	3	8
2	5	8	4	3	7	1	6	9

389

9	4	8	6	7	5	1	2	3
6	1	2	8	3	4	7	9	5
5	7	3	9	1	2	8	6	4
1	5	4	7	6	8	2	3	9
2	6	7	4	9	3	5	8	1
3	8	9	2	5	1	4	7	6
4	2	1	3	8	9	6	5	7
7	3	5	1	2	6	9	4	8
8	9	6	5	4	7	3	1	2

390

6	4	8	5	3	9	7	1	2
1	5	3	2	4	7	6	9	8
2	7	9	8	1	6	4	5	3
3	1	4	6	5	8	2	7	9
8	2	5	9	7	1	3	4	6
9	6	7	3	2	4	1	8	5
4	3	6	1	9	5	8	2	7
5	8	1	7	6	2	9	3	4
7	9	2	4	8	3	5	6	1

391

3	1	5	9	8	6	7	2	4
8	4	7	2	3	5	1	6	9
9	2	6	1	7	4	8	5	3
2	7	8	3	4	9	5	1	6
4	6	1	7	5	2	3	9	8
5	9	3	6	1	8	2	4	7
6	5	9	8	2	3	4	7	1
1	3	2	4	9	7	6	8	5
7	8	4	5	6	1	9	3	2

392

1	6	3	4	5	8	9	7	2
7	2	5	9	3	6	4	1	8
4	8	9	1	7	2	3	5	6
8	7	4	6	1	9	5	2	3
9	5	6	7	2	3	1	8	4
2	3	1	5	8	4	6	9	7
3	9	7	8	4	5	2	6	1
6	1	2	3	9	7	8	4	5
5	4	8	2	6	1	7	3	9

393

3	5	9	1	8	4	2	6	7
4	7	1	2	5	6	8	3	9
6	8	2	7	3	9	4	1	5
5	9	3	4	1	7	6	2	8
2	1	6	5	9	8	7	4	3
7	4	8	3	6	2	5	9	1
8	2	4	9	7	1	3	5	6
9	6	5	8	4	3	1	7	2
1	3	7	6	2	5	9	8	4

394

4	1	6	7	3	5	2	8	9
5	3	7	8	9	2	6	1	4
2	8	9	6	4	1	5	3	7
6	7	8	3	2	4	9	5	1
9	2	3	1	5	6	7	4	8
1	4	5	9	7	8	3	2	6
7	9	4	5	1	3	8	6	2
8	5	1	2	6	7	4	9	3
3	6	2	4	8	9	1	7	5

395

1	2	8	3	4	5	6	9	7
9	6	3	7	8	1	2	4	5
5	7	4	6	9	2	8	1	3
6	9	5	8	1	7	4	3	2
7	3	2	9	6	4	5	8	1
8	4	1	5	2	3	7	6	9
2	8	7	4	3	9	1	5	6
3	1	6	2	5	8	9	7	4
4	5	9	1	7	6	3	2	8

396

2	9	6	3	7	4	8	1	5
3	5	8	1	2	6	7	4	9
4	7	1	5	8	9	2	3	6
5	1	2	4	6	7	9	8	3
6	4	7	8	9	3	1	5	2
9	8	3	2	5	1	6	7	4
7	3	5	6	1	2	4	9	8
8	6	9	7	4	5	3	2	1
1	2	4	9	3	8	5	6	7

397

7	9	2	5	6	3	4	1	8
1	6	4	7	8	2	5	3	9
8	3	5	9	4	1	2	6	7
3	2	1	4	7	5	9	8	6
6	4	7	8	1	9	3	2	5
9	5	8	3	2	6	7	4	1
5	1	6	2	9	4	8	7	3
4	7	3	6	5	8	1	9	2
2	8	9	1	3	7	6	5	4

398

7	2	5	9	8	3	1	4	6
3	9	6	4	1	5	2	7	8
4	1	8	2	6	7	9	5	3
5	3	9	6	7	1	8	2	4
6	4	1	3	2	8	7	9	5
2	8	7	5	9	4	3	6	1
8	5	2	7	3	6	4	1	9
9	6	3	1	4	2	5	8	7
1	7	4	8	5	9	6	3	2

399

2	8	9	6	3	4	7	5	1
3	5	1	9	7	2	8	4	6
4	6	7	8	1	5	9	2	3
5	9	4	7	2	6	3	1	8
8	1	2	5	9	3	4	6	7
6	7	3	1	4	8	2	9	5
7	2	5	3	6	9	1	8	4
9	3	6	4	8	1	5	7	2
1	4	8	2	5	7	6	3	9

400

7	3	8	4	9	1	5	6	2
2	4	9	5	6	7	3	8	1
6	1	5	3	2	8	4	7	9
3	7	1	9	4	5	6	2	8
4	8	6	7	1	2	9	3	5
5	9	2	6	8	3	1	4	7
8	2	3	1	5	6	7	9	4
9	5	7	8	3	4	2	1	6
1	6	4	2	7	9	8	5	3

401

```
7 8 1 9 3 5 2 4 6
2 3 9 4 6 8 5 7 1
4 5 6 2 7 1 9 3 8
9 6 8 5 2 4 7 1 3
5 7 3 1 9 6 8 2 4
1 2 4 3 8 7 6 9 5
6 4 5 7 1 2 3 8 9
8 9 7 6 4 3 1 5 2
3 1 2 8 5 9 4 6 7
```

402

```
8 9 1 2 3 5 4 7 6
6 7 2 4 8 9 3 5 1
5 3 4 6 7 1 9 8 2
7 1 5 3 2 4 6 9 8
9 2 6 7 5 8 1 4 3
3 4 8 9 1 6 5 2 7
1 5 7 8 4 3 2 6 9
2 6 3 5 9 7 8 1 4
4 8 9 1 6 2 7 3 5
```

403

```
9 4 6 7 2 3 1 5 8
1 3 7 5 6 8 9 2 4
8 5 2 9 1 4 3 6 7
2 8 3 4 9 1 6 7 5
7 6 9 8 3 5 4 1 2
5 1 4 6 7 2 8 9 3
3 7 5 1 8 9 2 4 6
4 9 8 2 5 6 7 3 1
6 2 1 3 4 7 5 8 9
```

404

```
5 1 6 4 7 8 9 2 3
2 3 7 6 1 9 4 5 8
9 4 8 2 5 3 6 1 7
8 6 5 7 3 4 1 9 2
3 7 1 5 9 2 8 4 6
4 9 2 8 6 1 7 3 5
6 5 3 9 4 7 2 8 1
7 8 4 1 2 5 3 6 9
1 2 9 3 8 6 5 7 4
```

405

```
3 4 6 7 2 8 1 5 9
8 5 1 9 3 4 6 7 2
9 2 7 5 6 1 8 3 4
6 7 3 4 8 5 9 2 1
2 9 4 6 1 3 5 8 7
5 1 8 2 7 9 3 4 6
1 6 5 3 4 2 7 9 8
4 8 9 1 5 7 2 6 3
7 3 2 8 9 6 4 1 5
```

406

```
4 5 8 7 3 6 9 2 1
2 3 9 4 8 1 5 6 7
7 6 1 2 9 5 8 4 3
8 2 5 3 7 4 1 9 6
9 7 6 8 1 2 4 3 5
1 4 3 5 6 9 7 8 2
3 9 2 1 4 7 6 5 8
6 8 7 9 5 3 2 1 4
5 1 4 6 2 8 3 7 9
```

407

```
3 1 8 4 5 7 9 6 2
2 9 5 3 6 8 1 4 7
7 6 4 9 1 2 3 8 5
8 3 6 7 2 4 5 9 1
5 7 9 6 8 1 4 2 3
4 2 1 5 9 3 8 7 6
6 8 2 1 3 9 7 5 4
9 4 3 2 7 5 6 1 8
1 5 7 8 4 6 2 3 9
```

408

```
6 1 2 9 4 3 5 7 8
4 7 9 5 8 2 6 1 3
5 8 3 6 7 1 9 4 2
7 6 4 8 5 9 2 3 1
2 3 5 1 6 4 7 8 9
8 9 1 3 2 7 4 5 6
3 2 6 4 1 5 8 9 7
9 4 7 2 3 8 1 6 5
1 5 8 7 9 6 3 2 4
```

409

```
5 1 7 3 8 9 6 4 2
4 9 2 5 1 6 7 8 3
8 6 3 7 2 4 1 5 9
2 5 8 4 6 3 9 7 1
6 3 4 1 9 7 5 2 8
9 7 1 2 5 8 3 6 4
3 8 5 6 4 1 2 9 7
7 2 9 8 3 5 4 1 6
1 4 6 9 7 2 8 3 5
```

410

```
3 4 6 7 2 8 5 9 1
5 8 7 9 1 4 2 3 6
9 2 1 3 5 6 7 4 8
8 6 2 4 3 5 9 1 7
7 9 3 1 6 2 4 8 5
4 1 5 8 7 9 3 6 2
6 7 4 5 8 3 1 2 9
1 3 8 2 9 7 6 5 4
2 5 9 6 4 1 8 7 3
```

411

```
1 3 5 2 6 9 4 7 8
9 6 7 1 8 4 2 5 3
2 4 8 5 3 7 1 6 9
8 7 1 3 9 2 5 4 6
4 2 6 8 5 1 9 3 7
3 5 9 4 7 6 8 1 2
5 9 2 7 1 3 6 8 4
6 1 3 9 4 8 7 2 5
7 8 4 6 2 5 3 9 1
```

412

```
2 4 6 7 1 5 3 8 9
1 9 7 8 4 3 5 2 6
3 5 8 9 6 2 4 7 1
4 2 3 6 9 7 8 1 5
5 7 1 2 3 8 6 9 4
6 8 9 1 5 4 2 3 7
7 6 2 4 8 9 1 5 3
8 3 4 5 7 1 9 6 2
9 1 5 3 2 6 7 4 8
```

413

```
5 4 1 3 6 7 8 9 2
3 2 7 4 9 8 5 1 6
8 6 9 1 2 5 7 4 3
7 5 2 9 8 6 4 3 1
6 8 3 7 4 1 9 2 5
9 1 4 2 5 3 6 7 8
1 3 8 6 7 9 2 5 4
2 9 5 8 3 4 1 6 7
4 7 6 5 1 2 3 8 9
```

414

```
4 2 6 7 8 3 9 1 5
5 8 7 9 1 2 6 4 3
1 3 9 4 6 5 7 2 8
9 4 1 8 2 7 3 5 6
6 7 3 1 5 9 4 8 2
8 5 2 6 3 4 1 9 7
2 6 5 3 9 1 8 7 4
7 9 8 5 4 6 2 3 1
3 1 4 2 7 8 5 6 9
```

415

```
8 2 6 9 1 5 3 7 4
9 4 7 2 8 3 1 6 5
3 5 1 6 4 7 9 8 2
2 6 3 8 5 1 4 9 7
4 7 8 3 9 2 6 5 1
5 1 9 7 6 4 8 2 3
1 9 2 4 7 6 5 3 8
6 3 4 5 2 8 7 1 9
7 8 5 1 3 9 2 4 6
```

416

```
9 6 2 7 4 3 5 8 1
5 1 4 8 9 2 3 6 7
7 3 8 6 1 5 2 4 9
2 4 7 9 6 8 1 3 5
1 5 6 3 2 7 4 9 8
3 8 9 4 5 1 6 7 2
6 9 5 1 7 4 8 2 3
8 7 1 2 3 6 9 5 4
4 2 3 5 8 9 7 1 6
```

417

```
4 2 5 3 9 1 6 7 8
1 3 8 2 7 6 9 4 5
6 7 9 4 8 5 2 3 1
8 1 7 5 3 9 4 2 6
9 4 6 1 2 8 3 5 7
2 5 3 7 6 4 8 1 9
3 6 1 8 4 7 5 9 2
5 8 2 9 1 3 7 6 4
7 9 4 6 5 2 1 8 3
```

418

```
5 9 4 7 2 3 6 8 1
6 8 7 5 1 9 3 2 4
2 3 1 4 8 6 5 9 7
7 4 9 8 6 5 1 3 2
3 6 2 9 7 1 8 4 5
8 1 5 2 3 4 7 6 9
9 2 8 6 5 7 4 1 3
4 7 3 1 9 8 2 5 6
1 5 6 3 4 2 9 7 8
```

419

```
9 2 3 1 7 5 8 4 6
1 6 7 4 8 2 9 3 5
5 8 4 6 9 3 2 1 7
8 1 2 5 3 9 6 7 4
7 3 6 2 1 4 5 9 8
4 5 9 8 6 7 1 2 3
2 9 8 7 4 6 3 5 1
3 4 1 9 5 8 7 6 2
6 7 5 3 2 1 4 8 9
```

420

```
4 1 5 2 7 3 6 8 9
8 2 6 5 9 1 3 4 7
9 3 7 6 4 8 5 1 2
6 5 9 1 3 4 2 7 8
7 4 3 8 2 9 1 6 5
1 8 2 7 5 6 9 3 4
3 9 8 4 6 5 7 2 1
2 6 1 9 8 7 4 5 3
5 7 4 3 1 2 8 9 6
```

421

5	4	9	8	2	6	7	1	3
6	7	3	9	1	4	5	2	8
2	8	1	5	3	7	4	6	9
7	6	2	1	8	9	3	4	5
4	9	5	2	7	3	6	8	1
3	1	8	6	4	5	9	7	2
9	2	6	4	5	8	1	3	7
8	5	7	3	6	1	2	9	4
1	3	4	7	9	2	8	5	6

422

1	2	6	5	4	8	7	3	9
4	3	9	6	7	1	2	5	8
8	5	7	2	9	3	1	6	4
5	8	1	7	6	2	9	4	3
6	7	3	4	1	9	5	8	2
2	9	4	8	3	5	6	7	1
7	1	2	3	5	4	8	9	6
9	4	5	1	8	6	3	2	7
3	6	8	9	2	7	4	1	5

423

5	2	9	3	8	4	6	1	7
1	7	3	2	6	9	4	8	5
6	8	4	1	5	7	9	2	3
7	1	6	4	9	8	3	5	2
8	3	5	7	2	6	1	9	4
9	4	2	5	1	3	7	6	8
4	5	1	9	7	2	8	3	6
2	6	7	8	3	1	5	4	9
3	9	8	6	4	5	2	7	1

424

3	4	8	9	6	7	5	1	2
7	5	9	1	2	4	8	6	3
2	6	1	3	5	8	4	9	7
5	8	7	4	1	6	2	3	9
6	9	2	5	7	3	1	4	8
4	1	3	8	9	2	6	7	5
8	2	6	7	4	9	3	5	1
9	3	5	6	8	1	7	2	4
1	7	4	2	3	5	9	8	6

425

9	5	2	3	4	1	8	6	7
4	8	6	5	7	2	9	1	3
1	3	7	6	8	9	4	2	5
8	4	3	7	2	5	1	9	6
2	6	9	8	1	3	7	5	4
5	7	1	9	6	4	2	3	8
3	9	4	2	5	8	6	7	1
6	1	5	4	9	7	3	8	2
7	2	8	1	3	6	5	4	9

426

6	9	1	5	7	2	8	4	3
8	2	4	1	9	3	5	7	6
7	3	5	8	4	6	1	9	2
9	5	2	6	8	7	4	3	1
3	8	6	4	1	5	9	2	7
4	1	7	2	3	9	6	8	5
1	6	8	3	2	4	7	5	9
5	7	3	9	6	8	2	1	4
2	4	9	7	5	1	3	6	8

427

1	6	2	7	8	9	4	5	3
3	4	7	5	1	2	8	9	6
5	8	9	4	3	6	7	2	1
7	5	6	3	2	8	9	1	4
2	9	8	1	4	5	3	6	7
4	1	3	9	6	7	2	8	5
6	7	1	8	9	4	5	3	2
8	3	5	2	7	1	6	4	9
9	2	4	6	5	3	1	7	8

428

3	5	8	6	4	2	7	9	1
4	7	9	5	8	1	2	6	3
1	6	2	3	7	9	4	8	5
9	3	7	8	6	4	5	1	2
2	8	4	9	1	5	6	3	7
5	1	6	2	3	7	9	4	8
6	9	1	7	5	3	8	2	4
7	2	3	4	9	8	1	5	6
8	4	5	1	2	6	3	7	9

429

5	4	9	3	8	6	7	1	2
3	8	1	2	4	7	9	5	6
7	2	6	9	5	1	3	4	8
6	9	2	4	7	3	5	8	1
4	1	7	5	2	8	6	3	9
8	5	3	1	6	9	2	7	4
1	6	4	7	3	2	8	9	5
9	3	8	6	1	5	4	2	7
2	7	5	8	9	4	1	6	3

430

9	2	6	5	8	1	3	4	7
1	3	5	4	7	9	6	8	2
8	4	7	6	2	3	1	5	9
5	7	1	8	3	6	9	2	4
6	8	2	9	4	5	7	3	1
4	9	3	7	1	2	5	6	8
7	6	8	3	9	4	2	1	5
2	5	9	1	6	8	4	7	3
3	1	4	2	5	7	8	9	6

431

8	2	3	6	4	9	1	5	7
6	7	4	1	2	5	9	8	3
9	1	5	7	8	3	4	2	6
7	4	8	3	6	2	5	1	9
3	9	2	8	5	1	7	6	4
1	5	6	9	7	4	2	3	8
2	3	7	5	9	6	8	4	1
5	6	9	4	1	8	3	7	2
4	8	1	2	3	7	6	9	5

432

7	6	2	8	4	5	3	1	9
1	5	8	3	6	9	7	2	4
3	9	4	1	2	7	5	6	8
5	8	7	9	1	2	4	3	6
4	1	9	6	8	3	2	7	5
6	2	3	5	7	4	8	9	1
2	3	5	4	9	6	1	8	7
8	4	6	7	3	1	9	5	2
9	7	1	2	5	8	6	4	3

433

2	3	5	6	7	8	1	9	4
9	6	7	4	1	3	8	5	2
8	4	1	9	2	5	3	6	7
1	5	8	7	6	4	9	2	3
3	2	6	8	5	9	4	7	1
4	7	9	1	3	2	5	8	6
5	1	2	3	9	6	7	4	8
6	8	3	5	4	7	2	1	9
7	9	4	2	8	1	6	3	5

434

3	9	1	4	5	6	8	2	7
4	5	6	7	8	2	9	3	1
8	2	7	1	9	3	4	5	6
5	8	9	2	6	7	1	4	3
2	7	3	5	4	1	6	8	9
6	1	4	8	3	9	2	7	5
7	3	2	9	1	4	5	6	8
9	4	5	6	7	8	3	1	2
1	6	8	3	2	5	7	9	4

435

9	7	2	8	3	6	1	4	5
4	8	3	1	2	5	6	7	9
5	1	6	7	9	4	8	3	2
8	9	1	2	4	7	5	6	3
3	5	4	9	6	1	7	2	8
2	6	7	5	8	3	9	1	4
6	2	5	4	7	8	3	9	1
1	3	9	6	5	2	4	8	7
7	4	8	3	1	9	2	5	6

436

7	2	4	1	3	8	5	9	6
8	1	5	6	4	9	3	7	2
9	3	6	2	7	5	1	8	4
1	4	7	3	2	6	8	5	9
2	6	8	9	5	1	7	4	3
5	9	3	4	8	7	2	6	1
3	8	9	7	6	2	4	1	5
4	5	1	8	9	3	6	2	7
6	7	2	5	1	4	9	3	8

437

1	6	3	4	5	2	8	7	9
5	8	7	6	9	3	1	2	4
2	4	9	7	1	8	3	6	5
3	7	1	8	4	5	2	9	6
4	9	8	2	6	7	5	3	1
6	2	5	9	3	1	4	8	7
7	5	4	3	8	9	6	1	2
8	1	2	5	7	6	9	4	3
9	3	6	1	2	4	7	5	8

438

3	2	5	9	4	1	6	7	8
1	9	6	7	8	2	4	3	5
8	4	7	5	3	6	9	1	2
2	6	8	1	5	7	3	4	9
4	5	1	3	2	9	8	6	7
9	7	3	8	6	4	5	2	1
5	3	2	4	7	8	1	9	6
6	8	9	2	1	3	7	5	4
7	1	4	6	9	5	2	8	3

439

2	4	1	3	8	5	6	7	9
8	7	3	6	9	4	1	5	2
6	9	5	1	2	7	3	8	4
9	2	4	5	3	6	8	1	7
1	5	7	9	4	8	2	6	3
3	6	8	7	1	2	4	9	5
4	3	9	8	5	1	7	2	6
7	8	2	4	6	9	5	3	1
5	1	6	2	7	3	9	4	8

440

1	2	3	5	4	6	7	8	9
8	4	5	9	2	7	6	1	3
9	7	6	8	1	3	5	2	4
2	5	9	7	3	4	8	6	1
3	6	7	1	5	8	4	9	2
4	1	8	2	6	9	3	7	5
5	8	2	3	7	1	9	4	6
6	9	1	4	8	5	2	3	7
7	3	4	6	9	2	1	5	8

441

```
5 7 4 6 9 2 8 1 3
6 8 9 4 1 3 7 5 2
2 3 1 7 5 8 4 9 6
1 9 3 2 8 5 6 4 7
7 2 5 9 4 6 1 3 8
8 4 6 1 3 7 5 2 9
9 5 2 8 7 4 3 6 1
3 6 7 5 2 1 9 8 4
4 1 8 3 6 9 2 7 5
```

442

```
7 9 4 5 1 8 2 3 6
3 8 5 6 7 2 1 9 4
6 2 1 4 9 3 5 7 8
8 1 6 9 2 5 7 4 3
4 3 2 7 8 6 9 1 5
9 5 7 1 3 4 6 8 2
5 7 3 2 4 9 8 6 1
1 6 8 3 5 7 4 2 9
2 4 9 8 6 1 3 5 7
```

443

```
9 6 7 8 4 5 3 1 2
8 4 1 9 2 3 5 6 7
3 2 5 6 1 7 9 8 4
4 5 8 1 7 9 6 2 3
1 7 2 3 8 6 4 9 5
6 9 3 4 5 2 1 7 8
7 3 4 2 9 1 8 5 6
2 8 9 5 6 4 7 3 1
5 1 6 7 3 8 2 4 9
```

444

```
4 8 2 9 1 5 3 6 7
1 7 3 8 6 2 4 5 9
9 6 5 7 3 4 8 1 2
2 4 6 3 5 7 9 8 1
5 9 7 1 8 6 2 3 4
3 1 8 2 4 9 6 7 5
6 5 9 4 7 8 1 2 3
7 2 1 6 9 3 5 4 8
8 3 4 5 2 1 7 9 6
```

445

```
9 2 4 1 6 3 5 8 7
3 7 1 4 5 8 9 2 6
6 8 5 2 7 9 3 1 4
1 3 2 8 9 4 6 7 5
5 9 6 7 2 1 4 3 8
8 4 7 5 3 6 1 9 2
2 6 8 9 1 5 7 4 3
7 5 9 3 4 2 8 6 1
4 1 3 6 8 7 2 5 9
```

446

```
7 2 1 6 8 3 5 4 9
9 8 3 4 5 7 1 2 6
6 5 4 1 9 2 8 3 7
4 9 8 3 2 5 6 7 1
5 1 6 9 7 4 3 8 2
2 3 7 8 1 6 9 5 4
8 4 9 7 3 1 2 6 5
1 6 2 5 4 8 7 9 3
3 7 5 2 6 9 4 1 8
```

447

```
4 8 9 1 5 7 3 6 2
7 6 2 3 9 4 5 8 1
5 1 3 8 6 2 9 7 4
1 9 4 5 7 3 8 2 6
6 2 7 4 8 9 1 5 3
8 3 5 6 2 1 4 9 7
9 4 6 2 3 5 7 1 8
2 5 1 7 4 8 6 3 9
3 7 8 9 1 6 2 4 5
```

448

```
1 2 4 3 6 5 9 7 8
8 6 7 1 2 9 4 3 5
3 9 5 4 7 8 1 6 2
6 7 9 8 4 1 2 5 3
2 5 1 6 9 3 8 4 7
4 8 3 7 5 2 6 9 1
7 1 6 5 8 4 3 2 9
5 3 2 9 1 6 7 8 4
9 4 8 2 3 7 5 1 6
```

449

```
1 8 5 7 9 2 3 4 6
2 3 6 4 8 1 5 9 7
7 4 9 6 3 5 8 1 2
3 5 7 8 2 4 1 6 9
9 2 8 1 7 6 4 3 5
4 6 1 9 5 3 7 2 8
5 7 2 3 1 9 6 8 4
6 9 3 5 4 8 2 7 1
8 1 4 2 6 7 9 5 3
```

450

```
8 9 4 2 1 6 7 5 3
1 7 5 3 8 9 6 2 4
2 3 6 5 7 4 1 9 8
7 2 8 9 3 1 5 4 6
5 6 1 4 2 8 9 3 7
9 4 3 7 6 5 8 1 2
3 8 9 1 4 7 2 6 5
4 5 7 6 9 2 3 8 1
6 1 2 8 5 3 4 7 9
```

451

```
1 6 9 7 5 8 2 3 4
4 7 2 9 1 3 5 6 8
5 8 3 4 2 6 7 1 9
8 1 6 2 9 4 3 7 5
9 5 4 6 3 7 1 8 2
3 2 7 1 8 5 4 9 6
2 9 5 3 6 1 8 4 7
7 3 8 5 4 9 6 2 1
6 4 1 8 7 2 9 5 3
```

452

```
4 7 1 5 3 2 8 9 6
5 9 2 4 6 8 1 3 7
6 8 3 1 7 9 4 2 5
2 6 8 7 4 1 3 5 9
3 1 9 6 2 5 7 8 4
7 4 5 8 9 3 6 1 2
8 2 4 3 5 6 9 7 1
9 3 6 2 1 7 5 4 8
1 5 7 9 8 4 2 6 3
```

453

```
4 1 7 9 2 8 3 5 6
5 3 8 6 7 4 9 2 1
6 2 9 3 1 5 4 8 7
3 9 6 4 8 7 2 1 5
7 4 1 2 5 3 6 9 8
8 5 2 1 6 9 7 3 4
9 6 3 5 4 1 8 7 2
1 7 4 8 3 2 5 6 9
2 8 5 7 9 6 1 4 3
```

454

```
6 5 9 7 3 2 8 1 4
7 8 4 6 1 5 2 3 9
1 3 2 8 9 4 5 6 7
8 7 6 9 2 3 1 4 5
5 2 1 4 6 7 9 8 3
9 4 3 5 8 1 6 7 2
2 1 8 3 7 9 4 5 6
3 9 5 1 4 6 7 2 8
4 6 7 2 5 8 3 9 1
```

455

```
3 2 6 7 9 4 5 8 1
5 9 4 3 1 8 6 2 7
8 1 7 5 6 2 9 4 3
9 6 2 8 3 7 4 1 5
7 4 3 1 5 6 8 9 2
1 8 5 2 4 9 7 3 6
6 3 8 9 2 5 1 7 4
2 5 9 4 7 1 3 6 8
4 7 1 6 8 3 2 5 9
```

456

```
4 1 9 5 3 2 6 7 8
3 5 7 8 6 1 4 9 2
2 6 8 9 4 7 5 1 3
7 9 5 1 8 3 2 4 6
8 2 4 6 9 5 7 3 1
6 3 1 2 7 4 8 5 9
9 4 6 7 1 8 3 2 5
1 7 2 3 5 6 9 8 4
5 8 3 4 2 9 1 6 7
```

457

```
1 2 8 5 9 3 4 6 7
6 3 5 8 4 7 1 9 2
9 7 4 2 1 6 3 8 5
8 5 1 9 7 4 2 3 6
2 9 6 3 8 5 7 4 1
3 4 7 6 2 1 9 5 8
4 1 9 7 6 8 5 2 3
5 6 2 1 3 9 8 7 4
7 8 3 4 5 2 6 1 9
```

458

```
8 2 3 9 4 5 1 6 7
4 6 9 7 2 1 8 5 3
1 5 7 3 8 6 2 9 4
9 8 5 6 1 7 3 4 2
2 4 6 8 5 3 7 1 9
7 3 1 2 9 4 6 8 5
3 7 8 4 6 9 5 2 1
5 9 2 1 7 8 4 3 6
6 1 4 5 3 2 9 7 8
```

459

```
5 9 8 2 4 6 3 1 7
4 7 1 3 5 9 6 2 8
2 3 6 7 8 1 4 5 9
6 4 9 1 2 3 7 8 5
7 5 2 4 6 8 9 3 1
8 1 3 5 9 7 2 6 4
9 8 5 6 7 2 1 4 3
1 6 4 9 3 5 8 7 2
3 2 7 8 1 4 5 9 6
```

460

```
1 3 4 5 6 8 7 9 2
8 5 7 2 9 1 3 4 6
2 6 9 7 4 3 1 8 5
7 4 5 3 8 6 9 2 1
6 8 2 1 7 9 5 3 4
9 1 3 4 5 2 6 7 8
3 7 1 6 2 4 8 5 9
4 9 6 8 3 5 2 1 7
5 2 8 9 1 7 4 6 3
```

461

2	3	9	4	1	6	5	7	8
8	6	1	2	7	5	3	9	4
7	4	5	3	9	8	2	1	6
5	1	6	7	8	2	4	3	9
9	7	4	6	5	3	8	2	1
3	8	2	9	4	1	6	5	7
1	9	3	5	6	4	7	8	2
4	5	7	8	2	9	1	6	3
6	2	8	1	3	7	9	4	5

462

6	8	7	9	1	2	3	4	5
9	3	4	5	6	7	2	8	1
5	2	1	3	4	8	7	9	6
7	5	8	2	9	3	1	6	4
1	6	9	7	8	4	5	3	2
2	4	3	1	5	6	9	7	8
8	9	2	4	7	1	6	5	3
3	7	6	8	2	5	4	1	9
4	1	5	6	3	9	8	2	7

463

7	8	3	9	5	2	1	4	6
4	9	5	1	6	3	2	8	7
2	1	6	8	7	4	9	5	3
8	3	1	6	2	7	4	9	5
5	6	4	3	8	9	7	1	2
9	7	2	4	1	5	6	3	8
3	4	7	2	9	8	5	6	1
1	5	8	7	4	6	3	2	9
6	2	9	5	3	1	8	7	4

464

5	7	3	1	6	9	8	2	4
4	8	9	3	7	2	5	1	6
6	2	1	4	8	5	3	7	9
7	4	5	6	1	8	9	3	2
3	9	6	5	2	4	1	8	7
2	1	8	7	9	3	6	4	5
8	6	2	9	3	7	4	5	1
9	5	7	8	4	1	2	6	3
1	3	4	2	5	6	7	9	8

465

4	5	6	3	9	8	7	1	2
1	9	7	4	5	2	3	8	6
3	2	8	6	7	1	4	9	5
5	7	3	8	2	4	9	6	1
2	6	1	5	3	9	8	4	7
9	8	4	7	1	6	2	5	3
6	4	5	2	8	3	1	7	9
7	3	9	1	4	5	6	2	8
8	1	2	9	6	7	5	3	4

466

7	1	3	9	2	4	5	6	8
6	9	4	8	7	5	1	3	2
8	2	5	1	6	3	9	4	7
9	8	7	2	3	1	4	5	6
1	3	2	4	5	6	7	8	9
5	4	6	7	9	8	2	1	3
2	5	8	6	1	7	3	9	4
3	6	9	5	4	2	8	7	1
4	7	1	3	8	9	6	2	5

467

8	3	6	9	2	5	7	1	4
4	5	7	6	8	1	3	2	9
2	9	1	3	4	7	5	8	6
3	6	2	4	5	8	9	7	1
5	8	4	7	1	9	6	3	2
7	1	9	2	3	6	8	4	5
6	2	3	5	7	4	1	9	8
9	7	8	1	6	2	4	5	3
1	4	5	8	9	3	2	6	7

468

4	1	6	7	3	2	5	8	9
7	9	5	8	1	6	2	3	4
2	3	8	4	9	5	6	7	1
3	2	1	5	6	7	9	4	8
8	4	7	3	2	9	1	5	6
5	6	9	1	4	8	3	2	7
9	5	4	2	7	1	8	6	3
6	7	2	9	8	3	4	1	5
1	8	3	6	5	4	7	9	2

469

5	8	4	1	2	3	6	7	9
2	6	9	4	7	8	1	5	3
3	7	1	5	9	6	8	4	2
4	9	8	7	3	1	5	2	6
6	1	2	8	5	9	7	3	4
7	5	3	6	4	2	9	8	1
8	2	5	9	1	4	3	6	7
9	3	6	2	8	7	4	1	5
1	4	7	3	6	5	2	9	8

470

1	2	6	7	9	4	5	3	8
9	3	5	6	8	1	2	7	4
7	4	8	2	3	5	9	1	6
2	5	4	9	6	3	7	8	1
3	1	7	4	2	8	6	5	9
8	6	9	1	5	7	4	2	3
5	9	1	8	4	2	3	6	7
4	7	2	3	1	6	8	9	5
6	8	3	5	7	9	1	4	2

471

6	9	8	7	3	1	2	4	5
7	1	5	2	6	4	3	8	9
4	2	3	8	5	9	6	1	7
5	4	7	9	8	6	1	2	3
2	6	9	1	7	3	4	5	8
3	8	1	5	4	2	7	9	6
8	3	6	4	2	5	9	7	1
9	5	2	6	1	7	8	3	4
1	7	4	3	9	8	5	6	2

472

1	5	8	6	7	2	9	3	4
7	6	3	4	9	8	5	2	1
9	2	4	1	5	3	7	6	8
4	9	1	2	8	5	6	7	3
8	7	5	3	6	1	2	4	9
2	3	6	9	4	7	1	8	5
3	1	9	7	2	4	8	5	6
6	8	2	5	3	9	4	1	7
5	4	7	8	1	6	3	9	2

473

5	7	8	6	4	1	2	3	9
2	6	9	3	8	5	1	4	7
4	3	1	9	2	7	5	6	8
7	5	2	8	6	9	3	1	4
6	9	3	4	1	2	7	8	5
8	1	4	7	5	3	6	9	2
3	8	5	1	7	4	9	2	6
9	2	6	5	3	8	4	7	1
1	4	7	2	9	6	8	5	3

474

7	8	5	9	3	1	2	6	4
6	9	1	4	2	5	3	7	8
4	3	2	7	6	8	5	1	9
5	2	3	1	4	6	8	9	7
8	1	4	2	7	9	6	3	5
9	7	6	5	8	3	4	2	1
1	4	7	6	5	2	9	8	3
2	5	8	3	9	7	1	4	6
3	6	9	8	1	4	7	5	2

475

1	4	5	9	6	7	8	2	3
2	7	9	4	8	3	1	5	6
3	6	8	1	2	5	9	4	7
4	3	6	5	9	8	7	1	2
5	8	1	7	4	2	3	6	9
7	9	2	3	1	6	5	8	4
6	1	3	2	5	9	4	7	8
9	2	4	8	7	1	6	3	5
8	5	7	6	3	4	2	9	1

476

9	3	6	7	8	4	1	2	5
4	2	7	5	3	1	9	8	6
1	5	8	2	9	6	3	7	4
5	4	2	6	1	7	8	9	3
6	1	9	3	4	8	2	5	7
7	8	3	9	5	2	4	6	1
8	6	1	4	7	9	5	3	2
3	7	4	8	2	5	6	1	9
2	9	5	1	6	3	7	4	8

477

8	7	4	9	6	5	1	2	3
9	1	5	2	3	7	4	8	6
3	2	6	8	4	1	5	9	7
4	6	2	7	8	3	9	1	5
5	9	7	6	1	4	2	3	8
1	8	3	5	9	2	7	6	4
2	3	1	4	7	8	6	5	9
6	4	8	1	5	9	3	7	2
7	5	9	3	2	6	8	4	1

478

8	3	6	9	7	4	1	5	2
9	4	1	6	5	2	7	8	3
2	5	7	1	3	8	4	6	9
4	9	8	5	2	7	3	1	6
5	7	2	3	6	1	8	9	4
6	1	3	4	8	9	5	2	7
1	2	5	7	9	3	6	4	8
3	6	9	8	4	5	2	7	1
7	8	4	2	1	6	9	3	5

479

9	5	7	4	6	2	8	1	3
4	6	8	7	1	3	9	2	5
1	2	3	8	9	5	6	4	7
2	4	1	3	7	9	5	6	8
5	7	6	2	8	4	1	3	9
3	8	9	6	5	1	2	7	4
6	9	4	5	2	7	3	8	1
7	1	2	9	3	8	4	5	6
8	3	5	1	4	6	7	9	2

480

4	7	9	1	8	5	6	2	3
6	5	1	3	9	2	4	7	8
3	8	2	6	7	4	1	5	9
1	6	8	4	5	3	7	9	2
7	3	4	2	6	9	5	8	1
9	2	5	7	1	8	3	4	6
2	9	3	5	4	6	8	1	7
5	1	6	8	2	7	9	3	4
8	4	7	9	3	1	2	6	5

481

```
6 8 2 9 4 1 3 5 7
4 7 1 8 3 5 9 2 6
5 9 3 6 7 2 1 4 8
7 1 6 2 8 9 4 3 5
9 5 8 3 6 4 7 1 2
2 3 4 5 1 7 6 8 9
3 2 7 1 5 6 8 9 4
8 6 9 4 2 3 5 7 1
1 4 5 7 9 8 2 6 3
```

482

```
9 6 7 1 5 8 2 3 4
4 1 8 6 2 3 7 9 5
5 2 3 9 7 4 6 8 1
3 7 1 8 6 5 9 4 2
8 4 2 3 9 7 5 1 6
6 9 5 2 4 1 3 7 8
7 8 9 5 1 2 4 6 3
2 3 4 7 8 6 1 5 9
1 5 6 4 3 9 8 2 7
```

483

```
7 5 9 1 6 4 8 2 3
3 8 6 5 7 2 9 4 1
4 2 1 9 3 8 5 6 7
6 3 2 4 8 7 1 9 5
9 1 7 6 5 3 2 8 4
5 4 8 2 9 1 3 7 6
8 6 3 7 1 9 4 5 2
1 7 4 8 2 5 6 3 9
2 9 5 3 4 6 7 1 8
```

484

```
3 5 7 4 8 9 1 6 2
2 4 8 3 6 1 5 7 9
1 6 9 5 2 7 8 3 4
8 1 4 2 9 3 6 5 7
7 2 5 6 4 8 9 1 3
9 3 6 1 7 5 4 2 8
4 7 2 8 5 6 3 9 1
5 8 1 9 3 2 7 4 6
6 9 3 7 1 4 2 8 5
```

485

```
6 3 8 4 7 2 9 1 5
5 7 1 8 6 9 2 4 3
9 4 2 5 1 3 6 7 8
1 5 3 6 2 8 4 9 7
8 6 7 9 4 1 3 5 2
2 9 4 7 3 5 1 8 6
3 8 5 1 9 6 7 2 4
7 1 6 2 8 4 5 3 9
4 2 9 3 5 7 8 6 1
```

486

```
3 5 2 4 8 6 9 7 1
4 6 9 7 1 2 3 5 8
7 8 1 5 9 3 2 6 4
9 7 3 8 4 1 5 2 6
1 2 8 6 7 5 4 3 9
5 4 6 2 3 9 1 8 7
2 9 5 1 6 7 8 4 3
6 1 4 3 2 8 7 9 5
8 3 7 9 5 4 6 1 2
```

487

```
5 8 4 6 9 2 7 3 1
1 2 9 3 4 7 8 5 6
3 7 6 5 1 8 4 2 9
8 4 1 9 2 3 5 6 7
6 9 2 7 8 5 1 4 3
7 5 3 4 6 1 9 8 2
9 6 5 1 3 4 2 7 8
2 1 7 8 5 6 3 9 4
4 3 8 2 7 9 6 1 5
```

488

```
5 6 2 3 9 4 1 7 8
7 9 4 6 8 1 3 5 2
8 1 3 5 2 7 4 6 9
9 7 1 8 4 2 5 3 6
4 8 5 1 3 6 2 9 7
2 3 6 7 5 9 8 1 4
1 5 7 4 6 8 9 2 3
3 2 8 9 7 5 6 4 1
6 4 9 2 1 3 7 8 5
```

489

```
3 4 8 6 9 2 5 7 1
9 6 1 5 7 3 4 8 2
5 7 2 8 1 4 3 9 6
4 8 9 3 2 1 6 5 7
2 1 7 9 6 5 8 4 3
6 5 3 7 4 8 1 2 9
7 3 4 1 8 9 2 6 5
8 9 5 2 3 6 7 1 4
1 2 6 4 5 7 9 3 8
```

490

```
9 4 3 5 7 2 6 1 8
5 1 2 6 3 8 4 7 9
6 7 8 9 1 4 5 2 3
1 9 5 3 4 6 2 8 7
3 8 6 2 5 7 9 4 1
4 2 7 8 9 1 3 5 6
7 5 9 1 2 3 8 6 4
8 3 1 4 6 5 7 9 2
2 6 4 7 8 9 1 3 5
```

491

```
1 3 4 9 5 6 7 8 2
5 7 8 1 2 3 4 6 9
6 2 9 8 7 4 1 5 3
3 4 5 6 1 8 9 2 7
9 1 2 7 3 5 6 4 8
7 8 6 4 9 2 3 1 5
8 9 7 5 4 1 2 3 6
2 5 1 3 6 7 8 9 4
4 6 3 2 8 9 5 7 1
```

492

```
5 3 1 4 2 7 6 8 9
6 8 2 3 9 5 4 7 1
7 9 4 6 1 8 3 5 2
1 2 3 7 6 4 5 9 8
8 4 6 9 5 2 7 1 3
9 5 7 1 8 3 2 6 4
2 6 9 5 3 1 8 4 7
3 7 5 8 4 9 1 2 6
4 1 8 2 7 6 9 3 5
```

493

```
5 8 1 6 7 3 4 9 2
7 6 3 2 4 9 1 5 8
2 9 4 1 5 8 6 7 3
8 4 6 5 3 7 9 2 1
9 3 2 4 6 1 5 8 7
1 5 7 8 9 2 3 4 6
6 7 5 3 8 4 2 1 9
3 1 8 9 2 5 7 6 4
4 2 9 7 1 6 8 3 5
```

494

```
3 7 9 6 4 8 1 5 2
6 4 1 7 2 5 8 3 9
5 8 2 9 1 3 4 6 7
4 9 3 1 5 7 2 8 6
7 2 5 3 8 6 9 4 1
8 1 6 2 9 4 5 7 3
2 6 4 5 3 9 7 1 8
9 5 7 8 6 1 3 2 4
1 3 8 4 7 2 6 9 5
```

495

```
4 6 3 1 5 7 8 9 2
5 9 7 8 2 6 3 1 4
8 1 2 4 9 3 5 7 6
3 5 6 2 8 9 7 4 1
7 2 8 6 4 1 9 5 3
9 4 1 3 7 5 2 6 8
1 3 9 7 6 2 4 8 5
2 7 4 5 1 8 6 3 9
6 8 5 9 3 4 1 2 7
```

496

```
1 6 5 2 9 4 3 8 7
9 2 8 1 3 7 4 6 5
3 4 7 5 6 8 2 1 9
6 9 1 7 2 3 8 5 4
4 8 2 6 1 5 7 9 3
7 5 3 4 8 9 1 2 6
5 7 6 8 4 1 9 3 2
8 3 4 9 5 2 6 7 1
2 1 9 3 7 6 5 4 8
```

497

```
5 7 1 4 6 3 9 8 2
9 6 2 7 5 8 3 1 4
8 4 3 9 1 2 6 5 7
4 9 5 1 2 6 8 7 3
1 2 7 3 8 4 5 9 6
6 3 8 5 9 7 4 2 1
2 5 9 6 3 1 7 4 8
3 8 4 2 7 5 1 6 9
7 1 6 8 4 9 2 3 5
```

498

```
1 8 6 2 7 9 3 4 5
2 4 9 5 3 1 7 6 8
3 5 7 8 4 6 1 2 9
4 9 8 1 2 5 6 7 3
6 1 3 4 9 7 8 5 2
7 2 5 6 8 3 9 1 4
5 6 4 3 1 8 2 9 7
8 7 1 9 5 2 4 3 6
9 3 2 7 6 4 5 8 1
```

499

```
9 2 7 3 4 8 1 5 6
1 3 4 5 6 9 8 2 7
8 5 6 7 2 1 3 4 9
3 6 1 8 5 4 7 9 2
2 9 5 6 7 3 4 8 1
7 4 8 9 1 2 5 6 3
4 1 9 2 8 7 6 3 5
5 7 2 4 3 6 9 1 8
6 8 3 1 9 5 2 7 4
```

500

```
1 6 5 8 2 7 9 3 4
7 8 3 9 5 4 1 2 6
2 9 4 1 3 6 7 8 5
4 1 6 5 9 2 3 7 8
3 2 7 4 1 8 5 6 9
8 5 9 6 7 3 2 4 1
5 3 8 2 6 9 4 1 7
6 7 1 3 4 5 8 9 2
9 4 2 7 8 1 6 5 3
```

501
```
4 5 7 8 6 9 1 2 3
1 6 9 3 5 2 4 8 7
2 3 8 7 1 4 6 9 5
7 8 4 2 9 3 5 6 1
3 9 6 1 4 5 8 7 2
5 2 1 6 8 7 9 3 4
8 4 2 9 3 1 7 5 6
6 1 3 5 7 8 2 4 9
9 7 5 4 2 6 3 1 8
```

502
```
8 5 6 4 9 2 7 3 1
3 1 2 7 6 5 8 4 9
4 9 7 1 8 3 5 6 2
5 3 9 8 2 7 4 1 6
7 2 4 6 1 9 3 5 8
6 8 1 5 3 4 2 9 7
9 4 8 3 7 1 6 2 5
1 6 3 2 5 8 9 7 4
2 7 5 9 4 6 1 8 3
```

503
```
8 1 6 7 3 2 9 4 5
4 2 7 5 8 9 6 1 3
9 3 5 6 1 4 2 8 7
5 8 1 3 2 6 4 7 9
7 9 2 1 4 8 5 3 6
6 4 3 9 5 7 8 2 1
3 6 4 2 9 1 7 5 8
1 7 8 4 6 5 3 9 2
2 5 9 8 7 3 1 6 4
```

504
```
3 4 6 5 8 1 2 7 9
1 7 8 9 4 2 5 3 6
5 2 9 3 6 7 8 1 4
6 3 5 7 9 4 1 8 2
4 8 1 6 2 3 7 9 5
2 9 7 8 1 5 4 6 3
9 5 2 1 7 6 3 4 8
8 1 3 4 5 9 6 2 7
7 6 4 2 3 8 9 5 1
```

505
```
9 8 7 1 4 2 5 6 3
1 2 3 7 6 5 8 9 4
6 5 4 3 8 9 1 2 7
2 7 5 4 3 1 9 8 6
3 6 1 9 7 8 2 4 5
4 9 8 5 2 6 7 3 1
5 3 9 2 1 4 6 7 8
7 1 6 8 9 3 4 5 2
8 4 2 6 5 7 3 1 9
```

506
```
7 9 1 8 3 4 5 6 2
8 3 5 2 6 9 4 1 7
4 6 2 1 7 5 3 9 8
5 8 7 9 1 2 6 4 3
6 1 3 5 4 7 8 2 9
9 2 4 3 8 6 7 5 1
1 4 6 7 2 3 9 8 5
3 5 8 6 9 1 2 7 4
2 7 9 4 5 8 1 3 6
```

507
```
4 6 7 2 3 5 8 9 1
1 3 8 9 4 6 5 7 2
2 5 9 1 7 8 4 3 6
9 7 4 5 8 1 2 6 3
3 8 1 4 6 2 7 5 9
5 2 6 7 9 3 1 8 4
6 4 2 8 5 9 3 1 7
7 9 5 3 1 4 6 2 8
8 1 3 6 2 7 9 4 5
```

508
```
5 6 9 7 8 1 3 4 2
8 1 2 3 5 4 6 7 9
4 7 3 9 2 6 8 1 5
3 5 6 8 4 7 2 9 1
2 4 7 1 6 9 5 3 8
1 9 8 2 3 5 4 6 7
6 8 1 4 9 2 7 5 3
7 2 4 5 1 3 9 8 6
9 3 5 6 7 8 1 2 4
```

509
```
8 6 9 1 2 3 4 5 7
2 3 4 5 6 7 1 8 9
1 5 7 8 9 4 6 2 3
5 2 3 4 7 8 9 1 6
9 4 1 2 3 6 8 7 5
6 7 8 9 1 5 2 3 4
7 8 2 3 4 9 5 6 1
3 9 5 6 8 1 7 4 2
4 1 6 7 5 2 3 9 8
```

510
```
5 2 4 8 6 9 1 7 3
6 9 3 5 7 1 8 4 2
8 1 7 2 3 4 5 6 9
9 3 8 7 1 2 6 5 4
4 5 1 3 9 6 7 2 8
7 6 2 4 5 8 9 3 1
1 4 5 6 8 3 2 9 7
2 7 9 1 4 5 3 8 6
3 8 6 9 2 7 4 1 5
```

511
```
7 8 1 3 9 4 5 6 2
6 9 2 1 7 5 8 3 4
3 5 4 2 6 8 7 9 1
4 7 6 8 2 3 9 1 5
5 2 9 7 1 6 3 4 8
8 1 3 4 5 9 2 7 6
9 4 5 6 8 7 1 2 3
1 3 7 5 4 2 6 8 9
2 6 8 9 3 1 4 5 7
```

512
```
1 5 8 9 2 7 4 6 3
9 2 3 5 4 6 7 8 1
4 7 6 8 1 3 9 5 2
6 1 2 3 5 4 8 9 7
8 4 7 6 9 2 3 1 5
3 9 5 1 7 8 2 4 6
2 6 9 7 8 1 5 3 4
5 3 4 2 6 9 1 7 8
7 8 1 4 3 5 6 2 9
```

513
```
9 1 7 4 8 2 6 3 5
4 2 5 6 3 1 7 8 9
6 3 8 5 7 9 4 2 1
1 6 2 3 9 8 5 7 4
5 9 4 7 2 6 8 1 3
8 7 3 1 5 4 2 9 6
7 4 6 8 1 3 9 5 2
2 8 1 9 4 5 3 6 7
3 5 9 2 6 7 1 4 8
```

514
```
7 6 3 4 1 8 5 9 2
4 2 1 6 9 5 7 8 3
5 8 9 3 7 2 6 1 4
6 1 8 5 4 3 9 2 7
2 3 4 9 6 7 8 5 1
9 7 5 8 2 1 4 3 6
8 4 6 1 3 9 2 7 5
1 5 7 2 8 4 3 6 9
3 9 2 7 5 6 1 4 8
```

515
```
8 1 7 2 9 6 3 4 5
4 9 2 5 3 1 6 8 7
3 6 5 7 8 4 9 2 1
2 3 8 9 1 5 4 7 6
5 4 1 6 7 3 8 9 2
6 7 9 4 2 8 1 5 3
7 8 3 1 5 9 2 6 4
1 2 4 8 6 7 5 3 9
9 5 6 3 4 2 7 1 8
```

516
```
7 2 8 1 5 4 3 9 6
5 6 3 2 9 7 1 4 8
9 1 4 8 6 3 2 5 7
4 5 9 6 3 2 7 8 1
2 7 6 5 1 8 9 3 4
3 8 1 7 4 9 5 6 2
6 3 2 4 7 5 8 1 9
8 4 5 9 2 1 6 7 3
1 9 7 3 8 6 4 2 5
```

517
```
4 7 9 8 5 6 2 1 3
1 3 6 9 2 4 7 5 8
5 8 2 3 7 1 4 6 9
3 9 5 6 4 7 1 8 2
6 1 7 2 8 3 5 9 4
2 4 8 1 9 5 3 7 6
7 2 3 5 6 8 9 4 1
8 5 1 4 3 9 6 2 7
9 6 4 7 1 2 8 3 5
```

518
```
2 5 4 6 9 7 3 8 1
8 1 6 5 3 4 9 2 7
3 7 9 2 8 1 5 4 6
9 2 7 4 1 3 6 5 8
1 3 5 8 2 6 4 7 9
4 6 8 7 5 9 1 3 2
5 9 1 3 7 8 2 6 4
6 8 2 9 4 5 7 1 3
7 4 3 1 6 2 8 9 5
```

519
```
2 4 8 6 3 5 7 9 1
5 7 9 8 1 4 3 6 2
3 6 1 7 9 2 8 5 4
4 8 3 9 6 7 1 2 5
6 1 2 4 5 8 9 3 7
7 9 5 3 2 1 4 8 6
8 2 6 1 4 3 5 7 9
9 3 4 5 7 6 2 1 8
1 5 7 2 8 9 6 4 3
```

520
```
1 5 8 6 3 2 4 7 9
4 6 9 5 7 1 3 8 2
2 7 3 8 4 9 5 6 1
5 4 1 2 6 3 7 9 8
3 8 2 7 9 4 6 1 5
6 9 7 1 8 5 2 4 3
8 1 6 3 2 7 9 5 4
7 2 4 9 5 8 1 3 6
9 3 5 4 1 6 8 2 7
```

521

2	3	7	4	5	9	1	8	6
1	4	8	7	6	2	3	9	5
5	6	9	1	8	3	4	2	7
6	5	4	8	9	7	2	3	1
8	7	2	3	1	5	6	4	9
9	1	3	2	4	6	7	5	8
4	2	1	5	7	8	9	6	3
7	8	6	9	3	4	5	1	2
3	9	5	6	2	1	8	7	4

522

6	8	3	4	5	2	7	9	1
9	1	5	3	7	8	4	6	2
4	2	7	6	9	1	8	5	3
2	6	8	7	3	9	5	1	4
5	4	9	1	8	6	2	3	7
3	7	1	2	4	5	6	8	9
1	9	2	5	6	4	3	7	8
7	5	4	8	1	3	9	2	6
8	3	6	9	2	7	1	4	5

523

7	9	4	5	3	6	8	1	2
1	2	5	9	4	8	3	6	7
8	3	6	7	1	2	4	5	9
2	1	7	3	8	9	5	4	6
9	6	8	2	5	4	7	3	1
5	4	3	6	7	1	9	2	8
6	7	9	4	2	3	1	8	5
3	5	1	8	6	7	2	9	4
4	8	2	1	9	5	6	7	3

524

6	4	7	5	3	2	9	8	1
8	2	1	7	9	4	6	3	5
5	9	3	8	1	6	7	2	4
7	5	4	3	6	1	2	9	8
2	6	8	9	4	5	1	7	3
3	1	9	2	7	8	5	4	6
1	3	2	4	5	9	8	6	7
9	7	5	6	8	3	4	1	2
4	8	6	1	2	7	3	5	9

525

7	9	1	3	5	8	2	4	6
8	5	2	4	6	7	9	1	3
4	6	3	9	1	2	8	5	7
6	4	5	8	7	1	3	2	9
9	1	7	2	3	6	4	8	5
3	2	8	5	4	9	7	6	1
1	8	6	7	2	3	5	9	4
2	3	4	6	9	5	1	7	8
5	7	9	1	8	4	6	3	2

526

9	7	3	1	4	5	2	6	8
6	8	4	2	7	9	3	5	1
1	2	5	8	6	3	7	4	9
7	3	6	4	9	1	5	8	2
4	5	9	7	8	2	6	1	3
2	1	8	3	5	6	4	9	7
3	6	1	9	2	4	8	7	5
8	4	2	5	1	7	9	3	6
5	9	7	6	3	8	1	2	4

527

2	5	9	8	7	4	3	1	6
3	6	8	1	5	2	9	7	4
4	7	1	9	3	6	5	2	8
7	8	3	4	2	9	6	5	1
5	9	2	6	1	3	4	8	7
6	1	4	7	8	5	2	9	3
1	3	5	2	4	7	8	6	9
8	2	6	3	9	1	7	4	5
9	4	7	5	6	8	1	3	2

528

1	3	7	4	6	2	5	8	9
2	4	8	9	1	5	6	3	7
5	6	9	7	8	3	2	1	4
3	8	5	6	4	9	7	2	1
7	9	6	8	2	1	3	4	5
4	2	1	3	5	7	8	9	6
6	5	2	1	3	4	9	7	8
8	7	4	2	9	6	1	5	3
9	1	3	5	7	8	4	6	2

529

6	7	9	1	2	3	8	5	4
4	8	1	7	9	5	2	3	6
5	3	2	6	4	8	1	9	7
7	1	3	2	6	9	4	8	5
8	2	4	5	7	1	9	6	3
9	6	5	8	3	4	7	1	2
1	4	6	9	5	7	3	2	8
2	9	7	3	8	6	5	4	1
3	5	8	4	1	2	6	7	9

530

1	4	6	3	8	5	7	9	2
9	3	7	2	4	1	6	5	8
2	5	8	6	9	7	1	4	3
8	7	2	9	1	4	3	6	5
5	9	3	7	6	2	8	1	4
6	1	4	5	3	8	9	2	7
7	6	9	4	2	3	5	8	1
3	2	1	8	5	6	4	7	9
4	8	5	1	7	9	2	3	6

531

7	9	4	6	8	1	3	2	5
1	2	5	9	7	3	4	6	8
6	3	8	4	2	5	9	1	7
3	8	1	2	6	4	5	7	9
4	6	9	5	1	7	8	3	2
5	7	2	8	3	9	1	4	6
2	1	3	7	9	8	6	5	4
8	4	7	3	5	6	2	9	1
9	5	6	1	4	2	7	8	3

532

6	8	4	2	7	5	9	1	3
5	9	2	8	3	1	7	6	4
7	1	3	6	9	4	8	5	2
8	5	6	4	2	7	3	9	1
2	7	9	1	6	3	4	8	5
3	4	1	5	8	9	2	7	6
9	6	5	3	4	8	1	2	7
4	2	7	9	1	6	5	3	8
1	3	8	7	5	2	6	4	9

533

5	6	9	7	1	4	8	2	3
4	8	1	3	5	2	6	7	9
3	7	2	8	9	6	5	1	4
6	9	3	2	7	1	4	8	5
7	1	4	5	6	8	3	9	2
8	2	5	4	3	9	1	6	7
9	3	6	1	2	5	7	4	8
2	4	7	6	8	3	9	5	1
1	5	8	9	4	7	2	3	6

534

6	5	2	7	8	3	4	9	1
7	8	3	9	1	4	2	5	6
4	1	9	2	5	6	3	7	8
5	9	4	3	2	1	6	8	7
8	2	6	4	7	9	5	1	3
1	3	7	8	6	5	9	2	4
9	4	1	5	3	7	8	6	2
2	6	5	1	4	8	7	3	9
3	7	8	6	9	2	1	4	5

535

9	8	3	1	6	4	7	5	2
6	2	4	7	9	5	3	8	1
1	7	5	8	2	3	6	9	4
2	9	6	3	5	7	1	4	8
3	1	7	9	4	8	5	2	6
4	5	8	6	1	2	9	7	3
7	3	2	5	8	6	4	1	9
8	6	9	4	7	1	2	3	5
5	4	1	2	3	9	8	6	7

536

3	5	9	1	2	6	4	7	8
4	7	1	8	9	5	3	2	6
6	8	2	3	4	7	9	1	5
5	1	4	7	6	3	2	8	9
2	3	6	9	8	1	5	4	7
7	9	8	2	5	4	1	6	3
8	2	3	4	7	9	6	5	1
9	4	5	6	1	8	7	3	2
1	6	7	5	3	2	8	9	4

537

3	5	4	2	7	6	8	9	1
6	8	9	3	5	1	4	7	2
7	1	2	9	4	8	5	6	3
8	7	3	5	6	9	2	1	4
9	4	5	1	2	7	3	8	6
1	2	6	4	8	3	7	5	9
2	6	8	7	9	4	1	3	5
4	3	7	6	1	5	9	2	8
5	9	1	8	3	2	6	4	7

538

7	3	2	9	6	1	8	4	5
8	1	5	2	3	4	7	6	9
9	4	6	5	8	7	1	3	2
1	5	7	3	9	6	2	8	4
4	6	9	8	1	2	5	7	3
2	8	3	7	4	5	6	9	1
3	2	4	6	5	8	9	1	7
5	9	8	1	7	3	4	2	6
6	7	1	4	2	9	3	5	8

539

6	5	9	3	4	7	2	8	1
3	7	1	2	9	8	4	6	5
8	4	2	5	6	1	9	3	7
7	8	4	6	3	9	1	5	2
9	6	5	1	8	2	7	4	3
1	2	3	7	5	4	8	9	6
2	9	6	4	1	3	5	7	8
4	3	7	8	2	5	6	1	9
5	1	8	9	7	6	3	2	4

540

3	4	6	8	5	1	2	7	9
2	5	1	9	7	3	8	4	6
9	8	7	2	6	4	5	3	1
7	2	3	1	4	6	9	5	8
8	9	4	5	3	2	1	6	7
1	6	5	7	8	9	3	2	4
4	7	8	3	9	5	6	1	2
5	1	9	6	2	7	4	8	3
6	3	2	4	1	8	7	9	5

541

```
7 5 8 6 9 1 2 3 4
4 3 2 5 7 8 9 6 1
9 6 1 3 4 2 7 8 5
5 9 3 7 1 4 6 2 8
6 2 7 9 8 5 4 1 3
8 1 4 2 3 6 5 9 7
1 4 5 8 6 9 3 7 2
2 7 6 1 5 3 8 4 9
3 8 9 4 2 7 1 5 6
```

542

```
3 1 7 6 5 8 4 9 2
2 8 6 4 3 9 1 7 5
5 4 9 1 2 7 3 8 6
6 7 4 8 9 1 5 2 3
9 2 5 3 6 4 8 1 7
8 3 1 5 7 2 6 4 9
1 9 3 2 8 5 7 6 4
7 5 8 9 4 6 2 3 1
4 6 2 7 1 3 9 5 8
```

543

```
3 7 6 8 2 4 9 1 5
4 8 1 9 3 5 6 2 7
5 9 2 1 6 7 3 4 8
1 5 8 7 9 6 2 3 4
7 2 9 3 4 8 5 6 1
6 3 4 2 5 1 7 8 9
2 4 5 6 8 9 1 7 3
8 1 3 5 7 2 4 9 6
9 6 7 4 1 3 8 5 2
```

544

```
5 9 2 6 4 7 3 8 1
3 1 4 8 2 5 9 6 7
8 7 6 9 3 1 5 4 2
9 4 7 2 6 3 8 1 5
1 5 3 4 7 8 2 9 6
2 6 8 1 5 9 4 7 3
6 8 9 5 1 2 7 3 4
7 2 1 3 8 4 6 5 9
4 3 5 7 9 6 1 2 8
```

545

```
7 2 6 1 4 8 9 5 3
9 8 3 7 2 5 1 6 4
1 4 5 9 6 3 7 2 8
8 6 2 4 7 9 3 1 5
5 7 4 3 1 2 6 8 9
3 1 9 5 8 6 4 7 2
4 3 7 8 5 1 2 9 6
6 9 8 2 3 7 5 4 1
2 5 1 6 9 4 8 3 7
```

546

```
8 2 7 9 3 1 4 5 6
1 9 4 6 5 7 8 2 3
6 3 5 8 4 2 7 9 1
2 4 6 1 9 3 5 7 8
9 5 8 2 7 6 3 1 4
3 7 1 4 8 5 9 6 2
4 6 9 5 1 8 2 3 7
7 8 2 3 6 9 1 4 5
5 1 3 7 2 4 6 8 9
```

547

```
2 9 7 1 8 3 6 4 5
3 4 8 5 2 6 7 9 1
5 6 1 4 7 9 8 3 2
1 7 9 3 6 2 5 8 4
4 5 2 8 9 1 3 7 6
6 8 3 7 4 5 1 2 9
7 1 5 9 3 4 2 6 8
8 2 4 6 1 7 9 5 3
9 3 6 2 5 8 4 1 7
```

548

```
3 9 6 1 2 5 7 4 8
7 5 8 9 3 4 6 1 2
4 2 1 8 6 7 9 3 5
6 7 9 5 1 8 4 2 3
8 1 2 6 4 3 5 7 9
5 3 4 2 7 9 8 6 1
9 6 3 4 5 1 2 8 7
1 4 5 7 8 2 3 9 6
2 8 7 3 9 6 1 5 4
```

549

```
9 4 7 2 3 8 5 6 1
2 5 8 6 1 7 4 9 3
3 6 1 9 4 5 2 7 8
5 7 9 8 6 3 1 2 4
6 3 4 1 7 2 8 5 9
8 1 2 5 9 4 7 3 6
1 8 3 7 5 6 9 4 2
4 9 5 3 2 1 6 8 7
7 2 6 4 8 9 3 1 5
```

550

```
5 9 6 1 2 8 7 3 4
8 4 7 9 3 5 2 1 6
1 2 3 7 4 6 9 8 5
3 6 8 2 7 1 5 4 9
4 7 1 5 9 3 6 2 8
9 5 2 8 6 4 1 7 3
2 1 4 6 8 9 3 5 7
6 8 5 3 1 7 4 9 2
7 3 9 4 5 2 8 6 1
```

551

```
3 9 6 1 8 5 7 2 4
4 5 2 9 7 6 3 1 8
8 1 7 2 4 3 5 9 6
6 7 9 3 1 2 4 8 5
5 3 4 6 9 8 1 7 2
2 8 1 4 5 7 6 3 9
7 6 5 8 3 9 2 4 1
1 2 8 7 6 4 9 5 3
9 4 3 5 2 1 8 6 7
```

552

```
1 7 3 2 5 9 8 4 6
8 9 6 3 1 4 5 2 7
5 2 4 7 6 8 9 3 1
7 1 8 4 3 6 2 5 9
9 4 5 1 8 2 6 7 3
3 6 2 9 7 5 1 8 4
4 8 1 5 9 3 7 6 2
2 5 7 6 4 1 3 9 8
6 3 9 8 2 7 4 1 5
```

553

```
4 8 5 9 6 2 1 3 7
7 3 6 1 8 4 5 2 9
9 2 1 7 3 5 6 4 8
6 9 2 4 7 1 8 5 3
1 7 3 2 5 8 9 6 4
8 5 4 6 9 3 2 7 1
3 1 7 5 2 9 4 8 6
2 4 8 3 1 6 7 9 5
5 6 9 8 4 7 3 1 2
```

554

```
9 8 7 4 1 3 2 5 6
3 2 1 9 5 6 4 8 7
6 4 5 8 2 7 3 9 1
1 9 2 3 4 8 6 7 5
4 3 6 5 7 9 8 1 2
7 5 8 1 6 2 9 4 3
8 6 3 7 9 1 5 2 4
2 7 4 6 8 5 1 3 9
5 1 9 2 3 4 7 6 8
```

555

```
1 4 7 8 5 6 9 2 3
2 5 8 4 3 9 7 6 1
3 6 9 7 1 2 8 5 4
4 7 1 6 9 8 2 3 5
8 3 2 5 4 7 6 1 9
5 9 6 1 2 3 4 8 7
6 8 3 9 7 1 5 4 2
9 1 4 2 8 5 3 7 6
7 2 5 3 6 4 1 9 8
```

556

```
4 6 1 7 8 2 3 9 5
5 7 2 3 9 4 1 6 8
8 9 3 6 1 5 4 7 2
9 8 4 1 6 3 5 2 7
6 3 7 2 5 8 9 1 4
2 1 5 4 7 9 6 8 3
3 4 8 9 2 6 7 5 1
1 5 9 8 4 7 2 3 6
7 2 6 5 3 1 8 4 9
```

557

```
5 9 2 8 4 7 6 1 3
6 8 3 1 2 9 7 4 5
7 1 4 3 6 5 8 2 9
8 2 5 4 7 1 9 3 6
1 4 6 5 9 3 2 7 8
9 3 7 6 8 2 1 5 4
2 5 9 7 3 6 4 8 1
3 6 8 2 1 4 5 9 7
4 7 1 9 5 8 3 6 2
```

558

```
6 5 4 7 8 9 1 3 2
9 7 2 1 5 3 4 6 8
1 8 3 4 2 6 5 9 7
4 6 5 2 9 8 7 1 3
2 9 7 3 6 1 8 4 5
3 1 8 5 4 7 6 2 9
5 2 9 6 7 4 3 8 1
8 3 6 9 1 5 2 7 4
7 4 1 8 3 2 9 5 6
```

559

```
2 1 8 3 4 5 6 7 9
4 3 7 9 6 8 2 5 1
5 6 9 1 7 2 4 8 3
3 4 5 6 2 9 7 1 8
7 8 1 4 5 3 9 2 6
6 9 2 7 8 1 5 3 4
1 5 3 2 9 6 8 4 7
9 2 4 8 3 7 1 6 5
8 7 6 5 1 4 3 9 2
```

560

```
6 2 3 7 4 8 1 5 9
9 1 4 6 2 5 7 3 8
7 8 5 9 1 3 2 4 6
8 3 9 1 5 6 4 2 7
1 4 6 2 8 7 5 9 3
2 5 7 4 3 9 6 8 1
3 6 8 5 7 4 9 1 2
5 7 1 8 9 2 3 6 4
4 9 2 3 6 1 8 7 5
```

561
```
4 5 9 1 2 6 7 3 8
3 8 2 4 7 9 1 5 6
6 1 7 3 5 8 9 4 2
2 3 1 7 4 5 6 8 9
9 4 6 2 8 1 3 7 5
5 7 8 9 6 3 4 2 1
7 6 3 5 9 2 8 1 4
8 2 4 6 1 7 5 9 3
1 9 5 8 3 4 2 6 7
```

562
```
6 7 3 4 2 8 9 1 5
9 1 4 7 5 3 6 2 8
5 2 8 9 6 1 3 7 4
7 3 2 5 8 6 4 9 1
1 4 5 2 7 9 8 3 6
8 9 6 3 1 4 7 5 2
3 5 9 8 4 2 1 6 7
2 8 1 6 3 7 5 4 9
4 6 7 1 9 5 2 8 3
```

563
```
5 1 8 7 2 3 4 9 6
4 7 2 8 6 9 1 3 5
6 9 3 4 5 1 2 8 7
3 8 6 9 4 2 5 7 1
9 4 7 5 1 6 3 2 8
2 5 1 3 7 8 6 4 9
8 2 9 1 3 5 7 6 4
7 6 5 2 8 4 9 1 3
1 3 4 6 9 7 8 5 2
```

564
```
2 5 9 8 3 6 7 4 1
3 1 7 5 2 4 6 8 9
4 6 8 9 1 7 2 5 3
8 2 4 3 6 5 9 1 7
9 7 6 1 4 8 3 2 5
5 3 1 2 7 9 4 6 8
1 8 2 4 9 3 5 7 6
6 4 3 7 5 1 8 9 2
7 9 5 6 8 2 1 3 4
```

565
```
1 2 4 5 6 8 7 9 3
9 6 7 3 2 4 8 5 1
5 3 8 7 9 1 4 2 6
2 5 6 9 3 7 1 4 8
4 7 9 8 1 5 6 3 2
3 8 1 2 4 6 5 7 9
6 9 5 1 7 2 3 8 4
7 1 2 4 8 3 9 6 5
8 4 3 6 5 9 2 1 7
```

566
```
7 1 2 3 4 5 9 6 8
5 8 4 7 6 9 3 2 1
6 9 3 8 2 1 4 7 5
8 2 5 4 3 6 1 9 7
9 3 7 1 8 2 5 4 6
1 4 6 9 5 7 8 3 2
4 5 8 6 7 3 2 1 9
2 6 9 5 1 4 7 8 3
3 7 1 2 9 8 6 5 4
```

567
```
4 9 1 5 2 7 8 6 3
5 6 2 1 8 3 4 9 7
7 8 3 4 6 9 2 5 1
6 1 4 2 3 8 9 7 5
8 3 5 9 7 1 6 2 4
9 2 7 6 4 5 1 3 8
1 4 6 3 5 2 7 8 9
2 5 8 7 9 4 3 1 6
3 7 9 8 1 6 5 4 2
```

568
```
4 1 2 3 6 7 5 9 8
5 7 8 4 9 1 2 6 3
6 3 9 2 5 8 7 1 4
3 2 4 9 7 5 6 8 1
9 5 6 8 1 3 4 2 7
1 8 7 6 2 4 3 5 9
7 9 1 5 3 2 8 4 6
8 6 5 7 4 9 1 3 2
2 4 3 1 8 6 9 7 5
```

569
```
5 8 4 9 1 6 2 3 7
7 9 6 2 5 3 4 8 1
3 1 2 4 8 7 5 9 6
1 7 3 5 6 8 9 2 4
2 4 5 3 9 1 6 7 8
8 6 9 7 2 4 1 5 3
9 3 1 8 4 2 7 6 5
4 2 7 6 3 5 8 1 9
6 5 8 1 7 9 3 4 2
```

570
```
7 8 5 4 6 1 9 2 3
2 9 1 3 8 5 6 7 4
3 4 6 7 9 2 8 5 1
9 5 4 2 7 8 1 3 6
6 1 7 5 3 9 2 4 8
8 3 2 6 1 4 5 9 7
1 6 3 9 2 7 4 8 5
4 2 8 1 5 3 7 6 9
5 7 9 8 4 6 3 1 2
```

571
```
5 3 1 6 2 9 7 8 4
8 2 6 7 3 4 1 5 9
9 4 7 5 1 8 3 2 6
1 6 8 2 9 5 4 3 7
2 7 4 3 6 1 5 9 8
3 9 5 8 4 7 6 1 2
4 5 9 1 7 2 8 6 3
6 8 2 4 5 3 9 7 1
7 1 3 9 8 6 2 4 5
```

572
```
1 7 8 2 3 6 9 4 5
6 2 5 4 9 1 7 8 3
3 4 9 5 8 7 2 6 1
4 8 6 7 1 9 3 5 2
2 3 7 8 5 4 1 9 6
5 9 1 3 6 2 8 7 4
7 5 2 1 4 8 6 3 9
8 6 3 9 2 5 4 1 7
9 1 4 6 7 3 5 2 8
```

573
```
3 5 6 7 4 1 2 8 9
2 8 7 9 5 6 1 3 4
4 9 1 3 8 2 5 6 7
5 1 8 4 9 7 3 2 6
6 2 4 1 3 5 7 9 8
7 3 9 6 2 8 4 5 1
8 4 2 5 7 9 6 1 3
9 6 3 2 1 4 8 7 5
1 7 5 8 6 3 9 4 2
```

574
```
4 6 8 7 3 9 2 1 5
2 3 1 4 8 5 6 7 9
7 5 9 6 1 2 3 8 4
3 7 4 5 2 6 8 9 1
8 9 2 1 4 3 5 6 7
5 1 6 9 7 8 4 3 2
6 2 5 3 9 1 7 4 8
1 4 3 8 5 7 9 2 6
9 8 7 2 6 4 1 5 3
```

575
```
2 9 5 7 6 4 8 1 3
3 4 7 2 8 1 6 5 9
6 1 8 9 5 3 2 7 4
7 2 4 8 1 6 9 3 5
1 3 6 5 9 2 7 4 8
8 5 9 4 3 7 1 6 2
5 6 2 1 4 8 3 9 7
9 7 1 3 2 5 4 8 6
4 8 3 6 7 9 5 2 1
```

576
```
9 1 3 5 6 2 4 7 8
5 7 4 8 9 3 1 6 2
8 2 6 7 1 4 5 9 3
1 4 7 2 3 6 8 5 9
6 5 9 1 8 7 2 3 4
3 8 2 4 5 9 7 1 6
7 3 8 9 2 1 6 4 5
2 6 1 3 4 5 9 8 7
4 9 5 6 7 8 3 2 1
```

577
```
8 2 3 4 9 7 1 5 6
1 7 4 6 5 2 9 3 8
5 9 6 3 8 1 7 2 4
6 8 7 5 3 9 2 4 1
2 5 9 1 4 6 3 8 7
3 4 1 7 2 8 6 9 5
4 1 8 9 6 3 5 7 2
9 6 5 2 7 4 8 1 3
7 3 2 8 1 5 4 6 9
```

578
```
3 8 1 6 5 4 9 7 2
6 5 2 9 3 7 8 4 1
4 9 7 1 2 8 3 5 6
7 6 3 2 8 5 1 9 4
5 1 9 3 4 6 7 2 8
8 2 4 7 9 1 6 3 5
9 3 5 8 6 2 4 1 7
1 4 6 5 7 9 2 8 3
2 7 8 4 1 3 5 6 9
```

579
```
8 5 3 7 2 9 6 1 4
7 1 6 8 4 3 9 2 5
4 2 9 5 1 6 7 3 8
5 9 4 1 6 7 2 8 3
3 6 7 2 8 4 5 9 1
2 8 1 9 3 5 4 6 7
1 4 8 6 7 2 3 5 9
9 7 2 3 5 1 8 4 6
6 3 5 4 9 8 1 7 2
```

580
```
8 9 7 1 2 3 4 6 5
6 1 3 7 5 4 8 9 2
2 5 4 8 9 6 1 7 3
7 2 5 4 3 8 6 1 9
9 8 1 6 7 5 2 3 4
4 3 6 9 1 2 5 8 7
1 4 9 2 6 7 3 5 8
3 6 2 5 8 9 7 4 1
5 7 8 3 4 1 9 2 6
```

581

3	1	9	7	5	4	6	8	2
4	5	2	6	8	9	3	7	1
8	6	7	3	1	2	5	9	4
9	3	5	8	2	6	1	4	7
1	7	8	9	4	3	2	5	6
6	2	4	5	7	1	8	3	9
2	8	1	4	9	5	7	6	3
5	4	3	1	6	7	9	2	8
7	9	6	2	3	8	4	1	5

582

8	2	3	9	1	5	4	6	7
6	1	4	2	8	7	9	3	5
7	9	5	6	3	4	8	2	1
4	5	6	8	9	3	1	7	2
2	8	7	5	4	1	6	9	3
9	3	1	7	2	6	5	8	4
5	4	2	3	6	8	7	1	9
1	6	9	4	7	2	3	5	8
3	7	8	1	5	9	2	4	6

583

3	1	5	2	4	8	6	9	7
6	7	8	3	5	9	1	4	2
4	9	2	6	7	1	3	5	8
5	3	9	7	1	4	8	2	6
7	8	6	5	2	3	9	1	4
2	4	1	8	9	6	7	3	5
8	2	3	9	6	5	4	7	1
9	5	4	1	8	7	2	6	3
1	6	7	4	3	2	5	8	9

584

6	3	1	7	2	9	4	8	5
2	8	4	3	5	1	9	7	6
7	9	5	4	8	6	2	1	3
8	7	6	9	1	2	3	5	4
1	4	2	5	3	8	6	9	7
9	5	3	6	7	4	8	2	1
4	1	7	8	9	3	5	6	2
3	2	8	1	6	5	7	4	9
5	6	9	2	4	7	1	3	8

585

3	4	6	1	2	5	7	8	9
7	2	8	9	6	3	4	1	5
1	5	9	8	7	4	6	3	2
2	6	5	7	8	9	3	4	1
4	9	7	5	3	1	8	2	6
8	3	1	2	4	6	9	5	7
5	7	2	3	9	8	1	6	4
6	1	3	4	5	7	2	9	8
9	8	4	6	1	2	5	7	3

586

7	2	3	9	6	5	8	1	4
1	5	4	7	2	8	3	9	6
6	8	9	4	1	3	7	5	2
8	6	1	2	3	9	4	7	5
9	4	2	5	8	7	1	6	3
3	7	5	6	4	1	9	2	8
2	3	6	1	7	4	5	8	9
4	9	7	8	5	2	6	3	1
5	1	8	3	9	6	2	4	7

587

5	9	1	7	6	4	2	8	3
2	4	6	8	3	5	7	1	9
8	3	7	1	2	9	5	4	6
3	6	5	9	1	7	8	2	4
9	7	2	4	8	3	1	6	5
4	1	8	2	5	6	9	3	7
6	2	9	5	4	8	3	7	1
7	8	3	6	9	1	4	5	2
1	5	4	3	7	2	6	9	8

588

5	9	4	3	8	1	2	6	7
8	2	7	5	6	9	1	3	4
1	3	6	4	7	2	8	5	9
2	4	1	6	5	3	9	7	8
9	7	5	8	2	4	3	1	6
6	8	3	1	9	7	4	2	5
3	5	8	2	4	6	7	9	1
4	1	9	7	3	5	6	8	2
7	6	2	9	1	8	5	4	3

589

2	7	4	3	6	5	8	9	1
6	5	9	7	8	1	3	2	4
3	8	1	2	9	4	6	7	5
5	9	6	8	7	2	4	1	3
8	1	2	6	4	3	9	5	7
4	3	7	5	1	9	2	8	6
7	2	8	4	5	6	1	3	9
9	6	3	1	2	7	5	4	8
1	4	5	9	3	8	7	6	2

590

3	8	9	6	7	4	1	5	2
7	5	2	8	1	3	4	6	9
4	1	6	9	5	2	7	8	3
5	9	1	7	2	8	6	3	4
6	7	3	4	9	5	2	1	8
8	2	4	1	3	6	5	9	7
9	6	7	2	8	1	3	4	5
1	3	8	5	4	7	9	2	6
2	4	5	3	6	9	8	7	1

591

5	7	8	6	2	9	1	3	4
6	3	9	1	4	7	5	8	2
2	1	4	5	3	8	6	7	9
7	2	1	8	9	6	3	4	5
8	4	6	7	5	3	9	2	1
9	5	3	2	1	4	7	6	8
1	6	7	9	8	2	4	5	3
3	8	5	4	7	1	2	9	6
4	9	2	3	6	5	8	1	7

592

1	6	3	9	2	7	4	5	8
7	8	4	5	1	3	9	6	2
5	9	2	8	6	4	1	3	7
2	1	6	7	3	5	8	4	9
3	5	8	1	4	9	2	7	6
4	7	9	6	8	2	3	1	5
6	2	5	4	9	1	7	8	3
8	3	1	2	7	6	5	9	4
9	4	7	3	5	8	6	2	1

593

7	2	1	5	9	3	4	6	8
5	8	4	6	1	7	9	3	2
6	3	9	8	2	4	5	1	7
2	1	3	4	7	5	8	9	6
8	4	5	9	3	6	2	7	1
9	6	7	1	8	2	3	5	4
1	7	8	2	5	9	6	4	3
3	5	6	7	4	8	1	2	9
4	9	2	3	6	1	7	8	5

594

4	6	7	8	1	3	5	9	2
9	1	8	2	7	5	3	6	4
5	3	2	9	4	6	7	8	1
6	4	3	5	8	1	9	2	7
7	5	9	6	2	4	8	1	3
2	8	1	7	3	9	4	5	6
8	7	6	4	9	2	1	3	5
1	9	5	3	6	7	2	4	8
3	2	4	1	5	8	6	7	9

595

4	3	1	2	9	5	6	7	8
7	9	5	6	8	4	3	1	2
6	8	2	3	7	1	9	5	4
2	4	7	5	3	6	8	9	1
5	6	8	9	1	2	4	3	7
3	1	9	7	4	8	2	6	5
8	2	3	1	6	7	5	4	9
9	7	4	8	5	3	1	2	6
1	5	6	4	2	9	7	8	3

596

8	9	6	1	7	4	2	3	5
3	5	1	6	2	8	7	9	4
4	2	7	3	5	9	6	8	1
7	3	5	9	4	6	1	2	8
1	6	2	8	3	7	4	5	9
9	4	8	5	1	2	3	6	7
5	7	3	2	8	1	9	4	6
6	8	4	7	9	3	5	1	2
2	1	9	4	6	5	8	7	3

597

3	2	8	5	7	9	1	4	6
5	6	9	4	1	2	3	8	7
4	7	1	6	8	3	2	5	9
1	3	5	9	2	6	4	7	8
8	4	6	7	5	1	9	2	3
2	9	7	8	3	4	5	6	1
7	8	2	1	9	5	6	3	4
6	1	3	2	4	7	8	9	5
9	5	4	3	6	8	7	1	2

598

6	2	9	5	3	7	1	4	8
8	7	1	9	4	2	5	6	3
5	3	4	8	1	6	9	7	2
9	8	2	6	7	4	3	1	5
7	4	3	2	5	1	8	9	6
1	6	5	3	9	8	4	2	7
2	9	6	1	8	3	7	5	4
3	1	7	4	2	5	6	8	9
4	5	8	7	6	9	2	3	1

599

9	2	6	8	1	5	3	4	7
7	4	8	9	3	2	6	5	1
3	5	1	4	6	7	8	9	2
4	6	9	5	2	8	7	1	3
2	8	7	3	9	1	5	6	4
5	1	3	6	7	4	2	8	9
1	3	4	7	8	6	9	2	5
6	9	2	1	5	3	4	7	8
8	7	5	2	4	9	1	3	6

600

7	9	3	1	2	5	4	8	6
8	1	4	6	7	3	5	9	2
6	2	5	9	4	8	3	7	1
9	3	6	7	8	2	1	4	5
1	4	7	5	6	9	2	3	8
2	5	8	3	1	4	9	6	7
3	7	9	8	5	1	6	2	4
4	6	1	2	3	7	8	5	9
5	8	2	4	9	6	7	1	3

601

9	2	5	1	3	4	6	7	8
3	1	6	8	7	9	4	2	5
8	4	7	2	5	6	9	1	3
1	5	8	3	6	7	2	4	9
2	7	9	4	8	5	1	3	6
4	6	3	9	1	2	8	5	7
5	3	1	6	4	8	7	9	2
6	9	4	7	2	3	5	8	1
7	8	2	5	9	1	3	6	4

602

9	8	1	4	2	5	6	3	7
7	4	6	1	3	9	2	5	8
5	2	3	6	7	8	9	1	4
8	3	2	9	1	6	4	7	5
1	9	7	5	4	2	8	6	3
6	5	4	7	8	3	1	2	9
2	1	8	3	5	4	7	9	6
4	6	5	2	9	7	3	8	1
3	7	9	8	6	1	5	4	2

603

4	5	2	6	1	8	9	3	7
1	8	6	9	7	3	4	5	2
3	9	7	5	2	4	8	1	6
2	7	3	4	5	9	1	6	8
5	4	8	1	6	7	2	9	3
6	1	9	3	8	2	7	4	5
7	3	1	2	9	5	6	8	4
8	6	4	7	3	1	5	2	9
9	2	5	8	4	6	3	7	1

604

7	9	3	6	8	1	4	2	5
6	1	4	5	2	3	7	8	9
8	2	5	9	7	4	3	1	6
9	8	2	1	3	6	5	4	7
3	4	6	7	5	8	2	9	1
1	5	7	2	4	9	8	6	3
2	3	1	4	6	5	9	7	8
4	6	8	3	9	7	1	5	2
5	7	9	8	1	2	6	3	4

605

9	7	2	1	5	4	3	6	8
6	5	3	7	8	2	1	9	4
1	8	4	3	6	9	7	2	5
7	1	6	4	9	3	8	5	2
2	3	9	8	7	5	6	4	1
8	4	5	2	1	6	9	3	7
5	6	1	9	2	7	4	8	3
3	9	8	5	4	1	2	7	6
4	2	7	6	3	8	5	1	9

606

9	4	5	1	2	8	3	7	6
1	3	6	5	7	9	2	4	8
2	8	7	3	4	6	9	5	1
5	1	8	9	3	4	7	6	2
3	6	2	7	8	5	1	9	4
4	7	9	2	6	1	5	8	3
6	9	1	4	5	2	8	3	7
8	2	3	6	9	7	4	1	5
7	5	4	8	1	3	6	2	9

607

4	2	6	3	5	7	8	9	1
9	5	3	2	8	1	6	7	4
7	1	8	9	4	6	3	2	5
5	6	2	1	7	8	9	4	3
8	9	7	4	3	2	1	5	6
3	4	1	5	6	9	2	8	7
2	3	5	6	9	4	7	1	8
1	7	4	8	2	3	5	6	9
6	8	9	7	1	5	4	3	2

608

5	6	3	1	4	9	7	2	8
7	1	9	8	6	2	5	3	4
8	2	4	5	7	3	6	9	1
3	4	2	6	5	8	9	1	7
9	7	6	3	1	4	8	5	2
1	5	8	9	2	7	3	4	6
2	8	1	7	9	5	4	6	3
6	9	7	4	3	1	2	8	5
4	3	5	2	8	6	1	7	9

609

3	9	5	7	2	6	8	1	4
1	4	6	8	9	5	7	2	3
2	8	7	4	1	3	5	9	6
5	2	8	3	4	1	6	7	9
6	1	3	9	7	2	4	5	8
4	7	9	5	6	8	2	3	1
7	6	1	2	8	9	3	4	5
8	3	4	1	5	7	9	6	2
9	5	2	6	3	4	1	8	7

610

5	7	2	8	3	1	6	4	9
6	4	8	2	7	9	5	1	3
9	1	3	4	6	5	7	2	8
2	5	7	1	8	4	3	9	6
3	6	1	9	5	7	2	8	4
8	9	4	3	2	6	1	5	7
7	8	6	5	9	2	4	3	1
4	2	9	6	1	3	8	7	5
1	3	5	7	4	8	9	6	2

611

3	9	5	7	2	6	8	1	4
4	8	2	9	5	1	3	7	6
1	6	7	4	8	3	2	9	5
2	4	1	6	7	5	9	8	3
6	7	8	2	3	9	4	5	1
9	5	3	8	1	4	6	2	7
5	1	4	3	9	2	7	6	8
7	2	6	5	4	8	1	3	9
8	3	9	1	6	7	5	4	2

612

6	7	5	8	2	4	9	1	3
1	8	9	7	3	5	6	2	4
2	3	4	6	9	1	5	7	8
7	4	1	5	8	9	2	3	6
5	6	2	4	1	3	7	8	9
8	9	3	2	7	6	4	5	1
3	1	6	9	5	7	8	4	2
9	2	7	1	4	8	3	6	5
4	5	8	3	6	2	1	9	7

613

3	9	1	2	4	6	5	7	8
5	2	4	1	7	8	3	9	6
8	7	6	9	5	3	4	1	2
2	8	9	5	6	7	1	3	4
6	1	3	4	2	9	7	8	5
7	4	5	3	8	1	2	6	9
4	3	8	7	9	2	6	5	1
9	5	7	6	1	4	8	2	3
1	6	2	8	3	5	9	4	7

614

5	4	6	8	7	9	1	2	3
1	2	7	3	4	5	8	9	6
9	3	8	2	1	6	4	7	5
3	8	2	5	9	4	6	1	7
6	5	1	7	8	3	2	4	9
7	9	4	6	2	1	3	5	8
8	1	3	9	5	2	7	6	4
4	6	9	1	3	7	5	8	2
2	7	5	4	6	8	9	3	1

615

2	1	7	9	4	6	8	5	3
5	3	9	2	7	8	6	4	1
4	6	8	1	3	5	7	2	9
6	9	4	8	1	2	3	7	5
7	8	1	4	5	3	9	6	2
3	5	2	6	9	7	4	1	8
8	2	3	7	6	1	5	9	4
9	7	5	3	2	4	1	8	6
1	4	6	5	8	9	2	3	7

616

7	8	2	3	6	1	9	4	5
1	4	3	9	5	7	2	8	6
6	9	5	4	2	8	7	3	1
9	2	7	8	1	3	5	6	4
3	5	1	6	4	9	8	7	2
8	6	4	2	7	5	3	1	9
4	7	6	5	3	2	1	9	8
2	1	8	7	9	4	6	5	3
5	3	9	1	8	6	4	2	7

617

8	7	5	1	3	6	4	9	2
2	4	1	8	7	9	6	3	5
3	9	6	4	5	2	8	7	1
4	6	2	9	1	7	3	5	8
1	3	7	5	6	8	2	4	9
9	5	8	2	4	3	1	6	7
6	8	9	3	2	5	7	1	4
5	1	3	7	8	4	9	2	6
7	2	4	6	9	1	5	8	3

618

6	1	3	4	5	2	7	8	9
9	7	4	3	8	1	6	2	5
8	2	5	7	6	9	4	1	3
1	3	6	5	7	8	9	4	2
2	4	8	6	9	3	1	5	7
7	5	9	1	2	4	8	3	6
4	8	2	9	3	6	5	7	1
3	6	7	8	1	5	2	9	4
5	9	1	2	4	7	3	6	8

619

3	7	2	4	1	6	9	5	8
4	5	9	8	2	3	1	6	7
6	8	1	7	5	9	2	4	3
5	1	6	2	3	4	7	8	9
9	3	7	5	8	1	6	2	4
2	4	8	6	9	7	3	1	5
7	2	3	1	4	5	8	9	6
8	6	4	9	7	2	5	3	1
1	9	5	3	6	8	4	7	2

620

8	6	7	3	5	9	1	2	4
5	2	9	4	6	1	3	7	8
1	3	4	7	2	8	9	5	6
7	4	6	8	1	2	5	9	3
2	8	1	5	9	3	6	4	7
9	5	3	6	7	4	8	1	2
6	1	2	9	8	7	4	3	5
3	7	8	1	4	5	2	6	9
4	9	5	2	3	6	7	8	1

621
```
5 9 4 7 3 8 1 6 2
1 3 6 2 9 4 5 7 8
2 8 7 6 5 1 3 4 9
3 7 8 1 4 6 9 2 5
4 1 9 5 8 2 6 3 7
6 5 2 9 7 3 8 1 4
7 4 3 8 1 9 2 5 6
9 6 1 4 2 5 7 8 3
8 2 5 3 6 7 4 9 1
```

622
```
5 9 2 1 3 4 6 7 8
7 1 3 8 5 6 9 2 4
8 4 6 2 7 9 1 5 3
6 2 5 3 9 1 4 8 7
9 8 1 7 4 2 5 3 6
4 3 7 5 6 8 2 1 9
1 5 4 6 8 3 7 9 2
2 6 8 9 1 7 3 4 5
3 7 9 4 2 5 8 6 1
```

623
```
8 7 1 9 2 5 3 4 6
4 6 2 3 1 8 7 9 5
5 9 3 4 7 6 2 8 1
6 1 4 2 8 7 9 5 3
7 2 5 1 9 3 4 6 8
9 3 8 5 6 4 1 2 7
3 4 6 7 5 2 8 1 9
1 5 7 8 4 9 6 3 2
2 8 9 6 3 1 5 7 4
```

624
```
3 2 7 8 9 1 4 5 6
8 4 5 7 6 3 2 1 9
1 9 6 4 5 2 7 8 3
2 5 8 9 1 4 3 6 7
9 7 1 2 3 6 8 4 5
4 6 3 5 8 7 9 2 1
5 3 9 6 4 8 1 7 2
6 8 2 1 7 9 5 3 4
7 1 4 3 2 5 6 9 8
```

625
```
6 7 9 4 5 8 1 2 3
5 3 4 1 7 2 6 9 8
1 2 8 6 9 3 7 4 5
4 5 2 7 8 6 3 1 9
7 9 6 5 3 1 2 8 4
8 1 3 9 2 4 5 7 6
2 4 5 8 6 7 9 3 1
3 6 1 2 4 9 8 5 7
9 8 7 3 1 5 4 6 2
```

626
```
1 9 4 2 7 3 8 5 6
2 7 5 8 4 6 9 3 1
3 6 8 5 1 9 2 4 7
4 1 6 7 5 8 3 9 2
5 8 9 6 3 2 1 7 4
7 2 3 1 9 4 6 8 5
6 5 1 9 8 7 4 2 3
8 3 7 4 2 1 5 6 9
9 4 2 3 6 5 7 1 8
```

627
```
3 2 5 7 4 9 6 8 1
8 4 7 6 1 5 9 2 3
1 6 9 3 8 2 7 4 5
7 9 3 8 6 1 2 5 4
2 1 4 5 3 7 8 6 9
6 5 8 2 9 4 3 1 7
9 3 2 4 5 8 1 7 6
4 7 6 1 2 3 5 9 8
5 8 1 9 7 6 4 3 2
```

628
```
6 8 3 4 5 2 9 7 1
1 2 4 3 9 7 5 6 8
7 9 5 1 6 8 2 4 3
9 3 6 5 7 4 8 1 2
8 4 7 2 1 9 6 3 5
2 5 1 6 8 3 7 9 4
5 6 2 7 3 1 4 8 9
3 7 8 9 4 5 1 2 6
4 1 9 8 2 6 3 5 7
```

629
```
4 1 2 7 8 3 5 9 6
3 8 6 4 9 5 7 1 2
5 9 7 2 6 1 4 8 3
2 5 4 3 1 9 6 7 8
9 7 8 6 2 4 1 3 5
6 3 1 5 7 8 9 2 4
7 2 5 9 3 6 8 4 1
8 6 9 1 4 2 3 5 7
1 4 3 8 5 7 2 6 9
```

630
```
4 9 3 2 8 1 5 6 7
8 1 6 5 7 4 3 2 9
5 2 7 3 9 6 4 1 8
2 7 4 6 5 8 9 3 1
1 8 9 4 2 3 6 7 5
6 3 5 7 1 9 8 4 2
9 4 8 1 6 7 2 5 3
3 5 1 8 4 2 7 9 6
7 6 2 9 3 5 1 8 4
```

631
```
1 5 6 2 8 7 3 9 4
4 8 9 5 3 6 1 2 7
2 7 3 4 1 9 6 8 5
5 3 8 6 7 2 4 1 9
6 4 2 1 9 8 5 7 3
7 9 1 3 5 4 8 6 2
3 2 4 7 6 1 9 5 8
8 6 7 9 4 5 2 3 1
9 1 5 8 2 3 7 4 6
```

632
```
9 8 5 1 3 4 6 2 7
3 4 6 2 7 8 1 9 5
2 1 7 5 9 6 8 4 3
7 3 2 8 1 9 4 5 6
4 5 9 3 6 7 2 1 8
8 6 1 4 5 2 7 3 9
1 7 3 6 2 5 9 8 4
5 9 8 7 4 1 3 6 2
6 2 4 9 8 3 5 7 1
```

633
```
3 5 7 4 6 8 9 1 2
4 6 9 1 7 2 8 3 5
1 8 2 9 3 5 4 6 7
7 3 8 5 9 6 1 2 4
5 1 4 2 8 3 6 7 9
9 2 6 7 4 1 3 5 8
2 4 3 6 5 9 7 8 1
8 9 5 3 1 7 2 4 6
6 7 1 8 2 4 5 9 3
```

634
```
5 3 7 8 1 4 6 9 2
2 6 8 9 7 3 1 4 5
9 4 1 5 2 6 3 8 7
6 2 4 7 5 1 8 3 9
1 7 9 2 3 8 4 5 6
3 8 5 4 6 9 7 2 1
7 1 2 3 4 5 9 6 8
8 5 3 6 9 7 2 1 4
4 9 6 1 8 2 5 7 3
```

635
```
7 1 9 3 2 5 8 4 6
8 3 4 9 6 1 7 5 2
5 2 6 4 8 7 3 9 1
9 6 5 7 3 2 1 8 4
1 4 3 5 9 8 2 6 7
2 8 7 1 4 6 5 3 9
6 9 8 2 1 3 4 7 5
3 5 1 6 7 4 9 2 8
4 7 2 8 5 9 6 1 3
```

636
```
2 5 8 3 9 4 6 7 1
3 6 1 7 8 2 9 4 5
4 9 7 1 5 6 2 3 8
5 7 9 2 6 8 3 1 4
8 1 2 9 4 3 5 6 7
6 3 4 5 7 1 8 2 9
7 2 6 8 1 9 4 5 3
9 4 5 6 3 7 1 8 2
1 8 3 4 2 5 7 9 6
```

637
```
5 4 9 7 1 2 6 3 8
2 7 6 9 8 3 4 5 1
3 8 1 4 5 6 2 7 9
4 9 2 1 3 8 5 6 7
7 1 5 6 9 4 3 8 2
6 3 8 5 2 7 9 1 4
8 5 7 2 6 9 1 4 3
1 2 4 3 7 5 8 9 6
9 6 3 8 4 1 7 2 5
```

638
```
5 7 4 8 2 6 3 9 1
1 8 9 7 5 3 4 2 6
6 2 3 9 1 4 5 7 8
4 1 6 5 7 8 2 3 9
8 3 2 1 4 9 7 6 5
9 5 7 6 3 2 8 1 4
2 9 8 3 6 5 1 4 7
3 6 1 4 8 7 9 5 2
7 4 5 2 9 1 6 8 3
```

639
```
9 1 6 2 5 7 8 3 4
5 3 7 4 1 8 6 9 2
4 2 8 3 6 9 7 5 1
8 6 3 5 2 4 9 1 7
1 7 5 8 9 3 4 2 6
2 9 4 6 7 1 3 8 5
6 4 9 1 8 2 5 7 3
7 5 1 9 3 6 2 4 8
3 8 2 7 4 5 1 6 9
```

640
```
3 4 8 1 5 9 2 6 7
6 5 1 2 4 7 8 9 3
9 7 2 8 6 3 1 4 5
8 9 5 6 7 1 3 2 4
1 3 6 4 2 5 7 8 9
4 2 7 9 3 8 5 1 6
5 6 9 3 1 2 4 7 8
2 8 3 7 9 4 6 5 1
7 1 4 5 8 6 9 3 2
```

641

4	1	9	8	2	3	7	5	6
5	7	2	6	9	1	8	4	3
6	8	3	4	7	5	1	2	9
2	5	1	3	8	6	9	7	4
3	9	6	1	4	7	5	8	2
7	4	8	9	5	2	3	6	1
8	3	4	5	6	9	2	1	7
9	2	5	7	1	4	6	3	8
1	6	7	2	3	8	4	9	5

642

3	7	1	8	5	2	4	9	6
6	5	2	9	7	4	1	3	8
8	9	4	3	6	1	2	5	7
5	4	6	7	9	8	3	1	2
9	1	3	4	2	6	8	7	5
7	2	8	5	1	3	9	6	4
1	3	5	2	4	7	6	8	9
4	6	7	1	8	9	5	2	3
2	8	9	6	3	5	7	4	1

643

7	2	9	8	3	5	1	4	6
5	6	4	7	9	1	8	3	2
1	3	8	2	4	6	7	5	9
3	8	1	5	2	7	6	9	4
6	4	5	9	1	3	2	8	7
2	9	7	4	6	8	3	1	5
4	1	2	3	7	9	5	6	8
8	7	3	6	5	4	9	2	1
9	5	6	1	8	2	4	7	3

644

8	9	2	3	4	6	7	5	1
5	1	3	9	7	2	8	6	4
7	6	4	8	1	5	2	9	3
1	2	8	5	6	3	9	4	7
3	4	6	7	9	8	5	1	2
9	5	7	1	2	4	3	8	6
4	3	5	6	8	7	1	2	9
6	7	9	2	5	1	4	3	8
2	8	1	4	3	9	6	7	5

645

6	2	1	4	8	9	3	5	7
9	5	8	3	6	7	2	1	4
4	7	3	1	5	2	8	9	6
2	8	4	9	7	6	5	3	1
5	3	6	2	1	8	7	4	9
1	9	7	5	3	4	6	8	2
7	4	9	8	2	3	1	6	5
8	6	5	7	9	1	4	2	3
3	1	2	6	4	5	9	7	8

646

1	3	5	9	6	8	4	7	2
8	7	9	4	2	5	6	3	1
2	4	6	7	3	1	9	8	5
9	2	7	6	4	3	5	1	8
3	5	1	8	7	9	2	4	6
4	6	8	1	5	2	3	9	7
6	1	2	3	8	4	7	5	9
5	8	3	2	9	7	1	6	4
7	9	4	5	1	6	8	2	3

647

1	5	6	2	4	9	3	7	8
9	2	7	3	8	6	4	5	1
4	3	8	5	7	1	6	2	9
5	7	9	1	6	3	8	4	2
6	4	2	7	5	8	9	1	3
8	1	3	9	2	4	5	6	7
7	6	4	8	3	2	1	9	5
2	8	1	6	9	5	7	3	4
3	9	5	4	1	7	2	8	6

648

6	1	7	8	5	2	9	3	4
9	2	3	7	4	6	5	8	1
8	4	5	9	1	3	7	6	2
1	8	6	3	7	5	4	2	9
4	5	2	6	8	9	1	7	3
7	3	9	4	2	1	6	5	8
2	7	4	1	6	8	3	9	5
3	6	8	5	9	4	2	1	7
5	9	1	2	3	7	8	4	6

649

4	2	7	5	3	8	1	9	6
5	6	8	1	9	4	2	7	3
1	3	9	7	6	2	4	5	8
7	9	6	8	1	5	3	2	4
2	5	1	4	7	3	6	8	9
3	8	4	9	2	6	5	1	7
8	4	2	3	5	7	9	6	1
6	1	3	2	8	9	7	4	5
9	7	5	6	4	1	8	3	2

650

2	1	4	3	5	6	7	9	8
6	3	9	8	1	7	5	2	4
7	8	5	2	4	9	1	3	6
3	5	8	4	6	2	9	7	1
4	9	2	1	7	3	6	8	5
1	7	6	5	9	8	2	4	3
8	2	7	6	3	1	4	5	9
9	4	1	7	8	5	3	6	2
5	6	3	9	2	4	8	1	7

651

7	6	8	4	1	9	2	5	3
1	3	9	7	2	5	6	8	4
2	4	5	6	8	3	7	1	9
9	5	2	3	7	6	8	4	1
4	7	6	8	9	1	3	2	5
8	1	3	5	4	2	9	7	6
3	8	7	1	6	4	5	9	2
5	2	4	9	3	7	1	6	8
6	9	1	2	5	8	4	3	7

652

6	7	4	3	9	1	5	2	8
1	5	8	4	6	2	3	7	9
2	3	9	7	5	8	4	6	1
3	8	6	5	7	9	2	1	4
4	2	7	8	1	6	9	5	3
5	9	1	2	3	4	7	8	6
7	1	2	6	4	3	8	9	5
8	6	3	9	2	5	1	4	7
9	4	5	1	8	7	6	3	2

653

7	5	1	9	8	2	3	4	6
8	9	4	6	3	1	5	7	2
3	2	6	4	7	5	9	1	8
4	3	2	1	9	6	7	8	5
9	8	7	2	5	3	4	6	1
1	6	5	8	4	7	2	3	9
2	4	3	5	1	8	6	9	7
5	7	8	3	6	9	1	2	4
6	1	9	7	2	4	8	5	3

654

7	6	3	4	8	9	2	5	1
8	1	4	5	2	7	3	9	6
9	2	5	1	3	6	8	4	7
3	4	6	8	7	5	9	1	2
1	9	7	6	4	2	5	8	3
2	5	8	3	9	1	7	6	4
4	3	9	2	1	8	6	7	5
5	7	1	9	6	3	4	2	8
6	8	2	7	5	4	1	3	9

655

6	4	2	5	8	1	7	9	3
8	7	3	4	6	9	5	1	2
1	9	5	2	7	3	6	8	4
7	2	4	3	1	8	9	5	6
5	3	6	7	9	4	8	2	1
9	1	8	6	5	2	4	3	7
2	5	9	1	4	6	3	7	8
3	6	7	8	2	5	1	4	9
4	8	1	9	3	7	2	6	5

656

4	7	1	6	8	3	9	5	2
9	5	3	2	1	4	7	6	8
6	8	2	7	9	5	3	4	1
1	9	6	4	3	7	2	8	5
7	3	5	8	2	1	6	9	4
2	4	8	9	5	6	1	3	7
8	6	4	1	7	9	5	2	3
5	1	9	3	4	2	8	7	6
3	2	7	5	6	8	4	1	9

657

1	3	4	5	6	7	8	9	2
7	2	8	4	9	1	6	3	5
9	5	6	2	8	3	1	4	7
8	1	7	6	2	4	9	5	3
2	4	9	1	3	5	7	6	8
3	6	5	9	7	8	4	2	1
4	7	2	8	5	6	3	1	9
5	8	1	3	4	9	2	7	6
6	9	3	7	1	2	5	8	4

658

7	9	3	1	5	4	2	6	8
5	8	1	6	9	2	7	4	3
4	6	2	3	7	8	9	1	5
6	1	4	5	8	9	3	7	2
9	3	5	7	2	6	1	8	4
8	2	7	4	1	3	5	9	6
1	4	6	2	3	7	8	5	9
3	5	9	8	4	1	6	2	7
2	7	8	9	6	5	4	3	1

659

9	8	5	2	1	7	4	6	3
7	1	4	6	3	9	8	2	5
3	2	6	4	8	5	7	1	9
8	6	7	5	9	2	1	3	4
4	3	9	1	6	8	5	7	2
1	5	2	3	7	4	6	9	8
2	7	8	9	4	6	3	5	1
6	9	1	8	5	3	2	4	7
5	4	3	7	2	1	9	8	6

660

5	4	6	7	8	9	1	2	3
9	3	7	1	2	6	8	4	5
1	2	8	3	4	5	6	7	9
2	7	9	8	1	3	4	5	6
3	8	4	5	6	7	2	9	1
6	1	5	2	9	4	7	3	8
4	5	1	6	3	2	9	8	7
7	6	2	9	5	8	3	1	4
8	9	3	4	7	1	5	6	2

661

4	5	6	8	7	3	9	1	2
2	7	8	1	9	6	3	4	5
9	1	3	2	4	5	6	8	7
3	6	4	5	1	7	8	2	9
1	9	5	4	8	2	7	3	6
8	2	7	3	6	9	4	5	1
5	3	9	6	2	8	1	7	4
6	4	2	7	3	1	5	9	8
7	8	1	9	5	4	2	6	3

662

8	9	6	3	7	4	1	2	5
1	2	4	8	6	5	7	9	3
5	3	7	2	1	9	6	4	8
6	7	5	1	8	2	9	3	4
2	1	8	4	9	3	5	6	7
3	4	9	6	5	7	8	1	2
4	6	1	5	2	8	3	7	9
7	5	2	9	3	6	4	8	1
9	8	3	7	4	1	2	5	6

663

1	3	6	5	2	8	9	4	7
5	4	7	3	9	1	8	6	2
2	9	8	4	6	7	5	3	1
8	6	9	7	1	2	3	5	4
3	2	5	6	8	4	7	1	9
4	7	1	9	3	5	6	2	8
9	8	2	1	5	3	4	7	6
7	1	3	8	4	6	2	9	5
6	5	4	2	7	9	1	8	3

664

7	4	1	8	5	6	9	2	3
6	5	2	3	4	9	1	7	8
9	8	3	1	2	7	4	5	6
3	2	4	5	9	8	6	1	7
8	9	7	6	1	2	3	4	5
1	6	5	4	7	3	8	9	2
2	7	6	9	8	1	5	3	4
4	1	8	7	3	5	2	6	9
5	3	9	2	6	4	7	8	1

665

9	4	2	7	3	5	6	1	8
3	5	6	1	8	9	2	4	7
7	8	1	4	2	6	9	3	5
1	7	5	3	9	2	4	8	6
2	6	3	8	1	4	7	5	9
4	9	8	6	5	7	1	2	3
5	1	9	2	6	8	3	7	4
6	2	7	5	4	3	8	9	1
8	3	4	9	7	1	5	6	2

666

2	1	6	5	7	8	9	3	4
9	3	7	2	4	6	1	5	8
4	5	8	9	3	1	6	2	7
6	9	1	7	2	4	5	8	3
7	2	3	8	1	5	4	6	9
8	4	5	3	6	9	2	7	1
5	7	4	1	8	2	3	9	6
1	8	9	6	5	3	7	4	2
3	6	2	4	9	7	8	1	5

667

4	9	1	2	5	8	3	6	7
6	8	2	9	3	7	5	1	4
3	7	5	6	4	1	8	2	9
7	5	3	8	1	9	2	4	6
9	1	4	3	6	2	7	8	5
8	2	6	4	7	5	9	3	1
1	3	7	5	2	4	6	9	8
2	4	8	7	9	6	1	5	3
5	6	9	1	8	3	4	7	2

668

7	3	4	6	5	9	1	8	2
9	8	5	2	7	1	4	6	3
1	2	6	3	8	4	5	9	7
5	7	3	4	6	8	9	2	1
6	4	1	7	9	2	8	3	5
8	9	2	1	3	5	7	4	6
2	5	7	8	4	6	3	1	9
3	1	8	9	2	7	6	5	4
4	6	9	5	1	3	2	7	8

669

5	6	7	8	3	1	9	4	2
9	4	3	2	5	7	8	6	1
1	2	8	6	9	4	3	7	5
2	7	6	3	1	5	4	9	8
3	8	5	9	4	6	1	2	7
4	9	1	7	8	2	6	5	3
6	5	9	1	2	3	7	8	4
7	3	2	4	6	8	5	1	9
8	1	4	5	7	9	2	3	6

670

7	2	6	3	8	9	1	4	5
9	8	4	5	1	2	6	3	7
1	3	5	7	4	6	9	2	8
3	5	1	9	6	7	2	8	4
4	7	8	1	2	3	5	6	9
2	6	9	4	5	8	7	1	3
5	4	2	8	9	1	3	7	6
6	9	3	2	7	4	8	5	1
8	1	7	6	3	5	4	9	2

671

8	1	4	2	3	5	6	7	9
9	2	5	7	1	6	8	3	4
3	7	6	8	9	4	1	2	5
4	9	2	5	7	1	3	6	8
1	3	7	4	6	8	5	9	2
5	6	8	9	2	3	4	1	7
6	4	9	1	8	2	7	5	3
2	5	1	3	4	7	9	8	6
7	8	3	6	5	9	2	4	1

672

2	3	7	8	5	6	1	4	9
6	4	9	1	2	7	5	3	8
8	5	1	4	9	3	6	7	2
9	7	5	6	8	2	3	1	4
4	1	2	3	7	5	9	8	6
3	8	6	9	1	4	2	5	7
5	2	8	7	3	9	4	6	1
7	6	3	2	4	1	8	9	5
1	9	4	5	6	8	7	2	3

673

3	8	5	9	1	4	2	6	7
6	1	7	2	8	5	3	9	4
2	4	9	7	3	6	5	8	1
5	9	1	3	6	8	7	4	2
4	2	6	5	7	9	1	3	8
7	3	8	4	2	1	6	5	9
8	7	2	6	9	3	4	1	5
1	5	3	8	4	7	9	2	6
9	6	4	1	5	2	8	7	3

674

6	7	9	8	1	5	2	4	3
4	5	1	2	9	3	7	8	6
2	8	3	7	4	6	5	1	9
5	1	8	9	3	4	6	7	2
3	6	2	1	5	7	4	9	8
7	9	4	6	8	2	3	5	1
8	4	7	3	2	9	1	6	5
9	2	5	4	6	1	8	3	7
1	3	6	5	7	8	9	2	4

675

3	5	6	8	4	7	9	1	2
9	4	2	1	5	3	7	8	6
1	8	7	2	6	9	4	3	5
7	9	3	5	2	4	8	6	1
4	1	5	7	8	6	2	9	3
2	6	8	3	9	1	5	7	4
5	2	1	9	3	8	6	4	7
6	3	9	4	7	2	1	5	8
8	7	4	6	1	5	3	2	9

676

7	6	5	8	4	3	9	1	2
3	4	9	1	5	2	6	8	7
2	8	1	7	9	6	5	3	4
4	5	2	6	3	7	8	9	1
6	9	3	4	8	1	2	7	5
8	1	7	5	2	9	3	4	6
5	2	4	3	1	8	7	6	9
9	7	8	2	6	4	1	5	3
1	3	6	9	7	5	4	2	8

677

6	3	9	5	7	8	1	2	4
7	5	1	2	4	6	9	3	8
8	4	2	9	1	3	6	5	7
5	8	4	1	6	7	2	9	3
9	6	3	8	2	4	5	7	1
2	1	7	3	5	9	4	8	6
1	7	5	4	8	2	3	6	9
3	2	6	7	9	1	8	4	5
4	9	8	6	3	5	7	1	2

678

9	5	2	3	8	6	4	7	1
7	8	3	9	1	4	5	6	2
4	1	6	5	2	7	8	9	3
1	3	4	8	6	2	7	5	9
2	9	5	7	4	3	6	1	8
8	6	7	1	5	9	2	3	4
3	2	9	4	7	5	1	8	6
5	4	8	6	9	1	3	2	7
6	7	1	2	3	8	9	4	5

679

8	4	3	6	1	5	2	7	9
1	9	5	7	8	2	6	3	4
7	2	6	9	4	3	5	8	1
9	1	7	8	3	6	4	5	2
4	6	8	2	5	9	7	1	3
5	3	2	4	7	1	9	6	8
2	7	4	1	6	8	3	9	5
6	5	1	3	9	4	8	2	7
3	8	9	5	2	7	1	4	6

680

6	3	9	1	5	8	7	2	4
5	4	1	7	2	6	8	9	3
8	7	2	4	9	3	6	1	5
7	2	8	5	4	9	3	6	1
9	5	3	6	7	1	4	8	2
1	6	4	8	3	2	5	7	9
2	8	5	3	1	7	9	4	6
3	9	6	2	8	4	1	5	7
4	1	7	9	6	5	2	3	8

681

```
4 3 8 5 6 7 2 9 1
2 6 9 3 1 8 4 5 7
5 7 1 9 4 2 6 3 8
7 5 2 6 3 1 8 4 9
1 9 3 2 8 4 5 7 6
6 8 4 7 9 5 1 2 3
8 1 7 4 2 3 9 6 5
9 4 5 1 7 6 3 8 2
3 2 6 8 5 9 7 1 4
```

682

```
2 6 3 4 8 1 7 9 5
7 5 4 3 9 2 8 6 1
8 9 1 5 6 7 3 2 4
5 1 6 2 7 8 4 3 9
3 4 8 1 5 9 2 7 6
9 7 2 6 3 4 5 1 8
4 2 5 7 1 6 9 8 3
6 3 9 8 2 5 1 4 7
1 8 7 9 4 3 6 5 2
```

683

```
2 8 3 4 9 6 7 1 5
5 9 4 1 7 2 6 8 3
7 1 6 5 8 3 9 2 4
1 2 9 3 5 8 4 6 7
3 5 7 6 2 4 8 9 1
4 6 8 9 1 7 5 3 2
6 7 1 8 3 5 2 4 9
8 3 2 7 4 9 1 5 6
9 4 5 2 6 1 3 7 8
```

684

```
7 1 2 3 9 6 8 4 5
9 3 4 5 8 1 2 7 6
6 8 5 7 4 2 9 1 3
3 2 6 9 7 5 4 8 1
8 7 9 6 1 4 3 5 2
5 4 1 2 3 8 7 6 9
1 5 3 4 2 7 6 9 8
2 6 7 8 5 9 1 3 4
4 9 8 1 6 3 5 2 7
```

685

```
7 5 6 8 9 1 2 3 4
4 2 8 3 5 6 9 7 1
3 9 1 4 7 2 5 6 8
6 3 4 9 8 5 1 2 7
8 7 2 6 1 4 3 5 9
5 1 9 2 3 7 4 8 6
9 4 3 5 6 8 7 1 2
1 6 5 7 2 9 8 4 3
2 8 7 1 4 3 6 9 5
```

686

```
1 2 3 5 6 7 4 8 9
8 4 6 9 2 1 5 3 7
9 5 7 8 3 4 1 6 2
2 6 4 7 8 9 3 5 1
7 8 5 4 1 3 9 2 6
3 9 1 2 5 6 7 4 8
4 3 8 1 9 2 6 7 5
5 7 9 6 4 8 2 1 3
6 1 2 3 7 5 8 9 4
```

687

```
5 6 9 3 2 7 1 4 8
8 1 2 4 5 6 7 3 9
3 4 7 9 8 1 5 6 2
1 7 5 6 4 8 9 2 3
4 9 8 1 3 2 6 5 7
6 2 3 5 7 9 4 8 1
2 3 1 7 6 4 8 9 5
7 5 4 8 9 3 2 1 6
9 8 6 2 1 5 3 7 4
```

688

```
3 2 8 6 4 9 1 5 7
6 4 1 5 7 2 8 3 9
5 7 9 1 8 3 4 2 6
1 8 3 7 5 6 9 4 2
4 5 6 9 2 1 7 8 3
2 9 7 8 3 4 5 6 1
7 6 2 4 9 5 3 1 8
8 1 4 3 6 7 2 9 5
9 3 5 2 1 8 6 7 4
```

689

```
2 1 9 3 4 6 7 5 8
8 6 4 5 7 2 1 9 3
3 5 7 8 9 1 4 2 6
4 7 6 2 3 8 5 1 9
1 3 8 9 5 4 2 6 7
5 9 2 1 6 7 3 8 4
6 8 5 4 1 3 9 7 2
9 2 3 7 8 5 6 4 1
7 4 1 6 2 9 8 3 5
```

690

```
5 1 3 2 6 9 8 4 7
7 2 4 3 8 1 5 9 6
8 9 6 5 4 7 1 2 3
9 3 7 1 5 4 6 8 2
4 5 8 7 2 6 3 1 9
1 6 2 9 3 8 7 5 4
6 7 9 8 1 2 4 3 5
2 8 5 4 7 3 9 6 1
3 4 1 6 9 5 2 7 8
```

691

```
5 6 8 2 4 1 9 3 7
3 7 9 6 5 8 1 2 4
2 4 1 9 7 3 5 6 8
6 8 2 5 3 4 7 9 1
7 9 3 8 1 6 2 4 5
4 1 5 7 2 9 3 8 6
1 2 4 3 8 7 6 5 9
8 3 6 1 9 5 4 7 2
9 5 7 4 6 2 8 1 3
```

692

```
2 6 8 9 7 3 1 4 5
5 9 7 4 6 1 2 3 8
3 1 4 2 5 8 7 6 9
8 2 1 6 4 9 5 7 3
9 5 3 8 1 7 6 2 4
4 7 6 3 2 5 8 9 1
1 3 5 7 9 6 4 8 2
6 4 9 1 8 2 3 5 7
7 8 2 5 3 4 9 1 6
```

693

```
6 9 2 1 3 5 4 7 8
8 1 7 4 9 6 2 5 3
5 4 3 2 7 8 6 9 1
2 8 1 5 6 3 9 4 7
9 3 4 7 2 1 5 8 6
7 5 6 9 8 4 1 3 2
4 6 9 8 1 7 3 2 5
1 7 5 3 4 2 8 6 9
3 2 8 6 5 9 7 1 4
```

694

```
1 5 7 6 4 3 8 2 9
6 2 8 9 7 1 4 5 3
3 4 9 5 8 2 7 6 1
4 1 5 2 9 8 3 7 6
7 8 2 4 3 6 9 1 5
9 6 3 1 5 7 2 8 4
5 3 1 7 2 9 6 4 8
8 7 4 3 6 5 1 9 2
2 9 6 8 1 4 5 3 7
```

695

```
7 6 1 9 8 4 5 2 3
9 8 2 1 3 5 7 4 6
5 4 3 7 2 6 8 9 1
8 9 4 3 1 2 6 5 7
3 5 6 4 7 9 1 8 2
1 2 7 5 6 8 4 3 9
6 7 8 2 5 3 9 1 4
2 1 9 8 4 7 3 6 5
4 3 5 6 9 1 2 7 8
```

696

```
3 2 7 4 6 9 5 8 1
8 6 9 1 5 3 2 4 7
5 4 1 8 7 2 9 6 3
4 7 5 6 9 1 3 2 8
2 1 3 5 8 7 4 9 6
6 9 8 2 3 4 7 1 5
1 3 6 9 2 5 8 7 4
7 8 2 3 4 6 1 5 9
9 5 4 7 1 8 6 3 2
```

697

```
6 5 1 3 8 4 2 9 7
4 2 8 7 9 1 3 6 5
9 7 3 2 5 6 4 8 1
7 3 2 8 6 5 1 4 9
1 8 4 9 7 3 5 2 6
5 9 6 4 1 2 7 3 8
8 4 5 6 2 7 9 1 3
2 6 7 1 3 9 8 5 4
3 1 9 5 4 8 6 7 2
```

698

```
5 7 1 9 4 2 6 8 3
2 9 3 5 8 6 4 7 1
6 8 4 1 7 3 9 2 5
7 3 6 4 5 1 8 9 2
8 1 5 7 2 9 3 6 4
9 4 2 3 6 8 5 1 7
3 2 9 6 1 5 7 4 8
1 5 7 8 9 4 2 3 6
4 6 8 2 3 7 1 5 9
```

699

```
7 4 3 1 8 9 5 6 2
1 2 8 4 5 6 7 9 3
5 6 9 2 7 3 8 1 4
4 8 1 6 2 5 9 3 7
6 9 5 7 3 1 2 4 8
2 3 7 8 9 4 1 5 6
8 5 6 3 1 7 4 2 9
9 7 4 5 6 2 3 8 1
3 1 2 9 4 8 6 7 5
```

700

```
9 3 2 8 4 5 1 6 7
6 4 1 7 2 9 8 3 5
7 8 5 1 6 3 2 4 9
3 5 6 9 8 1 7 2 4
4 7 8 2 5 6 9 1 3
1 2 9 3 7 4 6 5 8
2 6 3 4 9 7 5 8 1
5 1 7 6 3 8 4 9 2
8 9 4 5 1 2 3 7 6
```

701

```
5 7 1 | 8 2 9 | 3 4 6
6 9 3 | 1 4 5 | 7 2 8
8 2 4 | 3 6 7 | 9 5 1
------+-------+------
9 8 5 | 6 7 4 | 1 3 2
7 1 6 | 2 3 8 | 4 9 5
4 3 2 | 9 5 1 | 8 6 7
------+-------+------
1 6 7 | 4 9 2 | 5 8 3
2 4 8 | 5 1 3 | 6 7 9
3 5 9 | 7 8 6 | 2 1 4
```

702

```
3 5 7 | 6 1 8 | 9 2 4
2 4 8 | 9 5 7 | 6 1 3
6 9 1 | 2 4 3 | 5 7 8
------+-------+------
5 1 4 | 3 7 9 | 8 6 2
7 2 6 | 4 8 5 | 1 3 9
8 3 9 | 1 2 6 | 7 4 5
------+-------+------
9 6 2 | 5 3 1 | 4 8 7
1 7 3 | 8 9 4 | 2 5 6
4 8 5 | 7 6 2 | 3 9 1
```

703

```
1 7 6 | 2 4 3 | 8 5 9
2 8 5 | 1 7 9 | 4 3 6
3 4 9 | 8 5 6 | 7 2 1
------+-------+------
6 3 1 | 4 8 2 | 5 9 7
4 5 7 | 9 6 1 | 2 8 3
8 9 2 | 7 3 5 | 6 1 4
------+-------+------
5 1 3 | 6 2 7 | 9 4 8
7 2 8 | 3 9 4 | 1 6 5
9 6 4 | 5 1 8 | 3 7 2
```

704

```
7 2 9 | 6 8 4 | 5 1 3
3 6 5 | 2 7 1 | 8 4 9
4 8 1 | 9 3 5 | 7 6 2
------+-------+------
1 3 6 | 4 5 2 | 9 7 8
8 4 7 | 1 9 3 | 2 5 6
5 9 2 | 7 6 8 | 1 3 4
------+-------+------
2 1 8 | 5 4 6 | 3 9 7
6 7 3 | 8 1 9 | 4 2 5
9 5 4 | 3 2 7 | 6 8 1
```

705

```
6 7 4 | 9 1 5 | 2 8 3
2 8 9 | 7 4 3 | 1 6 5
3 5 1 | 6 2 8 | 9 7 4
------+-------+------
1 2 7 | 3 8 4 | 5 9 6
4 6 3 | 5 9 2 | 7 1 8
8 9 5 | 1 6 7 | 3 4 2
------+-------+------
5 3 6 | 4 7 9 | 8 2 1
7 1 8 | 2 3 6 | 4 5 9
9 4 2 | 8 5 1 | 6 3 7
```

706

```
8 4 7 | 5 1 3 | 6 2 9
5 6 2 | 4 7 9 | 1 8 3
9 1 3 | 2 6 8 | 4 5 7
------+-------+------
6 2 1 | 9 3 4 | 8 7 5
4 9 5 | 1 8 7 | 2 3 6
3 7 8 | 6 5 2 | 9 4 1
------+-------+------
7 3 6 | 8 2 1 | 5 9 4
1 8 9 | 3 4 5 | 7 6 2
2 5 4 | 7 9 6 | 3 1 8
```

707

```
9 2 3 | 5 6 7 | 8 1 4
8 5 4 | 1 9 2 | 7 3 6
1 6 7 | 4 8 3 | 9 2 5
------+-------+------
2 7 1 | 3 4 9 | 5 6 8
3 8 5 | 2 7 6 | 1 4 9
4 9 6 | 8 5 1 | 2 7 3
------+-------+------
5 1 8 | 6 2 4 | 3 9 7
6 3 9 | 7 1 5 | 4 8 2
7 4 2 | 9 3 8 | 6 5 1
```

708

```
4 5 3 | 7 6 9 | 2 1 8
8 9 1 | 2 3 4 | 6 5 7
7 6 2 | 8 1 5 | 3 9 4
------+-------+------
5 1 4 | 3 2 6 | 8 7 9
6 2 7 | 4 9 8 | 1 3 5
9 3 8 | 5 7 1 | 4 2 6
------+-------+------
1 8 5 | 9 4 3 | 7 6 2
3 7 9 | 6 8 2 | 5 4 1
2 4 6 | 1 5 7 | 9 8 3
```

709

```
8 2 4 | 1 5 6 | 3 9 7
7 9 5 | 3 2 8 | 4 1 6
3 1 6 | 9 4 7 | 2 8 5
------+-------+------
9 3 7 | 4 1 2 | 5 6 8
5 4 8 | 6 7 9 | 1 2 3
1 6 2 | 5 8 3 | 9 7 4
------+-------+------
2 8 1 | 7 3 4 | 6 5 9
4 7 9 | 2 6 5 | 8 3 1
6 5 3 | 8 9 1 | 7 4 2
```

710

```
2 9 5 | 1 3 7 | 4 6 8
1 3 6 | 4 2 8 | 5 7 9
8 4 7 | 9 5 6 | 1 2 3
------+-------+------
3 6 9 | 5 4 1 | 7 8 2
4 7 1 | 8 6 2 | 3 9 5
5 8 2 | 3 7 9 | 6 4 1
------+-------+------
6 1 8 | 7 9 3 | 2 5 4
7 5 3 | 2 8 4 | 9 1 6
9 2 4 | 6 1 5 | 8 3 7
```

711

```
6 3 4 | 2 7 8 | 9 5 1
9 2 8 | 1 5 3 | 6 4 7
1 7 5 | 4 6 9 | 8 2 3
------+-------+------
7 1 6 | 3 8 4 | 2 9 5
8 4 9 | 5 1 2 | 7 3 6
2 5 3 | 6 9 7 | 1 8 4
------+-------+------
3 9 7 | 8 4 6 | 5 1 2
5 6 2 | 9 3 1 | 4 7 8
4 8 1 | 7 2 5 | 3 6 9
```

712

```
4 6 1 | 3 5 7 | 9 2 8
8 3 2 | 9 4 1 | 6 5 7
5 9 7 | 6 8 2 | 1 3 4
------+-------+------
6 4 3 | 2 7 8 | 5 9 1
7 8 9 | 1 3 5 | 4 6 2
1 2 5 | 4 6 9 | 7 8 3
------+-------+------
9 5 8 | 7 1 3 | 2 4 6
2 7 4 | 8 9 6 | 3 1 5
3 1 6 | 5 2 4 | 8 7 9
```

713

```
8 2 3 | 7 4 9 | 1 5 6
1 4 6 | 5 8 2 | 9 7 3
9 5 7 | 6 1 3 | 8 4 2
------+-------+------
2 6 8 | 3 5 7 | 4 1 9
3 1 5 | 9 2 4 | 6 8 7
4 7 9 | 8 6 1 | 2 3 5
------+-------+------
5 3 4 | 1 9 6 | 7 2 8
6 8 1 | 2 7 5 | 3 9 4
7 9 2 | 4 3 8 | 5 6 1
```

714

```
6 1 2 | 9 5 3 | 4 7 8
7 9 3 | 1 4 8 | 5 2 6
8 4 5 | 2 6 7 | 9 3 1
------+-------+------
2 5 4 | 7 3 6 | 8 1 9
1 6 9 | 5 8 2 | 3 4 7
3 7 8 | 4 1 9 | 6 5 2
------+-------+------
4 8 6 | 3 2 1 | 7 9 5
5 2 7 | 6 9 4 | 1 8 3
9 3 1 | 8 7 5 | 2 6 4
```

715

```
1 7 4 | 3 5 6 | 8 9 2
3 2 5 | 8 4 9 | 1 6 7
9 8 6 | 7 1 2 | 4 5 3
------+-------+------
8 1 2 | 9 3 4 | 6 7 5
4 3 7 | 6 2 5 | 9 1 8
6 5 9 | 1 7 8 | 2 3 4
------+-------+------
7 6 8 | 2 9 3 | 5 4 1
2 4 1 | 5 6 7 | 3 8 9
5 9 3 | 4 8 1 | 7 2 6
```

716

```
9 3 5 | 4 7 1 | 8 6 2
2 6 7 | 5 8 3 | 9 4 1
1 4 8 | 2 9 6 | 7 3 5
------+-------+------
3 5 2 | 9 6 4 | 1 7 8
4 8 9 | 1 3 7 | 5 2 6
6 7 1 | 8 5 2 | 3 9 4
------+-------+------
5 9 6 | 7 2 8 | 4 1 3
7 1 3 | 6 4 5 | 2 8 9
8 2 4 | 3 1 9 | 6 5 7
```

717

```
8 1 3 | 6 4 9 | 2 7 5
4 2 6 | 3 5 7 | 8 9 1
9 5 7 | 8 1 2 | 4 3 6
------+-------+------
1 6 2 | 7 8 3 | 5 4 9
5 7 9 | 1 2 4 | 3 6 8
3 8 4 | 5 9 6 | 7 1 2
------+-------+------
2 3 8 | 4 6 1 | 9 5 7
7 9 1 | 2 3 5 | 6 8 4
6 4 5 | 9 7 8 | 1 2 3
```

718

```
5 7 9 | 8 1 4 | 6 2 3
6 2 1 | 3 7 5 | 4 9 8
3 8 4 | 2 6 9 | 7 5 1
------+-------+------
9 1 2 | 6 3 7 | 5 8 4
7 4 3 | 5 8 1 | 9 6 2
8 5 6 | 9 4 2 | 1 3 7
------+-------+------
1 3 5 | 7 9 8 | 2 4 6
2 6 7 | 4 5 3 | 8 1 9
4 9 8 | 1 2 6 | 3 7 5
```

719

```
4 9 1 | 2 7 5 | 3 6 8
3 8 5 | 6 9 4 | 7 1 2
7 6 2 | 8 1 3 | 4 5 9
------+-------+------
1 7 6 | 3 8 9 | 5 2 4
2 3 8 | 4 5 1 | 6 9 7
5 4 9 | 7 6 2 | 8 3 1
------+-------+------
6 2 3 | 1 4 7 | 9 8 5
8 5 7 | 9 2 6 | 1 4 3
9 1 4 | 5 3 8 | 2 7 6
```

720

```
6 5 3 | 9 7 1 | 2 4 8
4 1 7 | 2 6 8 | 9 3 5
9 2 8 | 3 4 5 | 6 7 1
------+-------+------
5 9 2 | 4 3 7 | 8 1 6
1 3 4 | 5 8 6 | 7 9 2
7 8 6 | 1 9 2 | 4 5 3
------+-------+------
8 6 5 | 7 1 9 | 3 2 4
2 4 9 | 6 5 3 | 1 8 7
3 7 1 | 8 2 4 | 5 6 9
```

721

1	4	7	9	8	2	5	6	3
2	5	8	6	1	3	9	4	7
9	6	3	5	7	4	8	1	2
7	2	4	3	9	6	1	5	8
5	3	9	1	4	8	2	7	6
6	8	1	2	5	7	3	9	4
8	9	6	7	3	5	4	2	1
3	1	2	4	6	9	7	8	5
4	7	5	8	2	1	6	3	9

722

2	8	1	3	7	9	4	5	6
5	7	3	1	4	6	8	9	2
6	9	4	2	5	8	7	3	1
7	1	6	4	9	3	5	2	8
8	3	2	7	6	5	9	1	4
9	4	5	8	2	1	6	7	3
1	5	7	6	8	2	3	4	9
3	6	9	5	1	4	2	8	7
4	2	8	9	3	7	1	6	5

723

8	1	5	7	2	6	9	3	4
2	3	6	4	5	9	8	1	7
9	4	7	8	3	1	5	2	6
3	5	8	6	4	2	7	9	1
1	6	2	9	7	3	4	8	5
4	7	9	1	8	5	2	6	3
5	9	1	2	6	4	3	7	8
6	8	3	5	9	7	1	4	2
7	2	4	3	1	8	6	5	9

724

5	7	9	3	6	2	8	1	4
1	8	2	4	7	5	6	9	3
6	3	4	1	8	9	2	7	5
4	9	1	5	2	8	3	6	7
7	2	3	6	9	1	4	5	8
8	6	5	7	3	4	9	2	1
9	1	6	8	5	3	7	4	2
3	4	7	2	1	6	5	8	9
2	5	8	9	4	7	1	3	6

725

7	4	9	6	8	2	1	3	5
1	8	3	9	5	7	2	6	4
2	5	6	4	1	3	7	8	9
3	6	1	2	4	9	5	7	8
4	9	7	8	3	5	6	1	2
5	2	8	1	7	6	9	4	3
9	7	2	3	6	4	8	5	1
6	1	4	5	2	8	3	9	7
8	3	5	7	9	1	4	2	6

726

8	9	7	3	1	4	5	2	6
2	1	4	5	6	8	9	7	3
6	3	5	7	9	2	8	1	4
3	7	1	4	2	5	6	9	8
4	8	6	9	3	7	1	5	2
5	2	9	6	8	1	3	4	7
7	4	8	1	5	3	2	6	9
9	5	2	8	7	6	4	3	1
1	6	3	2	4	9	7	8	5

727

4	1	5	3	6	7	2	8	9
6	7	2	1	8	9	3	4	5
3	8	9	2	4	5	7	6	1
8	2	6	7	5	1	9	3	4
9	3	7	4	2	6	5	1	8
5	4	1	8	9	3	6	2	7
1	9	8	6	7	2	4	5	3
2	5	4	9	3	8	1	7	6
7	6	3	5	1	4	8	9	2

728

3	8	5	6	7	9	4	1	2
7	6	2	1	3	4	9	5	8
4	9	1	5	2	8	3	7	6
5	1	9	8	6	2	7	3	4
6	2	3	7	4	1	5	8	9
8	7	4	9	5	3	2	6	1
9	3	6	2	8	5	1	4	7
1	4	8	3	9	7	6	2	5
2	5	7	4	1	6	8	9	3

729

3	4	7	5	1	8	9	2	6
5	9	8	2	6	3	4	7	1
6	1	2	7	4	9	3	5	8
9	6	3	1	2	5	8	4	7
7	8	5	4	9	6	1	3	2
1	2	4	8	3	7	5	6	9
8	3	6	9	5	2	7	1	4
4	5	9	6	7	1	2	8	3
2	7	1	3	8	4	6	9	5

730

8	3	7	5	1	2	9	4	6
2	5	6	4	8	9	7	1	3
1	4	9	6	7	3	2	8	5
3	8	1	2	9	5	4	6	7
7	2	4	1	3	6	8	5	9
6	9	5	7	4	8	3	2	1
4	6	8	3	5	7	1	9	2
9	7	2	8	6	1	5	3	4
5	1	3	9	2	4	6	7	8

731

3	6	9	1	2	4	5	7	8
2	1	5	8	9	7	6	4	3
4	7	8	5	6	3	9	2	1
1	8	7	9	4	6	2	3	5
6	9	2	3	5	8	4	1	7
5	4	3	7	1	2	8	6	9
7	2	1	6	8	5	3	9	4
8	3	6	4	7	9	1	5	2
9	5	4	2	3	1	7	8	6

732

5	9	6	1	7	2	3	4	8
4	1	3	8	9	5	7	2	6
8	2	7	6	4	3	1	5	9
3	8	9	7	5	4	2	6	1
6	4	2	9	1	8	5	3	7
7	5	1	2	3	6	8	9	4
9	3	8	5	6	1	4	7	2
1	6	5	4	2	7	9	8	3
2	7	4	3	8	9	6	1	5

733

1	5	2	6	3	4	7	8	9
9	8	6	1	2	7	3	4	5
4	3	7	5	8	9	2	6	1
5	7	8	4	9	6	1	2	3
6	1	9	3	5	2	4	7	8
2	4	3	7	1	8	9	5	6
3	6	1	2	4	5	8	9	7
7	9	4	8	6	1	5	3	2
8	2	5	9	7	3	6	1	4

734

3	4	2	9	5	6	7	8	1
7	9	5	1	4	8	6	2	3
8	1	6	7	2	3	4	5	9
4	3	8	6	9	5	1	7	2
5	7	9	2	1	4	8	3	6
6	2	1	8	3	7	5	9	4
9	8	7	4	6	2	3	1	5
1	6	3	5	7	9	2	4	8
2	5	4	3	8	1	9	6	7

735

1	3	6	4	7	8	5	9	2
4	5	7	2	9	6	1	8	3
9	2	8	1	3	5	4	6	7
2	6	9	7	1	3	8	4	5
3	1	4	5	8	2	9	7	6
7	8	5	6	4	9	2	3	1
5	4	3	8	2	7	6	1	9
6	7	1	9	5	4	3	2	8
8	9	2	3	6	1	7	5	4

736

1	7	5	8	2	6	3	9	4
4	6	8	9	3	5	1	7	2
2	3	9	1	4	7	5	8	6
6	2	1	3	8	9	4	5	7
7	8	3	2	5	4	9	6	1
9	5	4	7	6	1	8	2	3
3	1	6	5	9	2	7	4	8
5	4	7	6	1	8	2	3	9
8	9	2	4	7	3	6	1	5

737

2	6	8	1	3	5	4	9	7
5	3	9	8	7	4	2	1	6
7	4	1	6	2	9	5	3	8
6	9	7	3	4	8	1	5	2
3	1	4	7	5	2	8	6	9
8	2	5	9	1	6	3	7	4
1	5	6	2	8	7	9	4	3
4	7	2	5	9	3	6	8	1
9	8	3	4	6	1	7	2	5

738

6	2	1	8	4	3	7	9	5
7	9	4	5	6	1	2	8	3
8	3	5	2	7	9	4	1	6
1	4	8	3	2	6	5	7	9
9	6	2	1	5	8	3	4	7
5	7	3	9	8	4	6	2	1
2	5	9	4	3	8	1	6	7
3	8	6	7	1	2	9	5	4
4	1	7	6	9	5	8	3	2

739

5	4	7	1	3	8	9	6	2
2	3	9	4	6	7	8	1	5
1	6	8	5	2	9	3	4	7
3	7	1	6	9	4	2	5	8
4	8	5	2	1	3	6	7	9
6	9	2	8	7	5	4	3	1
9	5	6	3	8	1	7	2	4
7	1	3	9	4	2	5	8	6
8	2	4	7	5	6	1	9	3

740

9	3	6	4	5	8	1	2	7
1	5	7	3	6	2	8	9	4
2	4	8	9	7	1	6	3	5
7	2	5	8	3	4	9	6	1
3	6	4	1	9	7	2	5	8
8	9	1	5	2	6	7	4	3
4	7	2	6	1	5	3	8	9
6	8	3	7	4	9	5	1	2
5	1	9	2	8	3	4	7	6

741
```
2 7 9 6 1 5 3 4 8
4 8 5 7 9 3 2 1 6
6 3 1 2 4 8 7 9 5
1 6 8 4 7 2 5 3 9
3 2 7 9 5 1 8 6 4
5 9 4 8 3 6 1 2 7
7 4 2 3 8 9 6 5 1
8 1 6 5 2 4 9 7 3
9 5 3 1 6 7 4 8 2
```

742
```
6 8 4 9 5 7 1 2 3
7 9 3 2 4 1 5 8 6
1 2 5 3 8 6 9 7 4
5 1 9 8 6 2 4 3 7
8 3 7 4 1 9 2 6 5
2 4 6 5 7 3 8 9 1
9 5 8 6 3 4 7 1 2
4 6 1 7 2 8 3 5 9
3 7 2 1 9 5 6 4 8
```

743
```
8 1 2 3 7 5 4 6 9
6 3 4 2 9 1 5 8 7
7 9 5 4 8 6 2 1 3
9 4 8 1 2 7 3 5 6
3 7 6 5 4 8 9 2 1
5 2 1 6 3 9 7 4 8
1 6 3 7 5 2 8 9 4
2 8 7 9 6 4 1 3 5
4 5 9 8 1 3 6 7 2
```

744
```
7 9 1 2 6 3 4 5 8
5 4 8 9 7 1 6 2 3
2 6 3 5 8 4 9 1 7
9 7 2 3 1 6 5 8 4
4 1 5 8 9 2 7 3 6
8 3 6 7 4 5 1 9 2
1 2 7 6 5 8 3 4 9
3 5 9 4 2 7 8 6 1
6 8 4 1 3 9 2 7 5
```

745
```
9 1 3 5 2 7 4 6 8
7 5 4 6 9 8 1 3 2
8 2 6 3 1 4 7 9 5
1 9 5 2 6 3 8 4 7
2 4 8 9 7 5 3 1 6
3 6 7 8 4 1 5 2 9
4 3 9 7 8 2 6 5 1
6 7 1 4 5 9 2 8 3
5 8 2 1 3 6 9 7 4
```

746
```
3 9 5 1 8 6 2 7 4
1 2 6 4 7 3 5 9 8
8 4 7 2 9 5 1 3 6
9 3 4 5 1 2 8 6 7
7 5 8 6 4 9 3 1 2
2 6 1 7 3 8 9 4 5
5 1 9 8 6 7 4 2 3
4 7 2 3 5 1 6 8 9
6 8 3 9 2 4 7 5 1
```

747
```
7 4 5 1 6 8 2 9 3
1 3 6 2 7 9 4 8 5
8 2 9 3 5 4 6 1 7
5 9 4 7 8 6 1 3 2
2 6 1 9 3 5 7 4 8
3 8 7 4 2 1 9 5 6
6 1 3 5 4 2 8 7 9
9 5 8 6 1 7 3 2 4
4 7 2 8 9 3 5 6 1
```

748
```
1 3 5 2 4 9 6 7 8
2 6 7 8 3 1 5 9 4
9 4 8 5 6 7 2 3 1
5 7 6 1 8 2 9 4 3
3 8 1 9 5 4 7 2 6
4 9 2 6 7 3 1 8 5
6 5 4 7 9 8 3 1 2
7 2 3 4 1 6 8 5 9
8 1 9 3 2 5 4 6 7
```

749
```
3 1 9 2 6 7 8 4 5
2 5 6 3 4 8 9 1 7
4 8 7 9 5 1 2 3 6
5 3 1 4 9 6 7 8 2
9 6 2 7 8 3 4 5 1
8 7 4 5 1 2 3 6 9
6 4 5 8 2 9 1 7 3
7 9 8 1 3 5 6 2 4
1 2 3 6 7 4 5 9 8
```

750
```
9 8 5 1 6 3 2 4 7
2 3 1 5 4 7 8 9 6
7 4 6 9 8 2 3 5 1
4 5 7 8 1 9 6 2 3
1 9 2 6 3 4 5 7 8
3 6 8 7 2 5 4 1 9
8 2 9 3 5 1 7 6 4
5 7 3 4 9 6 1 8 2
6 1 4 2 7 8 9 3 5
```

751
```
7 1 3 6 9 5 4 2 8
5 2 8 7 4 1 6 9 3
4 9 6 3 8 2 7 1 5
6 5 1 8 7 4 2 3 9
8 4 9 1 2 3 5 6 7
3 7 2 9 5 6 8 4 1
9 8 4 2 1 7 3 5 6
1 3 5 4 6 8 9 7 2
2 6 7 5 3 9 1 8 4
```

752
```
2 5 8 9 7 1 3 4 6
1 3 9 4 6 5 2 8 7
6 4 7 2 8 3 9 1 5
4 7 2 5 3 6 1 9 8
3 8 6 1 4 9 5 7 2
5 9 1 7 2 8 4 6 3
9 2 3 8 1 7 6 5 4
7 6 5 3 9 4 8 2 1
8 1 4 6 5 2 7 3 9
```

753
```
5 8 2 9 1 3 7 4 6
7 9 3 4 2 6 8 1 5
6 1 4 5 7 8 2 9 3
8 2 5 7 3 9 4 6 1
9 3 6 2 4 1 5 7 8
1 4 7 6 8 5 3 2 9
4 5 9 3 6 7 1 8 2
2 6 8 1 5 4 9 3 7
3 7 1 8 9 2 6 5 4
```

754
```
2 1 4 3 6 7 5 9 8
9 8 5 4 2 1 3 7 6
7 3 6 5 9 8 4 2 1
8 4 9 7 1 5 2 6 3
6 5 1 2 8 3 9 4 7
3 7 2 6 4 9 8 1 5
1 9 7 8 3 2 6 5 4
4 2 8 1 5 6 7 3 9
5 6 3 9 7 4 1 8 2
```

755
```
7 8 6 2 3 1 4 5 9
2 4 1 6 5 9 3 7 8
3 5 9 4 8 7 2 6 1
5 6 2 9 7 3 8 1 4
8 9 7 5 1 4 6 2 3
4 1 3 8 2 6 7 9 5
6 2 4 1 9 8 5 3 7
9 3 5 7 4 2 1 8 6
1 7 8 3 6 5 9 4 2
```

756
```
9 2 3 1 6 7 5 8 4
8 6 7 9 4 5 2 3 1
4 1 5 8 3 2 9 6 7
5 4 9 6 8 1 3 7 2
1 7 2 4 5 3 8 9 6
3 8 6 7 2 9 1 4 5
2 5 4 3 9 6 7 1 8
6 3 1 5 7 8 4 2 9
7 9 8 2 1 4 6 5 3
```

757
```
4 8 3 6 1 2 5 9 7
1 9 5 8 7 3 2 4 6
7 2 6 4 9 5 3 8 1
8 6 9 5 3 4 1 7 2
3 7 1 9 2 6 4 5 8
2 5 4 7 8 1 6 3 9
9 1 2 3 4 7 8 6 5
5 3 8 1 6 9 7 2 4
6 4 7 2 5 8 9 1 3
```

758
```
7 6 1 4 8 5 9 3 2
2 8 4 9 7 3 1 5 6
3 9 5 2 1 6 4 7 8
4 1 9 6 2 7 5 8 3
8 5 2 3 4 1 6 9 7
6 7 3 5 9 8 2 1 4
9 2 8 1 3 4 7 6 5
1 3 6 7 5 2 8 4 9
5 4 7 8 6 9 3 2 1
```

759
```
7 8 4 9 6 1 2 5 3
3 9 5 4 8 2 7 1 6
1 2 6 3 7 5 4 8 9
2 4 3 6 5 9 8 7 1
8 1 9 7 2 3 5 6 4
6 5 7 8 1 4 9 3 2
4 7 2 5 3 6 1 9 8
5 6 1 2 9 8 3 4 7
9 3 8 1 4 7 6 2 5
```

760
```
7 3 2 4 5 6 8 9 1
5 1 4 8 7 9 3 6 2
9 8 6 3 1 2 4 5 7
3 2 5 6 8 4 7 1 9
1 4 8 2 9 7 5 3 6
6 7 9 1 3 5 2 4 8
2 6 7 9 4 3 1 8 5
4 9 1 5 2 8 6 7 3
8 5 3 7 6 1 9 2 4
```

761

1	4	5	6	7	2	3	8	9
2	8	6	3	9	4	5	1	7
3	9	7	8	1	5	4	6	2
4	2	1	7	5	6	8	9	3
5	6	8	2	3	9	7	4	1
9	7	3	1	4	8	6	2	5
6	5	2	9	8	7	1	3	4
7	3	9	4	6	1	2	5	8
8	1	4	5	2	3	9	7	6

762

5	4	2	9	3	8	1	7	6
6	9	8	5	1	7	2	3	4
3	7	1	2	4	6	9	8	5
7	1	4	3	8	9	6	5	2
8	2	5	6	7	4	3	1	9
9	6	3	1	5	2	7	4	8
1	3	6	8	2	5	4	9	7
2	5	7	4	9	1	8	6	3
4	8	9	7	6	3	5	2	1

763

9	2	7	4	3	1	5	6	8
4	5	8	7	6	2	9	3	1
1	6	3	5	8	9	2	7	4
7	8	1	9	4	3	6	5	2
2	9	6	8	5	7	1	4	3
3	4	5	1	2	6	7	8	9
5	1	9	3	7	8	4	2	6
8	7	2	6	9	4	3	1	5
6	3	4	2	1	5	8	9	7

764

9	5	8	1	7	3	2	4	6
7	6	1	9	2	4	3	5	8
2	4	3	5	8	6	7	9	1
8	7	4	2	5	1	9	6	3
1	9	5	3	6	7	4	8	2
3	2	6	4	9	8	1	7	5
4	1	7	8	3	5	6	2	9
5	3	2	6	4	9	8	1	7
6	8	9	7	1	2	5	3	4

765

2	1	5	3	4	6	7	8	9
7	3	8	1	9	5	4	2	6
9	4	6	8	7	2	1	3	5
6	8	7	5	1	9	3	4	2
1	2	9	4	6	3	5	7	8
4	5	3	7	2	8	6	9	1
8	6	1	9	3	4	2	5	7
3	9	2	6	5	7	8	1	4
5	7	4	2	8	1	9	6	3

766

4	9	7	3	8	2	6	5	1
2	5	3	6	1	7	8	4	9
8	1	6	9	4	5	2	7	3
9	3	2	5	7	8	1	6	4
1	7	4	2	6	3	5	9	8
6	8	5	4	9	1	3	2	7
7	6	8	1	2	9	4	3	5
5	2	9	8	3	4	7	1	6
3	4	1	7	5	6	9	8	2

767

8	7	1	5	3	6	4	9	2
4	5	2	8	9	7	6	1	3
6	9	3	1	2	4	5	7	8
9	4	8	7	1	3	2	5	6
1	3	5	4	6	2	9	8	7
2	6	7	9	8	5	3	4	1
3	1	4	2	5	8	7	6	9
5	8	6	3	7	9	1	2	4
7	2	9	6	4	1	8	3	5

768

7	6	3	9	5	4	1	8	2
1	9	4	6	2	8	3	5	7
8	2	5	7	1	3	4	6	9
9	8	1	5	3	2	6	7	4
2	4	6	1	8	7	9	3	5
3	5	7	4	6	9	2	1	8
4	1	2	8	7	6	5	9	3
5	3	8	2	9	1	7	4	6
6	7	9	3	4	5	8	2	1

769

5	8	3	9	7	4	1	6	2
2	9	1	6	3	8	4	5	7
7	6	4	5	1	2	9	3	8
3	2	6	4	9	7	8	1	5
1	4	7	8	2	5	3	9	6
8	5	9	3	6	1	7	2	4
9	1	8	7	5	6	2	4	3
4	3	5	2	8	9	6	7	1
6	7	2	1	4	3	5	8	9

770

5	2	7	8	3	6	4	9	1
3	9	8	5	1	4	2	6	7
4	6	1	7	9	2	3	8	5
6	8	9	4	5	1	7	2	3
1	3	5	9	2	7	6	4	8
7	4	2	3	6	8	5	1	9
8	1	3	6	4	5	9	7	2
2	5	4	1	7	9	8	3	6
9	7	6	2	8	3	1	5	4

771

5	3	4	6	9	1	7	2	8
6	9	7	8	2	4	5	1	3
1	8	2	7	3	5	4	6	9
7	2	5	3	4	6	9	8	1
8	4	3	9	1	7	6	5	2
9	6	1	5	8	2	3	7	4
2	1	6	4	7	3	8	9	5
3	7	8	1	5	9	2	4	6
4	5	9	2	6	8	1	3	7

772

3	7	2	8	4	1	5	6	9
4	5	8	6	9	7	2	1	3
6	9	1	5	2	3	7	8	4
7	2	9	1	3	4	6	5	8
5	6	3	9	7	8	4	2	1
8	1	4	2	5	6	9	3	7
2	3	5	4	8	9	1	7	6
9	8	6	7	1	2	3	4	5
1	4	7	3	6	5	8	9	2

773

3	9	4	8	1	2	6	5	7
7	1	5	9	4	6	8	3	2
8	2	6	7	3	5	1	9	4
6	5	8	4	2	3	7	1	9
4	3	9	6	7	1	5	2	8
1	7	2	5	8	9	3	4	6
5	8	7	1	9	4	2	6	3
2	4	1	3	6	7	9	8	5
9	6	3	2	5	8	4	7	1

774

3	6	8	7	9	1	5	4	2
4	9	1	2	3	5	6	7	8
2	7	5	6	8	4	1	9	3
1	8	7	3	4	6	9	2	5
5	4	3	9	2	7	8	6	1
6	2	9	5	1	8	4	3	7
7	3	4	1	5	9	2	8	6
8	1	2	4	6	3	7	5	9
9	5	6	8	7	2	3	1	4

775

6	9	1	7	8	2	3	4	5
5	3	2	9	4	6	8	7	1
7	8	4	5	3	1	6	9	2
8	7	9	1	6	3	2	5	4
3	1	5	2	7	4	9	8	6
4	2	6	8	9	5	1	3	7
9	4	3	6	2	7	5	1	8
2	5	7	3	1	8	4	6	9
1	6	8	4	5	9	7	2	3

776

1	9	8	4	7	3	2	5	6
4	3	2	9	5	6	1	7	8
6	7	5	8	1	2	4	9	3
9	6	3	1	4	8	7	2	5
8	1	7	2	9	5	6	3	4
2	5	4	6	3	7	9	8	1
7	4	6	5	8	9	3	1	2
5	2	9	3	6	1	8	4	7
3	8	1	7	2	4	5	6	9

777

3	9	5	2	4	7	8	6	1
8	7	6	1	5	3	9	2	4
4	1	2	6	8	9	3	7	5
5	2	4	7	9	1	6	8	3
6	8	9	3	2	4	5	1	7
7	3	1	8	6	5	4	9	2
9	4	7	5	1	6	2	3	8
1	5	8	9	3	2	7	4	6
2	6	3	4	7	8	1	5	9

778

9	4	2	1	6	7	3	5	8
3	6	8	5	9	4	7	1	2
1	7	5	3	8	2	4	6	9
2	3	7	6	1	8	5	9	4
4	8	9	7	3	5	6	2	1
6	5	1	4	2	9	8	7	3
5	9	4	8	7	1	2	3	6
7	1	3	2	4	6	9	8	5
8	2	6	9	5	3	1	4	7

779

2	5	6	3	4	1	7	8	9
9	8	3	6	7	2	4	1	5
7	1	4	5	8	9	2	3	6
6	9	2	4	1	8	3	5	7
1	3	5	7	9	6	8	2	4
8	4	7	2	5	3	6	9	1
4	2	8	9	6	5	1	7	3
3	6	9	1	2	7	5	4	8
5	7	1	8	3	4	9	6	2

780

7	3	4	5	9	2	8	6	1
9	8	5	7	6	1	2	3	4
2	1	6	4	3	8	5	7	9
1	5	8	6	4	9	3	2	7
3	9	2	8	1	7	4	5	6
4	6	7	2	5	3	9	1	8
5	2	9	1	7	4	6	8	3
6	7	3	9	8	5	1	4	2
8	4	1	3	2	6	7	9	5

781

7	9	3	2	6	4	8	1	5
8	6	4	1	5	9	2	3	7
2	1	5	8	7	3	4	9	6
9	8	7	3	2	5	6	4	1
6	3	2	7	4	1	5	8	9
5	4	1	6	9	8	3	7	2
1	5	6	4	3	7	9	2	8
3	2	8	9	1	6	7	5	4
4	7	9	5	8	2	1	6	3

782

7	3	8	4	1	2	5	6	9
1	4	5	3	6	9	7	8	2
2	6	9	7	5	8	3	4	1
8	1	6	5	4	7	9	2	3
3	9	7	8	2	6	1	5	4
4	5	2	9	3	1	8	7	6
6	7	4	1	8	3	2	9	5
9	2	1	6	7	5	4	3	8
5	8	3	2	9	4	6	1	7

783

1	5	4	6	9	8	7	2	3
8	2	6	3	7	5	9	1	4
9	3	7	4	2	1	8	5	6
2	4	8	7	1	6	5	3	9
3	6	1	5	4	9	2	7	8
5	7	9	8	3	2	4	6	1
4	8	2	1	5	3	6	9	7
6	9	3	2	8	7	1	4	5
7	1	5	9	6	4	3	8	2

784

8	4	5	9	2	1	3	6	7
7	1	2	3	5	6	8	9	4
3	9	6	4	7	8	2	5	1
4	2	7	6	8	5	9	1	3
1	3	8	7	9	4	5	2	6
5	6	9	1	3	2	4	7	8
9	7	1	5	4	3	6	8	2
2	5	3	8	6	7	1	4	9
6	8	4	2	1	9	7	3	5

785

2	3	7	6	9	1	4	8	5
1	6	8	4	2	5	3	7	9
4	5	9	7	3	8	1	2	6
8	4	6	2	7	9	5	1	3
9	2	3	1	5	4	8	6	7
7	1	5	8	6	3	9	4	2
3	7	1	9	4	6	2	5	8
5	8	2	3	1	7	6	9	4
6	9	4	5	8	2	7	3	1

786

1	2	3	4	5	8	6	9	7
9	7	4	1	6	2	8	3	5
8	6	5	3	7	9	2	1	4
7	3	8	6	9	1	5	4	2
6	4	9	5	2	3	7	8	1
2	5	1	7	8	4	9	6	3
3	8	2	9	1	5	4	7	6
4	9	6	2	3	7	1	5	8
5	1	7	8	4	6	3	2	9

787

9	7	4	8	5	2	6	1	3
6	1	2	3	4	9	8	7	5
5	3	8	7	6	1	9	4	2
7	4	3	9	1	8	2	5	6
1	9	5	4	2	6	3	8	7
8	2	6	5	7	3	4	9	1
2	5	7	6	9	4	1	3	8
3	6	9	1	8	7	5	2	4
4	8	1	2	3	5	7	6	9

788

7	3	5	2	6	8	4	9	1
1	4	6	9	7	5	2	8	3
2	9	8	3	1	4	5	6	7
3	2	1	5	8	6	7	4	9
8	5	7	4	3	9	1	2	6
4	6	9	1	2	7	3	5	8
5	7	4	8	9	3	6	1	2
6	8	2	7	5	1	9	3	4
9	1	3	6	4	2	8	7	5

789

8	6	9	1	2	4	3	5	7
3	2	7	6	5	8	9	4	1
4	5	1	3	7	9	6	2	8
9	3	2	7	4	1	5	8	6
1	4	6	8	9	5	7	3	2
5	7	8	2	6	3	4	1	9
6	8	3	4	1	7	2	9	5
7	9	4	5	8	2	1	6	3
2	1	5	9	3	6	8	7	4

790

5	7	9	2	6	1	8	3	4
6	3	1	4	7	8	5	9	2
4	8	2	3	5	9	7	6	1
8	2	3	7	9	4	6	1	5
1	4	5	8	2	6	9	7	3
9	6	7	1	3	5	2	4	8
2	9	6	5	1	3	4	8	7
3	5	8	6	4	7	1	2	9
7	1	4	9	8	2	3	5	6

791

2	3	7	4	8	9	1	5	6
9	5	6	3	7	1	2	4	8
1	4	8	6	5	2	9	3	7
7	1	3	9	2	6	4	8	5
8	2	4	5	1	7	3	6	9
6	9	5	8	3	4	7	1	2
3	6	9	7	4	5	8	2	1
4	7	2	1	6	8	5	9	3
5	8	1	2	9	3	6	7	4

792

2	7	6	8	3	4	1	9	5
9	4	8	2	1	5	3	6	7
3	5	1	6	7	9	4	8	2
5	9	7	1	8	2	6	4	3
1	2	3	4	6	7	8	5	9
8	6	4	5	9	3	7	2	1
4	8	9	7	2	1	5	3	6
6	1	2	3	5	8	9	7	4
7	3	5	9	4	6	2	1	8

793

6	3	8	1	4	7	9	5	2
4	1	9	2	5	8	7	3	6
5	7	2	3	6	9	8	1	4
7	6	1	9	8	2	5	4	3
8	5	3	4	7	1	6	2	9
9	2	4	5	3	6	1	7	8
1	9	5	8	2	3	4	6	7
2	4	6	7	9	5	3	8	1
3	8	7	6	1	4	2	9	5

794

1	3	4	5	6	7	2	9	8
9	8	6	1	2	3	7	5	4
2	5	7	9	8	4	6	1	3
3	6	9	2	7	1	4	8	5
8	7	2	4	3	5	9	6	1
4	1	5	6	9	8	3	2	7
7	9	3	8	1	2	5	4	6
5	2	1	7	4	6	8	3	9
6	4	8	3	5	9	1	7	2

795

9	3	7	2	1	6	8	5	4
1	4	6	7	5	8	2	3	9
2	5	8	3	9	4	1	7	6
3	8	9	1	4	2	7	6	5
5	7	1	8	6	9	3	4	2
4	6	2	5	7	3	9	1	8
6	9	3	4	8	7	5	2	1
7	1	4	9	2	5	6	8	3
8	2	5	6	3	1	4	9	7

796

2	5	9	3	8	6	4	7	1
3	6	1	5	7	4	9	8	2
4	7	8	9	1	2	3	5	6
5	1	2	4	6	9	7	3	8
6	9	3	7	5	8	1	2	4
7	8	4	2	3	1	5	6	9
8	2	5	1	9	3	6	4	7
1	3	6	8	4	7	2	9	5
9	4	7	6	2	5	8	1	3

797

1	3	2	4	6	9	5	7	8
8	4	6	5	7	2	9	1	3
7	5	9	1	8	3	4	6	2
2	8	3	7	9	6	1	5	4
9	1	4	8	3	5	6	2	7
6	7	5	2	1	4	8	3	9
5	6	8	9	2	7	3	4	1
4	9	7	3	5	1	2	8	6
3	2	1	6	4	8	7	9	5

798

3	4	6	5	7	8	2	9	1
2	5	7	1	9	3	6	4	8
1	8	9	4	2	6	3	5	7
4	9	3	6	8	1	5	7	2
6	1	8	7	5	2	4	3	9
7	2	5	3	4	9	8	1	6
8	6	1	9	3	4	7	2	5
9	7	4	2	6	5	1	8	3
5	3	2	8	1	7	9	6	4

799

3	2	4	1	7	8	5	6	9
8	6	9	3	2	5	4	7	1
5	7	1	4	6	9	8	3	2
4	8	2	5	1	6	3	9	7
1	3	5	7	9	4	6	2	8
7	9	6	8	3	2	1	4	5
6	1	7	2	8	3	9	5	4
9	4	8	6	5	7	2	1	3
2	5	3	9	4	1	7	8	6

800

4	7	3	8	9	5	6	1	2
5	8	1	2	7	6	4	9	3
6	9	2	3	1	4	5	7	8
7	6	4	9	3	8	1	2	5
9	1	8	4	5	2	7	3	6
2	3	5	1	6	7	9	8	4
8	2	9	5	4	1	3	6	7
1	4	6	7	8	3	2	5	9
3	5	7	6	2	9	8	4	1

801

6	8	5	9	7	2	1	4	3
7	2	3	1	4	5	9	6	8
1	4	9	8	3	6	2	7	5
9	7	4	5	1	3	8	2	6
2	1	6	7	8	9	3	5	4
3	5	8	2	6	4	7	9	1
4	6	1	3	2	7	5	8	9
8	9	2	4	5	1	6	3	7
5	3	7	6	9	8	4	1	2

802

5	7	6	9	3	8	2	4	1
2	8	9	6	1	4	3	5	7
3	4	1	5	7	2	9	6	8
4	9	2	1	5	6	7	8	3
6	5	3	8	9	7	1	2	4
7	1	8	4	2	3	5	9	6
1	2	4	7	6	9	8	3	5
8	3	5	2	4	1	6	7	9
9	6	7	3	8	5	4	1	2

803

3	4	7	1	5	9	2	6	8
6	9	8	7	2	3	1	4	5
5	1	2	4	8	6	3	7	9
4	2	6	5	7	8	9	1	3
7	5	9	3	6	1	4	8	2
8	3	1	2	9	4	6	5	7
9	6	3	8	4	7	5	2	1
2	7	4	9	1	5	8	3	6
1	8	5	6	3	2	7	9	4

804

6	3	8	2	9	4	1	5	7
7	5	9	1	3	6	4	8	2
2	4	1	5	7	8	3	9	6
8	7	2	4	5	9	6	3	1
5	9	4	3	6	1	7	2	8
3	1	6	7	8	2	5	4	9
9	2	7	6	4	3	8	1	5
1	6	3	8	2	5	9	7	4
4	8	5	9	1	7	2	6	3

805

5	4	2	8	7	6	9	1	3
6	1	7	9	4	3	8	5	2
3	9	8	1	5	2	4	7	6
4	2	6	5	3	1	7	9	8
7	3	1	4	9	8	2	6	5
8	5	9	2	6	7	1	3	4
1	6	3	7	8	4	5	2	9
9	7	4	6	2	5	3	8	1
2	8	5	3	1	9	6	4	7

806

6	8	3	5	4	7	9	2	1
9	1	4	2	6	3	5	7	8
7	2	5	9	1	8	6	3	4
3	4	6	7	5	9	1	8	2
2	5	7	6	8	1	3	4	9
1	9	8	3	2	4	7	5	6
4	6	9	8	7	5	2	1	3
5	3	1	4	9	2	8	6	7
8	7	2	1	3	6	4	9	5

807

9	1	4	5	7	6	8	2	3
3	7	5	2	4	8	9	6	1
8	2	6	9	1	3	4	7	5
5	6	3	7	9	2	1	4	8
7	9	8	1	3	4	6	5	2
2	4	1	6	8	5	7	3	9
6	3	9	4	5	1	2	8	7
4	5	7	8	2	9	3	1	6
1	8	2	3	6	7	5	9	4

808

1	7	3	2	9	4	5	6	8
2	5	9	6	3	8	7	1	4
6	8	4	1	5	7	3	2	9
3	6	7	9	4	1	2	8	5
4	1	8	5	2	6	9	3	7
5	9	2	7	8	3	1	4	6
7	2	1	8	6	9	4	5	3
8	4	5	3	7	2	6	9	1
9	3	6	4	1	5	8	7	2

809

4	3	6	2	8	5	7	9	1
9	1	7	4	6	3	2	5	8
2	5	8	1	7	9	3	4	6
3	6	9	5	1	2	4	8	7
1	7	2	8	3	4	9	6	5
5	8	4	7	9	6	1	2	3
7	4	1	9	5	8	6	3	2
6	2	5	3	4	7	8	1	9
8	9	3	6	2	1	5	7	4

810

1	7	5	6	8	2	9	3	4
3	9	8	4	5	7	2	1	6
6	4	2	3	9	1	5	8	7
2	6	3	5	4	9	1	7	8
4	8	7	1	2	6	3	9	5
5	1	9	8	7	3	4	6	2
7	2	4	9	3	8	6	5	1
8	3	6	2	1	5	7	4	9
9	5	1	7	6	4	8	2	3

811

6	8	3	9	5	4	1	2	7
7	9	1	2	3	8	4	5	6
5	2	4	1	6	7	8	9	3
1	6	2	4	7	9	5	3	8
8	3	9	5	1	2	6	7	4
4	5	7	3	8	6	2	1	9
9	7	5	6	4	1	3	8	2
2	1	6	8	9	3	7	4	5
3	4	8	7	2	5	9	6	1

812

7	3	4	8	9	5	2	6	1
1	9	5	6	2	3	4	7	8
8	2	6	7	1	4	3	9	5
9	1	3	2	7	8	5	4	6
2	5	7	4	3	6	1	8	9
4	6	8	9	5	1	7	2	3
5	7	9	1	6	2	8	3	4
6	8	1	3	4	7	9	5	2
3	4	2	5	8	9	6	1	7

813

4	6	2	8	3	1	7	9	5
5	7	8	9	2	6	1	3	4
1	9	3	4	5	7	2	8	6
6	2	9	1	4	3	5	7	8
7	3	1	5	6	8	4	2	9
8	5	4	2	7	9	3	6	1
9	8	5	7	1	2	6	4	3
2	1	6	3	9	4	8	5	7
3	4	7	6	8	5	9	1	2

814

5	8	2	9	1	7	3	4	6
6	9	3	5	4	8	1	7	2
7	1	4	2	3	6	8	9	5
2	3	7	6	8	5	4	1	9
4	5	9	1	7	3	6	2	8
8	6	1	4	2	9	5	3	7
9	7	5	3	6	1	2	8	4
1	2	6	8	9	4	7	5	3
3	4	8	7	5	2	9	6	1

815

5	2	3	9	4	8	6	7	1
8	4	6	1	7	3	9	2	5
9	1	7	2	5	6	8	3	4
4	6	5	7	9	1	3	8	2
1	7	8	3	2	4	5	6	9
2	3	9	6	8	5	4	1	7
6	5	1	4	3	7	2	9	8
3	8	2	5	1	9	7	4	6
7	9	4	8	6	2	1	5	3

816

9	2	5	4	1	8	3	6	7
1	3	6	5	7	9	8	2	4
4	8	7	6	3	2	1	5	9
6	7	1	2	8	5	9	4	3
5	9	3	7	4	6	2	8	1
2	4	8	1	9	3	6	7	5
3	5	9	8	2	7	4	1	6
8	6	4	3	5	1	7	9	2
7	1	2	9	6	4	5	3	8

817

4	8	2	9	5	7	1	3	6
7	6	1	8	3	2	9	4	5
5	9	3	1	4	6	2	7	8
8	1	5	3	2	4	6	9	7
6	2	4	7	8	9	3	5	1
9	3	7	6	1	5	8	2	4
1	5	6	2	7	3	4	8	9
2	7	8	4	9	1	5	6	3
3	4	9	5	6	8	7	1	2

818

3	1	2	7	4	8	5	6	9
8	4	5	6	9	1	2	7	3
9	6	7	2	3	5	1	8	4
1	5	8	3	2	6	9	4	7
4	7	3	5	8	9	6	2	1
2	9	6	1	7	4	8	3	5
5	3	1	8	6	7	4	9	2
6	2	9	4	5	3	7	1	8
7	8	4	9	1	2	3	5	6

819

1	8	2	4	6	7	3	5	9
3	9	6	2	5	1	7	4	8
7	5	4	8	3	9	6	1	2
2	3	9	6	8	4	5	7	1
8	7	1	3	9	5	2	6	4
4	6	5	7	1	2	8	9	3
6	4	3	9	7	8	1	2	5
9	1	7	5	2	3	4	8	6
5	2	8	1	4	6	9	3	7

820

9	1	6	7	2	3	8	4	5
4	2	3	8	6	5	7	9	1
7	8	5	4	1	9	6	2	3
3	7	8	1	9	4	5	6	2
5	9	1	2	8	6	4	3	7
6	4	2	5	3	7	9	1	8
8	3	4	9	5	1	2	7	6
1	5	7	6	4	2	3	8	9
2	6	9	3	7	8	1	5	4

821

```
2 9 4 5 8 1 6 3 7
3 8 6 7 9 4 1 5 2
5 1 7 2 3 6 4 8 9
4 2 8 6 7 3 5 9 1
6 3 9 8 1 5 2 7 4
7 5 1 4 2 9 8 6 3
8 4 2 3 5 7 9 1 6
9 6 3 1 4 8 7 2 5
1 7 5 9 6 2 3 4 8
```

822

```
9 7 2 3 5 6 8 1 4
4 1 3 9 2 8 7 6 5
6 8 5 7 1 4 9 3 2
1 4 6 5 8 9 2 7 3
2 9 7 4 3 1 5 8 6
3 5 8 6 7 2 1 4 9
7 2 9 8 4 3 6 5 1
5 6 4 1 9 7 3 2 8
8 3 1 2 6 5 4 9 7
```

823

```
6 4 3 7 5 1 8 9 2
7 5 8 6 9 2 1 3 4
1 2 9 8 3 4 6 7 5
4 9 2 1 7 3 5 6 8
5 1 6 2 8 9 3 4 7
8 3 7 5 4 6 2 1 9
9 8 1 3 2 7 4 5 6
2 6 4 9 1 5 7 8 3
3 7 5 4 6 8 9 2 1
```

824

```
5 8 1 6 2 3 4 7 9
2 7 3 4 5 9 6 8 1
4 9 6 8 7 1 2 3 5
7 3 9 1 6 2 8 5 4
6 1 2 5 8 4 3 9 7
8 5 4 9 3 7 1 6 2
3 4 5 2 9 6 7 1 8
9 2 7 3 1 8 5 4 6
1 6 8 7 4 5 9 2 3
```

825

```
4 7 5 8 1 3 6 9 2
2 8 3 4 9 6 7 1 5
6 1 9 2 5 7 3 8 4
1 5 2 7 6 8 4 3 9
7 6 4 5 3 9 8 2 1
3 9 8 1 4 2 5 6 7
5 2 6 3 7 1 9 4 8
8 3 7 9 2 4 1 5 6
9 4 1 6 8 5 2 7 3
```

826

```
5 7 2 9 3 8 1 4 6
1 6 9 4 2 7 5 3 8
4 8 3 6 5 1 7 9 2
9 1 5 2 4 3 8 6 7
6 2 4 8 7 5 3 1 9
7 3 8 1 9 6 4 2 5
8 4 1 7 6 9 2 5 3
2 5 6 3 8 4 9 7 1
3 9 7 5 1 2 6 8 4
```

827

```
7 4 2 6 5 8 9 3 1
8 1 6 3 9 4 7 5 2
9 3 5 7 2 1 6 8 4
4 6 7 9 1 5 8 2 3
3 9 8 2 4 6 5 1 7
5 2 1 8 3 7 4 6 9
6 5 3 1 7 9 2 4 8
1 7 4 5 8 2 3 9 6
2 8 9 4 6 3 1 7 5
```

828

```
1 9 4 5 7 2 3 6 8
8 2 5 4 3 6 7 9 1
7 3 6 8 9 1 5 2 4
9 7 3 6 1 5 8 4 2
2 5 1 3 4 8 6 7 9
4 6 8 9 2 7 1 3 5
3 1 2 7 8 4 9 5 6
5 4 7 1 6 9 2 8 3
6 8 9 2 5 3 4 1 7
```

829

```
4 9 5 1 3 2 8 6 7
8 1 6 9 7 5 2 4 3
2 3 7 4 6 8 1 9 5
1 5 2 8 9 6 3 7 4
3 6 4 5 1 7 9 8 2
9 7 8 2 4 3 5 1 6
5 4 9 6 2 1 7 3 8
7 8 1 3 5 4 6 2 9
6 2 3 7 8 9 4 5 1
```

830

```
3 6 4 7 8 5 2 9 1
7 2 9 1 3 4 5 6 8
1 8 5 6 2 9 7 4 3
2 5 3 8 6 7 9 1 4
4 7 6 9 1 2 8 3 5
8 9 1 4 5 3 6 2 7
5 3 7 2 4 6 1 8 9
9 1 2 3 7 8 4 5 6
6 4 8 5 9 1 3 7 2
```

831

```
2 5 1 6 7 8 9 3 4
4 6 3 2 9 5 7 8 1
9 8 7 1 3 4 2 6 5
3 1 2 5 6 9 8 4 7
5 4 9 7 8 2 3 1 6
8 7 6 4 1 3 5 9 2
6 2 8 9 4 7 1 5 3
7 9 4 3 5 1 6 2 8
1 3 5 8 2 6 4 7 9
```

832

```
8 5 1 2 7 6 3 9 4
9 7 3 5 1 4 6 2 8
2 6 4 8 3 9 1 7 5
6 1 8 7 4 2 9 5 3
5 2 7 9 8 3 4 1 6
4 3 9 6 5 1 7 8 2
3 8 5 4 9 7 2 6 1
1 9 6 3 2 5 8 4 7
7 4 2 1 6 8 5 3 9
```

833

```
5 1 6 7 8 9 3 2 4
7 2 9 3 4 5 6 8 1
3 8 4 2 1 6 5 7 9
8 6 7 5 2 1 4 9 3
1 9 3 4 6 7 8 5 2
2 4 5 9 3 8 7 1 6
4 3 8 1 5 2 9 6 7
6 7 1 8 9 3 2 4 5
9 5 2 6 7 4 1 3 8
```

834

```
1 6 3 7 9 5 8 2 4
9 8 4 3 2 1 5 6 7
7 2 5 6 4 8 9 1 3
8 5 2 4 6 3 7 9 1
3 1 6 9 5 7 2 4 8
4 9 7 8 1 2 3 5 6
5 7 9 1 3 4 6 8 2
2 4 8 5 7 6 1 3 9
6 3 1 2 8 9 4 7 5
```

835

```
2 9 7 8 1 5 3 4 6
3 6 8 4 7 2 5 9 1
4 5 1 3 9 6 7 8 2
9 2 5 7 6 8 1 3 4
1 8 4 2 5 3 6 7 9
7 3 6 1 4 9 2 5 8
5 4 9 6 3 1 8 2 7
6 7 2 5 8 4 9 1 3
8 1 3 9 2 7 4 6 5
```

836

```
8 2 6 9 5 1 4 3 7
9 3 4 2 7 8 1 6 5
1 5 7 4 3 6 2 8 9
2 7 1 6 4 9 3 5 8
3 9 5 7 8 2 6 1 4
4 6 8 3 1 5 9 7 2
5 1 9 8 2 3 7 4 6
6 4 3 5 9 7 8 2 1
7 8 2 1 6 4 5 9 3
```

837

```
5 8 2 9 6 4 3 1 7
6 4 1 5 7 3 2 9 8
7 9 3 2 1 8 4 5 6
8 5 4 6 2 7 9 3 1
2 3 7 8 9 1 5 6 4
1 6 9 4 3 5 7 8 2
9 2 5 7 8 6 1 4 3
3 7 6 1 4 9 8 2 5
4 1 8 3 5 2 6 7 9
```

838

```
3 7 5 8 1 6 4 2 9
1 2 9 4 7 5 3 8 6
8 4 6 9 2 3 5 1 7
9 5 7 3 4 8 1 6 2
2 6 8 7 5 1 9 3 4
4 1 3 2 6 9 8 7 5
5 9 1 6 8 7 2 4 3
6 3 2 1 9 4 7 5 8
7 8 4 5 3 2 6 9 1
```

839

```
4 3 8 5 9 7 1 2 6
6 7 9 1 2 3 4 5 8
2 5 1 8 6 4 3 9 7
3 2 6 7 8 5 9 4 1
1 8 5 3 4 9 6 7 2
7 9 4 2 1 6 5 8 3
8 4 3 6 5 2 7 1 9
5 6 2 9 7 1 8 3 4
9 1 7 4 3 8 2 6 5
```

840

```
7 9 1 8 2 4 3 6 5
5 6 2 1 3 9 4 7 8
4 8 3 7 5 6 1 9 2
9 4 6 2 7 3 8 5 1
1 2 8 9 6 5 7 3 4
3 5 7 4 8 1 9 2 6
6 1 4 3 9 2 5 8 7
8 3 5 6 4 7 2 1 9
2 7 9 5 1 8 6 4 3
```

841

5	7	9	6	1	3	4	8	2
8	2	3	4	7	5	6	9	1
1	4	6	2	8	9	5	3	7
6	1	4	3	9	2	7	5	8
9	3	7	8	5	1	2	6	4
2	5	8	7	6	4	9	1	3
7	6	1	9	2	8	3	4	5
3	8	2	5	4	6	1	7	9
4	9	5	1	3	7	8	2	6

842

2	4	6	5	7	8	9	1	3
3	9	7	1	4	2	6	5	8
1	5	8	9	3	6	4	2	7
4	7	9	2	8	5	3	6	1
5	8	1	3	6	4	2	7	9
6	2	3	7	9	1	5	8	4
8	3	4	6	5	7	1	9	2
7	6	2	4	1	9	8	3	5
9	1	5	8	2	3	7	4	6

843

4	2	9	3	6	1	5	7	8
5	6	1	2	7	8	3	4	9
8	7	3	4	5	9	1	2	6
6	5	7	8	1	3	2	9	4
2	3	8	7	9	4	6	5	1
1	9	4	5	2	6	7	8	3
3	8	2	6	4	5	9	1	7
7	1	6	9	8	2	4	3	5
9	4	5	1	3	7	8	6	2

844

2	4	8	7	5	9	1	3	6
3	6	9	1	8	2	4	5	7
5	7	1	3	6	4	9	8	2
4	9	5	6	1	3	7	2	8
6	8	2	9	4	7	5	1	3
7	1	3	8	2	5	6	9	4
8	2	4	5	9	6	3	7	1
9	3	6	2	7	1	8	4	5
1	5	7	4	3	8	2	6	9

845

6	4	5	3	8	2	1	7	9
2	8	9	1	6	7	5	3	4
3	7	1	5	9	4	2	6	8
5	3	6	4	7	8	9	2	1
4	9	7	2	5	1	3	8	6
1	2	8	9	3	6	7	4	5
7	5	2	6	4	9	8	1	3
8	6	3	7	1	5	4	9	2
9	1	4	8	2	3	6	5	7

846

5	8	9	1	2	6	3	4	7
6	2	4	3	7	8	1	5	9
7	3	1	4	5	9	2	6	8
2	9	5	8	3	4	6	7	1
8	4	6	7	1	5	9	3	2
3	1	7	6	9	2	5	8	4
9	5	3	2	8	7	4	1	6
1	6	8	9	4	3	7	2	5
4	7	2	5	6	1	8	9	3

847

3	6	7	5	8	1	2	9	4
9	5	8	2	6	4	3	7	1
4	2	1	7	3	9	6	5	8
5	7	9	4	2	3	8	1	6
8	4	2	1	7	6	9	3	5
6	1	3	8	9	5	4	2	7
1	8	4	3	5	2	7	6	9
2	9	5	6	4	7	1	8	3
7	3	6	9	1	8	5	4	2

848

5	8	1	2	4	6	3	7	9
2	9	4	3	5	7	1	8	6
7	3	6	8	1	9	2	4	5
3	5	7	1	6	4	8	9	2
4	2	8	7	9	3	6	5	1
1	6	9	5	8	2	7	3	4
9	4	2	6	3	8	5	1	7
6	1	3	4	7	5	9	2	8
8	7	5	9	2	1	4	6	3

849

5	6	4	7	8	2	3	9	1
9	1	7	5	4	3	8	6	2
2	3	8	9	1	6	4	5	7
1	2	6	4	3	5	7	8	9
3	7	5	6	9	8	1	2	4
4	8	9	1	2	7	5	3	6
6	4	1	8	5	9	2	7	3
7	5	2	3	6	4	9	1	8
8	9	3	2	7	1	6	4	5

850

8	9	3	4	2	7	5	6	1
1	2	4	6	3	5	8	9	7
7	5	6	1	9	8	4	3	2
4	3	7	8	5	1	9	2	6
9	6	8	2	7	3	1	4	5
5	1	2	9	6	4	3	7	8
2	4	5	3	8	6	7	1	9
3	7	9	5	1	2	6	8	4
6	8	1	7	4	9	2	5	3

851

1	8	7	4	9	3	5	6	2
2	9	5	7	1	6	8	4	3
3	4	6	5	2	8	7	9	1
4	1	8	6	3	5	9	2	7
5	2	3	8	7	9	6	1	4
7	6	9	1	4	2	3	8	5
6	5	1	3	8	4	2	7	9
8	7	2	9	5	1	4	3	6
9	3	4	2	6	7	1	5	8

852

6	7	2	8	1	4	9	5	3
3	9	4	2	5	6	7	8	1
8	1	5	7	9	3	2	4	6
5	2	3	6	4	9	1	7	8
7	8	6	3	2	1	4	9	5
9	4	1	5	7	8	3	6	2
1	3	7	4	6	5	8	2	9
2	5	9	1	8	7	6	3	4
4	6	8	9	3	2	5	1	7

853

1	4	5	6	7	8	2	9	3
6	7	8	9	2	3	5	4	1
2	3	9	1	5	4	6	7	8
3	5	6	4	9	1	7	8	2
4	8	1	7	6	2	3	5	9
7	9	2	3	8	5	1	6	4
5	1	7	8	3	9	4	2	6
8	6	3	2	4	7	9	1	5
9	2	4	5	1	6	8	3	7

854

5	2	8	6	1	7	9	3	4
3	7	4	8	2	9	5	6	1
6	9	1	3	4	5	8	7	2
7	3	6	4	5	8	1	2	9
4	1	9	2	3	6	7	8	5
8	5	2	9	7	1	6	4	3
9	8	3	1	6	2	4	5	7
1	4	5	7	8	3	2	9	6
2	6	7	5	9	4	3	1	8

855

2	6	9	8	1	7	3	4	5
4	8	7	5	6	3	9	1	2
5	3	1	9	4	2	8	7	6
3	5	8	1	9	6	4	2	7
6	9	2	7	3	4	1	5	8
7	1	4	2	8	5	6	3	9
8	2	3	4	5	9	7	6	1
9	4	5	6	7	1	2	8	3
1	7	6	3	2	8	5	9	4

856

2	3	8	4	1	6	5	7	9
7	6	9	5	8	2	1	4	3
5	4	1	7	9	3	2	8	6
9	2	3	1	6	7	8	5	4
8	5	4	2	3	9	7	6	1
1	7	6	8	4	5	9	3	2
6	8	2	9	5	4	3	1	7
3	9	5	6	7	1	4	2	8
4	1	7	3	2	8	6	9	5

857

2	7	8	3	1	4	5	6	9
4	5	9	6	2	7	3	8	1
3	1	6	9	5	8	4	2	7
8	2	4	5	6	9	7	1	3
5	9	1	7	3	2	6	4	8
6	3	7	4	8	1	2	9	5
7	4	2	8	9	3	1	5	6
9	6	3	1	4	5	8	7	2
1	8	5	2	7	6	9	3	4

858

9	5	6	1	3	7	2	8	4
8	2	7	4	5	9	1	6	3
1	3	4	2	8	6	5	7	9
2	6	5	7	4	3	8	9	1
3	1	8	5	9	2	7	4	6
4	7	9	6	1	8	3	2	5
7	4	1	8	6	5	9	3	2
5	9	2	3	7	4	6	1	8
6	8	3	9	2	1	4	5	7

859

7	1	4	9	8	3	2	5	6
8	9	5	1	2	6	7	4	3
2	3	6	4	5	7	9	8	1
9	2	1	3	6	4	5	7	8
5	4	7	8	9	1	3	6	2
6	8	3	5	7	2	4	1	9
1	5	8	7	3	9	6	2	4
4	6	9	2	1	5	8	3	7
3	7	2	6	4	8	1	9	5

860

1	6	8	9	2	3	4	5	7
5	9	7	1	8	4	6	2	3
4	2	3	6	5	7	8	1	9
9	8	2	4	7	5	1	3	6
6	1	4	2	3	9	7	8	5
7	3	5	8	6	1	9	4	2
2	7	6	5	1	8	3	9	4
3	4	1	7	9	2	5	6	8
8	5	9	3	4	6	2	7	1

861
```
1 2 6 3 5 7 8 9 4
5 3 8 4 9 2 6 7 1
7 4 9 1 6 8 3 2 5
3 8 7 5 4 1 9 6 2
4 9 2 7 3 6 1 5 8
6 1 5 2 8 9 4 3 7
8 6 1 9 2 5 7 4 3
2 7 3 6 1 4 5 8 9
9 5 4 8 7 3 2 1 6
```

862
```
3 8 1 5 9 2 4 6 7
4 7 2 3 6 8 1 5 9
6 9 5 1 4 7 2 8 3
2 1 9 4 7 5 6 3 8
7 4 3 8 1 6 9 2 5
8 5 6 2 3 9 7 4 1
1 2 7 6 5 3 8 9 4
9 3 8 7 2 4 5 1 6
5 6 4 9 8 1 3 7 2
```

863
```
6 1 4 2 3 7 9 8 5
9 2 5 6 8 1 7 3 4
8 3 7 4 9 5 2 6 1
1 6 8 7 2 3 4 5 9
5 9 3 1 4 8 6 2 7
3 4 1 9 5 2 8 7 6
2 5 6 8 7 4 1 9 3
7 8 9 3 1 6 5 4 2
4 7 2 5 6 9 3 1 8
```

864
```
5 9 4 6 7 8 3 2 1
1 3 7 2 4 9 5 6 8
6 2 8 1 5 3 7 9 4
7 1 2 3 9 6 4 8 5
8 4 3 7 2 5 6 1 9
9 5 6 8 1 4 2 7 3
2 7 9 5 3 1 8 4 6
3 6 1 4 8 2 9 5 7
4 8 5 9 6 7 1 3 2
```

865
```
2 4 7 5 3 9 6 8 1
5 1 8 7 6 4 3 2 9
3 6 9 1 2 8 4 7 5
1 2 4 9 8 7 5 3 6
7 9 3 2 5 6 8 1 4
8 5 6 4 1 3 2 9 7
9 8 2 6 4 1 7 5 3
4 7 5 3 9 2 1 6 8
6 3 1 8 7 5 9 4 2
```

866
```
8 3 9 4 1 5 6 7 2
5 6 2 7 8 3 9 1 4
4 7 1 2 9 6 3 8 5
9 4 3 8 6 1 2 5 7
2 1 7 3 5 4 8 9 6
6 5 8 9 2 7 1 4 3
3 8 4 6 7 9 5 2 1
7 9 5 1 3 2 4 6 8
1 2 6 5 4 8 7 3 9
```

867
```
1 6 3 7 5 8 2 4 9
2 8 4 9 3 1 5 6 7
7 9 5 6 4 2 8 1 3
9 3 2 8 6 5 4 7 1
5 1 7 4 9 3 6 8 2
6 4 8 1 2 7 9 3 5
3 7 9 5 8 4 1 2 6
4 2 6 3 1 9 7 5 8
8 5 1 2 7 6 3 9 4
```

868
```
1 3 5 4 6 8 7 9 2
9 2 6 7 5 1 3 4 8
8 4 7 3 9 2 6 1 5
6 7 9 1 2 4 5 8 3
2 1 3 5 8 6 4 7 9
5 8 4 9 3 7 1 2 6
7 9 8 6 1 3 2 5 4
3 5 1 2 4 9 8 6 7
4 6 2 8 7 5 9 3 1
```

869
```
5 1 7 2 4 9 3 8 6
2 9 6 8 1 3 5 4 7
3 4 8 5 6 7 9 2 1
6 2 3 9 7 5 8 1 4
9 7 4 6 8 1 2 5 3
1 8 5 3 2 4 6 7 9
7 3 9 4 5 2 1 6 8
8 5 1 7 9 6 4 3 2
4 6 2 1 3 8 7 9 5
```

870
```
7 4 6 5 8 9 1 2 3
2 3 9 1 6 4 5 7 8
1 8 5 3 7 2 4 6 9
5 1 8 4 9 7 2 3 6
6 7 3 8 2 5 9 1 4
9 2 4 6 3 1 7 8 5
8 5 7 9 1 6 3 4 2
3 9 1 2 4 8 6 5 7
4 6 2 7 5 3 8 9 1
```

871
```
6 7 3 1 4 5 8 9 2
4 9 1 2 8 6 3 5 7
8 5 2 3 7 9 1 4 6
5 1 8 7 2 3 9 6 4
9 2 4 5 6 1 7 3 8
7 3 6 8 9 4 5 2 1
1 8 5 4 3 2 6 7 9
3 4 9 6 1 7 2 8 5
2 6 7 9 5 8 4 1 3
```

872
```
5 3 7 2 9 4 6 8 1
9 6 4 8 3 1 2 5 7
2 8 1 7 5 6 3 9 4
6 9 8 5 7 2 4 1 3
4 5 2 9 1 3 7 6 8
7 1 3 4 6 8 9 2 5
8 4 6 3 2 5 1 7 9
1 7 5 6 4 9 8 3 2
3 2 9 1 8 7 5 4 6
```

873
```
8 2 7 3 4 6 5 9 1
9 5 4 1 8 2 6 7 3
1 3 6 7 5 9 2 4 8
2 1 9 5 3 8 4 6 7
3 7 8 2 6 4 9 1 5
4 6 5 9 7 1 3 8 2
6 4 1 8 2 3 7 5 9
5 8 2 4 9 7 1 3 6
7 9 3 6 1 5 8 2 4
```

874
```
3 6 4 2 7 8 5 9 1
8 7 9 4 5 1 2 3 6
1 2 5 3 6 9 8 4 7
7 5 8 9 1 2 3 6 4
9 1 2 6 4 3 7 5 8
4 3 6 7 8 5 9 1 2
2 9 7 1 3 6 4 8 5
5 4 1 8 9 7 6 2 3
6 8 3 5 2 4 1 7 9
```

875
```
7 9 1 6 4 5 8 2 3
8 3 5 7 9 2 4 1 6
2 4 6 1 3 8 7 9 5
4 1 7 3 8 6 5 2 9
5 2 8 9 7 4 1 6 3
3 6 9 5 2 1 8 4 7
9 7 2 4 5 3 6 8 1
6 8 3 2 1 7 9 5 4
1 5 4 8 6 9 3 7 2
```

876
```
9 8 7 1 3 4 6 2 5
2 4 3 6 5 9 7 1 8
5 6 1 7 8 2 3 9 4
6 9 5 8 1 7 2 4 3
3 1 4 2 6 5 8 7 9
7 2 8 9 4 3 1 5 6
1 3 9 4 2 6 5 8 7
4 5 2 3 7 8 9 6 1
8 7 6 5 9 1 4 3 2
```

877
```
9 4 5 1 7 6 8 2 3
2 7 6 9 8 3 4 1 5
3 8 1 5 2 4 7 9 6
5 1 7 6 4 2 9 3 8
6 9 3 8 5 1 2 4 7
4 2 8 3 9 7 5 6 1
7 3 2 4 1 5 6 8 9
8 6 4 7 3 9 1 5 2
1 5 9 2 6 8 3 7 4
```

878
```
4 2 3 9 5 7 1 6 8
8 6 9 1 2 3 5 4 7
5 7 1 8 4 6 9 2 3
6 8 2 7 9 1 3 5 4
7 1 4 3 6 5 2 8 9
9 3 5 4 8 2 6 7 1
1 4 6 2 7 9 8 3 5
2 9 7 5 3 8 4 1 6
3 5 8 6 1 4 7 9 2
```

879
```
8 1 3 2 5 4 6 7 9
5 7 9 1 6 8 2 3 4
6 2 4 9 3 7 5 8 1
7 4 1 6 2 3 9 5 8
3 5 8 4 9 1 7 2 6
9 6 2 7 8 5 1 4 3
4 9 5 3 7 6 8 1 2
1 8 6 5 4 2 3 9 7
2 3 7 8 1 9 4 6 5
```

880
```
2 4 6 5 7 1 8 9 3
1 5 8 4 3 9 7 2 6
3 7 9 2 6 8 4 1 5
4 3 5 1 8 7 2 6 9
9 2 7 6 4 3 1 5 8
6 8 1 9 2 5 3 4 7
7 6 2 8 5 4 9 3 1
5 9 3 7 1 2 6 8 4
8 1 4 3 9 6 5 7 2
```

881

```
5 1 3 6 7 2 8 4 9
8 7 4 9 3 5 1 6 2
9 2 6 8 4 1 7 5 3
1 4 5 7 2 9 6 3 8
2 6 7 5 8 3 9 1 4
3 9 8 1 6 4 5 2 7
6 3 9 4 5 7 2 8 1
4 5 1 2 9 8 3 7 6
7 8 2 3 1 6 4 9 5
```

882

```
6 8 1 9 2 7 3 4 5
5 9 2 3 4 6 7 1 8
7 3 4 8 5 1 9 2 6
8 1 5 4 9 2 6 7 3
9 4 6 7 3 5 1 8 2
2 7 3 1 6 8 4 5 9
1 6 7 5 8 9 2 3 4
3 2 8 6 7 4 5 9 1
4 5 9 2 1 3 8 6 7
```

883

```
6 8 3 4 7 1 5 9 2
9 2 4 5 3 6 8 1 7
1 7 5 8 9 2 6 4 3
4 9 7 1 8 5 3 2 6
2 6 8 9 4 3 1 7 5
5 3 1 2 6 7 9 8 4
7 1 6 3 2 8 4 5 9
8 4 2 6 5 9 7 3 1
3 5 9 7 1 4 2 6 8
```

884

```
8 1 6 9 5 7 2 3 4
5 2 3 4 1 6 8 7 9
9 4 7 8 2 3 5 6 1
4 7 5 6 9 8 1 2 3
2 6 8 1 3 4 7 9 5
1 3 9 5 7 2 6 4 8
3 8 1 7 6 9 4 5 2
6 5 2 3 4 1 9 8 7
7 9 4 2 8 5 3 1 6
```

885

```
2 1 5 4 7 3 6 8 9
6 3 7 5 8 9 1 4 2
9 4 8 6 1 2 5 3 7
8 6 2 9 3 4 7 1 5
1 9 3 7 2 5 4 6 8
7 5 4 1 6 8 9 2 3
4 8 9 2 5 6 3 7 1
3 7 6 8 9 1 2 5 4
5 2 1 3 4 7 8 9 6
```

886

```
1 5 9 2 4 8 6 3 7
3 7 2 5 6 1 4 9 8
8 4 6 3 7 9 1 5 2
6 8 3 9 2 5 7 1 4
2 9 7 4 1 3 5 8 6
4 1 5 6 8 7 3 2 9
7 3 4 8 5 2 9 6 1
9 6 8 1 3 4 2 7 5
5 2 1 7 9 6 8 4 3
```

887

```
9 3 8 1 4 5 7 2 6
2 4 5 6 3 7 8 9 1
1 7 6 8 9 2 5 4 3
7 5 9 2 1 6 3 8 4
3 6 1 4 5 8 9 7 2
4 8 2 3 7 9 1 6 5
5 9 3 7 6 4 2 1 8
8 1 4 9 2 3 6 5 7
6 2 7 5 8 1 4 3 9
```

888

```
1 2 5 8 4 6 9 3 7
8 9 6 3 5 7 4 2 1
4 3 7 2 9 1 5 6 8
5 8 4 6 7 2 1 9 3
9 6 2 4 1 3 8 7 5
7 1 3 9 8 5 2 4 6
2 7 8 5 3 4 6 1 9
3 4 9 1 6 8 7 5 2
6 5 1 7 2 9 3 8 4
```

889

```
9 4 3 1 2 6 5 7 8
8 6 5 7 3 4 1 9 2
1 2 7 5 8 9 3 4 6
2 3 6 9 5 1 4 8 7
4 5 8 2 6 7 9 1 3
7 9 1 8 4 3 6 2 5
3 7 9 6 1 2 8 5 4
5 1 4 3 7 8 2 6 9
6 8 2 4 9 5 7 3 1
```

890

```
7 1 5 4 6 8 9 2 3
2 3 4 9 5 7 8 6 1
8 9 6 1 2 3 4 7 5
9 6 3 8 4 2 1 5 7
1 4 8 7 3 5 6 9 2
5 2 7 6 9 1 3 4 8
3 7 9 5 8 4 2 1 6
4 8 1 2 7 6 5 3 9
6 5 2 3 1 9 7 8 4
```

891

```
7 3 2 8 1 5 4 6 9
8 6 4 7 3 9 1 2 5
9 1 5 4 6 2 3 7 8
1 4 7 9 5 6 2 8 3
2 9 6 3 7 8 5 4 1
3 5 8 2 4 1 6 9 7
4 7 9 5 2 3 8 1 6
5 8 1 6 9 4 7 3 2
6 2 3 1 8 7 9 5 4
```

892

```
9 1 3 4 2 5 6 8 7
6 7 2 3 8 9 4 5 1
5 8 4 6 1 7 2 9 3
1 4 5 2 6 8 7 3 9
7 6 8 5 9 3 1 4 2
3 2 9 1 7 4 5 6 8
8 3 1 7 4 6 9 2 5
2 9 6 8 5 1 3 7 4
4 5 7 9 3 2 8 1 6
```

893

```
7 1 6 4 3 5 8 2 9
8 2 4 9 7 6 1 3 5
9 3 5 1 8 2 4 6 7
1 6 3 7 2 4 9 5 8
5 8 7 3 1 9 6 4 2
2 4 9 5 6 8 7 1 3
3 7 8 2 4 1 5 9 6
6 9 1 8 5 3 2 7 4
4 5 2 6 9 7 3 8 1
```

894

```
2 4 3 6 9 8 1 5 7
6 5 8 3 7 1 4 2 9
7 1 9 2 4 5 6 3 8
9 2 7 8 1 3 5 6 4
5 3 4 7 6 9 8 1 2
8 6 1 4 5 2 7 9 3
4 7 2 1 3 6 9 8 5
1 8 5 9 2 4 3 7 6
3 9 6 5 8 7 2 4 1
```

895

```
4 7 5 6 8 1 9 3 2
2 8 3 9 4 7 5 6 1
6 9 1 3 2 5 7 8 4
3 2 7 8 1 6 4 5 9
1 4 9 5 3 2 6 7 8
5 6 8 7 9 4 2 1 3
7 3 2 4 5 8 1 9 6
8 5 4 1 6 9 3 2 7
9 1 6 2 7 3 8 4 5
```

896

```
3 1 8 4 7 9 5 6 2
6 5 9 3 2 8 4 7 1
2 7 4 5 1 6 3 8 9
4 6 7 2 9 3 8 1 5
5 9 2 1 8 4 6 3 7
1 8 3 6 5 7 2 9 4
7 2 1 8 6 5 9 4 3
8 3 5 9 4 1 7 2 6
9 4 6 7 3 2 1 5 8
```

897

```
6 7 2 8 3 4 9 1 5
1 8 3 7 9 5 6 2 4
5 9 4 1 6 2 8 7 3
2 3 9 6 4 7 5 8 1
7 4 5 9 1 8 3 6 2
8 6 1 2 5 3 7 4 9
9 2 6 3 8 1 4 5 7
3 5 7 4 2 6 1 9 8
4 1 8 5 7 9 2 3 6
```

898

```
8 3 4 9 1 7 2 5 6
9 6 5 4 8 2 1 3 7
1 2 7 3 5 6 4 9 8
2 9 1 5 6 4 7 8 3
3 5 6 7 2 8 9 1 4
4 7 8 1 3 9 5 6 2
6 8 9 2 7 5 3 4 1
5 1 2 8 4 3 6 7 9
7 4 3 6 9 1 8 2 5
```

899

```
5 8 4 7 2 3 6 9 1
6 9 2 8 1 4 3 5 7
7 1 3 5 6 9 2 8 4
1 4 9 2 5 7 8 3 6
8 3 5 9 4 6 1 7 2
2 7 6 1 3 8 9 4 5
3 2 1 4 9 5 7 6 8
9 5 7 6 8 2 4 1 3
4 6 8 3 7 1 5 2 9
```

900

```
3 8 6 7 2 4 5 9 1
9 1 7 6 3 5 4 2 8
4 5 2 1 8 9 6 7 3
5 2 3 8 9 6 1 4 7
1 4 9 3 5 7 8 6 2
6 7 8 4 1 2 9 3 5
7 9 1 5 4 3 2 8 6
8 3 4 2 6 1 7 5 9
2 6 5 9 7 8 3 1 4
```

901

1	3	4	5	8	7	6	9	2
5	7	9	2	6	1	3	8	4
6	8	2	3	9	4	1	5	7
2	6	8	4	7	9	5	3	1
4	9	1	6	3	5	7	2	8
7	5	3	1	2	8	9	4	6
3	2	5	7	4	6	8	1	9
8	1	7	9	5	2	4	6	3
9	4	6	8	1	3	2	7	5

902

7	6	3	4	5	1	8	9	2
8	1	4	7	9	2	5	6	3
2	5	9	6	8	3	1	4	7
9	7	1	8	2	6	4	3	5
3	2	6	1	4	5	7	8	9
5	4	8	9	3	7	2	1	6
4	3	5	2	6	8	9	7	1
6	8	7	5	1	9	3	2	4
1	9	2	3	7	4	6	5	8

903

4	5	1	2	7	3	6	8	9
6	2	7	8	9	5	3	4	1
8	3	9	6	1	4	7	2	5
9	7	2	3	4	8	5	1	6
1	8	6	9	5	7	2	3	4
5	4	3	1	6	2	8	9	7
2	6	5	4	8	1	9	7	3
7	1	8	5	3	9	4	6	2
3	9	4	7	2	6	1	5	8

904

6	3	5	4	8	1	7	9	2
1	4	9	3	7	2	5	6	8
7	8	2	6	9	5	3	1	4
8	6	1	2	4	7	9	3	5
2	7	3	9	5	6	4	8	1
5	9	4	1	3	8	2	7	6
3	1	6	5	2	9	8	4	7
4	2	7	8	6	3	1	5	9
9	5	8	7	1	4	6	2	3

905

6	3	5	7	2	9	4	8	1
7	8	9	1	6	4	3	2	5
1	4	2	3	8	5	7	6	9
2	9	6	4	7	1	8	5	3
3	1	8	5	9	2	6	4	7
4	5	7	8	3	6	1	9	2
5	6	1	2	4	7	9	3	8
8	7	4	9	5	3	2	1	6
9	2	3	6	1	8	5	7	4

906

8	4	6	2	1	7	5	9	3
3	9	1	4	5	6	7	2	8
7	5	2	8	9	3	1	4	6
2	1	3	5	6	8	4	7	9
9	6	4	3	7	1	8	5	2
5	7	8	9	4	2	3	6	1
1	8	7	6	2	4	9	3	5
4	2	9	1	3	5	6	8	7
6	3	5	7	8	9	2	1	4

907

6	7	9	1	2	4	3	8	5
8	2	1	7	3	5	4	9	6
5	3	4	6	8	9	7	1	2
7	5	8	9	6	1	2	3	4
9	4	2	3	5	8	1	6	7
1	6	3	4	7	2	8	5	9
2	1	5	8	9	7	6	4	3
3	8	7	5	4	6	9	2	1
4	9	6	2	1	3	5	7	8

908

3	9	1	2	5	8	4	6	7
8	7	6	3	9	4	1	2	5
4	5	2	1	6	7	8	3	9
1	8	7	5	4	2	3	9	6
2	6	9	7	3	1	5	8	4
5	3	4	9	8	6	7	1	2
6	1	3	4	7	9	2	5	8
7	2	8	6	1	5	9	4	3
9	4	5	8	2	3	6	7	1

909

6	1	4	5	9	2	8	7	3
7	8	9	1	6	3	4	2	5
3	5	2	8	7	4	6	1	9
1	6	7	9	4	5	2	3	8
2	9	5	3	8	6	1	4	7
4	3	8	2	1	7	9	5	6
5	2	1	6	3	9	7	8	4
9	7	3	4	2	8	5	6	1
8	4	6	7	5	1	3	9	2

910

5	6	8	7	2	1	9	3	4
3	2	9	4	5	8	7	1	6
7	4	1	6	9	3	8	2	5
6	5	3	8	7	9	1	4	2
8	7	2	1	4	5	3	6	9
9	1	4	3	6	2	5	8	7
2	8	5	9	1	4	6	7	3
1	9	6	2	3	7	4	5	8
4	3	7	5	8	6	2	9	1

911

8	9	1	7	3	6	2	4	5
4	6	2	5	9	8	7	1	3
5	7	3	2	4	1	9	6	8
3	2	6	4	1	7	8	5	9
9	5	4	3	8	2	1	7	6
1	8	7	6	5	9	3	2	4
2	3	9	1	6	4	5	8	7
6	1	8	9	7	5	4	3	2
7	4	5	8	2	3	6	9	1

912

2	6	7	5	1	3	8	4	9
8	5	3	9	4	6	7	1	2
9	1	4	8	2	7	3	6	5
1	7	9	2	6	5	4	8	3
5	3	6	4	8	9	1	2	7
4	8	2	7	3	1	5	9	6
3	2	5	1	9	8	6	7	4
6	9	1	3	7	4	2	5	8
7	4	8	6	5	2	9	3	1

913

6	4	7	9	1	8	2	3	5
3	9	8	5	4	2	6	1	7
5	1	2	3	7	6	8	9	4
4	3	9	8	2	1	5	7	6
2	5	6	4	9	7	3	8	1
8	7	1	6	3	5	4	2	9
7	8	3	1	5	4	9	6	2
1	6	4	2	8	9	7	5	3
9	2	5	7	6	3	1	4	8

914

6	7	1	9	2	8	3	4	5
8	9	3	5	4	7	1	6	2
2	5	4	1	6	3	8	7	9
9	6	5	8	7	2	4	3	1
4	2	7	3	9	1	5	8	6
3	1	8	6	5	4	2	9	7
5	3	6	2	8	9	7	1	4
7	8	9	4	1	5	6	2	3
1	4	2	7	3	6	9	5	8

915

3	5	8	4	7	1	9	6	2
4	1	9	6	8	2	3	5	7
2	7	6	5	3	9	8	1	4
9	4	2	7	5	6	1	8	3
1	6	3	9	2	8	7	4	5
5	8	7	3	1	4	2	9	6
6	9	1	2	4	3	5	7	8
7	2	4	8	9	5	6	3	1
8	3	5	1	6	7	4	2	9

916

9	5	4	3	6	1	7	2	8
8	2	6	9	4	7	1	5	3
1	3	7	2	8	5	9	4	6
2	9	8	4	7	3	5	6	1
3	7	5	1	2	6	4	8	9
6	4	1	5	9	8	2	3	7
4	6	2	8	1	9	3	7	5
5	8	9	7	3	2	6	1	4
7	1	3	6	5	4	8	9	2

917

3	6	7	1	8	5	4	2	9
8	1	4	6	9	2	3	7	5
9	2	5	4	7	3	1	6	8
1	5	3	8	2	6	7	9	4
6	4	8	9	5	7	2	1	3
7	9	2	3	4	1	5	8	6
2	3	6	5	1	9	8	4	7
4	7	9	2	3	8	6	5	1
5	8	1	7	6	4	9	3	2

918

2	8	3	4	5	9	6	7	1
9	6	5	7	8	1	2	4	3
1	4	7	3	6	2	5	8	9
8	3	2	5	9	4	7	1	6
6	5	9	8	1	7	3	2	4
4	7	1	6	2	3	9	5	8
7	9	4	1	3	5	8	6	2
3	1	6	2	7	8	4	9	5
5	2	8	9	4	6	1	3	7

919

6	4	7	5	2	8	3	9	1
2	1	9	3	4	6	7	8	5
3	5	8	1	7	9	2	4	6
4	8	1	9	6	3	5	7	2
7	9	3	4	5	2	6	1	8
5	2	6	7	8	1	9	3	4
8	3	5	6	9	4	1	7	2
9	6	2	8	1	7	4	5	3
1	7	4	2	3	5	8	6	9

920

7	2	3	5	4	6	8	9	1
9	8	5	3	2	1	6	4	7
4	1	6	7	8	9	3	5	2
3	4	7	8	5	2	9	1	6
1	6	2	9	3	7	4	8	5
5	9	8	1	6	4	7	2	3
8	3	4	6	1	5	2	7	9
6	5	9	2	7	8	1	3	4
2	7	1	4	9	3	5	6	8

921

3	5	1	2	8	9	4	6	7
7	8	2	1	6	4	9	5	3
4	6	9	3	5	7	2	8	1
8	1	3	9	4	2	5	7	6
9	2	6	5	7	8	1	3	4
5	4	7	6	3	1	8	2	9
6	7	8	4	9	5	3	1	2
1	9	5	7	2	3	6	4	8
2	3	4	8	1	6	7	9	5

922

4	9	2	3	7	1	5	6	8
7	1	3	6	8	5	9	2	4
8	5	6	4	9	2	1	7	3
9	6	4	8	1	3	2	5	7
1	3	5	9	2	7	4	8	6
2	8	7	5	6	4	3	1	9
3	4	8	1	5	6	7	9	2
5	7	9	2	3	8	6	4	1
6	2	1	7	4	9	8	3	5

923

1	6	4	3	8	7	5	9	2
2	8	5	4	9	6	1	7	3
3	9	7	5	1	2	4	8	6
8	1	6	2	3	4	7	5	9
7	2	9	6	5	1	3	4	8
4	5	3	8	7	9	6	2	1
9	3	1	7	2	5	8	6	4
5	4	8	9	6	3	2	1	7
6	7	2	1	4	8	9	3	5

924

9	7	3	4	6	8	5	1	2
6	8	2	5	9	1	3	4	7
5	1	4	2	7	3	9	6	8
1	9	5	3	2	7	4	8	6
2	3	6	9	8	4	7	5	1
8	4	7	1	5	6	2	9	3
7	5	9	6	1	2	8	3	4
3	6	8	7	4	5	1	2	9
4	2	1	8	3	9	6	7	5

925

4	6	3	1	8	9	2	5	7
9	1	5	3	2	7	4	6	8
8	2	7	5	4	6	3	1	9
5	3	4	2	7	8	1	9	6
1	7	6	9	3	4	5	8	2
2	9	8	6	1	5	7	4	3
6	4	9	7	5	2	8	3	1
7	5	1	8	6	3	9	2	4
3	8	2	4	9	1	6	7	5

926

4	6	9	7	8	2	1	5	3
3	7	1	9	5	6	2	4	8
5	8	2	3	1	4	6	9	7
9	3	6	5	2	8	4	7	1
1	4	7	6	9	3	8	2	5
2	5	8	4	7	1	9	3	6
6	1	4	2	3	5	7	8	9
8	9	3	1	4	7	5	6	2
7	2	5	8	6	9	3	1	4

927

5	4	8	9	3	6	7	1	2
6	9	2	5	7	1	4	8	3
3	7	1	2	4	8	6	9	5
1	2	9	6	5	7	8	3	4
7	3	4	1	8	2	5	6	9
8	5	6	3	9	4	1	2	7
9	6	3	7	1	5	2	4	8
2	8	5	4	6	3	9	7	1
4	1	7	8	2	9	3	5	6

928

6	4	8	3	9	1	5	7	2
2	5	9	6	7	4	3	8	1
3	7	1	2	8	5	4	6	9
4	6	5	7	1	8	2	9	3
8	1	2	9	4	3	6	5	7
9	3	7	5	2	6	8	1	4
5	8	4	1	3	9	7	2	6
1	2	6	4	5	7	9	3	8
7	9	3	8	6	2	1	4	5

929

3	7	1	6	9	2	4	5	8
9	6	8	5	3	4	1	2	7
5	4	2	8	7	1	6	9	3
6	2	4	7	5	8	9	3	1
1	5	7	3	4	9	8	6	2
8	3	9	2	1	6	7	4	5
7	8	5	4	6	3	2	1	9
2	9	6	1	8	5	3	7	4
4	1	3	9	2	7	5	8	6

930

6	8	3	4	9	7	1	2	5
1	7	4	8	5	2	9	6	3
9	2	5	3	1	6	7	4	8
8	3	1	9	4	5	2	7	6
2	4	6	1	7	3	5	8	9
7	5	9	6	2	8	4	3	1
3	9	7	5	8	4	6	1	2
4	1	8	2	6	9	3	5	7
5	6	2	7	3	1	8	9	4

931

4	6	7	5	1	8	3	9	2
5	3	8	9	7	2	6	4	1
2	1	9	3	4	6	8	5	7
1	7	4	2	8	3	5	6	9
8	5	2	6	9	4	1	7	3
6	9	3	1	5	7	2	8	4
9	8	1	7	2	5	4	3	6
3	2	5	4	6	9	7	1	8
7	4	6	8	3	1	9	2	5

932

1	3	8	2	7	4	9	5	6
2	4	9	5	6	1	3	7	8
6	7	5	8	9	3	1	2	4
3	6	1	7	8	9	2	4	5
5	8	7	4	3	2	6	9	1
4	9	2	6	1	5	8	3	7
7	2	3	1	4	8	5	6	9
8	5	4	9	2	6	7	1	3
9	1	6	3	5	7	4	8	2

933

4	3	7	9	6	1	8	2	5
9	6	1	8	5	2	4	7	3
8	2	5	3	7	4	1	9	6
2	4	8	5	9	6	7	3	1
5	9	3	4	1	7	2	6	8
1	7	6	2	3	8	9	5	4
3	5	2	1	8	9	6	4	7
6	8	4	7	2	5	3	1	9
7	1	9	6	4	3	5	8	2

934

2	3	5	9	6	1	4	7	8
6	4	8	3	7	2	1	5	9
7	9	1	4	5	8	3	2	6
9	5	3	6	2	7	8	4	1
1	2	4	5	8	9	6	3	7
8	6	7	1	4	3	5	9	2
3	7	9	8	1	5	2	6	4
4	1	2	7	3	6	9	8	5
5	8	6	2	9	4	7	1	3

935

9	6	5	8	1	4	3	7	2
3	4	7	5	2	9	6	1	8
1	2	8	3	6	7	9	4	5
8	7	1	9	3	5	4	2	6
2	9	3	1	4	6	5	8	7
6	5	4	7	8	2	1	3	9
5	8	9	4	7	1	2	6	3
4	3	2	6	5	8	7	9	1
7	1	6	2	9	3	8	5	4

936

8	6	1	2	3	5	9	7	4
7	2	3	9	4	6	1	5	8
9	5	4	1	7	8	3	6	2
4	7	5	8	9	3	6	2	1
1	8	9	6	2	7	4	3	5
2	3	6	4	5	1	7	8	9
5	9	7	3	1	2	8	4	6
6	4	2	7	8	9	5	1	3
3	1	8	5	6	4	2	9	7

937

9	5	8	7	3	1	2	6	4
6	4	1	5	9	2	3	7	8
3	7	2	8	6	4	9	1	5
4	9	5	3	8	6	1	2	7
1	3	6	4	2	7	5	8	9
2	8	7	9	1	5	4	3	6
5	1	9	2	7	8	6	4	3
7	6	3	1	4	9	8	5	2
8	2	4	6	5	3	7	9	1

938

6	9	3	1	7	5	8	2	4
2	1	7	6	4	8	3	9	5
5	4	8	2	3	9	7	1	6
1	6	4	3	9	7	2	5	8
7	5	2	8	6	4	1	3	9
3	8	9	5	1	2	4	6	7
8	3	5	7	2	6	9	4	1
9	7	1	4	5	3	6	8	2
4	2	6	9	8	1	5	7	3

939

8	7	3	4	5	9	2	6	1
5	1	4	6	8	2	7	9	3
9	2	6	1	3	7	4	8	5
1	4	2	5	7	6	8	3	9
3	5	8	2	9	1	6	4	7
7	6	9	8	4	3	1	5	2
2	3	5	7	6	4	9	1	8
4	8	1	9	2	5	3	7	6
6	9	7	3	1	8	5	2	4

940

8	9	7	6	1	5	3	2	4
4	5	2	3	7	8	9	6	1
1	6	3	4	9	2	8	7	5
3	1	5	2	6	7	4	9	8
2	8	9	5	3	4	7	1	6
7	4	6	1	8	9	2	5	3
5	2	8	7	4	1	6	3	9
9	3	1	8	2	6	5	4	7
6	7	4	9	5	3	1	8	2

941

```
6 1 2 3 5 8 4 7 9
4 5 7 9 6 2 8 3 1
3 8 9 1 7 4 5 2 6
7 6 1 2 3 5 9 4 8
5 9 4 7 8 6 3 1 2
8 2 3 4 9 1 6 5 7
9 3 8 5 1 7 2 6 4
1 4 5 6 2 9 7 8 3
2 7 6 8 4 3 1 9 5
```

942

```
6 2 9 5 1 3 7 4 8
7 5 1 8 4 2 9 3 6
8 3 4 6 9 7 1 5 2
9 4 3 1 7 8 2 6 5
1 6 7 2 3 5 4 8 9
2 8 5 9 6 4 3 7 1
4 9 2 7 5 6 8 1 3
3 1 6 4 8 9 5 2 7
5 7 8 3 2 1 6 9 4
```

943

```
1 4 8 5 9 2 3 6 7
9 5 2 3 6 7 1 8 4
3 7 6 4 8 1 5 9 2
4 3 9 2 1 8 6 7 5
7 8 1 6 4 5 9 2 3
2 6 5 7 3 9 4 1 8
8 9 7 1 5 3 2 4 6
5 1 4 8 2 6 7 3 9
6 2 3 9 7 4 8 5 1
```

944

```
8 2 5 6 1 9 3 4 7
4 1 7 8 3 5 6 2 9
9 3 6 2 4 7 5 1 8
7 5 9 1 6 8 2 3 4
1 8 2 3 9 4 7 5 6
2 9 4 7 5 6 1 8 3
3 6 8 9 2 1 4 7 5
5 7 1 4 8 3 9 6 2
```

945

```
8 7 4 2 5 3 6 9 1
6 9 2 7 1 8 3 5 4
3 1 5 9 6 4 7 2 8
9 4 6 3 8 2 5 1 7
7 5 8 1 4 9 2 6 3
1 2 3 6 7 5 8 4 9
2 8 7 4 9 6 1 3 5
5 3 9 8 2 1 4 7 6
4 6 1 5 3 7 9 8 2
```

946

```
6 7 3 5 8 9 1 2 4
5 8 4 1 7 2 3 6 9
1 9 2 4 3 6 7 8 5
4 6 8 9 1 5 2 7 3
7 1 5 2 6 3 9 4 8
2 3 9 8 4 7 5 1 6
8 2 7 3 9 4 6 5 1
9 4 6 7 5 1 8 3 2
3 5 1 6 2 8 4 9 7
```

947

```
9 3 5 6 1 2 4 8 7
8 4 6 5 9 7 3 1 2
2 1 7 3 4 8 9 6 5
3 8 9 1 2 6 5 7 4
5 6 2 4 7 9 1 3 8
1 7 4 8 5 3 2 9 6
7 9 1 2 8 4 6 5 3
6 2 8 9 3 5 7 4 1
4 5 3 7 6 1 8 2 9
```

948

```
5 1 7 8 9 2 3 4 6
9 2 3 1 6 4 7 5 8
8 6 4 5 3 7 1 9 2
1 9 5 7 2 8 4 6 3
6 3 8 9 4 1 2 7 5
7 4 2 3 5 6 8 1 9
4 5 9 2 7 3 6 8 1
2 7 1 6 8 5 9 3 4
3 8 6 4 1 9 5 2 7
```

949

```
3 6 2 4 8 7 9 1 5
4 7 9 1 5 2 3 6 8
5 8 1 6 9 3 4 2 7
2 4 3 9 7 1 8 5 6
6 9 8 3 2 5 7 4 1
7 1 5 8 4 6 2 3 9
8 2 4 5 1 9 6 7 3
9 5 6 7 3 4 1 8 2
1 3 7 2 6 8 5 9 4
```

950

```
6 9 3 1 4 5 7 8 2
2 8 4 3 9 7 5 6 1
5 1 7 8 6 2 9 3 4
7 3 1 9 2 6 4 5 8
4 2 9 5 1 8 6 7 3
8 5 6 7 3 4 1 2 9
3 7 5 4 8 9 2 1 6
9 6 8 2 5 1 3 4 7
1 4 2 6 7 3 8 9 5
```

951

```
3 5 2 6 7 8 4 9 1
4 6 9 3 1 5 2 8 7
7 8 1 9 2 4 3 5 6
2 1 3 7 8 6 9 4 5
5 9 7 4 3 1 8 6 2
6 4 8 2 5 9 1 7 3
1 7 4 8 6 3 5 2 9
8 2 5 1 9 7 6 3 4
9 3 6 5 4 2 7 1 8
```

952

```
9 2 4 1 3 7 5 8 6
8 3 5 6 9 4 7 1 2
1 6 7 5 2 8 3 9 4
7 4 8 9 1 2 6 3 5
2 1 6 3 8 5 4 7 9
3 5 9 4 7 6 1 2 8
4 8 2 7 5 3 9 6 1
5 7 1 8 6 9 2 4 3
6 9 3 2 4 1 8 5 7
```

953

```
1 9 6 5 3 7 2 4 8
3 5 2 9 4 8 6 7 1
8 4 7 6 1 2 3 5 9
4 7 8 2 9 3 5 1 6
2 6 9 4 5 1 7 8 3
5 3 1 7 8 6 4 9 2
6 8 3 1 7 5 9 2 4
7 1 4 3 2 9 8 6 5
9 2 5 8 6 4 1 3 7
```

954

```
4 1 2 5 3 7 6 8 9
8 6 7 1 4 9 2 3 5
5 9 3 2 6 8 1 4 7
9 5 6 3 1 2 4 7 8
2 8 1 7 9 4 3 5 6
7 3 4 6 8 5 9 1 2
1 7 5 4 2 6 8 9 3
3 2 8 9 5 1 7 6 4
6 4 9 8 7 3 5 2 1
```

955

```
2 4 7 8 1 3 5 6 9
8 5 9 2 4 6 7 1 3
3 6 1 5 7 9 4 2 8
4 7 8 6 9 1 2 3 5
5 9 2 3 8 7 1 4 6
6 1 3 4 5 2 8 9 7
7 2 4 9 3 5 6 8 1
9 8 5 1 6 4 3 7 2
1 3 6 7 2 8 9 5 4
```

956

```
8 7 5 9 6 2 3 4 1
6 4 9 1 3 8 2 7 5
3 1 2 4 5 7 6 8 9
9 8 3 2 7 4 1 5 6
7 2 4 6 1 5 8 9 3
1 5 6 3 8 9 4 2 7
2 6 7 5 4 1 9 3 8
4 3 8 7 9 6 5 1 2
5 9 1 8 2 3 7 6 4
```

957

```
4 6 7 3 9 8 1 5 2
3 8 9 1 5 2 4 7 6
5 2 1 4 6 7 8 9 3
6 9 4 2 3 1 5 8 7
7 1 3 5 8 9 2 6 4
8 5 2 6 7 4 9 3 1
9 4 6 8 2 3 7 1 5
2 3 8 7 1 5 6 4 9
1 7 5 9 4 6 3 2 8
```

958

```
4 9 3 6 7 1 2 5 8
1 5 7 9 8 2 3 4 6
2 6 8 4 3 5 7 9 1
3 1 6 2 9 8 5 7 4
9 2 5 7 4 6 1 8 3
8 7 4 1 5 3 6 2 9
5 3 9 8 1 7 4 6 2
6 4 1 5 2 9 8 3 7
7 8 2 3 6 4 9 1 5
```

959

```
3 1 5 4 7 9 6 2 8
2 6 7 1 5 8 9 4 3
9 4 8 3 6 2 1 7 5
1 7 6 8 3 4 2 5 9
4 2 9 5 1 7 3 8 6
5 8 3 2 9 6 7 1 4
6 5 1 7 8 3 4 9 2
7 3 2 9 4 5 8 6 1
8 9 4 6 2 1 5 3 7
```

960

```
7 8 6 4 3 1 2 5 9
1 2 9 6 8 5 7 4 3
4 5 3 9 7 2 6 8 1
6 4 8 5 1 3 9 2 7
3 7 2 8 6 9 5 1 4
5 9 1 7 2 4 3 6 8
8 3 4 2 9 6 1 7 5
9 6 5 1 4 7 8 3 2
2 1 7 3 5 8 4 9 6
```

961

5	6	7	8	9	3	2	4	1
2	3	8	1	4	7	9	5	6
9	4	1	2	5	6	3	8	7
3	8	9	4	1	5	6	7	2
4	7	2	9	6	8	5	1	3
6	1	5	3	7	2	8	9	4
1	5	4	6	2	9	7	3	8
7	2	3	5	8	4	1	6	9
8	9	6	7	3	1	4	2	5

962

7	9	6	1	4	8	5	2	3
4	3	1	7	5	2	8	6	9
8	5	2	6	9	3	7	4	1
9	4	3	5	6	7	2	1	8
1	6	8	9	2	4	3	5	7
2	7	5	8	3	1	6	9	4
3	2	9	4	8	6	1	7	5
5	8	7	2	1	9	4	3	6
6	1	4	3	7	5	9	8	2

963

7	2	5	1	6	4	3	8	9
8	1	6	3	2	9	5	4	7
4	3	9	7	5	8	2	6	1
6	4	1	5	7	2	8	9	3
5	8	2	9	1	3	6	7	4
9	7	3	4	8	6	1	5	2
1	9	4	6	3	5	7	2	8
2	5	7	8	9	1	4	3	6
3	6	8	2	4	7	9	1	5

964

7	2	9	6	8	4	1	3	5
4	8	1	7	3	5	9	6	2
5	6	3	1	9	2	8	4	7
6	7	2	5	1	3	4	9	8
8	1	4	9	6	7	5	2	3
9	3	5	4	2	8	6	7	1
1	5	6	3	7	9	2	8	4
2	4	7	8	5	6	3	1	9
3	9	8	2	4	1	7	5	6

965

2	4	6	8	9	5	3	7	1
5	9	7	6	3	1	8	2	4
1	3	8	4	2	7	6	5	9
3	5	9	2	7	4	1	6	8
6	7	1	3	8	9	2	4	5
4	8	2	1	5	6	7	9	3
7	2	3	5	4	8	9	1	6
8	1	4	9	6	2	5	3	7
9	6	5	7	1	3	4	8	2

966

8	3	4	5	6	7	9	1	2
7	1	5	2	9	3	6	4	8
9	2	6	1	8	4	7	3	5
1	4	7	9	3	8	5	2	6
2	6	8	7	5	1	3	9	4
3	5	9	6	4	2	8	7	1
4	7	3	8	2	5	1	6	9
6	8	1	4	7	9	2	5	3
5	9	2	3	1	6	4	8	7

967

3	9	1	5	8	4	6	7	2
7	4	5	6	2	9	3	8	1
8	2	6	3	7	1	4	5	9
6	8	4	9	3	2	5	1	7
9	7	3	1	5	6	2	4	8
1	5	2	8	4	7	9	3	6
2	1	7	4	6	3	8	9	5
4	6	8	7	9	5	1	2	3
5	3	9	2	1	8	7	6	4

968

6	7	8	5	4	1	2	9	3
4	3	9	6	8	2	5	1	7
1	5	2	3	9	7	4	6	8
3	6	7	2	1	4	9	8	5
8	9	1	7	5	6	3	4	2
5	2	4	8	3	9	7	1	6
7	1	3	4	6	5	8	2	9
9	4	5	1	2	8	6	3	7
2	8	6	9	7	3	1	5	4

969

6	7	1	8	5	2	3	9	4
5	8	3	9	4	7	6	2	1
9	2	4	3	6	1	7	5	8
2	1	8	5	9	6	4	7	3
4	3	9	1	7	8	2	6	5
7	6	5	4	2	3	8	1	9
8	9	6	7	1	4	5	3	2
1	4	2	6	3	5	9	8	7
3	5	7	2	8	9	1	4	6

970

6	5	2	7	3	1	9	4	8
7	8	1	9	6	4	5	2	3
9	3	4	5	8	2	7	6	1
4	6	9	8	2	5	1	3	7
8	7	3	1	4	9	2	5	6
2	1	5	3	7	6	4	8	9
3	2	6	4	9	7	8	1	5
1	9	8	2	5	3	6	7	4
5	4	7	6	1	8	3	9	2

971

5	3	7	8	6	1	9	2	4
8	6	9	4	7	2	3	5	1
4	2	1	5	9	3	7	6	8
9	4	6	3	5	7	8	1	2
3	8	2	6	1	4	5	7	9
7	1	5	9	2	8	6	4	3
6	5	8	1	4	9	2	3	7
1	7	3	2	8	6	4	9	5
2	9	4	7	3	5	1	8	6

972

1	2	4	8	6	5	9	7	3
9	5	6	1	3	7	2	4	8
7	3	8	2	9	4	1	5	6
6	7	5	9	8	1	3	2	4
8	9	1	4	2	3	7	6	5
2	4	3	5	7	6	8	1	9
3	1	7	6	5	8	4	9	2
4	6	9	3	1	2	5	8	7
5	8	2	7	4	9	6	3	1

973

9	7	5	2	3	8	4	1	6
6	4	1	9	7	5	8	2	3
3	8	2	6	4	1	7	5	9
8	2	3	1	6	7	9	4	5
1	5	7	4	9	3	2	6	8
4	6	9	5	8	2	1	3	7
2	3	4	8	5	9	6	7	1
5	9	6	7	1	4	3	8	2
7	1	8	3	2	6	5	9	4

974

2	5	6	7	8	3	4	9	1
3	8	9	4	1	5	6	7	2
4	7	1	2	6	9	8	3	5
5	9	2	1	7	6	3	8	4
6	1	3	8	9	4	2	5	7
7	4	8	5	3	2	9	1	6
8	6	7	9	2	1	5	4	3
9	2	4	3	5	7	1	6	8
1	3	5	6	4	8	7	2	9

975

4	1	5	3	6	8	2	7	9
3	2	6	7	5	9	8	1	4
8	9	7	4	2	1	3	5	6
5	3	8	1	9	4	6	2	7
2	4	1	6	7	3	9	8	5
6	7	9	5	8	2	4	3	1
7	8	2	9	1	6	5	4	3
9	5	3	8	4	7	1	6	2
1	6	4	2	3	5	7	9	8

976

5	8	7	9	2	3	1	4	6
1	4	2	8	6	5	7	9	3
6	9	3	1	4	7	5	2	8
2	3	6	5	7	9	8	1	4
7	1	4	2	8	6	3	5	9
8	5	9	4	3	1	6	7	2
9	6	8	7	1	2	4	3	5
3	7	5	6	9	4	2	8	1
4	2	1	3	5	8	9	6	7

977

7	6	1	8	3	9	5	2	4
5	8	2	6	4	1	9	3	7
4	9	3	2	5	7	1	8	6
8	1	6	9	2	3	7	4	5
3	2	7	4	6	5	8	1	9
9	4	5	1	7	8	3	6	2
1	5	4	7	8	2	6	9	3
2	7	9	3	1	6	4	5	8
6	3	8	5	9	4	2	7	1

978

6	8	2	9	3	7	4	1	5
5	1	3	2	4	6	7	9	8
7	9	4	1	5	8	3	2	6
8	2	1	3	9	4	5	6	7
4	3	5	6	7	2	9	8	1
9	7	6	5	8	1	2	3	4
1	4	7	8	2	3	6	5	9
3	5	8	4	6	9	1	7	2
2	6	9	7	1	5	8	4	3

979

3	1	6	8	2	5	7	9	4
4	2	7	6	3	9	1	5	8
8	5	9	1	7	4	6	2	3
9	3	2	7	4	6	5	8	1
1	6	4	9	5	8	2	3	7
7	8	5	2	1	3	4	6	9
5	9	8	4	6	7	3	1	2
6	7	1	3	8	2	9	4	5
2	4	3	5	9	1	8	7	6

980

4	5	7	6	1	2	8	3	9
2	6	9	7	3	8	1	4	5
3	8	1	5	4	9	2	7	6
5	7	2	1	8	4	9	6	3
6	9	3	2	7	5	4	8	1
1	4	8	3	9	6	5	2	7
7	3	4	9	2	1	6	5	8
8	1	5	4	6	7	3	9	2
9	2	6	8	5	3	7	1	4

981

7	1	4	9	3	8	2	5	6
9	2	5	4	6	7	1	8	3
8	3	6	1	2	5	7	9	4
1	4	3	2	5	6	9	7	8
6	5	7	8	9	1	3	4	2
2	9	8	3	7	4	5	6	1
3	6	9	7	4	2	8	1	5
4	7	1	5	8	3	6	2	9
5	8	2	6	1	9	4	3	7

982

7	1	9	8	3	2	5	4	6
8	4	2	5	7	6	3	1	9
5	6	3	9	1	4	7	2	8
9	2	4	6	5	7	1	8	3
1	3	5	2	4	8	9	6	7
6	8	7	3	9	1	2	5	4
2	5	6	7	8	9	4	3	1
4	7	8	1	2	3	6	9	5
3	9	1	4	6	5	8	7	2

983

3	2	7	4	5	8	9	1	6
1	6	5	7	9	3	4	8	2
4	9	8	1	6	2	7	5	3
5	3	4	9	7	6	8	2	1
6	7	9	2	8	1	3	4	5
8	1	2	5	3	4	6	7	9
7	4	6	3	1	5	2	9	8
2	8	1	6	4	9	5	3	7
9	5	3	8	2	7	1	6	4

984

6	9	3	7	4	5	8	2	1
8	1	4	2	9	3	5	6	7
7	2	5	1	6	8	9	3	4
5	4	8	6	1	2	3	7	9
3	6	1	9	8	7	2	4	5
9	7	2	3	5	4	1	8	6
4	8	6	5	2	9	7	1	3
1	3	9	8	7	6	4	5	2
2	5	7	4	3	1	6	9	8

985

2	4	3	9	5	6	7	8	1
5	6	7	3	8	1	2	4	9
8	1	9	4	7	2	3	6	5
9	5	4	8	6	7	1	2	3
6	2	8	1	9	3	5	7	4
3	7	1	2	4	5	8	9	6
4	8	2	5	1	9	6	3	7
7	9	5	6	3	8	4	1	2
1	3	6	7	2	4	9	5	8

986

4	3	6	7	8	9	5	1	2
1	2	7	5	4	6	8	9	3
5	9	8	3	1	2	6	4	7
2	1	9	4	6	8	3	7	5
7	8	3	9	5	1	4	2	6
6	4	5	2	7	3	9	8	1
8	5	1	6	2	4	7	3	9
9	6	4	1	3	7	2	5	8
3	7	2	8	9	5	1	6	4

987

9	5	6	3	1	7	8	2	4
1	3	7	8	2	4	5	9	6
4	2	8	6	5	9	3	1	7
7	9	5	1	4	8	2	6	3
8	1	3	5	6	2	7	4	9
6	4	2	9	7	3	1	5	8
3	6	4	2	8	1	9	7	5
2	7	9	4	3	5	6	8	1
5	8	1	7	9	6	4	3	2

988

4	9	6	8	5	3	7	1	2
7	1	2	6	9	4	8	3	5
8	5	3	7	2	1	9	4	6
2	3	8	1	4	9	5	6	7
5	4	9	3	6	7	1	2	8
6	7	1	2	8	5	4	9	3
9	2	4	5	7	6	3	8	1
1	6	5	4	3	8	2	7	9
3	8	7	9	1	2	6	5	4

989

8	2	5	9	1	6	3	7	4
9	3	6	4	7	8	1	2	5
1	4	7	5	2	3	9	8	6
2	5	8	6	9	1	7	4	3
3	6	9	7	4	2	8	5	1
4	7	1	8	3	5	2	6	9
7	9	2	3	5	4	6	1	8
5	8	3	1	6	7	4	9	2
6	1	4	2	8	9	5	3	7

990

3	6	9	1	2	5	7	8	4
4	7	1	8	9	3	5	6	2
5	8	2	6	4	7	9	1	3
8	1	3	5	6	9	4	2	7
9	5	4	7	1	2	8	3	6
6	2	7	3	8	4	1	9	5
7	9	5	2	3	8	6	4	1
1	3	8	4	5	6	2	7	9
2	4	6	9	7	1	3	5	8

991

8	4	6	7	1	5	9	2	3
5	3	7	2	9	8	4	6	1
2	1	9	3	4	6	5	8	7
6	8	3	4	2	7	1	5	9
7	5	1	8	3	9	6	4	2
9	2	4	6	5	1	7	3	8
1	6	2	5	7	3	8	9	4
3	9	5	1	8	4	2	7	6
4	7	8	9	6	2	3	1	5

992

8	3	5	7	1	6	9	2	4
4	2	6	8	9	5	3	7	1
9	1	7	4	2	3	6	8	5
3	7	2	6	4	8	5	1	9
5	6	9	1	3	2	7	4	8
1	4	8	5	7	9	2	3	6
6	8	1	2	5	7	4	9	3
2	9	4	3	6	1	8	5	7
7	5	3	9	8	4	1	6	2

993

2	1	7	3	4	9	8	5	6
6	9	5	7	8	1	2	3	4
8	3	4	2	5	6	7	9	1
9	7	3	4	1	5	6	2	8
4	2	6	8	3	7	9	1	5
1	5	8	9	6	2	3	4	7
3	6	9	1	7	4	5	8	2
5	8	1	6	2	3	4	7	9
7	4	2	5	9	8	1	6	3

994

3	9	6	5	1	2	7	4	8
8	4	1	9	7	3	5	2	6
2	5	7	6	8	4	9	1	3
7	2	3	8	6	9	1	5	4
1	8	9	4	5	7	6	3	2
5	6	4	2	3	1	8	7	9
4	1	5	3	9	6	2	8	7
6	7	2	1	4	8	3	9	5
9	3	8	7	2	5	4	6	1

995

6	7	9	5	8	1	2	3	4
5	8	2	3	4	6	7	1	9
4	1	3	7	9	2	8	5	6
7	6	4	8	1	5	9	2	3
8	9	1	2	7	3	4	6	5
2	3	5	4	6	9	1	8	7
9	2	6	1	5	7	3	4	8
1	4	7	6	3	8	5	9	2
3	5	8	9	2	4	6	7	1

996

7	4	1	3	9	5	6	8	2
9	5	2	8	4	6	1	7	3
8	6	3	1	2	7	4	5	9
1	7	4	9	8	2	3	6	5
3	8	5	6	1	4	9	2	7
2	9	6	7	5	3	8	1	4
4	1	7	5	3	8	2	9	6
5	2	8	4	6	9	7	3	1
6	3	9	2	7	1	5	4	8

997

1	6	9	2	4	8	3	5	7
4	8	2	7	3	5	9	6	1
5	7	3	9	6	1	4	8	2
2	4	7	5	9	3	6	1	8
6	5	8	1	2	4	7	3	9
3	9	1	8	7	6	2	4	5
7	1	4	3	8	2	5	9	6
8	2	6	4	5	9	1	7	3
9	3	5	6	1	7	8	2	4

998

2	8	3	4	5	6	7	9	1
5	6	1	7	8	9	2	4	3
9	4	7	3	1	2	8	5	6
1	2	4	9	6	5	3	8	7
6	7	5	2	3	8	9	1	4
3	9	8	1	7	4	6	2	5
4	1	6	8	9	3	5	7	2
7	3	9	5	2	1	4	6	8
8	5	2	6	4	7	1	3	9

999

2	3	7	4	8	5	6	9	1
9	8	4	6	1	2	3	5	7
5	1	6	7	9	3	8	2	4
1	2	3	5	4	8	7	6	9
6	9	5	2	3	7	1	4	8
7	4	8	1	6	9	2	3	5
3	5	9	8	7	6	4	1	2
8	6	1	9	2	4	5	7	3
4	7	2	3	5	1	9	8	6

1000

5	6	4	1	8	9	7	2	3
1	3	8	4	7	2	5	9	6
2	7	9	3	5	6	8	1	4
9	8	7	2	1	3	4	6	5
3	5	2	8	6	4	9	7	1
4	1	6	5	9	7	2	3	8
6	4	1	7	2	5	3	8	9
7	9	3	6	4	8	1	5	2
8	2	5	9	3	1	6	4	7

1001

9	7	1	2	3	4	8	5	6
2	4	5	8	9	6	7	1	3
8	6	3	7	1	5	9	2	4
1	8	6	3	2	9	4	7	5
7	2	4	5	6	8	1	3	9
3	5	9	1	4	7	6	8	2
5	9	2	4	7	1	3	6	8
4	3	7	6	8	2	5	9	1
6	1	8	9	5	3	2	4	7

1002

6	1	3	4	2	8	7	9	5
8	7	4	9	5	1	2	6	3
9	2	5	6	7	3	4	1	8
3	9	7	1	4	5	6	8	2
5	6	2	8	3	7	1	4	9
4	8	1	2	9	6	3	5	7
1	3	6	7	8	9	5	2	4
2	5	8	3	1	4	9	7	6
7	4	9	5	6	2	8	3	1

1003

5	1	3	4	8	2	6	7	9
8	6	7	9	5	1	2	3	4
9	2	4	7	3	6	8	1	5
1	4	5	3	7	8	9	6	2
2	7	6	1	4	9	3	5	8
3	8	9	2	6	5	7	4	1
4	5	8	6	9	7	1	2	3
6	3	1	8	2	4	5	9	7
7	9	2	5	1	3	4	8	6

1004

7	9	3	6	1	2	4	5	8
8	4	5	3	9	7	2	1	6
1	2	6	8	5	4	9	3	7
5	3	7	1	4	8	6	9	2
4	6	1	5	2	9	8	7	3
9	8	2	7	3	6	1	4	5
6	5	8	4	7	1	3	2	9
2	7	4	9	6	3	5	8	1
3	1	9	2	8	5	7	6	4

1005

4	9	2	3	5	6	1	7	8
6	5	7	8	9	1	3	2	4
8	1	3	4	7	2	6	5	9
5	2	4	6	1	7	8	9	3
1	8	6	9	3	5	2	4	7
7	3	9	2	4	8	5	6	1
2	4	5	1	8	9	7	3	6
9	6	1	7	2	3	4	8	5
3	7	8	5	6	4	9	1	2

1006

2	3	6	5	8	7	9	1	4
1	8	7	9	2	4	3	5	6
4	5	9	6	3	1	2	7	8
5	9	2	7	4	8	1	6	3
3	7	8	1	6	9	5	4	2
6	1	4	2	5	3	7	8	9
8	4	1	3	9	5	6	2	7
7	2	3	4	1	6	8	9	5
9	6	5	8	7	2	4	3	1

1007

4	1	9	6	2	3	8	7	5
6	2	5	7	8	4	1	3	9
8	3	7	1	5	9	4	6	2
2	7	6	8	1	5	3	9	4
5	4	8	9	3	7	2	1	6
3	9	1	4	6	2	5	8	7
7	8	2	3	4	6	9	5	1
9	5	3	2	7	1	6	4	8
1	6	4	5	9	8	7	2	3

1008

1	4	9	5	3	2	8	6	7
3	7	8	4	1	6	5	2	9
2	5	6	8	9	7	3	1	4
8	6	1	7	5	9	2	4	3
4	9	7	1	2	3	6	8	5
5	3	2	6	8	4	9	7	1
6	8	3	9	7	1	4	5	2
9	1	4	2	6	5	7	3	8
7	2	5	3	4	8	1	9	6

1009

9	8	7	1	6	3	2	5	4
1	2	3	4	5	8	7	6	9
5	6	4	7	2	9	8	1	3
8	3	5	6	7	1	9	4	2
2	7	1	9	3	4	5	8	6
6	4	9	5	8	2	3	7	1
3	5	2	8	4	6	1	9	7
4	9	8	2	1	7	6	3	5
7	1	6	3	9	5	4	2	8

1010

8	2	7	3	4	5	1	6	9
5	4	1	6	8	9	2	7	3
6	3	9	1	2	7	8	4	5
9	8	2	4	5	6	3	1	7
1	5	4	7	3	8	9	2	6
3	7	6	9	1	2	5	8	4
2	6	8	5	7	3	4	9	1
4	9	3	2	6	1	7	5	8
7	1	5	8	9	4	6	3	2

1011

5	2	9	7	3	6	1	8	4
6	3	1	8	9	4	5	2	7
7	8	4	5	1	2	3	6	9
1	4	7	6	2	8	9	3	5
2	9	3	1	5	7	6	4	8
8	6	5	9	4	3	2	7	1
9	7	6	2	8	5	4	1	3
3	5	8	4	6	1	7	9	2
4	1	2	3	7	9	8	5	6

1012

6	3	9	4	1	5	8	7	2
7	4	1	6	8	2	3	9	5
8	5	2	3	9	7	1	6	4
9	2	3	1	7	4	6	5	8
4	8	5	2	3	6	7	1	9
1	6	7	9	5	8	2	4	3
2	7	8	5	6	9	4	3	1
3	9	4	7	2	1	5	8	6
5	1	6	8	4	3	9	2	7

1013

8	1	2	7	5	6	9	3	4
3	7	5	4	9	2	6	8	1
9	4	6	8	3	1	7	5	2
2	3	9	1	4	7	5	6	8
4	6	7	5	2	8	1	9	3
5	8	1	9	6	3	2	4	7
6	9	8	2	1	4	3	7	5
7	2	3	6	8	5	4	1	9
1	5	4	3	7	9	8	2	6

1014

6	5	7	8	3	9	1	2	4
3	8	2	7	4	1	5	6	9
1	9	4	5	6	2	8	3	7
5	4	8	1	2	6	9	7	3
2	3	9	4	7	5	6	1	8
7	1	6	9	8	3	2	4	5
9	6	5	3	1	7	4	8	2
8	7	1	2	5	4	3	9	6
4	2	3	6	9	8	7	5	1

1015

7	5	9	8	4	3	6	1	2
4	6	2	7	9	1	8	5	3
8	1	3	5	2	6	4	7	9
5	2	6	9	8	7	1	3	4
9	4	7	3	1	5	2	6	8
3	8	1	2	6	4	5	9	7
2	7	4	6	5	9	3	8	1
6	9	8	1	3	2	7	4	5
1	3	5	4	7	8	9	2	6

1016

1	9	3	7	2	4	5	6	8
8	5	4	9	6	1	3	7	2
7	2	6	8	3	5	9	1	4
2	4	5	6	8	9	1	3	7
6	7	8	1	5	3	4	2	9
3	1	9	4	7	2	8	5	6
4	3	1	2	9	6	7	8	5
5	6	7	3	4	8	2	9	1
9	8	2	5	1	7	6	4	3

1017

6	3	8	4	7	9	5	2	1
9	5	2	3	1	6	7	4	8
1	7	4	2	5	8	9	6	3
7	6	5	8	3	1	4	9	2
2	8	9	6	4	5	1	3	7
4	1	3	7	9	2	6	8	5
8	9	6	5	2	7	3	1	4
3	2	7	1	6	4	8	5	9
5	4	1	9	8	3	2	7	6

1018

3	9	8	4	2	6	5	7	1
2	1	5	3	9	7	6	4	8
7	4	6	1	8	5	9	2	3
8	6	7	5	1	2	3	9	4
4	3	2	6	7	9	8	1	5
9	5	1	8	3	4	7	6	2
1	8	9	7	4	3	2	5	6
5	7	3	2	6	1	4	8	9
6	2	4	9	5	8	1	3	7

1019

2	6	8	7	3	9	4	5	1
3	9	1	8	4	5	2	6	7
4	5	7	1	2	6	9	8	3
5	7	2	3	1	4	8	9	6
9	4	3	5	6	8	1	7	2
1	8	6	2	9	7	3	4	5
8	1	9	6	5	2	7	3	4
6	2	4	9	7	3	5	1	8
7	3	5	4	8	1	6	2	9

1020

8	2	6	3	4	5	7	9	1
4	7	9	6	1	8	3	2	5
1	5	3	9	7	2	8	4	6
9	1	8	5	3	7	2	6	4
7	3	4	2	6	1	5	8	9
5	6	2	4	8	9	1	7	3
6	8	1	7	9	3	4	5	2
2	4	7	1	5	6	9	3	8
3	9	5	8	2	4	6	1	7

1021

```
8 3 7 2 4 6 1 5 9
4 2 1 3 5 9 6 7 8
5 6 9 7 8 1 2 3 4
1 7 4 8 6 2 5 9 3
2 8 5 9 3 7 4 6 1
3 9 6 4 1 5 7 8 2
6 5 8 1 2 3 9 4 7
7 4 2 6 9 8 3 1 5
9 1 3 5 7 4 8 2 6
```

1022

```
1 4 7 9 2 6 5 8 3
6 5 9 7 3 8 4 1 2
8 2 3 4 1 5 6 9 7
4 6 1 8 9 7 2 3 5
7 8 2 1 5 3 9 4 6
9 3 5 2 6 4 1 7 8
5 9 6 3 7 1 8 2 4
2 7 8 5 4 9 3 6 1
3 1 4 6 8 2 7 5 9
```

1023

```
5 3 7 6 4 9 8 1 2
2 4 9 5 8 1 6 7 3
8 6 1 2 3 7 4 5 9
6 7 5 8 2 3 1 9 4
3 9 8 1 5 4 7 2 6
4 1 2 7 9 6 3 8 5
9 8 6 4 7 5 2 3 1
1 2 3 9 6 8 5 4 7
7 5 4 3 1 2 9 6 8
```

1024

```
2 5 8 3 6 7 4 9 1
3 1 9 4 5 2 6 7 8
6 7 4 8 9 1 2 3 5
9 8 5 6 1 3 7 2 4
1 2 6 7 8 4 3 5 9
4 3 7 9 2 5 8 1 6
5 6 1 2 3 8 9 4 7
8 4 2 5 7 9 1 6 3
7 9 3 1 4 6 5 8 2
```

1025

```
4 7 3 6 5 1 8 9 2
9 1 6 8 2 7 3 5 4
2 5 8 3 9 4 6 7 1
5 4 1 7 6 9 2 3 8
6 3 7 5 8 2 4 1 9
8 9 2 1 4 3 5 6 7
7 2 5 4 1 6 9 8 3
3 6 4 9 7 8 1 2 5
1 8 9 2 3 5 7 4 6
```

1026

```
8 6 9 1 3 7 2 4 5
4 3 1 5 2 8 7 9 6
5 7 2 6 9 4 1 8 3
6 2 3 7 4 5 8 1 9
9 1 4 2 8 3 5 6 7
7 5 8 9 1 6 3 2 4
1 8 5 3 6 9 4 7 2
3 4 6 8 7 2 9 5 1
2 9 7 4 5 1 6 8 3
```

1027

```
3 7 1 8 5 2 4 6 9
8 9 4 7 1 6 3 2 5
2 6 5 3 4 9 8 7 1
9 4 2 5 3 7 6 1 8
6 5 8 9 2 1 7 3 4
7 1 3 4 6 8 9 5 2
1 8 9 2 7 3 5 4 6
4 2 7 6 9 5 1 8 3
5 3 6 1 8 4 2 9 7
```

1028

```
8 5 9 1 7 2 3 4 6
7 4 2 6 8 3 9 1 5
6 1 3 4 5 9 7 2 8
5 2 6 7 3 1 8 9 4
1 8 7 2 9 4 5 6 3
9 3 4 5 6 8 1 7 2
2 6 5 8 1 7 4 3 9
4 9 1 3 2 5 6 8 7
3 7 8 9 4 6 2 5 1
```

1029

```
8 7 2 4 3 9 1 5 6
5 9 3 6 1 8 2 4 7
1 6 4 5 2 7 9 3 8
4 8 5 7 6 1 3 2 9
6 2 7 3 9 5 4 8 1
9 3 1 8 4 2 6 7 5
7 1 6 2 5 3 8 9 4
2 4 8 9 7 6 5 1 3
3 5 9 1 8 4 7 6 2
```

1030

```
9 4 8 1 6 2 3 7 5
2 5 1 4 7 3 9 6 8
3 7 6 8 9 5 2 1 4
1 2 7 9 4 8 5 3 6
4 6 3 7 5 1 8 2 9
5 8 9 2 3 6 1 4 7
6 9 2 3 8 4 7 5 1
7 3 4 5 1 9 6 8 2
8 1 5 6 2 7 4 9 3
```

1031

```
5 4 8 6 9 7 1 2 3
3 7 1 4 2 8 5 9 6
2 6 9 3 5 1 7 8 4
6 8 2 7 3 9 4 5 1
4 9 3 5 1 2 6 7 8
7 1 5 8 4 6 2 3 9
8 2 6 9 7 4 3 1 5
9 3 7 1 6 5 8 4 2
1 5 4 2 8 3 9 6 7
```

1032

```
1 2 5 8 3 4 7 9 6
7 4 9 1 2 6 5 8 3
3 8 6 7 5 9 2 4 1
9 5 3 2 6 8 1 7 4
8 1 7 9 4 5 3 6 2
2 6 4 3 7 1 9 5 8
4 3 8 5 9 2 6 1 7
5 7 1 6 8 3 4 2 9
6 9 2 4 1 7 8 3 5
```

1033

```
9 6 1 4 5 2 7 3 8
5 3 7 8 9 1 2 6 4
2 4 8 3 6 7 9 1 5
6 8 9 7 1 4 5 2 3
7 1 2 5 3 8 4 9 6
4 5 3 6 2 9 8 7 1
8 2 4 1 7 3 6 5 9
3 7 5 9 8 6 1 4 2
1 9 6 2 4 5 3 8 7
```

1034

```
6 9 8 4 5 7 2 1 3
3 4 1 2 8 9 5 6 7
7 5 2 6 3 1 9 4 8
8 2 7 9 4 5 1 3 6
5 6 9 3 1 8 7 2 4
1 3 4 7 2 6 8 5 9
9 7 3 5 6 2 4 8 1
4 8 5 1 7 3 6 9 2
2 1 6 8 9 4 3 7 5
```

1035

```
6 3 2 4 9 5 1 7 8
7 8 4 1 2 6 5 9 3
9 1 5 8 3 7 4 2 6
5 4 7 2 1 8 3 6 9
1 6 3 7 4 9 2 8 5
2 9 8 6 5 3 7 4 1
3 2 9 5 6 4 8 1 7
4 7 6 3 8 1 9 5 2
8 5 1 9 7 2 6 3 4
```

1036

```
8 1 5 7 2 9 3 4 6
2 3 7 4 6 8 9 5 1
9 4 6 5 3 1 8 2 7
4 9 1 8 7 2 5 6 3
5 7 2 6 1 3 4 8 9
6 8 3 9 4 5 1 7 2
1 5 4 2 9 6 7 3 8
3 6 8 1 5 7 2 9 4
7 2 9 3 8 4 6 1 5
```

1037

```
7 8 5 9 1 2 6 4 3
4 6 9 8 3 7 1 5 2
2 3 1 4 5 6 9 8 7
3 4 6 2 8 9 5 7 1
9 1 8 5 7 3 2 6 4
5 7 2 6 4 1 3 9 8
6 9 3 7 2 4 8 1 5
8 2 7 1 6 5 4 3 9
1 5 4 3 9 8 7 2 6
```

1038

```
3 4 9 5 1 6 2 7 8
5 7 1 8 9 2 3 6 4
6 8 2 7 4 3 9 5 1
8 2 3 4 6 5 1 9 7
7 1 5 9 2 8 4 3 6
9 6 4 1 3 7 5 8 2
1 3 8 6 5 4 7 2 9
2 9 6 3 7 1 8 4 5
4 5 7 2 8 9 6 1 3
```

1039

```
1 3 2 9 4 5 6 7 8
8 7 5 6 1 2 9 3 4
9 4 6 8 3 7 1 2 5
5 8 1 3 6 9 7 4 2
7 9 3 2 5 4 8 1 6
6 2 4 1 7 8 3 5 9
3 1 9 5 2 6 4 8 7
2 6 7 4 8 1 5 9 3
4 5 8 7 9 3 2 6 1
```

1040

```
6 8 4 1 5 3 9 7 2
9 1 3 4 2 7 8 5 6
7 2 5 8 6 9 4 1 3
8 7 9 3 1 5 6 2 4
2 4 1 7 9 6 5 3 8
3 5 6 2 8 4 7 9 1
1 3 7 5 4 8 2 6 9
4 6 2 9 7 1 3 8 5
5 9 8 6 3 2 1 4 7
```

1041

```
1 2 4 3 5 6 7 8 9
9 3 8 4 2 7 1 5 6
5 6 7 8 9 1 2 3 4
3 8 1 6 7 9 5 4 2
6 4 2 1 8 5 3 9 7
7 9 5 2 3 4 8 6 1
2 7 3 9 4 8 6 1 5
8 1 9 5 6 2 4 7 3
4 5 6 7 1 3 9 2 8
```

1042

```
7 1 2 6 9 3 4 8 5
9 4 3 8 2 5 6 1 7
8 5 6 7 1 4 9 2 3
3 6 4 1 7 2 8 5 9
2 7 9 4 5 8 3 6 1
1 8 5 9 3 6 7 4 2
4 9 7 5 6 1 2 3 8
5 2 8 3 4 9 1 7 6
6 3 1 2 8 7 5 9 4
```

1043

```
9 3 5 8 2 4 1 6 7
1 7 6 9 3 5 8 2 4
2 4 8 1 6 7 9 3 5
8 9 2 5 1 6 4 7 3
6 1 4 7 8 3 2 5 9
3 5 7 2 4 9 6 1 8
7 8 9 6 5 1 3 4 2
4 2 1 3 7 8 5 9 6
5 6 3 4 9 2 7 8 1
```

1044

```
2 9 3 1 8 6 4 5 7
5 7 1 2 4 3 6 8 9
6 8 4 5 7 9 2 1 3
9 2 7 6 5 8 3 4 1
4 5 6 3 1 7 8 9 2
1 3 8 9 2 4 7 6 5
7 4 9 8 3 1 5 2 6
8 6 5 7 9 2 1 3 4
3 1 2 4 6 5 9 7 8
```

1045

```
4 1 3 8 5 9 7 2 6
5 6 2 7 1 3 4 9 8
8 9 7 2 6 4 1 3 5
6 8 9 3 4 1 5 7 2
7 3 1 5 8 2 9 6 4
2 4 5 6 9 7 3 8 1
9 7 8 4 2 5 6 1 3
1 2 4 9 3 6 8 5 7
3 5 6 1 7 8 2 4 9
```

1046

```
8 2 9 1 3 5 4 6 7
1 5 3 4 7 6 9 2 8
7 4 6 8 2 9 5 1 3
2 6 4 3 1 8 7 5 9
9 7 5 2 6 4 3 8 1
3 1 8 5 9 7 6 4 2
4 8 7 9 5 2 1 3 6
5 9 1 6 8 3 2 7 4
6 3 2 7 4 1 8 9 5
```

1047

```
9 1 5 2 4 6 7 3 8
7 2 6 1 3 8 5 9 4
4 3 8 7 9 5 1 6 2
5 7 9 8 6 2 3 4 1
6 4 2 3 1 9 8 5 7
1 8 3 4 5 7 6 2 9
2 9 1 5 7 3 4 8 6
8 5 4 6 2 1 9 7 3
3 6 7 9 8 4 2 1 5
```

1048

```
4 1 5 6 2 9 7 3 8
8 3 6 7 5 4 9 1 2
9 2 7 3 8 1 4 6 5
3 6 8 4 7 5 2 9 1
1 5 9 2 3 8 6 4 7
2 7 4 1 9 6 8 5 3
5 8 1 9 4 7 3 2 6
6 9 2 8 1 3 5 7 4
7 4 3 5 6 2 1 8 9
```

1049

```
4 2 8 1 5 6 7 3 9
7 5 9 2 3 4 1 8 6
6 3 1 8 7 9 4 5 2
8 7 4 9 1 2 3 6 5
5 1 3 6 8 7 9 2 4
2 9 6 5 4 3 8 1 7
9 4 5 3 6 1 2 7 8
1 6 2 7 9 8 5 4 3
3 8 7 4 2 5 6 9 1
```

1050

```
3 6 9 2 4 7 5 1 8
4 7 1 3 8 5 9 6 2
5 8 2 9 6 1 4 3 7
2 1 8 4 7 6 3 5 9
6 9 4 5 3 8 2 7 1
7 3 5 1 9 2 6 8 4
9 5 3 8 1 4 7 2 6
8 2 6 7 5 9 1 4 3
1 4 7 6 2 3 8 9 5
```

1051

```
8 5 6 3 9 7 4 1 2
2 4 7 1 6 5 8 9 3
9 3 1 2 8 4 6 5 7
6 1 2 8 4 3 5 7 9
7 8 4 9 5 2 3 6 1
3 9 5 7 1 6 2 4 8
1 6 3 4 7 8 9 2 5
4 7 8 5 2 9 1 3 6
5 2 9 6 3 1 7 8 4
```

1052

```
3 1 9 4 6 8 2 7 5
6 8 5 2 1 7 9 3 4
4 2 7 5 9 3 1 8 6
8 3 4 6 7 9 5 2 1
5 6 1 3 4 2 8 9 7
7 9 2 8 5 1 4 6 3
1 7 6 9 2 5 3 4 8
9 4 8 1 3 6 7 5 2
2 5 3 7 8 4 6 1 9
```

1053

```
3 2 9 8 6 1 4 5 7
4 5 8 9 7 3 6 2 1
6 7 1 5 2 4 8 3 9
8 6 4 3 1 5 7 9 2
5 9 2 4 8 7 1 6 3
7 1 3 6 9 2 5 8 4
9 3 5 1 4 6 2 7 8
2 4 6 7 3 8 9 1 5
1 8 7 2 5 9 3 4 6
```

1054

```
7 8 9 4 1 3 2 5 6
3 6 1 2 5 7 4 9 8
5 4 2 8 9 6 7 1 3
4 1 5 7 8 9 3 6 2
9 2 7 6 3 4 5 8 1
6 3 8 5 2 1 9 4 7
8 5 6 9 7 2 1 3 4
1 7 4 3 6 5 8 2 9
2 9 3 1 4 8 6 7 5
```

1055

```
8 4 2 5 1 6 9 3 7
7 1 5 9 3 8 2 6 4
9 6 3 2 7 4 1 5 8
6 2 7 1 8 3 4 9 5
1 5 8 4 9 7 3 2 6
4 3 9 6 2 5 8 7 1
3 7 1 8 5 9 6 4 2
5 8 4 3 6 2 7 1 9
2 9 6 7 4 1 5 8 3
```

1056

```
1 3 6 9 8 7 2 4 5
4 2 7 3 5 6 8 1 9
9 5 8 1 2 4 6 7 3
5 6 9 8 1 2 4 3 7
2 7 1 6 4 3 9 5 8
3 8 4 7 9 5 1 6 2
6 1 2 5 3 8 7 9 4
7 4 5 2 6 9 3 8 1
8 9 3 4 7 1 5 2 6
```

1057

```
1 4 5 6 9 3 7 8 2
8 9 6 1 7 2 4 3 5
2 3 7 5 8 4 9 1 6
9 5 2 7 3 6 8 4 1
3 7 1 4 2 8 5 6 9
4 6 8 9 1 5 2 7 3
5 2 3 8 6 7 1 9 4
6 8 9 2 4 1 3 5 7
7 1 4 3 5 9 6 2 8
```

1058

```
3 6 5 4 8 1 7 9 2
7 9 1 5 2 6 3 8 4
4 8 2 3 7 9 5 6 1
5 2 7 6 4 8 9 1 3
6 3 8 1 9 5 2 4 7
1 4 9 7 3 2 8 5 6
2 1 3 9 5 4 6 7 8
8 5 4 2 6 7 1 3 9
9 7 6 8 1 3 4 2 5
```

1059

```
9 8 1 2 4 3 5 6 7
6 3 5 7 8 9 2 4 1
2 4 7 6 1 5 8 9 3
1 2 6 9 3 4 7 8 5
3 9 4 8 5 7 1 2 6
5 7 8 1 2 6 9 3 4
8 5 2 4 6 1 3 7 9
4 1 9 3 7 8 6 5 2
7 6 3 5 9 2 4 1 8
```

1060

```
6 7 4 1 5 3 2 8 9
3 5 8 6 9 2 7 1 4
2 1 9 7 8 4 5 3 6
5 8 6 2 3 7 4 9 1
4 9 1 8 6 5 3 2 7
7 2 3 9 4 1 6 5 8
8 3 5 4 7 9 1 6 2
9 4 2 5 1 6 8 7 3
1 6 7 3 2 8 9 4 5
```

1061

2	4	8	6	5	3	7	9	1
6	5	1	2	9	7	3	8	4
9	3	7	4	1	8	5	6	2
7	6	2	8	3	9	1	4	5
8	9	3	1	4	5	2	7	6
5	1	4	7	2	6	9	3	8
1	7	5	3	6	4	8	2	9
4	8	9	5	7	2	6	1	3
3	2	6	9	8	1	4	5	7

1062

5	3	2	1	8	7	4	6	9
9	6	7	2	3	4	5	8	1
1	4	8	5	6	9	2	7	3
6	8	4	7	1	3	9	2	5
7	5	3	9	2	6	8	1	4
2	1	9	4	5	8	6	3	7
8	7	5	6	9	1	3	4	2
3	9	1	8	4	2	7	5	6
4	2	6	3	7	5	1	9	8

1063

4	9	3	1	2	5	6	7	8
8	1	5	7	6	9	3	2	4
7	2	6	3	4	8	9	5	1
3	4	1	2	8	7	5	9	6
9	6	2	4	5	3	8	1	7
5	7	8	6	9	1	4	3	2
2	3	4	9	1	6	7	8	5
6	8	7	5	3	2	1	4	9
1	5	9	8	7	4	2	6	3

1064

8	9	6	1	4	5	7	2	3
3	5	1	2	8	7	4	6	9
4	7	2	3	9	6	1	8	5
9	1	3	7	2	8	5	4	6
6	8	7	4	5	3	9	1	2
5	2	4	6	1	9	8	3	7
2	3	8	5	7	1	6	9	4
7	4	9	8	6	2	3	5	1
1	6	5	9	3	4	2	7	8

1065

6	8	1	7	4	3	2	9	5
4	5	2	8	6	9	7	1	3
7	9	3	1	2	5	4	8	6
9	6	4	2	3	7	8	5	1
2	7	8	5	1	6	3	4	9
1	3	5	9	8	4	6	2	7
3	1	6	4	5	2	9	7	8
5	2	7	3	9	8	1	6	4
8	4	9	6	7	1	5	3	2

1066

5	4	9	6	3	1	2	8	7
6	2	1	7	4	8	5	9	3
7	8	3	2	9	5	1	6	4
1	7	6	8	2	3	9	4	5
2	5	8	9	6	4	3	7	1
9	3	4	5	1	7	6	2	8
3	1	2	4	8	6	7	5	9
8	9	7	1	5	2	4	3	6
4	6	5	3	7	9	8	1	2

1067

4	2	6	3	5	8	7	9	1
1	3	7	2	6	9	4	5	8
9	5	8	7	1	4	2	3	6
6	4	1	9	8	7	3	2	5
2	8	5	4	3	6	9	1	7
7	9	3	5	2	1	6	8	4
5	1	9	6	4	2	8	7	3
3	6	2	8	7	5	1	4	9
8	7	4	1	9	3	5	6	2

1068

4	1	5	2	6	9	3	7	8
7	9	3	5	8	4	6	1	2
2	8	6	7	3	1	5	9	4
8	7	9	1	4	3	2	6	5
6	2	1	9	5	8	4	3	7
5	3	4	6	2	7	1	8	9
3	4	2	8	9	6	7	5	1
9	5	7	3	1	2	8	4	6
1	6	8	4	7	5	9	2	3

1069

8	9	4	1	6	5	7	2	3
2	6	1	9	3	7	4	5	8
5	3	7	8	2	4	6	1	9
7	8	6	2	9	1	5	3	4
9	4	2	5	8	3	1	7	6
3	1	5	4	7	6	8	9	2
1	5	3	6	4	9	2	8	7
4	7	8	3	5	2	9	6	1
6	2	9	7	1	8	3	4	5

1070

8	3	5	4	2	6	7	9	1
6	7	9	5	3	1	8	4	2
2	4	1	9	8	7	3	6	5
7	5	3	1	6	9	4	2	8
9	8	4	2	7	3	5	1	6
1	2	6	8	4	5	9	3	7
3	9	7	6	1	8	2	5	4
5	6	2	7	9	4	1	8	3
4	1	8	3	5	2	6	7	9

1071

9	6	3	5	7	1	8	2	4
1	8	4	6	3	2	5	7	9
2	7	5	4	8	9	3	1	6
3	9	6	1	2	7	4	8	5
4	1	7	3	5	8	6	9	2
5	2	8	9	4	6	1	3	7
7	3	2	8	6	4	9	5	1
8	4	9	7	1	5	2	6	3
6	5	1	2	9	3	7	4	8

1072

3	7	8	9	2	5	1	4	6
9	1	2	3	4	6	5	7	8
4	5	6	8	7	1	3	9	2
5	2	9	1	8	4	7	6	3
6	4	1	5	3	7	8	2	9
7	8	3	6	9	2	4	5	1
8	9	7	2	5	3	6	1	4
2	6	4	7	1	8	9	3	5
1	3	5	4	6	9	2	8	7

1073

9	2	8	5	1	3	6	7	4
1	5	7	6	8	4	9	3	2
6	3	4	7	9	2	8	5	1
2	1	5	9	4	6	7	8	3
7	8	6	3	2	5	1	4	9
3	4	9	1	7	8	2	6	5
4	6	1	8	3	9	5	2	7
8	7	2	4	5	1	3	9	6
5	9	3	2	6	7	4	1	8

1074

4	5	2	3	7	6	8	9	1
3	9	1	2	8	4	6	7	5
8	6	7	9	1	5	2	4	3
9	8	4	5	2	1	7	3	6
1	3	5	4	6	7	9	8	2
2	7	6	8	3	9	1	5	4
5	1	3	6	9	8	4	2	7
6	2	8	7	4	3	5	1	9
7	4	9	1	5	2	3	6	8

1075

1	2	4	3	8	5	6	7	9
9	3	6	7	2	1	4	5	8
5	8	7	9	4	6	2	3	1
4	5	8	1	6	9	3	2	7
2	7	9	4	5	3	8	1	6
3	6	1	8	7	2	5	9	4
6	9	2	5	1	4	7	8	3
7	4	3	2	9	8	1	6	5
8	1	5	6	3	7	9	4	2

1076

5	6	9	2	8	3	7	1	4
4	8	1	7	9	5	3	6	2
7	2	3	1	4	6	8	9	5
9	1	7	5	3	2	6	4	8
6	5	2	8	7	4	9	3	1
8	3	4	9	6	1	2	5	7
1	7	8	6	5	9	4	2	3
3	9	5	4	2	7	1	8	6
2	4	6	3	1	8	5	7	9

1077

9	3	8	1	5	7	2	4	6
4	5	1	3	2	6	8	7	9
6	7	2	9	8	4	1	5	3
7	9	3	6	1	2	5	8	4
1	4	6	5	7	8	3	9	2
8	2	5	4	9	3	6	1	7
2	1	4	7	3	5	9	6	8
3	6	9	8	4	1	7	2	5
5	8	7	2	6	9	4	3	1

1078

3	6	9	1	8	2	4	5	7
2	7	4	5	3	6	9	8	1
8	5	1	7	4	9	2	3	6
4	9	8	6	1	3	5	7	2
6	1	5	2	7	4	8	9	3
7	3	2	8	9	5	6	1	4
5	8	3	4	2	1	7	6	9
9	2	6	3	5	7	1	4	8
1	4	7	9	6	8	3	2	5

1079

9	6	2	3	7	1	8	4	5
1	8	3	4	2	5	6	9	7
5	7	4	8	9	6	3	1	2
3	9	5	2	1	8	4	7	6
7	1	6	9	5	4	2	8	3
4	2	8	7	6	3	9	5	1
6	4	7	5	3	9	1	2	8
8	5	1	6	4	2	7	3	9
2	3	9	1	8	7	5	6	4

1080

5	1	2	6	4	3	7	8	9
6	8	3	7	9	2	1	4	5
9	7	4	8	1	5	3	2	6
2	9	5	3	6	1	8	7	4
7	3	8	9	2	4	5	6	1
1	4	6	5	7	8	9	3	2
3	2	7	1	5	6	4	9	8
4	5	9	2	8	7	6	1	3
8	6	1	4	3	9	2	5	7

1081

```
8 9 1 2 3 6 4 5 7
4 6 2 7 5 8 1 3 9
7 5 3 1 4 9 2 6 8
5 8 6 3 9 4 7 2 1
9 2 4 6 1 7 3 8 5
1 3 7 8 2 5 6 9 4
2 4 5 9 7 3 8 1 6
3 7 8 5 6 1 9 4 2
6 1 9 4 8 2 5 7 3
```

1082

```
7 1 9 5 4 3 6 8 2
2 3 4 6 7 8 1 9 5
8 5 6 2 9 1 3 4 7
5 6 2 8 3 4 7 1 9
1 4 3 7 2 9 8 5 6
9 8 7 1 6 5 4 2 3
3 2 1 4 5 7 9 6 8
4 7 5 9 8 6 2 3 1
6 9 8 3 1 2 5 7 4
```

1083

```
5 3 8 7 1 9 2 6 4
2 4 9 3 6 5 1 7 8
6 7 1 4 2 8 5 3 9
7 8 2 9 3 4 6 1 5
4 9 5 6 7 1 8 2 3
3 1 6 5 8 2 4 9 7
8 5 3 1 9 6 7 4 2
9 6 4 2 5 7 3 8 1
1 2 7 8 4 3 9 5 6
```

1084

```
7 5 9 6 4 8 1 2 3
6 3 1 7 5 2 4 8 9
4 8 2 3 9 1 6 5 7
9 6 4 1 3 5 8 7 2
1 7 5 8 2 9 3 6 4
5 9 6 2 1 3 7 4 8
2 1 7 5 8 4 9 3 6
3 4 8 9 7 6 2 1 5
8 2 3 4 6 7 5 9 1
```

1085

```
5 7 9 1 2 6 3 4 8
1 3 6 9 4 8 2 5 7
2 4 8 3 5 7 9 1 6
3 5 2 6 8 9 1 7 4
6 8 4 2 7 1 5 9 3
9 1 7 4 3 5 6 8 2
4 2 1 8 9 3 7 6 5
8 6 5 7 1 2 4 3 9
7 9 3 5 6 4 8 2 1
```

1086

```
9 1 4 8 5 3 6 7 2
7 8 5 2 6 4 1 9 3
2 3 6 1 9 7 8 5 4
1 2 9 4 7 6 3 8 5
8 4 7 3 1 5 9 2 6
6 5 3 9 8 2 4 1 7
3 6 8 7 2 1 5 4 9
5 7 1 6 4 9 2 3 8
4 9 2 5 3 8 7 6 1
```

1087

```
6 1 8 2 9 3 4 5 7
2 7 5 1 8 4 6 9 3
3 4 9 5 7 6 8 1 2
7 6 1 8 4 9 3 2 5
4 9 2 3 1 5 7 8 6
8 5 3 6 2 7 9 4 1
5 8 4 7 6 2 1 3 9
9 2 6 4 3 1 5 7 8
1 3 7 9 5 8 2 6 4
```

1088

```
7 9 5 2 3 8 1 4 6
8 2 6 4 5 1 9 7 3
4 3 1 9 6 7 2 5 8
3 6 9 8 4 5 7 1 2
5 1 7 3 2 6 4 8 9
2 8 4 1 7 9 3 6 5
6 5 2 7 1 3 8 9 4
9 7 3 5 8 4 6 2 1
1 4 8 6 9 2 5 3 7
```

1089

```
2 6 7 3 1 8 4 5 9
3 4 8 7 5 9 6 1 2
9 5 1 6 2 4 8 7 3
1 7 9 8 4 5 2 3 6
4 3 2 1 9 6 5 8 7
6 8 5 2 7 3 9 4 1
5 9 3 4 6 1 7 2 8
7 1 4 9 8 2 3 6 5
8 2 6 5 3 7 1 9 4
```

1090

```
9 4 6 3 2 7 1 5 8
8 1 2 4 5 9 7 3 6
3 5 7 6 8 1 9 2 4
4 3 8 2 1 6 5 9 7
7 2 9 5 3 4 6 8 1
1 6 5 9 7 8 2 4 3
2 7 3 1 4 5 8 6 9
6 8 4 7 9 2 3 1 5
5 9 1 8 6 3 4 7 2
```

1091

```
8 2 4 9 3 5 6 1 7
3 5 6 8 1 7 9 4 2
9 1 7 6 4 2 5 8 3
1 9 8 5 7 4 2 3 6
5 6 2 3 9 8 1 7 4
4 7 3 1 2 6 8 5 9
6 3 5 7 8 9 4 2 1
7 4 9 2 5 1 3 6 8
2 8 1 4 6 3 7 9 5
```

1092

```
6 4 2 9 5 8 7 1 3
8 9 1 6 3 7 4 2 5
7 3 5 1 2 4 9 8 6
9 2 8 5 4 1 6 3 7
3 5 4 7 6 2 1 9 8
1 7 6 8 9 3 5 4 2
2 6 7 3 1 9 8 5 4
4 8 9 2 7 5 3 6 1
5 1 3 4 8 6 2 7 9
```

1093

```
4 6 1 2 3 8 7 9 5
7 9 2 4 5 1 8 3 6
5 8 3 6 7 9 1 4 2
1 3 7 5 2 4 9 6 8
2 4 8 9 6 7 3 5 1
6 5 9 8 1 3 2 7 4
3 7 6 1 4 2 5 8 9
8 1 4 7 9 5 6 2 3
9 2 5 3 8 6 4 1 7
```

1094

```
5 7 9 3 4 2 8 6 1
1 3 2 8 5 6 4 9 7
6 8 4 9 7 1 2 5 3
3 2 8 5 6 7 9 1 4
4 9 5 1 8 3 6 7 2
7 6 1 2 9 4 3 8 5
8 1 7 4 2 9 5 3 6
9 4 3 6 1 5 7 2 8
2 5 6 7 3 8 1 4 9
```

1095

```
1 8 4 2 7 9 5 3 6
9 3 6 5 4 8 1 2 7
5 2 7 6 1 3 8 4 9
6 4 2 3 5 7 9 1 8
7 9 3 1 8 2 4 6 5
8 1 5 4 9 6 2 7 3
2 7 8 9 3 1 6 5 4
3 5 1 8 6 4 7 9 2
4 6 9 7 2 5 3 8 1
```

1096

```
1 2 6 7 9 8 4 3 5
5 3 9 6 2 4 1 7 8
7 4 8 1 3 5 6 9 2
2 7 1 8 4 9 3 5 6
4 8 5 3 6 7 9 2 1
6 9 3 2 5 1 7 8 4
8 5 7 9 1 6 2 4 3
9 6 2 4 8 3 5 1 7
3 1 4 5 7 2 8 6 9
```

1097

```
4 1 8 9 2 5 3 6 7
2 3 5 6 7 1 4 8 9
7 6 9 4 3 8 1 5 2
8 4 3 5 9 2 6 7 1
5 2 7 1 6 4 9 3 8
6 9 1 3 8 7 2 4 5
9 5 2 7 4 3 8 1 6
3 7 6 8 1 9 5 2 4
1 8 4 2 5 6 7 9 3
```

1098

```
3 7 1 6 8 4 9 5 2
8 5 6 9 2 7 1 4 3
4 2 9 3 1 5 6 7 8
7 8 2 4 9 1 5 3 6
1 3 4 5 6 2 7 8 9
6 9 5 7 3 8 2 1 4
9 4 3 1 5 6 8 2 7
2 1 7 8 4 9 3 6 5
5 6 8 2 7 3 4 9 1
```

1099

```
4 5 9 6 7 2 8 1 3
8 6 1 5 3 4 2 7 9
7 3 2 8 9 1 4 6 5
9 7 5 1 4 3 6 8 2
1 4 6 2 8 9 5 3 7
3 2 8 7 5 6 9 4 1
5 1 7 9 6 8 3 2 4
2 8 3 4 1 5 7 9 6
6 9 4 3 2 7 1 5 8
```

1100

```
9 1 8 3 5 2 4 6 7
3 6 7 4 8 1 5 9 2
4 5 2 9 7 6 8 3 1
5 7 9 8 6 3 1 2 4
6 2 3 1 4 5 7 8 9
8 4 1 2 9 7 3 5 6
7 9 5 6 3 4 2 1 8
1 8 4 5 2 9 6 7 3
2 3 6 7 1 8 9 4 5
```

1101

2	6	9	4	1	8	7	3	5
4	7	3	9	2	5	8	1	6
5	8	1	7	3	6	9	2	4
1	3	8	2	9	4	5	6	7
6	4	2	1	5	7	3	9	8
7	9	5	8	6	3	2	4	1
8	1	4	3	7	9	6	5	2
3	2	6	5	8	1	4	7	9
9	5	7	6	4	2	1	8	3

1102

1	9	3	2	7	5	4	6	8
7	8	4	9	6	3	5	2	1
5	2	6	1	4	8	3	7	9
3	4	8	5	2	7	9	1	6
2	6	5	4	9	1	8	3	7
9	7	1	3	8	6	2	5	4
4	1	9	6	3	2	7	8	5
6	3	7	8	5	4	1	9	2
8	5	2	7	1	9	6	4	3

1103

5	7	9	2	8	3	6	4	1
4	8	2	1	7	6	3	9	5
6	3	1	4	9	5	7	8	2
7	1	3	8	4	2	9	5	6
8	2	6	9	5	7	1	3	4
9	5	4	3	6	1	8	2	7
3	6	5	7	2	8	4	1	9
1	9	7	5	3	4	2	6	8
2	4	8	6	1	9	5	7	3

1104

9	6	8	4	3	7	2	5	1
3	2	1	5	6	9	4	7	8
7	4	5	8	1	2	9	6	3
4	3	9	1	5	6	8	2	7
5	7	2	9	8	3	6	1	4
8	1	6	2	7	4	3	9	5
2	9	7	3	4	5	1	8	6
1	5	3	6	9	8	7	4	2
6	8	4	7	2	1	5	3	9

1105

7	8	4	3	2	5	6	9	1
5	9	1	4	7	6	8	2	3
6	3	2	8	9	1	4	7	5
9	4	7	2	1	8	3	5	6
1	5	3	9	6	7	2	8	4
2	6	8	5	3	4	9	1	7
3	7	5	6	8	9	1	4	2
8	1	6	7	4	2	5	3	9
4	2	9	1	5	3	7	6	8

1106

7	6	8	9	1	5	2	3	4
5	1	4	6	3	2	7	9	8
2	3	9	4	7	8	1	6	5
8	7	1	2	5	9	3	4	6
6	9	2	1	4	3	8	5	7
3	4	5	7	8	6	9	1	2
4	8	6	3	9	7	5	2	1
9	2	7	5	6	1	4	8	3
1	5	3	8	2	4	6	7	9

1107

6	8	4	5	7	9	1	2	3
7	3	1	2	4	6	8	5	9
5	9	2	3	1	8	4	6	7
9	4	5	6	3	1	7	8	2
3	2	6	7	8	5	9	4	1
1	7	8	9	2	4	5	3	6
8	5	9	1	6	2	3	7	4
2	1	3	4	5	7	6	9	8
4	6	7	8	9	3	2	1	5

1108

1	9	7	8	4	3	2	5	6
2	3	5	6	7	9	8	4	1
6	4	8	1	2	5	3	9	7
7	5	4	3	6	8	9	1	2
9	2	1	7	5	4	6	3	8
3	8	6	2	9	1	5	7	4
8	6	9	5	1	7	4	2	3
4	1	2	9	3	6	7	8	5
5	7	3	4	8	2	1	6	9

1109

1	6	5	7	8	9	4	2	3
3	4	7	2	1	6	8	5	9
8	9	2	4	5	3	1	6	7
2	5	4	1	7	8	3	9	6
6	3	8	9	2	4	7	1	5
9	7	1	3	6	5	2	4	8
4	8	3	5	9	2	6	7	1
5	1	6	8	4	7	9	3	2
7	2	9	6	3	1	5	8	4

1110

8	7	2	5	3	9	1	6	4
4	1	5	6	7	8	2	3	9
6	9	3	1	2	4	7	5	8
9	2	4	3	8	6	5	1	7
7	5	6	2	4	1	8	9	3
1	3	8	7	9	5	4	2	6
3	6	7	4	5	2	9	8	1
5	4	9	8	1	3	6	7	2
2	8	1	9	6	7	3	4	5

1111

9	6	2	3	1	7	5	8	4
5	8	3	9	4	6	1	7	2
7	1	4	8	2	5	9	3	6
1	3	6	5	7	8	2	4	9
4	5	9	6	3	2	7	1	8
2	7	8	4	9	1	6	5	3
8	9	1	2	5	3	4	6	7
3	4	7	1	6	9	8	2	5
6	2	5	7	8	4	3	9	1

1112

2	5	8	6	1	7	9	3	4
3	6	9	5	4	2	8	1	7
4	7	1	3	8	9	6	5	2
5	8	2	1	7	3	4	6	9
6	1	3	8	9	4	2	7	5
7	9	4	2	5	6	1	8	3
8	2	5	4	3	1	7	9	6
9	3	6	7	2	8	5	4	1
1	4	7	9	6	5	3	2	8

1113

1	3	6	7	4	5	9	2	8
2	5	7	9	3	8	6	4	1
4	8	9	2	6	1	3	5	7
5	9	1	3	7	4	8	6	2
7	4	2	8	9	6	1	3	5
8	6	3	5	1	2	4	7	9
3	7	4	1	2	9	5	8	6
6	1	8	4	5	7	2	9	3
9	2	5	6	8	3	7	1	4

1114

4	7	3	5	9	6	8	1	2
5	8	1	2	3	4	6	7	9
6	2	9	7	1	8	5	3	4
9	4	5	6	7	3	1	2	8
7	6	2	9	8	1	3	4	5
3	1	8	4	2	5	9	6	7
8	5	4	3	6	2	7	9	1
1	9	6	8	4	7	2	5	3
2	3	7	1	5	9	4	8	6

1115

5	8	4	2	3	7	9	6	1
6	1	2	4	8	9	5	3	7
7	3	9	1	5	6	8	2	4
8	7	5	3	6	4	1	9	2
9	2	6	8	7	1	4	5	3
1	4	3	9	2	5	6	7	8
2	5	1	6	4	3	7	8	9
3	9	7	5	1	8	2	4	6
4	6	8	7	9	2	3	1	5

1116

1	4	9	2	7	3	8	5	6
2	7	6	5	8	9	3	4	1
5	3	8	4	6	1	2	9	7
8	5	7	9	1	2	4	6	3
9	1	2	6	3	4	5	7	8
3	6	4	8	5	7	1	2	9
4	8	3	7	9	5	6	1	2
6	9	5	1	2	8	7	3	4
7	2	1	3	4	6	9	8	5

1117

8	9	4	1	3	7	5	6	2
1	2	5	6	9	8	7	3	4
6	3	7	2	4	5	9	8	1
2	4	1	9	7	3	6	5	8
9	5	6	8	1	4	2	7	3
3	7	8	5	2	6	4	1	9
7	8	2	3	5	9	1	4	6
5	6	9	4	8	1	3	2	7
4	1	3	7	6	2	8	9	5

1118

4	2	5	1	6	3	9	7	8
1	3	7	9	4	8	2	5	6
6	9	8	2	5	7	4	1	3
2	1	4	6	3	9	7	8	5
3	8	9	4	7	5	1	6	2
7	5	6	8	2	1	3	9	4
9	4	2	7	8	6	5	3	1
5	6	1	3	9	2	8	4	7
8	7	3	5	1	4	6	2	9

1119

3	5	2	9	4	7	1	6	8
9	1	7	6	5	8	2	3	4
4	6	8	1	2	3	9	5	7
5	4	6	7	9	2	3	8	1
8	7	9	3	1	5	4	2	6
1	2	3	4	8	6	5	7	9
2	8	4	5	7	9	6	1	3
6	9	5	8	3	1	7	4	2
7	3	1	2	6	4	8	9	5

1120

6	2	5	7	4	9	8	1	3
3	4	7	8	1	6	2	5	9
1	9	8	5	2	3	4	6	7
7	5	1	3	9	8	6	4	2
9	6	2	1	7	4	3	8	5
4	8	3	6	5	2	7	9	1
8	7	4	9	3	1	5	2	6
5	1	6	2	8	7	9	3	4
2	3	9	4	6	5	1	7	8

1121

```
9 3 6 7 1 8 2 5 4
4 5 7 3 2 6 1 8 9
2 1 8 4 9 5 7 3 6
1 2 9 5 3 4 6 7 8
5 7 3 8 6 1 4 9 2
6 8 4 9 7 2 5 1 3
8 4 1 2 5 9 3 6 7
7 6 2 1 8 3 9 4 5
3 9 5 6 4 7 8 2 1
```

1122

```
8 2 4 1 6 3 5 7 9
1 6 5 7 9 8 3 4 2
9 3 7 2 4 5 8 6 1
3 9 6 4 8 1 2 5 7
2 4 8 5 3 7 9 1 6
5 7 1 6 2 9 4 3 8
4 1 2 8 5 6 7 9 3
6 5 9 3 7 2 1 8 4
7 8 3 9 1 4 6 2 5
```

1123

```
5 3 6 4 1 7 8 9 2
2 1 8 3 6 9 4 7 5
7 4 9 5 8 2 1 6 3
4 6 2 9 7 1 3 5 8
1 7 5 2 3 8 6 4 9
8 9 3 6 4 5 7 2 1
6 2 4 8 5 3 9 1 7
3 5 1 7 9 4 2 8 6
9 8 7 1 2 6 5 3 4
```

1124

```
8 2 4 3 7 9 1 5 6
9 3 7 1 5 6 8 4 2
1 6 5 2 8 4 3 7 9
2 4 1 5 3 7 6 9 8
7 8 6 9 2 1 4 3 5
5 9 3 6 4 8 7 2 1
3 1 8 4 9 2 5 6 7
4 7 2 8 6 5 9 1 3
6 5 9 7 1 3 2 8 4
```

1125

```
7 6 3 4 2 9 5 8 1
5 2 9 1 6 8 3 7 4
8 1 4 3 5 7 6 2 9
6 5 1 7 9 3 2 4 8
9 3 8 2 4 5 1 6 7
4 7 2 6 8 1 9 3 5
1 4 5 8 3 2 7 9 6
2 8 7 9 1 6 4 5 3
3 9 6 5 7 4 8 1 2
```

1126

```
3 5 2 8 7 9 1 4 6
6 7 8 4 5 1 9 2 3
4 1 9 6 3 2 5 8 7
5 6 1 9 4 7 8 3 2
7 9 3 1 2 8 6 5 4
8 2 4 3 6 5 7 9 1
1 3 5 7 9 4 2 6 8
2 8 6 5 1 3 4 7 9
9 4 7 2 8 6 3 1 5
```

1127

```
4 8 2 3 7 1 9 5 6
9 5 1 2 4 6 3 8 7
7 6 3 5 9 8 1 2 4
6 2 7 9 8 3 5 4 1
1 3 9 4 5 2 7 6 8
8 4 5 6 1 7 2 3 9
5 7 4 8 2 9 6 1 3
2 9 6 1 3 4 8 7 5
3 1 8 7 6 5 4 9 2
```

1128

```
9 8 4 2 7 3 5 1 6
3 6 5 8 1 4 7 9 2
1 2 7 5 9 6 3 4 8
8 4 3 9 6 1 2 7 5
7 5 6 4 3 2 1 8 9
2 1 9 7 8 5 4 6 3
4 9 8 3 5 7 6 2 1
5 7 1 6 2 8 9 3 4
6 3 2 1 4 9 8 5 7
```

1129

```
1 4 7 5 6 9 8 3 2
2 5 8 3 7 1 9 4 6
3 6 9 8 4 2 7 5 1
4 1 2 9 3 6 5 7 8
5 7 6 1 8 4 3 2 9
9 8 3 2 5 7 1 6 4
7 9 4 6 1 5 2 8 3
6 3 1 7 2 8 4 9 5
8 2 5 4 9 3 6 1 7
```

1130

```
6 2 3 1 4 9 5 7 8
7 4 5 6 8 3 2 1 9
8 1 9 7 2 5 4 3 6
9 6 8 2 3 7 1 4 5
5 7 4 9 6 1 3 8 2
1 3 2 4 5 8 6 9 7
2 8 6 3 7 4 9 5 1
3 9 7 5 1 2 8 6 4
4 5 1 8 9 6 7 2 3
```

1131

```
7 3 1 9 5 6 2 4 8
8 9 4 2 1 3 6 5 7
6 2 5 7 4 8 9 1 3
9 5 3 8 2 4 1 7 6
2 6 8 1 9 7 5 3 4
4 1 7 3 6 5 8 9 2
5 7 6 4 8 1 3 2 9
1 4 9 6 3 2 7 8 5
3 8 2 5 7 9 4 6 1
```

1132

```
8 4 7 5 9 6 1 2 3
3 6 1 8 2 7 4 5 9
5 9 2 3 4 1 6 8 7
2 3 4 6 7 8 9 1 5
1 5 8 4 3 9 7 6 2
9 7 6 1 5 2 8 3 4
7 1 9 2 6 3 5 4 8
4 8 3 7 1 5 2 9 6
6 2 5 9 8 4 3 7 1
```

1133

```
3 1 6 7 9 4 5 2 8
4 9 2 5 8 6 7 3 1
5 7 8 3 2 1 9 4 6
9 2 1 8 6 5 3 7 4
6 5 4 9 7 3 8 1 2
7 8 3 1 4 2 6 5 9
8 3 9 2 1 7 4 6 5
1 4 5 6 3 8 2 9 7
2 6 7 4 5 9 1 8 3
```

1134

```
9 1 5 2 7 3 8 4 6
3 2 8 4 6 1 9 5 7
7 4 6 8 5 9 2 1 3
4 8 3 1 9 6 5 7 2
1 5 7 3 8 2 4 6 9
2 6 9 5 4 7 1 3 8
8 3 2 7 1 4 6 9 5
6 7 1 9 2 5 3 8 4
5 9 4 6 3 8 7 2 1
```

1135

```
3 5 1 6 9 2 7 8 4
8 4 6 7 5 1 9 3 2
9 2 7 8 3 4 5 1 6
7 3 4 1 8 5 6 2 9
1 8 2 4 6 9 3 7 5
6 9 5 3 2 7 8 4 1
2 6 8 5 1 3 4 9 7
5 7 9 2 4 8 1 6 3
4 1 3 9 7 6 2 5 8
```

1136

```
5 8 6 2 9 4 1 7 3
3 4 2 8 7 1 9 5 6
7 9 1 6 3 5 8 4 2
6 7 3 5 2 9 4 1 8
4 1 5 3 8 6 7 2 9
9 2 8 1 4 7 3 6 5
8 3 7 4 6 2 5 9 1
2 5 4 9 1 3 6 8 7
1 6 9 7 5 8 2 3 4
```

1137

```
8 1 5 9 7 2 6 3 4
2 3 9 8 4 6 5 7 1
6 4 7 3 5 1 8 2 9
9 2 1 4 6 7 3 5 8
7 8 4 5 1 3 2 9 6
3 5 6 2 9 8 4 1 7
4 6 2 1 3 9 7 8 5
1 7 3 6 8 5 9 4 2
5 9 8 7 2 4 1 6 3
```

1138

```
3 1 9 2 7 4 5 6 8
2 4 7 5 6 8 1 9 3
6 5 8 9 1 3 2 4 7
4 8 1 3 5 6 9 7 2
5 3 6 7 9 2 8 1 4
7 9 2 8 4 1 6 3 5
8 6 3 4 2 9 7 5 1
9 7 4 1 8 5 3 2 6
1 2 5 6 3 7 4 8 9
```

1139

```
2 9 5 3 8 1 4 6 7
6 4 8 9 5 7 1 3 2
3 7 1 2 6 4 5 9 8
1 6 7 8 4 9 2 5 3
8 3 2 6 7 5 9 4 1
4 5 9 1 3 2 7 8 6
5 1 3 7 9 6 8 2 4
7 8 4 5 2 3 6 1 9
9 2 6 4 1 8 3 7 5
```

1140

```
4 7 3 6 5 9 8 1 2
6 9 8 2 1 7 3 5 4
5 2 1 3 4 8 6 9 7
8 1 2 4 3 5 7 6 9
7 3 4 9 6 1 5 2 8
9 6 5 7 8 2 1 4 3
2 4 6 1 7 3 9 8 5
1 5 7 8 9 4 2 3 6
3 8 9 5 2 6 4 7 1
```

1141

9	6	2	3	1	7	5	4	8
4	7	3	5	2	8	1	9	6
8	1	5	9	4	6	7	2	3
6	2	4	1	7	3	8	5	9
1	3	9	4	8	5	6	7	2
7	5	8	2	6	9	4	3	1
3	8	6	7	5	2	9	1	4
5	9	1	8	3	4	2	6	7
2	4	7	6	9	1	3	8	5

1142

1	2	6	3	5	7	4	8	9
7	3	8	4	9	1	6	5	2
4	5	9	6	8	2	1	3	7
2	6	3	5	4	8	7	9	1
5	9	7	1	6	3	2	4	8
8	1	4	2	7	9	5	6	3
3	7	5	8	1	4	9	2	6
6	8	1	9	2	5	3	7	4
9	4	2	7	3	6	8	1	5

1143

8	2	7	9	3	4	1	5	6
9	3	5	6	1	2	4	7	8
1	4	6	8	5	7	9	2	3
7	5	1	3	6	8	2	9	4
6	9	3	4	2	1	7	8	5
2	8	4	5	7	9	3	6	1
3	7	2	1	8	5	6	4	9
4	6	8	7	9	3	5	1	2
5	1	9	2	4	6	8	3	7

1144

9	7	2	4	5	1	6	8	3
4	1	6	2	3	8	7	5	9
8	3	5	9	6	7	1	4	2
3	2	7	8	1	4	5	9	6
6	9	8	3	7	5	4	2	1
5	4	1	6	2	9	3	7	8
2	5	9	1	4	6	8	3	7
7	6	3	5	8	2	9	1	4
1	8	4	7	9	3	2	6	5

1145

8	4	9	7	5	6	1	2	3
3	6	7	9	1	2	8	4	5
1	5	2	8	3	4	9	6	7
9	7	1	3	2	5	6	8	4
2	3	5	4	6	8	7	9	1
4	8	6	1	9	7	3	5	2
5	9	8	2	7	1	4	3	6
6	1	3	5	4	9	2	7	8
7	2	4	6	8	3	5	1	9

1146

5	7	1	8	3	6	9	2	4
3	4	9	1	2	5	6	7	8
6	8	2	7	9	4	3	5	1
4	5	3	6	7	8	1	9	2
2	1	6	3	5	9	8	4	7
7	9	8	2	4	1	5	6	3
8	2	7	9	6	3	4	1	5
9	3	4	5	1	7	2	8	6
1	6	5	4	8	2	7	3	9

1147

1	9	4	2	5	7	3	6	8
8	2	6	1	3	9	5	4	7
5	3	7	8	6	4	1	9	2
9	5	1	7	8	2	4	3	6
7	6	2	4	9	3	8	1	5
4	8	3	6	1	5	2	7	9
2	1	5	3	7	6	9	8	4
6	4	8	9	2	1	7	5	3
3	7	9	5	4	8	6	2	1

1148

4	2	8	1	9	5	6	3	7
3	7	9	2	8	6	5	1	4
5	6	1	7	3	4	8	2	9
2	5	3	4	7	8	1	9	6
6	8	7	9	1	3	2	4	5
9	1	4	6	5	2	3	7	8
7	9	6	8	2	1	4	5	3
8	3	2	5	4	7	9	6	1
1	4	5	3	6	9	7	8	2

1149

1	2	8	3	6	5	7	9	4
4	7	3	8	9	2	5	1	6
5	6	9	7	4	1	2	3	8
6	1	4	2	3	7	8	5	9
9	3	7	4	5	8	6	2	1
2	8	5	6	1	9	3	4	7
3	4	1	5	8	6	9	7	2
7	9	6	1	2	3	4	8	5
8	5	2	9	7	4	1	6	3

1150

1	3	6	4	2	7	8	5	9
4	9	8	3	5	1	7	6	2
7	5	2	6	8	9	4	1	3
5	7	1	2	3	8	6	9	4
3	2	9	1	6	4	5	7	8
6	8	4	9	7	5	3	2	1
8	4	7	5	9	2	1	3	6
9	1	3	7	4	6	2	8	5
2	6	5	8	1	3	9	4	7

1151

5	4	1	6	9	8	3	7	2
8	3	9	7	5	2	1	4	6
6	7	2	3	1	4	5	9	8
1	2	8	9	4	7	6	3	5
7	5	3	8	6	1	4	2	9
9	6	4	5	2	3	8	1	7
2	8	6	1	3	9	7	5	4
3	9	5	4	7	6	2	8	1
4	1	7	2	8	5	9	6	3

1152

1	2	9	3	5	8	4	6	7
5	7	3	2	4	6	9	1	8
6	8	4	7	9	1	3	2	5
7	3	1	4	2	5	6	8	9
4	6	2	8	7	9	5	3	1
8	9	5	1	6	3	2	7	4
3	1	6	5	8	4	7	9	2
9	4	7	6	1	2	8	5	3
2	5	8	9	3	7	1	4	6

1153

8	1	4	3	2	5	7	6	9
7	2	6	9	8	4	3	1	5
9	3	5	1	6	7	8	2	4
1	4	7	6	9	2	5	3	8
3	5	9	7	1	8	6	4	2
2	6	8	5	4	3	9	7	1
4	7	1	8	3	9	2	5	6
5	8	2	4	7	6	1	9	3
6	9	3	2	5	1	4	8	7

1154

7	2	9	8	1	3	4	6	5
4	8	3	5	6	2	9	7	1
5	6	1	7	9	4	2	8	3
8	3	7	1	4	5	6	9	2
6	5	2	9	8	7	3	1	4
9	1	4	2	3	6	8	5	7
1	7	6	3	2	8	5	4	9
2	4	5	6	7	9	1	3	8
3	9	8	4	5	1	7	2	6

1155

5	2	3	4	1	8	6	7	9
6	8	1	7	9	3	4	2	5
7	4	9	6	2	5	1	3	8
1	7	2	5	3	6	8	9	4
8	3	4	9	7	1	2	5	6
9	5	6	8	4	2	3	1	7
2	9	7	1	8	4	5	6	3
3	6	8	2	5	7	9	4	1
4	1	5	3	6	9	7	8	2

1156

9	7	1	8	5	6	2	3	4
4	8	3	1	2	7	5	9	6
6	2	5	9	3	4	7	8	1
1	9	2	3	4	5	6	7	8
7	3	6	2	8	9	4	1	5
5	4	8	6	7	1	3	2	9
8	6	7	5	9	2	1	4	3
2	5	9	4	1	3	8	6	7
3	1	4	7	6	8	9	5	2

1157

7	1	3	9	5	6	8	2	4
8	2	5	1	3	4	7	9	6
9	6	4	7	2	8	5	3	1
1	4	6	8	7	2	9	5	3
2	5	7	3	9	1	4	6	8
3	9	8	6	4	5	1	7	2
4	3	9	2	1	7	6	8	5
6	7	1	5	8	3	2	4	9
5	8	2	4	6	9	3	1	7

1158

7	2	9	8	5	1	3	4	6
1	3	5	6	2	4	7	9	8
8	4	6	7	3	9	1	2	5
5	1	8	9	4	2	6	3	7
4	6	2	5	7	3	8	1	9
9	7	3	1	6	8	4	5	2
2	5	4	3	8	7	9	6	1
6	9	7	4	1	5	2	8	3
3	8	1	2	9	6	5	7	4

1159

5	2	8	7	4	9	6	3	1
9	1	4	2	3	6	7	8	5
7	3	6	5	8	1	2	9	4
8	5	3	9	2	4	1	6	7
1	6	9	3	7	5	4	2	8
4	7	2	6	1	8	3	5	9
2	8	1	4	9	3	5	7	6
3	4	5	8	6	7	9	1	2
6	9	7	1	5	2	8	4	3

1160

5	6	4	8	2	7	3	9	1
8	2	3	1	4	9	5	6	7
9	7	1	3	6	5	8	4	2
3	8	7	9	1	2	4	5	6
1	4	9	5	3	6	7	2	8
6	5	2	7	8	4	9	1	3
2	9	5	6	7	8	1	3	4
4	1	8	2	9	3	6	7	5
7	3	6	4	5	1	2	8	9

1161

5	8	4	3	2	9	6	7	1
9	1	3	5	7	6	4	8	2
6	7	2	4	8	1	5	3	9
1	9	5	6	3	8	2	4	7
7	2	6	9	4	5	3	1	8
3	4	8	7	1	2	9	5	6
2	3	7	8	9	4	1	6	5
4	5	9	1	6	7	8	2	3
8	6	1	2	5	3	7	9	4

1162

2	6	8	3	4	5	7	9	1
3	5	9	7	8	1	2	4	6
4	7	1	9	6	2	5	8	3
7	4	5	6	1	9	8	3	2
6	8	2	5	3	4	9	1	7
1	9	3	8	2	7	4	6	5
9	2	6	1	5	8	3	7	4
8	1	4	2	7	3	6	5	9
5	3	7	4	9	6	1	2	8

1163

2	5	7	3	9	8	4	1	6
1	6	9	2	4	7	8	3	5
4	8	3	5	6	1	7	2	9
3	9	1	8	5	2	6	4	7
5	7	8	6	1	4	2	9	3
6	2	4	9	7	3	5	8	1
7	4	2	1	3	6	9	5	8
8	1	5	7	2	9	3	6	4
9	3	6	4	8	5	1	7	2

1164

3	5	6	7	4	8	9	1	2
4	8	1	5	2	9	6	7	3
7	9	2	1	6	3	4	5	8
8	7	9	2	5	4	3	6	1
6	2	4	8	3	1	5	9	7
5	1	3	6	9	7	8	2	4
9	3	5	4	1	2	7	8	6
1	4	7	9	8	6	2	3	5
2	6	8	3	7	5	1	4	9

1165

2	6	3	7	9	5	8	1	4
4	8	1	2	3	6	7	9	5
7	5	9	1	4	8	2	6	3
6	4	8	9	5	7	1	3	2
1	7	2	3	6	4	5	8	9
3	9	5	8	1	2	4	7	6
5	1	4	6	8	3	9	2	7
8	2	6	5	7	9	3	4	1
9	3	7	4	2	1	6	5	8

1166

9	8	6	1	2	3	4	5	7
5	4	2	7	8	6	9	1	3
3	1	7	4	9	5	8	2	6
8	2	9	3	5	4	7	6	1
4	5	1	9	6	7	2	3	8
6	7	3	2	1	8	5	4	9
7	3	5	6	4	9	1	8	2
1	9	8	5	3	2	6	7	4
2	6	4	8	7	1	3	9	5

1167

8	3	5	2	4	6	7	1	9
1	7	6	5	3	9	2	4	8
2	4	9	8	1	7	6	3	5
4	8	3	6	5	2	9	7	1
9	1	2	3	7	4	5	8	6
6	5	7	1	9	8	4	2	3
7	6	4	9	8	1	3	5	2
5	9	8	7	2	3	1	6	4
3	2	1	4	6	5	8	9	7

1168

9	2	7	3	8	4	1	5	6
3	5	1	6	7	2	4	9	8
4	6	8	1	5	9	3	7	2
8	3	2	9	1	6	5	4	7
1	7	4	5	3	8	2	6	9
5	9	6	4	2	7	8	3	1
6	4	5	2	9	1	7	8	3
7	1	9	8	4	3	6	2	5
2	8	3	7	6	5	9	1	4

1169

7	6	8	9	4	2	5	3	1
5	1	3	8	6	7	9	2	4
9	2	4	5	1	3	7	6	8
1	7	9	6	8	4	2	5	3
6	3	5	7	2	1	8	4	9
8	4	2	3	5	9	1	7	6
2	9	1	4	3	5	6	8	7
3	5	6	1	7	8	4	9	2
4	8	7	2	9	6	3	1	5

1170

3	8	1	6	5	4	7	9	2
4	5	7	8	9	2	6	1	3
9	6	2	1	3	7	4	5	8
5	7	8	9	6	3	2	4	1
1	4	9	2	7	8	3	6	5
6	2	3	4	1	5	8	7	9
7	9	4	3	8	1	5	2	6
8	1	5	7	2	6	9	3	4
2	3	6	5	4	9	1	8	7

1171

1	6	3	4	2	5	7	8	9
5	4	7	6	8	9	1	2	3
2	8	9	7	1	3	4	6	5
3	2	8	5	9	4	6	1	7
6	7	5	1	3	8	9	4	2
4	9	1	2	6	7	3	5	8
7	5	2	9	4	6	8	3	1
8	1	4	3	7	2	5	9	6
9	3	6	8	5	1	2	7	4

1172

1	8	2	5	9	3	4	6	7
6	3	4	7	8	1	9	2	5
7	9	5	6	4	2	8	1	3
9	4	8	1	3	6	5	7	2
5	1	7	8	2	9	3	4	6
2	6	3	4	5	7	1	8	9
8	2	9	3	7	4	6	5	1
3	5	6	2	1	8	7	9	4
4	7	1	9	6	5	2	3	8

1173

2	4	6	3	9	1	7	5	8
3	5	8	7	6	2	4	1	9
7	9	1	4	8	5	3	6	2
6	1	2	8	7	3	5	9	4
4	3	9	1	5	6	2	8	7
5	8	7	9	2	4	6	3	1
9	6	3	2	1	7	8	4	5
8	7	4	5	3	9	1	2	6
1	2	5	6	4	8	9	7	3

1174

2	7	3	4	8	1	5	6	9
9	1	4	7	5	6	2	3	8
8	5	6	2	3	9	1	7	4
3	8	2	9	6	4	7	5	1
1	9	7	5	2	8	3	4	6
4	6	5	1	7	3	8	9	2
6	2	1	3	9	5	4	8	7
7	3	8	6	4	2	9	1	5
5	4	9	8	1	7	6	2	3

1175

2	7	5	8	6	3	9	1	4
1	9	6	4	2	7	3	5	8
3	4	8	5	1	9	2	6	7
4	1	2	9	5	6	7	8	3
5	8	7	3	4	1	6	2	9
6	3	9	7	8	2	1	4	5
7	5	1	2	9	4	8	3	6
8	2	3	6	7	5	4	9	1
9	6	4	1	3	8	5	7	2

1176

6	7	4	5	3	8	9	1	2
1	9	3	2	4	7	8	5	6
2	8	5	9	6	1	7	3	4
9	6	8	1	2	3	5	4	7
5	1	2	8	7	4	6	9	3
3	4	7	6	5	9	1	2	8
4	2	9	7	8	5	3	6	1
7	5	6	3	1	2	4	8	9
8	3	1	4	9	6	2	7	5

1177

7	3	9	1	5	8	4	6	2
1	4	6	2	3	7	8	5	9
2	5	8	9	6	4	7	3	1
3	8	7	6	1	9	2	4	5
4	6	1	5	8	2	9	7	3
5	9	2	7	4	3	1	8	6
8	1	3	4	2	5	6	9	7
9	2	4	3	7	6	5	1	8
6	7	5	8	9	1	3	2	4

1178

3	5	1	8	7	4	6	2	9
4	2	7	6	9	1	3	8	5
8	9	6	3	2	5	4	7	1
5	6	9	1	8	3	2	4	7
1	8	4	2	5	7	9	3	6
7	3	2	9	4	6	1	5	8
6	4	5	7	1	2	8	9	3
9	7	3	4	6	8	5	1	2
2	1	8	5	3	9	7	6	4

1179

9	1	6	7	5	8	2	4	3
5	4	8	3	2	9	7	1	6
7	2	3	4	6	1	8	5	9
8	3	5	1	9	4	6	2	7
1	6	9	2	3	7	5	8	4
2	7	4	6	8	5	9	3	1
3	5	7	8	1	6	4	9	2
4	9	1	5	7	2	3	6	8
6	8	2	9	4	3	1	7	5

1180

4	3	7	8	5	2	6	9	1
5	6	2	7	9	1	4	8	3
9	8	1	3	6	4	2	5	7
7	9	5	6	2	8	3	1	4
1	2	6	9	4	3	5	7	8
8	4	3	5	1	7	9	2	6
6	5	4	1	7	9	8	3	2
2	7	8	4	3	5	1	6	9
3	1	9	2	8	6	7	4	5

1181

2	1	6	9	3	4	5	7	8
5	3	7	6	2	8	1	9	4
9	4	8	1	7	5	2	6	3
1	6	9	4	5	3	7	8	2
3	7	5	8	9	2	6	4	1
4	8	2	7	1	6	9	3	5
6	2	1	3	8	7	4	5	9
7	9	3	5	4	1	8	2	6
8	5	4	2	6	9	3	1	7

1182

8	9	4	5	7	3	1	6	2
6	1	7	8	9	2	4	3	5
2	3	5	1	6	4	7	9	8
3	4	6	7	1	8	5	2	9
9	7	2	3	5	6	8	1	4
1	5	8	2	4	9	3	7	6
4	2	3	9	8	1	6	5	7
5	6	9	4	3	7	2	8	1
7	8	1	6	2	5	9	4	3

1183

1	6	3	9	2	4	5	7	8
4	5	7	8	1	3	9	6	2
2	9	8	5	7	6	1	3	4
9	4	1	7	6	2	3	8	5
5	7	2	1	3	8	6	4	9
3	8	6	4	5	9	7	2	1
7	3	9	2	4	1	8	5	6
6	1	4	3	8	5	2	9	7
8	2	5	6	9	7	4	1	3

1184

1	4	5	9	2	8	3	6	7
3	2	8	1	6	7	9	5	4
6	7	9	5	3	4	8	2	1
4	8	6	2	5	3	7	1	9
2	9	1	4	7	6	5	8	3
7	5	3	8	9	1	2	4	6
8	1	2	7	4	9	6	3	5
9	3	4	6	8	5	1	7	2
5	6	7	3	1	2	4	9	8

1185

4	5	9	8	6	1	2	7	3
8	2	3	5	4	7	9	6	1
7	6	1	9	2	3	4	8	5
9	3	6	7	1	4	8	5	2
1	8	7	2	3	5	6	4	9
5	4	2	6	8	9	3	1	7
2	9	4	1	7	6	5	3	8
3	1	5	4	9	8	7	2	6
6	7	8	3	5	2	1	9	4

1186

2	1	6	5	3	4	8	9	7
3	4	7	6	8	9	1	2	5
9	5	8	1	7	2	3	4	6
4	6	2	8	9	3	7	5	1
5	7	3	4	2	1	6	8	9
1	8	9	7	6	5	4	3	2
6	3	4	9	5	7	2	1	8
7	9	1	2	4	8	5	6	3
8	2	5	3	1	6	9	7	4

1187

9	5	7	4	2	6	8	1	3
2	3	8	7	9	1	4	6	5
4	6	1	8	5	3	2	7	9
1	7	9	2	8	4	5	3	6
3	2	4	5	6	9	7	8	1
5	8	6	3	1	7	9	4	2
6	4	2	9	3	8	1	5	7
7	9	3	1	4	5	6	2	8
8	1	5	6	7	2	3	9	4

1188

4	2	6	7	8	5	9	1	3
9	3	7	2	4	1	8	5	6
1	5	8	9	6	3	2	4	7
3	8	2	5	7	4	6	9	1
6	9	4	8	1	2	3	7	5
7	1	5	3	9	6	4	8	2
5	4	9	6	2	7	1	3	8
8	6	3	1	5	9	7	2	4
2	7	1	4	3	8	5	6	9

1189

7	1	3	4	2	6	8	5	9
8	2	5	9	3	7	1	6	4
9	4	6	5	8	1	2	7	3
6	9	4	3	7	2	5	8	1
1	5	7	6	4	8	9	3	2
2	3	8	1	5	9	6	4	7
3	8	9	2	6	4	7	1	5
4	7	1	8	9	5	3	2	6
5	6	2	7	1	3	4	9	8

1190

4	3	6	5	7	8	9	1	2
2	7	9	1	6	4	5	3	8
5	8	1	2	3	9	4	7	6
3	2	8	9	4	7	6	5	1
6	9	5	3	1	2	7	8	4
1	4	7	6	8	5	2	9	3
7	1	2	4	9	3	8	6	5
9	5	3	8	2	6	1	4	7
8	6	4	7	5	1	3	2	9

1191

2	1	7	3	4	6	8	5	9
6	4	8	5	9	1	7	2	3
3	9	5	8	7	2	4	6	1
7	2	4	1	8	3	5	9	6
9	3	6	2	5	7	1	4	8
8	5	1	4	6	9	2	3	7
1	6	2	7	3	5	9	8	4
4	7	9	6	2	8	3	1	5
5	8	3	9	1	4	6	7	2

1192

1	6	2	7	8	3	4	5	9
5	7	9	1	4	6	3	2	8
3	8	4	9	5	2	6	1	7
2	4	3	6	9	5	7	8	1
7	9	8	2	1	4	5	6	3
6	5	1	8	3	7	2	9	4
4	1	5	3	2	8	9	7	6
9	2	6	4	7	1	8	3	5
8	3	7	5	6	9	1	4	2

1193

4	9	2	5	6	1	7	8	3
7	1	6	3	8	2	5	9	4
8	5	3	9	7	4	2	6	1
9	6	7	1	2	5	4	3	8
1	3	5	4	9	8	6	7	2
2	4	8	6	3	7	9	1	5
5	2	9	8	1	6	3	4	7
3	7	1	2	4	9	8	5	6
6	8	4	7	5	3	1	2	9

1194

3	8	9	5	4	7	1	6	2
4	6	1	9	3	2	7	8	5
5	7	2	6	8	1	4	3	9
1	3	7	8	2	4	9	5	6
2	4	6	7	5	9	8	1	3
9	5	8	3	1	6	2	4	7
6	9	3	1	7	8	5	2	4
7	1	4	2	6	5	3	9	8
8	2	5	4	9	3	6	7	1

1195

8	9	3	1	4	5	6	2	7
4	5	6	2	9	7	3	1	8
1	2	7	8	3	6	5	9	4
2	8	4	9	6	3	1	7	5
6	1	9	7	5	8	4	3	2
3	7	5	4	1	2	8	6	9
7	3	2	6	8	4	9	5	1
9	6	8	5	7	1	2	4	3
5	4	1	3	2	9	7	8	6

1196

1	5	9	4	7	8	2	6	3
4	6	2	3	1	5	8	7	9
8	7	3	6	2	9	1	4	5
9	3	4	1	8	6	5	2	7
5	8	6	2	9	7	3	1	4
2	1	7	5	3	4	6	9	8
6	4	8	9	5	2	7	3	1
3	2	5	7	4	1	9	8	6
7	9	1	8	6	3	4	5	2

1197

8	9	6	5	2	1	7	3	4
2	3	5	7	4	9	6	1	8
4	1	7	3	6	8	5	9	2
6	2	8	9	3	4	1	7	5
1	4	9	8	5	7	2	6	3
7	5	3	6	1	2	4	8	9
9	6	4	2	7	3	8	5	1
3	7	1	4	8	5	9	2	6
5	8	2	1	9	6	3	4	7

1198

2	6	4	7	8	5	9	3	1
3	1	8	2	4	9	6	5	7
9	7	5	1	6	3	4	2	8
6	5	7	8	9	1	3	4	2
1	3	9	4	2	6	8	7	5
4	8	2	5	3	7	1	9	6
5	9	3	6	7	8	2	1	4
7	2	6	3	1	4	5	8	9
8	4	1	9	5	2	7	6	3

1199

9	1	4	6	7	5	8	2	3
7	8	5	9	2	3	1	4	6
3	2	6	1	8	4	7	5	9
1	7	2	5	3	6	9	8	4
4	9	8	7	1	2	3	6	5
5	6	3	4	9	8	2	7	1
6	3	7	8	4	9	5	1	2
8	4	9	2	5	1	6	3	7
2	5	1	3	6	7	4	9	8

1200

2	8	7	4	5	9	6	1	3
3	5	9	6	1	2	7	4	8
4	6	1	8	3	7	2	9	5
5	7	8	1	6	3	9	2	4
1	3	2	7	9	4	5	8	6
6	9	4	2	8	5	3	7	1
7	4	3	5	2	8	1	6	9
8	1	5	9	7	6	4	3	2
9	2	6	3	4	1	8	5	7

1201

9	2	6	7	3	5	8	1	4
8	5	1	4	9	2	3	6	7
7	3	4	1	8	6	9	5	2
1	6	3	5	7	8	2	4	9
2	8	5	9	4	1	7	3	6
4	7	9	2	6	3	1	8	5
5	4	7	3	1	9	6	2	8
3	9	8	6	2	4	5	7	1
6	1	2	8	5	7	4	9	3

1202

4	1	5	2	6	3	7	8	9
3	6	7	8	9	4	5	2	1
9	2	8	5	1	7	3	6	4
8	7	6	1	4	2	9	5	3
2	9	4	6	3	5	8	1	7
5	3	1	9	7	8	6	4	2
6	4	9	3	5	1	2	7	8
7	5	2	4	8	9	1	3	6
1	8	3	7	2	6	4	9	5

1203

4	5	7	1	6	9	2	8	3
2	6	9	8	5	3	1	4	7
3	8	1	2	4	7	5	9	6
5	9	2	3	7	6	8	1	4
6	1	8	9	2	4	3	7	5
7	4	3	5	1	8	6	2	9
1	7	5	4	3	2	9	6	8
8	3	4	6	9	1	7	5	2
9	2	6	7	8	5	4	3	1

1204

9	1	3	2	7	5	8	4	6
5	2	8	6	9	4	7	3	1
6	7	4	1	8	3	5	2	9
2	9	5	3	4	1	6	7	8
8	3	6	7	5	2	9	1	4
7	4	1	8	6	9	3	5	2
3	5	2	9	1	8	4	6	7
4	8	7	5	2	6	1	9	3
1	6	9	4	3	7	2	8	5

1205

1	2	4	3	7	8	9	5	6
3	7	5	1	9	6	8	2	4
8	9	6	2	4	5	1	7	3
2	8	9	5	6	1	4	3	7
4	5	3	7	8	9	2	6	1
6	1	7	4	2	3	5	9	8
5	3	8	9	1	7	6	4	2
9	4	1	6	3	2	7	8	5
7	6	2	8	5	4	3	1	9

1206

5	4	8	9	1	7	6	2	3
6	2	9	3	4	5	8	1	7
7	3	1	8	2	6	5	9	4
2	9	3	6	5	4	7	8	1
4	6	5	1	7	8	9	3	2
1	8	7	2	3	9	4	6	5
8	7	2	5	9	3	1	4	6
3	5	6	4	8	1	2	7	9
9	1	4	7	6	2	3	5	8

1207

1	4	6	5	9	3	7	8	2
2	9	7	6	8	1	3	4	5
3	5	8	4	7	2	6	1	9
9	6	2	3	4	8	1	5	7
5	7	3	1	2	6	8	9	4
4	8	1	7	5	9	2	6	3
6	1	9	2	3	4	5	7	8
7	2	4	8	1	5	9	3	6
8	3	5	9	6	7	4	2	1

1208

5	8	9	7	6	2	3	1	4
2	6	1	3	9	4	5	7	8
7	3	4	8	1	5	9	2	6
9	4	7	1	8	3	6	5	2
6	1	5	4	2	9	7	8	3
8	2	3	6	5	7	1	4	9
1	5	2	9	3	8	4	6	7
3	7	6	2	4	1	8	9	5
4	9	8	5	7	6	2	3	1

1209

4	5	7	3	2	6	1	8	9
3	6	9	1	8	7	2	4	5
1	8	2	5	4	9	7	6	3
6	9	1	2	5	8	3	7	4
7	2	3	4	6	1	9	5	8
8	4	5	7	9	3	6	1	2
9	7	4	8	1	2	5	3	6
5	1	6	9	3	4	8	2	7
2	3	8	6	7	5	4	9	1

1210

5	7	9	8	4	3	1	6	2
3	8	1	7	6	2	9	4	5
6	4	2	9	1	5	7	3	8
4	9	5	3	8	1	6	2	7
7	1	3	5	2	6	8	9	4
8	2	6	4	9	7	5	1	3
9	3	7	1	5	4	2	8	6
2	5	8	6	3	9	4	7	1
1	6	4	2	7	8	3	5	9

1211

6	1	3	7	4	8	5	9	2
9	7	4	5	1	2	3	8	6
5	2	8	6	9	3	1	4	7
1	6	5	8	2	9	4	7	3
8	3	7	4	6	1	2	5	9
2	4	9	3	5	7	6	1	8
7	5	6	9	3	4	8	2	1
3	9	1	2	8	5	7	6	4
4	8	2	1	7	6	9	3	5

1212

9	5	2	7	6	8	3	4	1
3	6	7	5	1	4	2	9	8
4	1	8	9	2	3	6	7	5
8	7	3	6	9	1	5	2	4
1	9	4	3	5	2	7	8	6
6	2	5	8	4	7	9	1	3
2	3	9	4	8	5	1	6	7
7	4	6	1	3	9	8	5	2
5	8	1	2	7	6	4	3	9

1213

2	3	5	4	6	8	1	7	9
8	7	1	2	5	9	4	6	3
6	9	4	1	7	3	5	8	2
7	1	6	3	8	2	9	4	5
3	4	8	5	9	6	2	1	7
9	5	2	7	1	4	6	3	8
1	6	3	8	2	5	7	9	4
4	2	7	9	3	1	8	5	6
5	8	9	6	4	7	3	2	1

1214

2	4	8	9	7	5	6	3	1
3	7	1	8	4	6	5	2	9
9	6	5	3	2	1	4	8	7
4	8	7	6	3	9	1	5	2
5	3	9	1	8	2	7	6	4
6	1	2	7	5	4	3	9	8
7	9	3	4	6	8	2	1	5
8	2	4	5	1	3	9	7	6
1	5	6	2	9	7	8	4	3

1215

5	2	3	4	6	8	9	7	1
6	1	9	2	7	3	5	4	8
7	8	4	5	9	1	3	6	2
3	6	1	9	2	4	7	8	5
8	4	7	1	3	5	2	9	6
9	5	2	7	8	6	4	1	3
4	9	5	8	1	2	6	3	7
1	7	6	3	5	9	8	2	4
2	3	8	6	4	7	1	5	9

1216

1	2	6	3	4	5	7	8	9
3	7	8	2	9	1	4	6	5
4	5	9	6	7	8	2	3	1
5	8	1	7	2	4	6	9	3
6	9	4	1	8	3	5	7	2
2	3	7	9	5	6	8	1	4
7	1	2	4	6	9	3	5	8
9	6	5	8	3	2	1	4	7
8	4	3	5	1	7	9	2	6

1217

3	1	7	2	6	8	4	5	9
4	9	5	3	7	1	8	2	6
6	8	2	4	5	9	1	7	3
7	5	3	8	9	4	6	1	2
9	2	8	6	1	7	3	4	5
1	6	4	5	3	2	9	8	7
2	3	9	1	4	5	7	6	8
8	4	6	7	2	3	5	9	1
5	7	1	9	8	6	2	3	4

1218

9	5	1	8	2	4	6	7	3
8	4	6	3	1	7	9	5	2
3	7	2	6	5	9	1	8	4
4	3	5	7	6	1	8	2	9
1	8	7	9	3	2	5	4	6
2	6	9	4	8	5	3	1	7
7	9	8	5	4	3	2	6	1
5	1	3	2	7	6	4	9	8
6	2	4	1	9	8	7	3	5

1219

8	1	4	5	3	7	2	9	6
7	2	5	1	9	6	3	4	8
9	3	6	8	4	2	7	1	5
5	6	2	3	7	9	4	8	1
1	4	7	2	6	8	5	3	9
3	8	9	4	5	1	6	2	7
2	5	8	6	1	3	9	7	4
4	9	3	7	8	5	1	6	2
6	7	1	9	2	4	8	5	3

1220

4	7	8	9	1	3	2	5	6
5	9	2	6	7	4	1	3	8
6	1	3	8	5	2	9	7	4
2	6	5	7	8	9	3	4	1
8	3	7	1	4	5	6	9	2
9	4	1	2	3	6	5	8	7
1	5	9	4	2	7	8	6	3
3	2	4	5	6	8	7	1	9
7	8	6	3	9	1	4	2	5

1221

4	2	8	9	7	3	6	5	1
5	1	9	2	4	6	3	8	7
6	7	3	8	5	1	9	4	2
1	3	4	5	9	7	2	6	8
9	5	2	4	6	8	7	1	3
7	8	6	1	3	2	5	9	4
2	6	5	7	8	4	1	3	9
8	9	7	3	1	5	4	2	6
3	4	1	6	2	9	8	7	5

1222

5	8	1	6	9	2	7	3	4
7	3	9	1	4	5	8	2	6
4	6	2	3	7	8	9	5	1
9	1	3	2	8	7	4	6	5
6	7	4	5	1	3	2	8	9
8	2	5	9	6	4	1	7	3
1	5	6	7	2	9	3	4	8
3	4	7	8	5	1	6	9	2
2	9	8	4	3	6	5	1	7

1223

8	5	6	9	2	1	3	4	7
4	3	9	8	7	6	1	2	5
7	1	2	5	3	4	9	8	6
6	4	3	7	8	9	5	1	2
9	7	1	6	5	2	8	3	4
2	8	5	4	1	3	7	6	9
3	9	7	2	6	8	4	5	1
1	6	4	3	9	5	2	7	8
5	2	8	1	4	7	6	9	3

1224

9	8	2	3	1	4	6	5	7
3	1	6	5	9	7	2	8	4
5	4	7	6	2	8	1	9	3
1	7	3	2	8	9	4	6	5
2	5	8	4	6	3	7	1	9
4	6	9	1	7	5	8	3	2
6	3	1	9	4	2	5	7	8
7	9	4	8	5	6	3	2	1
8	2	5	7	3	1	9	4	6

1225

7	3	6	1	4	8	9	2	5
5	9	1	7	2	6	4	3	8
8	4	2	5	3	9	1	7	6
4	7	5	3	9	2	8	6	1
3	1	8	6	7	5	2	4	9
6	2	9	4	8	1	3	5	7
9	8	7	2	5	3	6	1	4
1	5	3	8	6	4	7	9	2
2	6	4	9	1	7	5	8	3

1226

1	8	9	3	2	4	5	6	7
6	5	3	9	7	1	2	4	8
2	7	4	5	6	8	9	1	3
4	1	5	7	3	2	6	8	9
9	2	6	1	8	5	3	7	4
7	3	8	6	4	9	1	2	5
3	4	1	8	9	6	7	5	2
8	6	7	2	5	3	4	9	1
5	9	2	4	1	7	8	3	6

1227

4	9	7	3	1	5	6	2	8
8	1	2	4	6	9	5	7	3
6	3	5	7	8	2	4	1	9
3	8	9	5	7	1	2	4	6
2	4	1	9	3	6	7	8	5
7	5	6	8	2	4	9	3	1
5	2	8	1	9	7	3	6	4
9	6	3	2	4	8	1	5	7
1	7	4	6	5	3	8	9	2

1228

3	4	2	5	6	7	8	9	1
6	1	5	8	9	3	2	7	4
9	7	8	1	2	4	3	5	6
1	9	3	7	4	5	6	8	2
7	2	4	6	8	1	5	3	9
8	5	6	9	3	2	4	1	7
2	3	7	4	5	9	1	6	8
4	8	9	3	1	6	7	2	5
5	6	1	2	7	8	9	4	3

1229

1	5	9	2	3	8	4	6	7
7	4	2	1	5	6	3	8	9
8	6	3	4	7	9	1	2	5
9	1	6	7	2	3	5	4	8
4	3	7	8	6	5	9	1	2
5	2	8	9	4	1	7	3	6
2	7	1	5	8	4	6	9	3
3	8	4	6	9	7	2	5	1
6	9	5	3	1	2	8	7	4

1230

7	8	2	5	6	3	4	9	1
6	9	3	4	2	1	8	5	7
5	1	4	9	8	7	3	2	6
8	3	5	1	9	4	6	7	2
9	2	6	7	3	8	1	4	5
1	4	7	2	5	6	9	3	8
2	6	9	8	4	5	7	1	3
3	5	1	6	7	9	2	8	4
4	7	8	3	1	2	5	6	9

1231

6	5	7	8	9	2	4	1	3
3	2	9	7	1	4	5	8	6
8	4	1	5	6	3	2	7	9
7	3	8	2	4	1	9	6	5
5	6	2	9	3	7	8	4	1
1	9	4	6	5	8	3	2	7
2	7	3	1	8	5	6	9	4
9	1	5	4	2	6	7	3	8
4	8	6	3	7	9	1	5	2

1232

8	2	4	1	5	6	7	3	9
7	5	3	8	9	4	1	6	2
9	1	6	3	2	7	5	8	4
1	4	5	6	7	9	8	2	3
2	6	8	5	3	1	9	4	7
3	7	9	2	4	8	6	5	1
4	8	7	9	6	2	3	1	5
5	9	1	4	8	3	2	7	6
6	3	2	7	1	5	4	9	8

1233

8	9	6	7	5	4	1	2	3
3	5	1	6	9	2	7	4	8
2	4	7	8	1	3	6	5	9
4	1	8	3	2	9	5	7	6
5	3	9	1	7	6	2	8	4
6	7	2	5	4	8	3	9	1
9	6	3	2	8	5	4	1	7
7	2	4	9	6	1	8	3	5
1	8	5	4	3	7	9	6	2

1234

2	6	4	8	3	1	9	5	7
8	1	5	7	9	6	3	2	4
3	9	7	4	2	5	8	6	1
9	3	6	5	7	4	1	8	2
4	5	8	2	1	3	6	7	9
1	7	2	9	6	8	4	3	5
5	8	9	6	4	2	7	1	3
7	2	1	3	8	9	5	4	6
6	4	3	1	5	7	2	9	8

1235

7	6	3	1	4	8	9	2	5
1	8	5	6	9	2	3	7	4
4	9	2	3	5	7	6	8	1
6	1	4	7	2	3	8	5	9
3	5	7	9	8	6	1	4	2
9	2	8	4	1	5	7	3	6
2	4	6	8	7	9	5	1	3
5	7	9	2	3	1	4	6	8
8	3	1	5	6	4	2	9	7

1236

1	7	2	4	3	5	8	9	6
9	5	6	8	1	7	3	2	4
4	8	3	6	9	2	7	1	5
3	4	9	2	6	1	5	8	7
8	2	1	5	7	3	4	6	9
5	6	7	9	8	4	2	3	1
6	3	4	7	2	9	1	5	8
2	9	5	1	4	8	6	7	3
7	1	8	3	5	6	9	4	2

1237

4	9	1	2	3	7	5	8	6
6	7	2	9	8	5	1	3	4
5	3	8	4	1	6	7	9	2
7	6	3	5	4	8	9	2	1
8	1	4	3	9	2	6	7	5
9	2	5	6	7	1	3	4	8
1	4	6	7	2	9	8	5	3
3	5	7	8	6	4	2	1	9
2	8	9	1	5	3	4	6	7

1238

4	1	5	7	2	6	8	9	3
9	2	6	1	8	3	4	5	7
7	3	8	4	5	9	2	1	6
8	5	7	2	6	1	9	3	4
2	6	3	9	4	7	1	8	5
1	9	4	5	3	8	7	6	2
3	4	9	8	7	5	6	2	1
5	7	1	6	9	2	3	4	8
6	8	2	3	1	4	5	7	9

1239

7	8	3	9	1	4	2	5	6
9	2	4	6	8	5	7	1	3
6	1	5	2	3	7	8	9	4
8	3	6	1	4	9	5	2	7
1	7	2	8	5	6	4	3	9
5	4	9	3	7	2	1	6	8
4	9	7	5	6	1	3	8	2
2	5	8	7	9	3	6	4	1
3	6	1	4	2	8	9	7	5

1240

1	3	6	4	5	8	9	2	7
8	5	7	9	6	2	1	4	3
9	4	2	3	7	1	6	5	8
2	7	4	8	9	3	5	6	1
5	8	1	6	2	4	3	7	9
6	9	3	5	1	7	2	8	4
7	1	8	2	3	6	4	9	5
3	6	9	7	4	5	8	1	2
4	2	5	1	8	9	7	3	6

1241

2	9	6	4	8	7	1	5	3
7	4	3	5	1	2	6	8	9
8	1	5	9	3	6	2	7	4
9	8	7	1	2	3	4	6	5
1	5	2	6	7	4	3	9	8
3	6	4	8	9	5	7	2	1
6	2	9	3	4	8	5	1	7
4	7	8	2	5	1	9	3	6
5	3	1	7	6	9	8	4	2

1242

4	6	8	9	5	1	7	2	3
1	7	3	8	4	2	6	5	9
5	2	9	3	7	6	1	4	8
9	8	4	7	2	3	5	6	1
2	5	1	6	8	4	9	3	7
6	3	7	1	9	5	4	8	2
7	1	5	2	6	8	3	9	4
8	9	6	4	3	7	2	1	5
3	4	2	5	1	9	8	7	6

1243

1	8	5	2	6	9	3	4	7
4	9	6	1	7	3	8	5	2
2	3	7	4	8	5	1	6	9
3	1	8	6	5	7	2	9	4
5	4	9	8	2	1	7	3	6
6	7	2	9	3	4	5	1	8
7	6	1	5	4	2	9	8	3
8	5	3	7	9	6	4	2	1
9	2	4	3	1	8	6	7	5

1244

2	1	6	5	7	8	9	3	4
3	7	5	9	4	2	8	1	6
9	4	8	1	3	6	5	2	7
5	9	7	2	6	4	3	8	1
8	2	4	3	9	1	7	6	5
6	3	1	7	8	5	2	4	9
1	5	9	4	2	3	6	7	8
7	6	2	8	1	9	4	5	3
4	8	3	6	5	7	1	9	2

1245

4	9	1	5	6	3	8	2	7
5	6	2	7	4	8	1	9	3
8	7	3	9	1	2	6	4	5
9	1	4	6	7	5	2	3	8
6	2	8	1	3	9	7	5	4
7	3	5	8	2	4	9	1	6
1	4	6	3	9	7	5	8	2
2	5	7	4	8	1	3	6	9
3	8	9	2	5	6	4	7	1

1246

1	4	6	7	8	5	9	2	3
2	3	8	9	1	4	5	7	6
7	5	9	6	2	3	4	8	1
5	2	7	3	4	6	8	1	9
4	8	1	2	9	7	3	6	5
6	9	3	1	5	8	2	4	7
8	1	2	5	7	9	6	3	4
9	6	4	8	3	1	7	5	2
3	7	5	4	6	2	1	9	8

1247

8	2	5	9	7	3	4	6	1
9	3	6	1	4	5	7	8	2
1	4	7	2	8	6	5	3	9
4	6	8	3	1	7	2	9	5
5	7	9	8	6	2	1	4	3
2	1	3	4	5	9	8	7	6
3	8	1	5	9	4	6	2	7
6	5	2	7	3	8	9	1	4
7	9	4	6	2	1	3	5	8

1248

5	2	8	3	6	7	4	9	1
6	7	3	4	9	1	5	2	8
1	9	4	2	5	8	7	3	6
8	1	2	7	4	6	9	5	3
3	5	9	8	1	2	6	4	7
4	6	7	5	3	9	8	1	2
7	8	5	9	2	3	1	6	4
9	3	1	6	7	4	2	8	5
2	4	6	1	8	5	3	7	9

1249

2	5	8	6	9	7	3	4	1
4	6	9	8	3	1	2	5	7
3	7	1	2	5	4	6	9	8
1	2	4	5	7	6	8	3	9
9	3	6	4	1	8	5	7	2
5	8	7	3	2	9	1	6	4
6	9	2	1	4	3	7	8	5
7	1	3	9	8	5	4	2	6
8	4	5	7	6	2	9	1	3

1250

9	3	5	4	8	1	2	6	7
1	8	6	7	2	5	3	4	9
2	4	7	6	3	9	1	5	8
8	5	9	3	1	2	4	7	6
4	6	1	5	7	8	9	2	3
3	7	2	9	6	4	8	1	5
7	9	8	1	4	6	5	3	2
5	1	3	2	9	7	6	8	4
6	2	4	8	5	3	7	9	1

1251

3	4	6	9	1	2	8	5	7
7	9	1	3	5	8	2	4	6
8	5	2	6	7	4	3	9	1
9	6	3	8	4	1	5	7	2
1	7	4	2	9	5	6	3	8
2	8	5	7	6	3	9	1	4
4	3	7	5	8	6	1	2	9
5	1	8	4	2	9	7	6	3
6	2	9	1	3	7	4	8	5

1252

1	5	6	3	7	2	4	8	9
7	3	8	4	5	9	6	1	2
2	4	9	6	8	1	3	7	5
9	7	2	1	4	6	8	5	3
3	8	4	9	2	5	7	6	1
6	1	5	7	3	8	9	2	4
5	9	7	8	1	3	2	4	6
4	6	1	2	9	7	5	3	8
8	2	3	5	6	4	1	9	7

1253

7	2	3	4	8	5	9	1	6
4	9	5	6	1	7	2	3	8
8	1	6	2	9	3	4	5	7
5	3	4	9	6	8	1	7	2
9	6	2	5	7	1	8	4	3
1	8	7	3	4	2	5	6	9
2	4	8	1	3	6	7	9	5
3	7	9	8	5	4	6	2	1
6	5	1	7	2	9	3	8	4

1254

7	3	1	5	4	6	8	9	2
8	6	4	9	7	2	3	1	5
2	9	5	1	3	8	6	7	4
1	5	8	3	6	9	4	2	7
9	4	2	8	1	7	5	3	6
6	7	3	2	5	4	1	8	9
3	8	6	7	9	5	2	4	1
4	1	7	6	2	3	9	5	8
5	2	9	4	8	1	7	6	3

1255

8	1	4	7	9	6	5	2	3
9	2	3	1	4	5	7	6	8
7	6	5	8	3	2	9	4	1
1	9	6	2	7	3	8	5	4
2	4	7	5	1	8	6	3	9
3	5	8	9	6	4	2	1	7
6	7	9	4	2	1	3	8	5
5	3	1	6	8	7	4	9	2
4	8	2	3	5	9	1	7	6

1256

7	5	6	1	9	8	2	3	4
4	8	9	5	3	2	1	6	7
2	3	1	4	6	7	5	8	9
9	2	8	6	7	1	4	5	3
1	6	5	3	8	4	7	9	2
3	7	4	2	5	9	8	1	6
6	4	2	9	1	5	3	7	8
5	9	7	8	2	3	6	4	1
8	1	3	7	4	6	9	2	5

1257

5	9	1	3	7	2	6	4	8
6	2	3	5	4	8	1	7	9
8	7	4	1	9	6	3	2	5
4	1	2	8	6	5	7	9	3
7	3	5	4	1	9	2	8	6
9	6	8	2	3	7	5	1	4
1	5	6	7	8	4	9	3	2
2	8	7	9	5	3	4	6	1
3	4	9	6	2	1	8	5	7

1258

3	8	2	7	4	9	1	6	5
4	7	9	5	6	1	8	2	3
6	5	1	2	8	3	4	7	9
1	9	8	3	2	5	6	4	7
5	2	4	6	9	7	3	8	1
7	3	6	4	1	8	9	5	2
8	6	7	9	3	2	5	1	4
9	1	5	8	7	4	2	3	6
2	4	3	1	5	6	7	9	8

1259

3	1	8	7	9	2	4	5	6
5	6	7	1	4	8	3	2	9
4	9	2	3	5	6	8	7	1
2	7	4	5	6	9	1	3	8
6	5	1	8	2	3	7	9	4
9	8	3	4	7	1	5	6	2
7	2	5	6	8	4	9	1	3
8	3	6	9	1	5	2	4	7
1	4	9	2	3	7	6	8	5

1260

1	3	5	7	2	6	4	8	9
2	8	4	9	3	1	6	7	5
7	9	6	4	5	8	1	3	2
6	1	8	5	9	2	3	4	7
3	7	9	8	1	4	2	5	6
5	4	2	6	7	3	8	9	1
8	2	7	1	4	5	9	6	3
9	6	3	2	8	7	5	1	4
4	5	1	3	6	9	7	2	8

1261

3	6	9	5	2	7	4	8	1
4	7	1	8	3	9	2	6	5
5	8	2	4	6	1	9	7	3
6	5	7	9	8	2	1	3	4
8	2	3	7	1	4	5	9	6
1	9	4	6	5	3	7	2	8
7	3	5	2	4	6	8	1	9
9	4	6	1	7	8	3	5	2
2	1	8	3	9	5	6	4	7

1262

2	4	9	5	8	3	6	1	7
3	5	6	7	1	2	9	8	4
1	8	7	4	9	6	2	3	5
4	6	8	1	3	7	5	2	9
9	7	3	2	4	5	8	6	1
5	2	1	8	6	9	4	7	3
7	3	2	9	5	8	1	4	6
6	9	4	3	2	1	7	5	8
8	1	5	6	7	4	3	9	2

1263

6	1	4	8	7	9	2	3	5
8	2	5	3	4	6	7	1	9
9	3	7	1	2	5	6	4	8
4	7	6	9	3	8	1	5	2
1	5	8	4	6	2	9	7	3
2	9	3	7	5	1	8	6	4
5	6	1	2	9	3	4	8	7
7	8	2	5	1	4	3	9	6
3	4	9	6	8	7	5	2	1

1264

9	4	3	8	7	5	1	2	6
8	2	5	4	6	1	3	7	9
1	6	7	9	2	3	8	5	4
4	7	8	3	5	9	2	6	1
2	1	9	6	4	7	5	8	3
3	5	6	1	8	2	9	4	7
5	3	4	2	9	6	7	1	8
7	8	1	5	3	4	6	9	2
6	9	2	7	1	8	4	3	5

1265

4	5	2	3	7	8	9	6	1
7	8	1	6	5	9	2	3	4
6	9	3	1	2	4	8	7	5
5	7	6	9	4	1	3	8	2
8	1	9	2	6	3	5	4	7
2	3	4	5	8	7	6	1	9
3	2	5	7	1	6	4	9	8
9	4	7	8	3	2	1	5	6
1	6	8	4	9	5	7	2	3

1266

2	1	7	6	5	3	8	4	9
3	5	8	4	1	9	6	7	2
4	6	9	2	7	8	3	1	5
1	7	6	5	8	4	9	2	3
9	2	5	3	6	1	4	8	7
8	3	4	7	9	2	1	5	6
5	8	1	9	2	6	7	3	4
6	4	2	1	3	7	5	9	8
7	9	3	8	4	5	2	6	1

1267

4	7	9	6	8	5	1	2	3
5	8	1	2	9	3	6	4	7
6	2	3	7	1	4	5	8	9
7	9	2	1	3	8	4	5	6
3	1	4	5	6	7	8	9	2
8	6	5	4	2	9	7	3	1
9	3	6	8	4	1	2	7	5
1	4	7	3	5	2	9	6	8
2	5	8	9	7	6	3	1	4

1268

8	1	7	5	9	2	6	3	4
4	5	6	1	8	3	7	2	9
2	3	9	6	7	4	1	5	8
5	7	8	3	6	9	2	4	1
6	9	1	2	4	8	3	7	5
3	4	2	7	5	1	8	9	6
7	8	5	4	2	6	9	1	3
9	2	3	8	1	5	4	6	7
1	6	4	9	3	7	5	8	2

1269

9	6	4	7	5	1	2	8	3
1	8	7	4	2	3	5	9	6
3	2	5	9	6	8	4	7	1
5	7	8	6	3	4	1	2	9
6	1	9	2	7	5	8	3	4
2	4	3	8	1	9	7	6	5
7	9	1	3	4	2	6	5	8
4	3	2	5	8	6	9	1	7
8	5	6	1	9	7	3	4	2

1270

3	7	4	1	5	8	6	9	2
5	9	2	6	7	4	1	8	3
8	1	6	3	2	9	4	5	7
9	5	1	4	3	7	8	2	6
4	8	3	9	6	2	7	1	5
6	2	7	8	1	5	9	3	4
1	6	5	7	9	3	2	4	8
7	3	8	2	4	1	5	6	9
2	4	9	5	8	6	3	7	1

1271

9	2	6	7	4	8	5	1	3
1	3	7	9	5	6	8	4	2
4	5	8	3	1	2	7	9	6
2	4	1	6	9	5	3	7	8
8	6	9	1	3	7	2	5	4
5	7	3	2	8	4	9	6	1
3	9	5	8	6	1	4	2	7
6	8	2	4	7	9	1	3	5
7	1	4	5	2	3	6	8	9

1272

7	4	8	9	2	5	1	3	6
2	3	9	1	8	6	7	4	5
6	5	1	7	3	4	8	2	9
3	2	4	8	6	9	5	7	1
8	6	7	4	5	1	2	9	3
1	9	5	2	7	3	4	6	8
4	7	6	3	1	8	9	5	2
5	1	2	6	9	7	3	8	4
9	8	3	5	4	2	6	1	7

1273

4	8	1	6	9	3	2	5	7
7	9	2	1	8	5	4	6	3
3	5	6	4	7	2	9	8	1
5	1	7	8	4	6	3	9	2
6	4	3	2	5	9	1	7	8
8	2	9	3	1	7	5	4	6
1	7	4	9	2	8	6	3	5
9	3	5	7	6	1	8	2	4
2	6	8	5	3	4	7	1	9

1274

2	4	7	8	9	3	5	1	6
3	5	8	4	6	1	7	2	9
9	6	1	7	5	2	3	8	4
7	1	6	9	2	4	8	3	5
4	8	9	1	3	5	6	7	2
5	2	3	6	8	7	9	4	1
6	7	2	3	4	9	1	5	8
8	3	4	5	1	6	2	9	7
1	9	5	2	7	8	4	6	3

1275

4	3	7	8	2	6	5	1	9
8	9	2	5	7	1	4	6	3
5	1	6	3	4	9	7	2	8
6	4	9	2	1	3	8	5	7
3	8	1	4	5	7	6	9	2
7	2	5	6	9	8	1	3	4
9	5	8	1	3	4	2	7	6
2	6	3	7	8	5	9	4	1
1	7	4	9	6	2	3	8	5

1276

7	8	1	6	9	3	2	4	5
6	2	4	8	5	7	9	1	3
3	9	5	1	2	4	6	8	7
4	3	7	5	1	6	8	2	9
1	5	8	9	4	2	3	7	6
2	6	9	3	7	8	4	5	1
8	7	6	2	3	5	1	9	4
9	4	2	7	6	1	5	3	8
5	1	3	4	8	9	7	6	2

1277

7	6	3	9	5	8	1	2	4
8	9	1	4	2	7	3	5	6
5	4	2	6	1	3	8	7	9
9	5	8	7	4	1	6	3	2
1	2	4	3	6	9	7	8	5
3	7	6	5	8	2	4	9	1
4	8	7	1	9	5	2	6	3
2	1	9	8	3	6	5	4	7
6	3	5	2	7	4	9	1	8

1278

8	9	1	6	2	5	7	4	3
7	5	3	4	8	9	1	2	6
6	2	4	1	7	3	9	8	5
4	6	2	8	1	7	3	5	9
3	7	8	9	5	6	4	1	2
9	1	5	2	3	4	6	7	8
5	4	6	7	9	8	2	3	1
1	8	7	3	6	2	5	9	4
2	3	9	5	4	1	8	6	7

1279

7	2	5	4	3	6	1	8	9
8	1	4	9	2	7	5	6	3
9	3	6	5	1	8	4	2	7
4	6	7	8	5	1	9	3	2
1	5	9	2	7	3	8	4	6
3	8	2	6	4	9	7	5	1
5	7	8	1	6	2	3	9	4
2	9	1	3	8	4	6	7	5
6	4	3	7	9	5	2	1	8

1280

1	6	9	2	5	8	3	7	4
7	8	3	4	6	9	1	5	2
2	4	5	3	7	1	8	9	6
3	5	6	7	4	2	9	8	1
8	9	7	6	1	3	2	4	5
4	2	1	8	9	5	6	3	7
9	7	2	1	8	4	5	6	3
5	1	4	9	3	6	7	2	8
6	3	8	5	2	7	4	1	9

1281

5	9	6	7	1	4	8	3	2
3	2	7	5	8	6	1	9	4
8	4	1	9	2	3	6	5	7
2	6	3	1	7	5	9	4	8
9	1	5	8	4	2	7	6	3
4	7	8	6	3	9	2	1	5
7	8	9	4	5	1	3	2	6
6	3	4	2	9	7	5	8	1
1	5	2	3	6	8	4	7	9

1282

5	6	9	1	4	8	7	2	3
4	8	1	2	7	3	9	6	5
3	7	2	6	9	5	4	1	8
9	1	8	5	6	7	2	3	4
6	5	3	4	1	2	8	7	9
7	2	4	3	8	9	6	5	1
8	9	5	7	3	6	1	4	2
1	3	6	9	2	4	5	8	7
2	4	7	8	5	1	3	9	6

1283

4	9	8	5	2	3	1	6	7
6	1	3	7	8	9	2	5	4
7	2	5	1	6	4	9	3	8
2	5	1	8	3	7	4	9	6
9	7	4	6	1	5	8	2	3
8	3	6	9	4	2	5	7	1
3	4	7	2	9	1	6	8	5
5	6	9	4	7	8	3	1	2
1	8	2	3	5	6	7	4	9

1284

9	8	5	4	7	1	6	2	3
3	1	6	9	8	2	4	5	7
4	2	7	3	6	5	9	1	8
1	9	2	5	3	4	7	8	6
5	7	4	8	2	6	1	3	9
6	3	8	7	1	9	2	4	5
7	4	9	1	5	8	3	6	2
2	5	3	6	4	7	8	9	1
8	6	1	2	9	3	5	7	4

1285

9	1	7	2	3	4	8	5	6
5	3	2	8	6	1	7	9	4
4	6	8	5	7	9	1	2	3
1	8	3	4	9	5	6	7	2
6	9	4	1	2	7	3	8	5
7	2	5	3	8	6	4	1	9
2	4	6	7	5	8	9	3	1
8	5	9	6	1	3	2	4	7
3	7	1	9	4	2	5	6	8

1286

4	1	6	3	9	2	5	7	8
2	9	7	1	5	8	4	3	6
3	5	8	4	7	6	9	2	1
7	6	9	2	1	4	8	5	3
8	2	1	5	3	9	6	4	7
5	3	4	8	6	7	1	9	2
9	7	2	6	4	1	3	8	5
6	4	5	7	8	3	2	1	9
1	8	3	9	2	5	7	6	4

1287

5	9	1	6	3	4	2	7	8
6	4	2	5	7	8	9	1	3
7	8	3	9	1	2	6	4	5
3	1	8	7	2	5	4	6	9
9	7	5	1	4	6	3	8	2
2	6	4	8	9	3	1	5	7
1	3	6	2	8	7	5	9	4
8	2	9	4	5	1	7	3	6
4	5	7	3	6	9	8	2	1

1288

9	5	4	8	1	6	3	7	2
8	2	6	5	7	3	9	4	1
1	3	7	9	2	4	8	5	6
3	6	2	4	8	9	5	1	7
4	8	5	1	3	7	2	6	9
7	9	1	2	6	5	4	3	8
2	7	8	3	4	1	6	9	5
6	4	9	7	5	8	1	2	3
5	1	3	6	9	2	7	8	4

1289

8	7	4	9	3	5	6	1	2
2	1	6	7	8	4	9	5	3
9	3	5	6	1	2	8	4	7
3	4	8	2	5	6	7	9	1
1	5	9	3	4	7	2	6	8
7	6	2	1	9	8	5	3	4
6	8	3	4	7	9	1	2	5
4	2	7	5	6	1	3	8	9
5	9	1	8	2	3	4	7	6

1290

4	7	1	2	5	9	3	8	6
6	9	8	7	3	4	1	5	2
2	5	3	1	6	8	9	4	7
7	3	6	8	1	5	2	9	4
8	1	4	9	2	3	6	7	5
5	2	9	4	7	6	8	3	1
9	6	5	3	4	1	7	2	8
1	8	2	5	9	7	4	6	3
3	4	7	6	8	2	5	1	9

1291

4	2	5	6	8	1	7	9	3
8	6	7	2	9	3	1	5	4
9	3	1	7	4	5	6	2	8
1	5	2	4	7	9	3	8	6
6	4	8	1	3	2	5	7	9
3	7	9	5	6	8	2	4	1
2	8	3	9	5	6	4	1	7
5	9	4	3	1	7	8	6	2
7	1	6	8	2	4	9	3	5

1292

3	4	7	8	2	1	5	9	6
2	1	5	3	9	6	4	8	7
9	6	8	4	5	7	1	2	3
8	9	1	7	6	2	3	4	5
4	2	3	5	1	8	6	7	9
5	7	6	9	3	4	2	1	8
1	8	4	6	7	3	9	5	2
6	5	2	1	8	9	7	3	4
7	3	9	2	4	5	8	6	1

1293

7	2	9	3	1	6	8	4	5
8	1	5	4	9	2	3	6	7
4	6	3	5	7	8	9	2	1
5	3	8	7	2	9	4	1	6
6	4	2	1	3	5	7	8	9
9	7	1	8	6	4	5	3	2
1	5	6	9	4	3	2	7	8
2	8	4	6	5	7	1	9	3
3	9	7	2	8	1	6	5	4

1294

1	4	5	6	7	9	2	8	3
2	9	6	8	4	3	1	7	5
7	3	8	1	2	5	6	9	4
3	2	7	4	9	6	8	5	1
4	5	1	2	3	8	9	6	7
6	8	9	5	1	7	4	3	2
5	6	2	7	8	1	3	4	9
8	1	3	9	5	4	7	2	6
9	7	4	3	6	2	5	1	8

1295

8	1	2	3	9	7	4	5	6
3	7	4	5	8	6	1	2	9
6	9	5	1	2	4	3	7	8
7	4	3	6	5	2	9	8	1
2	5	8	9	1	3	6	4	7
9	6	1	4	7	8	2	3	5
4	8	7	2	6	9	5	1	3
1	2	6	7	3	5	8	9	4
5	3	9	8	4	1	7	6	2

1296

6	3	9	8	2	4	7	5	1
2	1	5	6	7	9	8	3	4
8	4	7	1	3	5	2	6	9
7	5	2	9	8	3	1	4	6
9	8	4	2	1	6	3	7	5
1	6	3	5	4	7	9	8	2
3	7	6	4	9	2	5	1	8
4	2	1	3	5	8	6	9	7
5	9	8	7	6	1	4	2	3

1297

7	1	8	2	5	6	9	3	4
5	2	3	8	4	9	6	1	7
4	9	6	7	3	1	2	5	8
6	7	5	9	8	2	3	4	1
8	3	9	4	1	5	7	2	6
1	4	2	3	6	7	8	9	5
2	5	7	1	9	8	4	6	3
9	6	4	5	7	3	1	8	2
3	8	1	6	2	4	5	7	9

1298

3	6	5	1	7	8	9	2	4
9	4	8	2	5	3	7	6	1
2	1	7	4	9	6	5	8	3
1	5	3	8	2	7	6	4	9
6	8	9	3	4	1	2	5	7
7	2	4	5	6	9	3	1	8
4	9	1	6	3	2	8	7	5
5	3	6	7	8	4	1	9	2
8	7	2	9	1	5	4	3	6

1299

6	9	3	8	4	5	7	1	2
1	2	8	6	9	7	3	5	4
5	7	4	1	3	2	6	9	8
3	5	2	4	7	8	9	6	1
7	1	6	3	2	9	4	8	5
4	8	9	5	6	1	2	7	3
9	6	5	2	1	3	8	4	7
8	3	7	9	5	4	1	2	6
2	4	1	7	8	6	5	3	9

1300

6	7	9	4	8	2	1	5	3
3	8	1	5	9	6	2	4	7
5	4	2	3	1	7	6	8	9
1	9	4	2	5	8	7	3	6
8	3	6	7	4	1	9	2	5
2	5	7	6	3	9	8	1	4
4	1	8	9	6	5	3	7	2
7	6	5	1	2	3	4	9	8
9	2	3	8	7	4	5	6	1

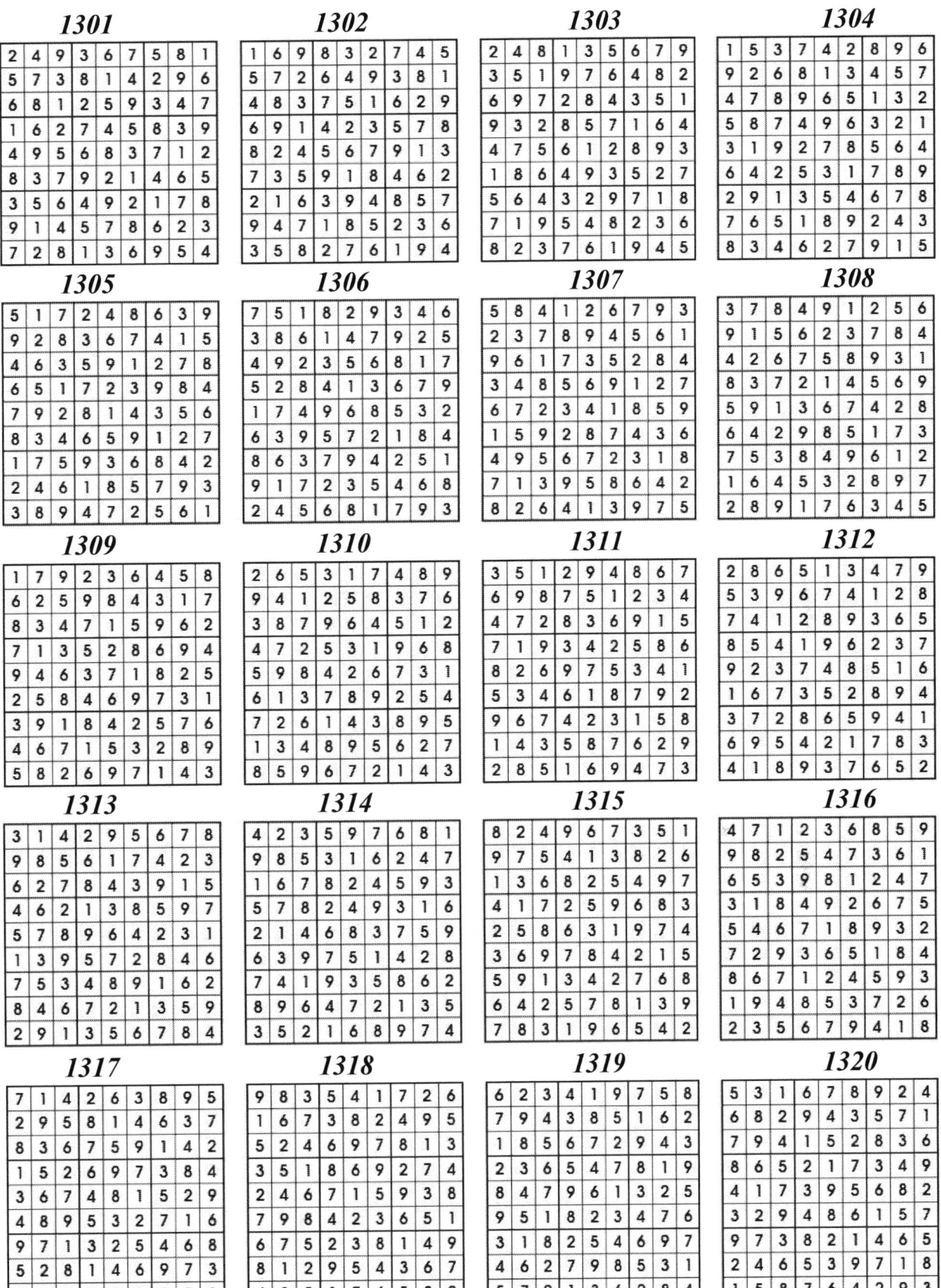

1301

2	4	9	3	6	7	5	8	1
5	7	3	8	1	4	2	9	6
6	8	1	2	5	9	3	4	7
1	6	2	7	4	5	8	3	9
4	9	5	6	8	3	7	1	2
8	3	7	9	2	1	4	6	5
3	5	6	4	9	2	1	7	8
9	1	4	5	7	8	6	2	3
7	2	8	1	3	6	9	5	4

1302

1	6	9	8	3	2	7	4	5
5	7	2	6	4	9	3	8	1
4	8	3	7	5	1	6	2	9
6	9	1	4	2	3	5	7	8
8	2	4	5	6	7	9	1	3
7	3	5	9	1	8	4	6	2
2	1	6	3	9	4	8	5	7
9	4	7	1	8	5	2	3	6
3	5	8	2	7	6	1	9	4

1303

2	4	8	1	3	5	6	7	9
3	5	1	9	7	6	4	8	2
6	9	7	2	8	4	3	5	1
9	3	2	8	5	7	1	6	4
4	7	5	6	1	2	8	9	3
1	8	6	4	9	3	5	2	7
5	6	4	3	2	9	7	1	8
7	1	9	5	4	8	2	3	6
8	2	3	7	6	1	9	4	5

1304

1	5	3	7	4	2	8	9	6
9	2	6	8	1	3	4	5	7
4	7	8	9	6	5	1	3	2
5	8	7	4	9	6	3	2	1
3	1	9	2	7	8	5	6	4
6	4	2	5	3	1	7	8	9
2	9	1	3	5	4	6	7	8
7	6	5	1	8	9	2	4	3
8	3	4	6	2	7	9	1	5

1305

5	1	7	2	4	8	6	3	9
9	2	8	3	6	7	4	1	5
4	6	3	5	9	1	2	7	8
6	5	1	7	2	3	9	8	4
7	9	2	8	1	4	3	5	6
8	3	4	6	5	9	1	2	7
1	7	5	9	3	6	8	4	2
2	4	6	1	8	5	7	9	3
3	8	9	4	7	2	5	6	1

1306

7	5	1	8	2	9	3	4	6
3	8	6	1	4	7	9	2	5
4	9	2	3	5	6	8	1	7
5	2	8	4	1	3	6	7	9
1	7	4	9	6	8	5	3	2
6	3	9	5	7	2	1	8	4
8	6	3	7	9	4	2	5	1
9	1	7	2	3	5	4	6	8
2	4	5	6	8	1	7	9	3

1307

5	8	4	1	2	6	7	9	3
2	3	7	8	9	4	5	6	1
9	6	1	7	3	5	2	8	4
3	4	8	5	6	9	1	2	7
6	7	2	3	4	1	8	5	9
1	5	9	2	8	7	4	3	6
4	9	5	6	7	2	3	1	8
7	1	3	9	5	8	6	4	2
8	2	6	4	1	3	9	7	5

1308

3	7	8	4	9	1	2	5	6
9	1	5	6	2	3	7	8	4
4	2	6	7	5	8	9	3	1
8	3	7	2	1	4	5	6	9
5	9	1	3	6	7	4	2	8
6	4	2	9	8	5	1	7	3
7	5	3	8	4	9	6	1	2
1	6	4	5	3	2	8	9	7
2	8	9	1	7	6	3	4	5

1309

1	7	9	2	3	6	4	5	8
6	2	5	9	8	4	3	1	7
8	3	4	7	1	5	9	6	2
7	1	3	5	2	8	6	9	4
9	4	6	3	7	1	8	2	5
2	5	8	4	6	9	7	3	1
3	9	1	8	4	2	5	7	6
4	6	7	1	5	3	2	8	9
5	8	2	6	9	7	1	4	3

1310

2	6	5	3	1	7	4	8	9
9	4	1	2	5	8	3	7	6
3	8	7	9	6	4	5	1	2
4	7	2	5	3	1	9	6	8
5	9	8	4	2	6	7	3	1
6	1	3	7	8	9	2	5	4
7	2	6	1	4	3	8	9	5
1	3	4	8	9	5	6	2	7
8	5	9	6	7	2	1	4	3

1311

3	5	1	2	9	4	8	6	7
6	9	8	7	5	1	2	3	4
4	7	2	8	3	6	9	1	5
7	1	9	3	4	2	5	8	6
8	2	6	9	7	5	3	4	1
5	3	4	6	1	8	7	9	2
9	6	7	4	2	3	1	5	8
1	4	3	5	8	7	6	2	9
2	8	5	1	6	9	4	7	3

1312

2	8	6	5	1	3	4	7	9
5	3	9	6	7	4	1	2	8
7	4	1	2	8	9	3	6	5
8	5	4	1	9	6	2	3	7
9	2	3	7	4	8	5	1	6
1	6	7	3	5	2	8	9	4
3	7	2	8	6	5	9	4	1
6	9	5	4	2	1	7	8	3
4	1	8	9	3	7	6	5	2

1313

3	1	4	2	9	5	6	7	8
9	8	5	6	1	7	4	2	3
6	2	7	8	4	3	9	1	5
4	6	2	1	3	8	5	9	7
5	7	8	9	6	4	2	3	1
1	3	9	5	7	2	8	4	6
7	5	3	4	8	9	1	6	2
8	4	6	7	2	1	3	5	9
2	9	1	3	5	6	7	8	4

1314

4	2	3	5	9	7	6	8	1
9	8	5	3	1	6	2	4	7
1	6	7	8	2	4	5	9	3
5	7	8	2	4	9	3	1	6
2	1	4	6	8	3	7	5	9
6	3	9	7	5	1	4	2	8
7	4	1	9	3	5	8	6	2
8	9	6	4	7	2	1	3	5
3	5	2	1	6	8	9	7	4

1315

8	2	4	9	6	7	3	5	1
9	7	5	4	1	3	8	2	6
1	3	6	8	2	5	4	9	7
4	1	7	2	5	9	6	8	3
2	5	8	6	3	1	9	7	4
3	6	9	7	8	4	2	1	5
5	9	1	3	4	2	7	6	8
6	4	2	5	7	8	1	3	9
7	8	3	1	9	6	5	4	2

1316

4	7	1	2	3	6	8	5	9
9	8	2	5	4	7	3	6	1
6	5	3	9	8	1	2	4	7
3	1	8	4	9	2	6	7	5
5	4	6	7	1	8	9	3	2
7	2	9	3	6	5	1	8	4
8	6	7	1	2	4	5	9	3
1	9	4	8	5	3	7	2	6
2	3	5	6	7	9	4	1	8

1317

7	1	4	2	6	3	8	9	5
2	9	5	8	1	4	6	3	7
8	3	6	7	5	9	1	4	2
1	5	2	6	9	7	3	8	4
3	6	7	4	8	1	5	2	9
4	8	9	5	3	2	7	1	6
9	7	1	3	2	5	4	6	8
5	2	8	1	4	6	9	7	3
6	4	3	9	7	8	2	5	1

1318

9	8	3	5	4	1	7	2	6
1	6	7	3	8	2	4	9	5
5	2	4	6	9	7	8	1	3
3	5	1	8	6	9	2	7	4
2	4	6	7	1	5	9	3	8
7	9	8	4	2	3	6	5	1
6	7	5	2	3	8	1	4	9
8	1	2	9	5	4	3	6	7
4	3	9	1	7	6	5	8	2

1319

6	2	3	4	1	9	7	5	8
7	9	4	3	8	5	1	6	2
1	8	5	6	7	2	9	4	3
2	3	6	5	4	7	8	1	9
8	4	7	9	6	1	3	2	5
9	5	1	8	2	3	4	7	6
3	1	8	2	5	4	6	9	7
4	6	2	7	9	8	5	3	1
5	7	9	1	3	6	2	8	4

1320

5	3	1	6	7	8	9	2	4
6	8	2	9	4	3	5	7	1
7	9	4	1	5	2	8	3	6
8	6	5	2	1	7	3	4	9
4	1	7	3	9	5	6	8	2
3	2	9	4	8	6	1	5	7
9	7	3	8	2	1	4	6	5
2	4	6	5	3	9	7	1	8
1	5	8	7	6	4	2	9	3

1321

8	2	4	6	7	9	5	1	3
9	7	5	1	4	3	6	2	8
1	3	6	5	2	8	9	4	7
2	5	7	3	8	1	4	9	6
3	6	1	7	9	4	2	8	5
4	9	8	2	5	6	7	3	1
5	1	9	4	3	7	8	6	2
6	8	2	9	1	5	3	7	4
7	4	3	8	6	2	1	5	9

1322

3	9	4	5	6	1	8	7	2
2	8	6	4	7	9	1	3	5
5	1	7	3	8	2	4	6	9
4	2	8	1	3	5	7	9	6
6	3	9	2	4	7	5	1	8
7	5	1	6	9	8	3	2	4
1	4	2	7	5	6	9	8	3
8	6	3	9	1	4	2	5	7
9	7	5	8	2	3	6	4	1

1323

2	9	5	6	3	4	1	7	8
3	4	7	8	9	1	2	5	6
6	1	8	5	2	7	3	4	9
4	2	9	3	8	5	6	1	7
5	6	1	4	7	2	8	9	3
8	7	3	9	1	6	4	2	5
7	3	2	1	5	8	9	6	4
9	5	4	2	6	3	7	8	1
1	8	6	7	4	9	5	3	2

1324

4	5	7	6	8	1	2	3	9
3	2	9	7	4	5	1	6	8
8	6	1	3	9	2	4	5	7
2	4	8	9	6	3	7	1	5
5	7	3	1	2	8	6	9	4
9	1	6	5	7	4	8	2	3
6	3	2	8	5	7	9	4	1
1	8	4	2	3	9	5	7	6
7	9	5	4	1	6	3	8	2

1325

8	3	6	7	1	2	4	5	9
4	2	7	3	9	5	6	1	8
1	5	9	8	4	6	2	7	3
9	6	4	1	2	7	3	8	5
2	7	8	5	3	4	9	6	1
3	1	5	9	6	8	7	2	4
5	4	1	2	7	3	8	9	6
6	8	2	4	5	9	1	3	7
7	9	3	6	8	1	5	4	2

1326

7	2	5	4	6	8	1	9	3
9	3	6	5	1	7	8	2	4
1	4	8	2	9	3	5	7	6
4	6	3	7	5	1	9	8	2
5	8	7	9	3	2	4	6	1
2	1	9	6	8	4	3	5	7
3	7	4	8	2	5	6	1	9
6	5	1	3	7	9	2	4	8
8	9	2	1	4	6	7	3	5

1327

7	8	4	9	1	2	3	6	5
2	3	9	5	7	6	1	8	4
6	5	1	8	4	3	9	2	7
3	4	2	1	8	7	5	9	6
8	1	5	4	6	9	2	7	3
9	7	6	3	2	5	4	1	8
1	2	3	6	5	8	7	4	9
5	6	7	2	9	4	8	3	1
4	9	8	7	3	1	6	5	2

1328

1	6	2	5	4	7	8	9	3
8	9	3	1	6	2	5	4	7
7	5	4	8	3	9	1	2	6
3	4	1	6	2	5	7	8	9
9	7	5	3	1	8	2	6	4
2	8	6	7	9	4	3	1	5
4	1	7	9	8	3	6	5	2
5	2	8	4	7	6	9	3	1
6	3	9	2	5	1	4	7	8

1329

9	1	8	2	4	6	3	7	5
6	3	7	1	8	5	9	4	2
4	5	2	7	9	3	1	6	8
1	9	4	8	5	7	2	3	6
3	8	5	6	2	9	7	1	4
7	2	6	3	1	4	8	5	9
8	6	9	5	7	1	4	2	3
5	4	1	9	3	2	6	8	7
2	7	3	4	6	8	5	9	1

1330

5	7	1	2	8	3	9	4	6
9	4	2	6	1	5	8	3	7
6	8	3	4	7	9	5	1	2
7	6	5	8	3	2	4	9	1
8	1	4	9	5	6	2	7	3
3	2	9	1	4	7	6	8	5
1	9	6	7	2	8	3	5	4
2	3	7	5	9	4	1	6	8
4	5	8	3	6	1	7	2	9

1331

1	5	6	3	7	8	9	2	4
9	4	7	5	6	2	1	8	3
2	3	8	4	1	9	5	6	7
7	2	4	1	8	5	3	9	6
8	6	5	9	2	3	7	4	1
3	9	1	7	4	6	2	5	8
4	7	2	6	5	1	8	3	9
5	1	3	8	9	4	6	7	2
6	8	9	2	3	7	4	1	5

1332

8	1	5	2	3	4	9	6	7
6	3	7	8	1	9	2	5	4
2	4	9	6	7	5	8	1	3
9	5	8	1	6	7	4	3	2
1	6	3	4	9	2	7	8	5
7	2	4	3	5	8	6	9	1
3	7	1	9	4	6	5	2	8
4	8	6	5	2	1	3	7	9
5	9	2	7	8	3	1	4	6

1333

3	2	5	4	8	1	6	7	9
9	4	7	6	2	3	5	1	8
1	6	8	9	7	5	2	3	4
2	7	6	8	1	4	9	5	3
5	8	9	2	3	6	7	4	1
4	3	1	7	5	9	8	6	2
6	5	4	1	9	8	3	2	7
7	9	3	5	4	2	1	8	6
8	1	2	3	6	7	4	9	5

1334

4	8	3	5	9	1	2	6	7
5	2	7	6	8	3	1	9	4
6	9	1	2	4	7	5	8	3
7	3	2	4	5	9	8	1	6
8	1	4	3	6	2	7	5	9
9	6	5	7	1	8	4	3	2
1	4	8	9	7	6	3	2	5
2	5	6	1	3	4	9	7	8
3	7	9	8	2	5	6	4	1

1335

7	8	4	5	9	2	1	3	6
2	1	5	7	3	6	8	9	4
3	9	6	4	8	1	2	5	7
1	3	7	6	2	4	9	8	5
9	5	2	8	7	3	4	6	1
4	6	8	9	1	5	3	7	2
5	7	9	1	4	8	6	2	3
6	2	1	3	5	9	7	4	8
8	4	3	2	6	7	5	1	9

1336

9	2	8	4	3	7	1	5	6
6	7	3	5	8	1	4	2	9
1	5	4	2	6	9	7	8	3
2	6	1	3	4	5	9	7	8
3	9	5	1	7	8	6	4	2
4	8	7	6	9	2	3	1	5
5	4	2	9	1	6	8	3	7
7	1	6	8	5	3	2	9	4
8	3	9	7	2	4	5	6	1

1337

7	8	5	4	2	3	6	9	1
3	9	6	7	1	8	4	5	2
2	4	1	5	6	9	7	8	3
4	6	7	1	5	2	9	3	8
8	3	2	9	4	6	5	1	7
1	5	9	3	8	7	2	4	6
9	7	8	6	3	5	1	2	4
5	1	3	2	7	4	8	6	9
6	2	4	8	9	1	3	7	5

1338

7	6	2	4	1	8	9	5	3
3	9	8	7	2	5	6	4	1
4	5	1	9	3	6	7	2	8
2	1	4	8	9	3	5	6	7
5	7	9	6	4	1	8	3	2
6	8	3	5	7	2	1	9	4
1	2	5	3	6	7	4	8	9
9	3	6	1	8	4	2	7	5
8	4	7	2	5	9	3	1	6

1339

9	1	5	2	6	3	7	8	4
8	2	6	4	7	9	5	1	3
4	7	3	5	8	1	6	9	2
2	9	4	6	3	5	1	7	8
6	3	7	1	4	8	9	2	5
1	5	8	7	9	2	3	4	6
5	4	1	9	2	6	8	3	7
3	6	2	8	1	7	4	5	9
7	8	9	3	5	4	2	6	1

1340

7	9	5	3	2	6	4	8	1
6	3	4	9	1	8	2	7	5
8	1	2	4	5	7	6	3	9
2	8	3	5	7	9	1	6	4
9	4	6	1	3	2	7	5	8
1	5	7	8	6	4	9	2	3
3	2	8	6	9	1	5	4	7
5	6	9	7	4	3	8	1	2
4	7	1	2	8	5	3	9	6

1341

7	8	3	1	4	5	6	9	2
1	2	4	6	8	9	5	3	7
6	5	9	2	3	7	1	4	8
2	9	5	7	1	3	4	8	6
3	6	1	4	5	8	2	7	9
4	7	8	9	2	6	3	5	1
5	4	2	8	9	1	7	6	3
9	1	6	3	7	4	8	2	5
8	3	7	5	6	2	9	1	4

1342

9	4	2	3	8	5	1	6	7
5	7	1	4	2	6	8	3	9
6	8	3	7	1	9	2	5	4
8	2	6	5	3	4	7	9	1
1	9	4	6	7	8	3	2	5
7	3	5	2	9	1	4	8	6
2	5	7	1	6	3	9	4	8
3	6	9	8	4	7	5	1	2
4	1	8	9	5	2	6	7	3

1343

9	4	6	7	3	1	2	5	8
2	3	5	8	6	9	4	1	7
1	8	7	4	5	2	6	3	9
3	5	8	1	2	4	7	9	6
7	1	9	6	8	5	3	2	4
4	6	2	9	7	3	5	8	1
5	7	1	3	4	8	9	6	2
6	9	3	2	1	7	8	4	5
8	2	4	5	9	6	1	7	3

1344

5	1	2	4	7	8	6	9	3
7	8	3	6	9	1	4	5	2
9	6	4	2	5	3	7	8	1
1	2	6	9	3	4	5	7	8
3	4	7	5	8	6	1	2	9
8	5	9	1	2	7	3	4	6
2	7	1	8	6	5	9	3	4
4	9	5	3	1	2	8	6	7
6	3	8	7	4	9	2	1	5

1345

3	8	2	1	5	4	6	7	9
9	1	7	3	2	6	8	4	5
4	5	6	7	8	9	1	3	2
2	6	5	8	9	3	4	1	7
7	3	9	4	1	2	5	8	6
8	4	1	5	6	7	2	9	3
6	2	8	9	3	1	7	5	4
1	7	3	6	4	5	9	2	8
5	9	4	2	7	8	3	6	1

1346

1	8	3	9	2	6	4	7	5
6	9	5	4	3	7	2	1	8
7	4	2	1	5	8	3	9	6
9	2	4	6	8	5	1	3	7
8	5	1	7	9	3	6	2	4
3	6	7	2	1	4	5	8	9
2	1	6	5	7	9	8	4	3
4	7	8	3	6	1	9	5	2
5	3	9	8	4	2	7	6	1

1347

9	6	8	1	2	5	3	7	4
4	7	1	3	6	8	9	2	5
2	5	3	4	7	9	1	8	6
7	9	2	6	4	3	5	1	8
6	1	5	8	9	7	2	4	3
8	3	4	2	5	1	7	6	9
1	4	7	5	3	6	8	9	2
3	8	6	9	1	2	4	5	7
5	2	9	7	8	4	6	3	1

1348

2	8	4	6	9	1	5	7	3
7	1	5	8	3	2	9	4	6
9	3	6	5	7	4	8	2	1
4	6	7	1	8	3	2	9	5
1	2	3	4	5	9	6	8	7
8	5	9	7	2	6	1	3	4
3	7	8	9	1	5	4	6	2
6	9	1	2	4	7	3	5	8
5	4	2	3	6	8	7	1	9

1349

4	7	3	6	5	9	2	8	1
5	8	1	2	3	7	9	4	6
9	2	6	8	1	4	5	3	7
6	9	2	1	4	3	7	5	8
7	1	4	5	2	8	3	6	9
8	3	5	9	7	6	4	1	2
2	6	7	3	8	5	1	9	4
3	4	8	7	9	1	6	2	5
1	5	9	4	6	2	8	7	3

1350

1	4	6	7	5	2	3	8	9
8	2	5	9	1	3	4	6	7
7	3	9	8	6	4	5	2	1
4	6	7	5	9	8	2	1	3
2	9	3	4	7	1	6	5	8
5	1	8	2	3	6	7	9	4
9	5	4	1	2	7	8	3	6
6	7	1	3	8	5	9	4	2
3	8	2	6	4	9	1	7	5

1351

8	2	6	9	3	5	1	4	7
5	4	7	6	1	8	3	9	2
9	1	3	4	2	7	6	5	8
6	9	2	3	7	1	4	8	5
7	5	4	8	6	9	2	1	3
3	8	1	5	4	2	7	6	9
1	6	5	7	8	3	9	2	4
2	3	8	1	9	4	5	7	6
4	7	9	2	5	6	8	3	1

1352

4	9	6	1	7	3	2	5	8
3	7	5	2	8	9	1	4	6
1	2	8	6	4	5	3	9	7
5	8	7	9	1	4	6	3	2
2	1	4	3	6	7	5	8	9
6	3	9	5	2	8	4	7	1
9	4	1	7	5	2	8	6	3
7	5	2	8	3	6	9	1	4
8	6	3	4	9	1	7	2	5

1353

4	6	1	2	9	7	5	8	3
7	8	2	3	5	6	9	4	1
5	9	3	4	8	1	6	2	7
6	1	5	7	4	2	3	9	8
8	3	4	1	6	9	2	7	5
9	2	7	5	3	8	1	6	4
1	7	6	8	2	5	4	3	9
2	4	8	9	1	3	7	5	6
3	5	9	6	7	4	8	1	2

1354

5	4	9	6	2	7	8	3	1
6	1	3	5	4	8	9	7	2
2	7	8	1	3	9	5	4	6
7	2	4	8	5	1	6	9	3
9	5	1	3	6	4	7	2	8
8	3	6	9	7	2	1	5	4
3	6	2	7	1	5	4	8	9
1	8	7	4	9	3	2	6	5
4	9	5	2	8	6	3	1	7

1355

1	6	7	8	3	4	5	9	2
8	9	2	5	6	1	4	3	7
5	3	4	7	2	9	8	1	6
6	5	9	4	1	2	7	8	3
4	8	3	6	7	5	9	2	1
2	7	1	9	8	3	6	4	5
7	1	5	3	9	8	2	6	4
9	2	6	1	4	7	3	5	8
3	4	8	2	5	6	1	7	9

1356

8	6	4	3	9	2	1	5	7
5	3	7	1	4	6	8	2	9
2	9	1	7	8	5	4	3	6
1	5	2	8	3	9	7	6	4
3	8	9	4	6	7	2	1	5
4	7	6	5	2	1	9	8	3
7	1	3	2	5	4	6	9	8
9	2	8	6	7	3	5	4	1
6	4	5	9	1	8	3	7	2

1357

5	1	8	9	3	4	7	6	2
4	6	2	5	7	1	9	3	8
7	9	3	6	2	8	4	5	1
6	2	1	3	5	7	8	9	4
8	7	4	1	6	9	3	2	5
9	3	5	8	4	2	6	1	7
3	4	6	2	8	5	1	7	9
1	5	7	4	9	3	2	8	6
2	8	9	7	1	6	5	4	3

1358

4	3	5	9	2	7	8	1	6
7	8	2	4	6	1	3	5	9
1	9	6	5	3	8	7	2	4
8	4	3	2	7	6	1	9	5
9	5	7	1	4	3	6	8	2
2	6	1	8	9	5	4	7	3
3	1	8	6	5	9	2	4	7
5	7	4	3	8	2	9	6	1
6	2	9	7	1	4	5	3	8

1359

1	9	8	2	4	7	3	5	6
2	6	5	3	9	1	4	7	8
3	4	7	6	8	5	9	1	2
7	1	6	4	3	8	5	2	9
4	2	9	1	5	6	7	8	3
5	8	3	7	2	9	6	4	1
6	3	2	5	1	4	8	9	7
8	7	4	9	6	2	1	3	5
9	5	1	8	7	3	2	6	4

1360

7	4	9	3	8	1	2	5	6
8	2	5	9	6	4	1	7	3
1	3	6	5	7	2	9	8	4
9	5	2	4	3	8	7	6	1
6	7	4	1	9	5	8	3	2
3	1	8	7	2	6	4	9	5
4	6	1	8	5	9	3	2	7
5	8	3	2	1	7	6	4	9
2	9	7	6	4	3	5	1	8

1361

1	3	7	6	5	4	8	9	2
9	4	8	3	1	2	5	6	7
2	5	6	9	7	8	1	3	4
6	9	2	7	3	1	4	8	5
5	7	3	8	4	6	9	2	1
8	1	4	2	9	5	6	7	3
3	6	5	4	8	7	2	1	9
4	8	9	1	2	3	7	5	6
7	2	1	5	6	9	3	4	8

1362

7	1	4	9	8	2	3	5	6
2	9	6	5	7	3	1	4	8
5	3	8	6	4	1	7	9	2
3	2	7	8	1	4	9	6	5
8	5	9	2	3	6	4	7	1
4	6	1	7	9	5	2	8	3
9	7	2	3	5	8	6	1	4
6	4	5	1	2	7	8	3	9
1	8	3	4	6	9	5	2	7

1363

4	7	3	6	8	9	1	2	5
5	2	9	3	7	1	8	4	6
6	8	1	5	4	2	9	3	7
7	3	4	8	5	6	2	1	9
8	9	5	2	1	7	3	6	4
2	1	6	9	3	4	7	5	8
9	4	2	7	6	3	5	8	1
1	5	7	4	2	8	6	9	3
3	6	8	1	9	5	4	7	2

1364

3	4	2	5	9	6	7	8	1
6	1	7	8	2	4	3	9	5
9	5	8	7	3	1	2	4	6
5	9	6	2	1	7	4	3	8
1	2	3	4	6	8	5	7	9
8	7	4	9	5	3	1	6	2
4	8	9	1	7	5	6	2	3
7	6	5	3	8	2	9	1	4
2	3	1	6	4	9	8	5	7

1365

6	8	4	1	3	5	7	2	9
2	9	3	8	6	7	1	5	4
7	1	5	2	4	9	8	3	6
5	3	2	6	7	1	9	4	8
9	7	6	4	8	2	3	1	5
8	4	1	5	9	3	6	7	2
1	5	7	9	2	6	4	8	3
3	6	8	7	5	4	2	9	1
4	2	9	3	1	8	5	6	7

1366

8	2	4	3	5	9	6	7	1
7	3	5	6	2	1	4	9	8
1	9	6	4	7	8	2	3	5
9	5	3	2	1	6	7	8	4
2	6	7	8	9	4	1	5	3
4	8	1	5	3	7	9	2	6
3	7	8	1	4	2	5	6	9
5	4	9	7	6	3	8	1	2
6	1	2	9	8	5	3	4	7

1367

3	8	2	7	6	5	4	1	9
6	4	5	8	9	1	2	7	3
9	1	7	4	3	2	5	6	8
8	2	1	3	4	9	6	5	7
4	7	9	5	2	6	8	3	1
5	3	6	1	7	8	9	4	2
1	6	8	2	5	7	3	9	4
7	9	3	6	8	4	1	2	5
2	5	4	9	1	3	7	8	6

1368

1	9	2	5	6	8	7	3	4
8	7	3	1	2	4	5	6	9
6	4	5	9	7	3	8	1	2
2	5	4	6	3	9	1	7	8
3	1	7	8	4	5	9	2	6
9	6	8	2	1	7	3	4	5
4	8	1	3	5	2	6	9	7
5	2	6	7	9	1	4	8	3
7	3	9	4	8	6	2	5	1

1369

6	7	2	5	9	3	1	8	4
8	1	9	7	2	4	5	6	3
4	3	5	8	1	6	7	9	2
5	6	1	2	4	9	8	3	7
3	8	4	6	7	1	2	5	9
2	9	7	3	8	5	6	4	1
7	2	6	4	3	8	9	1	5
9	4	8	1	5	7	3	2	6
1	5	3	9	6	2	4	7	8

1370

6	8	9	2	7	1	3	4	5
7	5	1	4	9	3	6	2	8
2	3	4	5	6	8	9	1	7
1	9	6	7	3	2	5	8	4
8	2	3	9	4	5	7	6	1
5	4	7	8	1	6	2	9	3
3	1	2	6	5	4	8	7	9
9	6	5	1	8	7	4	3	2
4	7	8	3	2	9	1	5	6

1371

1	3	9	2	6	4	5	8	7
2	4	5	8	7	3	6	9	1
6	7	8	9	1	5	4	2	3
3	1	6	4	2	9	7	5	8
4	5	7	6	8	1	9	3	2
8	9	2	3	5	7	1	6	4
9	2	1	7	3	6	8	4	5
7	6	3	5	4	8	2	1	9
5	8	4	1	9	2	3	7	6

1372

4	6	8	2	1	7	9	3	5
5	7	2	3	6	9	1	8	4
3	1	9	4	5	8	2	6	7
6	5	1	8	2	3	4	7	9
7	9	3	1	4	6	5	2	8
8	2	4	7	9	5	6	1	3
9	8	5	6	3	2	7	4	1
1	3	6	9	7	4	8	5	2
2	4	7	5	8	1	3	9	6

1373

8	6	9	4	3	7	1	2	5
2	7	1	9	8	5	3	4	6
4	5	3	6	2	1	8	9	7
5	4	6	8	9	2	7	3	1
9	8	7	1	4	3	5	6	2
1	3	2	5	7	6	4	8	9
6	9	4	7	1	8	2	5	3
3	1	8	2	5	9	6	7	4
7	2	5	3	6	4	9	1	8

1374

2	5	8	7	9	1	3	6	4
3	6	9	4	5	2	8	7	1
4	7	1	3	8	6	2	5	9
6	4	3	5	7	8	1	9	2
1	8	2	9	6	3	5	4	7
5	9	7	1	2	4	6	8	3
7	1	6	2	4	5	9	3	8
8	2	4	6	3	9	7	1	5
9	3	5	8	1	7	4	2	6

1375

1	6	5	2	9	8	3	4	7
2	4	7	6	3	5	9	8	1
3	9	8	1	7	4	5	2	6
4	7	9	3	8	1	2	6	5
5	8	1	9	6	2	4	7	3
6	2	3	5	4	7	1	9	8
7	3	2	8	5	9	6	1	4
8	1	6	4	2	3	7	5	9
9	5	4	7	1	6	8	3	2

1376

8	3	5	9	2	4	1	6	7
7	6	9	3	8	1	2	5	4
2	4	1	6	5	7	3	9	8
9	2	4	8	6	3	5	7	1
1	7	8	2	4	5	6	3	9
3	5	6	7	1	9	8	4	2
4	8	2	5	9	6	7	1	3
5	9	3	1	7	8	4	2	6
6	1	7	4	3	2	9	8	5

1377

4	1	3	5	2	6	9	7	8
2	8	5	7	9	3	4	6	1
7	9	6	8	1	4	3	2	5
3	4	7	6	8	5	1	9	2
1	5	9	2	3	7	6	8	4
8	6	2	9	4	1	7	5	3
5	3	8	1	6	9	2	4	7
6	2	1	4	7	8	5	3	9
9	7	4	3	5	2	8	1	6

1378

8	6	9	1	4	7	2	3	5
5	7	1	2	3	6	4	8	9
4	2	3	9	5	8	6	7	1
7	3	6	4	8	9	1	5	2
9	5	2	6	1	3	8	4	7
1	4	8	5	7	2	9	6	3
2	8	5	3	6	1	7	9	4
3	9	7	8	2	4	5	1	6
6	1	4	7	9	5	3	2	8

1379

3	1	6	9	8	2	4	5	7
2	4	7	3	5	1	8	6	9
9	5	8	7	6	4	2	3	1
6	8	1	4	2	5	7	9	3
7	9	2	6	1	3	5	4	8
4	3	5	8	7	9	6	1	2
5	2	9	1	4	8	3	7	6
8	6	3	5	9	7	1	2	4
1	7	4	2	3	6	9	8	5

1380

4	3	7	8	9	2	1	5	6
2	6	8	1	5	3	9	7	4
5	1	9	7	4	6	8	3	2
3	5	4	9	6	1	2	8	7
6	7	2	3	8	4	5	9	1
9	8	1	5	2	7	6	4	3
7	9	3	6	1	5	4	2	8
1	4	5	2	3	8	7	6	9
8	2	6	4	7	9	3	1	5

1381

5	1	6	2	9	3	8	4	7
9	8	3	7	5	4	1	6	2
7	2	4	8	1	6	9	3	5
4	5	8	6	2	9	3	7	1
1	6	9	3	7	8	2	5	4
3	7	2	5	4	1	6	9	8
8	3	5	1	6	7	4	2	9
6	9	7	4	8	2	5	1	3
2	4	1	9	3	5	7	8	6

1382

2	9	1	3	5	8	4	6	7
4	5	3	6	7	2	9	8	1
8	7	6	9	1	4	3	5	2
9	4	7	5	3	6	2	1	8
5	1	8	2	4	9	6	7	3
6	3	2	7	8	1	5	9	4
7	6	4	1	9	3	8	2	5
1	8	9	4	2	5	7	3	6
3	2	5	8	6	7	1	4	9

1383

3	2	8	1	4	6	5	7	9
4	6	9	2	5	7	1	8	3
5	7	1	3	8	9	2	4	6
7	8	2	4	6	5	3	9	1
6	5	3	7	9	1	8	2	4
1	9	4	8	2	3	6	5	7
8	1	7	9	3	2	4	6	5
2	3	5	6	7	4	9	1	8
9	4	6	5	1	8	7	3	2

1384

6	1	8	2	3	7	9	4	5
2	5	9	8	4	1	3	6	7
4	7	3	5	6	9	1	2	8
8	4	5	9	1	3	6	7	2
9	2	1	7	5	6	4	8	3
7	3	6	4	8	2	5	9	1
1	6	4	3	2	8	7	5	9
3	8	7	6	9	5	2	1	4
5	9	2	1	7	4	8	3	6

1385

5	7	8	9	6	3	4	1	2
4	2	9	1	7	5	6	3	8
1	3	6	2	4	8	7	5	9
9	6	3	7	1	2	5	8	4
2	8	4	3	5	6	9	7	1
7	1	5	4	8	9	2	6	3
3	4	7	5	9	1	8	2	6
6	9	1	8	2	7	3	4	5
8	5	2	6	3	4	1	9	7

1386

6	2	7	5	3	1	8	9	4
4	3	8	2	6	9	1	7	5
9	5	1	7	8	4	6	2	3
1	9	3	4	5	6	7	8	2
7	8	5	9	2	3	4	1	6
2	4	6	1	7	8	5	3	9
5	6	9	8	1	2	3	4	7
8	7	2	3	4	5	9	6	1
3	1	4	6	9	7	2	5	8

1387

5	2	7	6	3	9	8	1	4
3	1	8	5	2	4	6	7	9
4	6	9	8	7	1	5	2	3
2	7	4	9	5	8	1	3	6
1	8	3	7	6	2	9	4	5
6	9	5	1	4	3	7	8	2
7	3	6	4	8	5	2	9	1
8	4	1	2	9	6	3	5	7
9	5	2	3	1	7	4	6	8

1388

1	6	8	7	2	4	9	3	5
4	7	3	8	5	9	1	6	2
2	5	9	6	1	3	4	7	8
9	2	6	3	4	1	5	8	7
3	4	1	5	7	8	2	9	6
5	8	7	2	9	6	3	4	1
6	9	5	4	8	2	7	1	3
8	1	2	9	3	7	6	5	4
7	3	4	1	6	5	8	2	9

1389

4	1	8	9	3	5	6	7	2
6	7	2	8	4	1	9	5	3
3	5	9	2	6	7	8	1	4
5	9	4	6	8	2	1	3	7
7	6	1	5	9	3	4	2	8
8	2	3	1	7	4	5	9	6
1	3	7	4	5	6	2	8	9
9	4	5	7	2	8	3	6	1
2	8	6	3	1	9	7	4	5

1390

4	6	9	7	1	8	2	3	5
5	2	1	3	9	6	7	4	8
8	7	3	2	4	5	6	1	9
9	1	7	8	5	2	3	6	4
2	3	5	4	6	1	9	8	7
6	4	8	9	3	7	1	5	2
1	5	4	6	2	9	8	7	3
3	8	2	1	7	4	5	9	6
7	9	6	5	8	3	4	2	1

1391

3	9	4	2	1	7	6	5	8
5	7	2	4	6	8	1	3	9
8	1	6	3	9	5	4	2	7
6	3	9	1	8	4	5	7	2
7	8	1	5	3	2	9	4	6
2	4	5	6	7	9	3	8	1
9	5	3	8	2	6	7	1	4
1	2	7	9	4	3	8	6	5
4	6	8	7	5	1	2	9	3

1392

6	5	8	2	9	4	3	7	1
2	7	9	3	6	1	4	8	5
4	3	1	5	7	8	9	2	6
3	9	4	6	2	5	7	1	8
7	1	5	8	3	9	6	4	2
8	2	6	4	1	7	5	3	9
5	6	2	7	8	3	1	9	4
9	4	3	1	5	2	8	6	7
1	8	7	9	4	6	2	5	3

1393

3	8	9	5	4	1	2	6	7
4	5	2	7	6	9	1	8	3
7	6	1	2	3	8	4	9	5
5	1	4	9	7	6	8	3	2
6	2	7	8	5	3	9	1	4
9	3	8	4	1	2	7	5	6
8	7	3	6	9	4	5	2	1
1	9	5	3	2	7	6	4	8
2	4	6	1	8	5	3	7	9

1394

4	6	8	1	7	2	9	3	5
2	5	9	3	6	8	4	1	7
3	7	1	4	5	9	6	8	2
5	8	2	7	9	6	1	4	3
6	9	3	2	4	1	5	7	8
7	1	4	5	8	3	2	6	9
8	2	5	6	1	7	3	9	4
9	3	6	8	2	4	7	5	1
1	4	7	9	3	5	8	2	6

1395

4	2	7	1	5	6	9	3	8
5	6	8	7	9	3	4	2	1
9	3	1	2	4	8	6	5	7
8	7	3	9	2	5	1	6	4
1	9	5	4	6	7	3	8	2
2	4	6	3	8	1	5	7	9
3	8	4	5	7	9	2	1	6
6	5	2	8	1	4	7	9	3
7	1	9	6	3	2	8	4	5

1396

1	4	6	5	9	8	2	3	7
5	9	7	4	2	3	6	1	8
3	2	8	1	6	7	4	9	5
6	8	1	9	5	2	7	4	3
7	3	4	6	8	1	9	5	2
9	5	2	7	3	4	8	6	1
8	6	5	3	7	9	1	2	4
4	7	9	2	1	5	3	8	6
2	1	3	8	4	6	5	7	9

1397

4	8	3	5	1	6	2	7	9
2	6	5	8	9	7	4	1	3
1	7	9	2	3	4	8	6	5
3	1	4	6	2	8	9	5	7
8	9	6	1	7	5	3	4	2
5	2	7	9	4	3	1	8	6
6	3	8	4	5	9	7	2	1
9	4	1	7	6	2	5	3	8
7	5	2	3	8	1	6	9	4

1398

5	6	4	7	3	9	8	1	2
2	3	8	4	5	1	9	6	7
1	7	9	2	8	6	4	5	3
3	4	1	6	9	8	7	2	5
9	5	2	3	7	4	1	8	6
6	8	7	5	1	2	3	4	9
4	9	5	8	6	3	2	7	1
7	2	3	1	4	5	6	9	8
8	1	6	9	2	7	5	3	4

1399

3	9	2	5	4	7	8	6	1
1	4	6	2	8	3	5	7	9
8	7	5	6	9	1	2	3	4
5	8	7	9	6	4	3	1	2
6	1	9	3	2	5	4	8	7
4	2	3	7	1	8	6	9	5
7	3	8	1	5	2	9	4	6
9	5	1	4	3	6	7	2	8
2	6	4	8	7	9	1	5	3

1400

2	5	7	6	8	9	1	4	3
4	1	9	3	2	7	6	8	5
8	6	3	4	5	1	2	7	9
3	7	4	9	6	2	5	1	8
5	9	1	8	3	4	7	2	6
6	2	8	7	1	5	9	3	4
9	4	6	1	7	3	8	5	2
7	8	5	2	4	6	3	9	1
1	3	2	5	9	8	4	6	7

1401
```
8 1 7 9 2 3 4 5 6
9 2 5 6 4 8 7 3 1
6 3 4 1 5 7 9 2 8
3 4 6 5 8 9 2 1 7
7 9 8 4 1 2 3 6 5
2 5 1 7 3 6 8 9 4
1 8 9 2 6 4 5 7 3
4 6 2 3 7 5 1 8 9
5 7 3 8 9 1 6 4 2
```

1402
```
3 5 1 6 4 7 8 2 9
7 6 9 1 2 8 3 5 4
4 8 2 5 3 9 7 1 6
5 4 6 7 8 1 2 9 3
1 7 3 2 9 6 4 8 5
2 9 8 3 5 4 6 7 1
6 1 4 9 7 2 5 3 8
9 3 7 8 6 5 1 4 2
8 2 5 4 1 3 9 6 7
```

1403
```
3 5 9 6 7 2 8 1 4
6 7 2 8 1 4 5 9 3
4 8 1 3 5 9 2 6 7
1 6 3 4 2 7 9 5 8
8 9 4 5 6 3 7 2 1
5 2 7 1 9 8 4 3 6
7 1 5 2 8 6 3 4 9
9 3 6 7 4 5 1 8 2
2 4 8 9 3 1 6 7 5
```

1404
```
1 9 5 7 8 6 4 2 3
8 4 6 2 1 3 9 7 5
3 2 7 9 4 5 1 6 8
4 3 8 5 7 1 6 9 2
5 1 2 6 9 8 3 4 7
6 7 9 3 2 4 8 5 1
7 8 1 4 5 9 2 3 6
9 5 3 8 6 2 7 1 4
2 6 4 1 3 7 5 8 9
```

1405
```
7 9 5 2 6 8 1 3 4
8 1 2 4 3 7 6 9 5
4 6 3 9 5 1 2 7 8
1 2 4 5 9 3 8 6 7
6 3 7 8 1 4 9 5 2
9 5 8 7 2 6 4 1 3
5 4 6 3 8 9 7 2 1
2 7 9 1 4 5 3 8 6
3 8 1 6 7 2 5 4 9
```

1406
```
4 1 2 9 5 6 8 7 3
5 9 8 3 4 7 1 2 6
6 7 3 1 2 8 9 5 4
8 2 4 7 6 1 3 9 5
9 3 6 2 8 5 4 1 7
1 5 7 4 9 3 6 8 2
3 8 1 6 7 2 5 4 9
7 6 9 5 1 4 2 3 8
2 4 5 8 3 9 7 6 1
```

1407
```
7 2 3 5 4 1 9 8 6
4 8 5 9 3 6 2 7 1
6 9 1 2 7 8 3 5 4
8 4 7 6 9 5 1 2 3
1 5 9 7 2 3 4 6 8
3 6 2 8 1 4 5 9 7
9 1 6 3 5 7 8 4 2
2 3 8 4 6 9 7 1 5
5 7 4 1 8 2 6 3 9
```

1408
```
2 4 1 3 5 8 6 7 9
6 3 8 9 2 7 1 4 5
7 5 9 1 4 6 8 2 3
4 7 2 8 3 1 5 9 6
8 9 6 2 7 5 3 1 4
3 1 5 4 6 9 2 8 7
9 2 3 5 8 4 7 6 1
5 6 4 7 1 2 9 3 8
1 8 7 6 9 3 4 5 2
```

1409
```
4 3 9 1 5 7 6 8 2
2 5 7 6 3 8 1 9 4
1 6 8 2 4 9 3 5 7
5 7 1 4 8 2 9 3 6
3 8 2 9 6 1 7 4 5
6 9 4 5 7 3 2 1 8
7 1 3 8 2 4 5 6 9
8 2 5 3 9 6 4 7 1
9 4 6 7 1 5 8 2 3
```

1410
```
5 3 9 7 8 6 1 4 2
2 6 4 3 5 1 9 8 7
8 7 1 4 9 2 3 6 5
7 9 8 2 3 4 5 1 6
4 1 2 9 6 5 7 3 8
6 5 3 8 1 7 4 2 9
9 4 5 6 2 3 8 7 1
1 2 7 5 4 8 6 9 3
3 8 6 1 7 9 2 5 4
```

1411
```
2 4 6 7 1 5 8 3 9
1 8 7 9 3 4 5 6 2
3 5 9 6 2 8 4 1 7
6 7 3 4 9 2 1 5 8
4 1 5 8 6 7 9 2 3
9 2 8 1 5 3 6 7 4
5 9 1 2 8 6 3 7 4
7 3 2 5 4 9 6 8 1
8 6 4 3 7 1 2 9 5
```

1412
```
7 6 8 9 1 4 2 3 5
2 1 5 3 6 7 8 4 9
9 4 3 5 8 2 1 6 7
1 5 4 2 3 6 7 9 8
6 2 9 8 7 5 3 1 4
3 8 7 1 4 9 5 2 6
8 7 6 4 2 1 9 5 3
4 9 1 7 5 3 6 8 2
5 3 2 6 9 8 4 7 1
```

1413
```
8 7 1 4 2 3 5 9 6
5 9 4 8 6 1 2 3 7
6 3 2 5 7 9 8 4 1
9 1 6 7 5 2 3 8 4
4 2 7 1 3 8 6 5 9
3 5 8 9 4 6 1 7 2
7 6 9 3 1 5 4 2 8
1 8 3 2 9 4 7 6 5
2 4 5 6 8 7 9 1 3
```

1414
```
5 7 2 8 3 6 9 1 4
9 8 3 2 1 4 5 6 7
6 1 4 7 5 9 8 2 3
7 2 6 5 8 1 3 4 9
4 3 8 6 9 2 1 7 5
1 5 9 4 7 3 6 8 2
3 6 5 1 2 7 4 9 8
8 4 7 9 6 5 2 3 1
2 9 1 3 4 8 7 5 6
```

1415
```
9 2 8 1 5 7 3 4 6
6 5 4 8 9 3 1 7 2
1 3 7 2 6 4 8 5 9
3 4 5 6 1 8 9 2 7
8 6 1 7 2 9 4 3 5
7 9 2 3 4 5 6 8 1
4 1 6 5 3 2 7 9 8
2 7 3 9 8 1 5 6 4
5 8 9 4 7 6 2 1 3
```

1416
```
7 9 4 2 5 6 3 8 1
8 1 5 9 3 4 2 6 7
2 3 6 7 8 1 4 5 9
9 5 7 8 2 3 6 1 4
6 2 8 1 4 9 5 7 3
1 4 3 5 6 7 8 9 2
3 6 1 4 7 8 9 2 5
4 7 2 6 9 5 1 3 8
5 8 9 3 1 2 7 4 6
```

1417
```
1 7 8 9 6 2 3 4 5
2 5 9 1 3 4 6 7 8
4 6 3 5 7 8 1 9 2
7 4 5 2 8 6 9 1 3
9 8 2 3 4 1 5 6 7
3 1 6 7 9 5 8 2 4
5 9 7 4 1 3 2 8 6
6 2 1 8 5 7 4 3 9
8 3 4 6 2 9 7 5 1
```

1418
```
8 1 5 2 6 3 7 4 9
3 2 6 4 9 7 1 5 8
9 4 7 1 5 8 2 3 6
7 6 1 9 8 4 3 2 5
5 8 2 3 7 6 4 9 1
4 9 3 5 1 2 6 8 7
6 7 4 8 2 5 9 1 3
1 3 8 6 4 9 5 7 2
2 5 9 7 3 1 8 6 4
```

1419
```
2 7 6 3 8 9 1 4 5
1 8 4 5 6 7 3 9 2
3 9 5 2 1 4 6 8 7
4 1 7 6 9 2 5 3 8
5 2 8 7 3 1 4 6 9
6 3 9 8 4 5 7 2 1
7 4 1 9 2 6 8 5 3
8 5 2 4 7 3 9 1 6
9 6 3 1 5 8 2 7 4
```

1420
```
4 2 6 1 9 5 7 8 3
9 3 7 6 4 8 1 2 5
8 5 1 2 7 3 6 9 4
1 4 2 7 3 6 9 5 8
7 6 9 5 8 2 3 4 1
5 8 3 4 1 9 2 7 6
2 9 5 3 6 4 8 1 7
6 7 4 8 2 1 5 3 9
3 1 8 9 5 7 4 6 2
```

1421

8	3	5	6	2	9	1	4	7
7	9	2	4	1	3	6	5	8
6	1	4	8	5	7	9	3	2
4	6	9	2	7	8	3	1	5
2	7	3	5	4	1	8	6	9
5	8	1	9	3	6	7	2	4
3	4	7	1	9	5	2	8	6
9	5	6	3	8	2	4	7	1
1	2	8	7	6	4	5	9	3

1422

6	3	1	2	8	4	9	5	7
7	2	4	6	9	5	3	8	1
8	9	5	7	3	1	4	2	6
9	4	3	8	5	6	1	7	2
1	8	6	9	7	2	5	4	3
2	5	7	1	4	3	6	9	8
4	6	8	5	1	7	2	3	9
3	7	2	4	6	9	8	1	5
5	1	9	3	2	8	7	6	4

1423

9	5	3	7	4	8	1	6	2
1	7	6	2	3	5	9	4	8
2	8	4	9	6	1	5	3	7
8	6	9	3	2	7	4	5	1
3	4	1	8	5	9	7	2	6
7	2	5	4	1	6	3	8	9
4	1	7	5	8	2	6	9	3
5	9	2	6	7	3	8	1	4
6	3	8	1	9	4	2	7	5

1424

6	3	1	5	4	2	9	7	8
2	4	7	9	1	8	5	3	6
9	8	5	6	7	3	1	4	2
3	1	6	7	9	4	2	8	5
7	2	8	3	5	6	4	9	1
4	5	9	8	2	1	3	6	7
8	6	4	1	3	5	7	2	9
5	7	2	4	6	9	8	1	3
1	9	3	2	8	7	6	5	4

1425

7	4	2	1	6	8	5	9	3
3	9	5	4	7	2	6	8	1
1	8	6	9	3	5	2	4	7
2	3	1	6	9	4	7	5	8
4	5	7	8	2	1	9	3	6
9	6	8	7	5	3	1	2	4
5	1	9	3	4	6	8	7	2
6	2	3	5	8	7	4	1	9
8	7	4	2	1	9	3	6	5

1426

3	8	9	2	4	5	6	1	7
6	2	7	1	8	3	9	4	5
1	4	5	9	6	7	2	3	8
8	1	6	3	5	9	4	7	2
4	9	2	8	7	6	1	5	3
5	7	3	4	1	2	8	6	9
7	3	4	6	9	8	5	2	1
2	6	8	5	3	1	7	9	4
9	5	1	7	2	4	3	8	6

1427

8	7	3	1	5	6	9	2	4
9	1	6	2	4	7	5	3	8
5	2	4	9	3	8	6	1	7
1	8	9	3	2	5	4	7	6
6	3	5	7	9	4	2	8	1
7	4	2	6	8	1	3	5	9
2	5	8	4	7	9	1	6	3
3	9	1	8	6	2	7	4	5
4	6	7	5	1	3	8	9	2

1428

2	5	7	3	4	1	8	6	9
3	1	8	9	7	6	5	4	2
4	6	9	5	8	2	7	1	3
9	7	2	4	1	5	3	8	6
1	8	6	7	3	9	2	5	4
5	4	3	2	6	8	1	9	7
8	9	1	6	2	3	4	7	5
6	2	4	1	5	7	9	3	8
7	3	5	8	9	4	6	2	1

1429

6	1	8	7	2	5	3	9	4
7	3	4	1	9	8	5	2	6
9	2	5	3	6	4	7	1	8
3	4	2	9	5	6	8	7	1
1	9	6	8	4	7	2	3	5
8	5	7	2	1	3	6	4	9
2	6	9	5	7	1	4	8	3
4	7	3	6	8	9	1	5	2
5	8	1	4	3	2	9	6	7

1430

3	6	9	7	4	1	5	8	2
4	7	1	5	8	2	6	9	3
5	8	2	9	6	3	1	7	4
6	9	5	8	2	4	3	1	7
7	1	4	3	5	6	8	2	9
8	2	3	1	7	9	4	6	5
1	3	6	2	9	5	7	4	8
9	4	8	6	3	7	2	5	1
2	5	7	4	1	8	9	3	6

1431

9	2	7	1	4	6	5	3	8
1	3	4	2	8	5	9	6	7
8	6	5	3	7	9	2	1	4
5	8	6	7	1	3	4	2	9
7	1	9	6	2	4	8	5	3
2	4	3	5	9	8	6	7	1
3	5	8	9	6	1	7	4	2
4	7	1	8	5	2	3	9	6
6	9	2	4	3	7	1	8	5

1432

8	5	7	4	6	9	1	2	3
1	4	2	3	8	7	6	9	5
6	9	3	1	5	2	7	4	8
2	7	6	8	9	4	3	5	1
5	8	9	2	3	1	4	6	7
4	3	1	6	7	5	2	8	9
9	1	4	5	2	3	8	7	6
3	6	5	7	4	8	9	1	2
7	2	8	9	1	6	5	3	4

1433

7	6	9	8	2	1	4	3	5
2	1	5	9	4	3	7	8	6
4	8	3	5	7	6	1	2	9
6	9	7	1	8	2	5	4	3
5	2	4	3	6	9	8	1	7
8	3	1	4	5	7	9	6	2
9	5	6	2	1	4	3	7	8
3	4	2	7	9	8	6	5	1
1	7	8	6	3	5	2	9	4

1434

1	4	6	5	2	7	8	9	3
2	5	8	3	9	6	7	1	4
3	7	9	8	4	1	6	2	5
4	8	2	6	1	3	5	7	9
5	6	3	4	7	9	2	8	1
9	1	7	2	5	8	3	4	6
7	3	4	9	6	2	1	5	8
6	2	5	1	8	4	9	3	7
8	9	1	7	3	5	4	6	2

1435

6	4	7	3	5	1	8	9	2
8	1	2	9	4	6	5	3	7
9	5	3	7	8	2	1	6	4
1	6	4	2	7	5	3	8	9
2	7	5	8	9	3	6	4	1
3	9	8	1	6	4	7	2	5
4	3	6	5	2	7	9	1	8
7	2	9	6	1	8	4	5	3
5	8	1	4	3	9	2	7	6

1436

2	8	3	4	5	6	7	1	9
7	1	5	9	8	2	4	3	6
4	9	6	1	7	3	5	8	2
5	7	8	3	2	9	1	6	4
6	2	1	5	4	7	3	9	8
9	3	4	6	1	8	2	5	7
3	4	7	8	6	1	9	2	5
8	5	9	2	3	4	6	7	1
1	6	2	7	9	5	8	4	3

1437

3	1	7	4	5	9	6	2	8
9	4	6	8	7	2	5	3	1
5	2	8	6	3	1	7	9	4
1	9	2	3	6	7	8	4	5
4	7	3	5	1	8	9	6	2
6	8	5	9	2	4	3	1	7
7	5	4	1	9	6	2	8	3
8	3	9	2	4	5	1	7	6
2	6	1	7	8	3	4	5	9

1438

1	5	3	4	7	9	8	2	6
2	9	7	8	1	6	3	5	4
4	6	8	5	2	3	7	1	9
3	7	9	1	6	8	2	4	5
5	4	1	9	3	2	6	8	7
6	8	2	7	5	4	1	9	3
7	2	4	3	9	1	5	6	8
8	1	5	6	4	7	9	3	2
9	3	6	2	8	5	4	7	1

1439

8	4	1	3	2	7	5	9	6
3	5	7	8	9	6	2	1	4
9	2	6	1	4	5	7	3	8
4	3	9	5	1	2	6	8	7
1	6	5	7	8	4	9	2	3
2	7	8	6	3	9	1	4	5
5	8	2	4	6	1	3	7	9
6	9	3	2	7	8	4	5	1
7	1	4	9	5	3	8	6	2

1440

2	4	1	3	6	7	8	5	9
7	5	3	2	9	8	1	4	6
8	9	6	1	4	5	2	7	3
4	6	2	5	1	9	3	8	7
3	1	5	8	7	6	4	9	2
9	8	7	4	2	3	5	6	1
5	7	8	6	3	1	9	2	4
1	2	9	7	5	4	6	3	8
6	3	4	9	8	2	7	1	5

1441

2	8	1	5	9	4	6	3	7
9	7	5	2	3	6	8	1	4
4	3	6	7	1	8	9	2	5
5	6	8	3	4	1	7	9	2
7	4	2	6	5	9	1	8	3
3	1	9	8	7	2	4	5	6
1	5	7	4	8	3	2	6	9
8	2	4	9	6	5	3	7	1
6	9	3	1	2	7	5	4	8

1442

6	7	9	8	3	4	1	2	5
5	2	4	9	1	6	3	7	8
8	3	1	2	5	7	6	4	9
1	5	2	6	4	3	9	8	7
3	6	7	5	9	8	2	1	4
4	9	8	1	7	2	5	6	3
9	8	3	4	2	1	7	5	6
7	1	6	3	8	5	4	9	2
2	4	5	7	6	9	8	3	1

1443

2	1	5	3	4	8	6	7	9
8	3	6	7	9	1	5	2	4
9	4	7	5	2	6	8	3	1
1	9	8	2	6	5	3	4	7
4	5	2	8	7	3	9	1	6
6	7	3	9	1	4	2	5	8
3	2	9	1	8	7	4	6	5
5	6	1	4	3	9	7	8	2
7	8	4	6	5	2	1	9	3

1444

1	8	4	2	3	6	5	9	7
9	3	5	1	8	7	4	2	6
2	7	6	5	4	9	1	8	3
5	2	7	8	6	1	9	3	4
8	4	9	3	5	2	7	6	1
3	6	1	7	9	4	8	5	2
4	5	2	9	7	3	6	1	8
6	9	3	4	1	8	2	7	5
7	1	8	6	2	5	3	4	9

1445

1	5	3	6	8	4	9	7	2
6	4	9	5	7	2	8	1	3
8	7	2	9	1	3	6	4	5
4	2	1	7	9	5	3	8	6
7	6	5	4	3	8	1	2	9
9	3	8	1	2	6	4	5	7
2	8	7	3	4	9	5	6	1
3	1	6	8	5	7	2	9	4
5	9	4	2	6	1	7	3	8

1446

7	4	1	2	9	3	5	6	8
8	5	2	6	7	4	9	3	1
6	9	3	8	5	1	2	4	7
9	3	4	1	6	2	8	7	5
2	6	8	5	3	7	1	9	4
1	7	5	4	8	9	6	2	3
3	1	6	7	2	5	4	8	9
4	8	7	9	1	6	3	5	2
5	2	9	3	4	8	7	1	6

1447

2	8	3	5	1	9	4	7	6
7	9	5	2	6	4	1	3	8
4	1	6	7	8	3	2	5	9
3	4	7	6	9	2	5	8	1
5	6	9	1	4	8	3	2	7
1	2	8	3	5	7	9	6	4
6	7	1	4	2	5	8	9	3
8	3	2	9	7	1	6	4	5
9	5	4	8	3	6	7	1	2

1448

5	4	9	1	2	7	3	8	6
7	6	2	3	5	8	9	4	1
1	8	3	9	6	4	5	2	7
6	2	1	5	7	3	8	9	4
8	3	7	4	9	1	6	5	2
4	9	5	6	8	2	1	7	3
2	1	4	8	3	5	7	6	9
9	7	8	2	1	6	4	3	5
3	5	6	7	4	9	2	1	8

1449

4	9	1	2	8	7	3	5	6
5	6	2	9	3	1	7	8	4
3	8	7	4	5	6	9	1	2
6	5	4	3	1	8	2	9	7
2	1	8	7	4	9	5	6	3
7	3	9	5	6	2	1	4	8
8	4	3	1	7	5	6	2	9
9	7	5	6	2	4	8	3	1
1	2	6	8	9	3	4	7	5

1450

7	5	9	2	8	1	4	3	6
8	3	1	5	6	4	9	2	7
6	2	4	9	3	7	5	8	1
9	8	7	6	5	2	1	4	3
1	4	2	8	7	3	6	9	5
5	6	3	4	1	9	2	7	8
2	7	5	3	9	6	8	1	4
3	9	6	1	4	8	7	5	2
4	1	8	7	2	5	3	6	9

1451

4	5	9	6	1	2	3	7	8
8	6	2	5	7	3	1	4	9
1	7	3	4	8	9	6	5	2
2	8	1	7	9	4	5	6	3
3	4	5	8	2	6	9	1	7
6	9	7	3	5	1	2	8	4
5	1	4	2	3	7	8	9	6
7	3	8	9	6	5	4	2	1
9	2	6	1	4	8	7	3	5

1452

5	1	7	2	3	4	9	6	8
3	6	9	7	8	1	2	5	4
8	4	2	9	6	5	1	3	7
9	8	4	1	5	7	6	2	3
6	2	1	4	9	3	8	7	5
7	3	5	8	2	6	4	9	1
2	5	3	6	1	8	7	4	9
1	7	6	5	4	9	3	8	2
4	9	8	3	7	2	5	1	6

1453

9	1	8	2	3	4	5	6	7
4	6	2	7	5	9	1	8	3
3	7	5	8	1	6	9	2	4
8	2	7	4	9	1	3	5	6
6	9	4	5	2	3	8	7	1
5	3	1	6	8	7	2	4	9
7	5	9	3	4	2	6	1	8
1	8	6	9	7	5	4	3	2
2	4	3	1	6	8	7	9	5

1454

3	9	7	1	5	2	4	6	8
5	6	1	4	8	7	9	2	3
2	4	8	3	9	6	7	1	5
6	5	9	2	4	8	3	7	1
1	7	2	5	6	3	8	9	4
4	8	3	7	1	9	6	5	2
7	2	4	9	3	1	5	8	6
8	1	5	6	7	4	2	3	9
9	3	6	8	2	5	1	4	7

1455

1	8	4	9	7	2	5	3	6
2	9	6	5	8	3	4	7	1
5	3	7	6	1	4	9	8	2
6	4	5	1	3	8	2	9	7
7	1	8	2	5	9	6	4	3
3	2	9	4	6	7	8	1	5
4	5	1	7	9	6	3	2	8
8	6	2	3	4	1	7	5	9
9	7	3	8	2	5	1	6	4

1456

2	3	4	9	1	7	5	8	6
5	8	9	2	6	3	7	4	1
6	7	1	4	5	8	9	2	3
3	2	5	1	4	6	8	7	9
7	4	6	8	3	9	2	1	5
1	9	8	5	7	2	3	6	4
4	1	7	3	2	5	6	9	8
8	5	2	6	9	4	1	3	7
9	6	3	7	8	1	4	5	2

1457

5	6	7	8	9	2	1	3	4
1	4	8	6	3	5	7	9	2
2	3	9	7	1	4	6	5	8
4	9	1	2	8	3	5	7	6
6	8	3	5	7	9	2	4	1
7	2	5	4	6	1	9	8	3
8	5	2	9	4	6	3	1	7
9	1	4	3	2	7	8	6	5
3	7	6	1	5	8	4	2	9

1458

6	8	1	7	4	2	5	9	3
2	9	3	5	8	6	1	4	7
7	4	5	3	9	1	2	6	8
3	5	6	8	2	9	4	7	1
4	7	8	1	5	3	6	2	9
9	1	2	4	6	7	8	3	5
8	2	4	9	7	5	3	1	6
5	3	9	6	1	4	7	8	2
1	6	7	2	3	8	9	5	4

1459

9	7	3	4	5	6	2	8	1
1	6	4	8	2	3	9	5	7
2	8	5	1	7	9	6	3	4
8	5	7	6	1	2	3	4	9
3	9	2	5	4	7	1	6	8
4	1	6	9	3	8	5	7	2
5	2	8	3	9	4	7	1	6
6	3	9	7	8	1	4	2	5
7	4	1	2	6	5	8	9	3

1460

5	4	7	3	2	8	6	9	1
2	3	9	1	4	6	5	7	8
6	8	1	7	9	5	3	4	2
3	6	2	9	7	1	4	8	5
4	9	5	6	8	3	1	2	7
7	1	8	4	5	2	9	6	3
8	7	6	5	1	4	2	3	9
9	5	3	2	6	7	8	1	4
1	2	4	8	3	9	7	5	6

1461

3	4	7	8	6	9	1	5	2
2	9	8	5	7	1	3	4	6
6	5	1	4	3	2	7	9	8
4	8	6	2	9	3	5	7	1
5	1	9	6	4	7	8	2	3
7	3	2	1	5	8	9	6	4
8	7	3	9	2	6	4	1	5
9	6	5	3	1	4	2	8	7
1	2	4	7	8	5	6	3	9

1462

7	1	4	8	9	2	3	5	6
8	2	5	6	3	4	1	9	7
9	3	6	1	7	5	8	4	2
3	4	7	9	5	6	2	1	8
1	6	8	4	2	3	5	7	9
2	5	9	7	8	1	4	6	3
5	7	1	2	6	8	9	3	4
6	8	3	5	4	9	7	2	1
4	9	2	3	1	7	6	8	5

1463

2	5	6	7	9	1	8	3	4
3	8	7	6	4	5	9	1	2
4	1	9	2	8	3	6	5	7
5	9	1	3	6	7	2	4	8
6	2	8	4	1	9	5	7	3
7	3	4	5	2	8	1	6	9
8	4	2	1	7	6	3	9	5
9	6	5	8	3	4	7	2	1
1	7	3	9	5	2	4	8	6

1464

3	1	7	4	2	5	6	8	9
2	5	8	6	9	1	3	4	7
4	6	9	7	8	3	1	5	2
5	8	1	9	3	4	7	2	6
6	9	2	8	1	7	4	3	5
7	4	3	5	6	2	9	1	8
8	7	4	1	5	6	2	9	3
9	2	6	3	4	8	5	7	1
1	3	5	2	7	9	8	6	4

1465

8	9	1	7	2	5	6	3	4
4	2	5	6	3	8	7	1	9
6	3	7	1	4	9	5	8	2
2	8	6	4	9	1	3	5	7
7	5	3	2	8	6	9	4	1
9	1	4	5	7	3	2	6	8
1	6	8	9	5	2	4	7	3
5	4	9	3	1	7	8	2	6
3	7	2	8	6	4	1	9	5

1466

9	2	5	7	8	1	3	4	6
1	4	7	3	6	5	9	2	8
6	3	8	2	4	9	1	5	7
2	6	1	4	9	7	5	8	3
5	8	4	1	2	3	6	7	9
7	9	3	6	5	8	2	1	4
8	1	6	5	3	4	7	9	2
3	5	9	8	7	2	4	6	1
4	7	2	9	1	6	8	3	5

1467

2	7	1	3	9	5	6	4	8
8	5	3	4	6	7	2	9	1
9	4	6	1	8	2	3	5	7
7	9	2	6	5	1	8	3	4
3	8	5	7	2	4	9	1	6
1	6	4	9	3	8	5	7	2
5	1	8	2	4	3	7	6	9
6	2	7	5	1	9	4	8	3
4	3	9	8	7	6	1	2	5

1468

7	1	2	3	4	5	6	8	9
6	9	3	8	7	1	4	2	5
8	5	4	9	6	2	7	1	3
9	8	7	4	1	3	2	5	6
1	3	5	7	2	6	8	9	4
2	4	6	5	9	8	1	3	7
3	6	8	2	5	4	9	7	1
4	2	9	1	3	7	5	6	8
5	7	1	6	8	9	3	4	2

1469

2	4	1	6	5	8	7	9	3
3	9	6	4	2	7	5	1	8
5	8	7	9	1	3	2	6	4
9	5	2	7	8	1	3	4	6
7	1	3	2	4	6	9	8	5
8	6	4	3	9	5	1	2	7
1	7	5	8	6	9	4	3	2
4	3	8	1	7	2	6	5	9
6	2	9	5	3	4	8	7	1

1470

2	3	5	6	7	9	8	1	4
9	8	6	4	3	1	5	2	7
1	4	7	8	5	2	6	9	3
5	6	8	7	9	4	2	3	1
3	7	9	1	2	8	4	6	5
4	1	2	5	6	3	7	8	9
6	2	1	9	4	7	3	5	8
7	9	3	2	8	5	1	4	6
8	5	4	3	1	6	9	7	2

1471

2	6	9	8	1	7	3	4	5
5	7	4	9	3	2	1	8	6
3	8	1	5	4	6	7	9	2
6	4	2	7	5	1	8	3	9
7	9	3	6	8	4	2	5	1
8	1	5	2	9	3	6	7	4
1	5	7	4	6	8	9	2	3
9	2	6	3	7	5	4	1	8
4	3	8	1	2	9	5	6	7

1472

1	5	4	7	2	9	8	6	3
2	7	8	3	6	4	9	5	1
3	6	9	5	8	1	4	2	7
4	3	1	9	5	6	7	8	2
7	8	6	1	3	2	5	4	9
5	9	2	8	4	7	3	1	6
6	1	3	4	7	8	2	9	5
8	2	7	6	9	5	1	3	4
9	4	5	2	1	3	6	7	8

1473

5	9	1	6	2	3	7	4	8
8	6	2	7	4	9	5	3	1
4	7	3	8	5	1	6	2	9
1	5	4	2	6	7	9	8	3
6	8	9	3	1	4	2	5	7
2	3	7	5	9	8	1	6	4
7	4	5	1	8	2	3	9	6
9	1	6	4	3	5	8	7	2
3	2	8	9	7	6	4	1	5

1474

5	8	3	4	6	9	7	1	2
7	9	6	5	1	2	4	8	3
4	2	1	8	3	7	5	6	9
1	3	7	6	4	5	9	2	8
9	5	2	7	8	3	1	4	6
8	6	4	2	9	1	3	5	7
2	4	9	1	7	6	8	3	5
3	1	5	9	2	8	6	7	4
6	7	8	3	5	4	2	9	1

1475

5	8	1	3	2	4	6	7	9
6	9	3	7	8	1	4	2	5
7	2	4	5	6	9	8	1	3
9	7	5	6	1	3	2	8	4
8	3	6	2	4	7	5	9	1
1	4	2	9	5	8	7	3	6
2	1	7	4	9	5	3	6	8
3	5	8	1	7	6	9	4	2
4	6	9	8	3	2	1	5	7

1476

9	3	6	4	1	8	7	2	5
1	4	7	2	5	3	8	9	6
2	5	8	9	7	6	3	1	4
3	6	9	1	8	2	4	5	7
5	7	1	6	9	4	2	3	8
4	8	2	5	3	7	1	6	9
6	2	3	8	4	5	9	7	1
7	9	4	3	6	1	5	8	2
8	1	5	7	2	9	6	4	3

1477

7	8	2	5	6	9	1	3	4
9	5	3	8	4	1	6	7	2
1	6	4	2	7	3	5	9	8
4	1	8	7	9	2	3	6	5
2	9	6	1	3	5	4	8	7
5	3	7	6	8	4	9	2	1
8	2	9	4	1	6	7	5	3
6	4	5	3	2	7	8	1	9
3	7	1	9	5	8	2	4	6

1478

9	2	5	8	6	3	7	1	4
8	3	6	1	7	4	2	9	5
1	4	7	5	9	2	6	3	8
7	5	4	6	1	9	8	2	3
3	1	8	2	4	5	9	7	6
2	6	9	7	3	8	4	5	1
4	9	1	3	8	7	5	6	2
5	7	3	4	2	6	1	8	9
6	8	2	9	5	1	3	4	7

1479

2	7	4	3	6	1	9	8	5
1	9	5	4	7	8	3	2	6
8	3	6	5	9	2	7	1	4
7	4	8	9	2	5	1	6	3
9	5	1	6	3	7	8	4	2
3	6	2	8	1	4	5	9	7
6	8	7	1	4	3	2	5	9
4	1	3	2	5	9	6	7	8
5	2	9	7	8	6	4	3	1

1480

7	6	9	4	8	2	1	3	5
5	2	1	3	6	7	8	4	9
4	8	3	9	1	5	6	2	7
2	9	6	5	3	8	7	1	4
8	5	4	7	9	1	2	6	3
3	1	7	6	2	4	5	9	8
6	4	5	1	7	3	9	8	2
9	7	8	2	4	6	3	5	1
1	3	2	8	5	9	4	7	6

1481

```
9 2 6 8 7 3 1 5 4
4 1 7 5 9 2 3 6 8
5 3 8 4 6 1 7 2 9
1 5 3 2 8 9 4 7 6
8 6 9 7 4 5 2 1 3
2 7 4 3 1 6 8 9 5
3 4 1 9 5 7 6 8 2
6 9 2 1 3 8 5 4 7
7 8 5 6 2 4 9 3 1
```

1482

```
8 5 4 1 7 2 9 3 6
1 6 3 9 5 8 7 2 4
2 9 7 4 6 3 5 8 1
3 1 5 6 9 7 2 4 8
7 2 6 8 4 1 3 9 5
4 8 9 3 2 5 1 6 7
5 7 8 2 3 4 6 1 9
6 3 1 5 8 9 4 7 2
9 4 2 7 1 6 8 5 3
```

1483

```
9 8 3 5 1 6 2 4 7
7 2 5 3 4 8 9 1 6
1 4 6 7 9 2 3 5 8
4 1 8 9 2 7 6 3 5
2 3 7 6 5 1 8 9 4
5 6 9 4 8 3 7 2 1
3 5 4 8 6 9 1 7 2
6 7 1 2 3 4 5 8 9
8 9 2 1 7 5 4 6 3
```

1484

```
5 9 6 2 1 3 4 7 8
1 3 7 8 6 4 2 5 9
2 4 8 7 9 5 6 3 1
8 2 4 1 5 7 3 9 6
9 6 1 3 2 8 7 4 5
3 7 5 9 4 6 8 1 2
7 5 3 6 8 1 9 2 4
4 8 9 5 3 2 1 6 7
6 1 2 4 7 9 5 8 3
```

1485

```
7 5 6 8 1 3 9 2 4
2 8 3 6 4 9 1 7 5
9 1 4 2 7 5 6 3 8
4 6 7 9 5 8 2 1 3
5 9 1 3 2 7 8 4 6
8 3 2 1 6 4 5 9 7
3 2 5 7 8 1 4 6 9
6 4 9 5 3 2 7 8 1
1 7 8 4 9 6 3 5 2
```

1486

```
6 3 8 7 1 9 5 4 2
1 7 4 5 2 8 6 3 9
9 2 5 6 3 4 7 8 1
5 6 9 8 4 7 1 2 3
2 4 1 3 6 5 8 9 7
3 8 7 1 9 2 4 5 6
7 9 2 4 8 1 3 6 5
8 1 6 9 5 3 2 7 4
4 5 3 2 7 6 9 1 8
```

1487

```
6 2 4 8 5 7 9 1 3
7 1 5 9 6 3 2 4 8
8 3 9 2 4 1 6 5 7
9 6 8 4 1 5 3 7 2
1 7 2 3 8 9 5 6 4
5 4 3 7 2 6 8 9 1
3 9 1 5 7 8 4 2 6
2 8 6 1 9 4 7 3 5
4 5 7 6 3 2 1 8 9
```

1488

```
9 4 2 3 1 7 5 6 8
7 6 3 5 4 8 9 1 2
1 8 5 2 9 6 3 4 7
2 7 4 8 3 9 6 5 1
3 5 8 6 7 1 4 2 9
6 1 9 4 2 5 8 7 3
4 2 1 9 5 3 7 8 6
5 9 6 7 8 2 1 3 4
8 3 7 1 6 4 2 9 5
```

1489

```
5 7 4 3 9 6 8 1 2
2 9 1 8 7 4 6 3 5
8 6 3 1 5 2 4 9 7
9 1 2 4 6 5 3 7 8
3 8 5 7 1 9 2 6 4
7 4 6 2 3 8 9 5 1
6 2 7 9 4 1 5 8 3
1 5 8 6 2 3 7 4 9
4 3 9 5 8 7 1 2 6
```

1490

```
8 7 4 9 2 6 1 3 5
2 3 5 1 4 8 6 9 7
9 1 6 3 7 5 2 4 8
7 4 8 2 3 9 5 1 6
1 5 9 6 8 7 3 2 4
3 6 2 4 5 1 7 8 9
4 8 1 5 6 2 9 7 3
5 9 7 8 1 3 4 6 2
6 2 3 7 9 4 8 5 1
```

1491

```
1 2 3 4 5 8 6 9 7
4 7 6 3 9 2 8 1 5
9 8 5 1 7 6 4 3 2
8 9 2 7 1 4 3 5 6
5 1 4 6 3 9 7 2 8
6 3 7 8 2 5 1 4 9
2 6 8 5 4 1 9 7 3
3 4 9 2 6 7 5 8 1
7 5 1 9 8 3 2 6 4
```

1492

```
9 1 2 3 7 6 4 8 5
8 6 4 9 5 1 7 3 2
7 3 5 4 2 8 1 9 6
4 2 9 8 1 7 6 5 3
5 7 1 6 9 3 2 4 8
6 8 3 5 4 2 9 7 1
1 4 6 7 3 5 8 2 9
2 5 7 1 8 9 3 6 4
3 9 8 2 6 4 5 1 7
```

1493

```
3 1 2 4 5 7 6 8 9
7 5 8 6 9 1 3 4 2
4 6 9 3 8 2 1 7 5
8 2 1 7 4 6 9 5 3
9 7 4 5 1 3 2 6 8
5 3 6 8 2 9 7 1 4
1 4 7 9 3 5 8 2 6
2 8 3 1 6 4 5 9 7
6 9 5 2 7 8 4 3 1
```

1494

```
2 7 8 9 3 4 5 1 6
3 6 9 1 2 5 8 7 4
1 4 5 8 6 7 2 3 9
4 8 3 6 7 1 9 5 2
9 1 6 3 5 2 4 8 7
5 2 7 4 9 8 1 6 3
6 3 4 5 8 9 7 2 1
7 5 1 2 4 3 6 9 8
8 9 2 7 1 6 3 4 5
```

1495

```
6 9 8 5 7 4 1 2 3
7 5 1 2 9 3 4 8 6
4 3 2 8 1 6 9 5 7
8 2 3 6 4 5 7 9 1
9 7 5 3 8 1 2 6 4
1 4 6 9 2 7 8 3 5
2 6 4 7 3 8 5 1 9
3 8 7 1 5 9 6 4 2
5 1 9 4 6 2 3 7 8
```

1496

```
2 5 6 7 8 3 9 1 4
4 3 9 5 1 6 2 8 7
8 7 1 2 9 4 3 6 5
5 6 7 1 3 8 4 2 9
9 4 2 6 7 5 8 3 1
1 8 3 9 4 2 5 7 6
6 9 8 3 5 7 1 4 2
7 1 4 8 2 9 6 5 3
3 2 5 4 6 1 7 9 8
```

1497

```
8 2 6 1 3 9 4 5 7
4 3 9 5 2 7 6 8 1
5 7 1 6 8 4 3 9 2
6 5 2 7 9 8 1 4 3
3 9 4 2 1 5 8 7 6
7 1 8 4 6 3 5 2 9
9 4 7 3 5 6 2 1 8
1 8 3 9 4 2 7 6 5
2 6 5 8 7 1 9 3 4
```

1498

```
5 7 9 3 2 1 6 4 8
4 2 8 5 6 9 1 7 3
6 1 3 7 8 4 9 2 5
1 6 5 8 4 2 3 9 7
7 9 2 1 5 3 4 8 6
8 3 4 6 9 7 2 5 1
9 8 6 2 1 5 7 3 4
2 5 7 4 3 6 8 1 9
3 4 1 9 7 8 5 6 2
```

1499

```
8 9 2 1 6 5 7 3 4
3 7 4 9 2 8 5 6 1
5 1 6 4 7 3 2 9 8
6 2 5 7 3 1 8 4 9
9 4 3 5 8 6 1 7 2
7 8 1 2 9 4 3 5 6
1 3 7 6 4 2 9 8 5
4 5 9 8 1 7 6 2 3
2 6 8 3 5 9 4 1 7
```

1500

```
2 3 8 4 7 5 6 9 1
6 7 5 8 9 1 2 3 4
9 4 1 2 3 6 5 7 8
1 8 4 5 2 7 3 6 9
3 5 2 6 8 9 1 4 7
7 6 9 3 1 4 8 2 5
4 2 3 7 5 8 9 1 6
5 9 7 1 6 2 4 8 3
8 1 6 9 4 3 7 5 2
```

1501

5	3	7	6	9	2	8	1	4
4	2	8	5	1	3	7	9	6
1	6	9	8	7	4	2	5	3
7	8	1	9	2	6	3	4	5
2	9	3	1	4	5	6	8	7
6	5	4	3	8	7	1	2	9
3	7	2	4	5	1	9	6	8
8	1	5	7	6	9	4	3	2
9	4	6	2	3	8	5	7	1

1502

5	2	8	7	1	3	6	9	4
7	4	9	5	2	6	1	3	8
1	6	3	8	4	9	2	5	7
6	1	2	3	7	4	9	8	5
9	5	7	2	8	1	3	4	6
8	3	4	6	9	5	7	2	1
2	9	1	4	5	7	8	6	3
3	8	5	1	6	2	4	7	9
4	7	6	9	3	8	5	1	2

1503

6	9	1	2	7	5	8	3	4
7	3	2	4	6	8	9	5	1
8	4	5	9	1	3	7	2	6
9	1	3	8	5	4	2	6	7
4	5	6	7	2	9	1	8	3
2	7	8	1	3	6	4	9	5
5	8	4	6	9	1	3	7	2
1	6	7	3	8	2	5	4	9
3	2	9	5	4	7	6	1	8

1504

5	3	2	6	1	4	7	8	9
7	1	6	9	5	8	3	4	2
9	4	8	7	3	2	5	6	1
1	6	9	2	8	3	4	5	7
2	8	4	5	6	7	9	1	3
3	7	5	1	4	9	6	2	8
4	2	3	8	7	5	1	9	6
8	5	1	3	9	6	2	7	4
6	9	7	4	2	1	8	3	5

1505

3	8	2	6	5	7	9	1	4
7	4	5	8	9	1	3	2	6
6	9	1	3	2	4	5	7	8
8	6	9	2	1	3	4	5	7
1	7	3	4	8	5	2	6	9
5	2	4	7	6	9	1	8	3
9	5	6	1	3	8	7	4	2
2	1	7	9	4	6	8	3	5
4	3	8	5	7	2	6	9	1

1506

3	5	2	7	8	6	4	9	1
8	6	9	4	1	3	5	7	2
4	7	1	9	5	2	3	6	8
7	8	4	1	9	5	2	3	6
9	2	5	6	3	7	8	1	4
1	3	6	8	2	4	7	5	9
5	9	8	2	7	1	6	4	3
6	1	3	5	4	8	9	2	7
2	4	7	3	6	9	1	8	5

1507

8	9	5	6	3	7	1	2	4
1	2	6	5	4	9	3	7	8
3	4	7	1	2	8	6	9	5
2	1	3	7	8	5	9	4	6
4	6	8	9	1	2	7	5	3
5	7	9	3	6	4	8	1	2
6	5	1	2	9	3	4	8	7
9	8	2	4	7	6	5	3	1
7	3	4	8	5	1	2	6	9

1508

1	5	6	4	9	2	3	7	8
8	2	4	3	7	6	9	5	1
9	3	7	8	5	1	4	6	2
2	1	5	6	4	8	7	9	3
3	6	8	7	1	9	2	4	5
4	7	9	2	3	5	8	1	6
7	8	1	9	6	3	5	2	4
5	9	2	1	8	4	6	3	7
6	4	3	5	2	7	1	8	9

1509

1	3	5	9	7	4	6	8	2
8	9	6	2	1	5	7	3	4
2	4	7	3	8	6	9	1	5
3	7	8	5	2	1	4	9	6
4	2	9	6	3	8	1	5	7
5	6	1	7	4	9	8	2	3
9	5	2	1	6	7	3	4	8
7	8	3	4	9	2	5	6	1
6	1	4	8	5	3	2	7	9

1510

2	4	6	3	8	7	1	5	9
8	9	5	1	2	6	7	4	3
3	1	7	4	5	9	6	2	8
9	3	8	6	4	5	2	7	1
6	5	2	7	1	8	3	9	4
1	7	4	9	3	2	5	8	6
4	2	9	5	6	3	8	1	7
5	6	1	8	7	4	9	3	2
7	8	3	2	9	1	4	6	5

1511

9	1	2	4	3	6	5	7	8
5	4	6	7	8	9	1	3	2
7	8	3	5	1	2	4	6	9
6	3	9	8	5	1	2	4	7
8	2	4	3	6	7	9	5	1
1	7	5	9	2	4	6	8	3
2	9	7	6	4	8	3	1	5
4	5	8	1	9	3	7	2	6
3	6	1	2	7	5	8	9	4

1512

3	9	5	1	4	2	6	7	8
4	1	6	8	5	7	3	2	9
8	2	7	3	6	9	1	4	5
9	3	2	7	8	4	5	1	6
5	4	1	2	3	6	8	9	7
6	7	8	9	1	5	2	3	4
1	5	3	4	9	8	7	6	2
7	8	4	6	2	1	9	5	3
2	6	9	5	7	3	4	8	1

1513

9	6	4	3	5	7	8	1	2
1	5	7	2	4	8	3	9	6
2	3	8	9	1	6	5	4	7
3	1	5	7	6	4	9	2	8
8	9	6	5	2	1	4	7	3
4	7	2	8	9	3	6	5	1
7	4	1	6	8	9	2	3	5
5	8	9	1	3	2	7	6	4
6	2	3	4	7	5	1	8	9

1514

5	6	8	4	2	7	9	1	3
1	3	4	6	9	5	8	7	2
2	7	9	1	3	8	5	4	6
7	1	2	9	8	3	6	5	4
6	9	5	2	4	1	3	8	7
8	4	3	5	7	6	1	2	9
9	2	1	8	6	4	7	3	5
3	8	6	7	5	2	4	9	1
4	5	7	3	1	9	2	6	8

1515

5	8	2	1	7	3	4	6	9
6	9	3	4	5	2	8	1	7
7	1	4	6	8	9	2	3	5
3	2	6	5	9	1	7	4	8
8	4	5	7	2	6	3	9	1
1	7	9	8	3	4	5	2	6
9	3	7	2	6	5	1	8	4
2	5	1	9	4	8	6	7	3
4	6	8	3	1	7	9	5	2

1516

9	4	5	8	7	6	1	3	2
2	6	7	4	1	3	5	8	9
1	3	8	9	2	5	4	6	7
4	5	2	7	3	8	6	9	1
7	9	3	5	6	1	2	4	8
8	1	6	2	9	4	3	7	5
3	7	9	6	5	2	8	1	4
5	8	1	3	4	7	9	2	6
6	2	4	1	8	9	7	5	3

1517

1	6	5	2	9	3	7	4	8
2	7	8	5	1	4	3	9	6
3	4	9	6	7	8	5	2	1
4	9	6	3	8	1	2	7	5
8	1	3	7	5	2	4	6	9
5	2	7	9	4	6	8	1	3
6	3	1	8	2	7	9	5	4
9	8	2	4	6	5	1	3	7
7	5	4	1	3	9	6	8	2

1518

6	9	5	7	1	4	8	2	3
1	2	7	8	3	9	5	4	6
3	4	8	6	2	5	7	9	1
7	5	9	2	6	8	1	3	4
2	3	4	5	9	1	6	8	7
8	6	1	3	4	7	9	5	2
9	7	2	1	5	3	4	6	8
4	8	6	9	7	2	3	1	5
5	1	3	4	8	6	2	7	9

1519

8	7	3	9	6	5	2	4	1
9	4	5	8	2	1	7	3	6
6	1	2	3	7	4	8	9	5
1	6	7	5	8	3	9	2	4
3	5	4	2	1	9	6	7	8
2	8	9	7	4	6	1	5	3
7	9	6	4	5	8	3	1	2
5	2	8	1	3	7	4	6	9
4	3	1	6	9	2	5	8	7

1520

3	5	9	7	8	1	2	6	4
8	4	2	9	3	6	1	5	7
6	7	1	2	4	5	3	8	9
2	3	4	5	6	7	8	9	1
9	8	5	1	2	3	4	7	6
1	6	7	8	9	4	5	2	3
4	9	3	6	5	2	7	1	8
5	1	8	3	7	9	6	4	2
7	2	6	4	1	8	9	3	5

1521

8	7	4	5	2	9	1	3	6
2	9	5	1	3	6	8	4	7
3	1	6	7	8	4	5	2	9
1	6	7	8	4	2	3	9	5
4	2	9	3	5	7	6	8	1
5	8	3	6	9	1	2	7	4
9	3	8	4	1	5	7	6	2
6	4	1	2	7	3	9	5	8
7	5	2	9	6	8	4	1	3

1522

5	6	2	3	1	4	7	8	9
9	7	3	8	2	5	1	4	6
8	1	4	9	6	7	5	3	2
2	5	7	4	3	1	6	9	8
1	3	8	2	9	6	4	7	5
6	4	9	7	5	8	3	2	1
3	8	6	5	7	9	2	1	4
7	9	1	6	4	2	8	5	3
4	2	5	1	8	3	9	6	7

1523

6	5	1	4	8	7	9	2	3
4	7	8	2	9	3	1	6	5
2	3	9	5	6	1	4	8	7
8	9	7	1	4	5	2	3	6
1	4	2	8	3	6	5	7	9
3	6	5	9	7	2	8	1	4
5	8	3	6	1	4	7	9	2
7	1	4	3	2	9	6	5	8
9	2	6	7	5	8	3	4	1

1524

5	8	1	7	4	6	9	2	3
6	7	3	8	9	2	4	1	5
2	9	4	3	1	5	6	7	8
8	3	5	4	2	7	1	9	6
1	6	7	5	8	9	2	3	4
9	4	2	1	6	3	5	8	7
7	1	6	9	3	4	8	5	2
3	2	8	6	5	1	7	4	9
4	5	9	2	7	8	3	6	1

1525

6	7	4	5	1	3	2	8	9
2	3	5	4	8	9	6	1	7
1	8	9	6	7	2	5	3	4
5	9	8	1	4	6	3	7	2
3	4	2	9	5	7	1	6	8
7	6	1	3	2	8	9	4	5
8	5	6	2	3	4	7	9	1
4	2	3	7	9	1	8	5	6
9	1	7	8	6	5	4	2	3

1526

3	6	9	4	7	8	2	1	5
4	5	1	3	2	9	6	7	8
8	7	2	1	6	5	9	3	4
5	9	3	2	8	4	7	6	1
6	1	4	7	5	3	8	9	2
7	2	8	9	1	6	5	4	3
2	3	5	6	4	7	1	8	9
9	8	6	5	3	1	4	2	7
1	4	7	8	9	2	3	5	6

1527

3	4	8	2	6	7	9	1	5
1	6	9	3	4	5	7	2	8
5	7	2	8	1	9	3	4	6
4	9	5	1	2	3	8	6	7
7	2	6	9	8	4	1	5	3
8	3	1	7	5	6	2	9	4
2	5	3	4	9	8	6	7	1
9	8	4	6	7	1	5	3	2
6	1	7	5	3	2	4	8	9

1528

9	5	2	1	3	4	6	7	8
3	6	1	8	2	7	4	9	5
7	8	4	5	9	6	1	3	2
5	2	9	3	6	1	7	8	4
1	3	8	4	7	9	2	5	6
4	7	6	2	5	8	9	1	3
6	1	5	7	4	3	8	2	9
2	9	7	6	8	5	3	4	1
8	4	3	9	1	2	5	6	7

1529

4	2	3	5	9	7	6	8	1
9	5	6	1	3	8	7	2	4
1	8	7	6	4	2	3	5	9
6	7	9	8	5	3	1	4	2
2	3	5	7	1	4	8	9	6
8	4	1	2	6	9	5	7	3
7	6	4	9	8	1	2	3	5
5	9	8	3	2	6	4	1	7
3	1	2	4	7	5	9	6	8

1530

4	2	6	7	3	5	9	8	1
1	3	8	9	6	4	7	2	5
7	5	9	1	2	8	3	6	4
8	7	2	3	4	9	5	1	6
9	1	3	6	5	2	8	4	7
6	4	5	8	1	7	2	3	9
5	6	1	2	7	3	4	9	8
2	8	7	4	9	1	6	5	3
3	9	4	5	8	6	1	7	2

1531

6	5	9	7	8	1	4	2	3
3	7	1	4	6	2	8	5	9
4	8	2	9	5	3	6	1	7
5	9	3	6	4	8	2	7	1
1	6	8	2	3	7	9	4	5
7	2	4	1	9	5	3	6	8
9	1	5	8	2	4	7	3	6
2	3	6	5	7	9	1	8	4
8	4	7	3	1	6	5	9	2

1532

1	5	7	9	2	6	3	4	8
4	6	8	7	1	3	2	5	9
2	3	9	4	5	8	1	7	6
9	1	5	6	3	4	8	2	7
7	4	3	2	8	5	9	6	1
8	2	6	1	9	7	4	3	5
3	7	1	5	4	9	6	8	2
5	8	2	3	6	1	7	9	4
6	9	4	8	7	2	5	1	3

1533

6	7	4	5	1	3	2	8	9
2	3	5	4	8	9	6	1	7
1	8	9	6	7	2	5	3	4
5	9	8	1	4	6	3	7	2
3	4	2	9	5	7	1	6	8
7	6	1	3	2	8	9	4	5
8	5	6	2	3	4	7	9	1
4	2	3	7	9	1	8	5	6
9	1	7	8	6	5	4	2	3

1534

3	6	9	4	7	8	2	1	5
4	5	1	3	2	9	6	7	8
8	7	2	1	6	5	9	3	4
5	9	3	2	8	4	7	6	1
6	1	4	7	5	3	8	9	2
7	2	8	9	1	6	5	4	3
2	3	5	6	4	7	1	8	9
9	8	6	5	3	1	4	2	7
1	4	7	8	9	2	3	5	6

1535

3	4	8	2	6	7	9	1	5
1	6	9	3	4	5	7	2	8
5	7	2	8	1	9	3	4	6
4	9	5	1	2	3	8	6	7
7	2	6	9	8	4	1	5	3
8	3	1	7	5	6	2	9	4
2	5	3	4	9	8	6	7	1
9	8	4	6	7	1	5	3	2
6	1	7	5	3	2	4	8	9

1536

9	5	2	1	3	4	6	7	8
3	6	1	8	2	7	4	9	5
7	8	4	5	9	6	1	3	2
5	2	9	3	6	1	7	8	4
1	3	8	4	7	9	2	5	6
4	7	6	2	5	8	9	1	3
6	1	5	7	4	3	8	2	9
2	9	7	6	8	5	3	4	1
8	4	3	9	1	2	5	6	7

1537

6	3	4	5	1	8	2	7	9
7	2	5	6	9	4	1	3	8
9	8	1	2	3	7	4	6	5
8	4	9	3	6	1	5	2	7
3	1	2	7	5	9	8	4	6
5	6	7	8	4	2	9	1	3
1	9	8	4	7	3	6	5	2
2	7	6	1	8	5	3	9	4
4	5	3	9	2	6	7	8	1

1538

4	8	3	2	9	5	6	1	7
5	6	1	4	3	7	9	2	8
9	7	2	8	1	6	4	5	3
7	5	8	9	2	1	3	4	6
1	3	9	6	4	8	2	7	5
6	2	4	5	7	3	8	9	1
8	9	5	7	6	4	1	3	2
2	1	6	3	5	9	7	8	4
3	4	7	1	8	2	5	6	9

1539

4	7	1	2	5	8	3	9	6
6	8	2	9	3	1	5	4	7
5	9	3	6	4	7	8	2	1
7	1	5	3	2	6	9	8	4
8	3	9	5	1	4	7	6	2
2	4	6	8	7	9	1	3	5
9	5	4	7	8	2	6	1	3
1	6	7	4	9	3	2	5	8
3	2	8	1	6	5	4	7	9

1540

9	2	7	5	3	1	6	4	8
1	3	4	6	7	8	9	5	2
5	6	8	9	2	4	7	1	3
6	7	3	8	5	9	1	2	4
2	4	1	7	6	3	8	9	5
8	9	5	1	4	2	3	7	6
3	5	9	4	1	6	2	8	7
4	1	2	3	8	7	5	6	9
7	8	6	2	9	5	4	3	1

1541

6	5	1	2	4	7	3	8	9
9	7	3	8	1	5	4	6	2
8	2	4	9	3	6	5	7	1
7	3	9	6	2	8	1	5	4
4	6	2	3	5	1	7	9	8
1	8	5	4	7	9	6	2	3
2	4	6	5	8	3	9	1	7
3	9	7	1	6	2	8	4	5
5	1	8	7	9	4	2	3	6

1542

8	7	9	2	4	6	1	3	5
1	2	4	5	3	7	6	8	9
6	5	3	8	1	9	7	2	4
2	8	5	7	9	1	3	4	6
9	1	6	4	2	3	5	7	8
3	4	7	6	8	5	2	9	1
4	3	2	1	6	8	9	5	7
7	6	8	9	5	2	4	1	3
5	9	1	3	7	4	8	6	2

1543

7	2	4	5	1	6	8	9	3
8	9	5	2	7	3	6	1	4
1	3	6	4	9	8	2	5	7
3	4	7	6	2	9	5	8	1
2	5	8	7	3	1	4	6	9
9	6	1	8	5	4	3	7	2
4	7	2	1	6	5	9	3	8
5	8	9	3	4	7	1	2	6
6	1	3	9	8	2	7	4	5

1544

7	1	4	9	6	8	2	5	3
2	8	5	3	1	4	7	6	9
3	9	6	7	5	2	1	4	8
4	5	8	1	7	9	6	3	2
1	6	2	5	4	3	8	9	7
9	7	3	8	2	6	5	1	4
5	2	7	4	9	1	3	8	6
6	3	9	2	8	5	4	7	1
8	4	1	6	3	7	9	2	5

1545

2	4	6	7	3	8	9	5	1
9	1	7	6	5	4	3	2	8
8	5	3	9	1	2	4	6	7
3	9	5	2	7	6	8	1	4
4	6	2	8	9	1	5	7	3
1	7	8	5	4	3	2	9	6
7	8	9	3	6	5	1	4	2
5	2	4	1	8	7	6	3	9
6	3	1	4	2	9	7	8	5

1546

2	9	1	3	5	6	7	8	4
3	8	4	2	1	7	9	5	6
7	6	5	8	9	4	1	3	2
8	4	7	5	2	9	6	1	3
9	1	3	7	6	8	4	2	5
5	2	6	4	3	1	8	9	7
1	5	8	6	7	2	3	4	9
6	3	9	1	4	5	2	7	8
4	7	2	9	8	3	5	6	1

1547

4	6	7	9	1	8	2	3	5
3	1	5	2	4	7	8	6	9
9	2	8	5	6	3	7	4	1
8	5	1	3	7	6	9	2	4
6	7	3	4	2	9	1	5	8
2	9	4	1	8	5	3	7	6
5	3	6	7	9	1	4	8	2
7	4	9	8	5	2	6	1	3
1	8	2	6	3	4	5	9	7

1548

5	9	2	7	8	1	3	4	6
3	7	4	6	9	2	5	1	8
1	6	8	5	3	4	9	7	2
2	1	7	9	5	8	4	6	3
8	3	5	2	4	6	1	9	7
6	4	9	1	7	3	8	2	5
4	5	1	8	2	7	6	3	9
7	8	3	4	6	9	2	5	1
9	2	6	3	1	5	7	8	4

1549

8	1	4	9	5	6	2	3	7
7	2	5	8	4	3	9	1	6
9	3	6	1	7	2	8	4	5
1	9	7	6	8	4	3	5	2
4	5	8	3	2	1	7	6	9
2	6	3	7	9	5	1	8	4
5	7	9	4	1	8	6	2	3
3	4	1	2	6	7	5	9	8
6	8	2	5	3	9	4	7	1

1550

7	3	4	1	8	5	6	9	2
2	1	5	6	3	9	7	4	8
9	6	8	2	7	4	5	1	3
1	5	6	4	9	2	8	3	7
8	4	7	3	5	6	1	2	9
3	2	9	7	1	8	4	6	5
4	7	1	5	2	3	9	8	6
5	8	2	9	6	1	3	7	4
6	9	3	8	4	7	2	5	1

1551

3	9	5	2	6	4	7	8	1
2	1	8	9	5	7	3	4	6
7	4	6	8	1	3	9	5	2
4	7	9	1	3	5	2	6	8
5	8	1	7	2	6	4	3	9
6	3	2	4	9	8	5	1	7
8	6	3	5	7	9	1	2	4
9	2	4	3	8	1	6	7	5
1	5	7	6	4	2	8	9	3

1552

8	9	4	7	2	3	5	1	6
5	1	6	9	4	8	7	3	2
7	2	3	1	5	6	4	9	8
4	3	7	8	6	9	2	5	1
6	8	2	5	7	1	9	4	3
9	5	1	4	3	2	6	8	7
3	4	5	2	8	7	1	6	9
1	7	8	6	9	4	3	2	5
2	6	9	3	1	5	8	7	4

1553

2	8	1	4	6	3	7	9	5
5	4	7	9	2	8	3	6	1
6	9	3	1	7	5	4	2	8
1	3	4	5	8	6	2	7	9
7	2	9	3	1	4	5	8	6
8	5	6	7	9	2	1	3	4
9	1	8	2	5	7	6	4	3
4	6	2	8	3	1	9	5	7
3	7	5	6	4	9	8	1	2

1554

8	7	3	4	9	2	1	5	6
9	4	5	1	8	6	7	2	3
1	2	6	5	3	7	8	4	9
2	6	8	3	5	9	4	1	7
3	1	7	2	4	8	6	9	5
4	5	9	7	6	1	2	3	8
5	8	1	6	2	3	9	7	4
6	3	2	9	7	4	5	8	1
7	9	4	8	1	5	3	6	2

1555

1	7	5	6	8	9	4	2	3
2	8	4	5	7	3	6	1	9
6	3	9	4	1	2	8	5	7
5	9	1	7	6	8	2	3	4
8	4	3	9	2	1	7	6	5
7	6	2	3	4	5	1	9	8
9	1	7	2	3	4	5	8	6
3	2	6	8	5	7	9	4	1
4	5	8	1	9	6	3	7	2

1556

2	4	5	3	9	1	6	7	8
9	7	6	4	8	2	3	5	1
3	1	8	7	6	5	2	9	4
4	3	1	9	5	6	7	8	2
5	8	7	2	1	3	9	4	6
6	9	2	8	4	7	5	1	3
7	2	9	1	3	8	4	6	5
8	5	3	6	7	4	1	2	9
1	6	4	5	2	9	8	3	7

1557

7	6	1	2	9	8	3	4	5
4	8	9	5	3	6	2	1	7
5	2	3	1	4	7	9	6	8
6	3	7	8	1	4	5	9	2
1	9	4	3	2	5	8	7	6
8	5	2	7	6	9	1	3	4
9	1	5	4	7	2	6	8	3
2	7	6	9	8	3	4	5	1
3	4	8	6	5	1	7	2	9

1558

8	3	6	1	7	4	9	2	5
4	1	2	9	5	3	6	8	7
9	5	7	6	8	2	4	3	1
1	8	9	7	4	5	2	6	3
7	4	3	2	9	6	5	1	8
2	6	5	8	3	1	7	9	4
5	2	4	3	6	8	1	7	9
6	9	8	5	1	7	3	4	2
3	7	1	4	2	9	8	5	6

1559

4	8	5	2	6	7	9	1	3
2	3	9	1	4	5	7	6	8
7	6	1	8	3	9	2	4	5
8	1	2	4	9	3	6	5	7
3	7	4	5	8	6	1	9	2
9	5	6	7	1	2	3	8	4
1	2	3	6	5	8	4	7	9
5	4	7	9	2	1	8	3	6
6	9	8	3	7	4	5	2	1

1560

5	1	2	3	6	4	7	8	9
6	7	3	8	5	9	1	2	4
9	8	4	1	7	2	3	5	6
2	3	8	4	9	6	5	7	1
7	4	5	2	1	8	6	9	3
1	6	9	7	3	5	2	4	8
3	2	1	9	4	7	8	6	5
8	9	6	5	2	1	4	3	7
4	5	7	6	8	3	9	1	2

1561

6	8	4	2	9	5	7	1	3
7	2	1	3	4	6	8	5	9
5	9	3	1	8	7	6	2	4
9	3	6	8	5	1	2	4	7
1	4	8	7	3	2	5	9	6
2	7	5	9	6	4	3	8	1
3	5	7	4	1	8	9	6	2
4	6	9	5	2	3	1	7	8
8	1	2	6	7	9	4	3	5

1562

7	4	3	5	9	1	6	8	2
2	1	6	8	3	4	5	7	9
5	9	8	6	7	2	3	1	4
4	5	9	7	1	6	8	2	3
3	7	2	4	5	8	1	9	6
6	8	1	3	2	9	4	5	7
1	2	4	9	6	5	7	3	8
8	3	5	2	4	7	9	6	1
9	6	7	1	8	3	2	4	5

1563

2	7	6	8	9	5	1	3	4
5	3	9	2	4	1	8	6	7
8	4	1	7	6	3	9	5	2
6	8	2	9	3	7	4	1	5
1	5	4	6	8	2	7	9	3
3	9	7	1	5	4	2	8	6
4	1	3	5	2	8	6	7	9
7	6	5	4	1	9	3	2	8
9	2	8	3	7	6	5	4	1

1564

7	5	9	4	8	3	1	6	2
3	6	1	2	7	5	8	4	9
8	2	4	6	9	1	3	5	7
5	8	2	9	1	7	4	3	6
1	3	6	5	2	4	7	9	8
4	9	7	8	3	6	2	1	5
9	1	3	7	5	2	6	8	4
2	4	8	1	6	9	5	7	3
6	7	5	3	4	8	9	2	1

1565

6	8	3	9	4	2	7	1	5
7	1	4	3	5	8	2	6	9
9	2	5	7	1	6	3	8	4
2	3	8	1	9	5	4	7	6
1	4	9	6	3	7	8	5	2
5	7	6	8	2	4	9	3	1
8	9	7	2	6	1	5	4	3
3	5	1	4	7	9	6	2	8
4	6	2	5	8	3	1	9	7

1566

7	8	4	9	3	5	1	6	2
9	1	6	8	2	4	5	3	7
2	3	5	6	7	1	8	4	9
1	2	7	3	4	8	9	5	6
3	6	8	5	1	9	2	7	4
5	4	9	7	6	2	3	1	8
4	5	1	2	9	6	7	8	3
6	7	2	1	8	3	4	9	5
8	9	3	4	5	7	6	2	1

1567

3	8	1	9	2	5	6	4	7
9	4	5	6	3	7	8	1	2
2	7	6	4	8	1	3	9	5
7	1	8	2	9	3	4	5	6
4	3	9	5	7	6	1	2	8
6	5	2	8	1	4	9	7	3
8	6	7	1	5	9	2	3	4
1	2	3	7	4	8	5	6	9
5	9	4	3	6	2	7	8	1

1568

2	7	8	9	1	5	3	4	6
3	5	1	2	4	6	7	8	9
4	9	6	7	3	8	1	5	2
7	8	2	1	5	9	4	6	3
9	1	4	3	6	2	5	7	8
6	3	5	4	8	7	9	2	1
8	2	3	5	7	1	6	9	4
1	6	7	8	9	4	2	3	5
5	4	9	6	2	3	8	1	7

1569

6	4	9	7	8	3	1	5	2
2	8	5	4	9	1	6	3	7
3	7	1	5	6	2	8	4	9
8	9	2	1	3	4	5	7	6
4	3	6	8	7	5	9	2	1
1	5	7	9	2	6	4	8	3
9	6	4	2	5	7	3	1	8
7	1	8	3	4	9	2	6	5
5	2	3	6	1	8	7	9	4

1570

9	2	5	8	6	7	1	3	4
1	3	7	4	5	9	6	8	2
6	4	8	1	2	3	9	7	5
5	1	9	7	4	2	8	6	3
2	7	4	3	8	6	5	9	1
3	8	6	9	1	5	4	2	7
7	5	1	2	9	8	3	4	6
4	9	2	6	3	1	7	5	8
8	6	3	5	7	4	2	1	9

1571

3	2	6	5	7	4	8	9	1
9	4	7	3	8	1	2	5	6
1	5	8	6	9	2	4	7	3
2	3	9	4	6	5	1	8	7
4	8	5	1	2	7	6	3	9
6	7	1	8	3	9	5	2	4
5	9	2	7	1	6	3	4	8
7	1	3	2	4	8	9	6	5
8	6	4	9	5	3	7	1	2

1572

4	6	1	2	3	7	8	9	5
5	7	2	8	6	9	1	4	3
9	8	3	4	5	1	2	6	7
2	3	4	1	7	5	6	8	9
6	1	8	3	9	4	5	7	2
7	5	9	6	8	2	4	3	1
8	2	7	9	1	6	3	5	4
3	4	5	7	2	8	9	1	6
1	9	6	5	4	3	7	2	8

1573

2	1	7	3	9	5	4	6	8
3	5	8	1	6	4	7	2	9
4	6	9	7	8	2	3	5	1
5	8	1	9	2	3	6	4	7
7	4	3	5	1	6	9	8	2
6	9	2	8	4	7	5	1	3
8	7	4	6	3	1	2	9	5
9	2	5	4	7	8	1	3	6
1	3	6	2	5	9	8	7	4

1574

4	7	6	5	9	1	2	3	8
9	8	1	2	7	3	5	4	6
5	2	3	8	4	6	7	9	1
6	5	2	9	1	8	4	7	3
1	3	4	7	5	2	8	6	9
7	9	8	3	6	4	1	5	2
3	6	5	1	8	7	9	2	4
8	4	9	6	2	5	3	1	7
2	1	7	4	3	9	6	8	5

1575

6	2	4	7	8	1	3	5	9
1	7	8	9	5	3	2	4	6
5	3	9	2	4	6	8	7	1
7	4	2	5	6	8	9	1	3
8	9	1	3	7	2	4	6	5
3	6	5	1	9	4	7	8	2
2	8	3	4	1	5	6	9	7
9	5	6	8	2	7	1	3	4
4	1	7	6	3	9	5	2	8

1576

6	7	4	5	8	9	1	2	3
1	8	2	4	6	3	5	9	7
5	9	3	1	2	7	8	4	6
2	3	5	6	9	4	7	8	1
7	4	9	8	3	1	6	5	2
8	6	1	7	5	2	9	3	4
9	1	7	3	4	5	2	6	8
3	5	6	2	7	8	4	1	9
4	2	8	9	1	6	3	7	5

1577

5	6	7	1	2	3	8	4	9
8	2	1	9	5	4	3	6	7
9	4	3	7	6	8	5	1	2
3	8	2	4	1	9	6	7	5
4	9	5	2	7	6	1	3	8
7	1	6	3	8	5	9	2	4
6	3	9	5	4	7	2	8	1
1	5	4	8	3	2	7	9	6
2	7	8	6	9	1	4	5	3

1578

1	7	6	5	2	3	4	8	9
9	2	4	6	8	1	3	5	7
3	8	5	9	4	7	6	2	1
2	3	1	7	6	8	5	9	4
6	4	8	2	5	9	1	7	3
7	5	9	3	1	4	8	6	2
8	9	2	1	3	6	7	4	5
4	1	7	8	9	5	2	3	6
5	6	3	4	7	2	9	1	8

1579

5	1	4	8	2	7	9	6	3
8	3	6	4	5	9	7	1	2
9	2	7	1	3	6	4	8	5
1	7	5	9	4	8	2	3	6
2	8	9	3	6	5	1	7	4
6	4	3	2	7	1	5	9	8
7	5	8	6	1	2	3	4	9
3	6	1	5	9	4	8	2	7
4	9	2	7	8	3	6	5	1

1580

3	5	2	4	7	6	8	1	9
4	8	1	2	3	9	5	6	7
7	9	6	5	8	1	4	3	2
6	4	3	1	5	7	9	2	8
2	7	8	6	9	4	3	5	1
5	1	9	3	2	8	7	4	6
8	2	4	7	6	3	1	9	5
9	3	5	8	1	2	6	7	4
1	6	7	9	4	5	2	8	3

1581

4	6	8	3	1	2	5	7	9
5	7	1	8	6	9	3	2	4
3	9	2	4	5	7	8	1	6
2	5	9	1	4	3	7	6	8
8	1	4	7	9	6	2	5	3
6	3	7	5	2	8	9	4	1
9	4	3	2	7	1	6	8	5
7	8	5	6	3	4	1	9	2
1	2	6	9	8	5	4	3	7

1582

6	4	2	3	9	8	1	5	7
5	1	3	7	4	6	2	9	8
8	7	9	5	1	2	4	3	6
7	2	5	6	3	1	8	4	9
9	8	6	4	2	5	3	7	1
4	3	1	9	8	7	5	6	2
1	5	4	2	6	9	7	8	3
2	6	7	8	5	3	9	1	4
3	9	8	1	7	4	6	2	5

1583

9	7	6	1	2	3	4	5	8
5	8	3	9	4	6	1	7	2
1	2	4	8	7	5	3	6	9
2	5	1	7	9	4	6	8	3
4	9	7	6	3	8	5	2	1
3	6	8	2	5	1	7	9	4
6	1	5	3	8	2	9	4	7
7	3	2	4	6	9	8	1	5
8	4	9	5	1	7	2	3	6

1584

3	1	7	6	9	4	5	8	2
5	9	4	7	8	2	1	3	6
8	6	2	3	1	5	9	7	4
9	7	5	1	6	3	2	4	8
4	8	6	5	2	7	3	1	9
1	2	3	9	4	8	6	5	7
6	3	8	4	5	9	7	2	1
7	4	9	2	3	1	8	6	5
2	5	1	8	7	6	4	9	3

1585

5	2	3	6	4	1	7	8	9
1	7	9	2	8	3	4	6	5
6	8	4	7	9	5	3	1	2
9	1	6	3	2	4	5	7	8
3	5	8	9	1	7	6	2	4
7	4	2	8	5	6	9	3	1
2	6	5	1	7	9	8	4	3
8	9	7	4	3	2	1	5	6
4	3	1	5	6	8	2	9	7

1586

5	6	4	3	7	8	9	1	2
3	2	1	6	4	9	5	7	8
9	7	8	5	1	2	3	6	4
7	4	3	1	8	5	2	9	6
6	5	9	7	2	4	1	8	3
1	8	2	9	3	6	4	5	7
8	3	5	2	6	1	7	4	9
2	9	6	4	5	7	8	3	1
4	1	7	8	9	3	6	2	5

1587

5	2	9	7	4	1	8	3	6
8	7	4	3	6	9	1	2	5
6	3	1	5	8	2	7	4	9
7	1	8	9	5	3	4	6	2
2	4	3	6	7	8	5	9	1
9	6	5	1	2	4	3	7	8
1	8	7	2	3	6	9	5	4
3	9	6	4	1	5	2	8	7
4	5	2	8	9	7	6	1	3

1588

6	4	8	9	3	5	7	1	2
7	2	5	1	8	4	9	3	6
9	1	3	2	7	6	8	4	5
8	6	9	7	2	1	3	5	4
5	3	2	8	4	9	6	7	1
1	7	4	5	6	3	2	9	8
2	8	1	3	5	7	4	6	9
3	9	6	4	1	2	5	8	7
4	5	7	6	9	8	1	2	3

1589

3	5	1	7	6	9	2	4	8
8	9	7	4	1	2	6	3	5
4	6	2	5	8	3	9	7	1
2	3	4	6	7	8	1	5	9
7	1	5	2	9	4	8	6	3
9	8	6	1	3	5	4	2	7
5	2	8	9	4	7	3	1	6
6	4	9	3	5	1	7	8	2
1	7	3	8	2	6	5	9	4

1590

6	5	8	7	1	9	2	3	4
2	7	9	3	5	4	8	6	1
4	3	1	6	8	2	5	7	9
5	1	2	8	3	6	9	4	7
8	9	6	4	2	7	1	5	3
3	4	7	5	9	1	6	8	2
7	2	5	1	6	3	4	9	8
1	6	3	9	4	8	7	2	5
9	8	4	2	7	5	3	1	6

1591

7	5	1	6	3	4	8	2	9
9	6	2	7	8	5	1	3	4
4	8	3	9	2	1	6	5	7
1	9	5	4	7	8	3	6	2
8	3	6	5	9	2	7	4	1
2	4	7	1	6	3	5	9	8
3	7	4	2	1	6	9	8	5
5	1	8	3	4	9	2	7	6
6	2	9	8	5	7	4	1	3

1592

5	2	3	4	8	7	9	6	1
7	1	9	2	5	6	8	3	4
8	6	4	3	9	1	5	2	7
9	5	7	6	3	2	1	4	8
1	3	8	5	7	4	2	9	6
6	4	2	8	1	9	3	7	5
2	8	5	7	4	3	6	1	9
3	7	1	9	6	5	4	8	2
4	9	6	1	2	8	7	5	3

1593

7	8	2	9	4	3	5	1	6
6	1	5	7	8	2	4	3	9
4	9	3	1	6	5	7	8	2
9	2	4	6	1	7	3	5	8
1	3	6	2	5	8	9	7	4
8	5	7	3	9	4	6	2	1
2	4	8	5	3	9	1	6	7
3	6	9	8	7	1	2	4	5
5	7	1	4	2	6	8	9	3

1594

9	1	3	4	5	8	7	2	6
4	2	7	6	9	3	8	5	1
6	5	8	7	1	2	9	3	4
2	8	1	3	6	9	4	7	5
3	7	4	1	2	5	6	9	8
5	9	6	8	4	7	2	1	3
8	4	9	2	3	1	5	6	7
7	3	2	5	8	6	1	4	9
1	6	5	9	7	4	3	8	2

1595

5	7	9	1	3	8	4	2	6
4	8	1	6	5	2	9	7	3
6	3	2	4	9	7	5	1	8
7	1	4	8	2	6	3	5	9
8	2	5	9	4	3	7	6	1
9	6	3	5	7	1	2	8	4
1	4	7	3	8	5	6	9	2
2	9	6	7	1	4	8	3	5
3	5	8	2	6	9	1	4	7

1596

1	4	7	8	6	3	2	9	5
2	5	8	9	7	1	4	6	3
3	6	9	4	2	5	7	8	1
4	8	3	5	9	2	6	1	7
7	9	2	1	4	6	5	3	8
6	1	5	7	3	8	9	4	2
5	7	4	3	8	9	1	2	6
8	2	1	6	5	4	3	7	9
9	3	6	2	1	7	8	5	4

1597

5	7	8	9	1	2	3	4	6
2	3	1	4	5	6	7	8	9
6	4	9	7	8	3	2	1	5
1	2	3	5	9	4	6	7	8
8	5	4	6	2	7	9	3	1
7	9	6	8	3	1	4	5	2
9	1	2	3	7	8	5	6	4
3	6	5	1	4	9	8	2	7
4	8	7	2	6	5	1	9	3

1598

5	7	1	3	6	9	8	4	2
6	4	2	5	8	1	3	7	9
3	8	9	4	2	7	1	5	6
7	9	3	6	4	8	5	2	1
8	5	4	1	9	2	7	6	3
1	2	6	7	5	3	9	8	4
9	1	5	2	7	4	6	3	8
2	3	7	8	1	6	4	9	5
4	6	8	9	3	5	2	1	7

1599

7	5	6	3	8	4	1	9	2
8	3	9	2	7	1	4	6	5
4	1	2	9	5	6	8	3	7
2	4	1	5	3	7	9	8	6
3	6	5	8	4	9	7	2	1
9	7	8	6	1	2	3	5	4
6	8	7	1	9	5	2	4	3
1	2	3	4	6	8	5	7	9
5	9	4	7	2	3	6	1	8

1600

3	5	8	4	6	9	1	2	7
4	7	9	1	2	3	6	5	8
1	6	2	7	8	5	3	9	4
5	8	1	6	7	2	9	4	3
6	9	3	5	1	4	7	8	2
7	2	4	3	9	8	5	6	1
2	1	5	8	3	6	4	7	9
8	3	6	9	4	7	2	1	5
9	4	7	2	5	1	8	3	6

1601

2	4	5	6	7	9	8	1	3
3	7	9	8	1	5	4	2	6
6	8	1	3	2	4	9	5	7
4	1	6	7	3	8	5	9	2
9	3	8	4	5	2	6	7	1
7	5	2	9	6	1	3	4	8
8	2	3	5	4	7	1	6	9
5	6	7	1	9	3	2	8	4
1	9	4	2	8	6	7	3	5

1602

1	2	7	6	9	3	8	4	5
3	5	9	4	8	1	2	7	6
8	4	6	7	5	2	9	1	3
4	9	2	1	6	5	7	3	8
5	7	8	3	2	4	6	9	1
6	1	3	9	7	8	4	5	2
7	6	5	2	1	9	3	8	4
9	8	4	5	3	6	1	2	7
2	3	1	8	4	7	5	6	9

1603

7	9	2	3	4	6	5	8	1
4	1	6	5	2	8	9	3	7
8	5	3	1	7	9	4	2	6
6	2	4	7	1	3	8	9	5
5	3	7	8	9	4	6	1	2
9	8	1	2	6	5	3	7	4
1	4	8	9	5	7	2	6	3
2	6	9	4	3	1	7	5	8
3	7	5	6	8	2	1	4	9

1604

6	5	7	3	8	1	4	9	2
3	4	1	9	2	6	7	5	8
9	8	2	4	5	7	1	3	6
7	1	3	2	4	8	9	6	5
5	2	4	6	3	9	8	7	1
8	6	9	7	1	5	2	4	3
4	9	5	8	6	2	3	1	7
1	3	8	5	7	4	6	2	9
2	7	6	1	9	3	5	8	4

1605

2	5	9	1	8	3	6	4	7
4	8	3	6	5	7	9	2	1
6	7	1	2	9	4	5	8	3
5	9	2	7	4	6	3	1	8
7	3	4	8	1	5	2	9	6
8	1	6	3	2	9	4	7	5
9	6	7	4	3	8	1	5	2
1	4	8	5	6	2	7	3	9
3	2	5	9	7	1	8	6	4

1606

3	4	7	5	6	8	9	1	2
1	5	8	9	2	3	6	4	7
2	6	9	1	7	4	5	3	8
4	9	6	8	1	5	7	2	3
8	7	1	6	3	2	4	5	9
5	3	2	7	4	9	1	8	6
6	1	3	2	5	7	8	9	4
7	8	4	3	9	1	2	6	5
9	2	5	4	8	6	3	7	1

1607

9	4	1	3	2	5	8	6	7
6	8	2	4	9	7	5	3	1
7	5	3	8	6	1	9	2	4
2	6	9	7	1	8	4	5	3
3	1	8	2	5	4	7	9	6
5	7	4	6	3	9	1	8	2
4	2	5	9	7	6	3	1	8
8	9	6	1	4	3	2	7	5
1	3	7	5	8	2	6	4	9

1608

2	8	3	7	6	4	9	5	1
7	9	4	1	8	5	3	6	2
6	1	5	3	9	2	7	4	8
5	7	1	9	2	8	4	3	6
8	4	9	5	3	6	2	1	7
3	6	2	4	1	7	5	8	9
9	5	8	2	4	1	6	7	3
4	2	6	8	7	3	1	9	5
1	3	7	6	5	9	8	2	4

1609

8	6	2	9	1	4	3	5	7
7	3	1	5	2	8	4	6	9
9	5	4	3	6	7	1	8	2
1	4	8	2	3	5	7	9	6
2	7	5	4	9	6	8	3	1
3	9	6	7	8	1	2	4	5
4	8	9	1	5	2	6	7	3
5	1	7	6	4	3	9	2	8
6	2	3	8	7	9	5	1	4

1610

7	8	6	4	1	2	9	5	3
1	5	3	6	8	9	4	7	2
9	2	4	7	5	3	6	8	1
2	1	7	8	3	4	5	6	9
3	4	8	9	6	5	2	1	7
5	6	9	1	2	7	3	4	8
4	7	1	3	9	6	8	2	5
8	9	5	2	4	1	7	3	6
6	3	2	5	7	8	1	9	4

1611

4	9	8	5	3	7	6	1	2
1	2	5	4	6	9	8	7	3
7	3	6	1	2	8	5	9	4
8	1	3	9	7	2	4	6	5
5	4	2	6	1	3	7	8	9
6	7	9	8	4	5	3	2	1
2	5	7	3	8	1	9	4	6
9	6	1	7	5	4	2	3	8
3	8	4	2	9	6	1	5	7

1612

1	9	8	2	5	7	4	6	3
6	7	2	8	3	4	1	9	5
4	5	3	1	9	6	7	8	2
7	2	1	9	4	8	3	5	6
8	3	4	5	6	1	2	7	9
9	6	5	3	7	2	8	1	4
2	4	6	7	8	9	5	3	1
3	1	7	6	2	5	9	4	8
5	8	9	4	1	3	6	2	7

1613

9	2	5	1	3	6	8	7	4
8	3	6	4	2	7	9	1	5
1	4	7	8	5	9	3	2	6
4	5	3	7	1	8	6	9	2
2	7	1	9	6	3	5	4	8
6	8	9	2	4	5	7	3	1
3	1	8	5	9	2	4	6	7
5	9	2	6	7	4	1	8	3
7	6	4	3	8	1	2	5	9

1614

7	1	5	2	4	9	6	8	3
8	2	6	3	7	5	1	4	9
9	3	4	1	6	8	2	7	5
6	7	3	4	8	1	9	5	2
4	8	9	5	3	2	7	1	6
1	5	2	6	9	7	8	3	4
3	9	1	8	2	4	5	6	7
5	4	7	9	1	6	3	2	8
2	6	8	7	5	3	4	9	1

1615

5	7	3	6	2	8	4	9	1
8	1	4	7	5	9	6	3	2
9	2	6	4	3	1	7	8	5
6	3	2	1	7	5	8	4	9
7	4	5	8	9	3	1	2	6
1	9	8	2	4	6	3	5	7
2	5	7	3	1	4	9	6	8
4	6	9	5	8	7	2	1	3
3	8	1	9	6	2	5	7	4

1616

7	2	1	3	8	4	5	6	9
4	3	5	9	1	6	7	8	2
6	9	8	5	2	7	4	1	3
8	1	2	4	6	9	3	7	5
5	4	3	2	7	1	8	9	6
9	6	7	8	5	3	2	4	1
1	7	4	6	3	5	9	2	8
2	5	6	7	9	8	1	3	4
3	8	9	1	4	2	6	5	7

1617

2	3	8	6	1	9	7	4	5
5	4	9	7	2	8	1	3	6
6	7	1	4	3	5	2	8	9
4	1	2	3	9	7	6	5	8
7	6	5	8	4	2	3	9	1
8	9	3	1	5	6	4	7	2
3	8	4	9	6	1	5	2	7
9	5	6	2	7	3	8	1	4
1	2	7	5	8	4	9	6	3

1618

9	7	1	2	8	3	4	5	6
3	5	2	4	1	6	8	9	7
6	8	4	5	7	9	2	3	1
1	4	3	6	5	8	7	2	9
8	9	5	1	2	7	3	6	4
7	2	6	3	9	4	5	1	8
2	3	9	8	4	1	6	7	5
4	6	7	9	3	5	1	8	2
5	1	8	7	6	2	9	4	3

1619

7	1	5	2	6	9	8	3	4
3	6	9	4	7	8	1	2	5
4	8	2	1	3	5	9	7	6
2	7	4	3	8	6	5	1	9
1	9	6	5	4	2	3	8	7
5	3	8	9	1	7	6	4	2
8	2	7	6	9	3	4	5	1
6	4	3	7	5	1	2	9	8
9	5	1	8	2	4	7	6	3

1620

9	1	4	6	2	8	3	7	5
6	3	5	9	7	4	8	1	2
8	2	7	5	1	3	6	4	9
1	4	8	2	5	7	9	3	6
2	5	6	3	9	1	7	8	4
3	7	9	8	4	6	2	5	1
7	8	2	4	6	5	1	9	3
4	9	1	7	3	2	5	6	8
5	6	3	1	8	9	4	2	7

1621

```
9 4 7 5 1 3 2 6 8
3 1 2 4 8 6 7 5 9
5 6 8 9 2 7 3 1 4
4 7 9 8 6 5 1 3 2
6 2 3 7 9 1 8 4 5
1 8 5 2 3 4 6 9 7
7 9 1 6 4 2 5 8 3
2 3 4 1 5 8 9 7 6
8 5 6 3 7 9 4 2 1
```

1622

```
5 1 7 4 8 9 6 2 3
2 3 8 1 5 6 9 7 4
9 6 4 7 2 3 8 5 1
6 4 5 9 3 7 1 8 2
1 7 2 8 4 5 3 6 9
3 8 9 2 6 1 5 4 7
4 2 1 5 9 8 7 3 6
7 5 3 6 1 2 4 9 8
8 9 6 3 7 4 2 1 5
```

1623

```
5 3 9 4 8 6 7 1 2
2 8 6 7 5 1 3 4 9
4 1 7 2 9 3 5 6 8
3 2 5 6 1 4 8 9 7
6 4 8 9 7 2 1 5 3
9 7 1 5 3 8 4 2 6
1 5 2 3 6 7 9 8 4
8 6 3 1 4 9 2 7 5
7 9 4 8 2 5 6 3 1
```

1624

```
5 6 2 7 8 1 9 3 4
7 1 4 9 2 3 6 8 5
3 8 9 4 6 5 7 1 2
4 7 6 1 9 8 2 5 3
2 9 3 5 4 6 1 7 8
6 2 7 8 3 9 5 4 1
9 3 5 2 1 4 8 6 7
1 4 8 6 5 7 3 2 9
```

1625

```
6 8 2 3 9 5 4 7 1
1 9 3 4 7 2 6 5 8
7 5 4 8 6 1 9 3 2
3 1 5 6 2 7 8 4 9
8 2 7 9 3 4 1 6 5
4 6 9 1 5 8 3 2 7
9 7 6 2 1 3 5 8 4
5 3 8 7 4 9 2 1 6
2 4 1 5 8 6 7 9 3
```

1626

```
5 3 9 6 7 4 1 8 2
2 7 6 1 8 9 3 4 5
8 4 1 2 3 5 6 7 9
6 8 2 9 4 3 7 5 1
9 5 3 7 1 2 4 6 8
7 1 4 8 5 6 9 2 3
1 6 7 5 9 8 2 3 4
3 9 8 4 2 7 5 1 6
4 2 5 3 6 1 8 9 7
```

1627

```
3 6 5 1 4 9 7 8 2
4 2 8 7 3 6 1 5 9
1 7 9 8 5 2 6 3 4
9 8 4 6 7 3 2 1 5
2 3 6 9 1 5 4 7 8
5 1 7 4 2 8 9 6 3
6 4 2 3 8 1 5 9 7
8 5 1 2 9 7 3 4 6
7 9 3 5 6 4 8 2 1
```

1628

```
5 6 9 7 2 4 8 1 3
4 7 3 1 8 5 9 2 6
1 2 8 6 3 9 5 4 7
6 3 4 5 9 7 1 8 2
7 8 1 3 4 2 6 9 5
2 9 5 8 6 1 3 7 4
8 1 7 4 5 6 2 3 9
9 4 6 2 1 3 7 5 8
3 5 2 9 7 8 4 6 1
```

1629

```
3 5 1 9 2 6 4 7 8
8 6 2 4 3 7 5 9 1
4 9 7 8 1 5 3 6 2
9 3 5 7 4 1 2 8 6
2 4 8 6 9 3 1 5 7
1 7 6 5 8 2 9 3 4
5 1 3 2 6 8 7 4 9
6 2 4 3 7 9 8 1 5
7 8 9 1 5 4 6 2 3
```

1630

```
5 7 1 6 8 3 4 9 2
9 2 3 1 4 5 6 7 8
6 8 4 9 7 2 3 1 5
7 3 9 2 1 4 5 8 6
1 4 5 8 3 6 7 2 9
2 6 8 5 9 7 1 3 4
8 5 6 7 2 1 9 4 3
3 9 7 4 5 8 2 6 1
4 1 2 3 6 9 8 5 7
```

1631

```
4 9 6 5 1 7 2 3 8
7 5 2 6 8 3 9 1 4
3 1 8 4 2 9 5 6 7
8 7 9 3 5 1 4 2 6
5 2 4 9 6 8 1 7 3
6 3 1 7 4 2 8 9 5
1 6 7 8 9 4 3 5 2
9 4 3 2 7 5 6 8 1
2 8 5 1 3 6 7 4 9
```

1632

```
2 9 1 3 4 5 6 7 8
7 4 5 1 6 8 9 2 3
8 6 3 2 7 9 4 1 5
9 2 6 4 8 7 5 3 1
1 5 7 6 3 2 8 4 9
4 3 8 9 5 1 2 6 7
3 8 2 7 9 4 1 5 6
5 7 4 8 1 6 3 9 2
6 1 9 5 2 3 7 8 4
```

1633

```
1 3 5 6 8 4 9 7 2
8 4 7 1 9 2 5 6 3
2 6 9 7 3 5 8 1 4
3 9 8 2 4 6 1 5 7
4 2 1 5 7 9 3 8 6
5 7 6 8 1 3 4 2 9
9 8 2 3 5 7 6 4 1
6 5 3 4 2 1 7 9 8
7 1 4 9 6 8 2 3 5
```

1634

```
1 3 4 5 9 8 2 7 6
2 6 7 3 1 4 8 5 9
9 8 5 7 6 2 1 3 4
3 9 2 6 4 5 7 8 1
4 7 6 8 2 1 3 9 5
5 1 8 9 3 7 4 6 2
6 2 9 4 8 3 5 1 7
7 4 3 1 5 6 9 2 8
8 5 1 2 7 9 6 4 3
```

1635

```
3 7 8 6 1 5 9 2 4
4 5 1 2 8 9 6 3 7
9 6 2 7 4 3 1 8 5
5 1 4 9 6 2 3 7 8
2 3 7 8 5 1 4 9 6
6 8 9 4 3 7 2 5 1
7 4 3 5 9 6 8 1 2
8 9 5 1 2 4 7 6 3
1 2 6 3 7 8 5 4 9
```

1636

```
5 4 9 6 7 1 8 2 3
3 8 6 4 2 9 1 5 7
7 2 1 8 5 3 9 6 4
2 9 8 5 1 4 3 7 6
6 1 5 3 8 7 2 4 9
4 3 7 9 6 2 5 8 1
8 7 2 1 9 6 4 3 5
1 5 3 7 4 8 6 9 2
9 6 4 2 3 5 7 1 8
```

1637

```
9 7 4 8 5 2 1 3 6
8 3 5 9 1 6 2 4 7
6 2 1 7 3 4 8 9 5
1 4 6 2 8 9 7 5 3
7 5 8 1 6 3 4 2 9
2 9 3 4 7 5 6 8 1
3 8 7 5 4 1 9 6 2
4 6 9 3 2 7 5 1 8
5 1 2 6 9 8 3 7 4
```

1638

```
1 9 8 2 7 3 4 5 6
6 7 4 1 5 8 9 2 3
2 3 5 6 4 9 8 7 1
5 8 7 4 3 6 1 9 2
3 2 9 8 1 5 6 4 7
4 6 1 7 9 2 5 3 8
9 4 6 3 8 7 2 1 5
7 5 2 9 6 1 3 8 4
8 1 3 5 2 4 7 6 9
```

1639

```
2 6 1 7 3 5 8 4 9
5 9 3 8 1 4 2 7 6
8 4 7 2 6 9 5 1 3
6 1 5 9 4 2 7 3 8
9 7 4 5 8 3 1 6 2
3 2 8 1 7 6 4 9 5
7 5 6 4 9 8 3 2 1
4 8 9 3 2 1 6 5 7
1 3 2 6 5 7 9 8 4
```

1640

```
3 6 8 4 5 1 7 9 2
2 7 5 8 6 9 3 4 1
1 4 9 3 7 2 6 8 5
8 1 4 9 2 7 5 3 6
7 2 3 5 4 6 9 1 8
9 5 6 1 3 8 2 7 4
4 8 2 6 9 3 1 5 7
5 9 7 2 1 4 8 6 3
6 3 1 7 8 5 4 2 9
```

1641

4	2	5	8	3	7	6	9	1
6	9	7	4	5	1	2	8	3
1	3	8	2	6	9	5	4	7
2	6	9	1	7	4	3	5	8
3	7	4	5	2	8	9	1	6
5	8	1	3	9	6	4	7	2
7	4	6	9	1	2	8	3	5
8	5	2	7	4	3	1	6	9
9	1	3	6	8	5	7	2	4

1642

2	5	9	3	6	8	1	7	4
3	6	1	7	4	2	8	9	5
7	8	4	9	5	1	6	2	3
6	4	2	5	8	9	7	3	1
5	9	3	6	1	7	4	8	2
8	1	7	2	3	4	9	5	6
9	7	5	1	2	6	3	4	8
4	2	6	8	9	3	5	1	7
1	3	8	4	7	5	2	6	9

1643

8	2	5	3	4	6	9	7	1
9	3	7	8	2	1	6	4	5
1	4	6	9	5	7	8	3	2
2	6	4	5	8	9	7	1	3
3	5	8	1	7	2	4	9	6
7	1	9	6	3	4	5	2	8
4	7	1	2	6	8	3	5	9
5	8	2	4	9	3	1	6	7
6	9	3	7	1	5	2	8	4

1644

3	6	7	1	8	5	9	2	4
9	5	8	2	4	7	6	1	3
1	2	4	3	6	9	7	5	8
7	4	6	9	1	3	2	8	5
5	8	9	6	2	4	1	3	7
2	1	3	7	5	8	4	6	9
8	7	1	5	9	2	3	4	6
4	9	2	8	3	6	5	7	1
6	3	5	4	7	1	8	9	2

1645

7	1	6	2	5	9	8	3	4
3	8	9	1	4	6	7	2	5
2	4	5	3	8	7	9	6	1
8	5	1	6	2	3	4	9	7
4	6	3	7	9	8	5	1	2
9	7	2	5	1	4	3	8	6
5	3	7	8	6	1	2	4	9
6	9	8	4	7	2	1	5	3
1	2	4	9	3	5	6	7	8

1646

5	6	1	3	7	2	8	9	4
7	3	2	9	8	4	5	6	1
8	9	4	6	5	1	3	7	2
6	2	7	4	1	3	9	8	5
4	8	3	2	9	5	6	1	7
9	1	5	8	6	7	4	2	3
1	4	6	7	3	8	2	5	9
2	5	8	1	4	9	7	3	6
3	7	9	5	2	6	1	4	8

1647

6	2	7	9	3	4	8	5	1
3	9	1	5	2	8	4	6	7
8	5	4	1	7	6	9	2	3
7	6	2	4	8	3	1	9	5
9	8	5	6	1	2	3	7	4
1	4	3	7	5	9	6	8	2
2	1	6	3	9	5	7	4	8
4	7	8	2	6	1	5	3	9
5	3	9	8	4	7	2	1	6

1648

6	7	2	8	5	9	3	1	4
9	8	4	3	1	7	6	5	2
1	3	5	4	2	6	7	8	9
7	1	6	5	4	3	2	9	8
2	4	8	7	9	1	5	3	6
3	5	9	6	8	2	4	7	1
8	6	7	9	3	4	1	2	5
4	9	1	2	7	5	8	6	3
5	2	3	1	6	8	9	4	7

1649

7	3	9	4	6	8	1	2	5
1	6	2	5	9	7	3	4	8
5	8	4	1	2	3	6	7	9
6	4	1	2	3	5	8	9	7
9	7	5	6	8	1	2	3	4
8	2	3	7	4	9	5	1	6
2	9	6	3	5	4	7	8	1
4	5	7	8	1	2	9	6	3
3	1	8	9	7	6	4	5	2

1650

4	6	8	7	5	2	9	1	3
5	7	9	6	1	3	2	4	8
3	1	2	8	9	4	6	7	5
8	2	1	3	6	5	4	9	7
7	9	3	4	2	8	1	5	6
6	5	4	9	7	1	3	8	2
9	3	6	5	4	7	8	2	1
1	8	5	2	3	9	7	6	4
2	4	7	1	8	6	5	3	9

1651

4	8	9	7	1	5	2	6	3
6	5	2	8	9	3	4	7	1
7	1	3	2	4	6	8	5	9
8	6	4	5	7	9	1	3	2
3	9	7	1	6	2	5	4	8
5	2	1	3	8	4	7	9	6
9	3	8	4	2	7	6	1	5
1	4	6	9	5	8	3	2	7
2	7	5	6	3	1	9	8	4

1652

9	8	3	1	6	2	4	5	7
7	2	6	4	3	5	9	8	1
5	4	1	9	7	8	2	3	6
3	9	8	2	5	6	7	1	4
1	5	4	3	9	7	8	6	2
2	6	7	8	4	1	3	9	5
8	7	2	6	1	9	5	4	3
4	1	5	7	8	3	6	2	9
6	3	9	5	2	4	1	7	8

1653

6	3	7	8	5	9	2	4	1
2	8	5	1	7	4	3	9	6
4	9	1	6	2	3	7	8	5
7	2	3	9	6	1	4	5	8
5	1	9	2	4	8	6	3	7
8	6	4	7	3	5	9	1	2
3	4	6	5	8	2	1	7	9
9	5	2	3	1	7	8	6	4
1	7	8	4	9	6	5	2	3

1654

4	7	1	9	2	3	5	6	8
2	3	5	1	8	6	4	9	7
6	9	8	4	7	5	2	3	1
5	8	4	3	6	1	9	7	2
3	1	7	5	9	2	6	8	4
9	2	6	7	4	8	1	5	3
1	4	9	8	5	7	3	2	6
7	5	2	6	3	4	8	1	9
8	6	3	2	1	9	7	4	5

1655

2	1	8	6	7	3	9	4	5
5	7	3	4	9	1	6	2	8
6	9	4	8	2	5	7	1	3
7	5	6	1	3	2	8	9	4
3	4	9	5	8	6	2	7	1
8	2	1	9	4	7	3	5	6
4	3	2	7	1	8	5	6	9
9	8	5	2	6	4	1	3	7
1	6	7	3	5	9	4	8	2

1656

2	5	6	1	9	3	7	8	4
1	3	7	4	8	6	5	9	2
9	4	8	2	7	5	3	1	6
7	2	9	3	4	8	6	5	1
4	8	1	5	6	9	2	7	3
5	6	3	7	1	2	9	4	8
3	1	4	9	2	7	8	6	5
6	9	5	8	3	1	4	2	7
8	7	2	6	5	4	1	3	9

1657

2	3	8	1	9	4	5	7	6
7	4	9	6	5	8	2	3	1
5	6	1	7	3	2	4	9	8
3	1	5	4	2	6	9	8	7
4	9	6	8	7	3	1	2	5
8	2	7	9	1	5	3	6	4
6	5	2	3	4	7	8	1	9
9	7	3	5	8	1	6	4	2
1	8	4	2	6	9	7	5	3

1658

6	9	2	4	3	8	5	1	7
3	7	4	5	1	6	8	2	9
1	8	5	2	7	9	3	6	4
7	4	9	8	5	1	6	3	2
2	5	1	3	6	4	7	9	8
8	6	3	9	2	7	1	4	5
4	1	6	7	8	2	9	5	3
5	2	8	1	9	3	4	7	6
9	3	7	6	4	5	2	8	1

1659

4	9	1	5	8	3	7	2	6
7	8	2	6	9	1	4	5	3
6	5	3	4	7	2	1	9	8
5	1	6	9	2	4	3	8	7
8	2	7	3	6	5	9	1	4
3	4	9	7	1	8	5	6	2
9	7	4	8	5	6	2	3	1
1	6	5	2	3	7	8	4	9
2	3	8	1	4	9	6	7	5

1660

6	4	5	9	3	2	7	1	8
2	7	9	4	1	8	6	5	3
3	8	1	7	5	6	9	2	4
4	2	6	8	7	5	3	9	1
9	3	7	6	2	1	4	8	5
1	5	8	3	4	9	2	6	7
7	6	2	1	8	4	5	3	9
8	9	4	5	6	3	1	7	2
5	1	3	2	9	7	8	4	6

1661

6	3	2	7	9	5	8	1	4
9	8	4	3	1	6	2	7	5
7	1	5	2	8	4	3	6	9
2	9	7	8	3	1	4	5	6
1	4	3	5	6	7	9	8	2
8	5	6	9	4	2	7	3	1
3	6	8	1	2	9	5	4	7
4	7	9	6	5	8	1	2	3
5	2	1	4	7	3	6	9	8

1662

3	8	1	6	4	7	5	2	9
5	2	4	9	8	1	7	3	6
9	7	6	5	2	3	1	4	8
4	1	8	3	5	2	9	6	7
2	5	9	7	6	8	3	1	4
7	6	3	1	9	4	8	5	2
6	3	2	8	7	5	4	9	1
8	9	5	4	1	6	2	7	3
1	4	7	2	3	9	6	8	5

1663

3	5	7	6	4	1	9	8	2
8	1	9	2	3	7	4	6	5
4	6	2	5	8	9	3	1	7
7	8	1	9	5	3	2	4	6
5	2	4	7	6	8	1	9	3
9	3	6	1	2	4	5	7	8
6	4	8	3	1	2	7	5	9
1	7	3	8	9	5	6	2	4
2	9	5	4	7	6	8	3	1

1664

7	4	9	8	1	2	3	5	6
3	8	1	6	4	5	2	7	9
2	6	5	7	9	3	1	4	8
8	9	6	4	3	7	5	1	2
4	5	7	1	2	6	8	9	3
1	3	2	9	5	8	4	6	7
5	7	8	3	6	1	9	2	4
9	1	3	2	7	4	6	8	5
6	2	4	5	8	9	7	3	1

1665

1	6	7	8	9	4	2	3	5
8	4	3	2	6	5	7	9	1
2	5	9	1	3	7	6	4	8
9	1	2	7	8	3	5	6	4
3	8	5	4	1	6	9	7	2
4	7	6	5	2	9	8	1	3
5	9	8	3	7	1	4	2	6
6	2	1	9	4	8	3	5	7
7	3	4	6	5	2	1	8	9

1666

1	6	7	3	5	9	8	2	4
5	8	9	4	6	2	3	7	1
4	2	3	1	8	7	9	5	6
6	9	2	7	3	4	1	8	5
7	3	4	8	1	5	2	6	9
8	1	5	9	2	6	4	3	7
9	5	1	2	7	3	6	4	8
2	4	6	5	9	8	7	1	3
3	7	8	6	4	1	5	9	2

1667

7	2	8	3	9	4	6	5	1
6	4	9	7	5	1	2	3	8
5	1	3	6	8	2	7	9	4
4	5	7	1	3	6	8	2	9
9	3	1	2	7	8	4	6	5
8	6	2	9	4	5	1	7	3
2	8	4	5	6	9	3	1	7
1	7	5	4	2	3	9	8	6
3	9	6	8	1	7	5	4	2

1668

8	9	4	3	6	5	1	7	2
7	1	5	4	8	2	3	6	9
2	3	6	9	1	7	5	4	8
9	4	2	1	5	3	6	8	7
3	5	7	6	9	8	4	2	1
1	6	8	2	7	4	9	5	3
4	7	9	8	3	6	2	1	5
5	2	1	7	4	9	8	3	6
6	8	3	5	2	1	7	9	4

1669

4	7	6	8	5	2	9	1	3
2	3	9	4	1	6	8	7	5
8	5	1	9	3	7	4	2	6
6	1	3	2	7	9	5	4	8
9	2	8	3	4	5	1	6	7
5	4	7	1	6	8	2	3	9
3	6	4	5	8	1	7	9	2
1	8	2	7	9	3	6	5	4
7	9	5	6	2	4	3	8	1

1670

1	4	5	2	3	7	6	8	9
8	3	7	9	5	6	4	1	2
2	6	9	4	1	8	5	7	3
3	2	8	1	6	9	7	5	4
7	5	1	3	8	4	9	2	6
4	9	6	7	2	5	8	3	1
9	7	2	8	4	1	3	6	5
5	8	3	6	9	2	1	4	7
6	1	4	5	7	3	2	9	8

1671

6	3	5	7	8	1	4	9	2
8	1	9	2	3	4	6	7	5
2	7	4	6	9	5	3	8	1
9	4	6	5	7	8	1	2	3
3	8	7	1	6	2	5	4	9
1	5	2	9	4	3	7	6	8
7	9	8	3	1	6	2	5	4
4	2	1	8	5	7	9	3	6
5	6	3	4	2	9	8	1	7

1672

4	1	9	6	7	8	2	3	5
5	8	2	1	3	4	7	9	6
7	6	3	9	5	2	1	8	4
6	7	1	2	4	3	8	5	9
2	3	4	5	8	9	6	1	7
8	9	5	7	6	1	3	4	2
9	4	6	3	1	7	5	2	8
1	5	8	4	2	6	9	7	3
3	2	7	8	9	5	4	6	1

1673

1	6	3	7	8	4	9	2	5
9	7	4	2	3	5	1	6	8
5	2	8	9	6	1	7	4	3
6	8	9	3	1	2	4	5	7
4	3	2	5	7	6	8	9	1
7	5	1	4	9	8	6	3	2
8	9	5	6	2	7	3	1	4
2	1	6	8	4	3	5	7	9
3	4	7	1	5	9	2	8	6

1674

1	2	5	9	7	3	4	6	8
8	3	7	2	6	4	9	5	1
9	4	6	1	5	8	2	3	7
6	5	1	3	9	2	7	8	4
7	8	3	4	1	5	6	9	2
2	9	4	7	8	6	5	1	3
3	6	8	5	2	7	1	4	9
4	7	9	6	3	1	8	2	5
5	1	2	8	4	9	3	7	6

1675

3	5	1	2	8	9	4	7	6
2	9	4	5	6	7	3	8	1
8	7	6	3	1	4	5	2	9
6	8	5	9	7	1	2	4	3
1	2	7	4	5	3	6	9	8
4	3	9	6	2	8	1	5	7
9	1	3	7	4	2	8	6	5
5	4	8	1	9	6	7	3	2
7	6	2	8	3	5	9	1	4

1676

1	2	5	9	3	8	4	6	7
9	3	6	4	2	7	8	1	5
8	4	7	1	5	6	9	3	2
3	5	8	7	6	1	2	9	4
2	6	9	3	4	5	7	8	1
4	7	1	8	9	2	3	5	6
6	8	4	2	1	3	5	7	9
5	9	3	6	7	4	1	2	8
7	1	2	5	8	9	6	4	3

1677

8	7	4	5	1	2	9	3	6
3	2	6	7	8	9	1	4	5
5	9	1	4	6	3	8	7	2
6	3	9	1	4	8	2	5	7
1	4	5	2	7	6	3	8	9
7	8	2	3	9	5	4	6	1
4	1	3	6	2	7	5	9	8
9	5	7	8	3	1	6	2	4
2	6	8	9	5	4	7	1	3

1678

2	9	6	5	8	3	1	7	4
4	8	7	6	1	2	9	3	5
3	5	1	9	4	7	8	6	2
5	3	8	2	6	4	7	9	1
6	4	2	1	7	9	3	5	8
7	1	9	8	3	5	2	4	6
8	6	3	4	9	1	5	2	7
9	2	4	7	5	8	6	1	3
1	7	5	3	2	6	4	8	9

1679

6	8	2	9	5	1	3	4	7
7	9	3	4	8	6	2	5	1
4	1	5	2	7	3	8	9	6
8	7	1	3	9	2	5	6	4
9	2	4	6	1	5	7	8	3
5	3	6	7	4	8	9	1	2
1	4	7	5	2	9	6	3	8
3	5	8	1	6	7	4	2	9
2	6	9	8	3	4	1	7	5

1680

2	8	7	9	1	4	5	3	6
4	5	9	3	6	2	8	7	1
1	6	3	5	7	8	9	4	2
7	9	2	8	3	1	4	6	5
6	1	5	4	9	7	2	8	3
8	3	4	6	2	5	7	1	9
9	7	1	2	8	3	6	5	4
3	4	6	7	5	9	1	2	8
5	2	8	1	4	6	3	9	7

1681

8	3	4	5	7	2	9	6	1
1	2	5	3	6	9	8	4	7
9	6	7	8	1	4	3	2	5
2	4	8	6	5	7	1	3	9
3	5	9	1	2	8	4	7	6
6	7	1	9	4	3	5	8	2
7	8	2	4	9	1	6	5	3
4	9	6	2	3	5	7	1	8
5	1	3	7	8	6	2	9	4

1682

1	4	6	9	3	7	5	2	8
2	5	8	1	4	6	9	7	3
3	7	9	2	5	8	4	6	1
7	1	2	4	8	5	3	9	6
8	9	4	3	6	1	7	5	2
6	3	5	7	9	2	8	1	4
4	6	3	5	1	9	2	8	7
5	8	7	6	2	4	1	3	9
9	2	1	8	7	3	6	4	5

1683

3	9	1	7	4	6	8	5	2
6	8	2	9	5	1	7	3	4
7	5	4	2	8	3	6	9	1
8	1	6	5	9	2	4	7	3
4	2	9	3	6	7	1	8	5
5	7	3	4	1	8	9	2	6
9	3	5	6	7	4	2	1	8
1	4	7	8	2	5	3	6	9
2	6	8	1	3	9	5	4	7

1684

5	1	7	8	2	3	9	4	6
8	6	2	5	9	4	1	3	7
9	4	3	1	6	7	5	8	2
1	7	8	2	4	5	3	6	9
4	9	5	6	3	8	7	2	1
2	3	6	9	7	1	4	5	8
7	8	9	3	5	6	2	1	4
3	2	1	4	8	9	6	7	5
6	5	4	7	1	2	8	9	3

1685

1	8	9	2	3	4	6	5	7
4	5	2	8	7	6	9	1	3
7	6	3	9	1	5	2	8	4
3	9	5	7	6	8	4	2	1
8	2	7	1	4	3	5	9	6
6	4	1	5	9	2	7	3	8
9	1	4	3	5	7	8	6	2
2	3	6	4	8	9	1	7	5
5	7	8	6	2	1	3	4	9

1686

6	8	3	7	5	9	1	2	4
7	9	2	8	1	4	3	5	6
5	1	4	3	2	6	9	8	7
9	5	6	1	3	8	7	4	2
4	7	1	6	9	2	5	3	8
2	3	8	4	7	5	6	1	9
8	2	5	9	6	3	4	7	1
1	4	9	5	8	7	2	6	3
3	6	7	2	4	1	8	9	5

1687

1	8	4	9	6	2	3	5	7
9	3	5	7	4	8	1	6	2
2	7	6	5	1	3	8	9	4
3	6	7	4	5	9	2	8	1
4	9	8	3	2	1	5	7	6
5	1	2	6	8	7	9	4	3
6	2	9	8	3	4	7	1	5
7	4	1	2	9	5	6	3	8
8	5	3	1	7	6	4	2	9

1688

4	2	7	9	3	8	5	1	6
8	3	5	1	6	2	9	7	4
6	1	9	7	5	4	2	3	8
3	7	2	4	1	5	6	8	9
1	8	4	6	9	3	7	2	5
9	5	6	8	2	7	3	4	1
5	4	8	2	7	9	1	6	3
2	6	3	5	8	1	4	9	7
7	9	1	3	4	6	8	5	2

1689

4	7	2	9	6	8	1	5	3
9	5	8	3	4	1	2	7	6
3	6	1	7	5	2	9	4	8
5	8	3	1	7	9	6	2	4
6	1	4	8	2	5	7	3	9
7	2	9	6	3	4	8	1	5
8	3	5	2	1	6	4	9	7
1	4	6	5	9	7	3	8	2
2	9	7	4	8	3	5	6	1

1690

2	3	5	8	4	9	6	7	1
9	4	6	7	3	1	2	5	8
1	8	7	5	2	6	3	9	4
3	5	9	1	6	8	4	2	7
8	6	1	2	7	4	5	3	9
4	7	2	3	9	5	8	1	6
7	9	8	6	5	2	1	4	3
5	1	3	4	8	7	9	6	2
6	2	4	9	1	3	7	8	5

1691

5	4	1	6	3	7	8	9	2
7	8	2	9	1	4	5	3	6
6	9	3	8	2	5	1	4	7
8	5	9	1	7	2	3	6	4
1	6	4	3	9	8	2	7	5
2	3	7	4	5	6	9	8	1
9	2	5	7	4	3	6	1	8
3	7	6	2	8	1	4	5	9
4	1	8	5	6	9	7	2	3

1692

4	5	3	9	7	8	6	1	2
9	6	7	2	4	1	3	8	5
8	1	2	3	6	5	9	7	4
1	9	4	8	5	6	7	2	3
6	2	5	7	3	9	8	4	1
7	3	8	4	1	2	5	9	6
2	8	6	1	9	3	4	5	7
3	4	9	5	2	7	1	6	8
5	7	1	6	8	4	2	3	9

1693

4	7	9	1	2	8	3	6	5
5	6	2	4	3	9	7	8	1
1	8	3	5	7	6	2	9	4
6	3	7	9	1	2	4	5	8
8	5	1	6	4	3	9	7	2
2	9	4	7	8	5	6	1	3
3	4	5	8	9	7	1	2	6
9	1	6	2	5	4	8	3	7
7	2	8	3	6	1	5	4	9

1694

6	5	2	3	4	7	8	9	1
4	8	9	1	5	6	3	7	2
1	7	3	8	2	9	4	6	5
9	6	5	7	8	4	1	2	3
2	4	7	5	3	1	6	8	9
3	1	8	9	6	2	5	4	7
5	9	1	4	7	8	2	3	6
7	2	4	6	1	3	9	5	8
8	3	6	2	9	5	7	1	4

1695

5	9	7	1	3	6	2	8	4
1	3	2	4	8	9	5	6	7
8	6	4	7	2	5	9	3	1
6	2	9	8	7	3	1	4	5
4	7	1	5	6	2	3	9	8
3	8	5	9	1	4	6	7	2
7	1	6	2	9	8	4	5	3
9	4	8	3	5	1	7	2	6
2	5	3	6	4	7	8	1	9

1696

6	8	5	7	9	3	1	2	4
1	9	4	2	6	8	3	5	7
7	3	2	1	4	5	6	8	9
3	5	7	6	1	2	9	4	8
2	6	9	3	8	4	5	7	1
4	1	8	9	5	7	2	3	6
8	2	1	5	7	9	4	6	3
9	7	3	4	2	6	8	1	5
5	4	6	8	3	1	7	9	2

1697

3	5	4	7	6	9	8	1	2
6	1	7	2	8	3	9	4	5
8	9	2	4	5	1	6	3	7
9	8	5	6	2	4	1	7	3
1	2	6	3	7	5	4	9	8
4	7	3	1	9	8	2	5	6
2	3	9	5	4	6	7	8	1
5	6	8	9	1	7	3	2	4
7	4	1	8	3	2	5	6	9

1698

3	7	2	9	4	8	1	5	6
6	5	1	7	2	3	9	4	8
9	8	4	5	6	1	2	7	3
7	6	3	8	9	4	5	2	1
4	1	9	2	5	6	8	3	7
8	2	5	3	1	7	6	9	4
1	9	6	4	3	2	7	8	5
2	3	7	6	8	5	4	1	9
5	4	8	1	7	9	3	6	2

1699

8	4	6	7	1	3	2	9	5
2	1	5	6	4	9	7	3	8
7	3	9	5	8	2	4	6	1
9	5	1	2	7	6	8	4	3
3	6	7	8	9	4	1	5	2
4	2	8	1	3	5	9	7	6
5	7	4	3	2	1	6	8	9
6	8	2	9	5	7	3	1	4
1	9	3	4	6	8	5	2	7

1700

4	3	9	5	2	6	1	7	8
2	8	7	9	3	1	4	5	6
6	5	1	7	4	8	9	3	2
1	9	4	2	7	5	6	8	3
5	7	6	8	9	3	2	1	4
3	2	8	1	6	4	7	9	5
7	4	2	3	8	9	5	6	1
8	6	5	4	1	7	3	2	9
9	1	3	6	5	2	8	4	7

1701

2	3	7	4	6	9	5	1	8
4	5	8	7	1	3	2	6	9
1	6	9	5	2	8	3	4	7
5	7	1	8	3	2	6	9	4
3	9	2	6	4	7	1	8	5
6	8	4	9	5	1	7	3	2
7	1	3	2	8	4	9	5	6
8	2	5	1	9	6	4	7	3
9	4	6	3	7	5	8	2	1

1702

5	2	8	9	4	1	3	6	7
6	3	4	7	2	8	1	9	5
7	1	9	3	5	6	2	8	4
3	7	5	6	8	4	9	2	1
8	4	1	2	9	3	5	7	6
2	9	6	1	7	5	8	4	3
4	5	2	8	1	7	6	3	9
9	6	7	5	3	2	4	1	8
1	8	3	4	6	9	7	5	2

1703

6	8	5	3	1	2	7	4	9
7	9	4	5	6	8	1	2	3
1	2	3	4	7	9	6	8	5
2	3	1	6	9	4	5	7	8
8	4	6	7	2	5	3	9	1
9	5	7	1	8	3	4	6	2
3	6	2	9	5	7	8	1	4
4	7	8	2	3	1	9	5	6
5	1	9	8	4	6	2	3	7

1704

9	8	5	1	7	2	3	4	6
7	1	3	6	8	4	9	5	2
6	2	4	9	3	5	7	1	8
3	4	9	7	5	6	8	2	1
8	7	6	2	1	9	4	3	5
1	5	2	8	4	3	6	9	7
2	9	7	3	6	1	5	8	4
4	3	8	5	2	7	1	6	9
5	6	1	4	9	8	2	7	3

1705

4	5	9	8	3	1	6	2	7
2	8	1	7	4	6	3	5	9
7	6	3	9	5	2	1	4	8
3	7	4	1	8	5	9	6	2
9	1	8	6	2	4	5	7	3
5	2	6	3	7	9	4	8	1
6	3	7	4	1	8	2	9	5
1	4	2	5	9	7	8	3	6
8	9	5	2	6	3	7	1	4

1706

9	4	2	3	5	8	1	6	7
8	5	6	4	7	1	9	3	2
3	7	1	9	6	2	4	8	5
7	3	4	8	9	5	6	2	1
2	9	5	6	1	3	7	4	8
1	6	8	7	2	4	5	9	3
5	8	3	1	4	6	2	7	9
4	1	9	2	8	7	3	5	6
6	2	7	5	3	9	8	1	4

1707

7	8	3	9	4	1	5	2	6
1	4	6	2	3	5	9	7	8
2	5	9	7	6	8	3	1	4
3	7	5	1	8	6	4	9	2
4	9	8	3	2	7	1	6	5
6	1	2	4	5	9	7	8	3
5	2	7	8	9	3	6	4	1
8	6	1	5	7	4	2	3	9
9	3	4	6	1	2	8	5	7

1708

4	9	7	8	3	5	6	1	2
6	1	5	7	9	2	8	3	4
8	2	3	4	1	6	5	7	9
2	4	8	3	5	1	9	6	7
3	5	1	9	6	7	2	4	8
9	7	6	2	8	4	3	5	1
7	8	4	6	2	3	1	9	5
1	6	9	5	7	8	4	2	3
5	3	2	1	4	9	7	8	6

1709

9	3	7	4	1	2	5	6	8
1	6	5	9	7	8	4	2	3
2	4	8	3	5	6	7	9	1
3	8	9	1	4	7	2	5	6
5	7	6	2	3	9	8	1	4
4	2	1	8	6	5	9	3	7
6	9	2	7	8	3	1	4	5
7	1	3	5	9	4	6	8	2
8	5	4	6	2	1	3	7	9

1710

8	5	3	7	2	6	9	1	4
2	6	1	8	9	4	3	7	5
9	7	4	1	3	5	8	6	2
7	1	9	3	6	2	4	5	8
3	2	6	5	4	8	7	9	1
5	4	8	9	1	7	6	2	3
4	9	7	2	5	3	1	8	6
1	3	2	6	8	9	5	4	7
6	8	5	4	7	1	2	3	9

1711

3	6	7	1	5	4	9	2	8
4	2	8	9	6	3	1	7	5
5	1	9	7	2	8	3	6	4
1	5	6	2	7	9	8	4	3
2	7	3	4	8	1	5	9	6
8	9	4	5	3	6	2	1	7
6	4	5	3	1	2	7	8	9
7	8	1	6	9	5	4	3	2
9	3	2	8	4	7	6	5	1

1712

7	1	3	4	8	9	2	5	6
8	4	5	7	6	2	9	1	3
9	2	6	3	5	1	7	8	4
4	3	8	1	2	5	6	7	9
1	5	9	6	3	7	4	2	8
6	7	2	8	9	4	1	3	5
2	9	4	5	7	3	8	6	1
3	6	1	2	4	8	5	9	7
5	8	7	9	1	6	3	4	2

1713

8	7	4	2	6	9	3	1	5
1	2	5	7	3	8	6	9	4
3	9	6	4	1	5	8	2	7
6	3	7	1	5	2	4	8	9
5	4	1	8	9	6	7	3	2
9	8	2	3	4	7	5	6	1
7	1	3	9	8	4	2	5	6
2	5	8	6	7	1	9	4	3
4	6	9	5	2	3	1	7	8

1714

7	4	9	3	1	8	2	5	6
5	6	1	9	2	7	3	4	8
2	8	3	4	5	6	7	9	1
3	9	8	7	4	1	5	6	2
1	7	5	6	3	2	9	8	4
4	2	6	8	9	5	1	7	3
6	1	2	5	8	9	4	3	7
8	5	4	1	7	3	6	2	9
9	3	7	2	6	4	8	1	5

1715

9	2	3	1	8	6	7	4	5
4	1	6	3	7	5	8	2	9
8	7	5	2	4	9	6	3	1
5	3	7	9	6	8	4	1	2
1	6	8	4	2	3	5	9	7
2	9	4	7	5	1	3	6	8
3	4	9	8	1	7	2	5	6
6	8	1	5	3	2	9	7	4
7	5	2	6	9	4	1	8	3

1716

4	2	8	3	9	6	5	1	7
5	3	1	7	8	2	4	6	9
6	7	9	4	5	1	2	3	8
9	8	5	1	2	3	6	7	4
2	6	4	5	7	8	1	9	3
3	1	7	9	6	4	8	2	5
7	9	2	8	1	5	3	4	6
8	4	6	2	3	9	7	5	1
1	5	3	6	4	7	9	8	2

1717

5	9	4	6	3	7	8	2	1
3	7	6	1	2	8	5	4	9
2	1	8	9	4	5	7	3	6
4	2	7	3	5	6	9	1	8
1	3	5	7	8	9	2	6	4
8	6	9	4	1	2	3	5	7
6	8	1	2	7	3	4	9	5
7	4	2	5	9	1	6	8	3
9	5	3	8	6	4	1	7	2

1718

9	2	3	1	6	7	8	4	5
1	7	4	5	8	2	3	9	6
8	5	6	9	4	3	1	2	7
7	4	5	2	3	1	6	8	9
2	6	1	7	9	8	4	5	3
3	9	8	4	5	6	2	7	1
4	8	7	3	1	9	5	6	2
5	1	9	6	2	4	7	3	8
6	3	2	8	7	5	9	1	4

1719

5	6	4	7	1	9	8	2	3
7	2	9	8	3	4	5	1	6
3	8	1	5	2	6	7	9	4
4	9	5	2	7	3	6	8	1
1	7	2	4	6	8	9	3	5
6	3	8	1	9	5	4	7	2
2	5	3	6	8	7	1	4	9
8	1	6	9	4	2	3	5	7
9	4	7	3	5	1	2	6	8

1720

1	2	5	6	3	8	4	9	7
3	9	8	5	7	4	6	2	1
6	4	7	1	9	2	5	3	8
5	6	9	2	8	7	1	4	3
2	7	1	3	4	5	8	6	9
4	8	3	9	1	6	2	7	5
7	1	6	4	5	9	3	8	2
8	3	2	7	6	1	9	5	4
9	5	4	8	2	3	7	1	6

1721

9	7	2	8	4	1	3	5	6
6	1	8	2	3	5	4	9	7
5	4	3	6	7	9	8	1	2
7	9	4	1	8	2	5	6	3
1	2	5	4	6	3	7	8	9
8	3	6	5	9	7	2	4	1
2	5	9	3	1	4	6	7	8
3	6	7	9	5	8	1	2	4
4	8	1	7	2	6	9	3	5

1722

7	2	5	6	9	1	3	4	8
1	3	6	8	2	4	7	9	5
9	4	8	7	5	3	1	2	6
6	7	2	9	4	8	5	3	1
5	9	3	1	6	7	4	8	2
8	1	4	2	3	5	9	6	7
2	6	1	3	7	9	8	5	4
3	5	7	4	8	6	2	1	9
4	8	9	5	1	2	6	7	3

1723

8	7	4	9	6	1	2	3	5
9	2	5	8	7	3	1	6	4
1	3	6	4	5	2	9	7	8
6	8	2	1	9	7	5	4	3
4	5	1	6	3	8	7	2	9
3	9	7	2	4	5	6	8	1
5	4	8	7	2	9	3	1	6
7	6	9	3	1	4	8	5	2
2	1	3	5	8	6	4	9	7

1724

9	2	7	3	8	6	1	5	4
4	8	6	9	5	1	3	7	2
5	3	1	4	7	2	8	9	6
3	1	9	7	2	4	6	8	5
8	5	2	6	9	3	4	1	7
7	6	4	8	1	5	9	2	3
6	7	8	2	3	9	5	4	1
1	9	3	5	4	7	2	6	8
2	4	5	1	6	8	7	3	9

1725

5	2	7	8	3	1	4	9	6
6	4	8	9	2	7	3	1	5
1	3	9	4	5	6	8	2	7
7	8	5	6	9	2	1	3	4
4	9	6	7	1	3	2	5	8
2	1	3	5	4	8	7	6	9
3	6	4	1	7	9	5	8	2
8	5	1	2	6	4	9	7	3
9	7	2	3	8	5	6	4	1

1726

5	1	6	7	9	2	8	3	4
7	4	2	8	3	6	9	1	5
8	9	3	4	1	5	6	2	7
2	5	8	6	4	7	1	9	3
9	7	1	2	8	3	4	5	6
3	6	4	9	5	1	7	8	2
1	8	5	3	6	4	2	7	9
6	2	9	5	7	8	3	4	1
4	3	7	1	2	9	5	6	8

1727

1	8	2	3	7	4	5	6	9
7	5	3	6	2	9	4	8	1
9	4	6	5	1	8	2	7	3
2	7	8	9	5	3	1	4	6
4	3	9	7	6	1	8	2	5
6	1	5	4	8	2	3	9	7
8	6	1	2	3	7	9	5	4
3	9	7	8	4	5	6	1	2
5	2	4	1	9	6	7	3	8

1728

6	8	1	5	4	3	7	2	9
3	4	2	1	7	9	8	5	6
7	9	5	2	8	6	3	1	4
2	5	6	4	3	8	9	7	1
8	1	3	9	5	7	6	4	2
9	7	4	6	1	2	5	3	8
1	3	7	8	6	4	2	9	5
4	2	8	7	9	5	1	6	3
5	6	9	3	2	1	4	8	7

1729

6	2	7	1	9	4	8	5	3
3	9	1	8	7	5	6	2	4
4	5	8	3	2	6	9	7	1
5	8	9	4	6	3	7	1	2
2	3	4	9	1	7	5	8	6
7	1	6	2	5	8	3	4	9
9	6	5	7	4	1	2	3	8
8	4	2	5	3	9	1	6	7
1	7	3	6	8	2	4	9	5

1730

4	1	5	6	8	2	7	9	3
3	7	6	4	5	9	1	8	2
9	8	2	7	3	1	4	6	5
1	4	7	8	9	5	2	3	6
6	3	9	1	2	4	8	5	7
5	2	8	3	7	6	9	1	4
7	6	3	9	4	8	5	2	1
8	5	1	2	6	7	3	4	9
2	9	4	5	1	3	6	7	8

1731

1	8	3	4	2	5	9	6	7
7	4	6	1	9	3	8	5	2
2	5	9	6	8	7	4	3	1
8	2	7	5	3	9	6	1	4
9	6	5	7	4	1	2	8	3
4	3	1	8	6	2	5	7	9
3	7	4	9	5	6	1	2	8
5	9	2	3	1	8	7	4	6
6	1	8	2	7	4	3	9	5

1732

4	5	8	6	3	7	9	2	1
1	6	3	2	8	9	5	7	4
2	7	9	1	4	5	6	8	3
9	8	1	5	2	3	4	6	7
6	3	2	7	9	4	1	5	8
7	4	5	8	1	6	2	3	9
8	9	4	3	5	2	7	1	6
5	1	6	4	7	8	3	9	2
3	2	7	9	6	1	8	4	5

1733

4	7	1	8	9	3	2	5	6
5	8	2	4	6	7	9	1	3
6	9	3	1	2	5	7	8	4
9	2	5	6	3	4	8	7	1
7	3	6	9	1	8	4	2	5
1	4	8	5	7	2	6	3	9
2	5	4	3	8	6	1	9	7
3	1	7	2	4	9	5	6	8
8	6	9	7	5	1	3	4	2

1734

3	5	9	4	6	1	7	8	2
7	8	1	2	9	3	4	6	5
4	6	2	5	7	8	9	1	3
1	9	6	7	5	4	2	3	8
5	4	8	9	3	2	6	7	1
2	7	3	1	8	6	5	9	4
6	1	4	3	2	7	8	5	9
8	2	5	6	1	9	3	4	7
9	3	7	8	4	5	1	2	6

1735

4	7	1	9	5	3	8	2	6
3	8	6	1	4	2	5	9	7
5	9	2	8	6	7	1	3	4
2	3	9	5	8	4	6	7	1
6	4	7	2	3	1	9	5	8
1	5	8	7	9	6	2	4	3
7	1	3	6	2	5	4	8	9
8	2	4	3	1	9	7	6	5
9	6	5	4	7	8	3	1	2

1736

2	4	7	1	3	8	5	9	6
1	6	8	5	7	9	2	4	3
3	5	9	4	6	2	7	1	8
4	3	1	7	8	5	6	2	9
6	8	2	3	9	4	1	5	7
7	9	5	2	1	6	8	3	4
5	7	3	6	4	1	9	8	2
8	1	4	9	2	7	3	6	5
9	2	6	8	5	3	4	7	1

1737

4	7	6	8	9	1	5	2	3
9	2	5	3	4	7	1	8	6
1	3	8	2	6	5	4	7	9
7	4	3	9	5	8	2	6	1
6	5	9	1	7	2	3	4	8
2	8	1	4	3	6	7	9	5
3	9	2	5	8	4	6	1	7
8	6	4	7	1	3	9	5	2
5	1	7	6	2	9	8	3	4

1738

1	8	5	3	2	6	4	9	7
2	9	6	7	4	5	8	1	3
3	4	7	9	8	1	6	2	5
8	6	9	1	7	3	5	4	2
4	2	1	5	9	8	3	7	6
5	7	3	4	6	2	9	8	1
7	5	8	2	3	9	1	6	4
6	3	4	8	1	7	2	5	9
9	1	2	6	5	4	7	3	8

1739

7	3	2	9	4	6	1	5	8
1	8	5	2	3	7	9	6	4
4	9	6	1	5	8	7	2	3
5	7	1	3	8	2	6	4	9
2	4	8	6	7	9	3	1	5
3	6	9	5	1	4	2	8	7
8	1	7	4	2	3	5	9	6
6	5	3	8	9	1	4	7	2
9	2	4	7	6	5	8	3	1

1740

5	9	4	3	6	8	1	2	7
1	2	7	5	9	4	8	3	6
6	3	8	1	7	2	9	4	5
7	4	6	9	1	3	5	8	2
8	1	2	6	4	5	3	7	9
9	5	3	2	8	7	4	6	1
2	6	1	4	3	9	7	5	8
4	7	9	8	5	6	2	1	3
3	8	5	7	2	1	6	9	4

1741

6	8	7	9	3	2	1	4	5
5	9	1	8	6	4	3	2	7
3	4	2	7	1	5	9	6	8
4	1	8	2	9	6	5	7	3
2	3	5	1	7	8	4	9	6
7	6	9	5	4	3	8	1	2
9	2	3	4	8	7	6	5	1
8	5	4	6	2	1	7	3	9
1	7	6	3	5	9	2	8	4

1742

5	4	8	6	9	1	7	2	3
2	3	9	5	8	7	6	1	4
7	6	1	3	4	2	8	5	9
8	1	4	7	3	9	5	6	2
3	5	6	1	2	8	9	4	7
9	2	7	4	5	6	1	3	8
6	9	5	2	7	3	4	8	1
1	7	2	8	6	4	3	9	5
4	8	3	9	1	5	2	7	6

1743

5	2	4	6	1	3	7	8	9
1	6	8	9	7	2	3	4	5
7	3	9	5	8	4	6	1	2
6	5	2	1	3	8	4	9	7
9	4	3	7	6	5	1	2	8
8	1	7	4	2	9	5	3	6
3	7	5	2	9	1	8	6	4
4	9	1	8	5	6	2	7	3
2	8	6	3	4	7	9	5	1

1744

3	4	5	2	6	7	9	8	1
7	6	9	5	1	8	3	2	4
8	2	1	4	9	3	6	5	7
1	7	6	3	8	5	2	4	9
2	3	8	1	4	9	7	6	5
9	5	4	6	7	2	8	1	3
4	8	7	9	5	6	1	3	2
5	9	2	8	3	1	4	7	6
6	1	3	7	2	4	5	9	8

1745

4	7	1	5	9	6	8	2	3
6	8	2	3	7	1	5	4	9
5	9	3	2	4	8	7	6	1
7	6	9	1	3	4	2	5	8
8	1	5	9	2	7	6	3	4
2	3	4	8	6	5	9	1	7
9	2	6	4	8	3	1	7	5
1	4	7	6	5	9	3	8	2
3	5	8	7	1	2	4	9	6

1746

7	9	1	5	2	6	3	4	8
6	3	2	4	8	1	7	9	5
8	5	4	3	7	9	6	2	1
9	8	3	1	6	2	4	5	7
1	4	5	7	3	8	9	6	2
2	6	7	9	4	5	8	1	3
3	7	6	2	1	4	5	8	9
5	1	8	6	9	7	2	3	4
4	2	9	8	5	3	1	7	6

1747

9	2	7	6	4	8	1	3	5
3	6	1	9	2	5	8	4	7
4	8	5	7	1	3	2	9	6
1	4	6	8	3	2	7	5	9
5	7	8	1	6	9	3	2	4
2	3	9	4	5	7	6	1	8
6	9	2	5	7	1	4	8	3
7	5	3	2	8	4	9	6	1
8	1	4	3	9	6	5	7	2

1748

6	7	2	4	9	5	3	8	1
9	1	8	3	2	6	4	7	5
4	5	3	7	8	1	9	6	2
3	6	4	2	5	7	8	1	9
5	8	9	6	1	4	7	2	3
7	2	1	8	3	9	5	4	6
8	9	5	1	4	2	6	3	7
1	3	6	5	7	8	2	9	4
2	4	7	9	6	3	1	5	8

1749

6	5	3	9	1	4	7	8	2
4	8	1	7	2	3	6	5	9
7	9	2	6	5	8	3	1	4
5	1	7	2	9	6	8	4	3
9	3	4	8	7	1	2	6	5
8	2	6	4	3	5	1	9	7
1	7	8	3	4	9	5	2	6
2	6	9	5	8	7	4	3	1
3	4	5	1	6	2	9	7	8

1750

1	2	7	5	3	4	6	8	9
5	6	9	7	8	2	1	3	4
8	4	3	1	6	9	7	2	5
6	8	4	9	7	3	5	1	2
7	1	2	4	5	6	3	9	8
9	3	5	2	1	8	4	6	7
3	5	6	8	9	7	2	4	1
2	7	8	3	4	1	9	5	6
4	9	1	6	2	5	8	7	3

1751

2	3	5	4	7	9	8	6	1
8	4	9	6	2	1	5	7	3
7	1	6	5	8	3	4	9	2
9	2	3	1	4	5	6	8	7
4	6	7	8	9	2	3	1	5
1	5	8	7	3	6	9	2	4
5	8	1	2	6	4	7	3	9
3	7	2	9	5	8	1	4	6
6	9	4	3	1	7	2	5	8

1752

3	5	1	6	4	7	8	9	2
4	6	8	2	3	9	5	7	1
2	7	9	1	5	8	3	6	4
7	3	4	5	6	2	9	1	8
1	9	5	4	8	3	6	2	7
8	2	6	7	9	1	4	3	5
5	4	2	9	7	6	1	8	3
6	8	7	3	1	4	2	5	9
9	1	3	8	2	5	7	4	6

1753

2	1	6	3	4	7	5	8	9
4	9	7	8	5	2	3	1	6
3	5	8	9	1	6	4	2	7
1	7	9	4	6	3	2	5	8
6	2	4	5	9	8	7	3	1
8	3	5	2	7	1	9	6	4
5	6	1	7	3	9	8	4	2
7	4	2	6	8	5	1	9	3
9	8	3	1	2	4	6	7	5

1754

6	7	3	8	5	4	9	2	1
9	1	5	6	2	7	3	4	8
8	2	4	9	3	1	6	5	7
1	5	6	2	8	9	7	3	4
4	9	2	3	7	6	8	1	5
3	8	7	1	4	5	2	9	6
5	4	8	7	9	2	1	6	3
7	6	9	5	1	3	4	8	2
2	3	1	4	6	8	5	7	9

1755

4	8	5	9	7	2	3	1	6
1	2	6	3	4	5	7	9	8
7	3	9	8	1	6	2	5	4
8	9	2	4	5	7	6	3	1
5	4	1	6	8	3	9	7	2
6	7	3	1	2	9	4	8	5
2	6	7	5	9	1	8	4	3
9	1	8	2	3	4	5	6	7
3	5	4	7	6	8	1	2	9

1756

8	9	6	1	2	4	3	5	7
2	5	1	3	9	7	8	4	6
3	4	7	5	6	8	9	1	2
4	3	2	6	5	9	7	8	1
5	6	8	7	1	2	4	9	3
1	7	9	8	4	3	6	2	5
9	1	3	4	7	5	2	6	8
6	8	4	2	3	1	5	7	9
7	2	5	9	8	6	1	3	4

1757

7	5	9	1	2	3	4	6	8
1	3	4	8	6	7	9	2	5
8	2	6	9	5	4	7	3	1
2	6	5	3	7	1	8	4	9
9	8	7	2	4	6	1	5	3
3	4	1	5	9	8	6	7	2
4	1	2	7	3	9	5	8	6
5	7	8	6	1	2	3	9	4
6	9	3	4	8	5	2	1	7

1758

3	4	2	5	7	9	1	8	6
6	5	8	4	1	3	7	2	9
7	1	9	2	6	8	3	5	4
8	2	7	9	5	1	4	6	3
9	3	4	6	8	2	5	1	7
1	6	5	7	3	4	8	9	2
2	7	3	8	9	5	6	4	1
4	8	1	3	2	6	9	7	5
5	9	6	1	4	7	2	3	8

1759

5	8	1	4	2	7	9	6	3
6	7	3	5	8	9	1	4	2
2	9	4	1	3	6	5	7	8
7	1	2	9	6	5	8	3	4
8	3	5	7	4	2	6	9	1
9	4	6	3	1	8	2	5	7
1	2	7	6	5	3	4	8	9
3	5	8	2	9	4	7	1	6
4	6	9	8	7	1	3	2	5

1760

5	8	4	3	6	7	9	1	2
7	6	3	1	9	2	5	4	8
9	1	2	4	5	8	6	7	3
2	5	6	9	7	1	8	3	4
4	7	8	2	3	6	1	5	9
3	9	1	8	4	5	2	6	7
6	4	5	7	2	9	3	8	1
1	2	7	5	8	3	4	9	6
8	3	9	6	1	4	7	2	5

1761

```
7 1 4 2 8 6 9 3 5
9 2 6 5 3 1 4 7 8
8 3 5 4 7 9 1 6 2
6 5 9 7 1 3 2 8 4
2 7 1 8 9 4 3 5 6
4 8 3 6 5 2 7 9 1
5 4 2 3 6 7 8 1 9
3 9 8 1 2 5 6 4 7
1 6 7 9 4 8 5 2 3
```

1762

```
4 7 2 8 6 1 3 5 9
9 8 3 5 4 2 1 6 7
5 1 6 7 9 3 2 8 4
7 2 1 4 5 6 8 9 3
6 3 4 9 2 8 7 1 5
8 5 9 3 1 7 4 2 6
1 9 5 2 3 4 6 7 8
2 4 7 6 8 5 9 3 1
3 6 8 1 7 9 5 4 2
```

1763

```
2 5 8 3 9 4 6 7 1
3 7 9 1 6 2 4 8 5
4 6 1 5 8 7 2 3 9
5 8 2 4 7 1 9 6 3
6 1 3 9 2 5 7 4 8
7 9 4 6 3 8 5 1 2
8 2 5 7 1 6 3 9 4
1 3 6 2 4 9 8 5 7
9 4 7 8 5 3 1 2 6
```

1764

```
6 8 3 4 2 5 7 9 1
1 9 2 3 7 8 5 4 6
7 5 4 6 1 9 2 8 3
8 2 1 7 3 4 6 5 9
5 3 6 9 8 2 1 7 4
9 4 7 1 5 6 3 2 8
2 6 5 8 9 3 4 1 7
4 7 8 2 6 1 9 3 5
3 1 9 5 4 7 8 6 2
```

1765

```
4 6 3 5 9 2 1 7 8
5 7 9 4 1 8 6 2 3
2 8 1 3 6 7 5 9 4
6 3 2 7 4 9 8 1 5
7 9 4 1 8 5 3 6 2
8 1 5 6 2 3 7 4 9
3 5 6 9 7 4 2 8 1
9 2 7 8 5 1 4 3 6
1 4 8 2 3 6 9 5 7
```

1766

```
7 8 4 1 5 2 3 9 6
9 2 5 3 4 6 1 8 7
1 3 6 7 8 9 4 2 5
8 1 3 9 2 5 6 7 4
4 5 7 6 1 8 2 3 9
2 6 9 4 7 3 8 5 1
3 4 8 5 6 7 9 1 2
5 9 1 2 3 4 7 6 8
6 7 2 8 9 1 5 4 3
```

1767

```
9 1 4 2 6 7 5 8 3
7 8 5 3 9 1 2 6 4
2 3 6 5 4 8 9 7 1
1 6 9 4 2 3 7 5 8
3 4 7 8 5 6 1 2 9
8 5 2 1 7 9 4 3 6
4 7 8 9 3 5 6 1 2
5 2 1 6 8 4 3 9 7
6 9 3 7 1 2 8 4 5
```

1768

```
1 3 7 2 5 9 4 6 8
5 4 8 6 3 7 1 9 2
2 6 9 1 8 4 3 5 7
8 5 6 9 2 1 7 4 3
3 9 2 7 4 5 6 8 1
7 1 4 8 6 3 5 2 9
6 2 1 4 7 8 9 3 5
4 7 3 5 9 2 8 1 6
9 8 5 3 1 6 2 7 4
```

1769

```
9 1 7 4 5 8 2 3 6
6 3 8 1 9 2 7 5 4
2 4 5 3 6 7 9 1 8
7 5 3 6 4 9 8 2 1
8 9 4 2 1 3 6 7 5
1 2 6 7 8 5 4 9 3
3 6 9 8 7 1 5 4 2
4 7 1 5 2 6 3 8 9
5 8 2 9 3 4 1 6 7
```

1770

```
7 5 6 9 8 3 1 4 2
3 1 8 2 4 5 7 6 9
9 4 2 1 6 7 5 8 3
2 9 3 5 1 4 8 7 6
8 7 1 3 2 6 4 9 5
4 6 5 7 9 8 3 2 1
1 8 9 4 3 2 6 5 7
5 2 4 6 7 1 9 3 8
6 3 7 8 5 9 2 1 4
```

1771

```
4 3 7 5 8 6 9 1 2
5 8 1 9 2 3 4 6 7
9 6 2 1 4 7 5 3 8
1 9 8 7 3 5 2 4 6
6 5 3 4 9 2 8 7 1
7 2 4 6 1 8 3 9 5
3 4 5 8 6 1 7 2 9
8 1 9 2 7 4 6 5 3
2 7 6 3 5 9 1 8 4
```

1772

```
4 2 7 8 6 9 1 3 5
6 5 8 1 2 3 7 9 4
9 1 3 5 4 7 6 8 2
5 8 9 6 1 2 4 7 3
2 3 6 7 8 4 5 1 9
7 4 1 3 9 5 2 6 8
3 6 2 9 5 1 8 4 7
1 9 4 2 7 8 3 5 6
8 7 5 4 3 6 9 2 1
```

1773

```
9 6 8 1 2 7 3 4 5
5 7 2 3 4 8 1 6 9
3 1 4 6 5 9 2 7 8
4 2 3 9 8 5 6 1 7
6 8 5 2 7 1 9 3 4
1 9 7 4 3 6 5 8 2
7 3 6 8 9 2 4 5 1
8 4 9 5 1 3 7 2 6
2 5 1 7 6 4 8 9 3
```

1774

```
7 8 2 5 6 9 3 1 4
4 9 3 7 1 8 2 6 5
1 5 6 4 2 3 7 8 9
3 4 7 6 9 5 8 2 1
8 2 9 3 4 1 5 7 6
5 6 1 2 8 7 9 4 3
6 1 8 9 5 2 4 3 7
9 3 4 8 7 6 1 5 2
2 7 5 1 3 4 6 9 8
```

1775

```
3 8 5 9 6 2 1 4 7
9 7 1 5 4 3 8 2 6
6 4 2 8 7 1 3 5 9
7 2 3 1 9 8 4 6 5
8 6 9 4 5 7 2 1 3
1 5 4 2 3 6 9 7 8
4 9 7 3 2 5 6 8 1
2 1 6 7 8 9 5 3 4
5 3 8 6 1 4 7 9 2
```

1776

```
5 8 6 7 9 4 2 1 3
7 9 2 1 6 3 4 8 5
4 1 3 5 2 8 9 7 6
6 3 4 2 5 7 1 9 8
8 2 7 3 1 9 6 5 4
9 5 1 8 4 6 7 3 2
1 4 9 6 3 5 8 2 7
2 7 5 4 8 1 3 6 9
3 6 8 9 7 2 5 4 1
```

1777

```
4 5 9 1 2 7 6 8 3
6 7 1 8 3 5 9 2 4
3 8 2 4 6 9 7 1 5
9 2 6 3 5 1 4 7 8
7 1 3 9 4 8 2 5 6
5 4 8 2 7 6 3 9 1
1 6 4 7 8 2 5 3 9
2 9 5 6 1 3 8 4 7
8 3 7 5 9 4 1 6 2
```

1778

```
8 3 4 2 9 6 5 7 1
7 9 5 1 8 4 2 6 3
2 6 1 5 3 7 9 8 4
6 1 8 4 5 2 7 3 9
9 5 3 7 1 8 4 2 6
4 7 2 9 6 3 8 1 5
5 8 9 3 7 1 6 4 2
3 2 6 8 4 5 1 9 7
1 4 7 6 2 9 3 5 8
```

1779

```
6 2 4 5 8 7 9 1 3
3 5 9 1 2 4 7 8 6
7 8 1 6 9 3 2 4 5
5 9 3 2 4 6 8 7 1
2 6 7 3 1 8 5 9 4
4 1 8 7 5 9 6 3 2
8 7 5 4 6 1 3 2 9
1 3 6 9 7 2 4 5 8
9 4 2 8 3 5 1 6 7
```

1780

```
5 1 8 3 4 7 9 6 2
4 2 9 5 8 6 7 1 3
6 7 3 2 1 9 5 4 8
7 3 2 4 5 8 6 9 1
8 4 6 9 7 1 2 3 5
9 5 1 6 3 2 4 8 7
1 6 5 7 9 3 8 2 4
2 8 7 1 6 4 3 5 9
3 9 4 8 2 5 1 7 6
```

1781

2	7	9	8	1	4	6	3	5
3	6	1	7	9	5	4	2	8
5	8	4	6	2	3	9	7	1
4	5	2	1	3	6	7	8	9
8	9	3	2	4	7	1	5	6
6	1	7	9	5	8	2	4	3
7	2	8	3	6	9	5	1	4
9	3	5	4	7	1	8	6	2
1	4	6	5	8	2	3	9	7

1782

8	4	5	6	7	2	9	1	3
6	9	2	3	4	1	8	7	5
7	1	3	8	5	9	4	2	6
9	8	6	5	1	3	2	4	7
4	2	1	7	6	8	3	5	9
3	5	7	2	9	4	6	8	1
1	3	8	9	2	5	7	6	4
5	6	9	4	8	7	1	3	2
2	7	4	1	3	6	5	9	8

1783

1	4	2	7	9	6	8	5	3
7	9	8	1	3	5	6	4	2
5	3	6	4	2	8	7	9	1
2	5	9	6	7	4	3	1	8
3	7	4	8	1	2	5	6	9
8	6	1	3	5	9	2	7	4
9	8	3	5	4	7	1	2	6
4	1	7	2	6	3	9	8	5
6	2	5	9	8	1	4	3	7

1784

1	3	4	5	6	8	2	7	9
7	9	5	3	2	4	6	8	1
8	2	6	7	9	1	5	3	4
6	7	1	8	3	5	4	9	2
5	8	2	1	4	9	3	6	7
9	4	3	2	7	6	1	5	8
2	5	7	4	8	3	9	1	6
3	6	8	9	1	2	7	4	5
4	1	9	6	5	7	8	2	3

1785

5	6	4	3	7	1	2	8	9
2	1	7	4	9	8	3	5	6
3	9	8	5	2	6	1	4	7
7	5	9	6	3	2	8	1	4
8	2	1	9	4	7	5	6	3
6	4	3	8	1	5	7	9	2
1	3	6	2	5	4	9	7	8
4	7	2	1	8	9	6	3	5
9	8	5	7	6	3	4	2	1

1786

8	5	1	6	7	3	9	2	4
9	2	6	4	8	1	7	3	5
4	3	7	5	2	9	6	1	8
5	6	8	9	1	7	2	4	3
2	4	9	3	5	6	8	7	1
1	7	3	8	4	2	5	9	6
6	1	4	2	9	5	3	8	7
3	8	2	7	6	4	1	5	9
7	9	5	1	3	8	4	6	2

1787

5	9	3	6	8	1	4	2	7
6	4	1	7	9	2	5	8	3
7	8	2	4	3	5	1	9	6
8	7	4	9	6	3	2	5	1
9	2	5	1	4	7	3	6	8
1	3	6	5	2	8	9	7	4
2	1	7	8	5	4	6	3	9
3	6	8	2	1	9	7	4	5
4	5	9	3	7	6	8	1	2

1788

2	5	8	3	1	6	4	9	7
3	6	9	2	7	4	5	8	1
4	7	1	5	8	9	2	3	6
5	8	7	9	2	1	6	4	3
6	1	2	4	3	7	9	5	8
9	4	3	6	5	8	1	7	2
7	9	4	8	6	2	3	1	5
8	2	5	1	4	3	7	6	9
1	3	6	7	9	5	8	2	4

1789

2	5	4	7	6	3	8	9	1
9	1	6	2	8	4	7	3	5
8	3	7	1	9	5	2	6	4
3	2	8	4	5	9	6	1	7
6	4	9	8	1	7	3	5	2
1	7	5	3	2	6	9	4	8
4	6	1	9	7	8	5	2	3
5	8	2	6	3	1	4	7	9
7	9	3	5	4	2	1	8	6

1790

6	4	9	3	8	1	5	7	2
1	5	2	4	6	7	8	9	3
7	8	3	5	9	2	1	4	6
8	1	7	2	4	5	6	3	9
9	3	4	6	1	8	7	2	5
5	2	6	7	3	9	4	1	8
4	6	5	9	7	3	2	8	1
2	9	8	1	5	4	3	6	7
3	7	1	8	2	6	9	5	4

1791

7	4	6	1	2	3	5	8	9
3	8	1	5	6	9	4	2	7
5	9	2	4	8	7	1	6	3
6	1	5	7	9	2	3	4	8
8	2	9	3	4	6	7	5	1
4	3	7	8	1	5	6	9	2
9	5	3	2	7	4	8	1	6
1	6	4	9	3	8	2	7	5
2	7	8	6	5	1	9	3	4

1792

9	3	4	6	7	5	8	1	2
8	1	6	3	2	9	4	5	7
2	5	7	4	8	1	3	6	9
6	7	2	5	9	4	1	3	8
1	9	8	7	6	3	2	4	5
3	4	5	8	1	2	9	7	6
4	2	9	1	5	6	7	8	3
7	6	1	2	3	8	5	9	4
5	8	3	9	4	7	6	2	1

1793

2	9	4	5	3	1	6	7	8
1	5	8	6	7	2	4	9	3
6	3	7	8	9	4	1	5	2
3	6	9	1	4	7	8	2	5
4	8	2	9	5	3	7	6	1
5	7	1	2	8	6	9	3	4
7	1	3	4	6	5	2	8	9
8	2	5	7	1	9	3	4	6
9	4	6	3	2	8	5	1	7

1794

4	3	1	5	2	6	7	8	9
8	7	2	9	3	4	1	5	6
6	9	5	8	1	7	2	3	4
7	8	3	4	5	9	6	1	2
9	1	4	2	6	8	3	7	5
5	2	6	3	7	1	4	9	8
1	4	7	6	9	5	8	2	3
2	5	8	7	4	3	9	6	1
3	6	9	1	8	2	5	4	7

1795

5	2	4	8	6	3	7	9	1
7	6	8	9	1	4	5	2	3
3	1	9	2	7	5	8	6	4
8	7	1	3	9	6	4	5	2
6	9	2	5	4	7	1	3	8
4	3	5	1	8	2	6	7	9
9	5	6	4	2	8	3	1	7
1	4	3	7	5	9	2	8	6
2	8	7	6	3	1	9	4	5

1796

5	6	9	1	8	2	7	4	3
3	8	2	4	5	7	6	9	1
1	7	4	6	3	9	8	2	5
6	1	8	5	2	4	9	3	7
4	9	3	7	6	8	5	1	2
7	2	5	3	9	1	4	8	6
8	5	6	2	4	3	1	7	9
9	3	7	8	1	5	2	6	4
2	4	1	9	7	6	3	5	8

1797

3	5	2	6	1	9	8	4	7
4	8	9	3	7	5	1	6	2
7	1	6	8	2	4	9	3	5
1	2	7	9	4	6	3	5	8
8	4	3	2	5	1	6	7	9
9	6	5	7	3	8	4	2	1
2	7	8	1	6	3	5	9	4
5	3	1	4	9	2	7	8	6
6	9	4	5	8	7	2	1	3

1798

3	8	1	4	9	2	5	7	6
2	9	5	6	3	7	8	4	1
7	4	6	8	1	5	2	9	3
8	1	9	2	7	3	6	5	4
4	5	2	9	6	1	7	3	8
6	7	3	5	8	4	9	1	2
5	2	7	1	4	8	3	6	9
9	3	4	7	2	6	1	8	5
1	6	8	3	5	9	4	2	7

1799

7	2	4	8	3	5	1	6	9
8	9	5	6	4	1	3	2	7
1	3	6	2	7	9	4	8	5
2	1	7	3	8	4	5	9	6
4	5	8	9	6	7	2	3	1
9	6	3	1	5	2	7	4	8
3	7	9	4	1	6	8	5	2
5	8	2	7	9	3	6	1	4
6	4	1	5	2	8	9	7	3

1800

7	9	4	8	5	6	1	3	2
1	5	6	2	9	3	8	7	4
8	3	2	7	1	4	9	6	5
5	1	7	4	8	2	3	9	6
2	4	8	6	3	9	5	1	7
3	6	9	1	7	5	4	2	8
4	7	1	9	6	8	2	5	3
9	2	3	5	4	7	6	8	1
6	8	5	3	2	1	7	4	9

1801
```
2 5 8 6 4 1 7 9 3
3 6 9 8 7 5 1 2 4
4 7 1 2 9 3 6 8 5
5 1 6 9 8 2 3 4 7
8 2 7 3 5 4 9 6 1
9 3 4 7 1 6 8 5 2
6 8 2 5 3 7 4 1 9
1 9 3 4 2 8 5 7 6
7 4 5 1 6 9 2 3 8
```

1802
```
6 2 5 4 7 1 9 8 3
8 3 7 9 2 6 1 5 4
1 9 4 8 5 3 6 7 2
5 8 9 1 3 4 7 2 6
2 6 3 5 9 7 4 1 8
7 4 1 6 8 2 3 9 5
9 1 6 2 4 8 5 3 7
3 5 2 7 6 9 8 4 1
4 7 8 3 1 5 2 6 9
```

1803
```
4 5 9 6 7 3 8 1 2
7 2 6 5 8 1 3 9 4
1 8 3 9 2 4 6 5 7
8 3 1 2 4 9 7 6 5
5 9 2 7 3 6 1 4 8
6 7 4 1 5 8 9 2 3
9 4 7 8 1 2 5 3 6
2 6 5 3 9 7 4 8 1
3 1 8 4 6 5 2 7 9
```

1804
```
4 8 7 9 1 2 3 5 6
3 5 9 6 8 4 7 1 2
2 6 1 7 3 5 4 9 8
9 7 4 8 5 6 1 2 3
5 2 8 3 4 1 6 7 9
1 3 6 2 9 7 8 4 5
6 9 2 4 7 8 5 3 1
7 1 3 5 6 9 2 8 4
8 4 5 1 2 3 9 6 7
```

1805
```
2 4 7 3 8 5 6 9 1
3 5 8 6 9 1 7 4 2
1 6 9 4 2 7 5 8 3
4 8 6 7 1 9 2 3 5
5 3 1 8 6 2 4 7 9
9 7 2 5 3 4 1 6 8
6 1 3 2 4 8 9 5 7
7 9 4 1 5 3 8 2 6
8 2 5 9 7 6 3 1 4
```

1806
```
7 8 4 2 3 5 6 9 1
1 2 9 7 4 6 5 3 8
5 6 3 8 9 1 4 7 2
8 9 7 3 5 4 1 2 6
6 4 1 9 2 7 3 8 5
2 3 5 1 6 8 7 4 9
3 1 6 4 8 9 2 5 7
4 5 8 6 7 2 9 1 3
9 7 2 5 1 3 8 6 4
```

1807
```
1 6 3 9 8 4 2 5 7
9 2 4 3 7 5 1 6 8
7 8 5 6 2 1 4 3 9
8 4 9 2 3 1 5 7 6
2 5 6 7 9 8 3 4 1
3 7 1 5 4 6 8 9 2
4 3 7 1 2 9 6 8 5
5 1 8 4 6 7 9 2 3
6 9 2 8 5 3 7 1 4
```

1808
```
3 7 9 6 8 4 1 2 5
6 5 1 9 2 3 8 7 4
4 8 2 5 7 1 9 3 6
1 2 7 3 6 8 4 5 9
5 6 3 1 4 9 2 7 8
8 9 4 7 5 2 3 6 1
2 3 5 4 9 6 8 1 7
7 4 8 2 1 5 6 9 3
9 1 6 8 3 7 5 4 2
```

1809
```
6 1 3 8 5 9 7 2 4
7 4 5 6 2 1 8 3 9
8 9 2 7 3 4 6 5 1
9 8 6 1 4 5 2 7 3
5 2 4 9 7 3 1 8 6
1 3 7 2 6 8 4 9 5
2 5 1 3 8 6 9 4 7
3 6 8 4 9 7 5 1 2
4 7 9 5 1 2 3 6 8
```

1810
```
2 5 8 6 9 7 3 1 4
3 6 9 4 1 5 2 7 8
4 7 1 2 8 3 5 9 6
9 8 6 3 4 1 7 5 2
5 1 2 7 6 8 4 3 9
7 3 4 5 2 9 6 8 1
1 4 3 9 5 6 8 2 7
6 9 5 8 7 2 1 4 3
8 2 7 1 3 4 9 6 5
```

1811
```
1 7 8 6 2 9 4 3 5
6 2 4 3 5 8 9 7 1
5 3 9 1 7 4 2 8 6
7 4 1 8 3 6 5 2 9
2 6 3 5 9 1 7 4 8
8 9 5 2 4 7 1 6 3
3 1 2 7 6 5 8 9 4
9 5 6 4 8 2 3 1 7
4 8 7 9 1 3 6 5 2
```

1812
```
7 8 9 1 4 6 2 3 5
4 5 6 2 3 7 8 1 9
1 2 3 9 5 8 4 7 6
6 7 2 8 9 3 1 5 4
8 1 4 5 6 2 7 9 3
9 3 5 4 7 1 6 8 2
2 9 7 3 8 4 5 6 1
3 4 8 6 1 5 9 2 7
5 6 1 7 2 9 3 4 8
```

1813
```
5 7 3 4 9 2 6 8 1
6 1 4 8 3 5 9 2 7
8 2 9 1 6 7 4 5 3
1 3 5 2 4 9 7 6 8
7 8 2 3 5 6 1 9 4
9 4 6 7 1 8 5 3 2
2 5 1 6 7 3 8 4 9
3 6 7 9 8 4 2 1 5
4 9 8 5 2 1 3 7 6
```

1814
```
6 5 9 7 4 3 8 1 2
1 8 3 9 2 5 6 4 7
7 2 4 1 8 6 9 5 3
9 1 2 3 5 7 4 8 6
4 3 8 6 9 2 1 7 5
5 6 7 4 1 8 2 3 9
2 4 5 8 7 9 3 6 1
8 7 6 2 3 1 5 9 4
3 9 1 5 6 4 7 2 8
```

1815
```
6 9 3 7 5 8 1 2 4
7 1 5 2 4 3 6 9 8
4 2 8 9 1 6 3 7 5
1 3 9 5 6 7 4 8 2
2 5 4 1 8 9 7 6 3
8 7 6 4 3 2 5 1 9
9 4 2 3 7 1 8 5 6
3 6 1 8 9 5 2 4 7
5 8 7 6 2 4 9 3 1
```

1816
```
2 7 5 3 4 6 8 9 1
6 3 8 7 9 1 5 4 2
1 4 9 5 8 2 6 7 3
7 5 2 8 3 4 9 1 6
3 8 6 9 1 5 7 2 4
4 9 1 2 6 7 3 5 8
5 1 4 6 7 8 2 3 9
8 2 3 1 5 9 4 6 7
9 6 7 4 2 3 1 8 5
```

1817
```
9 1 4 5 6 8 7 2 3
3 8 5 7 2 1 9 4 6
7 2 6 3 9 4 1 8 5
1 3 7 4 8 9 5 6 2
2 5 8 6 7 3 4 1 9
4 6 9 1 5 2 8 3 7
5 4 1 9 3 6 2 7 8
6 7 2 8 1 5 3 9 4
8 9 3 2 4 7 6 5 1
```

1818
```
5 9 7 2 8 4 6 1 3
4 6 1 3 7 5 9 8 2
2 3 8 9 1 6 7 4 5
6 8 9 4 2 1 5 3 7
7 5 2 8 9 3 1 6 4
3 1 4 6 5 7 2 9 8
1 7 3 5 6 8 4 2 9
8 2 5 1 4 9 3 7 6
9 4 6 7 3 2 8 5 1
```

1819
```
1 2 9 8 5 7 3 6 4
7 8 6 1 3 4 5 9 2
5 3 4 2 9 6 1 7 8
3 5 7 4 8 2 6 1 9
9 6 8 7 1 5 4 2 3
4 1 2 9 6 3 8 5 7
6 4 3 5 7 9 2 8 1
8 7 5 3 2 1 9 4 6
2 9 1 6 4 8 7 3 5
```

1820
```
9 7 1 2 3 8 4 5 6
6 2 4 7 5 1 9 8 3
3 8 5 9 4 6 2 1 7
4 5 8 1 7 2 6 3 9
7 3 9 4 6 5 1 2 8
1 6 2 8 9 3 5 7 4
5 9 6 3 1 7 8 4 2
2 1 7 6 8 4 3 9 5
8 4 3 5 2 9 7 6 1
```

1821

9	1	4	5	3	6	7	2	8
6	2	7	9	8	1	3	4	5
5	3	8	4	2	7	6	1	9
8	4	9	6	7	5	2	3	1
7	5	2	3	1	8	4	9	6
1	6	3	2	4	9	5	8	7
2	7	1	8	5	3	9	6	4
3	9	5	1	6	4	8	7	2
4	8	6	7	9	2	1	5	3

1822

6	3	1	2	4	5	7	8	9
7	5	2	8	9	6	1	3	4
8	9	4	1	7	3	6	2	5
2	6	8	5	1	4	3	9	7
5	7	9	6	3	2	8	4	1
4	1	3	7	8	9	5	6	2
9	2	5	3	6	7	4	1	8
1	4	6	9	5	8	2	7	3
3	8	7	4	2	1	9	5	6

1823

8	6	3	9	1	4	2	5	7
4	5	7	2	6	3	1	9	8
9	1	2	5	7	8	3	6	4
7	8	6	3	2	5	4	1	9
3	4	9	1	8	7	5	2	6
5	2	1	6	4	9	8	7	3
6	7	8	4	5	1	9	3	2
2	3	5	8	9	6	7	4	1
1	9	4	7	3	2	6	8	5

1824

9	8	3	6	5	2	1	4	7
7	2	4	1	3	8	9	5	6
1	6	5	7	4	9	3	8	2
2	4	7	3	6	1	5	9	8
6	5	8	9	7	4	2	3	1
3	9	1	2	8	5	6	7	4
4	3	6	5	2	7	8	1	9
5	7	9	8	1	6	4	2	3
8	1	2	4	9	3	7	6	5

1825

6	5	1	2	9	3	8	4	7
7	2	3	8	4	6	5	1	9
8	9	4	7	1	5	3	6	2
2	3	6	4	5	8	9	7	1
9	1	7	3	6	2	4	5	8
5	4	8	9	7	1	2	3	6
3	7	5	6	8	9	1	2	4
1	6	9	5	2	4	7	8	3
4	8	2	1	3	7	6	9	5

1826

4	1	5	3	8	2	6	7	9
3	2	9	6	1	7	8	5	4
8	7	6	9	4	5	1	3	2
5	3	8	1	9	4	2	6	7
7	4	1	8	2	6	3	9	5
9	6	2	5	7	3	4	1	8
6	9	3	2	5	8	7	4	1
1	8	4	7	3	9	5	2	6
2	5	7	4	6	1	9	8	3

1827

1	8	4	5	6	2	7	3	9
7	9	6	8	3	1	5	4	2
2	3	5	4	9	7	6	8	1
8	5	1	6	2	3	4	9	7
4	6	2	9	7	5	3	1	8
9	7	3	1	4	8	2	5	6
5	2	7	3	1	9	8	6	4
3	4	9	2	8	6	1	7	5
6	1	8	7	5	4	9	2	3

1828

6	7	1	2	5	8	4	3	9
8	9	4	1	6	3	5	7	2
2	3	5	7	4	9	6	8	1
3	5	6	4	1	2	7	9	8
7	1	8	3	9	5	2	4	6
4	2	9	6	8	7	3	1	5
5	8	2	9	3	4	1	6	7
9	6	3	5	7	1	8	2	4
1	4	7	8	2	6	9	5	3

1829

1	2	7	5	6	4	8	3	9
4	6	8	9	3	1	5	2	7
5	3	9	2	7	8	6	4	1
2	5	1	6	4	7	9	8	3
6	8	3	1	9	5	4	7	2
9	7	4	8	2	3	1	5	6
3	9	2	4	8	6	7	1	5
7	4	5	3	1	9	2	6	8
8	1	6	7	5	2	3	9	4

1830

1	3	9	2	7	6	5	8	4
6	4	2	5	8	9	1	7	3
7	8	5	3	4	1	9	6	2
9	1	4	8	3	5	6	2	7
8	2	6	7	1	4	3	5	9
3	5	7	9	6	2	4	1	8
2	6	1	4	9	7	8	3	5
4	7	8	6	5	3	2	9	1
5	9	3	1	2	8	7	4	6

1831

7	4	5	6	1	9	3	8	2
1	8	2	5	3	7	4	6	9
6	9	3	2	4	8	5	1	7
4	5	8	9	7	1	6	2	3
9	1	6	4	2	3	7	5	8
2	3	7	8	5	6	9	4	1
3	6	4	1	9	2	8	7	5
5	2	9	7	8	4	1	3	6
8	7	1	3	6	5	2	9	4

1832

1	7	8	5	2	6	9	4	3
2	3	9	4	7	1	5	6	8
5	4	6	8	3	9	7	1	2
3	9	5	2	6	7	4	8	1
4	2	1	3	8	5	6	7	9
8	6	7	9	1	4	2	3	5
9	1	2	7	4	3	8	5	6
7	5	3	6	9	8	1	2	4
6	8	4	1	5	2	3	9	7

1833

8	6	2	9	7	3	5	1	4
7	4	1	8	5	2	9	3	6
5	9	3	6	1	4	7	2	8
9	2	5	4	8	7	3	6	1
1	7	4	2	3	6	8	5	9
6	3	8	5	9	1	4	7	2
2	8	6	7	4	5	1	9	3
4	1	7	3	6	9	2	8	5
3	5	9	1	2	8	6	4	7

1834

2	4	8	9	3	5	6	7	1
7	5	9	1	6	8	2	3	4
3	6	1	4	2	7	9	5	8
9	3	6	5	7	4	8	1	2
1	7	2	6	8	9	3	4	5
4	8	5	3	1	2	7	6	9
5	2	7	8	4	6	1	9	3
6	9	3	2	5	1	4	8	7
8	1	4	7	9	3	5	2	6

1835

8	7	2	9	3	6	1	4	5
5	9	3	4	8	1	6	2	7
6	1	4	5	7	2	9	3	8
9	8	5	6	2	3	7	1	4
7	2	6	8	1	4	5	9	3
3	4	1	7	9	5	8	6	2
1	6	7	2	4	8	3	5	9
2	5	8	3	6	9	4	7	1
4	3	9	1	5	7	2	8	6

1836

6	9	1	2	8	3	4	5	7
7	4	2	5	6	9	8	1	3
8	5	3	7	1	4	9	2	6
9	6	4	8	3	5	1	7	2
3	2	5	9	7	1	6	4	8
1	7	8	4	2	6	3	9	5
2	3	7	1	4	8	5	6	9
4	8	9	6	5	7	2	3	1
5	1	6	3	9	2	7	8	4

1837

2	8	3	9	5	6	4	1	7
7	4	5	1	3	2	9	6	8
1	9	6	8	4	7	2	5	3
3	5	8	4	6	1	7	9	2
4	7	9	2	8	5	6	3	1
6	1	2	7	9	3	5	8	4
5	6	7	3	1	4	8	2	9
8	2	1	5	7	9	3	4	6
9	3	4	6	2	8	1	7	5

1838

6	8	2	9	1	5	7	3	4
9	3	4	8	7	6	1	2	5
7	1	5	2	3	4	6	9	8
8	2	7	4	5	3	9	6	1
5	4	3	6	9	1	8	7	2
1	6	9	7	8	2	4	5	3
2	9	1	5	4	7	3	8	6
3	7	6	1	2	8	5	4	9
4	5	8	3	6	9	2	1	7

1839

5	9	3	8	2	7	4	6	1
1	6	2	9	3	4	8	7	5
8	7	4	1	6	5	9	2	3
9	3	8	7	4	6	1	5	2
6	2	1	5	8	9	7	3	4
7	4	5	3	1	2	6	9	8
2	5	9	4	7	1	3	8	6
4	8	6	2	9	3	5	1	7
3	1	7	6	5	8	2	4	9

1840

5	9	1	3	8	2	4	6	7
3	7	2	5	4	6	1	8	9
6	8	4	9	7	1	2	3	5
7	1	3	2	6	9	5	4	8
8	2	6	1	5	4	7	9	3
9	4	5	7	3	8	6	1	2
1	3	7	6	9	5	8	2	4
2	5	8	4	1	3	9	7	6
4	6	9	8	2	7	3	5	1

1841

6	7	9	3	4	8	1	2	5
2	1	5	6	7	9	3	8	4
4	3	8	2	1	5	6	7	9
3	8	1	9	6	2	5	4	7
5	4	2	7	8	1	9	6	3
7	9	6	5	3	4	2	1	8
8	6	3	1	5	7	4	9	2
1	2	7	4	9	3	8	5	6
9	5	4	8	2	6	7	3	1

1842

5	8	2	9	6	3	4	1	7
6	1	3	5	4	7	9	2	8
7	4	9	2	1	8	3	5	6
2	5	7	3	8	9	1	6	4
3	6	4	1	5	2	8	7	9
8	9	1	4	7	6	2	3	5
9	7	5	8	2	1	6	4	3
4	2	8	6	3	5	7	9	1
1	3	6	7	9	4	5	8	2

1843

1	3	7	5	4	9	8	2	6
2	5	8	1	6	3	7	4	9
4	6	9	7	8	2	1	3	5
5	9	1	6	3	7	4	8	2
3	7	2	4	9	8	5	6	1
6	8	4	2	1	5	9	7	3
7	4	5	3	2	1	6	9	8
8	1	3	9	7	6	2	5	4
9	2	6	8	5	4	3	1	7

1844

5	7	8	6	3	9	4	2	1
6	9	2	4	1	5	3	7	8
4	1	3	7	8	2	9	5	6
9	2	1	3	5	6	7	8	4
7	3	6	9	4	8	2	1	5
8	5	4	2	7	1	6	9	3
1	6	7	5	9	3	8	4	2
2	4	5	8	6	7	1	3	9
3	8	9	1	2	4	5	6	7

1845

9	8	3	4	5	7	6	1	2
5	1	6	9	2	8	3	4	7
7	2	4	1	6	3	5	9	8
1	9	2	6	7	4	8	5	3
6	3	7	5	8	9	1	2	4
4	5	8	2	3	1	7	6	9
3	4	5	8	1	2	9	7	6
8	6	9	7	4	5	2	3	1
2	7	1	3	9	6	4	8	5

1846

2	6	8	3	4	5	7	9	1
3	7	1	6	8	9	4	2	5
4	9	5	1	7	2	6	8	3
5	8	3	2	9	6	1	4	7
7	1	9	4	5	8	2	3	6
6	4	2	7	3	1	9	5	8
1	2	4	5	6	3	8	7	9
8	5	6	9	2	7	3	1	4
9	3	7	8	1	4	5	6	2

1847

7	9	1	3	4	5	2	6	8
2	5	4	6	8	9	3	7	1
8	3	6	2	7	1	4	5	9
9	2	5	7	1	3	6	8	4
1	4	7	8	6	2	9	3	5
3	6	8	9	5	4	1	2	7
5	7	9	1	3	6	8	4	2
6	8	2	4	9	7	5	1	3
4	1	3	5	2	8	7	9	6

1848

5	4	3	6	1	9	7	8	2
1	8	6	7	5	2	4	9	3
2	9	7	3	8	4	5	1	6
3	5	8	1	4	7	6	2	9
4	1	9	2	6	5	3	7	8
6	7	2	9	3	8	1	5	4
7	2	1	4	9	6	8	3	5
8	3	4	5	2	1	9	6	7
9	6	5	8	7	3	2	4	1

1849

3	7	1	8	9	4	5	6	2
5	9	6	1	7	2	3	4	8
8	4	2	3	5	6	7	9	1
6	8	3	5	1	9	2	7	4
4	1	9	2	8	7	6	5	3
7	2	5	6	4	3	1	8	9
1	5	4	7	2	8	9	3	6
9	6	7	4	3	1	8	2	5
2	3	8	9	6	5	4	1	7

1850

1	6	2	7	4	3	8	5	9
9	4	3	5	8	1	6	7	2
5	7	8	6	2	9	1	3	4
7	8	1	2	9	4	3	6	5
4	9	5	3	1	6	2	8	7
3	2	6	8	5	7	9	4	1
2	5	7	1	3	8	4	9	6
8	1	9	4	6	5	7	2	3
6	3	4	9	7	2	5	1	8

1851

6	2	9	3	7	8	5	1	4
1	8	5	4	6	2	9	7	3
4	3	7	9	5	1	8	6	2
3	4	1	5	8	6	7	2	9
5	6	2	1	9	7	4	3	8
7	9	8	2	3	4	6	5	1
8	5	3	6	2	9	1	4	7
9	1	6	7	4	3	2	8	5
2	7	4	8	1	5	3	9	6

1852

4	6	7	5	9	8	1	3	2
5	3	8	1	6	2	9	7	4
2	1	9	7	4	3	6	8	5
1	8	4	2	5	6	3	9	7
6	7	2	3	8	9	5	4	1
3	9	5	4	7	1	2	6	8
7	2	1	6	3	4	8	5	9
8	4	6	9	1	5	7	2	3
9	5	3	8	2	7	4	1	6

1853

6	5	4	8	3	7	9	1	2
1	7	3	9	6	2	5	8	4
9	8	2	5	4	1	6	3	7
2	6	9	3	7	4	8	5	1
7	3	5	1	2	8	4	9	6
8	4	1	6	5	9	7	2	3
3	9	7	4	1	5	2	6	8
4	1	8	2	9	6	3	7	5
5	2	6	7	8	3	1	4	9

1854

4	2	9	1	3	5	8	6	7
7	3	5	8	6	9	1	4	2
6	8	1	2	4	7	3	9	5
5	4	7	3	8	1	6	2	9
8	1	2	7	9	6	4	5	3
9	6	3	5	2	4	7	8	1
1	5	4	9	7	8	2	3	6
2	7	6	4	5	3	9	1	8
3	9	8	6	1	2	5	7	4

1855

2	1	5	6	9	4	7	3	8
4	3	7	5	8	2	1	9	6
9	8	6	1	3	7	4	5	2
3	4	1	7	2	6	9	8	5
5	2	8	9	4	1	3	6	7
6	7	9	3	5	8	2	4	1
7	5	4	8	1	3	6	2	9
8	6	2	4	7	9	5	1	3
1	9	3	2	6	5	8	7	4

1856

5	2	6	1	4	3	7	8	9
4	9	7	2	6	8	1	3	5
1	3	8	9	7	5	4	6	2
2	8	4	7	5	1	3	9	6
6	7	5	8	3	9	2	4	1
3	1	9	6	2	4	5	7	8
9	5	1	3	8	7	6	2	4
7	4	2	5	9	6	8	1	3
8	6	3	4	1	2	9	5	7

1857

4	6	5	9	7	3	8	1	2
2	7	9	8	4	1	3	6	5
3	8	1	2	6	5	4	9	7
6	9	8	3	1	7	2	5	4
7	2	4	5	8	9	1	3	6
1	5	3	6	2	4	7	8	9
5	4	7	1	9	8	6	2	3
8	3	2	4	5	6	9	7	1
9	1	6	7	3	2	5	4	8

1858

3	1	8	4	5	7	6	9	2
4	5	9	6	1	2	8	3	7
6	7	2	8	3	9	4	5	1
2	6	4	9	7	8	3	1	5
1	3	7	5	2	6	9	4	8
9	8	5	3	4	1	7	2	6
7	9	1	2	8	3	5	6	4
8	4	3	1	6	5	2	7	9
5	2	6	7	9	4	1	8	3

1859

3	9	6	7	2	4	5	8	1
2	4	7	1	8	5	9	6	3
1	5	8	9	3	6	2	7	4
9	7	3	4	5	1	6	2	8
4	6	1	8	9	2	7	3	5
5	8	2	3	6	7	4	1	9
6	1	5	2	4	8	3	9	7
7	2	9	5	1	3	8	4	6
8	3	4	6	7	9	1	5	2

1860

6	4	2	1	5	7	3	8	9
8	5	7	9	3	4	1	2	6
3	9	1	2	8	6	4	5	7
9	1	5	8	4	2	6	7	3
7	8	3	5	6	9	2	1	4
4	2	6	3	7	1	8	9	5
5	6	4	7	2	8	9	3	1
1	3	8	4	9	5	7	6	2
2	7	9	6	1	3	5	4	8

1861

7	9	4	8	5	1	6	2	3
1	2	5	3	4	6	7	9	8
8	3	6	9	7	2	1	4	5
2	4	8	1	6	3	5	7	9
9	5	1	2	8	7	3	6	4
6	7	3	4	9	5	8	1	2
3	6	9	7	2	8	4	5	1
4	1	7	5	3	9	2	8	6
5	8	2	6	1	4	9	3	7

1862

7	8	2	1	9	6	3	4	5
3	4	1	5	8	7	9	2	6
9	5	6	2	3	4	7	1	8
8	6	3	9	4	1	5	7	2
1	7	4	6	5	2	8	3	9
2	9	5	3	7	8	1	6	4
4	1	7	8	2	9	6	5	3
5	2	8	7	6	3	4	9	1
6	3	9	4	1	5	2	8	7

1863

5	7	2	3	6	8	4	9	1
9	8	4	2	5	1	3	6	7
6	1	3	4	7	9	5	2	8
7	2	9	6	1	3	8	4	5
8	4	1	5	9	7	6	3	2
3	6	5	8	2	4	7	1	9
1	9	6	7	4	5	2	8	3
2	3	7	1	8	6	9	5	4
4	5	8	9	3	2	1	7	6

1864

6	3	7	8	1	4	2	5	9
2	4	8	6	9	5	1	3	7
9	5	1	2	3	7	4	8	6
3	6	5	7	4	9	8	1	2
8	9	2	1	6	3	5	7	4
7	1	4	5	8	2	9	6	3
4	7	3	9	5	8	6	2	1
1	8	9	3	2	6	7	4	5
5	2	6	4	7	1	3	9	8

1865

1	2	8	3	9	6	4	5	7
7	6	9	1	4	5	2	3	8
3	5	4	8	2	7	1	6	9
8	7	2	9	1	3	5	4	6
5	1	6	2	7	4	9	8	3
9	4	3	6	5	8	7	2	1
4	8	1	7	3	2	6	9	5
6	9	5	4	8	1	3	7	2
2	3	7	5	6	9	8	1	4

1866

8	5	6	9	7	4	1	3	2
3	9	7	2	1	5	8	6	4
4	1	2	6	3	8	7	9	5
5	8	4	1	9	2	3	7	6
2	3	9	4	6	7	5	1	8
6	7	1	5	8	3	4	2	9
7	2	3	8	5	6	9	4	1
9	6	5	7	4	1	2	8	3
1	4	8	3	2	9	6	5	7

1867

2	9	4	3	5	6	7	8	1
6	7	3	8	1	9	2	4	5
1	8	5	2	7	4	9	6	3
4	3	6	9	8	7	1	5	2
8	2	7	5	6	1	3	9	4
5	1	9	4	2	3	6	7	8
3	4	8	7	9	2	5	1	6
7	5	1	6	3	8	4	2	9
9	6	2	1	4	5	8	3	7

1868

6	3	9	4	2	1	8	5	7
8	2	1	3	5	7	6	4	9
7	4	5	8	6	9	1	2	3
4	5	7	9	1	2	3	6	8
9	8	6	5	3	4	7	1	2
2	1	3	7	8	6	4	9	5
5	6	4	2	7	3	9	8	1
1	7	2	6	9	8	5	3	4
3	9	8	1	4	5	2	7	6

1869

8	3	6	9	1	5	4	7	2
2	9	7	3	4	8	1	5	6
5	4	1	6	2	7	3	8	9
9	5	4	7	3	2	8	6	1
1	7	2	8	6	9	5	3	4
6	8	3	4	5	1	2	9	7
7	1	9	5	8	4	6	2	3
3	2	5	1	9	6	7	4	8
4	6	8	2	7	3	9	1	5

1870

9	6	8	7	1	3	2	4	5
4	7	5	2	8	6	3	9	1
2	1	3	4	5	9	8	7	6
6	8	9	1	2	4	5	3	7
1	2	7	3	9	5	4	6	8
5	3	4	6	7	8	9	1	2
7	4	1	8	3	2	6	5	9
3	9	2	5	6	7	1	8	4
8	5	6	9	4	1	7	2	3

1871

6	5	9	1	7	3	2	4	8
4	7	1	6	8	2	9	3	5
3	8	2	4	5	9	7	6	1
2	9	3	5	4	8	1	7	6
5	1	8	7	2	6	3	9	4
7	6	4	9	3	1	8	5	2
8	2	5	3	6	7	4	1	9
9	3	6	2	1	4	5	8	7
1	4	7	8	9	5	6	2	3

1872

6	7	8	9	1	2	3	4	5
1	5	9	3	7	4	6	2	8
4	3	2	8	6	5	7	9	1
5	9	6	2	3	7	1	8	4
2	8	7	1	4	6	9	5	3
3	4	1	5	8	9	2	6	7
7	6	3	4	9	8	5	1	2
8	1	5	6	2	3	4	7	9
9	2	4	7	5	1	8	3	6

1873

6	8	3	1	4	5	7	9	2
2	7	5	8	3	9	1	4	6
9	1	4	7	6	2	5	3	8
4	9	6	5	8	1	3	2	7
1	5	7	2	9	3	6	8	4
3	2	8	4	7	6	9	1	5
8	3	9	6	5	4	2	7	1
7	6	1	3	2	8	4	5	9
5	4	2	9	1	7	8	6	3

1874

5	2	7	6	8	1	3	4	9
3	6	9	7	4	5	8	1	2
8	4	1	2	3	9	5	7	6
6	1	2	4	5	3	7	9	8
7	3	4	8	9	2	6	5	1
9	5	8	1	6	7	2	3	4
1	7	3	9	2	8	4	6	5
4	8	5	3	1	6	9	2	7
2	9	6	5	7	4	1	8	3

1875

8	7	6	9	2	3	4	1	5
5	9	1	4	8	6	7	2	3
2	3	4	7	1	5	6	9	8
1	4	8	2	5	9	3	6	7
7	5	9	6	3	1	8	4	2
3	6	2	8	7	4	9	5	1
4	8	3	1	6	2	5	7	9
6	1	5	3	9	7	2	8	4
9	2	7	5	4	8	1	3	6

1876

8	6	3	9	4	7	1	2	5
2	7	4	1	5	3	8	9	6
1	9	5	8	6	2	3	4	7
4	2	1	5	8	6	7	3	9
3	5	7	2	9	1	6	8	4
9	8	6	3	7	4	2	5	1
5	3	8	7	1	9	4	6	2
6	1	9	4	2	8	5	7	3
7	4	2	6	3	5	9	1	8

1877

5	2	8	6	7	3	9	4	1
3	4	7	8	9	1	5	6	2
6	9	1	5	4	2	7	3	8
8	3	2	9	5	6	1	7	4
9	5	4	1	3	7	8	2	6
1	7	6	2	8	4	3	5	9
4	6	5	7	1	8	2	9	3
7	8	3	4	2	9	6	1	5
2	1	9	3	6	5	4	8	7

1878

8	2	9	4	1	5	3	6	7
4	5	6	7	3	9	1	8	2
1	3	7	2	8	6	9	5	4
9	8	1	3	4	7	6	2	5
5	4	2	9	6	1	7	3	8
6	7	3	8	5	2	4	1	9
3	9	5	6	2	4	8	7	1
2	6	4	1	7	8	5	9	3
7	1	8	5	9	3	2	4	6

1879

8	1	5	2	6	7	9	3	4
3	9	7	5	4	1	2	8	6
6	4	2	3	8	9	1	7	5
5	7	6	1	9	8	4	2	3
4	2	1	7	3	6	8	5	9
9	8	3	4	2	5	6	1	7
7	5	4	6	1	2	3	9	8
1	3	8	9	7	4	5	6	2
2	6	9	8	5	3	7	4	1

1880

6	2	7	3	5	1	8	4	9
9	4	5	6	2	8	7	3	1
1	3	8	7	9	4	5	6	2
4	7	3	1	8	6	9	2	5
5	8	6	2	7	9	3	1	4
2	1	9	5	4	3	6	8	7
8	9	1	4	6	5	2	7	3
3	5	2	8	1	7	4	9	6
7	6	4	9	3	2	1	5	8

1881

```
7 2 3 4 5 6 8 9 1
9 8 4 1 3 2 7 5 6
1 6 5 7 9 8 3 4 2
5 3 7 9 1 4 2 6 8
6 9 8 5 2 7 1 3 4
2 4 1 6 8 3 9 7 5
3 1 6 8 4 9 5 2 7
4 5 9 2 7 1 6 8 3
8 7 2 3 6 5 4 1 9
```

1882

```
9 3 6 8 1 7 2 4 5
4 7 2 9 3 5 6 1 8
8 5 1 4 6 2 3 7 9
1 8 3 5 2 4 7 9 6
5 4 9 6 7 3 8 2 1
6 2 7 1 8 9 5 3 4
2 9 4 3 5 6 1 8 7
3 6 8 7 4 1 9 5 2
7 1 5 2 9 8 4 6 3
```

1883

```
6 7 9 5 4 8 1 2 3
2 4 3 9 7 1 5 6 8
8 1 5 2 3 6 4 7 9
4 3 7 1 8 2 9 5 6
5 9 8 4 6 7 2 3 1
1 6 2 3 5 9 8 4 7
9 5 4 6 1 3 7 8 2
3 8 1 7 2 4 6 9 5
7 2 6 8 9 5 3 1 4
```

1884

```
9 8 3 1 2 4 7 5 6
6 1 4 8 5 7 3 9 2
7 2 5 9 6 3 4 1 8
1 9 8 3 4 2 5 6 7
4 6 2 5 7 9 8 3 1
5 3 7 6 8 1 9 2 4
2 4 6 7 3 5 1 8 9
8 5 1 4 9 6 2 7 3
3 7 9 2 1 8 6 4 5
```

1885

```
9 1 2 3 4 6 5 7 8
5 6 4 7 8 9 1 3 2
7 3 8 2 1 5 9 6 4
1 4 6 9 7 2 3 8 5
2 5 7 8 3 1 6 4 9
3 8 9 5 6 4 2 1 7
4 7 5 1 9 3 8 2 6
8 9 1 6 2 7 4 5 3
6 2 3 4 5 8 7 9 1
```

1886

```
2 9 1 3 4 5 6 7 8
4 6 5 7 8 2 3 9 1
3 8 7 9 1 6 4 2 5
9 3 4 6 2 8 5 1 7
8 5 2 4 7 1 9 6 3
1 7 6 5 9 3 8 4 2
5 1 3 2 6 4 7 8 9
7 4 8 1 3 9 2 5 6
6 2 9 8 5 7 1 3 4
```

1887

```
6 3 9 7 2 4 5 8 1
7 1 4 6 8 5 3 9 2
8 2 5 9 1 3 4 6 7
9 8 3 4 6 1 7 2 5
1 4 7 2 5 8 6 3 9
2 5 6 3 9 7 8 1 4
3 7 8 1 4 2 9 5 6
4 6 1 5 3 9 2 7 8
5 9 2 8 7 6 1 4 3
```

1888

```
9 1 4 2 5 6 8 7 3
7 2 6 3 4 8 9 5 1
8 3 5 1 7 9 6 2 4
1 6 3 7 8 2 5 4 9
4 7 9 5 6 1 2 3 8
5 8 2 4 9 3 7 1 6
2 9 7 6 1 4 3 8 5
3 4 8 9 2 5 1 6 7
6 5 1 8 3 7 4 9 2
```

1889

```
9 3 5 1 4 6 7 8 2
8 1 2 3 7 9 5 6 4
7 4 6 2 5 8 3 1 9
1 6 9 7 8 3 2 4 5
5 7 3 4 2 1 6 9 8
2 8 4 6 9 5 1 3 7
3 9 7 5 1 4 8 2 6
4 2 1 8 6 7 9 5 3
6 5 8 9 3 2 4 7 1
```

1890

```
1 5 6 7 3 4 9 8 2
4 7 8 1 2 9 5 6 3
3 2 9 5 8 6 4 7 1
5 1 7 4 9 3 8 2 6
9 3 2 6 7 8 1 5 4
8 6 4 2 5 1 7 3 9
6 4 3 8 1 7 2 9 5
2 8 1 9 6 5 3 4 7
7 9 5 3 4 2 6 1 8
```

1891

```
6 3 9 2 7 4 5 8 1
8 5 2 6 1 9 4 7 3
4 7 1 8 5 3 6 9 2
5 2 8 1 4 7 3 6 9
7 6 3 9 2 5 8 1 4
1 9 4 3 6 8 7 2 5
2 1 5 4 8 6 9 3 7
9 4 6 7 3 1 2 5 8
3 8 7 5 9 2 1 4 6
```

1892

```
8 3 6 7 5 9 1 2 4
1 4 9 2 8 6 7 3 5
2 5 7 4 1 3 9 8 6
9 2 1 8 3 5 4 6 7
4 6 3 1 7 2 8 5 9
5 7 8 9 6 4 2 1 3
3 1 2 5 4 7 6 9 8
6 8 4 3 9 1 5 7 2
7 9 5 6 2 8 3 4 1
```

1893

```
5 7 4 6 9 1 8 2 3
6 2 9 8 3 4 5 7 1
3 8 1 7 2 5 9 4 6
4 6 2 9 1 8 3 5 7
7 9 3 4 5 2 6 1 8
8 1 5 3 7 6 2 9 4
9 4 6 2 8 7 1 3 5
1 3 8 5 4 9 7 6 2
2 5 7 1 6 3 4 8 9
```

1894

```
3 6 8 7 9 1 4 5 2
4 7 9 2 5 8 6 3 1
5 2 1 6 3 4 9 7 8
8 1 5 9 4 6 7 2 3
9 3 2 8 7 5 1 6 4
7 4 6 3 1 2 8 9 5
1 5 7 4 2 9 3 8 6
2 8 3 1 6 7 5 4 9
6 9 4 5 8 3 2 1 7
```

1895

```
6 5 9 2 7 4 1 3 8
4 7 1 5 3 8 9 6 2
3 8 2 6 1 9 4 7 5
8 6 7 9 2 3 5 1 4
1 9 3 4 5 7 2 8 6
5 2 4 8 6 1 7 9 3
7 1 5 3 8 2 6 4 9
9 3 6 1 4 5 8 2 7
2 4 8 7 9 6 3 5 1
```

1896

```
7 6 3 8 5 1 2 9 4
4 5 9 2 6 7 3 8 1
8 2 1 3 4 9 7 6 5
9 3 2 4 1 6 5 7 8
1 7 8 5 3 2 9 4 6
5 4 6 7 9 8 1 3 2
6 8 5 9 2 3 4 1 7
2 9 7 1 8 4 6 5 3
3 1 4 6 7 5 8 2 9
```

1897

```
4 5 2 6 8 3 7 9 1
8 9 6 7 1 2 3 5 4
3 1 7 4 9 5 6 2 8
6 3 9 1 2 4 8 7 5
5 2 8 3 7 6 1 4 9
7 4 1 8 5 9 2 6 3
9 6 3 2 4 1 5 8 7
1 7 4 5 6 8 9 3 2
2 8 5 9 3 7 4 1 6
```

1898

```
2 9 7 5 3 6 4 1 8
5 3 8 1 2 4 6 7 9
4 6 1 8 7 9 5 3 2
3 8 5 2 4 7 9 6 1
1 2 9 3 6 5 7 8 4
7 4 6 9 1 8 2 5 3
6 1 4 7 8 2 3 9 5
8 5 2 6 9 3 1 4 7
9 7 3 4 5 1 8 2 6
```

1899

```
6 9 4 1 5 8 2 7 3
1 2 5 3 6 7 4 9 8
8 3 7 9 2 4 5 1 6
7 4 1 5 8 6 9 3 2
9 8 3 2 4 1 6 5 7
2 5 6 7 3 9 8 4 1
3 6 8 4 7 5 1 2 9
4 7 9 8 1 2 3 6 5
5 1 2 6 9 3 7 8 4
```

1900

```
2 8 9 5 3 1 6 4 7
6 3 1 2 4 7 5 8 9
5 7 4 8 9 6 1 2 3
1 5 6 3 2 9 4 7 8
3 2 7 6 8 4 9 5 1
4 9 8 7 1 5 2 3 6
7 4 5 1 6 3 8 9 2
8 6 3 9 5 2 7 1 4
9 1 2 4 7 8 3 6 5
```

1901

6	9	1	5	2	4	3	7	8
8	5	2	3	1	7	6	9	4
4	7	3	6	8	9	2	1	5
9	8	7	1	5	3	4	6	2
5	2	4	8	7	6	1	3	9
1	3	6	4	9	2	5	8	7
2	1	8	7	3	5	9	4	6
3	4	5	9	6	8	7	2	1
7	6	9	2	4	1	8	5	3

1902

7	3	6	5	1	8	9	2	4
2	5	9	7	4	6	8	1	3
8	4	1	9	2	3	6	5	7
9	6	5	1	3	7	4	8	2
3	1	7	4	8	2	5	9	6
4	2	8	6	9	5	7	3	1
6	9	3	2	5	4	1	7	8
5	7	2	8	6	1	3	4	9
1	8	4	3	7	9	2	6	5

1903

6	4	5	7	8	9	3	1	2
1	2	9	6	4	3	8	7	5
3	7	8	1	2	5	6	4	9
2	8	3	9	5	1	7	6	4
4	5	6	8	7	2	9	3	1
9	1	7	4	3	6	5	2	8
5	9	1	3	6	4	2	8	7
8	6	2	5	1	7	4	9	3
7	3	4	2	9	8	1	5	6

1904

5	2	4	6	7	8	1	3	9
8	7	1	9	2	3	4	6	5
3	9	6	4	1	5	7	8	2
4	3	5	7	6	1	2	9	8
9	6	7	5	8	2	3	1	4
2	1	8	3	9	4	5	7	6
1	5	9	2	3	6	8	4	7
6	8	2	1	4	7	9	5	3
7	4	3	8	5	9	6	2	1

1905

1	7	5	8	6	2	9	4	3
4	9	6	3	7	1	5	2	8
2	3	8	9	4	5	1	7	6
5	8	9	1	2	3	7	6	4
3	6	4	7	5	9	8	1	2
7	2	1	4	8	6	3	5	9
9	1	7	6	3	4	2	8	5
8	4	2	5	9	7	6	3	1
6	5	3	2	1	8	4	9	7

1906

5	7	1	9	8	2	6	3	4
6	8	3	4	1	5	9	2	7
4	9	2	3	6	7	1	5	8
7	2	4	1	5	8	3	9	6
1	3	6	2	7	9	4	8	5
8	5	9	6	3	4	7	1	2
9	4	5	7	2	1	8	6	3
2	6	7	8	9	3	5	4	1
3	1	8	5	4	6	2	7	9

1907

9	5	3	7	6	4	8	1	2
8	6	4	9	1	2	5	3	7
1	2	7	5	8	3	9	6	4
3	4	6	8	7	9	2	5	1
2	1	8	3	5	6	4	7	9
5	7	9	2	4	1	3	8	6
6	8	5	4	2	7	1	9	3
4	9	1	6	3	5	7	2	8
7	3	2	1	9	8	6	4	5

1908

3	4	7	1	9	2	5	6	8
8	6	2	3	4	5	9	7	1
9	1	5	6	7	8	3	4	2
4	7	8	5	2	1	6	3	9
5	2	9	4	6	3	8	1	7
6	3	1	7	8	9	2	5	4
7	8	4	2	3	6	1	9	5
1	9	3	8	5	4	7	2	6
2	5	6	9	1	7	4	8	3

1909

2	9	6	7	4	3	5	8	1
5	1	7	2	8	9	3	4	6
3	4	8	1	5	6	9	2	7
4	5	9	3	1	7	8	6	2
6	7	2	4	9	8	1	3	5
1	8	3	5	6	2	4	7	9
7	2	4	9	3	5	6	1	8
8	3	5	6	7	1	2	9	4
9	6	1	8	2	4	7	5	3

1910

4	8	1	2	5	3	6	7	9
7	5	2	9	8	6	3	1	4
9	3	6	1	7	4	5	2	8
1	4	3	5	2	7	8	9	6
5	6	8	3	1	9	2	4	7
2	7	9	4	6	8	1	3	5
6	9	7	8	3	1	4	5	2
3	2	4	6	9	5	7	8	1
8	1	5	7	4	2	9	6	3

1911

2	6	7	3	9	8	1	4	5
1	4	8	7	6	5	2	3	9
3	5	9	4	2	1	6	7	8
4	8	5	6	7	2	3	9	1
6	9	1	8	5	3	4	2	7
7	3	2	1	4	9	8	5	6
5	7	3	2	1	6	9	8	4
8	1	4	9	3	7	5	6	2
9	2	6	5	8	4	7	1	3

1912

6	9	2	1	4	5	7	8	3
7	1	4	2	3	8	5	6	9
3	5	8	6	7	9	2	1	4
1	6	5	4	8	2	9	3	7
8	7	3	9	5	6	4	2	1
2	4	9	7	1	3	8	5	6
4	2	1	8	6	7	3	9	5
5	8	6	3	9	4	1	7	2
9	3	7	5	2	1	6	4	8

1913

3	4	5	6	7	9	1	8	2
1	7	2	3	4	8	9	5	6
8	9	6	5	2	1	4	3	7
2	3	8	7	1	5	6	4	9
4	5	7	8	9	6	2	1	3
9	6	1	2	3	4	8	7	5
5	8	3	1	6	2	7	9	4
6	1	9	4	5	7	3	2	8
7	2	4	9	8	3	5	6	1

1914

8	5	4	2	6	3	9	1	7
2	9	6	1	7	8	4	3	5
3	1	7	4	9	5	2	8	6
9	2	1	7	3	6	8	5	4
6	8	3	5	4	9	1	7	2
7	4	5	8	1	2	3	6	9
4	3	8	9	5	7	6	2	1
5	6	9	3	2	1	7	4	8
1	7	2	6	8	4	5	9	3

1915

8	1	7	4	9	3	2	5	6
4	5	2	8	6	7	9	1	3
9	6	3	1	2	5	4	8	7
1	8	6	9	7	2	3	4	5
2	4	9	5	3	8	7	6	1
3	7	5	6	4	1	8	2	9
5	9	8	7	1	4	6	3	2
6	2	1	3	8	9	5	7	4
7	3	4	2	5	6	1	9	8

1916

5	2	9	7	1	3	8	4	6
8	7	3	4	6	9	5	2	1
6	1	4	8	5	2	3	7	9
7	8	6	5	2	1	4	9	3
4	9	2	3	7	6	1	8	5
1	3	5	9	4	8	7	6	2
9	5	1	6	8	7	2	3	4
2	6	8	1	3	4	9	5	7
3	4	7	2	9	5	6	1	8

1917

1	7	8	2	9	3	6	4	5
9	3	4	5	8	6	1	2	7
6	2	5	4	7	1	9	8	3
5	9	3	1	4	7	8	6	2
4	6	1	3	2	8	7	5	9
7	8	2	6	5	9	3	1	4
2	1	6	9	3	4	5	7	8
3	4	7	8	6	5	2	9	1
8	5	9	7	1	2	4	3	6

1918

8	5	3	1	6	7	9	2	4
9	4	6	8	2	3	1	7	5
1	2	7	4	5	9	8	6	3
7	8	4	6	9	5	2	3	1
2	6	5	3	1	4	7	9	8
3	9	1	7	8	2	5	4	6
5	7	8	2	4	6	3	1	9
4	1	2	9	3	8	6	5	7
6	3	9	5	7	1	4	8	2

1919

1	2	6	4	3	5	8	7	9
8	5	4	7	9	1	6	3	2
9	3	7	2	8	6	4	5	1
2	6	5	9	7	3	1	4	8
3	1	8	6	5	4	9	2	7
4	7	9	8	1	2	3	6	5
5	4	2	1	6	9	7	8	3
6	8	1	3	2	7	5	9	4
7	9	3	5	4	8	2	1	6

1920

3	7	6	4	2	9	1	5	8
5	9	2	6	8	1	4	7	3
4	1	8	5	7	3	2	6	9
6	8	9	7	5	2	3	1	4
1	5	3	9	4	8	6	2	7
7	2	4	3	1	6	8	9	5
8	3	7	1	6	5	9	4	2
2	4	1	8	9	7	5	3	6
9	6	5	2	3	4	7	8	1

1921

```
2 3 4 5 1 7 6 8 9
7 9 1 2 6 8 3 4 5
6 8 5 9 3 4 1 2 7
8 2 6 1 7 9 4 5 3
3 1 7 8 4 5 9 6 2
4 5 9 3 2 6 7 1 8
9 6 8 7 5 1 2 3 4
1 7 2 4 8 3 5 9 6
5 4 3 6 9 2 8 7 1
```

1922

```
3 2 7 8 5 6 9 1 4
9 6 5 1 7 4 3 8 2
1 4 8 3 2 9 7 5 6
2 1 4 7 6 3 8 9 5
8 3 6 5 9 1 2 4 7
7 5 9 2 4 8 1 6 3
4 7 2 9 8 5 6 3 1
5 8 1 6 3 2 4 7 9
6 9 3 4 1 7 5 2 8
```

1923

```
3 6 2 4 7 8 9 1 5
9 1 5 6 2 3 7 4 8
7 4 8 1 5 9 2 3 6
8 3 4 5 6 7 1 2 9
1 5 9 2 3 4 8 6 7
2 7 6 8 9 1 3 5 4
5 8 3 9 4 2 6 7 1
4 9 7 3 1 6 5 8 2
6 2 1 7 8 5 4 9 3
```

1924

```
7 4 5 8 2 3 6 9 1
1 8 9 4 7 6 5 3 2
3 2 6 9 1 5 7 8 4
5 6 8 3 4 9 2 1 7
9 1 2 5 8 7 3 4 6
4 7 3 2 6 1 9 5 8
2 3 7 1 5 4 8 6 9
6 9 1 7 3 8 4 2 5
8 5 4 6 9 2 1 7 3
```

1925

```
4 1 6 8 9 2 3 5 7
9 2 3 4 5 7 6 8 1
7 8 5 6 1 3 9 4 2
8 7 9 5 2 1 4 6 3
3 4 1 7 6 8 5 2 9
5 6 2 3 4 9 7 1 8
1 5 7 9 8 6 2 3 4
6 3 8 2 7 4 1 9 5
2 9 4 1 3 5 8 7 6
```

1926

```
2 4 6 3 5 8 7 9 1
8 9 7 6 1 2 3 4 5
5 1 3 4 7 9 6 2 8
3 2 8 5 9 7 1 6 4
4 5 9 2 6 1 8 7 3
6 7 1 8 3 4 9 5 2
7 3 4 9 8 5 2 1 6
9 6 2 1 4 3 5 8 7
1 8 5 7 2 6 4 3 9
```

1927

```
3 5 7 1 4 6 2 9 8
4 8 1 9 2 7 5 3 6
9 6 2 3 5 8 1 7 4
1 7 4 6 8 9 3 5 2
5 3 6 7 1 2 8 4 9
2 9 8 4 3 5 6 1 7
6 1 3 2 9 4 7 8 5
7 4 5 8 6 1 9 2 3
8 2 9 5 7 3 4 6 1
```

1928

```
3 4 9 5 2 1 6 7 8
5 8 1 7 9 6 3 4 2
6 7 2 8 3 4 5 1 9
4 6 7 2 5 9 8 3 1
9 1 3 4 7 8 2 5 6
8 2 5 6 1 3 4 9 7
7 3 4 9 6 2 1 8 5
1 9 6 3 8 5 7 2 4
2 5 8 1 4 7 9 6 3
```

1929

```
6 9 2 1 8 4 3 5 7
7 8 3 9 2 5 1 6 4
5 1 4 3 6 7 8 9 2
9 2 6 7 4 8 5 3 1
8 3 5 2 9 1 7 4 6
1 4 7 6 5 3 9 2 8
2 5 8 4 1 9 6 7 3
3 6 9 8 7 2 4 1 5
4 7 1 5 3 6 2 8 9
```

1930

```
6 5 9 2 7 1 3 4 8
4 8 2 6 3 5 9 7 1
1 7 3 8 4 9 2 6 5
7 4 5 9 1 3 6 8 2
2 3 1 5 6 8 7 9 4
8 9 6 7 2 4 1 5 3
3 1 7 4 8 6 5 2 9
9 2 8 3 5 7 4 1 6
5 6 4 1 9 2 8 3 7
```

1931

```
2 7 9 4 3 6 1 8 5
6 3 5 7 8 1 9 2 4
8 4 1 5 2 9 6 3 7
5 6 2 3 1 7 4 9 8
7 9 3 6 4 8 2 5 1
1 8 4 2 9 5 7 6 3
9 1 7 8 5 2 3 4 6
3 5 6 9 7 4 8 1 2
4 2 8 1 6 3 5 7 9
```

1932

```
6 8 7 9 2 4 3 1 5
3 4 5 1 6 8 7 9 2
1 2 9 3 7 5 8 4 6
2 3 6 4 1 7 5 8 9
4 5 8 6 3 9 1 2 7
7 9 1 5 8 2 4 6 3
9 7 2 8 4 3 6 5 1
5 1 4 7 9 6 2 3 8
8 6 3 2 5 1 9 7 4
```

1933

```
9 2 6 4 3 7 5 8 1
1 4 7 8 5 9 6 3 2
3 5 8 6 1 2 4 7 9
4 6 9 2 8 5 3 1 7
2 7 1 3 9 4 8 6 5
5 8 3 7 6 1 9 2 4
6 9 2 1 4 8 7 5 3
8 1 4 5 7 3 2 9 6
7 3 5 9 2 6 1 4 8
```

1934

```
4 6 1 7 5 8 9 2 3
5 2 8 6 9 3 1 7 4
9 3 7 1 2 4 8 5 6
8 4 2 5 7 1 6 3 9
1 7 3 9 8 6 2 4 5
6 9 5 3 4 2 7 8 1
2 1 4 8 3 9 5 6 7
3 5 9 2 6 7 4 1 8
7 8 6 4 1 5 3 9 2
```

1935

```
7 1 4 3 5 8 9 2 6
9 5 6 4 1 2 7 8 3
8 2 3 9 6 7 1 4 5
6 7 5 8 9 3 2 1 4
2 3 9 1 4 5 6 7 8
1 4 8 2 7 6 3 5 9
3 8 1 5 2 9 4 6 7
4 9 7 6 8 1 5 3 2
5 6 2 7 3 4 8 9 1
```

1936

```
3 4 9 1 7 8 5 2 6
8 6 1 4 5 2 9 3 7
7 5 2 3 6 9 8 1 4
1 8 3 5 4 7 6 9 2
5 9 6 2 3 1 4 7 8
4 2 7 9 8 6 1 5 3
2 3 4 6 9 5 7 8 1
6 7 5 8 1 3 2 4 9
9 1 8 7 2 4 3 6 5
```

1937

```
1 2 5 4 6 3 7 9 8
9 3 7 1 5 8 4 2 6
4 6 8 9 7 2 3 5 1
2 4 6 3 8 9 1 7 5
3 7 9 2 1 5 8 6 4
5 8 1 6 4 7 2 3 9
6 9 2 8 3 1 5 4 7
7 1 3 5 9 4 6 8 2
8 5 4 7 2 6 9 1 3
```

1938

```
5 8 1 4 6 9 3 7 2
6 4 2 3 7 8 1 9 5
7 9 3 1 5 2 6 8 4
8 7 4 9 1 3 5 2 6
9 2 5 6 4 7 8 3 1
1 3 6 2 8 5 7 4 9
4 5 9 7 3 6 2 1 8
2 6 7 8 9 1 4 5 3
3 1 8 5 2 4 9 6 7
```

1939

```
1 4 7 3 8 9 2 5 6
2 5 8 4 6 7 9 1 3
3 6 9 5 1 2 4 7 8
4 8 1 2 3 5 6 9 7
5 9 2 6 7 8 1 3 4
6 7 3 9 4 1 8 2 5
7 1 6 8 2 3 5 4 9
9 3 4 1 5 6 7 8 2
8 2 5 7 9 4 3 6 1
```

1940

```
5 9 3 6 1 2 4 8 7
6 7 2 3 4 8 9 5 1
4 1 8 7 9 5 3 2 6
9 8 4 5 3 7 1 6 2
7 2 5 9 6 1 8 3 4
1 3 6 8 2 4 7 9 5
8 4 7 2 5 9 6 1 3
3 5 9 1 7 6 2 4 8
2 6 1 4 8 3 5 7 9
```

1941

1	3	8	4	5	2	6	7	9
4	5	9	6	1	7	2	8	3
2	7	6	8	9	3	5	1	4
5	4	7	3	6	8	1	9	2
3	6	1	2	7	9	8	4	5
8	9	2	1	4	5	3	6	7
9	1	3	5	8	4	7	2	6
6	2	4	7	3	1	9	5	8
7	8	5	9	2	6	4	3	1

1942

6	8	3	2	4	9	5	7	1
7	9	4	8	5	1	3	2	6
1	2	5	7	6	3	8	4	9
5	4	7	6	9	2	1	8	3
8	3	1	5	7	4	6	9	2
9	6	2	1	3	8	4	5	7
4	1	6	9	8	7	2	3	5
2	7	8	3	1	5	9	6	4
3	5	9	4	2	6	7	1	8

1943

6	4	5	7	8	9	1	2	3
1	9	7	3	2	4	5	6	8
2	3	8	5	1	6	9	4	7
7	8	9	1	4	2	3	5	6
3	2	6	8	7	5	4	9	1
4	5	1	6	9	3	7	8	2
9	6	3	2	5	7	8	1	4
5	1	2	4	3	8	6	7	9
8	7	4	9	6	1	2	3	5

1944

1	5	6	7	9	8	2	3	4
8	2	7	4	3	6	9	1	5
4	3	9	1	5	2	8	7	6
2	6	1	5	8	7	3	4	9
3	7	8	2	4	9	5	6	1
5	9	4	3	6	1	7	8	2
6	8	2	9	7	4	1	5	3
7	1	5	6	2	3	4	9	8
9	4	3	8	1	5	6	2	7

1945

6	4	5	3	7	9	8	1	2
7	2	9	1	6	8	4	5	3
8	3	1	4	5	2	6	9	7
9	5	8	2	4	1	7	3	6
1	6	4	5	3	7	9	2	8
2	7	3	8	9	6	5	4	1
3	9	2	6	8	4	1	7	5
4	1	6	7	2	5	3	8	9
5	8	7	9	1	3	2	6	4

1946

6	1	7	8	2	5	3	9	4
9	4	8	3	7	1	2	5	6
3	5	2	6	4	9	8	7	1
1	3	4	9	5	6	7	2	8
8	6	5	2	3	7	4	1	9
2	7	9	1	8	4	5	6	3
7	8	1	5	6	3	9	4	2
4	9	3	7	1	2	6	8	5
5	2	6	4	9	8	1	3	7

1947

9	8	6	5	1	4	7	2	3
4	5	1	2	3	7	8	9	6
2	3	7	8	6	9	1	4	5
5	4	8	9	2	1	6	3	7
3	7	9	6	5	8	2	1	4
6	1	2	4	7	3	5	8	9
7	9	3	1	8	6	4	5	2
8	2	4	7	9	5	3	6	1
1	6	5	3	4	2	9	7	8

1948

8	7	6	9	1	5	3	2	4
3	4	9	8	6	2	1	7	5
2	5	1	3	4	7	8	6	9
9	8	4	5	7	3	6	1	2
1	2	7	4	9	6	5	8	3
6	3	5	1	2	8	4	9	7
4	1	8	7	5	9	2	3	6
5	9	2	6	3	1	7	4	8
7	6	3	2	8	4	9	5	1

1949

3	6	8	2	4	1	5	7	9
5	7	1	3	6	9	2	4	8
4	9	2	5	7	8	6	1	3
6	2	3	1	8	5	4	9	7
7	5	4	6	9	3	1	8	2
1	8	9	4	2	7	3	6	5
8	3	5	7	1	4	9	2	6
9	4	6	8	5	2	7	3	1
2	1	7	9	3	6	8	5	4

1950

7	2	8	3	5	9	1	4	6
3	4	9	1	7	6	2	5	8
6	5	1	4	8	2	3	7	9
8	7	5	2	6	3	9	1	4
4	1	6	5	9	8	7	3	2
9	3	2	7	1	4	8	6	5
1	8	3	9	4	5	6	2	7
2	6	4	8	3	7	5	9	1
5	9	7	6	2	1	4	8	3

1951

1	6	4	2	7	3	5	9	8
8	3	7	4	5	9	1	6	2
2	9	5	8	6	1	3	7	4
5	7	9	6	1	2	4	8	3
3	8	2	7	4	5	9	1	6
4	1	6	3	9	8	7	2	5
7	5	8	9	2	4	6	3	1
6	2	1	5	3	7	8	4	9
9	4	3	1	8	6	2	5	7

1952

7	1	3	8	2	4	9	5	6
8	2	4	9	5	6	7	1	3
9	5	6	1	7	3	8	4	2
5	3	7	2	4	9	6	8	1
1	4	8	5	6	7	2	3	9
2	6	9	3	1	8	4	7	5
4	8	5	6	3	2	1	9	7
6	7	1	4	9	5	3	2	8
3	9	2	7	8	1	5	6	4

1953

5	9	7	8	4	2	6	1	3
2	1	8	6	9	3	5	4	7
3	6	4	5	1	7	8	9	2
1	7	9	2	3	5	4	6	8
4	8	2	1	6	9	7	3	5
6	3	5	4	7	8	9	2	1
9	5	1	3	8	4	2	7	6
7	2	6	9	5	1	3	8	4
8	4	3	7	2	6	1	5	9

1954

2	4	5	7	8	9	1	3	6
1	8	6	5	3	2	7	9	4
7	3	9	6	1	4	8	2	5
8	5	7	1	6	3	2	4	9
9	6	1	2	4	7	3	5	8
3	2	4	9	5	8	6	1	7
4	7	2	3	9	6	5	8	1
5	9	3	8	7	1	4	6	2
6	1	8	4	2	5	9	7	3

1955

9	4	3	5	1	6	7	8	2
2	5	7	3	9	8	1	4	6
8	6	1	2	4	7	3	9	5
3	7	2	4	6	5	8	1	9
4	8	5	9	3	1	6	2	7
1	9	6	7	8	2	4	5	3
5	1	8	6	7	9	2	3	4
6	2	4	8	5	3	9	7	1
7	3	9	1	2	4	5	6	8

1956

9	7	1	8	2	3	4	5	6
4	5	2	9	7	6	1	8	3
6	8	3	1	5	4	9	7	2
1	6	4	7	8	9	2	3	5
7	3	5	4	6	2	8	1	9
2	9	8	5	3	1	6	4	7
3	1	6	2	4	7	5	9	8
8	4	7	6	9	5	3	2	1
5	2	9	3	1	8	7	6	4

1957

3	4	5	9	6	2	7	8	1
8	9	1	5	7	4	3	6	2
6	2	7	1	3	8	4	9	5
9	6	2	7	4	3	1	5	8
7	3	8	2	5	1	9	4	6
1	5	4	8	9	6	2	3	7
2	7	6	3	8	9	5	1	4
5	8	9	4	1	7	6	2	3
4	1	3	6	2	5	8	7	9

1958

2	3	5	9	4	7	8	6	1
9	1	6	5	3	8	4	7	2
4	7	8	6	1	2	9	3	5
1	4	9	3	8	5	6	2	7
3	6	2	7	9	4	5	1	8
5	8	7	2	6	1	3	9	4
8	9	4	1	2	3	7	5	6
6	5	1	4	7	9	2	8	3
7	2	3	8	5	6	1	4	9

1959

2	8	6	4	3	1	5	7	9
4	9	1	7	2	5	6	8	3
7	5	3	8	9	6	1	2	4
9	3	8	1	5	4	2	6	7
5	7	2	6	8	3	9	4	1
6	1	4	9	7	2	3	5	8
1	4	9	2	6	8	7	3	5
8	6	5	3	1	7	4	9	2
3	2	7	5	4	9	8	1	6

1960

6	8	3	4	5	9	7	1	2
9	1	4	3	2	7	6	5	8
7	2	5	8	1	6	9	3	4
2	9	6	7	3	8	1	4	5
3	4	7	5	6	1	8	2	9
8	5	1	9	4	2	3	7	6
5	3	8	1	9	4	2	6	7
1	6	9	2	7	5	4	8	3
4	7	2	6	8	3	5	9	1

1961

```
9 3 4 7 1 8 2 6 5
2 7 6 9 4 5 1 3 8
1 5 8 2 3 6 4 7 9
3 4 5 6 7 1 8 9 2
8 6 1 3 9 2 5 4 7
7 9 2 8 5 4 3 1 6
5 2 3 4 6 7 9 8 1
4 1 7 5 8 9 6 2 3
6 8 9 1 2 3 7 5 4
```

1962

```
3 4 1 7 5 6 9 8 2
6 7 2 8 3 9 1 5 4
8 9 5 2 1 4 7 6 3
9 6 7 3 8 2 5 4 1
1 3 8 9 4 5 2 7 6
2 5 4 6 7 1 3 9 8
4 8 3 5 2 7 6 1 9
7 2 6 1 9 8 4 3 5
5 1 9 4 6 3 8 2 7
```

1963

```
4 9 3 1 2 7 6 5 8
1 6 7 5 9 8 3 2 4
5 2 8 3 6 4 9 1 7
7 1 9 8 4 5 2 6 3
6 3 2 7 1 9 4 8 5
8 4 5 6 3 2 1 7 9
9 7 4 2 5 1 8 3 6
3 5 1 4 8 6 7 9 2
2 8 6 9 7 3 5 4 1
```

1964

```
3 4 6 1 2 7 5 9 8
1 5 7 9 8 4 3 6 2
8 2 9 5 6 3 1 4 7
9 3 4 2 7 6 8 1 5
2 1 5 4 9 8 6 7 3
6 7 8 3 1 5 4 2 9
4 6 3 7 5 9 2 8 1
7 8 1 6 3 2 9 5 4
5 9 2 8 4 1 7 3 6
```

1965

```
4 7 1 9 2 3 5 6 8
2 8 6 1 7 5 9 4 3
5 9 3 4 8 6 1 7 2
6 2 9 3 1 4 7 8 5
8 4 5 2 9 7 3 1 6
1 3 7 5 6 8 2 9 4
7 5 4 6 3 1 8 2 9
9 6 8 7 5 2 4 3 1
3 1 2 8 4 9 6 5 7
```

1966

```
2 7 3 8 1 5 4 9 6
8 9 4 3 2 6 1 7 5
6 1 5 4 7 9 8 3 2
7 3 6 9 4 1 8 5 2
9 4 2 5 8 3 6 1 7
1 5 8 7 6 2 9 3 4
3 2 7 1 9 4 5 6 8
4 8 9 6 5 7 3 2 1
5 6 1 2 3 8 7 4 9
```

1967

```
4 1 5 3 9 2 6 7 8
8 2 3 4 6 7 5 1 9
9 6 7 8 5 1 2 3 4
1 9 8 5 3 4 7 2 6
7 3 6 1 2 8 4 9 5
2 5 4 9 7 6 1 8 3
5 7 9 6 1 3 8 4 2
3 8 2 7 4 5 9 6 1
6 4 1 2 8 9 3 5 7
```

1968

```
1 2 4 3 6 7 5 8 9
5 8 7 4 2 9 1 6 3
6 3 9 8 5 1 4 2 7
7 4 2 9 3 5 6 1 8
8 1 3 2 7 6 9 5 4
9 5 6 1 4 8 7 3 2
2 6 5 7 9 3 8 4 1
3 7 8 5 1 4 2 9 6
4 9 1 6 8 2 3 7 5
```

1969

```
7 2 6 9 8 1 4 3 5
9 3 5 7 4 6 1 8 2
1 4 8 5 2 3 7 6 9
5 6 1 4 7 2 3 9 8
8 7 3 1 9 5 2 4 6
2 9 4 3 6 8 5 1 7
3 5 7 6 1 9 8 2 4
4 8 9 2 3 7 6 5 1
6 1 2 8 5 4 9 7 3
```

1970

```
6 7 3 4 1 9 2 5 8
8 1 4 3 5 2 9 6 7
9 2 5 6 8 7 3 4 1
1 3 8 2 7 4 6 9 5
7 4 6 5 9 8 1 2 3
2 5 9 1 3 6 7 8 4
3 6 7 8 2 5 4 1 9
4 8 1 9 6 3 5 7 2
5 9 2 7 4 1 8 3 6
```

1971

```
5 2 9 3 7 1 4 6 8
3 6 8 5 9 4 7 1 2
4 7 1 8 6 2 3 9 5
6 9 2 1 4 8 5 7 3
7 4 3 6 5 9 2 8 1
1 8 5 7 2 3 9 4 6
8 1 4 9 3 5 6 2 7
9 3 6 2 1 7 8 5 4
2 5 7 4 8 6 1 3 9
```

1972

```
7 1 6 9 5 4 2 8 3
8 2 4 6 3 1 5 7 9
9 3 5 2 7 8 4 6 1
1 6 7 4 9 5 3 2 8
5 9 3 8 1 2 6 4 7
2 4 8 3 6 7 9 1 5
3 7 9 1 4 6 8 5 2
4 8 1 5 2 3 7 9 6
6 5 2 7 8 9 1 3 4
```

1973

```
4 5 8 7 2 1 6 9 3
3 2 9 4 6 8 5 1 7
6 7 1 5 3 9 2 4 8
5 6 2 1 4 3 7 8 9
7 9 3 8 5 6 4 2 1
8 1 4 9 7 2 3 5 6
9 3 7 2 1 5 8 6 4
1 4 5 6 8 7 9 3 2
2 8 6 3 9 4 1 7 5
```

1974

```
5 8 1 9 6 3 7 2 4
3 9 4 2 7 5 8 1 6
7 2 6 1 4 8 5 9 3
6 5 7 3 8 1 2 4 9
8 1 2 6 9 4 3 7 5
9 4 3 5 2 7 1 6 8
4 6 5 8 1 2 9 3 7
1 7 8 4 3 9 6 5 2
2 3 9 7 5 6 4 8 1
```

1975

```
3 7 6 4 9 8 1 2 5
2 4 9 1 5 6 7 8 3
8 5 1 7 2 3 9 6 4
5 3 7 8 1 9 6 4 2
4 9 8 6 3 2 5 7 1
6 1 2 5 4 7 8 3 9
7 2 3 9 8 1 4 5 6
9 6 4 2 7 5 3 1 8
1 8 5 3 6 4 2 9 7
```

1976

```
3 7 9 1 2 6 4 5 8
5 1 6 8 3 4 2 7 9
8 2 4 5 7 9 3 6 1
4 3 1 7 6 5 9 8 2
6 5 8 4 9 2 7 1 3
7 9 2 3 1 8 5 4 6
9 4 5 2 8 1 6 3 7
1 6 3 9 4 7 8 2 5
2 8 7 6 5 3 1 9 4
```

1977

```
5 4 7 6 8 9 1 2 3
3 6 8 2 5 1 7 9 4
2 1 9 7 3 4 8 6 5
4 7 5 1 9 6 3 8 2
6 8 3 5 2 7 4 1 9
1 9 2 3 4 8 5 7 6
8 5 1 9 6 3 2 4 7
9 2 4 8 7 5 6 3 1
7 3 6 4 1 2 9 5 8
```

1978

```
9 5 7 3 1 2 4 6 8
1 6 4 5 8 9 2 3 7
2 3 8 7 6 4 9 5 1
3 7 6 4 5 8 1 2 9
8 2 9 6 3 1 5 7 4
4 1 5 2 9 7 3 8 6
5 8 1 9 7 3 6 4 2
6 9 2 8 4 5 7 1 3
7 4 3 1 2 6 8 9 5
```

1979

```
6 9 5 1 7 4 2 3 8
7 1 3 2 6 8 4 9 5
8 2 4 3 9 5 6 7 1
5 4 1 9 2 7 3 8 6
2 6 7 8 5 3 1 4 9
3 8 9 6 4 1 7 5 2
9 5 6 7 3 2 8 1 4
4 3 8 5 1 6 9 2 7
1 7 2 4 8 9 5 6 3
```

1980

```
3 2 8 4 6 5 1 7 9
5 6 9 1 7 2 4 8 3
4 7 1 8 3 9 2 5 6
1 5 3 6 9 7 8 4 2
2 8 7 3 1 4 6 9 5
6 9 4 2 5 8 3 1 7
7 1 2 9 8 3 5 6 4
8 3 5 7 4 6 9 2 1
9 4 6 5 2 1 7 3 8
```

1981

1	3	7	9	4	5	2	6	8
4	2	6	8	3	7	5	9	1
9	5	8	2	1	6	4	3	7
2	1	5	4	7	3	6	8	9
7	6	4	1	8	9	3	5	2
3	8	9	5	6	2	7	1	4
5	4	1	6	2	8	9	7	3
6	7	2	3	9	1	8	4	5
8	9	3	7	5	4	1	2	6

1982

5	6	9	3	7	2	4	8	1
1	2	3	6	8	4	5	9	7
7	8	4	5	9	1	2	3	6
8	1	2	4	3	7	6	5	9
6	3	7	1	5	9	8	2	4
9	4	5	2	6	8	1	7	3
2	5	6	9	1	3	7	4	8
3	7	1	8	4	5	9	6	2
4	9	8	7	2	6	3	1	5

1983

1	8	5	2	9	7	3	4	6
3	4	6	5	8	1	9	7	2
9	7	2	6	3	4	1	8	5
7	2	3	8	5	6	4	9	1
4	6	1	7	2	9	8	5	3
5	9	7	3	1	8	6	2	4
6	1	8	4	7	2	5	3	9
2	3	4	9	6	5	7	1	8

1984

8	3	2	4	5	1	6	9	7
7	1	6	2	9	8	4	3	5
5	9	4	7	3	6	1	8	2
3	5	1	6	7	4	8	2	9
4	2	7	9	8	3	5	1	6
6	8	9	1	2	5	3	7	4
2	6	3	5	1	7	9	4	8
9	4	8	3	6	2	7	5	1
1	7	5	8	4	9	2	6	3

1985

5	6	1	9	2	7	3	8	4
9	4	2	3	5	8	6	7	1
7	8	3	1	4	6	9	2	5
4	2	6	8	7	9	5	1	3
3	7	8	5	6	1	2	4	9
1	5	9	4	3	2	8	6	7
6	3	4	7	8	5	1	9	2
8	9	5	2	1	4	7	3	6
2	1	7	6	9	3	4	5	8

1986

2	1	6	3	4	5	7	8	9
3	4	8	9	2	7	6	5	1
5	7	9	8	6	1	2	3	4
4	2	1	7	3	6	5	9	8
8	3	5	1	9	2	4	6	7
9	6	7	5	8	4	3	1	2
1	9	2	4	5	3	8	7	6
6	8	3	2	7	9	1	4	5
7	5	4	6	1	8	9	2	3

1987

1	3	7	8	9	2	6	4	5
6	2	4	5	3	1	8	7	9
9	8	5	4	6	7	3	1	2
2	5	6	1	4	8	9	3	7
3	1	8	7	2	9	4	5	6
7	4	9	6	5	3	1	2	8
4	9	1	2	8	5	7	6	3
8	6	2	3	7	4	5	9	1
5	7	3	9	1	6	2	8	4

1988

5	1	7	4	6	8	9	2	3
2	8	4	9	3	5	6	1	7
6	3	9	1	2	7	4	5	8
3	2	8	5	4	6	7	9	1
7	6	1	8	9	3	2	4	5
9	4	5	2	7	1	8	3	6
1	5	2	7	8	4	3	6	9
4	7	6	3	1	9	5	8	2
8	9	3	6	5	2	1	7	4

1989

7	1	6	8	9	4	2	5	3
9	2	5	6	3	1	4	8	7
8	3	4	5	2	7	9	6	1
1	8	7	2	4	5	3	9	6
2	5	3	9	7	6	1	4	8
4	6	9	3	1	8	5	7	2
5	9	1	7	6	2	8	3	4
3	7	2	4	8	9	6	1	5
6	4	8	1	5	3	7	2	9

1990

9	4	2	3	8	7	1	5	6
3	5	6	4	9	1	2	7	8
7	1	8	2	5	6	3	9	4
8	2	7	9	6	3	4	1	5
4	6	1	5	7	2	8	3	9
5	9	3	8	1	4	6	2	7
1	3	5	7	4	8	9	6	2
2	8	9	6	3	5	7	4	1
6	7	4	1	2	9	5	8	3

1991

3	4	1	5	6	7	2	8	9
6	9	2	1	8	3	5	7	4
8	7	5	9	2	4	1	6	3
5	8	3	6	1	2	9	4	7
4	2	6	3	7	9	8	1	5
9	1	7	4	5	8	6	3	2
7	6	8	2	3	5	4	9	1
1	5	9	7	4	6	3	2	8
2	3	4	8	9	1	7	5	6

1992

2	6	3	7	8	1	4	5	9
4	8	1	9	5	2	3	6	7
7	9	5	6	4	3	2	8	1
5	1	8	2	3	6	7	9	4
3	7	2	4	9	5	6	1	8
6	4	9	8	1	7	5	3	2
8	2	4	5	6	9	1	7	3
9	3	6	1	7	4	8	2	5
1	5	7	3	2	8	9	4	6

1993

9	6	7	2	8	1	4	3	5
1	8	4	3	5	7	6	9	2
3	2	5	6	4	9	7	1	8
7	4	9	1	3	5	8	2	6
8	1	2	4	9	6	3	5	7
6	5	3	7	2	8	9	4	1
4	9	6	5	7	2	1	8	3
2	7	8	9	1	3	5	6	4
5	3	1	8	6	4	2	7	9

1994

3	6	5	7	8	1	4	9	2
7	1	9	2	5	4	3	6	8
2	8	4	9	6	3	1	5	7
6	9	3	5	1	2	7	8	4
4	2	8	3	9	7	5	1	6
5	7	1	6	4	8	9	2	3
8	3	6	1	7	9	2	4	5
9	4	7	8	2	5	6	3	1
1	5	2	4	3	6	8	7	9

1995

6	4	2	7	5	9	8	1	3
3	9	5	8	1	2	7	4	6
8	1	7	4	6	3	9	5	2
2	3	1	9	8	7	4	6	5
4	6	8	2	3	5	1	9	7
7	5	9	6	4	1	3	2	8
5	7	3	1	2	4	6	8	9
9	8	4	5	7	6	2	3	1
1	2	6	3	9	8	5	7	4

1996

6	4	2	3	9	1	5	7	8
7	9	3	8	4	5	6	1	2
8	1	5	7	2	6	9	4	3
5	8	1	4	3	2	7	6	9
4	2	6	9	1	7	8	3	5
9	3	7	5	6	8	1	2	4
1	5	9	2	7	3	4	8	6
2	6	8	1	5	4	3	9	7
3	7	4	6	8	9	2	5	1

1997

6	8	3	4	7	2	9	5	1
9	1	2	3	5	6	8	4	7
7	5	4	8	9	1	6	3	2
8	6	5	7	2	9	3	1	4
4	7	9	1	8	3	5	2	6
2	3	1	5	6	4	7	8	9
1	2	6	9	3	5	4	7	8
3	9	7	2	4	8	1	6	5
5	4	8	6	1	7	2	9	3

1998

4	3	9	2	5	8	1	6	7
5	1	2	7	6	3	8	9	4
6	7	8	1	9	4	2	3	5
7	9	3	4	2	1	5	8	6
1	2	6	5	8	9	4	7	3
8	5	4	6	3	7	9	2	1
2	4	7	8	1	6	3	5	9
9	6	5	3	4	2	7	1	8
3	8	1	9	7	5	6	4	2

1999

7	3	4	5	2	6	8	9	1
9	6	5	7	1	8	3	4	2
2	1	8	4	9	3	6	5	7
5	7	6	8	3	9	1	2	4
3	2	9	6	4	1	5	7	8
8	4	1	2	7	5	9	3	6
6	5	2	3	8	4	7	1	9
1	8	7	9	5	2	4	6	3
4	9	3	1	6	7	2	8	5

2000

6	1	9	3	4	2	5	7	8
5	8	3	7	6	1	4	9	2
7	2	4	5	8	9	6	1	3
8	3	2	9	5	6	1	4	7
9	4	5	1	2	7	3	8	6
1	7	6	4	3	8	9	2	5
2	9	7	6	1	3	8	5	4
3	5	1	8	7	4	2	6	9
4	6	8	2	9	5	7	3	1

Made in the USA
San Bernardino, CA
29 July 2017